Wohnen und Bauen im ländlichen Syrien

Zelte, Kuppeln und Hallenhäuser

Karin Pütt

Michael Imhof Verlag

Impressum

Gedruckt mit Unterstützung der Deutschen Forschungsgemeinschaft

Karin Pütt: Ländliche Hausformen in Nordostsyrien – Bauen und Wohnen in einer nomadisch geprägten Gesellschaft, D 82, (Dissertation RWTH Aachen 2000)

Fotos (mit Ausnahme der gekennzeichneten): Karin Pütt
Reproduktion: Michael Imhof Verlag
Druck: Meiling Druck, Haldensleben
Printed in EU

ISBN 3-937251-75-8

Inhalt

Inhalt

Inhalt

Von den Häusern

Dann trat ein Maurer vor und sagte: Sprich uns von den Häusern.

Und er antwortete und sagte:

Baut eine Laube nach euren Vorstellungen in der Wildnis, ehe ihr ein Haus innerhalb der Stadtmauern baut.

Denn so wie ihr Heimkehrer in der Dämmerung seid, so seid ihr auch Wanderer, ewig Ferne und Einsame.

Euer Haus ist euer größerer Körper.

Es wächst in der Sonne und schläft in der Stille der Nacht; und es ist nicht ohne Träume. Träumt euer Haus etwa nicht, und verläßt es nicht träumend die Stadt für Hain und Hügel?

Könnte ich eure Häuser in meiner Hand sammeln und sie wie ein Sämann in Wald und Wiesen ausstreuen!

Wären die Täler eure Straßen und die grünen Pfade eure Gassen, damit ihr einander durch die Weinberge besuchen könntet und mit dem Duft der Erde im Gewand kämet!

Aber das soll noch nicht sein.

... Wahrhaftig, das Verlangen nach Bequemlichkeit tötet die Leidenschaft der Seele und folgt dann grinsend ihrem Leichenzug.

Aber ihr, Kinder der Erde, ihr Ruhelosen der Ruhe, ihr werdet weder in die Falle gehen noch gezähmt werden.

Euer Haus soll kein Anker, sondern ein Mast sein.

... Es soll kein schimmerndes Häuschen sein, das eine Wunde bedeckt, sondern ein Augenlid, das das Auge behütet.

Ihr sollt nicht eure Flügel falten, damit ihr durch Türen kommt, noch eure Köpfe beugen, damit sie nicht gegen eine Decke stoßen, noch Angst haben zu atmen, damit die Mauern nicht bersten und einstürzen.

Ihr sollt nicht in Gräbern wohnen, die von den Toten für die Lebenden gemacht sind.

Und obwohl von Pracht und Glanz, sollte euer Haus weder euer Geheimnis hüten, noch eure Sehnsucht beherbergen.

Denn was grenzenlos in euch ist, wohnt im Palast des Himmels, dessen Tor der Morgennebel ist und dessen Fenster die Lieder und die Stille der Nacht sind.

Khalil Gibran, 1926 (aus: „Der Prophet", Zürich/Düsseldorf, 2000)

Abb. 2

Dem Klima angepaßte Bauweise: Kuppelhaus aus Lehmziegeln am Rande der Syrischen Wüste

ARCHITEKTUR IM ZEITRAFFER: VOM NOMADENZELT ZUR BETON-„VILLA“

KAPITEL 1

3

Die Teilnahme an einer archäologischen Ausgrabung führte mich im Jahr 1983 zum ersten Mal ins syrische Euphrattal; ich war dorthin gereist, um am Rand der rasant wachsenden Provinzhauptstadt Ar-Raqqa Teile der frühislamischen Palaststadt Ḥarūn Ar-Rašīds ausgraben zu helfen.[1] Durch den täglichen Kontakt mit den Bewohnern der Region kam ich mit Lebenswelten in Berührung, die fern von dem lagen, was man in Westeuropa mit „dem Orient" verbindet. Ein Teil der Grabungsarbeiter strömte täglich aus umliegenden Dörfern herbei, wo sie in schlichten, aber geräumigen Gehöften aus Lehmziegeln lebten, deren offene Bauweise den Kontakt mit der umgebenden Landschaft ermöglichte. Im Unterschied dazu verfügten die Arbeiter, die in der slumartigen Vorstadt Ar-Raqqas wohnten, nur über einen oder zwei armselige Räume aus unverputzten Betonformsteinen. Ihre winzigen Parzellen lagen verborgen hinter hohen Mauern. Die Diskrepanz zwischen der Lebensqualität in den ärmlichen, den Bewohnern aber modern erscheinenden Betonbauten und den von der ländlich-traditionellen Bauweise geprägten Dörfern war eklatant.

4

In den darauf folgenden Jahren mußte ich bei jedem Aufenthalt in Syrien feststellen, daß durch Neubauten die vernakuläre Architektur immer mehr verdrängt wurde.[2] Eine Erkundungsfahrt durch ganz Nordostsyrien im Jahr 1987 zeigte mir, daß die angepaßten Bauweisen noch überwogen und sie von einer weitaus größeren Formenvielfalt bestimmt sind, als es auf den ersten Blick den Anschein hat. (Abb. 3, 5) Zwar überwiegen rechtwinklige, flachgedeckte Grundformen der Häuser, jedoch auch Kuppel- und Satteldachbauten, ebenso wie Häuser mit erstaunlich hohen Wölbungsdächern finden sich in manchen Regionen. Verschiedenartig ist auch die dekorative Gestaltung: Einer Mehrzahl schlichter schmuckloser Bauten stehen einige Häuser mit plastischer Fassadengestaltung gegenüber. (Abb. 6) Ausschließlich aus den Materialien errichtet, die die Umgebung hergibt – Lehm, Stein, Stroh und etwas Holz – ist diese Architektur an das Klima angepaßt und entsprach zur Zeit ihrer Erbauung den Bedürfnissen ihrer Bewohner. (Abb. 4)

In den achtziger Jahren des 20. Jahrhunderts begann sich eine, in den Augen der Bewohner moderne Architektur aus Beton durchzusetzen: flache, eingeschossige Bauten mit vermeintlich repräsentativen Vorhallen. Diesen unverputzten „Villen" haftete etwas Unfertiges an, und sie bilden Fremdkörper in der Landschaft. Heute, am Beginn des 21. Jahrhunderts, hat man sie entweder verputzt oder sie weisen Bauschäden auf. Den Bewohnern gelten die Beton-„Villen" u. a. deshalb als erstrebenswert, weil ihr Baumaterial solide und langlebig zu sein scheint. Sie vergleichen sie mit ihren Lehmbauten, die jedes Jahr neu verputzt und winterfest gemacht werden müssen. Wenn jemand einen Neubau errichten will, fühlt er sich

Abb. 3
Frühsommer am Rande des Euphrattales vor dem Bau des Tišrin-Stausees: Weiler inmitten grüner Ackerflächen

Abb. 4
Die traditionelle Architektur hat einen hohen Gebrauchswert: Auf der Veranda vor dem Haus kann die Familie schlafen, Gäste empfangen oder ihre Rohwolle zum Trocknen auslegen

Abb. 5
Dorf aus Kuppel-häusern in der unweit der türkischen Grenze gelegenen Region ʿAin Al-ʿArab

gesellschaftlich gezwungen, diesen als „Villa" zu errichten. (Abb. 9) Allenfalls die höheren Baukosten konnten Bauherren davon abhalten – der finanzielle Unterschied zwischen einem Bau aus traditionellen Materialien und einem aus Betonformsteinen ist jedoch immer geringer geworden. Der relativ preiswerte Zement – aus staatseigenen Betrieben – läßt die alten Bauweisen aus traditionellen Baustoffen als nicht mehr zeitgemäß erscheinen. Junge Maurer bauen ohnehin nur noch mit technisch hergestellten Baustoffen, um ihre Fortschrittlichkeit unter Beweis zu stellen. Herkömmliche Bauweisen wie beispielsweise den Kuppelbau beherrschen sie schon lange nicht mehr.

Diese Beobachtungen bewegten mich dazu, das vorliegende Buch zu schreiben.[3] Es scheint insgesamt nur noch eine Frage von wenigen Jahren oder Jahrzehnten, bis die traditionelle Architektur vollkommen verschwunden sein wird.

Wie sehr Architektur identitätsstiftend wirkt, wird von den Bewohnern unterschätzt, wenn sie heute ohne Bedauern ihre traditionelle Architektur aufgeben. So wie der Mensch durch Erinnerung in den Kreislauf des Lebens eingebunden ist, so braucht das menschliche Gedächtnis immaterielle, aber auch materielle Räume, um individuelle Sicherheit zu gewinnen und sich zu verorten. Handeln und Denken sind nur vor dem Hintergrund von individueller wie kollektiver Erinnerung möglich.

„Das ländliche Haus in Syrien ist ... genau wie unser mitteleuropäisches Bauernhaus ein vielschichtiger Ausdruck sowohl der Landesnatur wie der Lebensformen und Wirtschaftsweisen seiner Bewohner." Eugen Wirth war der erste, der in seiner 1971 erschienenen geographischen Landeskunde über Syrien angeregt hatte, vernakuläre Häuser zu untersuchen und dabei die regionalen Unterschiede herauszuarbeiten. Er war einer der wenigen, dem die gepflegten und stattlichen Häuser Syriens auffielen, wo „die Wände der bescheidensten Häuser ... alljährlich neu verputzt oder frisch mit Lehm verstrichen" werden.[4]

Wenn hier das Augenmerk ausschließlich auf den östlichen, bzw. genauer den nordöstlichen Teil Syriens gelenkt wird, so hat dies seine Ursachen darin, daß das zu untersuchende Gebiet notwendigerweise beschränkt werden mußte. Entscheidend für die Auswahl Nordostsyriens war die sehr junge Architekturentwicklung dieser Region, die jedoch schon wieder verloren zu gehen schien: Erst seit wenig mehr als einem Jahrhundert gibt es dort Siedlungen, die dauerhaft bewohnt sind und aus festen Behausungen bestehen. Der größte Teil der Bevölkerung lebte vorher als Nomaden: arabische Beduinenstämme weideten im Sommer ihre Kamele und Schafe in der Region, und im nördlicheren Teil überwinterten kurdische Nomaden mit ihren Herden. Vom letzten Drittel des 19. bis zum ersten Drittel des 20. Jahrhunderts wanderten bäuerliche (und halbnomadische) Kurden, Aramäer, Kaukasier, Turkmenen, Yeziden und Armenier in das Gebiet des heutigen Nordostsyrien ein.

Die Ansiedlung der Nomaden erfolgte langsam und gruppenweise, am Anfang in stationär verbleibenden Zelten, dann in den ersten Häusern. Aufgrund der relativ kurzen Zeitspanne seit der Besiedlung sind beinahe alle Stufen der baulichen Entwicklung noch sichtbar vorhanden. Mancherorts verwendet man die ersten Wohnhäuser noch als Ställe oder Scheunen. Die Erfahrungen des mobilen Lebens haben nicht nur die ersten Behausungen beeinflußt, sondern wirken bis heute in prägenden Architekturelementen und manchen Wohnweisen nach. Auch umgekehrt finden natürlich Besonderheiten des seßhaften Wohnens Eingang in die Nomadenzelte von heute.

Die unterschiedlichen Bevölkerungsgruppen brachten ihre eigenen, auf sehr verschiedenen Hintergründen beruhenden Architekturerfahrungen mit und fanden dennoch zu einem gemeinsamen Ausdruck. Es entstand etwas Neues, das die unterschiedliche Herkunft der Bewohner auf den ersten Blick nicht verrät. Die Nomaden zeigten sich offen für Einflüsse, die von Seiten der bauerfahrenen Seßhaften kamen und schufen gemeinsam mit ihnen ein breites Repertoire von Haustypen. Innerhalb der großen Region haben sich verschiedene lokale Architekturformen entwickelt.

Nordostsyrien gehört zum historischen Mesopotamien, dem Land zwischen Euphrat und Tigris. Es liegt im Gebiet des fruchtbaren Halbmondes und damit im Bereich der Wiege seßhafter Lebensweise. Später wurde die Region eine der Kornkammern des römischen Reiches. Von den Verwüstungen der Mongolenstürme im 13. und 14. Jahrhundert konnte sich dieser nördliche Teil Mesopotamiens nicht mehr wirklich erholen. In der Folge bestimmten Nomaden die Geschicke Nordostsyriens über Jahrhunderte.

Die Architektur Nordostsyriens weist manche Parallelen zu altorientalischen Bauweisen und Bauten auf. Dies reicht von der Verwendung derselben Baumaterialien, Mauertechniken bis hin zu einzelnen Haustypen. Es bietet sich daher an, aus der rezenten Architektur Vergleichsmaterial für archäologische Studien zu gewinnen.

Die traditionelle Architektur der großen syrischen Städte Damaskus und Aleppo hat in den letzten Jahrzehnten international wie national große Beachtung gefunden. Beide Altstädte wurden in die Liste des Weltkulturerbes der UNESCO aufgenommen. Diese städtische Architektur wird erforscht. Weite Bevölkerungskreise in Syrien engagieren sich mittlerweile für ihre Erhaltung und sind stolz auf ihre Traditionen. Ländliche Bauweisen gelten dagegen in den Augen der meisten Syrer als Ausdruck von Rückständigkeit und erscheinen aufgrund ihrer Einfachheit und Ornamentlosigkeit ohne baukünstlerischen Wert. (Abb. 8)

Dokumentieren und Erhalten

Mit diesem Buch wird der vorhandene Hausbestand systematisch erfaßt und eine Typologie der vorhandenen Haus- und Wohnformen in Nordostsyrien entwickelt. Mit der Herangehensweise der Hausforschung wird ausführlich und fast ausschließlich auf eigenen Feldforschungen basierend, heutiges Bauen und Wohnen in Nordostsyrien umfassend dokumentiert. Dabei wird die Herkunft der Hausformen und die Einflüsse, denen sie unterlagen, diskutiert. Grundsätzlich ist dieses Buch geleitet von der Fragestellung: *warum Gebäude wie aussehen*, oder anders ausgedrückt: *wie Formen entstehen*. Den vielfältigen Einflußfaktoren wird hier nachgegangen.

Die Hausbeispiele stammen von Surveys, die ich jeweils von Sommer bis Herbst in den Jahren 1987 bis 1993 durchgeführt habe. Da ich auch nach 1993 immer wieder zu längeren Aufenthalten in der Region weilte, werden hier architektonische Entwicklungen bis zum Jahr 2000 berücksichtigt.

Die Bestandsanalysen verdeutlichen und dokumentieren den Formenwandel in einer Zeit des Übergangs – in einer Zeit, in der sich die baulichen ebenso wie die gesamtgesellschaftlichen Wertvorstellungen verändern und auch die ländliche Gesellschaft in ihrem Gefüge erschüttert wird. Vor dem Hintergrund vielfältiger Modernisierungen ist die traditionelle Architektur stark gefährdet.

Ausschließlich Bauten aus traditionellen Baumaterialien fanden Aufnahme in diese Arbeit; die Architektur der Beton-„Villen" wird nur am Rande berücksichtigt. Denn entweder sind die Betonbauten schlichte „Übersetzungen" eines traditionellen Haustyps oder sie haben ihre Wurzeln in anderen Formvorstellungen, die eine spezielle Untersuchung erfordern würden.[5]

Ergänzend zur Beschreibung des Bauens und Wohnens habe ich die regional übliche Terminologie für Bauteile, Einrichtungsgegenstände und Räume etc. in arabischer und in kurdischer Sprache gesammelt. Die Begriffe sind in Glossaren im Anhang verzeichnet.[6]

Der lokalen Bevölkerung ist der Wert ihrer traditionellen Architektur nicht bewußt. Sie empfindet sie im Gegenteil als antiquiert und Ausdruck von Unterentwicklung. In den Gesprächen mit den Bewohnern der aufgesuchten Häuser bemühte ich mich, bei ihnen ein Interesse an Wohn-Geschichte und Bau-Kultur zu wecken und so ein Bewußtsein über deren Wert anzuregen.[7]

Bisherige Forschungen

Der Erforschung traditioneller orientalischer Architektur widmeten sich Vertreter verschiedener Disziplinen. Städtische Architektur wurden dabei bevorzugt behandelt, während man die ländliche Architektur eher vernachlässigte. Grundsätzliche Anstöße zu einer Besinnung auf behutsamen und kreativen Umgang mit Bautraditionen und klimatisch angepaßtem Bauen, wie Hassan Fathy (1973) sie der arabischen Welt gegeben hat, wurden bedauerlicherweise nur in kleinen Kreisen rezipiert.[8]

Syrien ist von einem Widerspruch zwischen Stadt und Land geprägt: gerade Nordostsyrien ist in der Vorstellung syrischer Städter eine stark unterentwickelte Region. Erst in jüngerer Zeit haben syrische Wissenschaftler vereinzelt begonnen, sich mit ländlicher Architektur zu beschäftigen. Sie haben in Europa studiert und nahmen sich nach ihrer Rückkehr dieser Thematik an. So liegen bisher zwei größere Monographien über ländliche syrische Häuser vor. Naoras Dakers „Contribution Ethnographique à l'Etude de l'Evolution de l'Habitat Bédouin en Syrie" (1975) analysiert die Behausungsformen der sich ansiedelnden Beduinen. Eine seiner zentralen Thesen besagt, daß die Beduinen Hausformen, Konstruktionselemente und Materialien ihrer seit längerem seßhaften Nachbarn adaptierten.[9] Darüber hinaus transponierten sie die Prinzipien der Raumaufteilung und -nutzung der seit Jahrhunderten üblichen Zeltaufteilung auf ihre neuen Häuser.[10] Seiner Untersuchung liegen Betrachtungen verschiedener syrischer Teilregionen zugrunde, darunter auch des Nordostens. Da Daker sich stark auf konstruktive Aspekte dieser Behausungen bezieht, spielen diese hier eine geringere Rolle. Seine Studie stammt aus den frühen siebziger Jahren, d. h. aus der Zeit vor den großen Umsiedlungs- und Bewässerungsprojekten. Aus dem Vergleich seiner und meiner untersuchten Hausformen werden Veränderungen deutlich bzw. es geht daraus hervor, welche Elemente den seßhaft gewordenen Beduinen bis heute bewahrenswert erscheinen.[11]

Ghiyas Aljundis Broschüre „L'Architecture traditionelle en Syrie" (1984) gibt, ausgehend von einer Beschreibung sozialer Strukturen der ländlichen Gesellschaft, einen Überblick über die Bandbreite syrischer ländlicher Architekturformen. Aljundi kategorisiert diese nach Materialien und Dachkonstruktionen und setzt sich wenig mit räumlichen Aufteilungen auseinander. Der Schwerpunkt seiner Arbeit liegt auf der Mitte und dem Westteil Syriens.[12]

Der Aufsatz „Housing Analysis in Syria" (1984) des japanischen Architekten Koji Yagi bringt einen stärker systematisierenden Überblick von Wohn- und Hausformen des städtischen wie ländlichen Syrien.[13] In Schemazeichnungen vereinfacht er die Grundmuster syrischer Häuser. Wie Aljundi ver-

Abb. 6
Einige Gästehäuser des nordöstlichen Landesteils stellen mit ihrem plastischen Dekor aus Lehmziegeln eine architektonische Besonderheit dar

zeichnet er über Nordostsyrien nur Kuppel- und Rechteckhäuser im westlichen Teil und Rechteckhäuser im östlichen Teil Syriens und ignoriert damit die anderen Hausformen.

Eine der neuesten Veröffentlichungen stellt die Karte „Vorderer Orient – Traditionelle ländliche Hausformen – Verbreitung" (TAVO A IX 4, 1991) im Rahmen des „Tübinger Atlasses des Vorderen Orients" dar. Dort wird für ganz Nordostsyrien zwischen drei Merkmalgruppen unterschieden: einem westlicher gelegenen Kuppelhausgebiet und einem östlicheren Gebiet, das charakterisiert ist durch Lehmziegelwände, Flachdächer ohne Überstand, eckige Grundform und unbetonte Fassaden.[14] Für den äußersten Nordosten wird eine Bauweise aus unbearbeiteten Steinen mit (Kuppel- oder) Gewölbedächern verzeichnet – bei letzterer handelt es sich wohl um die Flachdächer mit Strohaufwölbung.

In Eugen Wirths Landeskunde „Syrien" von 1971 ist ein Abschnitt dem ländlichen Haus gewidmet. Dankenswerterweise hat er schon früh eine Zusammenschau charakteristischer Hausformen veröffentlicht, die er nach Baumaterialien, Auf- oder Grundrißformen, Dachkonstruktionen oder Anstrichmaterial kategorisiert.[15]

Die tatsächliche Vielfalt der nordostsyrischen regionalen Architekturen erschließt sich durch diese Arbeiten auch nicht ansatzweise.

Bereits 1965 erschien die Dissertation „Das arabische Wohnhaus des 17. bis 19. Jahrhunderts in Syrien" (1965) des syrischen Architekten Kamil Sinjab. Seinen Schwerpunkt legte Sinjab auf die Hausformen syrischer Städte. Die ländlichen Häuser sind ihm insofern erwähnenswert, als er in ihnen die Grundformen städtischer Häuser sieht. Seine Beispiele entstammen jedoch nur Süd- und Westsyrien.[16]

Abb. 7
Der Bauhelfer reicht dem Baumeister Lehmziegel und -mörtel an

Unter den in Nordostsyrien anzutreffenden Hausformen fand nur das ‚Bienenkorbhaus' ausführlichere Beachtung. Die charakteristischen Kuppelhäuser beschrieb Ewald Banse schon 1911/12 in der Monographie „Die Gubâb-Hütten Nordsyriens und Nordwestmesopotamiens". Er teilte sie in Verbreitungsgruppen

7

8

ein, die im wesentlichen bis heute nachvollziehbar geblieben sind. Gabriel/Rathjens „Die nordsyrischen Bienenkorbhäuser“ (1954/55) und Paul W. Copelands „‚Beehive‘ Villages of North Syria“ (1955) vervollständigten die Kenntnis über Konstruktion, Nutzung und Herkunft. Die vorkommenden Grundrißvariationen blieben bei diesen Werken jedoch unbeachtet.

Seit den siebziger Jahren entspann sich eine Diskussion über den Typus des Mittelhallenhauses oder Central Hall House.[17] Dieses war im Osmanischen Reich des 19. Jahrhunderts weit verbreitet, und die Tatsache, daß seine Popularität mit einer Phase politischer Veränderung zusammenfällt, machte es auch über die Bauforschung hinaus interessant. Daß dieser Haustyp auch die ländliche Architektur Nordostsyriens prägt, war bislang unbekannt.[18]

Von Seiten der Ethnologie und Sozialanthropologie sind zwei Arbeiten hervorzuheben.[19] Einen wichtigen Aspekt geschlechtsspezifischen Wohnens zeigte Gennaro Ghirardelli in seinem häufig zitierten Aufsatz „Die Hausordnung eines Dorfes im syrischen Euphrattal“ (1985) auf, in dem er sich mit konkreten räumlichen Folgewirkungen der patrilokalen Gesellschaft auseinandersetzte. Er ordnete die Ausrichtung der Häuser ebenso wie die Raumnutzung dem Standpunkt des in der Tür stehenden und nach außen blickenden ‚Herrn des Hauses‘ zu.[20]

In umfassender Weise stellte Annegret Nippa in „Haus und Familie in arabischen Ländern“ (1991a) Wohnweisen im Zusammenhang mit ihren Nutzungen dar und erhellte das komplizierte Beziehungsgeflecht zwischen Menschen und ihrer gebauten Umwelt. Detailliert beleuchtete Annegret Nippa darin die spezifischen sozialen und topographischen Räume und Aufgaben, die einzelnen Familienmitgliedern zugewiesen werden. Ihre Einsichten in dörfliches Leben fußen zum großen Teil auf Beobachtungen aus dem Euphrattal. Der Fokus ihrer Arbeit bezieht sich auf Lebensverhältnisse bis zu den siebziger Jahren, die sich seit den neunziger Jahren des 20. Jahrhunderts stark verändert haben. Die vorliegende Untersuchung fußt wesentlich auf ihrer Vorarbeit.

Im Bereich der vorderasiatischen Altertumskunde wird vor allem in den USA und Frankreich die Ethnoarchäologie zu Hilfe genommen, die die Lebens- und Wohnweisen heutiger Bewohner studiert, um Rückschlüsse auf altorientalische Lebensverhältnisse gewinnen zu können. Am Beispiel von Oasenorten in der Syrischen Wüste, die unweit des Untersuchungsgebietes liegen, beschrieben zwei Arbeiten Einzelaspekte wie „Le rôle de la tente dans la transformation de l’espace villageois à Qdair: Le jeu annuel de la sédentarisation“ (1984) und „Formation et Transformation de l’Espace Domestique en Syrie Centrale. Deux Examples El Kowm et Qdair“ (1983).

Im Rahmen seiner Grabungen hat Önhan Tunca zusammen mit J.-M. Meunier, J.-Cl. Lamisse und E. Stockeyr die Architektur zweier nordostsyrischer Dörfer aufgenommen und unter dem poetischen Titel „Architecture de Terre, Architecture-Mère. Portraits de deux villages en Syrie du Nord“ (1991) veröffentlicht. Die im nordostsyrischen Dorf vorkommenden Winkelhäuser ließen sich die nomadischen Maʿamara-Araber um 1936 von Baumeistern errichten, die aus über 50 km entfernten Dörfern stammten. Das die Baumeister vermutlich kurdischer Herkunft waren, könnte einen Hinweis auf deren Kompetenz auf diesem Gebiet geben.[21] Das Winkelhaus wurde hier erstmalig beschrieben.

Aus den umgebenden Regionen liegen Monographien über ländliche Häuser vor: über Südsyrien R. Thoumins „La Maison Syrienne dans la Plaine Hauranaise, le Bassin du Baradā et sur les Plateaux du Qalamūn“ (1932), über Palästina Taufiq Canaans „The Palestinian Arab House: Its Architecture and Folklore“ (1932/33) und Ron Aharon Fuchs/Michael Meyer-Brodnitz „The Emergence of the Central Hall

Abb. 8
Die Architektur des Euphrattales: Flache, einzelerschlossene Bauten um große Höfe, die häufig ohne Ummauerung bleiben

House-Type in the Context of Nineteenth Century Palestine“ (1989), über Jordanien Ammar Khammashs „Notes on Village Architecture in Jordan“ (1986) und Suhail Youcefs „Ländliche Architektur in Jordanien“ (1987). Die Dissertation Friedrich Ragettes über „Das libanesische Wohnhaus des 18. und 19. Jahrhunderts“ (1971/1980) bringt eine Bestandsanalyse der Haustypen des Libanon. Ihr klarer Aufbau und die Art der typologischen Abgrenzung einzelner Haustypen bildeten eine wichtige Anregung für die vorliegende Arbeit.

Untersuchungen über den Irak entstanden zumeist in Zusammenhang mit archäologischen Grabungen. Es hat Tradition, daß sich die Grabungsarchitekten mit der vernakulären Architektur der näheren oder weiteren Umgebung ihrer Grabungen beschäftigen. Bis heute ist Oskar Reuthers Dissertation über „Das Wohnhaus in Bagdad und anderen Städten des Irak“ aus dem Jahr 1910 ein Standardwerk.[22]

Eine gewisse Problematik für die Erforschung ländlicher Architektur in Nordostsyrien besteht darin, daß die Sozialgeschichte der Besiedlung der Region nicht dokumentiert ist. Während das Beduinentum Aufmerksamkeit erregte und romantisch verklärt wurde, beschränkt sich die Beschreibung des Ansiedlungsprozesses auf wenige Arbeiten.[23] Die umfängliche Reiseliteratur gibt leider nur wenig Aufschluß über die Wohnverhältnisse während der letzten zwei Jahrhunderte. Die Reisenden waren kaum tiefergehend an den Lebensverhältnissen der einheimischen Bevölkerung interessiert. Selten nur betraten sie die einfachen Häuser der ländlichen Bevölkerung; falls doch, schrieben sie über Schmutz und Ungeziefer und nicht über Raumnutzungen und Inventar. Die meisten Angaben erschöpfen sich in Ortsnamen oder der Nachricht, daß der Ort menschenleer vorgefunden wurde.[24] Erst Studien aus der Zeit der französischen Mandatsherrschaft, die im Umkreis des Institut Français de Damas entstanden, bieten genauere Einblicke in die Lebensverhältnisse der Landbewohner Nordostsyriens in jener Zeit.[25] Ausführlicher auf die sozialen Bedingungen in verschiedenen Teilen Syriens geht die historisch-geographische Untersuchung „Nomads and Settlers in Syria and Jordan, 1800–1980“ von Norman Lewis (1987) ein. Ihr geografischer Schwerpunkt liegt jedoch leider in anderen Landesteilen, sie tangiert den Nordosten nur.

Abb. 9
Die typische Bauweise der frühen neunziger Jahre: Betonbauten mit Vorhalle und nutzbarem Dach

Das umfangreiche Fotoarchiv des deutschen Reisenden, Diplomaten, Ausgräbers und Beduinenforschers Max von Oppenheim bildet eine ergiebige Quellen, um einen bildlichen Eindruck Syriens vom Ende des 19. Jahrhunderts bis zu den ersten drei Jahrzehnten des 20. Jahrhunderts zu vermitteln.[26] Einige seiner Fotos illustrieren das Kapitel über die Siedlungsgeschichte.

Fragestellungen

Die Literaturübersicht macht deutlich, daß eine umfassende großräumliche Untersuchung der traditionellen Architektur Nordostsyriens bislang fehlte. Die bisherigen Studien bieten weder ein überblickhaftes, geschweige denn ein vollständiges Wissen über die vorhandenen Haustypen und Bauformen. Wie die vorliegende Studie belegt, hat sich aus verschiedenen Grundtypen ein variationsreicher Formenkanon an Grundrissen entwickelt. Der Vielfalt im Detail nachzugehen, ist Ziel dieser Untersuchung, ausgehend von u. a. folgenden Fragestellungen:

- Welche Bedürfnisse bestehen in Hinsicht auf das Wohnen?
- Wie werden Wohnbedürfnisse in Grundrisse und Haustypen umgesetzt?
- Welchen formalen Hauptprinzipien folgen die Grundrisse?
- Welche Haustypen gibt es heute? Wie hängen sie typologisch zusammen?
- Wie sind die Haustypen entstanden und wie haben sie sich weiterentwickelt?
- Welche Verbindungen der Haustypen bestehen untereinander?
- Welche baulichen Traditionen brachten die seßhaften Bevölkerungen mit?
- Wie werden Räume genutzt? Wo liegen geschlechtsspezifische Unterschiede?
- Welche Einflüsse wurden aus städtischen Häusern übernommen und wie wurden sie an eigene Bedürfnisse angepaßt?
- Welche Konstruktionsprinzipien wurden verwendet, wie wirkten sie sich auf die Haustypen aus?
- Wie verändert sich Wohnen und Bauen in jüngster Zeit?

Der subjektive Faktor

Zu den prägenden Eindrücken seit meiner ersten Reise in die Region gehört die große Offenheit und Herzlichkeit der Bewohner. Im Gegensatz zu westlichen Orientklischees sind die Bewohner Nordostsyriens aufgeschlossen, mitteilsam und äußerst kontaktfreudig. Sie sind bereit, Fremde und Fremdes in positiver Weise zu akzeptieren. Entsprechend den nomadischen Gebräuchen haben sie ihre außerordentliche Gastlichkeit beibehalten und heißen jeden Besucher aufs Herzlichste willkommen.

Meine Surveys führten mich unmittelbar in das Alltagsleben. Zu Hunderten von Häusern gewährte man mir bereitwillig Zutritt und offenbarte mir einen Teil der privaten Sphäre. Ich mußte mich immer wieder neu orientieren, um Zusammenhänge zwischen den erteilten Auskünften und der Architektur herstellen zu können. Überall war ich als Gast mit dem Kanon traditioneller Gebräuche konfrontiert. Um mein Arbeitspensum zu schaffen und am Tage mehrere Häuser aufsuchen zu können, war ich oft gezwungen, Gespräche etwas abzukürzen oder das obligatorische Gastmahl abzulehnen – Unhöflichkeiten, die mir hoffentlich nachgesehen wurden.

Mit großer Offenheit beantwortete man meine Fragen, auch wenn manche für die Bewohner sicher merkwürdig klangen. Während kurz nach Betreten eines Hauses die Männer das Wort führten, änderte sich dies schnell. Frauen führten mich durch ihre Häuser und erläuterten mir ihre Sicht auf das Wohnen. Insbesondere in Familien, wo ich einige Tage blieb, wurden Frauen meine Informantinnen und Bezugspersonen. Als Europäerin war ich den traditionellen Geschlechterschranken kaum unterworfen. So konnte ich mich sowohl in der Männer- als auch in der Frauen-„Welt“ frei bewegen. Ein männlicher Forscher hätte zwar ebenfalls Zugang zu allen Räumen erhalten, jedoch nicht so intensiv mit den Frauen kommunizieren können.

Mein Bezug zu dem Thema erhielt noch eine weitere Facette, als ich zusammen mit meinem syrischen Ehemann ein Haus in traditioneller Kuppelbauweise errichten ließ. Neben der praktischen Benutzbarkeit sollte dieses Haus auch beweisen, daß moderne Ansprüche mit traditionellen Bauweisen in Einklang zu bringen sind. Wir ließen das Haus vom fähigsten und kreativsten der ländlichen Baumeister, den ich bei meinen Surveys kennengelernt hatte, erbauen.

Zwischen 1993 und 1998 war ich als Assistant Director an der Dänischen Archäologischen Mission im Tišrīn-Gebiet des Euphrattals beteiligt. In Vorbereitung des dortigen Staudammprojektes führten wir eine Rettungsgrabung durch, die mit der Flutung des Talabschnitts im Sommer 1999 beendet wurde. Da die Bewohner schon circa 15 Jahre von ihrer kommenden Umsiedlung gewußt hatten, war der übliche Prozeß baulicher Entwicklung und Veränderung weitgehend zum Stillstand gekommen. Es bot sich dort die Möglichkeit, eine auf einem älteren Stand konservierte Wohnumwelt intensiv zu studieren, da wir insgesamt länger als zehn Monate im Dorf Ǧurn Kabīr wohnten.

Im Laufe meiner Surveys haben mich unzählige Menschen in Nordostsyrien unterstützt, mir weitergeholfen und mich in unzähligen Gesprächen an ihren Erfahrungen teilhaben lassen. Ich danke ihnen für ihre Offenheit und Liebenswürdigkeit. Für die Gastfreundschaft, die mir zuteil wurde und die weit über das hinaus geht, was man in Deutschland darunter versteht, kann man sich nach traditioneller Vorstellung nicht bedanken.

Abb. 10
Die Bevölkerung Syriens ist äußerst gastfreundlich, sie begegnet Fremden ohne Vorbehalte und voller Neugier. (Auf dem Dach des Hauses stehen Sesam-Garben zum Trocknen.)

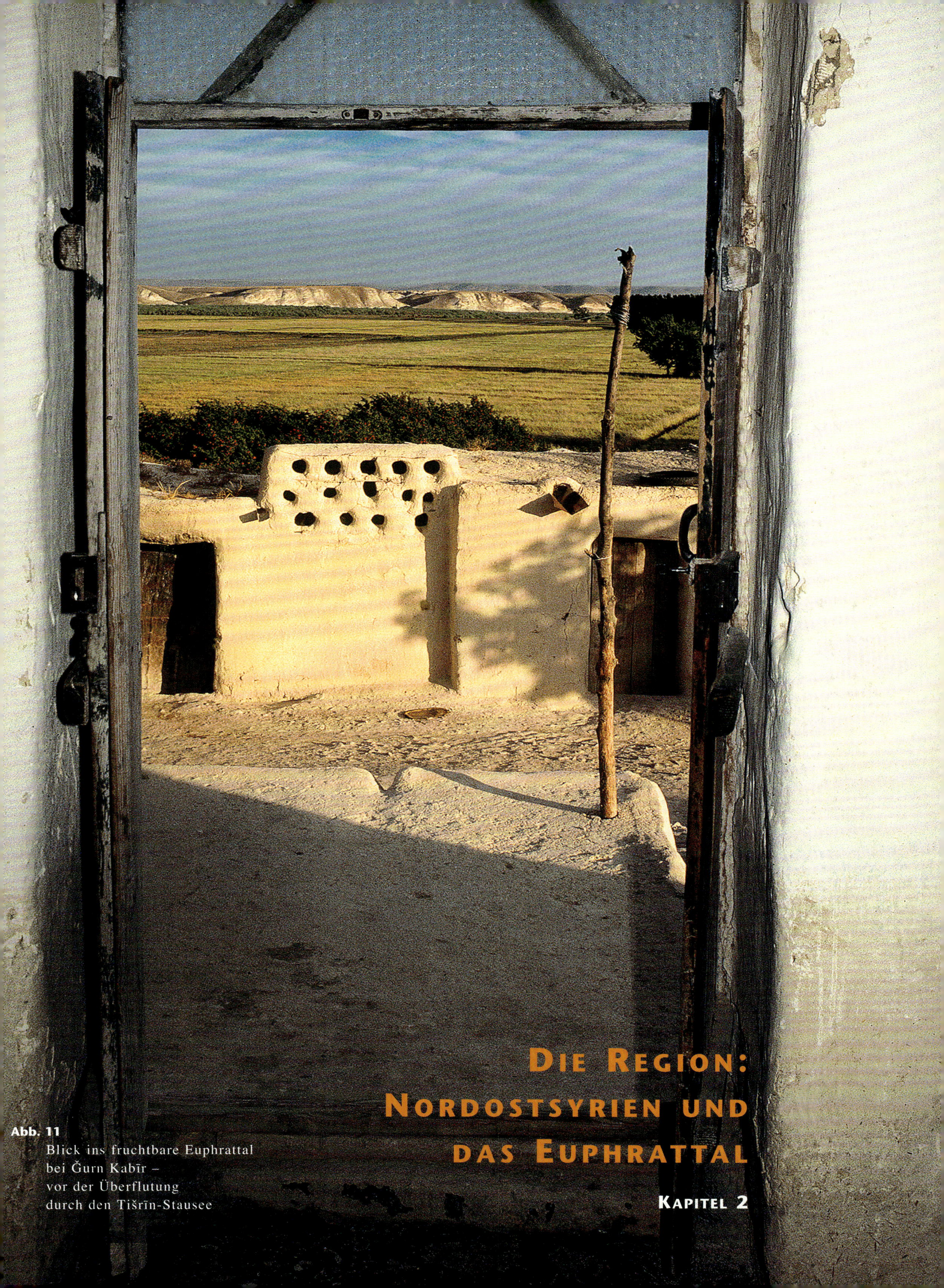

Abb. 11
Blick ins fruchtbare Euphrattal bei Ǧurn Kabīr – vor der Überflutung durch den Tišrīn-Stausee

Die Region: Nordostsyrien und das Euphrattal

Kapitel 2

Aus der Perspektive des syrischen Kernlandes und der Hauptstadt Damaskus ist Nordostsyrien ein entlegener Landesteil jenseits des Euphrats, der allerdings mehr als ein Viertel des Staatsgebietes einnimmt. Im syrischen Sprachgebrauch nennt man diese Region Al-Ǧazīra,[1] was ‚Insel' oder ‚Halbinsel' bedeutet und auf die Lage zwischen Euphrat und Tigris verweist.[2] Im Unterschied zu dieser modernen und engen Begrenzung faßten die arabischen Geographen des Mittelalters die Region Ǧazīra weiter. Sie verstanden auch die beiderseitigen Uferregionen darunter.[3] Im Norden begrenzten sie die Ǧazīra durch Armenien (bis Samsat am Euphrat), nordöstlich durch Azerbaidjan und südlich durch die Landschaft Irak, die auf der Höhe der Städte Anbar am Euphrat und Tikrīt am Tigris begann.[4]

In islamischer Zeit bis zum Beginn der osmanischen Herrschaft war die Großregion Ǧazīra unterteilt in: den nördlichen Distrikt Diyār Bakr mit der Stadt Diyarbakir, den westlichen Distrikt Diyār Muḍar mit den Städten Ar-Raqqa, Harran, Sürüç, Edessa (heute Urfa), den östlichen Distrikt Diyār Rabīʿa mit den Städten Nisibin (heute Nusaybin), Mardin, Moṣul und Balād (heute Balād Sinǧār). Die Wüstensteppe in der Mitte der Ǧazīra bildete die natürliche Grenze zwischen den Distrikten Diyār Muḍar und Diyār Rabīʿa und ebenso wie später zwischen den osmanischen Provinzen.

Das griechische ‚Mesopotamia', wörtlich ‚Zwischenstromland', verweist ebenfalls auf die inselhafte Lage des Gebietes.[5] Unabhängig davon, wie weit nördlich oder südlich die Ausdehnung Mesopotamiens angenommen wird, umfaßte der damit verbundene historische Raum immer auch die jeweils andere Flußseite von Euphrat und Tigris[6] und steht damit im Gegensatz zur heutigen Auffassung der Ǧazīra. Das vorliegende Buch folgt eher der historischen Definition, indem sie die andere Seite des Euphrat samt Hinterland mit einbezieht.

Die heutigen Staatsgrenzen teilen die Ǧazīra in einen schmalen nördlichen Streifen auf dem Gebiet der Türkei und in zwei große Teile in Syrien und dem Irak.[7] Aufgrund der schwierigen politischen Verhältnisse im Irak und in der Türkei während der achtziger und neunziger Jahre war es nicht möglich, Forschungen auf dortige Regionen auszudehnen,[8] so daß sich das untersuchte Gebiet zwangsläufig auf den syrischen Teil der Ǧazīra einschließlich der westlichen Uferregion des Euphrat beschränken mußte.

Die nordwestliche Grenze zur Türkei wurde definitiv im Jahr 1921, die nordöstliche um 1930 festgelegt. Die irakische Grenze wurde in Verträgen der Jahre 1920, 1922 und 1933 vereinbart.[9]

Nordostsyrien wird von der türkischen Staatsgrenze begrenzt, die entlang der Bagdadbahntrasse verläuft.[10] Unweit nördlich davon geht die mesopotamische Ebene in die Gebirgszüge der Mardin-Berge, des Tur Abdin und des östlichen Taurus über. Die südliche Begrenzung bilden die Gebirgszüge des Ǧabal ʿAbd al-ʿAzīz und Ǧabal Ǧaraiba/Ǧabal Sinǧār, resp. die Staatsgrenze zum Irak. Obwohl die Region Ǧazīra sich sehr viel weiter nach Süden ausdehnt, habe ich das untersuchte Gebiet entlang der Regenfeldbaugrenze quer durch die Ǧazīra-Steppe begrenzt.[11] Es reicht im Westen bis Ar-Raqqa am Euphrat.[12] (Abb. 14)

Seit der muslimischen Eroberung Vorderasiens im 7. Jahrhundert bildet die Ǧazīra den nördlichsten Teil des arabischen Siedlungsgebietes. In ihr mischten sich u. a. arabische, kurdische und aramäische Bevölkerungen, wobei die arabische heute die Mehrheit stellt.

Räumliche Gliederung

Die naturräumliche Gliederung der syrischen Ǧazīra erfolgt vor allem durch die beiden großen Wüstenströme Euphrat und Tigris, deren Zuflüsse alle von den Taurusausläufern im Norden gespeist werden. Prägend sind auch die ostwestlich verlaufenden, sattelför-

12

13

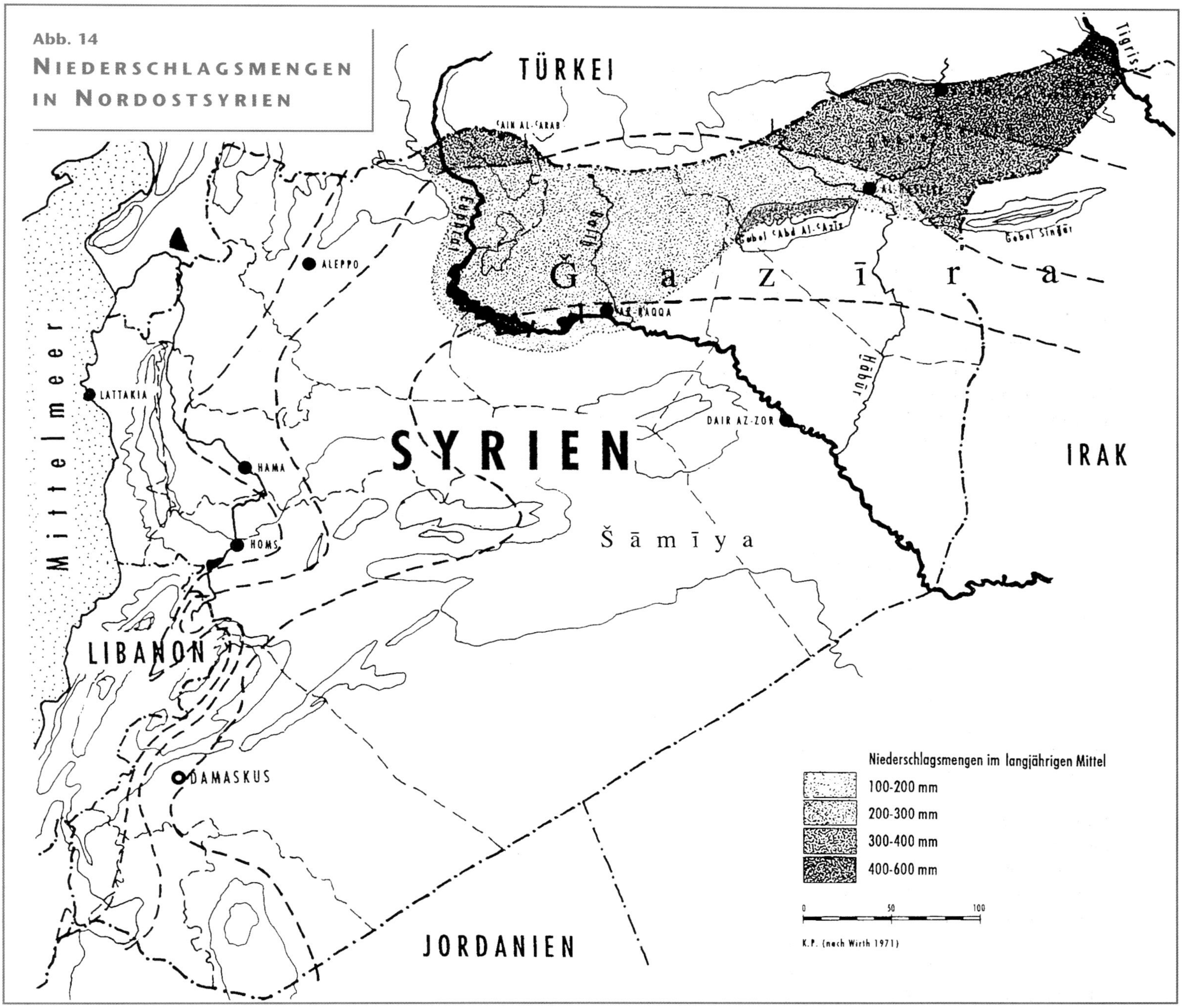

Abb. 14
Niederschlagsmengen in Nordostsyrien

Abb. 12
Das Euphrattal vor Überflutung durch den Tishrin-Stausee: eine intensiv beackerte Flußaue und Höhenrücken, auf denen Gerste im Regenfeldbau angebaut wurde

Abb. 13
Unzählige Wadis durchziehen die fruchtbaren Ackerebenen des Ḫābūr-Dreiecks; im Vordergrund bewässerte Felder

Abb. 14
Der größte Teil Nordostsyriens liegt innerhalb der 200–300 mm-Niederschlagszone (im langjährigen Mittel) und gilt damit als gerade noch für Regenfeldbau geeignet; der nordöstliche Teil der Ǧazīra weist höhere Niederschlagsmengen auf

migen Auffaltungen der Gebirgszüge Ǧabal ʿAbd al-ʿAzīz (bis 920 m) und Ǧabal Ǧaraiba/Ǧabal Sinǧār (in Syrien 903 m, auf irakischer Seite 1460 m). Nur im äußersten Nordosten, in Tigrisnähe, reicht ein ferner Ausläufer des Zagros-Gebirges, das kleine Basaltmassiv des Ǧabal Karačōk (769 m), mit seinen Erdöllagerstätten nach Syrien hinein. Diese Region war samt dem Bergfußglacis des östlichen Tur Abdin und den Ebenen nördlich des Ǧabal Sinǧār bis an den Tigrisbogen im Osten durch die Grenzvereinbarungen mit der Türkei an Syrien gefallen. Seiner merkwürdig dreieckigen Form und der Tatsache, daß es wie ein Anhängsel aussieht, verdankt es in der Literatur den Namen Bec de Canard, ‚Entenschnabel'.[13]

Die Ǧazīra besteht zu großen Teilen aus ebenem Tafelland mit flachen Aufwölbungen und Mulden. In den Senken lagerte sich fruchtbares Feinmaterial ab, das ebenso wie die im Nordosten vorhandenen weichen Mergelschichten gute Böden für eine landwirtschaftliche Nutzung bietet.

Als natürliche Feingliederung der Landschaft durchziehen unzählige kleine und mittlere Wadis die gesamte östliche Ǧazīra, die im Falle von Niederschlägen binnen kurzem zu reißenden Flüssen werden können, während sie die meiste Zeit des Jahres trocken liegen. Die Quellflüsse des Ḫābūr speisen sich zum Teil aus

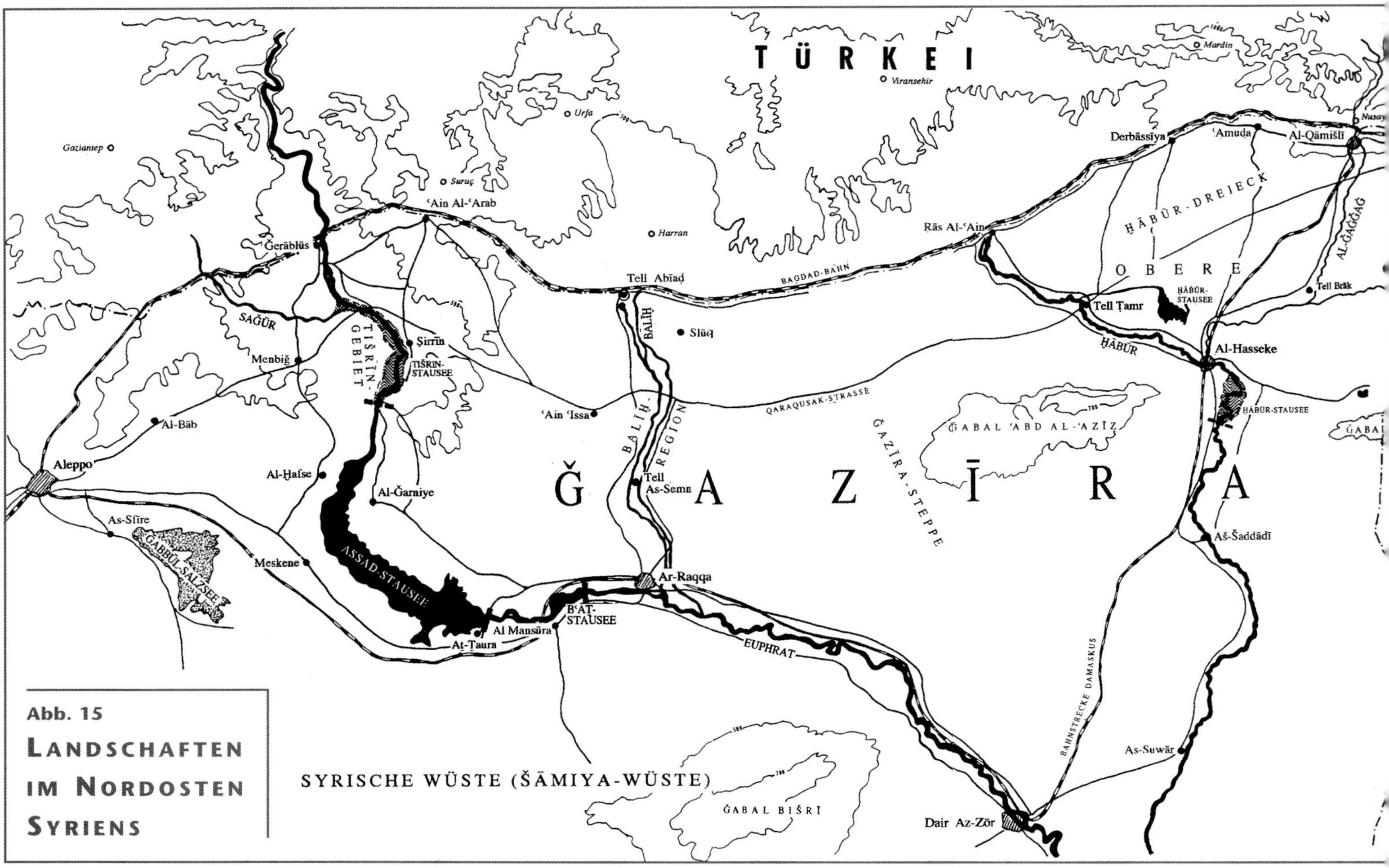

Abb. 15
Landschaften im Nordosten Syriens

solchen Wadis. Sie bilden zusammen mit den Zuflüssen aus dem Tur Abdin und den Schwefelquellen bei Ra''s Al-ʿAin den Flußfächer des Ḫābūr.

Diesen östlichen Teil des untersuchten Gebietes bis in den Bec de Canard hinein nennen die Bewohner Ğazīra al-ʿAlya, französisch ‚La Haute Djezireh'. In Anlehnung daran führe ich den bislang im Deutschen nicht geläufigen Begriff ‚Obere Ğazīra' ein.

Der Euphrat-Nebenfluß Balīḫ speist sich durch unterirdische Zuflüsse aus Taurus-Ausläufern und bildet bei ʿAin Al-ʿArūs (nahe Tell Abiaḍ) einen großen Quellsee. Er besteht aus einer Vielzahl von Nebenarmen und Zuflüssen. Durch starke Auffächerung und die fast völlige Versumpfung in seinem Mittel- und Unterlauf mußte er, um nutzbar zu sein, kanalisiert werden. Die ohnehin geringe Wassermenge wird heute durch Bewässerungsmaßnahmen weiter dezimiert, so daß der Unterlauf im Sommer oft trocken liegt.

Der Euphrat bildet eine Flußoase und mäandriert stark. Die Wasserläufe des Euphrat-Flußsystems haben sich nur wenig in den Untergrund eingegraben, häufige Änderungen des Laufs sind die Folge. Nur bis zu maximal 100 m hohe alluviale Rücken ragen vor allem im nördlichen syrischen Euphrattalbereich über dem Fluß auf. Einen gravierenden Einschnitt in diese naturräumliche Gliederung stellen die Stauseen der letzten Jahrzehnte dar: Der im ‚Euphratknie' gelegene Assad-See mit einer Fläche von ca. 674 km^2 ist einer der größten Stauseen der Welt. Der unterhalb gelegene kleinere Al-Bʿāṯ-Stausee mißt 27 km^2. Der Tišrīn-Stausee oberhalb des Assad-Sees überflutete das Euphrattal 1999. Weitere Stauseen finden sich am Ober- und Mittellauf des Euphratnebenflusses Ḫābūr, die aufgrund der flachen Täler weite Ebenen bei einer nur geringen Tiefe überschwemmen.

Im Gegensatz zum Euphrat spielt der Tigris für die Wasserwirtschaft der syrischen Ğazīra nur eine sehr untergeordnete Rolle, da er die Grenze zur Türkei und zum Irak bildet und sein Wassereinzugsgebiet auf syrischem Territorium mit nur einem kleineren Nebenfluß, dem Safan Dere, sehr gering ist.

Nordostsyrien läßt sich in folgende Landschaftsräume gliedern.[14] (Abb. 15)

- Das Euphrattal (im untersuchten Gebiet) bestehend aus:[15]
  - dem „nördlichen" Talabschnitt zwischen Ğerāblūs und Tišrīn-Stauseegebiet (Staudamm bei Qišlat Yuṣuf Bāša, seit 1999 geflutet) (Abb. 11, 12)
  - dem „mittleren" Talabschnitt mit dem Assad-Stauseegebiet (südlich Staudamm Qišlat Yuṣṣuf Bāša bis Staudamm Al-Ṭaura/Tabqa)
  - dem „südlichen" Talabschnitt zwischen Al-Ṭaura/Tabqa und Ar-Raqqa, incl. dem kleinen Bʿaṯ-Stausee)
  - Šāmiya-Wüste (Bewässerungsregion in dem nördlichen Ausläufer der Syrischen Wüste)
- Die ʿAin Al-ʿArab-Ebene (Südteil der heute türkischen Sürüç-Ebene)
- Die Balīḫ-Region
- Die Ğazīra-Steppe
- Die Obere Ğazīra, bestehend aus:
  - dem Gebirgszug Ğabal ʿAbd al-ʿAzīz,
  - dem Ḫābūr-Flußdreieck, (Abb. 13)
  - dem Bec de Canard,
  - dem Wadi Ar-Radd,
  - dem Gebirgszug Ğabal Ğaraiba (als Ğabal Sinğār-Ausläufer).

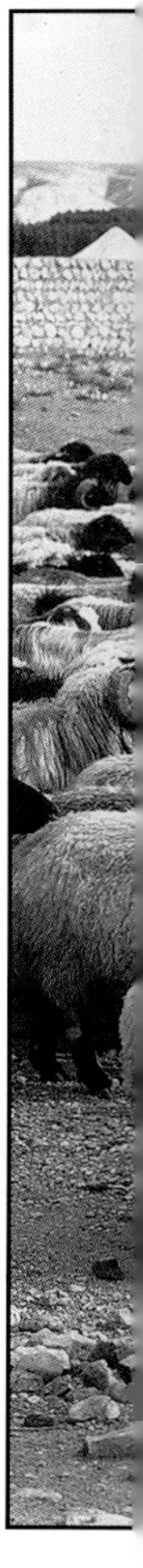

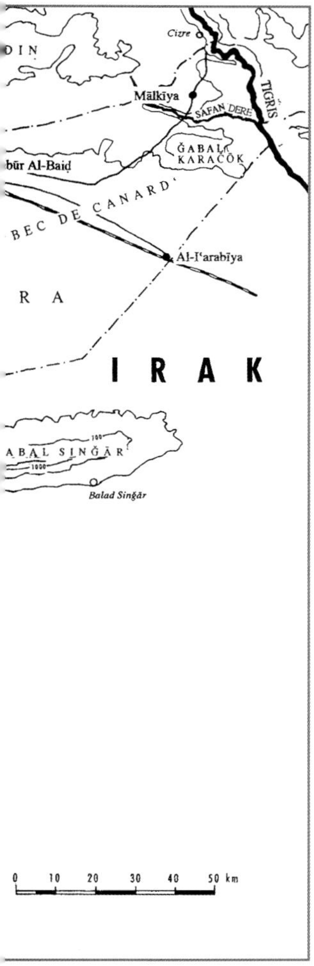

Abb. 15
Die Bewohner benennen die Landschaften nach nahegelegenen Zentralorten, Landschaftsnamen werden wenig verwendet

Abb. 16
Ein Leihhirte läßt die Schafe und Ziegen im weiteren Umkreis des Dorfes weiden

Klima und Flora

Während der Westteil Syriens in einem mediterranen Klimabereich liegt, überwiegt im Nordosten kontinentales Klima mit starken Tag-Nacht-Schwankungen. In den Sommermonaten steigen die Mittagstemperaturen im Landesdurchschnitt auf 43° C, während sie im östlichen Teil der Ğazīra auf bis zu 47° C klettern können.[16] Von Juni bis September herrschen aride Klimabedingungen, in dem praktisch kein Niederschlag fällt. (Abb. 14) Die Winter sind dagegen von Westwinden geprägt, die sehr wechselhafte und manchmal feucht-kühle Wetterlagen mit sich bringen. Das noch mediterrane Klima der westlichen Ğazīra wirkt sich auch im Sommer in leicht kühlenden Westwinden aus. Nach Osten hin zunehmend prägt die Stauwirkung des Zagrosgebirges das Klima. Vor allem in den Wintermonaten führen die hohen Gebirgszüge des Zagros und Taurus zu hohen Jahresniederschlägen einschließlich Schnee im Bec de Canard.

Während im westlichen Teil die Niederschlagsmengen im Dezember, Januar und Februar fallen, konzentrieren sie sich im Osten im Februar, April und Mai. In den Wintermonaten fällt in allen Teilen der Ğazīra so viel Regen, daß in guten Jahren und bei entsprechender Bodenqualität Regenfeldbau möglich ist. Die Niederschläge liegen für den Zentralbereich der Ğazīra im langjährigen Mittel bei 200–300 mm, im nordwestlichen Zipfel steigen sie auf bis 400–600 mm.[17] Winterliche Kaltlufteinbrüche mit Temperaturen um null Grad sind häufig, können aber von milden Temperaturen bis zu 18° C abgelöst werden.

Im westlichen Teil der Ğazīra herrscht die Windrichtung West vor, von Südwesten kommende Staubstürme im Herbst und im Frühjahr erreichen Nordostsyrien meist nur noch in Ausläufern.

Pflanzengeographisch gehört Nordostsyrien zu einem „Verzahnungsbereich“ natürlicher Florenregionen, von denen die irano-turanische die prägendste ist. Diese ursprüngliche Vegetation Syriens ist jedoch durch anthropogene Überformung wie Besiedlung, Kultivierung des Bodens und Überweidung weitgehend zerstört. Die einstmals dichte Pflanzendecke – teilweise mit Gehölzen – ist reduziert auf wenige Gräser und anspruchslose Stauden.

Im Euphrattal existierte bis ins 19. Jahrhundert hinein ein Waldsaum bestehend aus Euphratpappeln und kleinwüchsigen Tamarisken, vereinzelt wuchsen Weiden und Ulmen. Diese Gehölze mußten an den meisten Orten einem intensiven Bewässerungsfeldbau weichen, ihre Stämme wurden für den Bau der ersten Häuser geschlagen. Auch der Tigrisnebenfluß Safan Dere mit seinen kleinen Zuflußwadis im Bec de Canard wies einen natürlichen Baumbestand auf.

Ausgedehnte Pappelpflanzungen als Monokulturen gehören zu den großen staatlichen Bewässerungsprojekten beiderseits des Assad-Stausees, die den Grundstock zur Versorgung ganz Nordostsyriens mit Bauholz schufen.

17

18

Vereinzelt pflanzen auch Privatleute Pappelhaine in den Flußtälern an, deren Holz auf den regionalen Märkten verkauft wird.

In den zahlreichen Mäanderwindungen der Flüsse sowie den Feuchtstellen der kleinen Wadis und am Uferrand der Stauseen herrschen ideale Bedingungen für Schilf- und Rohrpflanzen, die im traditionellen Hausbau vielfältig verwendet wurden.

Landwirtschaft

Die kultivierbare Fläche beträgt geschätzt ca. 2,4 Mill. ha, während nicht kultivierbare Flächen wie Wüsten, Seen, Gebirge und Städte ca. 0,15 Mill. ha ausmachen. Die Weideflächen der Wüstensteppen betragen ungefähr weitere 0,9 Mill. ha.[18] In vielen Gebieten herrschen tonige Lehmböden und lößähnliche Böden mit sehr guter Wasserspeicherfähigkeit vor, so daß sich gute bis hervorragende Anbaumöglichkeiten bieten.

Dagegen ist in den einst waldreichen Gebirgsregionen des Ǧabal ʿAbd Al-ʿAzīz aufgrund von Kahlschlag und der darauf folgenden starken Erosion kaum noch landwirtschaftliche Nutzung möglich.

Wie zu römischer Zeit sind heute wieder all jene Teile der Ǧazīra dauerhaft besiedelt, in denen landwirtschaftlicher Anbau rentabel ist. In der Ǧazīra-Steppe zwischen Balīḫ und Ḫābūr und an den Nordausläufern des Ǧabal Sinǧār rentiert sich der Anbau wegen stark salzhaltiger Böden nicht.[19] Dieses Ödland scheidet das untersuchte Gebiet sehr deutlich in einen westlichen und einen östlichen Teil.

Alle in den ländlichen Bereichen lebenden Familien betreiben Landwirtschaft in irgendeiner Form. Gesteigerte Ansprüche einerseits und zu kleine Parzellen andererseits zwingen jedoch viele Familien, sich zusätzliche Erwerbsmöglichkeiten zu suchen. Im ländlichen Raum beträgt das Verhältnis von landbesitzenden zu landlosen Einwohnern ca. 1:10.[20] Dies liegt darin begründet, daß es einerseits trotz der verschiedenen Landreformgesetze immer noch Großgrundbesitz gibt,[21] und daß andererseits in vielen Familien nur das Oberhaupt einer Großfamilie als Besitzer registriert ist, obwohl seine Söhne längst schon Teile des Landes für ihre eigenen Kleinfamilien bewirtschaften. Die statistischen Angaben des syrischen Staates für die Jahre 1981 und 1988 weisen einen durchschnittlichen Landbesitz in der Provinz Aleppo von 14,2 ha, in der Provinz Al-Hasseke von 26 ha und in der Provinz Ar-Raqqa von 39 ha aus.[22] Vor dem ersten Landreformgesetz von 1958 waren 82% aller Bauern entweder landlos oder besaßen nur Kleinstbetriebe. Die durchschnittliche Zuteilungsgröße der verteilten Flächen betrug in Nordostsyrien 9 ha.

Viele, die einen kleinen Besitz erhalten hatten oder deren Land von schlechter Bodengüte war, sahen sich in den folgenden Jahren gezwungen, entweder ihr Land zu verlassen und in die Städte abzuwandern oder Landwirtschaft nur noch als Nebenerwerb zu betreiben. Durch die Landreform und die wirtschaftlichen Entwicklungen der letzten Jahre wurden vor allem die mittleren und großen Bauern begünstigt. 24% aller syrischen Landbesitzer sind heute mittlere Bauern.[23] Sie stellen einen großen Anteil der ländlichen Bevölkerung Nordostsyriens.

Die immer noch bis zu 300 ha besitzenden, großen Grundeigentümer bewirtschaften ihr Land mit Hilfe eines modernen Maschinenparks und entsprechenden finanziellen Investitionen. Weite Teile Nordostsyriens werden von großen städtischen Agrarunternehmern (Rentiersystem) bewirtschaftet, die – ohne eigenen Boden zu besitzen – gepachtete Flächen ökonomisch rationell beackern können. Vor der Bodenreform waren sie es, die die riesigen Ackerflächen für die Landwirtschaft erschlossen hatten.

Hauptsächlich angebaute Feldfrüchte sind: Gerste, Weizen, Linsen, Mais, Kichererbsen, Tomaten, Bohnen, Baumwolle, Sesam, Soyabohnen und Zuckerrüben, die vorzugsweise innersyrischen Bedarf decken. (Abb. 18) Agrarische Exportprodukte Nordostsyriens, die auf dem Weltmarkt gehandelt werden, sind in erster Linie Baumwolle, Weizen und Linsen. In weiten Teilen des Landes reichen die Niederschläge nur aus, um Gerste gedeihen zu lassen.

Der andere Haupterwerbszweig der Ǧazīra ist eine Viehzucht, die sich vor allem auf Schafe und Ziegen konzentriert. (Abb. 16, 18) Trotz zahlreicher Probleme in Folge von Überweidung nimmt der Bestand zu, da der Verkauf von Milchprodukten, Wolle und

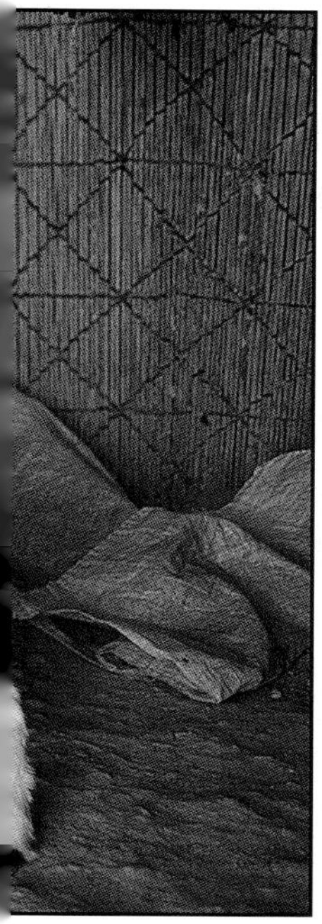

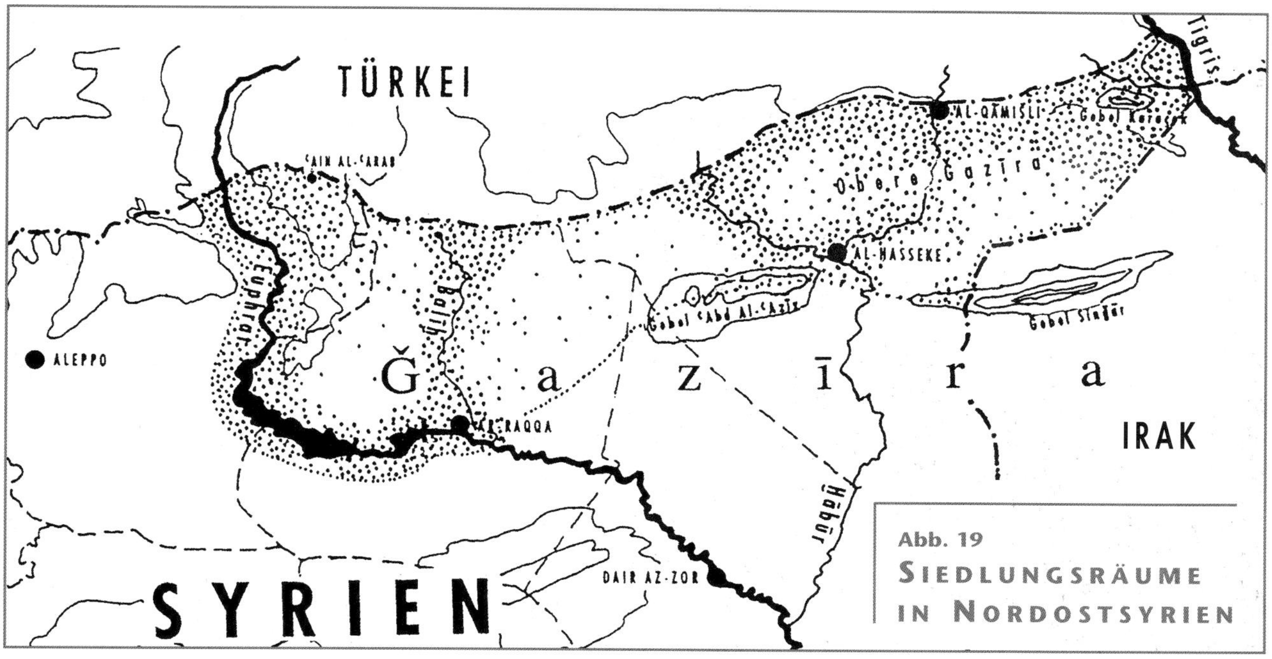

Abb. 19
Siedlungsräume in Nordostsyrien

Abb. 17
Die ganze Familie hilft bei den Erntearbeiten: neben viel Handarbeit erleichtern landwirtschaftliche Maschinen die Arbeit – hier läßt man den Mais von einem Mähdrescher dreschen

Abb. 18
Die Versorgung des Viehs ist Frauensache: um später als Leittier zu dienen wird dieses männliche Zicklein früh an Menschen gewöhnt

Abb. 19
Die besiedelten Räume konzentrieren sich im Westen entlang der Flüsse, im Osten verteilen sie sich in der gesamten Oberen Ğazira – mit ihren minderwertigen Böden sind die Ğazīra-Steppe und die Grenzregion zum Irak dagegen relativ menschenleer

Jungtieren fast immer Gewinn bringt. Die Weidewirtschaftsformen sind im wesentlichen transhumant, d. h. die Herden werden während gewisser Perioden in andere Klima- und/oder Vegetationsgebiete gebracht. Die auf den lokalen Viehmärkten verkauften Tiere gehen in die Städte oder werden in andere arabische Staaten exportiert. Diese Art der Kleinviehhaltung und des Ackerbaus ergänzen sich: Nach der Ernte grasen die Herden Stoppelfelder ab, auf denen sie dabei auch für Düngung sorgen.

In kleinerem Rahmen werden auch Rinder gehalten: zum einen bei Kleinbauern in den Talauen der Flüsse, zum anderen im Rahmen staatlicher Projekte in den Bewässerungsgebieten des Euphrattals. Nur im Bec de Canard mit seinen kleinen Seen hält man auch einige wenige Wasserbüffel. In den letzten Jahren gewinnt die Hühnerzucht an Bedeutung, bislang dient sie jedoch nur der regionalen Versorgung. Trotz der nomadischen Tradition gibt es Pferde- und Kamelzucht nur in sehr geringem Ausmaß.[24]

Neben dem Eigenbedarf produzieren die Bauern Milchprodukte für die lokalen Märkte der kleineren und größeren Städte. Die Wege dieser Vermarktung sind dank eines engen Händlernetzes sehr direkt und für alle Seiten ökonomisch rentabel.[25] Fischfang hat sich als einer der ganz wenigen spezialisierten Arbeitsbereiche neu entwickelt, bietet jedoch nur wenige Arbeitsplätz. Die Euphratstauseen bieten reiche Fischgründe, deren Fänge Zwischenhändler aus Aleppo aufkaufen und in die Städte transportieren.

Ökonomische und politische Aspekte

Im Ğabal Karačōk und seiner weiteren Umgebung werden Erdöl und Erdgas gefördert und sowohl für den Eigenbedarf raffiniert als auch als Rohöl exportiert. Seit dem Boykott irakischen Erdöls im Rahmen des Golfkriegsembargos hat Syrien seine Exportmengen beträchtlich erhöhen können.

Andere Erwerbszweige in der ländlichen Ğazīra sind so marginal, daß sie zahlenmäßig nicht ins Gewicht fallen. Allenfalls erwähnenswert sind Dienstleistungsbereiche wie Transportwesen, Lebensmittelhandel oder Textilschneiderei für die lokale Bevölkerung. Viele Güter des täglichen Bedarfs werden von den Haushalten nach wie vor selbst hergestellt. Darüber hinausgehender Bedarf wird durch billige Importprodukte aus Fernost gedeckt, die auf den lokalen Wochenmärkten angeboten werden.

Entlang der über ca. 530 km langen Grenze zur Türkei liegen drei Grenzübertrittstellen (Ğerablūs, Tell Abiaḍ, Al-Qāmišlī), über die nur wenig Warenaustausch betrieben wird. Die größere Menge überquerte die Grenze (zumindest

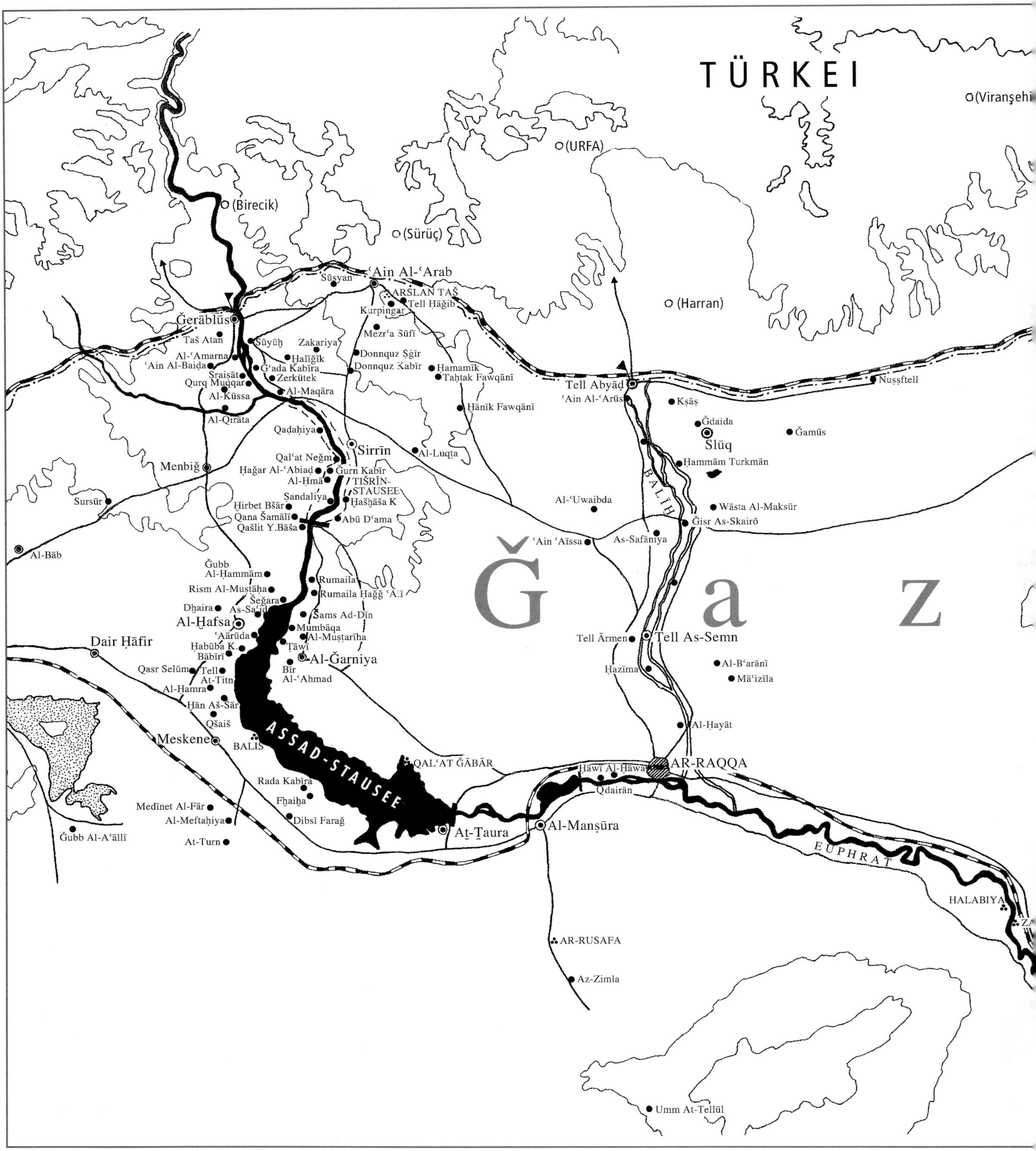

Abb. 20

Lage der aufgesuchten Orte in Nordostsyrien

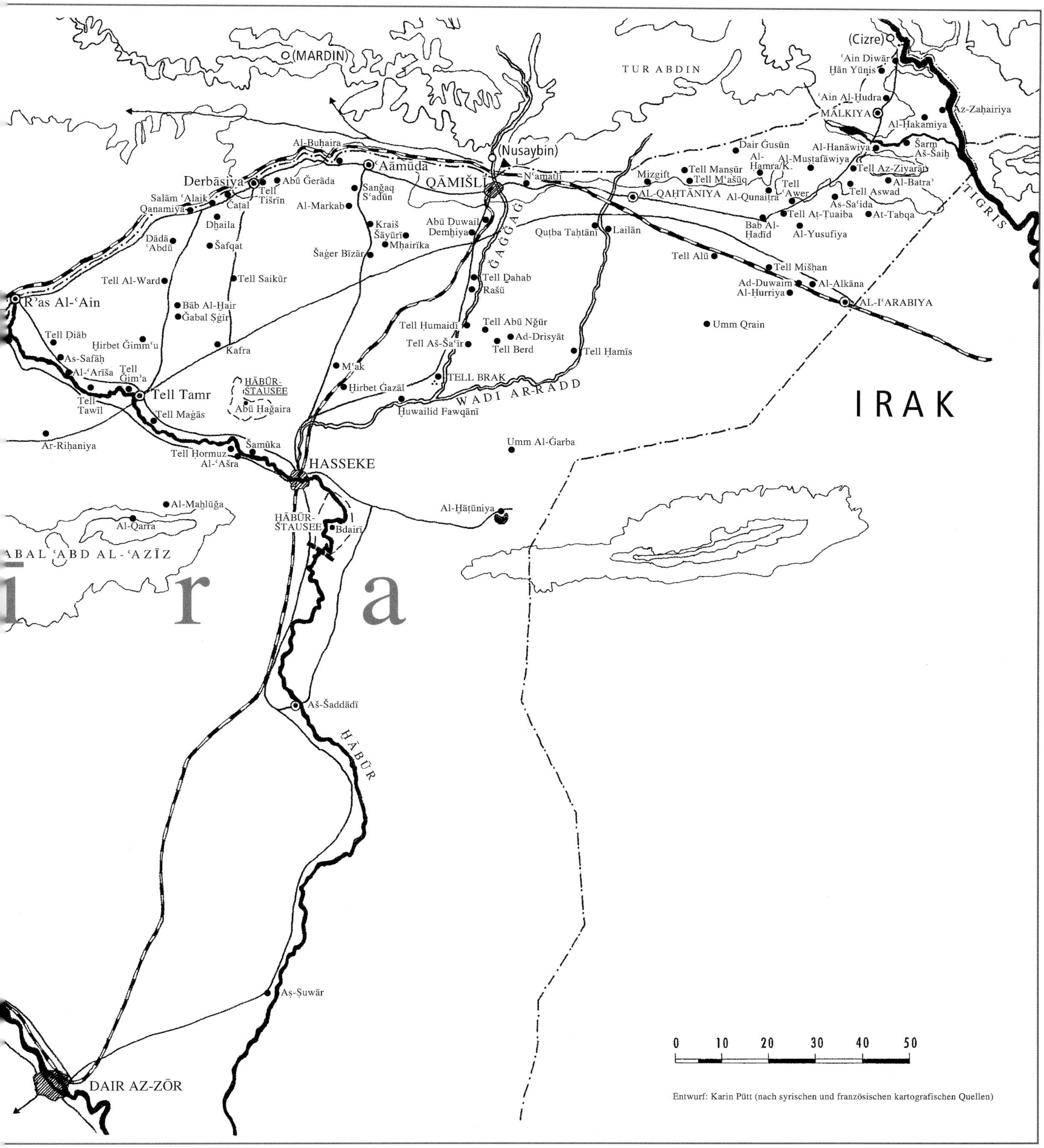

Entwurf: Karin Pütt (nach syrischen und französischen kartografischen Quellen)

bis in die 90er Jahre hinein) als Schmuggelware in beide Richtungen – von Waren des täglichen Bedarfs bis zu Fernsehgeräten.

Nordostsyrien erfährt seit dem Aufschwung in den 50er Jahren als eine der Kornkammern Syriens und der Entdeckung der Erdölvorräte auch staatlicherseits größere Unterstützung. Dies begann mit dem Ausbau des Straßennetzes, der großen Ostwest-Verbindungsstraße Qaraqozaq-Road, und einer Zugverbindung nach Damaskus, die Al-Qāmišli mit der Hauptstadt in 15 Stunden verbindet. Für die Kontrolle und schnelle Erreichbarkeit sind auch strategische Gründe wichtig: sie grenzt an Türkisch- und Irakisch-Kurdistan, beides konfliktträchtige Regionen.

Die Bevölkerung der Grenzgebiete zur Türkei und zum Irak hin war bis in die 70er Jahre hinein ausschließlich kurdischer Herkunft (auf beiden Seiten der Grenze). Im Zuge der Arabisierungspolitik der syrischen Regierung siedelte man Bewohner des Euphrattals, die dort dem Assad-Stausee hatten weichen müssen, im Nordosten an. Diese Politik des *ḥizām al-ʿarabī*, des „arabischen Gürtels“, sollte die arabische Besiedlung bis zur Staatsgrenze ausdehnen, um die Bevölkerungszahlen zugunsten der Araber zu verändern.[26] Die Folge war ein zwangsweises Nebeneinanderleben von arabischer und kurdischer Bevölkerung; eine Politik, die viele lokale Konflikte heraufbeschwor. Heiraten zwischen Angehörigen verschiedener ethnischer Gruppen und sogar regionale Wahlbündnisse zwischen verschiedenen ethnischen Gruppen, z. B. zur Parlamentswahl 1990, sorgten für ein größeres Verständnis und mehr Respekt füreinander. Das Zusammenleben hat sich – trotz weiter schwelender Konflikte – auf eine weitgehend friedliche Koexistenz eingependelt.

Siedlungsgeographie

Das untersuchte Gebiet umfaßt den östlichsten Teil der Provinz Aleppo (durchschnittliche Bevölkerungsdichte: 145,2 Einwohner/km²),[27] den nördlichen und zentralen Teil der Provinz Ar-Raqqa (19,8 Ew/km²) und die fast komplette Provinz Al-Hasseke (35,8 Ew/km²). Während in der flächenmäßig größeren Provinz Al-Hasseke 64% der Einwohner im ländlichen Bereich wohnen, leben in der kleineren und dünner besiedelten Region Ar-Raqqa nur 33% und in der Provinz Aleppo 36% im ländlichen Bereich.[28] (Abb. 19)

Da die Festlegung der heutigen Staatsgrenzen kaum Rücksicht auf gewachsene Strukturen nahm, wurde der östliche Teil der Oberen Ǧazīra von seinen Verwaltungs- und Handelsmittelpunkten Moṣul (heute Irak) und Ǧazīrat Ibn Omar (heute: Cizre/Türkei) ebenso abgeschnitten wie der nördliche Teil der heutigen syrischen Ǧazīra von seinen Zentren Nusaybin, Mardin und Urfa. Die drei einstmals für die Versorgung Nordostsyriens wichtigen Städte liegen heute auf türkischem Territorium.

Die Bevölkerung der Ǧazīra konzentriert sich im Euphrattal und im Ḫābūr-Dreieck. Hier liegen auch die Großstädte:

- Ar-Raqqa (hist. Nikephorion/Kallinikos), Hauptstadt der gleichnamigen Provinz,
- Al-Hasseke, Neugründung während der Mandatszeit und heute Hauptstadt der gleichnamigen Provinz,
- Al-Qāmišlī, Neugründung wahrend der Mandatsperiode und heute kultureller Mittelpunkt der Oberen Ǧazīra.

Es gibt einige Mittelzentren, die als Kreisorte fungieren und zentrale Aufgaben der Verwaltung erfüllen. Einige von ihnen können, wie z. B. im Falle von Menbiǧ (Bambyke/Hierapolis), Raʾs Al-ʿAin (Resaina/Theodosiopolis), Alt-Meskene (Emar/Balis/Barbalissos)[29], auf eine bedeutende antike Geschichte zurückblicken. Im Stadtbild dieser Landstädte finden sich trotz der historischen Wurzeln kaum noch antike bauliche Zeugnisse; ihr Charakter ist geprägt von einem funktional bestimmten, chaotischen wirtschaftlichen Aufbruch.

Die Zahl der Dörfer und Weiler dürfte nach sehr grober eigener Schätzung 1.600[30] betragen und ist aufgrund von immer noch erfolgender Neuansiedlung oder Umsiedlungsprojekten der Regierung geringfügig im Wachsen begriffen. Mit Ausnahme der Wüstensteppe ist Nordostsyrien dicht mit Dörfern besetzt. Darunter sind Ansiedlungen von ca. 100 bis zu mehreren tausend Einwohnern zu verstehen, die eine räumliche Einheit bilden. Die Einkommensbasis dieser Menschen beruht auf landwirtschaftlichen Erwerbszweigen, und materieller Wohlstand ist stark von den jährlichen Regenfällen abhängig. Viele Dörfer erhalten heute einen Anteil der Finanzkraft seiner Bewohner durch männliche Familienmitglieder, die in anderen arabischen Staaten arbeiten.

Eine besondere Form der Ansiedlung bildet der Erdölort Rumailān im Bec de Canard, der in den siebziger Jahren bei dem gleichnamigen Wadi buchstäblich aus dem Boden gestampft wurde. Um den hochspezialisierten Fachkräften, die dort arbeiten sollten, angemessene Unterbringung und Lebensstandard zu bieten, wurde eine spezielle städtische Infrastruktur geschaffen, von der das dörfliche Umland versorgungsmäßig nur eingeschränkt profitieren konnte. Eine weitere Ausnahmeregion bildet das Gebiet um den Assad-Stausee, wo die neue Mittelstadt Aṯ-Ṯaura/Tabqa nach osteuropäischem Muster am stromerzeugenden Stauwehr gebaut wurde. Auf dem bislang mindestens 82.600 ha großen Bewässerungsland[31] entstanden riesige Staatsfarmen und viele Dörfer. Staatsfarmen haben sich jedoch weitgehend als unrentabel erwiesen. Daher wurde die Bodenbewirtschaftung in halbprivate bis private Formen zurückgeführt. Die zentralen Einrichtungen der Staatsfarmen haben dann nur noch Angebotscharakter.

Die Mehrzahl aller Dörfer ist heute an das öffentliche Elektrizitätsnetz angeschlossen, kleinere Weiler oder Einzelgehöfte und abgeschieden gelegenere Dörfer müssen sich jedoch nach wie vor anderweitig versorgen.[32] Anschluß an die öffentliche Wasserversorgung hat bislang schätzungsweise etwas weniger als die Hälfte aller Dörfer. Der andere Teil der Dörfer verfügt über Brunnen oder liegt in der Nähe von Flüssen, aus denen Wasser entnommen werden kann. Es gibt keine Abwassersysteme in den Dörfern.[33]

Medizinische Infrastruktur ist in den Landstädten zwar vorhanden, jedoch für eine flächendeckende Gesundheitsversorgung der ländlichen Bevölkerung noch nicht ausreichend. Die Landbewohner vertrauen im übrigen eher auf die gut ausgebaute private und staatliche medizinische Versorgung in den Provinzhauptstädten. Die Säuglingssterblichkeit ist auf 37 pro 1000 lebendgeborene Kinder gesunken. Während der letzten Jahrzehnte wurde fast in jedem größeren Dorf eine Schule errichtet, und folglich ist der Analphabetismus auch auf dem Land stark rückläufig. Seit den achtziger Jahren ist es auch für Mädchen selbstverständlich geworden, zumindest die sechsklassige Grundschule zu besuchen.

Abb. 21

Beduinenfrauen verrichten ihre täglichen Arbeiten: hier beispielsweise mahlen sie Getreide in einer Steinmühle, kneten Brotteig und beaufsichtigen dabei die Kinder

(Die Fotos in diesem Kapitel stammen aus der Zeit zwischen 1890 und 1913 und sind aus dem Archiv Max von Oppenheims, vgl. Anmerkung 26 in Kapitel 1)

Geschichte und Siedlungsgeschichte

Kapitel 3

Die Geschichte der Besiedlung wird im folgenden relativ ausführlich behandelt, da sie die enormen Schwankungen verdeutlicht, deren Folgen sich bis in jüngste Zeit hinein zeigen. Die geographisch offene, ohne natürlichen Schutz versehene Lage der Landbrücke Ǧazīra prädestinierte sie für den Fernhandel, setzte sie aber auch Einfällen verschiedener Völker und Kulturen aus, die sich miteinander vermischten. Meist Fremdherrschaften unterworfen, gelang es der Ǧazīra nur sehr selten in der Geschichte, eigene Reiche auszubilden. Ein konstantes Element waren anhaltende Einwanderungen seit dem 3. vorchristlichen Jahrtausend. Semitische Nomaden aus Süd- und Südostarabien, wie die Kanaanäer, Aramäer und Araber integrierten sich in bestehende Kulturen und dominierten sie anschließend.

Die Zeugnisse der Besiedlung und der hohen kulturellen Entwicklung in vor- und frühgeschichtlicher Zeit sind so zahlreich, daß im folgenden nur die herausragendsten Grabungsorte in dieser Region kurze Erwähnung finden sollen.

22

23

Abb. 22
Festlich geschmückte Kamelsänfte: vielleicht wurde diese für einen Hochzeitszug präpariert, bei dem die Braut zum Zelt ihres Bräutigams gebracht wird; die Satteltaschen und ihr Inhalt sind die Aussteuer der Braut

Abb. 23
Mit „Die Einweihung der Naemi-Häuser" (vermutlich im Jahr 1911) ist dieses Bild im Oppenheim-Archiv bezeichnet; im Hintergrund erkennt man Satteldachhäuser mit giebelseitigen Zugängen – vielleicht sollten Naʿimī-Familien darin jeweils einen oder zwei Räume erhalten.
Daß es eine Einweihungsfeier mit Offiziellen der Osmanischen Verwaltung gab, legt nahe, daß mithilfe dieser Häuser Stammesangehörige der Naʿim zum Ansiedeln bewegt werden sollten

Altorientalische bis römische Zeit

Im Bereich des „fruchtbaren Halbmondes" gelegen, gehörte die Ǧazīra zu den Regionen des Beginns einer produzierenden Wirtschaftsweise. Bis in diesen nördlichen Teil Mesopotamiens reichte die Ausstrahlungskraft der sumerischen und elamischen Stadtkulturen, deren bedeutendste Vertreterin die Großstadt auf dem heutigen Tell Brak im Ḫābūr-Dreieck war. Die urukzeitliche, stark befestigte Handelsstadt Ḥabūba Kabīra und die Tempelstadt Ǧabal ʿArūda bezeugen eine hochentwickelte urbane Kultur am Ende des 4. Jahrtausends am Mittleren Euphrat. In der Zeit der frühdynastischen Stadtstaaten errang das flußabwärts gelegene Mari/Tell Ḥarīrī erstmalig eine bedeutende Rolle. Um 2300 v. Chr. gelang es Sargon von Akkad das erste vorderasiatische Großreich zu errichten, zu dem auch Nordmesopotamien gehörte. Die darauf folgende Herrschaft der III. Dynastie von Ur fand ihr Ende in den Kämpfen mit westsemitischen Nomadenstämmen, den biblischen Amoritern, die schon seit langem friedlich eingewandert waren. Der amoritische Herrscher Schamschi-Adad verlegte seine Hauptstadt nach Assur, unterwarf große Teile der Ǧazīra, und Nordmesopotamien wurde die zentrale Region seines assyrischen Reiches.[1] Unter König Zimrilim errang Mari für kurze Zeit seine Unabhängigkeit wieder, büßte diese jedoch sehr schnell wieder ein, als Hammurabi von Babylon die Stadt seinem Großreich einverleibte.

Die nach Nordmesopotamien eingewanderten Churriter errichteten um die Mitte des 2. vorchristlichen Jahrtausends für kurze Zeit in der Ǧazīra einen eigenen mächtigen Staat, das Mitanni-Reich, dessen vermutlich im Ḫābūr-Quellgebiet gelegene Hauptstadt Waššukanni bis heute nicht lokalisiert werden konnte. Danach wurde die westliche Hälfte der Region dem hethitischen Großreich, die östliche dem mittelassyrischen Reich unterworfen, deren Herrschaften jeweils bis ins 12. Jahrhundert v. Chr. andauerten. Eine verstärkte aramäische Einwanderung und die Gründung aramäischer Stadtstaaten – deren mächtigster Til Barsip, das heutige Tell Aḥmār am Euphrat war – fand ihr Ende durch die neuassyrische Machtübernahme ab dem 9. Jahrhundert. Das spätbabylonische Reich folgte den

Assyrern und übernahm das assyrische Verwaltungssystem der Region. Unter der neuen Herrschaft geschah eine verstärkte Wiederbesiedlung der Ğazīra, die mit gesteigerter agrarischer Entwicklung einherging. In jene Zeit fallen auch die ersten Einwanderungen arabischer Nomaden mit ihren Kamelen.

Im 6. Jahrhundert übernahmen die persischen Achaemeniden die Herrschaft über Babylonien und Mesopotamien und errichteten ein Großreich, das mit der Eroberung Mesopotamiens im Jahr 331 v. Chr. durch Alexander den Großen unterging. Durch makedonische und seleukidische Städtegründungen wie Nisibina/Nusaybin, Osrhoe/Urfa oder Thapsakos/Dibsi erhielten die neuen Provinzen Osrhoene und Mygdonia, in die die nördliche Ğazīra nun aufgeteilt wurde, wirtschaftliche Anstöße. Obwohl die Parther im 2. Jahrhundert v. Chr. das Seleukidenreich bis an den Euphrat zurückdrängten, blieb der hellenistische kulturelle Einfluß auch im parthischen Nordmesopotamien wirksam.

Als die Römer 64 v. Chr. im heutigen Westsyrien die Nachfolge des Seleukidenreiches antraten, übernahmen sie auch die Kontrolle über den wirtschaftlich bedeutenden Fernhandel zwischen dem Mittelmeer und Asien. Ende des zweiten nachchristlichen Jahrhunderts errichtete Septimus Severus die römische Provinz Mesopotamia und ließ die Grenzbefestigungen des östlichen Limes bauen, die vor Einfällen der Parther und Beduinen schützen und den Grenzhandel kontrollieren sollten. Unter römischer Vorherrschaft erlebten Handel und Landwirtschaft ihre bislang größte Blüte: syrische Wolle, Baumwolle, Leinen und Getreide wurden in alle Teile des Reiches exportiert, syrische Kaufmannsniederlassungen wurden an vielen Orten der damals bekannten Welt gegründet. Erst wieder Mitte des 20. Jahrhunderts sollte die Besiedlung der ländlichen Ğazīra wieder ähnlich dicht wie zu römischer Zeit sein.

Die Sprache und die kulturellen Errungenschaften der Römer – ebenso wie vorher der Seleukiden – blieben jedoch weitgehend der Oberschicht vorbehalten, während die Masse der größtenteils aramäischen Bevölkerung weiterhin nach ihren eigenen kulturellen und religiösen Vorstellungen lebte. Nur die materielle Kultur der Römer mit ihren großen technischen Entwicklungen und arbeitserleichternden Erfindungen fand überall Verbreitung.

Das Christentum konnte sich in Syrien und Nordmesopotamien sehr schnell verbreiten, in Edessa, dem heutigen Urfa, entstand bereits im 2. Jh. eine bedeutende Gemeinde, deren Lehrtätigkeit große Ausstrahlungskraft gen Osten besaß. Im byzantinischen Reich gehörte die westliche Ğazīra zur Diözese Oriens mit den Provinzen Osrhoene und Mesopotamia. Der östliche Teil der Ğazīra zwischen Nisibis und dem Tigris fiel Ende des 4. Jh. an die Sassaniden, die ihre Grenze gegen Ende des 6. Jahrhunderts bis zum Euphrat vorschoben. Der Euphrat war zu einer „historisch-politischen Schicksalsgrenze" geworden, die die Ğazīra von den Entwicklungen in der römisch-byzantinischen Welt abschnitt.[2] Die ständigen Kämpfe zwischen dem römisch-byzantinischen Reich im Westen und dem persisch-sassanidischen Reich im Osten bewirkten einen Niedergang der Ğazīra. In jener Zeit bildete sich in der Syrischen Wüste die heute bekannte Form des Beduinentums aus.

Frühislamische Zeit und Kalifat

Die Einnahme Syriens und der Ğazīra durch die muslimischen Heere 639–641 und der Machtantritt der Omayyaden mit Verlegung der Hauptstadt nach Damaskus bewirkte in ganz Syrien großen wirtschaftlichen Aufschwung. Die Randlage der Ğazīra ließ sie jedoch davon nur zum Teil profitieren, sie blieb im Bereich der Grenzauseinandersetzungen mit dem byzantinischen Reich und den späteren Kreuzfahrerstaaten. Während des Übergangs von omayyadischer zu abbasidischer Herrschaft traten die Ğazīra-Städte Harran (heute türkisch) unter Marwan II. und Ar-Rāfiqa/Ar-Raqqa unter Harūn Ar-Rašīd kurzfristig sogar als Residenzstädte des Kalifats in Erscheinung. Im späteren Verlauf der abbasidischen Herrschaft mit ihrem Zentrum im irakisch-persischen Raum geriet die Ğazīra erneut in eine Randlage, in deren Folge die Provinzherrscher von Aleppo (Provinz Diyār Muḍar) und Moṣul (Provinz Diyār Rabīʿa) eine defacto-Unabhängigkeit von der Zentralmacht erlangen konnten. Die Wirtschaft blühte, und landwirtschaftliche Produkte aus dem Ḫābūr-Dreieck und dem Balīḫ-Tal wurden ebenso wie handwerkliche Produkte aus den Städten am Nordrand der Ebene exportiert.

Im 11. Jahrhundert erlag Nordsyrien der turkmenischen Militärdynastie der Seldschuken, die jedoch die inneren Strukturen unangetastet ließ. Die von ihr eingesetzten Vasallen in Aleppo und Moṣul bekämpften die Kreuzritter über zweihundert Jahre, bevor deren Herrschaft über Syrien und Palästina durch den kurdischen General Salaḥ ad-Dīn Al-Ayūbī (Saladin) beendet wurde. Das Bagdader Kalifat sank immer mehr zur Bedeutungslosigkeit herab, während der Vordere Orient von den Ayubiden und später den Mamluken regiert wurde.

Die Mongoleneinfälle von 1260 und 1400 fügten der Ğazīra und ihren Bewohnern katastrophalen Schaden zu. Während Westsyrien danach noch einmal eine Blüte durch die mamlukische Kultur erlebte, fiel die östliche Ğazīra an die turkmenischen Stammesföderationen der Weißen und dann der Schwarzen Horde, die 1516 von den Osmanen abgelöst wurden.

Besiedlung unter osmanischer Herrschaft

In der Frühzeit der osmanischen Herrschaft – so belegen fiskalische Register – war der nördliche Teil der Oberen Ǧazīra bis zur Höhe von Šāġir Bizār und dem nördlichen Wadi Ar-Radd mit vielen Dörfern besetzt.[3] Während im Euphrattal wohl kein Anbau stattfand, betrieben am südlicheren Ḫābūr und vielleicht schon im oberen Balīḫ-Tal Nomaden Bewässerungsfeldbau und Weidewirtschaft.

„The tent-dwelling tribespeople of the valley (hier des Balīḫ-Tales, K. P.) were thus both pastoral nomads and irrigating farmers ... At first sight this way of life looks like a partway stage in a progression from complete nomadism to settled farming, but it was a stage or state so well adapted to the environment and to the human and political circumstances of the time ... that it prevailed for as long as these did not materially change.“[4] (Abb. 31)

Das sensible Gleichgewicht zwischen siedelnden Bauern und Beduinen war ungefähr seit der Mitte des 18. Jahrhunderts gestört. Schon in normalen Jahren hatten Dörfer am Rande der Steppe mit Unwägbarkeiten wie zu geringen Niederschlägen, Staubstürmen, Heuschreckenplagen etc. zu kämpfen. Dazu kamen hohe Besteuerungen durch die osmanische Administration, deren tatsächlicher Machtbereich jedoch kaum über die großen Städte hinausging und deshalb den Bauern kaum Schutz ihrer Felder vor Beduinenüberfällen bieten konnte.[5]

Um sich wenigstens leidlich vor solchen Überfällen zu schützen, waren die Dörfler ebenso wie schwächere Stämme gezwungen, die *ḫūwe*, das „Bruderschaftsgeld“, als Tribut an die starken Nomadenstämme zu zahlen.[6] (Abb. 22) Diese Abgaben bestanden in den Ernteerträgen, wie Gerste, Hirse, Weizen oder Reis und Vieh. Für die herrschenden Beduinenstämme stellte dies eine entscheidende Nahrungsgrundlage dar. Auch an die osmanische Verwaltung waren hohe Abgaben zu leisten. Um in diesem System der quasi mehrfachen Besteuerung dauerhaft überleben zu können, bedurfte es guter Ernteerträge, damit auch die eigenen Familien noch überleben konnten. Ausschließlich im Regenfeldbau war dies kaum möglich. Höhere Ernteerträge durch Bewässerung waren jedoch nur in unmittelbarer Flußnähe möglich. Unter diesen Bedingungen wurden ärmere Dörfer am Rande der Steppe in der zweiten Hälfte des 18. Jahrhunderts häufig wieder verlassen. In einigen Ansiedlungen, die sich zu Marktflecken entwickelt hatten, boten sich bessere Überlebenschancen, da sie von vitaler Bedeutung für die Nomaden selbst waren.[7] (Abb. 33)

Mit dem Vordringen der religiös-politischen Bewegung der Wahhabiten (1744–1818) in Zentralarabien sahen sich viele der dortigen Stämme gezwungen, nach Norden auszuweichen, was einen Wanderungsdruck in der Syrischen Wüste und der Ǧazīra auslöste. Im westlichen Teil der Ǧazīra unterwarfen die ʿAneze-Unterstämme Fedʿān Weld und Ḫrose im Zuge der großen Nordwanderungsbewegung kleinere und schwächere Stämme, die ehemals dort geherrscht hatten und machten sie ebenso wie die Dörfer tributpflichtig. Die Obere Ǧazīra geriet in der Folgezeit stark unter die Kontrolle der verschiedenen Šammar-Unterstämme. Die Kämpfe um Weidegebiete hatten eine weitere Reduzierung der Anbauflächen zur Folge. Die Angst, alle Vorräte bei einem Überfall der häufig selbst unter materieller Not leidenden Beduinen zu verlieren, hinterließ ihre Spuren in der rezenten Architektur.

Kontinuität und Diskontinuität der Besiedlung

Ab den dreißiger Jahren des 18.Jahrhunderts – zuerst unter dem ägyptischen Herrscher Ibrahīm Pasha, dann durch die Aleppiner Gouverneure der Hohen Pforte – begann eine Phase der Konsolidierung und Neuansiedlung von mindestens 170 Dörfern im weiteren Umland von Aleppo. Auch wenn diese teilweise wieder verlassen wurden, blieb doch eine Reihe von Dörfern östlich und südlich von Aleppo bis an den Euphrat bestehen. Schafnomadenstämme wie die Welde und ʿAfādle begannen kontinuierlichen Anbau zu treiben, während sich am Ḫābūr vor allem der Kamelnomadenstamm der Ǧbūr niederließ. Dort entstanden im 19. Jahrhundert kleine Ansiedlungen, deren Bewohner das umliegende Land bebauten. Die entstehenden Orte waren noch vorwiegend Zeltdörfer. (Abb. 21) In den Flußtälern errichteten Beduinen Laubhütten aus vegetabilen Materialien. (Abb. 32)

24

25

Abb. 24
Kuppelhäuser vermutlich in der Euphratregion: das Haus im Vordergrund besteht aus Vorraum und großem, abgeflachten Hauptraum mit Lüftungslöchern

Abb. 25
Die Kuppelhäuser im „altbesiedelten“ Salamiya zeigen eine entwickelte Bautechnik – aber schon zu Anfang des Jahrhunderts scheint zu jedem Kuppelgehöft auch mindestens ein Flachbau gehört zu haben

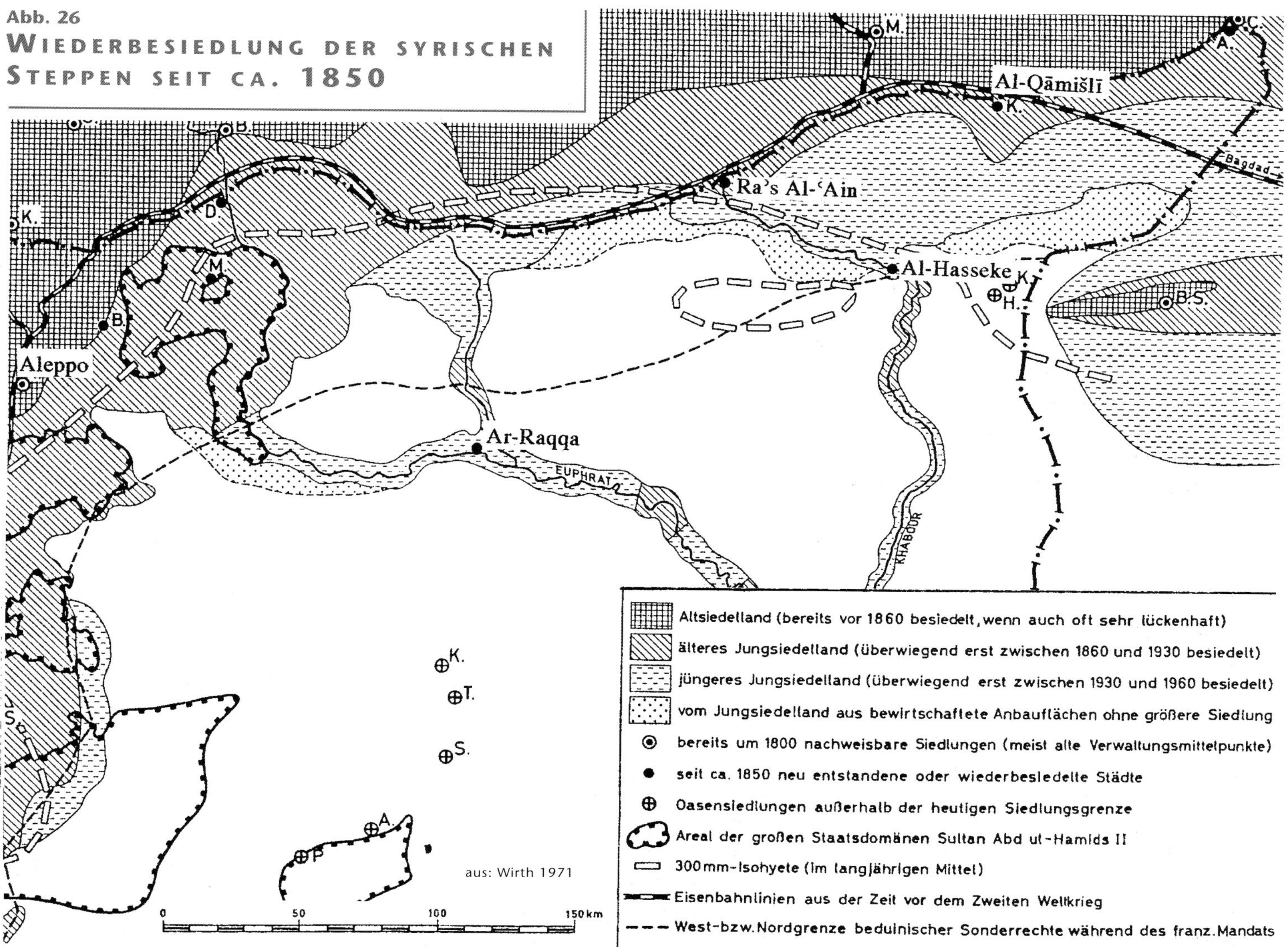

Abb. 26
Wiederbesiedlung der syrischen Steppen seit ca. 1850

In den nördlichen und westlichen Randbereichen der Ǧazīra, am Übergang der großen syrischen Ebene zum Taurus im Norden und dem syrischen Kalkmassiv im Westen, lagen große Städte wie Aleppo, Antep, Urfa, Mardin, in denen die Ordnungsmacht der Pforte stärker präsent war. Dennoch konnten auch türkische Garnisonen die Sicherheit der Stadtbewohner nicht völlig gewährleisten. Kleinere Städte wie Ǧerāblūs und ʿAāmūda[8] oder die heute auf türkischem Gebiet gelegenen Städte Nusaybin und Cizre (Ǧazīrat Ibn ʿOmar) waren kontinuierlich besiedelt, vielleicht auch die fruchtbare Sürüç-Ebene, das antike Anthemusia.[9] (Abb. 28, 33) In deren unmittelbarem Umland waren auch Dörfer sicher. (Abb. 27) Das byzantinische Viransehir wurde unter dem direkten Einfluß des mächtigen *šaiḫ* und Hamidiye-Kommandanten Ibraḥīm Paša wiederbesiedelt. Kurz vor der Mitte des 19. Jahrhunderts verzeichnete man in der Region zwischen Nusaybin, dem Ǧabal Sinǧār, Rumailān und dem Tigris insgesamt 54 Dörfer, die von Kurden, jakobitischen Christen und Arabern bewohnt wurden.[10] Seßhaft besiedelte Gebiete grenzten unmittelbar an die Ǧazīra: der Tur Abdin mit seinen aramäischen Bewohnern reichte vielleicht sogar ein wenig in die Ǧazīra hinein. Im Ǧabal Sinǧār lebten halbnomadische Yeziden, deren Häuser in der zeitgenössischen Literatur als „neat, and well built" bezeichnet wurden.[11]

Um die Mitte des 19. Jahrhunderts richtete die osmanische Regierung eine eigene Provinz mit Verwaltungssitz in Dair Az-Zōr ein und installierte eine Kette von Militärposten, sog. *qišlāt*, im Euphrattal. Sie sollten u. a. die alte Karawanenroute von Aleppo nach Bagdad für den Handel sichern. Unter deren Schutz ließen sich einige (angehende) Bauern nieder. Der erste Gouverneur des neu geschaffenen Verwaltungsbezirks versuchte mit militärischer Gewalt, die mächtigen Beduinenstämme im Zaum zu halten oder sie zur Ansiedlung zu bewegen. Beispielsweise hatte er die ʿAnneze unter militärischer Bewachung zum Bau der für sie vorgesehenen Häuser gezwungen. Als die Soldaten nach drei Monaten abzogen, wurden die Häuser allerdings sofort wieder verlassen.

Die Zahl der Dörfer nahm bis zum russisch-türkischen Krieg (1877/78) leicht zu. (Abb. 26) Kriegsbedingt konnten die Militärposten jedoch nur noch schlecht besetzt werden, so daß erneut Dörfer überfallen wurden und deren Zahl zurückging. Lady Blunt sah auf ihrer Reise 1878 kein einziges bewohntes Dorf zwischen Ǧabbūl und Ar-Raqqa.[12]

In den achtziger und neunziger Jahren, unter der Regentschaft des osmanischen Sultans Abdül Hamid II., erfolgte ein weiterer Versuch der Seßhaftmachung durch die Eintragung bisherigen Weidelands der Stämme auf den Namen der betreffenden Stammesführer. Diese Landtitel auf bislang kollektiv genutzten Boden schafften materielle Anreize für die Stammesführer, das Land auch bestellen zu lassen. Sie wurden dadurch motiviert, Bauern, tributpflichtige kleinere Stämme oder

Abb. 27
Kurdische Frauen und Kinder in einem Dorf bei Urfa; im Hintergrund sind Flachdachhäuser aus Lehmziegeln sichtbar

ihre Sklaven zur Ansiedlung anzuhalten. Einige der wichtigen Stammesführer erhielten außerdem Ehrentitel und jährliche Apanagen von der Hohen Pforte, um im Gegenzug die Steuern einzutreiben.

Im Bereich der Oberen Ǧazīra lagen auch traditionelle Winterweidegebiete kurdischer Nomadenstämme, die den Sommer im kurdischen Taurus verbrachten. Schon Mitte des 19. Jahrhunderts hatten einzelne kurdische Stämme begonnen, in der syrischen Ebene Ackerbau zu betreiben, so beispielsweise die *šaiḫ*-Familie des Durikan-Stammes, ehemalige kurdische Nomaden, die sich um 1850 niederließen.[13] Unter ihrem Schutz und in materieller Abhängigkeit von ihnen siedelten sich auch kurdische, aramäische und yezidische Bauern an.

Bestandteil osmanischer Siedlungspolitik waren auch muslimische Kaukasier, die man als Wehrbauern in einigen Orten Nordostsyriens ansiedelte.[14] (Abb. 29) Ihre Dorfgründungen innerhalb des untersuchten Gebietes waren: Abū Ḥuraira am Euphratknie, einige Dörfer um Ra's Al-ʿAin und As-Ṣafāḥ am oberen Ḫābūr und auf dem Ǧabal ʿAbd Al-ʿAzīz.[15]

Im Grenzsaum zwischen dem Altsiedelland im Westen und dem Euphrat besaß die Hohe Pforte seit Mitte des 19. Jahrhunderts große Staatsländereien, die unter Sultan Abdül Hamid II. erweitert und intensiver bewirtschaftet wurden.[16] Den dort arbeitenden Bauern und Halbnomaden boten die Staatsdomänen Sicherheit vor Überfällen, und die Besteuerung war mit 1/5 der Ernte vergleichsweise gering. Größere Teile des Euphrattales flußabwärts bis Meskene wurden auf diese Weise in bestelltes Land umgewandelt, die den Schafnomadenstämmen Perspektive der Seßhaftwerdung boten.[17] Kleinere Verwaltungsposten und Militärstationen, z. B. in Menbiǧ und Abū Qalqal, gewährleisteten eine gewisse Sicherheit. Einige wenige Orte lagen innerhalb der Ǧazīra, mehr Orte gab es jedoch an ihren Rändern.

Im gesamten weiteren Euphrattal hatten Aleppiner Landwirtschafts-Unternehmer ein System etabliert, das ihnen den größten Teil der Ernte sicherte: Sie lieferten das Saatgut und die Produktionsmittel, während die Beduinen den Boden und ihre Arbeitskraft einbrachten. Dies forcierte zwar die landwirtschaftliche Erschließung der Region, hielt aber die dort Siedelnden in beständiger Abhängigkeit und Armut.

Trotz einer in Ansätzen vorhandenen Bindung an den Boden bevorzugten die meisten dieser Neusiedler immer noch das Zelt:

„Meine Freunde von Abu-Ghalghal sind Hirten und Ackerbauern und ihre Äcker, die zwischen Abu Ghalghal und dem Euphrat liegen, sollen nach ihrer Versicherung sehr fruchtbar sein. Je nach dem Stande der Feldwirtschaft ziehen sie mit ihren Zelten und ihrem Vieh von einem Ort zum andern. Obwohl also zum großen Theil sesshaft, würden sie doch niemals daran denken, die Zelte mit Häusern zu vertauschen, und in mehr als einer Beziehung verdient das Zelt im Orient den Vorzug vor dem Hause."[18]

Wohnformen wie die Zweighütten wurden nur im Sommer errichtet. Dennoch gab es gegen Ende des 19. Jahrhunderts einige Dörfer und kleine Orte.

Für die Entwicklung der Oberen Ǧazīra war der Bau der Bagdadbahn ab 1903, (das letzte Teilstück bis Tell Kotchek/Al-Iʿarabiya wurde erst 1934 fertiggestellt) ein entscheidender Einschnitt. Entlang des Schienenstranges bewirkten die Stationen und Posten der Bahn eine gewisse Befriedung der Region und eine Siedlungszunahme längs der Trasse.

„Es steht außer Frage, daß der Araber ebenso wie der Kurde ein guter Ackerbauer ist. Es fehlt den Bauern heute in erster Linie an brauchbaren Ackerwerkzeugen, welche die Bahn ihnen, ebenso wie gute Ratschläge bezüglich der Kulturen, die sie anzugreifen haben, bringen muß."[19]

Die Bagdadbahntrasse als Nordtangente, die Besiedlung aufgrund der Staatsdomänen am Euphrat, die rentenkapitalistischen Investitionen und die Intensivierung des Verkehrs auf der Handelsroute nach Bagdad im Euphrattal konnten jedoch nicht darüber hinwegtäuschen, daß auch am Anfang des 20. Jahrhunderts die Besiedlung der Ǧazīra immer noch langsam von den Rändern aus vordrang. Wie wenig gesichert die Lebensverhältnisse z. B. am Euphrat-Nebenfluß Ḫābūr noch um 1911 waren, beschreibt der deutsche Grabungsarchitekt Felix Langenegger anläßlich einer Reise von Bagdad nach Damaskus, als er dort unter ärmlichsten Verhältnissen lebende Halbnomaden nach dem Grund ihrer Armut befragte.

„Es kommen die Bedu und nehmen als Khuwe (Schutzgeld), was wir haben. Und es kommen die Soldaten, die uns vor den Bedu schützen sollen. Sie fressen uns die Hühner und den Hammel. ... Bauen wir Gerste und Weizen mehr, als wir brauchen, so nehmen es die Bedu für ihr Brot und ihre Pferde.

Sie lassen uns kaum das Saatkorn ... Wir bauen Mais, denn die Bedu verschmähen ihn. Was wir an Gerste säen, ist für die Khuwe. Unsre Pferde fressen Maiskorn, und unsere Frauen backen das Brot von Maismehl ... "[20]

Das äußerst fruchtbare Land längs des Ḫābūr und Ǧaǧǧaǧ lag unter diesen Bedingungen weitgehend brach. Dennoch gab es einzelne Dörfer, und Ackerbau wurde auch von den Halbnomaden betrieben. Die Behausungen dieser Menschen beschreibt Langenegger als „gelbe, niedrige Lehmhütten", die im Unterschied zu den sorgsam gearbeiteten Wasserschöpfrädern an den großen Flüssen jederzeit schnell wieder aufzugeben und äußerst bescheiden waren.[21]

Reisende hatten immer wieder berichtet, daß sie Dörfer, die noch einige Jahre früher besiedelt waren, verlassen fanden. Dies änderte sich erst im 20. Jahrhundert. Die bis zum ersten Weltkrieg in der Ǧazīra lebende Bevölkerung war äußerst heterogen: Araber, Kurden, Kaukasier, Turkmenen, Yeziden und Aramäer. Die Mehrzahl dieser Bewohner pflegte immer noch eine halb- oder vollnomadische Lebensweise. (Abb. 23) Geographen wie Sachau bezweifelten, daß das Euphrattal je eine bedeutende „landwirtschaftliche ... Kultur" aufweisen könne.[22] (Abb. 30)

Die französische Mandatsherrschaft

Nach dem Zusammenbruch des osmanischen Reiches besetzten die Engländer am 11.1.1919 das Euphrattal. In der Hoffnung auf Unterstützung durch König Faisal in Damaskus stellten einige Ǧazīra-Stämme zusammen mit den Einwohnern Dair Az-Zōrs eine eigene Truppe auf und kämpften durchaus erfolgreich gegen die englische Besetzung. Die französischen Kolonialtruppen zwangen König Faisal jedoch zur Abdankung und England zur Einhaltung des Sykes-Picot-Abkommens, das für Frankreich den nördlichen Teil des ehemaligen osmanischen Arabien vorsah. Obwohl französische Truppen 1920 Dair Az-Zōr einnahmen, boten ihnen die Beduinenstämme noch mehr als ein Jahr erbitterten Widerstand.[23]

Mit dem Ende des 1. Weltkrieges und den Christenmassakern in der Türkei war die Bevölkerung der Ǧazīra gewachsen. Überlebende der Deportationen hatten sich entschlossen, in Syrien zu bleiben. Weitere christliche Flüchtlinge aus der Türkei siedelten sich in den kleinen Ǧazīra-Städten oder Dörfern an und bildeten in manchen Orten sogar die Mehrheit der Bevölkerung.

In Zeiten der wirtschaftlichen Not führten Aufstände gegen die Zwangsassimilierungspolitik der Türkei Atatürks, wie z. B. der kurdische Šêx Seîd-Aufstand 1925, immer wieder zu blutigen Verfolgungen. Große Fluchtwellen kurdischer Bauern und Halbnomaden in die mesopotamische Ebene folgten. Auch die Niederschlagung des Aufstandes von *šaiḫ* Haco und den Heverkan hatte eine Fluchtwelle zur Folge. Mit ihr kamen weitere Christen und Yeziden.[24] Anfänglich unter dem Schutz mächtiger Beduinenstämme etablierte sich *šaiḫ* Haco als bedeutender Stammesführer und „in Zusammenarbeit mit den Franzosen erbaute er sich seine eigene Stadt: Tirbê spî", den heutigen Kreisort Al-Qaḥtaniya."[25] Am Beginn der zwanziger Jahre war die staatliche Zuordnung der Ǧazīra noch unklar. Französische und türkische Truppen kämpften um die Vorherrschaft in Nordsyrien. Diese Situation machte sich Ḥāǧim Ibn Muḥaid, *šaiḫ* eines Teils der Fed'ān Weld-Beduinen und der mächtigste Stammesführer der westlichen Ǧazīra, zunutze. Vor dem Hintergrund guter Kontakte sowohl zu den Kemalisten als auch zu arabischen Nationalisten in Damaskus rief er 1920 in Raqqa eine unabhängige arabische Regierung aus.

„*Therefore we, the people of the region of Raqqah, which is bounded on the east of the Khabur River, on the west by Jarabulus, on the north by the railway line*

Abb. 28
Die Karawanenstation Merǧihan nahe Urfa, im Hintergrund die niedrigen Wohnhäuser der lokalen Bevölkerung, die teilweise in den Berg hineingebaut sind

Abb. 29
Den tschetschenischen Jungen in As-Safah/ Obere Ǧazīra wurde eine Schule gebaut

30

and on the south by the town of Sukhnah, have decided to take this region in our care until the future of the country has been settled. ... We have stipulated that the government of the region will be democratic with an Assembly elected by the people which will issue the necessary orders and decisions.“[26]

Diese „Staatsgründung“, genannt dawlat Ḥāğim, die „Regierung Ḥāğims“, fand infolge der Einigung Frankreichs und der Türkei über den Grenzverlauf längs der Bagdadbahntrasse nach weniger als zwei Jahren ein schnelles Ende. Ḥāğim und sein Vetter und zeitweiliger Gegenspieler *šaiḫ* Muğḥim spielten für die Geschichte der Besiedlung der westlichen Ğazīra weiterhin Schlüsselrollen, auf die im folgenden eingegangen wird. Die Fedʿān Weld als der mächtigste Zweig der ʿAnneze-Beduinen in Syrien herrschten seit dem Beginn des zwanzigsten Jahrhunderts über die Region südwestlich des Euphratknies sowie einige Gebiete an Euphrat und Balīḫ nördlich bis ʿAin ʿAissa.[27] Ḥāğim hatte Besitzungen am oberen Balīḫ und um Ḥammām Turkmān von türkischen Landbesitzern gekauft, wobei es sich um kultiviertes und an manchen Orten besiedeltes Land handelte. In der Zeit seiner „Regierung“ wird Ḥāğim vermutlich in Ar-Raqqa residiert haben. Nach seiner militärischen Niederlage zog sich Ḥāğim an den mittleren Balīḫ zurück, wo er sein „Hauptquartier“ in Tell Semn errichtete. Europäische Reisende berichten in den späten zwanziger Jahren sowohl von Dörfern in der Balīḫ-Region als auch von Ḥāğims eigenem, repräsentativen Haus in Tell Semn.[28] (Abb. 210) Dieses Haus ist in seinen wesentlichen Teilen noch so erhalten, wie es Ḥāğim vermutlich in den zwanziger Jahren bauen ließ. Ein Umbau erfolgte 1944 durch seinen Sohn und Erben Dahām.[29] Heute steht das Gebäude leer und verfällt.

Neben der schon existierenden Besiedlung des Balīḫ-Tals durch arabische Stämme entstand dort auch ein Ausgangspunkt armenischer Besiedlung.[30] Diese wurde durch die Dänin Karen Jeppe initiiert, die nach Möglichkeiten gesucht hatte, vertriebene Armenier in der Ğazīra anzusiedeln. Mit Unterstützung Ḥāğims gründete man das Dorf Tell Armen[31] (1924) und siedelte sich in Tell Semn selbst und in Ḫirbet Ar-Riz[32] (1927) im nördlichen Tal an. Später überließ Muğḥim den Armeniern Land nördlich von ʿAīn ʿAīssa, wo sie das Dorf Tīna, heute Al-ʿUwaibda, errichteten. Für Ḥāğim lag der Grund dieser Ansiedlungsaktivitäten sicher vor allem darin, sich die landwirtschaftlichen Erfahrungen der Armenier nutzbar zu machen und Hilfe bei der Kanalisierung des Balīḫ und der Anlage kleiner Stauseen zu erhalten, um das sumpfige Tal zu erschließen.[33] Misak Melkonian, der erwachsene Adoptivsohn Karen Jeppes und ihr engster Mitarbeiter, siedelte armenische Bauern aus Dörfern nahe Urfa und jugendliche armenische Waisen dort an.[34] Er baute für die jüngeren Waisen ein großes Gebäude in Tell Armen, in dem auch Gäste begrüßt wurden. Trotz der Anfangserfolge, einer guten Zusammenarbeit mit den dortigen Arabern, sowie einer ertragreichen landwirtschaftlichen Produktion sind heute Tell Armen, Ḫirbet Ar-Riz und Tell Semn (heute ein Kreisort) nur noch von Arabern bewohnt.[35]

Neben diesen geplanten und mit internationaler Hilfe zustande gekommenen armenischen Siedlungen gab es vor allem in der Oberen Ğazīra anfänglich Armenier, die sich auf eigene Faust, meist in den Städten, in manchen Fällen aber auch auf dem Land niederließen.[36]

Im Euphrattal sorgte die langsam zunehmende Sicherheit dafür, daß immer mehr Schafnomaden, die längst mit ihren Zelten die meiste Zeit des Jahres am selben Ort blieben, begannen, ihre Zeltdörfer in Siedlungen mit festen Behausungen umzuwandeln. Dieser Prozeß erfolgte im nördlichen Talbereich etwas eher als im südlichen.

Mit der französischen Mandatszeit über die Ğazīra ab 1921 erfuhr die vorher nur punktuelle Besiedlung eine Forcierung, da die Mandatsregierung es als eines ihrer vordringlichen Ziele ansah, die fruchtbaren, aber brachliegenden Ebenen zu erschließen. Zu diesem Zweck mußte die nach wie vor starke Machtposition der großen Kamelnomadenstämme gebrochen werden. Um militärische Kontrolle über das gesamte Mandatsgebiet zu erlangen, wurde die sogenannte ‚Contrôle Bedouin‘ als spezielle Aufsichtsbehörde geschaffen und die Verkehrserschließung durch „Allwetterstraßen“, die jedoch nicht unbedingt asphaltiert waren, vorangetrieben. Aber die Auseinandersetzungen dauerten während der gesamten zwanziger Jahre an. Die vollständige Abschaffung des *ḫūwe*-Systems gelang den Franzosen erst um 1940, als der Staat die Sicherheit auch in entlegenen Gebieten gewährleisten konnte.

Durch die Etablierung der französischen Mandatsmacht stieg der Zustrom von aramäischen und kurdischen Flüchtlingen aus der Türkei – so auch der Assyrer, die vom Irak in die Türkei geflohen waren,[37] stark an, da diese sich in Syrien sicherer fühlen konn-

Abb. 30
Vor dem Dorf Qalʿat Neǧm (im Hintergrund die islamische Burg) wird mithilfe eines Schlittens gedroschen; diese Bebauung bestand bis zur Flutung des Tišrin-Stausees (Foto: Derounian, vgl. Abb. 280)

Abb. 31
In ʿAin Al-ʿArūs an der Balīḫ-Quelle haben sich Männer vor einem gut belichteten Gästeraum (?) versammelt (vgl. ähnliche Fenster in Abb. 294)

Abb. 32
„Sommerhaus" von Beduinen in der irakischen Ǧazīra

Abb. 33
Kaffeehaus im heute türkischen Nusaybin

ten. Die Christen zogen auch deshalb die Ǧazīra anderen Teilen Syriens vor, weil sie nicht muslimisch dominiert war und ihnen gerade die Rückständigkeit und geringe Siedlungsdichte der Region mehr Entfaltungsmöglichkeiten zu bieten schienen.[38] Viele siedelten sich in den kleinen Städten an, arbeiteten als Händler und beförderten den innersyrischen Warenaustausch. Während der dreißiger Jahre kam die nordöstliche Ǧazīra über die reine Subsistenzwirtschaft hinaus und konnte in die nationale Warenproduktion einbezogen werden.

Da einige kleine städtische Zentren durch die Grenzziehung an die Türkei gefallen waren, entstanden in Syrien neue Orte, und ältere Dörfer mauserten sich zu Landstädten. Beeindruckt von den zahlreich entstehenden Ansiedlungen schrieb Robert Montagne 1932, daß innerhalb von 5 Jahren im Bezirk Qāmišlī die gleichnamige Stadt, 28 Dörfer, 48 Weiler und 29 einzelstehende Farmen entstanden seien.[39] Schätzungen zufolge lebten 1937 in der Provinz Ǧazīra 166.400 Menschen, verteilt auf 570 Städte und Dörfer. Darunter waren 31.050 Christen (plus 8000 Assyrer) und 81.450 Kurden, 41.900 Araber, 1500 Jeziden und 2.000 Juden. Von den ca. 1.260.000 ha kultivierbaren Landes waren nur 460.000 ha beackert.[40]

Die Befriedung der Ǧazīra war durch die gezielte Förderung des Ausbaus ehemaliger Dörfer vorheriger osmanischer Militärposten zu kleinen Marktorten und Handelszentren und die militärische Dominanz der Mandatsmacht gelungen. Bis heute ist der Einfluß der französischen Verwaltung u.a. an den orthogonalen Straßensystemen dieser Orte erkennbar.

Die von der osmanischen Regierung geförderte Ansiedlung durch Vergabe von Landtiteln an Stammesführer setzten die Franzosen fort. Daher entwickelten die *šuyūḫ ein* Interesse, Dörfer zu gründen und setzten ehemalige Sklaven, kurdische oder armenische Bauern auf das Land, die Abgaben von bis zu 50% leisten mußten. Kurdische Ortsnamen von Regionen, die heute arabisch besiedelt sind, belegen deren einstige Siedlungsausdehnung.

Gegen Ende der dreißiger Jahre – mit der langsamen Übergabe der Regierungsgeschäfte an syrische Nationalisten – formierte sich in der Ǧazīra eine sehr heterogene Widerstandsbewegung gegen einen Nationalstaat Syrien. Die Bewegung wurde von Christen und Kurden getragen: Erstere fürchteten, muslimisch dominiert, zweitere fürchteten, arabisch dominiert zu werden. Es kam zu Aufständen, deren Ziele ein Autonomiestatus mit französischen Garantien für die Ǧazīra und die religiöse Gleichstellung der Christen mit den Muslimen waren. Die syrischen Christen erfreuten sich französischer Protektion.[41] Christen und Kurden wurden gegenüber den Arabern bevorzugt behandelt. Die französische Mandatsregierung schürte die ethnischen Konflikte und machte insbesondere den nichtarabischen Ǧazīra-Bewohnern Hoffnungen auf einen zukünftigen eigenen Staat. Gegen Ende der Mandatszeit wurde die Ǧazīra für eine kurze Zeit direkt dem französischen Hochkommissar unterstellt.[42]

Nordostsyrien als Teil des unabhängigen Staates Syrien

Am 28. September 1941 mußte Frankreich Syrien in die formale Unabhängigkeit entlassen (de fakto wurde sie erst 1946 erreicht) und die Ǧazīra wurde ebenso wie alle anderen Provinzen ohne Sonderrechte in den neuen Staat integriert.

Die auf den 2. Weltkrieg folgende Getreideknappheit bewog die Landwirtschafts-Unternehmer in den folgenden Jahren, riesige, vorher nur zu Weidezwecken genutzte Landstriche des Ḫābūr-Dreiecks von den Stammesführern zu pachten und darauf vollmechanisierten Anbau zu betreiben. Die ungelernten Beduinen fanden nur noch als Erntehelfer Arbeitsmöglichkeiten. Der verstärkte Anbau schränkte wiederum die verfügbaren Weideflächen für die Herden ein. Innerhalb der großflächigen Anbausysteme blieb nur noch wenig Fläche für die Beduinen als Neusiedler, die sich während der Mandatszeit in kleinen Dörfern mit Bewässerungsfeldbau niedergelassen hatten. Sie erhielten oft als Gnadenbrot von den städtischen Unternehmern die Genehmigung, die „für ihren Eigenbedarf nötige Getreidemenge in Dorfnähe mit ihren gezähnten Sicheln abzuernten".[43] Wenige Landwirtschafts-Unternehmer jedoch entwickelten Modelle, die angehenden Bauern in den mechanisierten Anbau zu integrieren. In diesem Zusammenhang entstanden auch Muster-Ansiedlungsdörfer.[44]

Das traditionelle Kapital der Beduinen, die Kamele, verlor stetig an Wert, da die Tiere als Transportmittel durch LKWs ersetzt wurden.

Trotz der enormen Prosperität der Ǧazīra und des weltweiten Exports ihrer Baumwolle und ihres Weizens blieb die überwiegende Mehrheit der Bevölkerung arm, während städtische Unternehmer und die landbesitzenden Stammesführer schnell zu Reichtum kamen. Die Neusiedler waren meist Halbnomaden geblieben, wenn auch nur ein Teil der Familie jährlich mit den Schafen fortzog. Sie wohnten auch in den fünfziger Jahren noch häufig in kleinen, engen, oft einräumigen Behausungen mit dem Vieh unter einem Dach.[45]

Die assyrischen Siedler, die vom Völkerbund am Ḫābūr angesiedelt worden waren, kamen dank der Unterstützung des Völkerbundes und geschickter Bewirtschaftung des ihnen überlassenen Landes zu bescheidenem Wohlstand, der bis heute anhält.

In der westlichen Ǧazīra und im Euphrattal setzte der Ackerbau-Boom etwas später ein, als man begann, Euphrat und Balīḫ im großen Maßstab für die Bewässerung von Baumwolle zu nutzen. Wieder profitierten vor allem städtische Unternehmer und die *šuyūḫ* von den hohen internationalen Baumwollpreisen, die durch den Koreakrieg angestiegen waren. Aber anders als im Nordosten konnten hier auch die ehemaligen *ḫuwe*-pflichtigen Stämme zu bescheidenem Wohlstand gelangen.[46] Da das Land nie vermessen worden war, stellten sich die Besitzverhältnisse als unklar dar; viele säten einfach aus, in der Hoffnung, der junge Staat würde demjenigen das Land zusprechen, der es bebaut – wie dies osmanische Politik gewesen war. Der Besitz an Boden war plötzlich wichtig geworden. Die Stammesführer der Oberen Ǧazīra, die über Landrechte verfügten, profitierten von der Verpachtung des Bodens an Landwirtschaftsunternehmer, wodurch sie große Summen einstreichen konnten. Wo es ihnen nicht schon durch die Mandatsverwaltung zugesprochen worden war, versuchten die Stammesführer, das Stammesland für sich zu requirieren. Schätzungen zufolge war um 1950 ungefähr ein Drittel aller Landbewohner ohne eigenen Boden.

Die Konflikte zwischen den landbesitzenden Stammesführern, die zu Großgrundbesitzern geworden waren, den Notablen, und den landlosen Stammesleuten und werdenden Bauern spitzten sich während der fünfziger Jahre zu. In die Zeit der Vereinigung Syriens mit Ägypten fällt das erste große Landreformgesetz von 1958. An seine Stelle trat 1963 ein den syrischen Verhältnissen angemessenes, strengeres Gesetz.[47] Obwohl nicht sehr konsequent angewandt und mancherorts erst Jahrzehnte später realisiert, nahm es dennoch den mächtigen Notablen einen großen Teil ihrer Ländereien und teilte ihn auf die Stammesleute auf.[48] Als Haltung setzte sich immer mehr durch *„al-fellāḥ ʿandū ḥagg miṯel al-bēg"* – „Der Bauer hat dasselbe Recht wie der Großgrundbesitzer".

Aber einige Kamel-Beduinen lehnten selbst noch in dem Moment „Fellachen-Arbeit" ab, als sie Besitzer eines bebaubaren Ackers wurden. Sie überließen die Bearbeitung ihrer Felder lieber den Landwirtschafts-Unternehmern und versuchten anfänglich, von den Pachteinkünften zu leben. Sehr schnell sahen sie jedoch ein, daß dies nicht den Lebensunterhalt sichern konnte und wandelten sich zu Bauern. Im Unterschied dazu waren die Stammesleute der ehemals *ḫuwe*-pflichtigen Schafnomaden besser auf die neue Situation vorbereitet, da sie zum einen schon über eine längere Erfahrung im landwirtschaftlichen Anbau verfügten und andererseits ihre Schafherden keinen Wertverlust wie die Kamele hinnehmen mußten. Schafzucht ist bis heute für viele heutige Ǧazīra-Bauern das zweite Standbein ihrer landwirtschaftlichen Produktion geblieben. Auch die einstigen „Herrscher der Wüste" haben sich arrangiert, treiben Ackerbau und manche haben es zu bescheidenem Wohlstand gebracht.

Einen Rückschlag für die Entwicklung der Region bildeten die Dürrejahre 1957 bis 1961,[49] als auch die Bautätigkeit weitgehend zum Erliegen kam.

Siedlungsgeschichte in der Rückschau

Zusammenfassend muß festgestellt werden, daß mehrere Entwicklungsschübe die Besiedlung entscheidend forcierten:

- das Ende des ersten Weltkrieges mit der Folge von Grenzziehungen und der Einrichtung des französischen Mandates,
- das Ende des zweiten Weltkrieges, die Unabhängigkeit Syriens und der kurz danach einsetzende Baumwollboom und
- die Landreformgesetze, die den Kleinbesitz stärkten.

Diese politischen Rahmenbedingungen schafften größere individuelle Sicherheit für die Bewohner.

Der Zeitpunkt des Baus der ersten Häuser ist in den verschiedenen Landesteilen sehr unterschiedlich. Oft genug mußten diese wieder aufgegeben werden. Der Übergang vom Hirtennomadismus zum Ackerbau war nicht sofort mit dem Bau fester Häuser verbunden. Es bedurfte einiger Jahrzehnte des Übergangs und stabiler äußerer Rahmenbedingungen. Erst mit der Landreform wurde die entscheidende materielle Grundlage für die Umwandlung der vorwiegend nomadischen Produktionsweise in eine vorwiegend agrarische Produktion gelegt. Sie bildet die Basis für viele Bewohner, ein seßhaftes Leben führen zu können. Erst darauf aufbauend konnte eine Architektur entstehen, die über die Befriedigung unmittelbarer Schutzbedürfnisse hinausgeht.

Abb. 34

Eine kurdische Notablen-Familie aus der Nähe von Derbasiya/ Obere Ǧazīra in der Tür ihres Hauses

Zwischen Nomadismus und Sesshaftigkeit: die ländliche Bevölkerung

Kapitel 4

Die heute in Nordostsyrien lebende Bevölkerung besteht aus Gruppen, die sich durch ethnische, linguistische und konfessionelle Unterschiede voneinander abgrenzen. (Abb. 35) Da sich im Osmanischen Reich Nichtmuslime als religiöse Gruppe formieren mußten, um den Status einer Religionsnation, *millet*, zu erhalten, und sie von den Muslimen getrennt lebten, forcierte das religiöse Bekenntnis auch die ethnische Einheit der Konfessionen.[1]

Die Gesamtbevölkerung Syriens betrug zur Jahresmitte 2000 etwa 16,3 Millionen, wovon schätzungsweise 2 Millionen in Nordostsyrien wohnten. Das Bevölkerungswachstum liegt für das gesamte Land bei 2,4%. Die Anzahl der Lebendgeburten pro Frau wird mit 3,8 im Landesschnitt angegeben, in Nordostsyrien dürfte sie jedoch darüber liegen, da auch zehn Kinder keine Seltenheit sind.

Verschiedene Quellen nehmen den prozentualen Anteil der Kurden mit 8,5% bis 15% der Gesamtbevölkerung an.[2] In Nordostsyrien wird ihr Anteil höher sein, da zwei der drei großen kurdischen Siedlungsgebiete dort liegen.

Die überwiegende Mehrzahl der Bevölkerung sind sunnitische Muslime, die der hanafitischen Rechtsschule anhängen. Der muslimischen Bevölkerung ist die Mehrehe mit bis zu vier Frauen erlaubt. In Syrien insgesamt beträgt der Anteil der Christen an der Gesamtbevölkerung ca. 9%, im Nordosten des Landes stellen sie einen geringeren Anteil.[3]

Die Gesellschaft Nordostsyriens ist mit einem geschätzten Anteil von 30% nicht arabisch-stämmigen Bewohnern multiethnisch zusammengesetzt. In den Landstädten leben Angehörige aller Bevölkerungsgruppen zusammen, während die Dörfer tendenziell auf jeweils eine Gruppe beschränkt sind.

Der größte Teil der Bewohner ist nomadischer Herkunft: die Araber beinahe ausschließlich, die Kurden teilweise. Während die ehemaligen Nomaden den Verlust ihrer einstigen Freizügigkeit bei der Ortswahl beklagen, betrauern manche zugewanderte Seßhafte den Verlust ihrer fruchtbaren und wasserreichen heimatlichen Gebirgstäler und Hochebenen. In Nordostsyrien selbst gibt es praktisch keine seit Jahrhunderten seßhafte Besiedlung, dagegen liegen an seinen nördlichen und östlichen Rändern Regionen mit altseßhaften bäuerlichen Bevölkerungen.

Das Verhältnis der verschiedenen Bevölkerungsgruppen ist nicht unproblematisch, die bevorzugte Stellung der Araber als Mehrheitsbevölkerung wird immer wieder angeführt. Die trennenden Faktoren zwischen Arabern, Kurden, Yeziden, Aramäern und Armeniern sind politischer Natur. Dennoch betonen manche Bewohner eine gemeinsame regionale Identität als *ǧazrawyīn*, ‚Bewohner der Ǧazīra'. Sie könnte als positives Gegenbild zum Image der Unterentwicklung dienen, das die alteingesessenen westsyrischen Städter den Bewohnern der Region jenseits des Euphrat gern anhängen.

Verschiedene Faktoren bewirken eine große Mobilität – vor allem des männlichen Teils – der Bevölkerung. Manche Familien verfügen über mehrere feste Wohnsitze, darin ähnlich ihren nomadischen Vorfahren, die zwischen verschiedenen Weidegebieten wanderten. Der Grund der Mobilität liegt meist darin, daß Verdienstmöglichkeiten saisonal variieren. So ziehen beispielsweise arme Familien des nördlicheren Euphrattals, die auf dem dort steilen westlichen Ufer wohnen, im Sommer auf die östliche Seite des Flusses, da es in den Bewässerungsauen mehr Arbeitsmöglichkeiten gibt. Andere Familien besitzen noch aus nomadischer Zeit Landrechte in weiter entfernt gelegenen ehemaligen Stammesgebieten, wo sie sich landwirtschaftlich engagieren. Wie anfänglich nur die städtischen Landwirtschaftsunternehmer haben auch immer mehr Bauern begonnen, Boden – auch in entfernteren Regionen – zu pachten und zu bearbeiten. Ein großer Teil der Männer geht nach Damaskus, Beirut oder in andere arabische Staaten, wo sie sich sowhl als Hilfsarbeiter als auch als qualifizierte Arbeitskräfte verdingen. In ihren Familien fehlen sie jedoch sowohl als Haushaltsvorstände als auch als Arbeitskräfte für die landwirtschaftlichen und baulichen Tätigkeiten.

Die Mehrzahl der Dörfer wird von ehemaligen Nomaden bewohnt, die im Laufe des 20. Jahrhunderts seßhaft geworden sind. Noch 1937 betrug der Anteil seßhaft gewordener Araber in Nordostsyrien nur 25%, während der große Rest nach wie vor Wanderweidewirtschaft betrieb; heute lebt nur noch eine verschwindend kleine Minderheit vollnomadisch.[4] Noch Mitte des 19. Jahrhunderts bestanden in Nordostsyrien keine festen Siedlungen, die Region wurde beherrscht von arabischen und kurdischen Nomaden.[5] Ihre Nachfahren stellen heute das Gros der seßhaften Bevölkerung. Zwischen dem Beginn der Seßhaftwerdung und einem tatsächlichen Siedeln – dokumentiert durch den Bau fester Häuser – verging manchmal mehr als ein Jahrzehnt. Der Prozeß vollzog sich in den einzelnen Teilen der Region zu sehr unterschiedlichen Zeitpunkten – vor allem seit dem Beginn des Jahrhunderts bis in die fünfziger Jahre.

Ein alteingessenes Bauerntum wie in Süd- und Westsyrien kennt man in Nordostsyrien nicht. Altseßhafte Gruppen wie Aramäer, Armenier und Turkmenen stammen aus Gebieten vom nördlichen Rand der Ǧazīra und sind am Ende des 19. und im frühen 20. Jahrhundert eingewandert. Sie brachten landwirtschaftliche und handwerkliche Techniken, ebenso wie Bautraditionen mit.

Araber

Der Begriff *ʿarab* bezeichnet (nach der Definition der Beduinen) nur arabische viehzüchtende Nomaden, also weder Bauern noch Städter. Diese werden von den Beduinen verächtlich als ḥaḍar, Seßhafte, bezeichnet. Innerhalb der ʿarab unterscheiden sie zwischen *bedū* (sing. mask. *beduwī*/sing. fem. *beduwiya*), jenen kamelzüchtenden Nomaden, die mithilfe ihrer Tiere weite jährliche Wanderungen bis ins Innerste der Wüste vornehmen, und den *šawāya* (sing. mask. *šāwī*/sing. fem. *šāwiya*),[6] den vorwiegend schafzüchtenden und daher auf kurze Distanzen festgelegten Nomaden. Dank ihrer – unter den ursprünglichen Bedingungen – überlegenen Wirtschaftsweise konnten sich die *bedū* als „Beherrscher der Wüste" etablieren, die über die anderen Gruppen herrschten und auf sie herabsahen. Die Entwicklungen der letzten Jahrzehnte haben das Kamel als Transportmittel jedoch fast vollständig überflüssig gemacht,[7] so daß heute die ehemaligen *šawāya* mancherorts wohlhabender sind. Die traditionellen Werte und gesellschaftlichen Regeln des Beduinentums gelten jedoch ähnlich für beide Gruppen und haben einen Teil ihrer Gültigkeit behalten.

Im Folgenden wird der Begriff ‚Beduinen' jedoch ähnlich dem im Deutschen eingeführten Sprachgebrauch verwendet und umfaßt dabei sowohl Kamel- als auch Schafnomaden.

Die genealogisch aufgebaute Stammesgesellschaft mit dem *šaiḫ* als weltlicher Führungsperson hat auch heute noch ihren Platz innerhalb der Dörfer; Stammesloyalitäten bestehen weiterhin, allerdings in abgeschwächter Form.[8] Mit längerer Dauer der Seßhaftigkeit tritt das Stammessystem jedoch stärker in

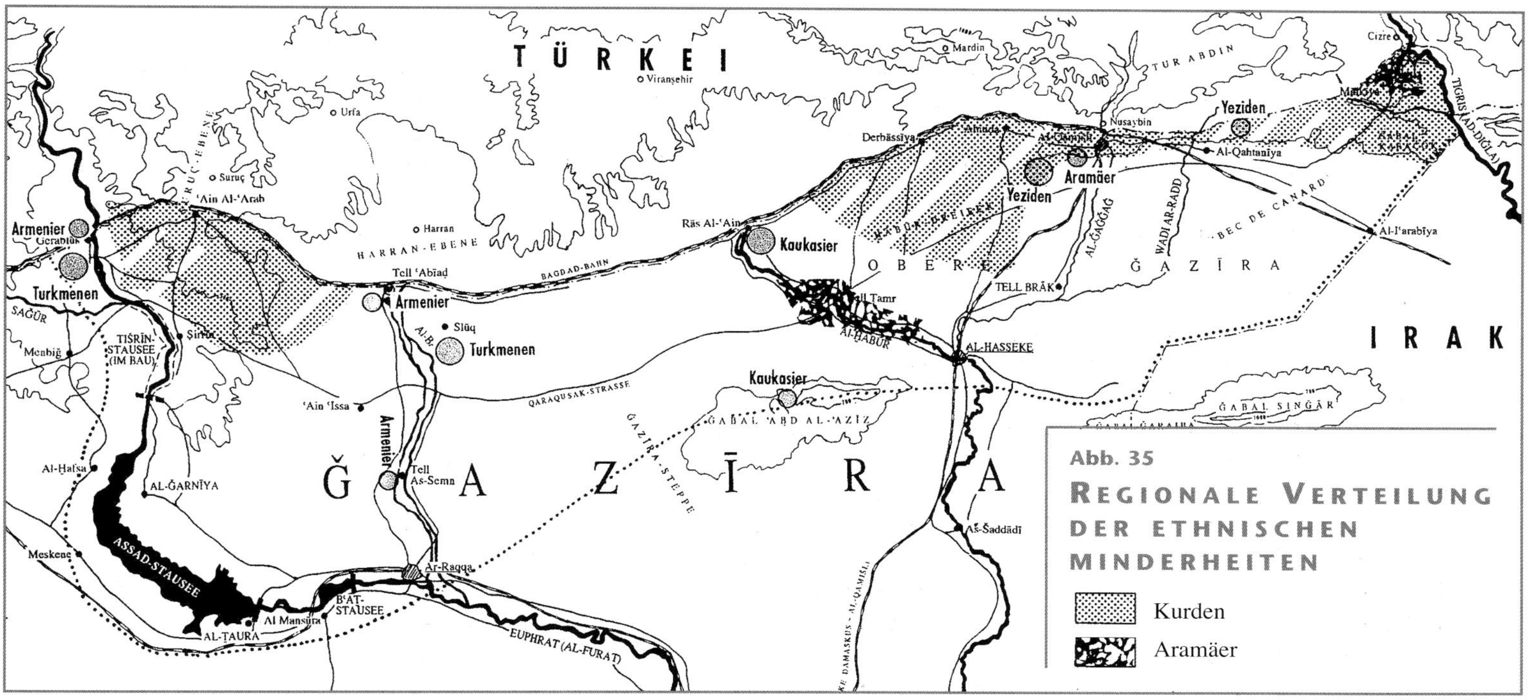

Abb. 35
Regionale Verteilung der ethnischen Minderheiten

den Hintergrund. In der Regel stammen auch die heutigen gewählten Dorfvorsteher, die *muḫātīr* (sing. *muḫtār*), aus den alten *šaiḫ*-Familien. Obwohl das Ehrenamt des *šaiḫ* eigentlich nicht vererbbar ist und der *šaiḫ* ursprünglich nur ein „primus inter pares" war, verbleibt das Amt in der Regel innerhalb einer Familie. Die *šuyūḫ* (Plural von *šaiḫ*), resp. Dorfvorsteher, schlichten Streitigkeiten, kümmern sich um gemeinsame Angelegenheiten und repräsentieren ihr Dorf nach außen – d. h. auch gegenüber der Regierung – und empfangen und bewirten fremde Gäste.

Die Beduinengesellschaft gliedert sich in Abstammungsgruppen, die auf der Ebene der Familie beginnen und in deren genealogischer Tiefe auch der Stamm begründet ist. Die Stämme unterteilen sich in den Oberstamm, *al-qābīla*, den Unterstamm, *al-ʿašīra*, und die Abteilung, *al-foḫuḏ*. Den Stämmen stehen *šuyūḫ* vor, den Abteilungen nur bei entsprechender Größe. Wichtige Entscheidungen treffen die erwachsenen männlichen Stammesmitglieder gemeinsam, Frauen werden bestenfalls familienintern in informeller Weise angehört.

Den Beduinen gilt es als Privileg, in der Wüste zu wohnen. Nach ihrer Vorstellung siedelten sich nur diejenigen, die dem Wüstenleben nicht gewachsen waren, am Rande der Wüste an. Damit wurden Bauern oder Halbseßhafte aus der Sicht der Beduinen auf eine untergeordnete soziale Stufe gestellt. Trotzdem waren die Beduinen auf Güter angewiesen, die von Seßhaften produziert werden: Getreide, Kaffee, Tabak und Stoffe. Sie erwarben diese durch Verkauf ihrer Tiere oder preßten sie den Dörflern und Schafnomaden am Rande der Wüste ab. Schon Burckhard berichtet 1831 von der ḫūwe, der Bruderschaftsabgabe, die zu zahlen war.[9]

Die überwiegende Zahl aller Beduinen Nordostsyriens lebt heute seßhaft in Häusern. Noch 1954 wurde die Zahl der Zelte auf 5.600 beziffert, was etwa 30.000 Menschen entsprach, am Ende des 20. Jahrhunderts wandert nur noch eine verschwindend kleine Gruppe von Vollnomaden.[10] Sie leben vorwiegend in der Syrischen Wüste – selten in der Ğazīra – und kommen nach der Erntezeit mit ihren Kamelen und Schafen in das Euphrattal südlich von Dair Az-Zōr, um ihre Tiere die auf den Feldern verbliebenen Pflanzenstengel und -reste abgrasen zu lassen.

Die Übergänge zwischen verschiedenen Formen von Wanderweidewirtschaft sind fließend. Ein Teilnomadismus, der bedeutet, daß sich ein Teil einer Familie auf mehrmonatige Wanderung begibt, ist nach wie vor üblich, ihn praktiziert jedoch auch nur eine Minderheit der Bewohner.[11] Am Ende des Winters werden die Herden auf die saftigen Weiden der Wüsten- oder Steppengebiete getrieben, im Herbst weiden die Tiere auf den abgeernteten Feldern der weiteren Umgebung. Häufig begeben sich auch Leihschäfer für zwei bis drei Monate mit einer großen Herde in andere Landesteile. Der Anteil dieser Formen des Nomadismus verändert sich ständig, da die Familien die Wanderschaft unter Aspekten des finanziellen Nutzens alljährlich abwägen. (Abb. 36)

Viehzucht nimmt auch bei den seßhaften Beduinen einen breiten Raum ein. Entgegen älteren Einschätzungen hat sich erwiesen, daß bestimmte Formen der schafzüchtenden Wanderweidewirtschaft auch ökonomische Zukunftsperspektiven aufweisen.[12] So erhöht sich mit steigendem Lebensstandard die Nachfrage nach Lammfleisch. Dieses kann durch teilnomadische Lebensformen in besserer Qualität geliefert werden, wenn die Tiere mehrere Monate in der Wüste gegrast haben. Als Folge der Intensivierung des Ackerbaus stehen außerdem große Mengen an Pflanzenresten zur Verfügung. Problematisch bleiben Aspekte der Überweidung, dem staatliche Restriktionen jedoch versuchen, Einhalt zu gebieten.

Ursprünglicher Herkunftsort aller arabischen Stämme ist die arabische Halbinsel, von der aus sie im Verlauf mehrerer tausend Jahre nach Norden gewandert sind. Das Beduinentum in seiner bekannten Form hat sich aber vermutlich erst vor weniger als 2000 Jahren in der nordarabischen Wüste entwickelt. Zuvor überwogen Formen teilseßhafter und anderer nomadischer Lebensweisen. Selbst Stämme, die in der Literatur und der Überlieferung als Verkörperung der kamelnomadischen Lebensweise erscheinen, wie beispielsweise die heute in Nordostsyrien ansässigen Ṭayy, können durchaus auch auf eigene seßhafte Traditionen zurückblicken. Die Grenze zwischen Nomadismus und seßhafter Lebensweise ist sowohl historisch als auch in ihrer konkreten Ausprägung sehr viel weniger grundsätzlich und antagonistisch, als es erscheinen mag.

Kurden

Unter den Kurden Nordostsyriens überwiegen seit Jahrhunderten seßhafte Bauern, die jedoch bestimmte Formen des Teilnomadismus in ihren Herkunftsgebieten praktiziert haben.[13] Nur die Angehörigen des Miran-Stammes waren Vollnomaden. (Abb. 37)

Die meisten der heute in der östlichen Ǧazīra lebenden Kurden entstammen jener Bevölkerung, die im 19. und frühen 20. Jahrhundert aus dem kurdischen Taurus in die Ǧazīra-Ebene eingewandert ist. Mit ihnen (oder vielleicht schon eher) kamen jakobitische Christen und Yeziden.[14] Ursprünglich waren die meisten halbnomadische Bergbauern, die im Sommer Almwirtschaft in den Bergen betrieben und im Winter in den Tälern oder am nördlichen Saum der Ǧazīra Feldfrüchte anbauten. Der Anteil der Kurden an der landwirtschaftlichen Erschließung der Oberen Ǧazīra und der südlichen Sürüç-Ebene muß recht hoch eingeschätzt werden.[15]

Während die Wanderbewegungen kurdischer Nomaden in die Ǧazīra-Ebene erfolgten, fanden auch Wanderungen einiger Beduinenstämme im Sommer bis in Teile des südlichen Taurus statt. Kurdische und arabische Weide- und Siedlungsgebiete waren ineinander verzahnt, überlagerten sich und verschoben sich je nach Kräfteverhältnis. Als Ewald Banse 1911 die Südgrenze des kurdischen Siedlungsgebietes als „von der Sadschurmündung über den Südrand des Beckens von Sserudsch, Harran, Ueranschehir, Nessébin, Tigris ..."[16] angab, so beschrieb dies die festen Wohnsitze der halbseßhaften Kurden, nicht aber die Weidegebiete.

Von einem *šaiḫ* des heute um Derbasiya im nördlichen Grenzsaum der Ǧazīra seßhaften Kikan-Stammes wurde mir die Wanderbewegung dieser Halbnomaden beschrieben: Im Winter lebte die Familie rund vier Monate in ihrem Haus am heutigen Ort und zog im Frühling gen Süden bis an den Ḫābūr. (Abb. 34) Gegen Ende des Sommers wanderten sie gen Norden nach Diyarbakir, um Weizen und Gerste als Wintervorräte einzukaufen, im Spätherbst kehrte man zurück.

Die kurdische Besiedlung von Norden her reicht (z. B. bei Ḫirbat Ġazāl) auch heute noch fast bis an Al-Hasseke heran. Auch in der Ar-Radd-Region haben in den vierziger Jahren viele kurdische Dörfer bestanden, wie Ortsnamen auf französischen Karten dieser Zeit belegen. Heute ist dieses Gebiet beinahe ausschließlich von Arabern besiedelt. Die nationalistische syrische Politik des „arabischen Gürtels" der 70er und 80er Jahre hatte zur Folge, daß ein früher ausschließlich kurdisches Siedlungsgebiet entlang der Grenze zur Türkei mit vielen arabischen Dörfern durchsetzt wurde. Dennoch bestehen immer noch relativ geschlossene Siedlungsgebiete syrischer Kurden in der Oberen Ǧazīra.[17]

Ein zweites kurdisches Siedlungsgebiet liegt südlich und südöstlich von ʿAin Al-ʿArab im Westen der Ǧazīra. Die Kurden nennen diese Region Kobani, in der älteren geografischen Literatur wird sie als südlicher Teil der heute türkischen Sürüç-Ebene bezeichnet. Die dortigen kurdischen Bewohner gehören überwiegend zur Barazi-Föderation.

Eine besondere Rolle nehmen die als *koçer* (türk.: ‚Viehzüchter') bezeichneten Kurden ein. Es handelt sich bei ihnen um „die stolzen Miran, die geächteten Nomaden Zentralkurdistans...",[18] die sich an den südlichen Ausläufern des Ğebel Karačōk im Bec de Canard angesiedelt haben. Grund der Ansiedlung war die Schließung der syrisch-türkischen Grenze, die sie zwang, sich in ihren Winterweidegebieten niederzulassen. Seit Mitte der vierziger Jahre begannen sie langsam, ihre seit Jahren dort verbliebenen Zelte durch Häuser zu ersetzen.

Die in Nordostsyrien lebenden Kurden sprechen den nordwestkurdischen Dialekt Kurmanci. Fast alle Männer und die jüngere Generation beherrschen auch Arabisch. Schon seit Jahrhunderten leben die Kurden in ständigem Kontakt mit der arabischen Bevölkerung. Trotz vieler Ähnlichkeiten unterscheiden sich Araber und Kurden hinsichtlich ihrer Traditionen, Mentalitäten und Gewohnheiten. Kurden sind ebenso wie die Araber sunnitische Muslime, dabei jedoch häufiger in mystischen Sufi-Bruderschaften organisiert.

Der Aufbau der kurdischen Stammesgesellschaft ähnelt dem der arabischen, wenngleich das Abstammungsprinzip etwas weniger dominant ist. Stärker als bei Arabern ist bei ihnen die Dorfloyalität an die Stelle der Stammesloyalität getreten.

Yeziden

Die religiöse Gemeinschaft der Yeziden ist ethnisch vermutlich den Kurden zuzuordnen, sie sprechen ebenfalls Kurmanci-Kurdisch.[19] Eine Hypothese besagt, daß ursprünglich alle Kurden yezidischen Glaubens waren, der größte Teil jedoch zum Islam konvertierte und nur ein kleiner Teil den alten Glauben beibehielt. Die Yeziden litten jahrhundertelang unter starker Verfolgung.[20] Es überlebten nur kleinere Gruppen in teilweise weit voneinander entfernten Gebieten, ihr Hauptsiedlungsgebiet ist Irakisch-Kurdistan. Aufgrund dieser Separierung haben sich Traditionen und selbst Glaubensinhalte der Yeziden unterschiedlich überliefert.

Die Yeziden sind Monotheisten. Sie verehren Gott, glauben aber, daß er nach Vollendung der Schöpfung sein Werk in die Hände des *melek ṭāʿūs*, des Engels Pfau, gelegt habe. Dieser habe sich jedoch einmal Gott widersetzt – auf welche Weise, darüber gibt es verschiedene Mythen. Er bereute und wurde in Gnade wieder aufgenommen, woraus wohl seine „luziferischen Züge"[21] abgeleitet wurden, die den Angehörigen dieser Religion den Schimpfnamen „Teufelsanbeter" eingebracht haben. Dies diente als Rechtfertigung, die Yeziden sowohl von muslimischer als auch von christlicher Seite in der Geschichte häufig blutig zu verfolgen.

Die Ursprünge des Yezidismus liegen zum Teil im Zoroastrismus, aber auch andere Religionen des Vorderen Orients haben Spuren und Einflüsse hinterlassen.[22]

In Syrien insgesamt leben schätzungsweise 20.000 Yeziden – wieviele davon in der Ǧazīra wohnen, ist kaum abzuschätzen. Fünf yezidische Dörfer gibt es südlich von ʿAāmuda im Ḫābūr-Dreieck.[23] Andere Yeziden siedeln auf dem Ǧabal ʿAbd Al-ʿAzīz und in der Nähe von Al-Hasseke. Darüber hinaus gibt es einige Dörfer, in denen yezidische Flüchtlinge leben, die in den achtziger Jahren aus dem Irak flohen. Diese Flüchtlingsfamilien heben sich schon äußerlich von den in Syrien beheimateten Yeziden ab, da sie sowohl eine traditionell-yezidische Kleidung tragen als auch ihre Architektur spezifische Merkmale aufweist. (Abb. 42) Aus diesem Grund finden sie in dieser Arbeit häufiger Beachtung, obwohl ihre Zahl nur sehr klein ist. Die syrischen Yeziden, deren Wurzeln wohl im ostanatolisch-armenischen Raum liegen, fallen heute äußerlich innerhalb der muslimischen Umwelt nicht auf.

Obwohl die Yeziden noch zumindest bis in die dreißiger Jahre als Halbnomaden beschrieben werden,[24] verfügen sie seit Jahrhunderten über feste Häuser. Der hohe Stand des Ackerbaus der Sinǧār-Yeziden wurde herausgehoben – worin sich auch ein Hinweis auf ihre Seßhaftigkeit zeigt.[25]

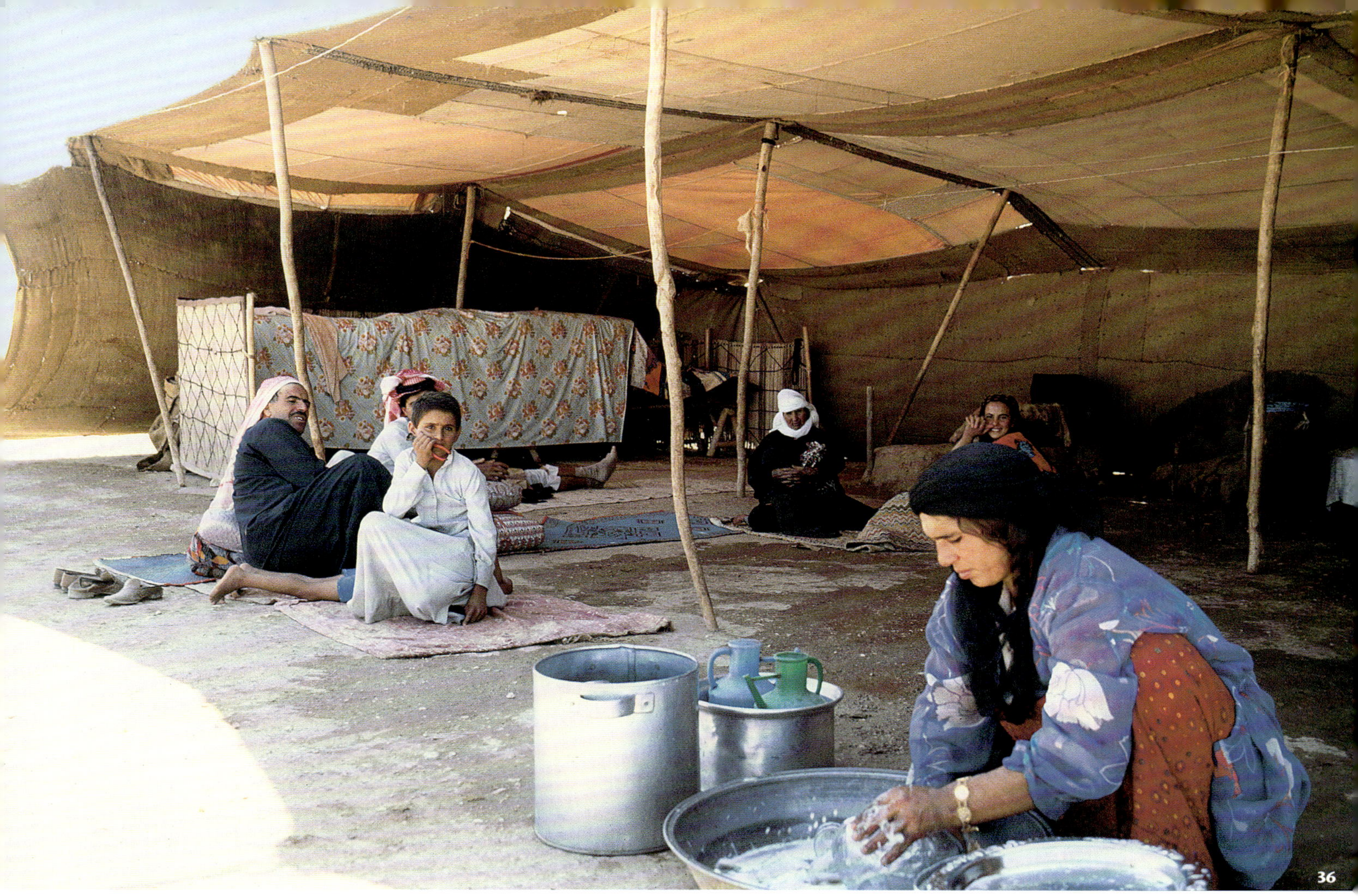

36

Abb. 36
Eine arabische Familie, die teilnomadisch lebt: alljährlich ziehen sie mit ihrer mehrhundertköpfigen Schaf- und Ziegenherde zu abgeernteten Ackerflächen in der westlichen Ǧazīra

Abb. 37
Kurdische Frauen präsentieren ihre feingewebten, traditionellen Überkleider, die sie nur noch zu festlichen Gelegenheiten tragen; das blaue, mit Goldborte besetzte Überkleid ist typisch für die Frauen der Koçer-Nomaden

37

Abb. 38 Hochzeitsfeier im assyrischen Dorf Tell Ḫormuz am Ḫabūr

Abb. 39 Tscherkessische Bewohner in Ar-Raqqa (Foto ca. 1910): während ihrer ersten Jahrzehnte in Syrien trugen sie offenbar noch die traditionelle kaukasische Kleidung

Syrische Christen

Die Syrischen Christen – besser: christlichen Aramäer Nordostsyriens – gliedern sich in vier verschiedene religiöse Gruppen. Da ihre ursprünglichen Siedlungsgebiete weit entfernt lagen und sie schon im Osmanischen Reich verschiedenen Religionsnationen angehörten, haben sie sich religiös und sprachlich relativ weit auseinanderentwickelt. Es handelt sich im wesentlichen um die religiösen Gruppen:

- Nestorianer, die die „Alte Apostolische Kirche des Ostens" oder „Assyrische Kirche des Ostens" vertreten,
- Chaldäer, die mit Rom unierte „Chaldäische Kirche",
- Jakobiten, die „Syrisch-orthodoxe Kirche von Antiochien und dem ganzen Osten",
- Syrianer, die mit Rom unierte syrisch-katholische Kirche.

Die nestorianische und chaldäische Kirche praktizieren den ostsyrischen Ritus, während Jakobiten und Syrianer dem antiochianischen Ritus anhängen und zu den westsyrischen Kirchen rechnen.[26] Trotz theologisch teilweise gravierender Widersprüche, die meist die Gottnatur Jesu betreffen, gehen alle syrischen Kirchen letztlich auf das Patriarchat von Antiochia zurück. Bei der chaldäischen Kirche handelt es sich um eine Abspaltung von der assyrischen Kirche, die ebenso wie auch die syrisch-katholische Kirche ein Produkt römisch-katholischer Missionstätigkeit ist. Während der Begriff Assyrer ursprünglich nur die Nestorianer bezeichnete, gibt es heute eine Bewegung zur Konstituierung einer gemeinsamen Identität syrisch-sprachiger Christen, die ihre Wurzeln im Neuassyrischen Reich sehen und sich alle als Assyrer bezeichnen.[27] Sie gehören zur ethnischen Gruppe der Ostaramäer.

Allen gemeinsam ist die syrische Sprache, eine „christliche Weiterentwicklung des Aramäischen".[28] Einige Dialekte existieren nur noch in gesprochener Form, andere als syro-aramäische Literatur- und Liturgiesprache. Von den in ihren Anfängen mächtigen, einflußreichen und – wie im Falle der nestorianischen bis in den Fernen Osten verbreiteten – Kirchen waren insbesondere nach den Mongolenstürmen nur noch Reste übriggeblieben, die sich in unzugängliche Bergregionen zurückgezogen hatten. Ihr Siedlungsraum blieb über Jahrhunderte die nördliche Zagros- und östliche Taurusregion. Jakobitische Dörfer hatten sich auch im südlichen Vorland des Tur Abdin ausgebreitet. Während der Christenmassaker des jungtürkischen Regimes im Ersten Weltkrieg verloren auch Tausende von Assyrern ihr Leben.

Die im Nordirak ansässigen syrischen Christen stellten sich im irakischen Unabhängigkeitskampf aufgrund englischer Versprechungen an die Seite Großbritanniens. 1933 brachen Rachepogrome gegen sie los, denen sie durch Flucht nach Syrien zu entkommen suchten. Unter ihnen waren auch Assyrer, die schon vorher aus der Türkei in das englische Mandatsgebiet Irak geflüchtet waren. Nach jahrelangen internationalen Verhandlungen willigte die französische Mandatsregierung Syriens ein, die Flüchtlinge am Oberlauf des Ḫābūr mit Unterstützung des Völkerbundes anzusiedeln. Es entstanden 39 Dörfer, häufig mit Kirchen als Dorfmittelpunkt, die bis heute existieren.[29] (Abb. 38) Die heutigen Bewohner zeichnen sich durch Bildung und bescheidenen Wohlstand aus und tendieren zur Emigration in große syrische Städte – in erster Linie nach Al-Hasseke oder Al-Qāmišly – oder sie gehen ins europäische oder amerikanische Ausland. Während in der Literatur von 9.000 Flüchtlingen die Rede ist, die sich ursprünglich am Ḫābūr niederließen, berichten heutige Bewohner von 15.000 ursprünglichen assyrischen Siedlern. Fast alle Dörfer weisen Kirchen auf.

Nur wenige christliche Dörfer des nördlichen Bec de Canard liegen an den Tur Abdin-Ausläufern. Größere Kirchen und kirchliche Institutionen gibt es nur im Verwaltungsmittelpunkt Al-Mālkiya. Weitere christliche Dörfer existieren südlich und östlich von Al-Qāmišlī, die Bevölkerung des Kreisortes ʿAāmūda ist ebenfalls teilweise syrianischer Herkunft.

Die verschiedenen syrischen Kirchen verfügen alle über entsprechende kirchenamtliche Institutionen in Syrien.

Armenier

Vor den Armeniermassakern ab 1915 gab es in der syrischen Ǧazīra keine armenischen Siedlungen. Es lebten jedoch Armenier in vielen Orten am Saum der Taurusausläufer südlich von Mardin, Urfa und dem Tur Abdin, d. h. unmittelbar nördlich der heutigen Ǧazīra.[30] In Aleppo war seit dem Mittelalter eine armenische Gemeinde beheimatet.

Die während des Ersten Weltkrieges von der jungtürkischen Regierung angeordneten Deportationen und Ermordungen der armenischen Männer, Frauen und Kinder hatten letztlich die völlige Vernichtung der armenischen Nation zum Ziel, waren aber gegenüber den Betroffenen als Umsiedlungsaktion in die Syrische Wüste ausgegeben worden. Nur wenige erreichten den angeblichen Zielort der „Umsiedlungen" Dair Az-Zōr. Ein Großteil der Deportierten starb unterwegs an Entkräftung, Hunger, Krankheiten und Mißhandlungen; unzählige Frauen stürzten sich in den Euphrat. Verzweifelte Mütter

Abb. 40 + 41
Auf der Kuppe der kleinen, Tell Armen genannten Siedlung, die von Karen Jeppe, ihrem Stiefsohn Misak Melkonian zusammen mit dem im benachbarten Tell Semn herrschenden šaih Ḫāğim gegründet wurde (Abb. 40: privat, Abb. 41: Statsbiblioteket, State and University Library, Aarhus, Dänemark)

Abb. 42
Zwei aus dem Irak geflohene yezidische Familien: die Männer tragen die typischen weißen Gewänder ohne Knopfleiste

schickten ihre Kinder zu Beduinen, um ihnen so vielleicht das Überleben zu ermöglichen.[31] In den Lagern entlang des Euphrats und Ḫābūr wurden mehr als hunderttausend Armenier ermordet. Von den Überlebenden versuchten manche, an agrarische Wurzeln anzuknüpfen und sich als Bauern im Ḫābūr-Dreieck niederzulassen.[32] Diese bäuerlichen Ansiedlungen existieren heute nicht mehr, ihre Einwohner wanderten in die Ğazīra-Städte oder nach Aleppo ab, wo sie heimisch wurden.

Internationale Hilfsorganisationen und der Völkerbund unterstützten die Menschen in den Flüchtlingslagern. Unter ihnen war auch die dänische „Armeniermutter" Karen Jeppe, die sich bemühte, eine Basis für die dauerhafte Ansiedlung von Armeniern in der Ğazīra zu schaffen.[33] (Abb. 40, 41)

Die Armenier der großen syrischen Städte stellen heute einen überproportionalen Anteil der intellektuellen und ökonomischen Elite. Einige von ihnen gehörten zu den Landwirtschaftsunternehmern, die die Obere Ğazīra ökonomisch erschlossen haben. Die Armenier genießen als einzige ethnische Gruppe des Landes autonome kulturelle Rechte.

Kaukasier

Kaukasische Tscherkessen und Tschetschenen[34] wurden 1866 und 1878 von der Osmanischen Regierung in die von Nomaden beherrschten Teile Syriens gesiedelt. Sie waren durch das christliche Zarenreich aus ihrer Heimat im Kaukasus vertrieben worden; vermutlich über eine halbe Million Muslime floh damals in den Herrschaftsbereich des Osmanischen Reiches. Als loyale Untertanen der Hohen Pforte und für ihre militärische Tapferkeit berühmt, schienen die Kaukasier hervorragend geeignet, die Erschließung der fruchtbaren Steppenregionen voranzutreiben. Unterstützt von der Hohen Pforte gründeten sie als Wehrbauern neue Dörfer und Städte in verschiedenen Teilen Syriens; im Euphrattal, am oberen Ḫābūr und auf dem Ğabal ʿAbd Al-ʿAzīz. Sie reaktivierten auch einstmals bedeutende antike Orte wie das heutige Membiğ, Raʾs Al-ʿAīn und teilweise auch Ar-Raqqa. (Abb. 39)

Die kaukasischen Neusiedler erhielten jeweils 10 ha Land zugeteilt und betrieben Anbau von „Mais, Wein, Ölbäumen und versuchten sogar, den Haferanbau einzuführen".[35] Aus ihrer kaukasischen Heimat brachten sie fortschrittliche Anbaumethoden mit und ließen ihre Felder von abhängig gewordenen Beduinen bearbeiten. Mit den mächtigen Stämmen der Region waren permanente kriegerische Auseinandersetzungen an der Tagesordnung, die beide Seiten hohe Opfer kosteten. Viele Kaukasier fielen auch dem ungewohnten Klima und seinen Krankheiten zum Opfer.[36] Nur sehr vereinzelt leben heute noch kaukasische Familien in einst von ihnen gegründeten Dörfern. Einzig in Membiğ stellen sie noch einen größeren Bevölkerungsanteil.

Turkmenen und Türken

Während die Turkmenen, ebenso wie die Türken, in der historischen Reiseliteratur immer wieder als in der Ğazīra ansässige Gruppe genannt werden, hat sich heute ihre Anzahl stark verkleinert. Sie waren schon Ende des 17. Jahrhunderts von der Hohen Pforte am Oberen Balīḫ und bei Tell Abiyaḍ angesiedelt worden. Sie haben sich assimiliert oder sind in die Türkei abgewandert. Selbst um Ḥammām Turkmān, dem „turkmenischen Bad", am oberen Balīḫ leben heute nur noch vereinzelt Turkmenen.[37]

Nahe der türkischen Grenze, in den Dörfern der breiten fruchtbaren Euphratflußaue um Ğerāblūs sind türkischstämmige Familien ansässig. Sie leben mit arabischen Bewohnern in gemeinsamen Dörfern zusammen. Trotz weitgehender Integration pflegen sie untereinander die türkische Sprache und ihre Kontakte in die Türkei. Wohl in Zusammenhang und unter dem Schutz der tscherkessischen Führungsschicht in Membiğ haben sie sich auch dort niedergelassen.

Vorgehensweise und Methodik

Kapitel 5

Angeregt durch mitteleuropäische Hausforschung und die „Stammbaum"-Betrachtungsweise der typologischen Methode habe ich ein Instrumentarium entworfen, das ähnliche Methoden auf die ländlichen Wohnhäuser Nordostsyriens anwendet.[1] Grundlagen bilden dabei eigene Bauaufnahmen, Befragungen der Bewohner und Auswertung schriftlicher und bildlicher Quellen. Bislang lagen nur wenige vereinzelte Bauaufnahmen aus Syrien vor, und es war fraglich, inwieweit sie als ‚typisch' oder exemplarisch gelten können. Meine Bauaufnahmen können nur ein erster Ansatz zur Dokumentation und Systematisierung sein, weitere Untersuchungen sind wünschenswert, um ein immer engmaschigeres und aktuell bleibendes Netz zu erhalten.

Durch die erst junge Besiedlung ist Haus-„Geschichte" gelegentlich noch am konkreten Hausbeispiel dokumentierbar, sind die sozialen, wirtschaftlichen und kulturellen Verhältnisse in den ältesten Häusern von noch lebenden Zeitzeugen zu erfahren.

Meine Analyse erfolgt von außen, d. h. fremde Wohn- und Lebenszusammenhänge werden betrachtet. Eine solche Außensicht beinhaltet das Risiko, bestimmte Strukturen aufgrund eigener Denkschemata nicht wahrzunehmen. Die kulturelle Distanz zwischen mir und dem Untersuchungsgegenstand ist vielschichtig: es handelt sich um einen fremden, stark patriarchalisch bestimmten Kulturkreis und eine ländliche Gesellschaft. Aufgrund dieser Distanzen kann die vorliegende Untersuchung nur eine Annäherung an das Wohnen und seine konkrete Ausprägung in den Hausformen darstellen. Eine entsprechende Untersuchung durch eine Person, die in der dörflichen Gesellschaft der Ǧazīra aufgewachsen ist, würde vermutlich anders aussehen, da andere Merkmalskriterien zugrunde gelegt wären und vielleicht zu einer anderen Differenzierung der Hausformen führen könnten.

Die empirische Untersuchung

Die Surveys erfolgten unter aktiver Mithilfe lokaler Vertrauenspersonen. Aufgrund der gesellschaftlichen Strukturen waren diese immer männlichen Geschlechts. Sie fungierten als lokale Führer, vermittelten den Bewohnern der untersuchten Häuser die Inhalte meiner Untersuchung. Sie stellten einen ehrbaren und tolerablen Rahmen her, innerhalb dessen ich mich auch in erstmalig aufgesuchten Dörfern bewegen konnte: die ungewöhnliche Erscheinung einer europäischen Fremden wird von einem männlichen Einheimischen herumgeführt und beschützt. Diese lokalen Führer wurden schnell zu vertrauten Mittlern, die aus meinem anfänglich noch geringen arabischen Wortschatz in die lokale Umgangssprache übersetzten.[2]

Ich führte nicht standardisierte, offene Interviews in arabischer Sprache. Anhand des folgenden Leitfadens, d. h. einem sehr flexiblen Fragenkatalog, wurden folgende Themen abgefragt.

Dorf:

- Name, Alter und evtl. Entstehung des Dorfes,
- evtl. ursprüngliche Herkunftsregion der Familie und regionale Bauweisen,
- andere Hausformen im Dorf,

Familie:

- Familienname, Familienstand, Kinderzahl, Stammeszugehörigkeit,
- hauptsächliche Erwerbsquellen der Familie,
- Zeitpunkt der individuellen Seßhaftwerdung und des ersten Hausbaus,

Haus:

- Alter der einzelnen Gehöftteile, Besonderheiten und ggf. Bedeutungen,
- Gründe, die zur Wahl der bestehenden Hausform führten,
- ggfs. Idee zur Herkunft der Hausform,
- Haus- und Raumnutzungen,
- Baumaterial und Konstruktionsbesonderheiten,
- spezielle Terminologie bezüglich Haus und Hausbau.

Weitere Fragen ergaben sich anhand des konkreten Hauses. Häufig mußten diese Fragen mehrfach, in unterschiedlicher Formulierung und von verschiedenen Personen gestellt werden, um den Befragten etwas Zeit einzuräumen. Die grundsätzliche Problematik bestand darin, daß einige Fragen sehr entfernt vom Denken der Befragten lagen. Es lag in der Absicht der Interviews, zu weiteren Themenbereichen vorzustoßen und sie zu vertiefen, wenn dazu Bereitschaft und Interesse der Befragten spürbar war.

Beispielsweise wurden Themen angesprochen wie:

- magische Vorstellungen in Bezug auf das Haus,
- Unterschiede zwischen Winter- und Sommerwohnen,
- Heizungsart,
- Verhältnis zu früheren Wohnformen wie Zelt oder Zweighütte,
- Wohnverhalten nach Geschlechterdifferenz.

In Gästehäusern stellte ich u. a. Fragen zu den Themen:

- Ausrichtung,
- Siedlungsbeginn und Verbleiben des Zeltes anfänglich,
- Proportionsverhältnis von Raumbreite zu Raumlänge,
- Lokalisierung des „Ehrenplatzes",
- Unterschiede zwischen alltäglicher und gelegentlicher besonderer Nutzung.

Nach Möglichkeit wurden die weiblichen und die älteren Mitglieder eines Haushaltes in die Befragung einbezogen. Über die Angaben der Bewohner hinaus notierte ich eigene Beobachtungen. Als besonders aufschlußreich erwiesen sich Situationen, in denen sich weitere Dorfbewohner in dem Haus versammelten, in dem ich gerade zur Besichtigung verweilte. Dies ergab sich relativ häufig, da viele Menschen neugierig auf die „Fremde" waren, die in ihr Dorf gekommen war. Oft genug provozierten meine Fragen lange Diskussionen untereinander, in denen unterschiedliche Positionen als Antworten zutage traten. Die Dorfbewohner nutz-

Abb. 43
Der Rohbau ist fertig – stolz präsentiert sich der Baumeister in der Eingangstür. Die Bauhelfer haben spaßeshalber über der Tür einen Handschuh und andere Utensilien angebracht – in Anspielung auf die Sitte, ein Hufeisen oder Amulett dort anzubringen, um Mißgunst und „bösen Blick" vom neuen Haus fernzuhalten

ten außerdem begeistert die Gelegenheit, die „Fremde“, die sie trotz meiner anderslautenden Auskunft meist als *saḥafiya*, als Journalistin, ansahen, über deren Herkunftsland zu befragen. Obwohl diese Gespräche sehr viel zeitintensiver als standardisierte Interviews waren, begrüßte ich die entstandene Gesprächssituation des Austauschs anstelle einer Einbahnrichtung durch ausschließliche Fragen meinerseits. So entstanden lebendige Diskussionen und ein gewisses Vertrauensverhältnis. Erst durch ausführlichere Erörterungen einerseits und die Beobachtung alltäglichen Lebens andererseits erschlossen sich mir die Nutzungen dieser Häuser und ein Stück des Wesens dieser Architektur.
Gezielt habe ich Baumeister aufgesucht und ihnen spezielle Fragen gestellt.

- Von wem stammen die Grundrißideen für den Bau?
- Welche Rolle hat der Baumeister gegenüber dem Bauherrn?
- Welche Gesichtspunkte führen Bauherren bei der Wahl von Haustypen an?
- Wie benennen sie bestimmte Haustypen?
- Wer entscheidet über die Aufrißgestaltung und die Anordnung von Fenstern und Türen?
- Welche Mauertechniken gibt es?
- ggf.: Wie wird Basalt oder Kalkstein abgebaut und bearbeitet?
- Wie ist die Dachkonstruktion?
- Woher stammte früher das Bauholz für Dächer?
- Wie sieht ein „modernes“ Haus nach ihrer Vorstellung aus?

Gelegentlich stellte ich auch Fragen zur Regionalgeschichte und zu Stammesgenealogien. Nach Möglichkeit befragte ich verschiedene Bewohner zu demselben Thema. Im Vergleich dieser Angaben untereinander und zur Literatur mußte ich feststellen, daß sich die Antworten weitgehend deckten.

Die Bauaufnahmen wurden mit sehr einfachen Meßinstrumenten wie Bandmaß und Kompaß in unterschiedlichem Präzisionsgrad erstellt – Aufmaßmethoden, die sich an dem einfachen Instrumentarium der dortigen Baumeister orientieren. Da mir wichtiger war, eine große Menge von Häusern in ihren Grundrissen zu erfassen als maßgenaue Bauaufnahmen zu erstellen, mußte die Genauigkeit notwendigerweise zurückstehen. Bei den Bauaufnahmen wurde von einer grundsätzlichen Rechtwinkligkeit ausgegangen – außer, wo dies sehr offensichtlich nicht der Fall war. Die lokalen Baumeister wollen rechtwinklige Häuser bauen und als solche akzeptierte ich sie, ohne nachzumessen. Insbesondere die Aufnahmen im Außenbereich sind daher nur sehr ungefähr, da ich sie nur mit Schritten vermaß.

Da das Ziel in einer möglichst flächendeckenden Bestandsaufnahme der Hausformen besteht, durchquerte ich engmaschig und abseits der großen Hauptverkehrsachsen das Untersuchungsgebiet möglichst in allen seinen bewohnten Regionen.[3] (Abb. 4)

Praktisch bedeutete dies, daß ich langsam die Dörfer durchfuhr und notierte, welche Hausformen hauptsächlich vorkamen. Wo mir eine Hausform noch unbekannt schien, nahm ich das Haus näher in Augenschein. Die freundliche Einladung der Bewohner hereinzutreten, nahmen wir gerne an. Man bat uns in den Gästeraum, und ich erläuterte mein Anliegen. Ich notierte mir einige allgemeine Angaben über das Dorf und die Familie. Danach ließ ich mir – möglichst von der Hausherrin – das komplette Gehöft zeigen. Wenn mir die Form des Hauses unbekannt war, eine Variation einer bekannten Form darstellte oder besondere Ausmaße hatte, entschied ich mich, dieses Haus ausführlicher zu dokumentieren und aufzumessen. Anderenfalls legte ich nur eine Skizze an und schoß einige Fotos von außen und innen. Diese eher grobmaschige Arbeitsweise kann man nur mit Abstrichen als Inventarisation, wie sie Bedal fordert, bezeichnen.[4]

Für die ausführliche Dokumentation maß ich das Haus grob auf, ermittelte die Ausrichtung, fotografierte innen und außen und führte ein ausführliches Interview mit der Familie.

Im Kapitel „Hausformen“ wird jeweils ein Beispiel für jede Hausform im Rahmen des Gehöfts zeichnerisch dokumentiert.

Obwohl ich während der Feldaufnahmen im Untersuchungsgebiet wohnte, handelte es sich doch immer um kürzere (maximal 3 Monate dauernde) Aufenthalte, die während der wärmeren Jahreszeiten lagen. Obwohl eigentlich beabsichtigt war, daß ich die Nutzung aller Haustypen auch aus eigener Anschauung kennenlerne, indem ich mich dort einige Tage aufhalte, konnte dies nicht durchgeführt werden. Praktische Gründe, d.h. vor allem die Regeln der Gastfreundschaft zwangen mich oft, in immer wieder denselben Häusern zu wohnen. So ist mir die tägliche Nutzung anderer Haustypen nur aus Beschreibungen der Bewohner bekannt. Selbst wenn es beispielsweise beim Mittelhallenhaus einige hauptsächlich vorkommende Nutzungen gibt, so existieren doch eine Vielzahl von Nutzungmöglichkeiten bei dieser stark differenzierten Hausform. Auch durch einen mehrtägigen Aufenthalt in einem Mittelhallenhaus hätten sich vermutlich kaum allgemeine und weitergehende Aussagen grundsätzlicher Art über die Nutzung machen lassen.[5]

Die meiste Zeit wohnte ich in Zeilen- und Kuppelhäusern. Die dabei gesammelten Erfahrungen lassen mich jedoch die Nutzungsschemata auch bei anderen Haustypen rascher durchschauen. Auch wenn ich die gastgebenden Familien bat, man möge sich doch verhalten, als ob kein Gast im Hause wäre, konnte dies aus der Sicht der Gastgeber jedoch kaum befolgt werden. Ich erfragte insbesondere, wie sich die Nutzungen während der anderen Jahreszeiten oder bei neuen familiären Konstellationen verändern.[6]

Haustypologie

Diese Arbeit konzentriert sich auf die Wohngebäude. Sie systematisiert diese und teilt sie in Gruppen ein, um Entwicklungstendenzen herauszufinden. Der Vorgang, wie „Haustypen“ herausgearbeitet werden, beruht auf der Analyse und dem Vergleich verschiedener Merkmale.[7] „Aus gleichen oder ähnlichen, auf jeden Fall aber vergleichbaren Merkmalen werden ‚Modelle‘ gebildet, die ein vereinfachtes, generalisierendes Abbild wesentlich erscheinender Züge darstellen wollen.“[8] Die Haustypen decken einen strukturellen Zusammenhang auf, sie sind nicht als starre Formen, sondern prozeßhaft zu verstehen.

Hauptmerkmale meiner Typenfindung sind Erschließung und räumliche Struktur. Es geht darum, ob die Räume zentral oder separat erschlossen sind und durch welche Art von Raum diese Erschließung erfolgt. Die räumliche Struktur gibt das Verhältnis der Räume zueinander an und hängt eng mit der Frage der Erschließung zusammen. Die Konstruktion eines Hauses kann nur bei einem Teil der Häuser als Differenzierungsmerkmal angewandt werden, da sie sich nur bei einigen Haustypen deutlich unterscheidet.

Der Haustyp ist eine Grundkonstellation, die in vielfältiger Weise variieren kann. Die Variationen bezeichne ich als „Hausformen“, sie bilden eine Unterkategorie der Typen. Haustyp und Hausform sind Konstrukte, eine „Essenz“ aus verschiedenen Häusern und Entwicklungen. Der Haustyp faßt die entscheidenden Merkmale der zugehörigen Hausformengruppen zusammen. Ziel der vorliegenden Untersuchung ist auch, „innere genetische Zusammenhänge aufdecken" zu helfen und historisch zurückzuverfolgen.[9]

Die Variationsbreite mancher Typen ist groß, bei anderen erstaunlich gering. Inwieweit sich eine Hausform aus einer anderen entwickelt hat, kann oft nur theoretisch angenommen werden. Nur in wenigen Fällen ließ sich dies empirisch beweisen, entweder indem ein Baumeister konkrete Angaben machen konnte oder dies durch Vergleichsbauten offensichtlich war.

Die Methode der Typologie, d. h. die Einordnung in Formengruppen, soll nicht als starres Schema verstanden werden, sie gibt einen Orientierungsrahmen ab. Auch Querbeziehungen der Häuser untereinander kommen häufig vor.

Mit Hilfe dieser Methode erwächst im günstigsten Fall eine Genese der gebauten Formen, eine Art Stammbaum, der Entwicklungslinien aufzeigt.[10] Zu diesen Hausgenesen führten sowohl konkrete Baudaten als auch der Vergleich von Formen und Nutzungen untereinander. Angaben über frühere Raumnutzungen beruhen auf den Aussagen heutiger Bewohner, die dies jedoch unter Umständen ebenfalls nicht mehr aus eigener Anschauung kennen. Gelegentlich finden sich Reste früherer baufester Einbauten, die manche Aussagen erhärten. Dennoch beruhen manche genetischen Ableitungen nur auf typologischen Wahrscheinlichkeiten, für die ich einen Beweis schuldig bleiben muß.

Die gegenseitige Abgrenzung der Typen und Hausformengruppen ist manchmal anfechtbar, da vielleicht nur eine kleine, schnell zu vollführende bauliche Veränderung erforderlich wäre, um einen Bau einer anderen Formengruppe oder einem anderen Typ zuordnen zu können. Auch bei der Abgrenzung der Kategorien untereinander lassen sich oft Argumente ebenso für wie gegen die Einordnung in eine bestimmte Gruppe finden.

In einzelnen Regionen gibt es den *einen*, seit Jahrzehnten vorherrschenden Haustyp, in anderen Regionen haben verschiedene Einflüsse bewirkt, daß sich mehrere Typen etablieren konnten. Dennoch versuchen heute mehr Menschen als früher, sich nicht lokal tradierter Typen zu bedienen, sondern neue Formen einzuführen, die aus anderen Ursprüngen stammen. Für die sich ansiedelnden Beduinen war die Frage des Haustyps anfänglich offen, so daß verschiedene äußere Einflüsse in Form von Haustypen und -formen unterschiedlicher Herkunft „ausprobiert" wurden. Bestimmte andere Elemente sind aus der Zeltarchitektur ins stationäre Bauen übertragen worden.

Sobald es ihnen finanziell möglich ist, tendieren Bewohner Nordostsyriens dazu, neue und größere Häuser zu bauen. Die alten werden umgenutzt oder aufgelassen, was im letzteren Fall zu schnellem Verfall führt. Relativ alte Gebäude, aufgrund derer typologische Entwicklungen zweifelsfrei empirisch nachgewiesen werden können, existieren heute noch, wenn sie entweder so groß und solide gebaut wurden, daß sie auch heutigen Anforderungen noch genügen oder aber sie in untergeordneter Funktion weiterverwendet wurden oder die Besitzer zu arm blieben, um sich neue Häuser zu bauen.

Aufgrund der Größe des untersuchten Gebietes sah ich mich nicht in der Lage, die Hausformen auch quantitativ genau zu erfassen. Statt dessen habe ich diese überblicksmäßig für die Dörfer jeweils insgesamt notiert.

Aus der Zusammenstellung des empirischen Materials komme ich zu einer Hausgeographie, die die Hausformen einzelnen Regionen zuordnet. Diese sind im Kapitel „Architektur und Region" zusammengefaßt.

Abb. 44
Die Frauen schaffen sich Ordnungsprinzipien für den Haushalt und das Gehöft – in Ermangelung anderer Materialien dekorieren sie beispielsweise auch mit leeren Papiertaschentuchboxen

Das Haus, seine Nutzungen und Räume

Kapitel 6

Die Grundbedürfnisse bäuerlichen Wohnens und Wirtschaftens ähneln sich überall auf der Welt. Die „dritte Haut", das Haus, hat Mensch und Vieh vor Witterungseinflüssen zu schützen. In ihr werden Familien gegründet, Kinder aufgezogen, agrarische Erzeugnisse weiterverarbeitet und gelagert. Das Haus an sich steht stellvertretend für die Familie und repräsentiert sie nach außen. In der Gesellschaft der Ǧazīra kommt zu diesen Wohnbedürfnissen die Beherbergung von Gästen hinzu.

Grundsätzlich sind der Einzelne und die Familie – besonders im dörflichen Rahmen – weitaus stärker in gesellschaftliche Zusammenhänge eingebunden als in Mitteleuropa. So wie die Familie den Einzelnen schützt und seinen Platz in der Gesellschaft bestimmt, bilden Haus, Hütte oder Zelt schützende Hüllen, die Sicherheit vermitteln. Ohne Familie, ebenso wie ohne Behausung, würde der Einzelne sich nackt und schutzlos vorkommen.

Wohnbedürfnisse und daraus entstehende räumliche Funktionen und -gestaltungen der heutigen Bewohner der Ǧazīra sollen im folgenden konkret beleuchtet werden. Zwischen der jungseßhaften, unlängst noch nomadischen, und der altseßhaften Bevölkerung gibt es viele Gemeinsamkeiten, aber auch einige Unterschiede. Diese betreffen Aspekte der Separation der Frauen mit Folgen für den Empfangsbereich und die Hauswirtschaft – beides wird am Ende dieses Kapitels behandelt.

Im arabischen sakana, ‚wohnen', schwingen die Bedeutungen ‚ruhen' und ‚beruhigt sein' mit. Es bezieht sich auf ein Beschützen und Behüten und gilt für feste Behausungen ebenso wie für Zelte.

Auch das Haus, *bait/byūt*, muß nicht zwangsläufig ein festes, gemauertes Gebäude sein. So bezeichnet man das Zelt als *bait šʿar*, ‚Haarhaus'. Der Verbstamm *bīta* steht für ‚die Nacht zubringen' aber auch für ‚fortfahren, etwas zu tun' und verweist ebenfalls auf etwas Schützendes. Das arabische bait steht – ähnlich wie das deutsche ‚Haus' – auch für Familie und im übergeordneten Sinne für Clan und Abstammung.[1]

Den anderen Begriff für ‚Haus', *dār/dūr*, verwendet man in der Ǧazīra ausschließlich für feste Häuser.[2] Er geht auf den Verbstamm *dāra* zurück, was ‚sich drehen, umlaufen' bedeutet. Der Zusammenhang besteht vermutlich darin, daß am Beginn der Ansiedlung eine Form der Einhürdung stand, in welcher das Vieh geschützt war und auch die temporäre Unterkunft der Menschen stand. So gibt es heute noch das *duwār* genannte Rundlager nordafrikanischer Beduinen, die eine Hürde aus Zweigen um ihr Lager errichten. Nippa weist darauf hin, daß „man bei *dār* mehr an ein begrenztes Territorium denkt, welches derjenige, dem es zu eigen ist, durchstreift oder es sich aneignend durchmißt,"[3] (Hervorheb. A. Nippa) das Besetzen eines topographischen Raumes steht also im Vordergrund.

In der Ǧazīra werden *dār* und *bait* weitgehend bedeutungsidentisch verwandt; je nach Kleinregion wird dieser oder jener Begriff bevorzugt. Beide Begriffe sagen nichts darüber aus, ob das gesamte Gehöft oder nur ein Teil gemeint ist; dies läßt sich nur aus dem Kontext erschließen. Um zu betonen, daß ein gesamtes Gehöft gemeint ist, bezeichnet man dieses als *ḥōš/ḥawāš*, der bei Kurden wie Arabern gebräuchlichen Bezeichnung für ‚Hof'. Für ältere Menschen, die noch stark im Nomadismus verankert sind, bedeutet bait in erster Linie das Zelt, wogegen sie in Abgrenzung dazu dar für das Haus verwenden.

Das arabische Wort für ‚Raum', *ġorfa*, wird nur benutzt, wenn dieser Raum durch eine Halle oder einen anderen Raum erschlossen ist.[4] Ein separat erschlossener Raum gilt statt dessen als ‚Haus'. Dies rührt vermutlich daher, daß die Häuser ursprünglich nur aus einem Raum bestanden, Haus und Raum also das gleiche darstellten. Die Funktion als Haus war jedoch die entscheidendere.

Für das Verb ‚bauen' kennt man im Arabischen zwei übliche Begriffe: bana bedeutet auch ‚sich gründen auf' und von ihm ist *bināya*, ‚Gebäude' ebenso abgeleitet wie auch *ibn* und *ibnāya*, ‚Sohn' und ‚Tochter'. Das andere Verb *ʿamara*, steht für ‚lange leben, gedeihen, bauen, bewohnen'. Aus ihm wird *al-ʿamāra*, das Gebäude, und (mit türkischer Wortendung) der Baumeister, *al-maʿmarǧī/maʿmarǧie*, gebildet.[5]

Der kurdische Begriff *xani* bedeutet ‚Behausung' in seiner allgemeinsten Form und kann auch beispielsweise auf Stallungen angewendet werden. Dagegen kennzeichnet das kurdische mal sowohl das Haus als auch den Hausstand einer

Abb. 45
Eine Familie sitzt im Empfangsbereich ihres Hauses; dem Besucher (auf dem Foto hinten rechts) wurde der beste Platz eingeräumt, Frauen und Kinder sitzen vorne in der Nähe der Tür

Abb. 46
Frauen und Mädchen sind für das Innere des Hauses zuständig; der Vater dieses Mädchens ist Baumeister – daher ist zu erklären, daß sie ihre „Puppenstube" gemauert hat (vgl. Abb. 347)

Familie. Es entspricht in seiner Anwendung in etwa dem arabischen bait und wurde auch mit dem englischen *home* verglichen.[6]

Haus und Familie

Die Familie lebt in einer räumlichen Wohn-Einheit. Obwohl Kernfamilien überwiegen, sind auch erweiterte Familien häufig. Diese können sowohl aus mehreren Generationen bestehen, als auch die Familie eines Mannes mit mehreren Ehefrauen sein oder das Zusammenleben von Brüdern mit ihren Kernfamilien kennzeichnen. In solchen Familien kann gemeinsam oder aber getrennt gewirtschaftet werden. Auch fließende Übergänge sind möglich: beispielsweise agiert eine Großfamilie, die normalerweise nach Kernfamilien getrennt wirtschaftet, bei wichtigen landwirtschaftlichen Angelegenheiten gemeinsam. Tendenziell nutzt die Großfamilie den Empfangsraum und die landwirtschaftlichen Bereiche gemeinsam.

Erwachsene Söhne errichten ihre Häuser auf dem Vatergehöft – wenn genügend Fläche vorhanden ist. Der wichtigste Gehöftteil bleibt das Vaterhaus, und die Eltern bilden das *bait ač-čebīr*, „das große Haus". Die bäuerlich-nomadische Gesellschaft der Ǧazīra ehrt die Alten, sie sind in das gemeinschaftliche Leben integriert und hochgeachtet.

Das Haus und die Familie tragen den Namen des Hausherrn. Die Zugehörigkeit zu einem bait verankert den Einzelnen in der Gesellschaft, sie verleiht ihm Ansehen und Prestige. Das Gewicht einer Familie steht nur bedingt in Zusammenhang mit der Gestalt ihres Hauses. Durch ein neues großes und gut ausgestattetes Haus kann man zwar eine gewisse Anerkennung erwerben, aber Ansehen und gesellschaftlicher Status erhöhen sich dadurch nicht automatisch. Mit der Familie müssen auch andere Eigenschaften wie Ehrbarkeit, Großzügigkeit, Durchsetzungsvermögen und Würde verknüpft sein. Umgekehrt wird einer armen, aber angesehenen Familie nicht weniger Respekt entgegengebracht, nur weil ihr Haus klein und vielleicht mit wenig Wohnkomfort ausgestattet ist. Der aktuelle Wohlstand einer Familie läßt sich nur schwer anhand der Größe und Ausstattung des Hauses feststellen, da dies aus besseren Zeiten der Familie stammen kann.

Die Bevölkerung der Ǧazīra ist seit der Mitte des 20. Jahrhunderts enorm gewachsen. Familien mit zehn oder mehr Kindern sind nicht selten. Seit den neunziger Jahren beginnt ein langsamer Umdenkungsprozeß dahingehend, daß es besser sei, weniger Kinder zu haben und diese verantwortungsbewußter zu erziehen. Es wird stärker Wert auf die Schulbildung der Kinder gelegt. Das veränderte Bewußtsein in Hinsicht auf Erziehung gesteht Kindern heute mehr Raum im Haus zu als früher.

Da die ehemaligen Beduinen nun schon seit zwei bis drei Generationen in festen Häusern und mit einem gewissen Maß an Komfort leben, haben sich auch ihre Körper daran gewöhnt. Aufgrund ihrer nomadischen Lebensweise waren sie früher weitgehend gegen Hitze und Kälte abgehärtet, gingen auch im Winter barfuß und verfügten über eine Gesundheit, über die sich europäische Reisende immer wieder verwundert geäußert hatten. Dies änderte sich mit dem Bewohnen der im Unterschied zum Zelt relativ wohltemperierten Häuser. Heute steigen die Ansprüche an Beheizung im Winter und Kühlung im Sommer. Beinahe alle Häuser verfügen über Ventilatoren, wenige gar über Klimaanlagen. Dennoch sind die Bewohner der Ǧazīra immer noch sehr viel besser als beispielsweise Mitteleuropäer in der Lage, mit Hitze- und Kälteschwankungen auch innerhalb eines Tages fertig zu werden.

Allgemein steigender Wohlstand hat auch die Wohnansprüche steigen lassen. Damit einher geht die Tendenz, Häuser als Ganzes – und Wohnräume insbesondere – immer voluminöser zu bauen. Trotzdem ist der Lebensstandard der meisten Ǧazīra-Bewohner an mitteleuropäischen Maßstäben gemessen eher bescheiden. Dies äußert sich auch in einem nur geringen Wohnkomfort. Gemessen daran wird verhältnismäßig viel Geld in Hausinventar und Baumaßnahmen investiert (siehe unten). Diese auf Repräsentation gerichteten Ausgaben verschlingen einen Teil des Familienbudgets, das oft nur kurz nach der Ernte gefüllt ist. Häufig genug gehen größere Ausgaben jedoch auf Kosten des täglichen Lebensunterhaltes.

Das Haus bildet den Rückzugsort der Familie. Abgrenzung erfolgt weniger durch äußerliche Grenzziehung als durch gesellschaftliche Regeln und persönliche Verhaltensweisen. Der überwiegende Teil des Wohnens findet innerhalb verschiedener Abstufungen zwischen dörflicher Halböffentlichkeit und Privatsphäre statt.[7] Wo letztere erwünscht ist, findet man als Zeichen die geschlossene Tür. In der Regel stehen Türen immer offen, wenn die Bewohner zuhause sind und die klimatischen Bedingungen es erlauben.

Fremde nähern sich einem Haus langsam und haben am Hofeingang oder, wenn der Hof zu groß ist, unweit des Hauseingangs stehen zu bleiben.[8] Dort machen sie sich mit Rufen wie *yā ahl al-bait*, ‚Ihr Hausbewohner', bemerkbar. Sie müssen spätestens dort stehen bleiben, wo sie den Raum noch nicht einsehen können, um den Hausbewohnern – insbesondere den Frauen – Zeit zu geben, sich auf den Besuch einzustellen. Verwandte oder andere Dorfbewohner treten direkt auf die Außenseite der Schwelle, wenn die Tür offen steht. Sie halten kurz inne, machen sich z. B. durch Räuspern bemerkbar, worauf in der Regel sofort von innen reagiert wird. Durch das Ausziehen der Schuhe vergeht auch noch ein wenig Zeit. Bei geschlossener Tür meldet man sich durch Klopfen oder Rufen. Erst wenn aus dem Hausinnern ein deutliches ‚tritt ein' – *fūt* oder *fūtī* (fem.) – zu hören ist, tritt man ein. Die Hausschwelle als Schamgrenze, in Beziehung auf die Frauen und Mädchen der Familie, erhält vor allem im Konfliktfall Bedeutung.

Das Haus gilt als Schutzraum und ist unantastbar. Aber wer über die Schwelle tritt, ist willkommen. Konflikte haben hinter der Gastlichkeit zurück zu stehen. Das Haus bildet einen *muḥarram*, einen heiligen Bezirk.[9] Innerhalb dessen trennt man in einen mehr nach außen gerichteten Bereich für den Gästeempfang, und den Ort des *ḥarīm*. In Europa wurde dieser Bereich als ‚Harem' tituliert und oftmals fehlinterpretiert. Unter *ḥarīm* versteht man die erwachsenen und heiratsfähigen Frauen eines Hauses. Sie und der ihnen zugeordnete (und unterstehende) Wohnbereich gelten als besonders schutzbedürftig und heilig. Nicht zur Familie gehörende Männer dürfen ihn nicht betreten. Diesen Bereich bildet der Familienwohnraum. Streng genommen sind all jene Männer am Betreten des *muḥarram* gehindert, die als potentielle Heiratskandidaten in Frage kämen, was schon bei einem Cousin der Fall ist. Nach meiner Erfahrung wird dies jedoch freier gehandhabt und betrifft nur fremde Männer.

Die äußere Form der für die arabo-islamische Welt so prägenden Zweiteilung des Hauses ist in ihrem räumlichen Ausdruck eine Frage finanzieller Mittel.[10] Da noch vor einigen Jahrzehnten kein separater Gästeraum üblich war, erfolgte die soziale Trennung im selben Raum mithilfe traditioneller Verhal-

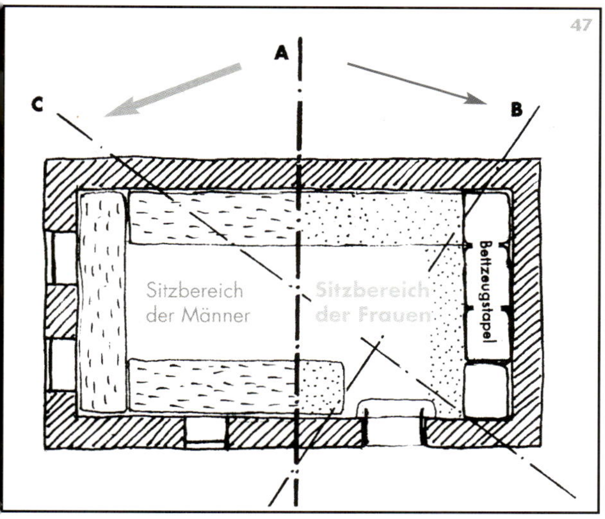

Abb. 47

Raumnutzung nach Geschlechtern:

Linie A: tendenziell liegt der Sitzbereich der Männer in der westlichen Raumhälfte, der der Frauen in der türnahen, östlichen Hälfte

Linie B: die Grenze zwischen Männer- und Frauenbereich verschiebt sich, je nachdem, ob weitere Männer oder Frauen den Raum betreten. Diese nehmen dann jeweils weitere Fläche für sich in Anspruch

C: diese Diagonale stellte Ghirardelli als Männer-Frauen-Grenze dar (nach: trialog 1985, S. 8)

Abb. 48

Zu Besuch bei einer kurdischen Großfamilie: am Kopf des Raums sitzen die Männer, der männliche Gast sitzt auf der rechten Seite gegenüber dem Ofen (ich wurde auf der linken Seite zwischen der Hausherrin und den Männern plaziert – im Grenzbereich von Männern und Frauen)

tensmuster. Ein bescheidender Wohlstand ermöglicht heute den meisten Familien, Wohn- und Empfangsbereich zu trennen. Dennoch bedeutet dies nicht, daß sich Frauen vor allem im Familienwohnbereich aufhalten. Die Zweiräumigkeit ist auch wichtig, um über einen zweiten Schlafraum zu verfügen: für größere Kinder und/oder für Gäste.

Wenn keine Gäste anwesend sind – Bekannte, Verwandte und andere Dorfbewohner gelten nicht als offizieller Besuch – sitzen Männer, Frauen und Kinder im Gästeraum relativ zwanglos beisammen. Dennoch ist es nur Männern erlaubt, lässig zu sitzen oder sich gar liegend auszustrecken. Es gilt grundsätzlich die Regel, daß Frauen und noch nicht erwachsene Kinder in dem Teil des Raumes nahe der Tür Platz nehmen, Männern und Gästen der türfernere Bereich zusteht. (Abb. 44, 47, 48) Eine unsichtbare Trennung geht durch den Raum. Diese verschiebt sich je nachdem, wie die im Raum Anwesenden zueinander stehen, wie stark die Familie auf Konventionen bedacht ist und wie selbstbewußt die Frauen und Kinder sind. Wenn ausschließlich Familienmitglieder im Raum sind, ist die formale Sitzordnung obsolet. Daß Frauen (und Kinder) nahe dem Eingang sitzen, wenn männlicher Besuch anwesend ist, hat auch einen praktischen Grund darin, daß sie von dort schnell in die Küche eilen können. Frauen setzen sich immer zu ihresgleichen. Weiblicher Besuch erhält seinen Platz ungefähr zwischen Männer- und Frauenbereich. (Abb. 47)

> *„Ist dagegen kein Mann anwesend, übernehmen die Frauen den ganzen Raum, und haben sie unter sich Zusammenkünfte, entspricht ihre Sitzordnung derjenigen der Männer. Das ganze Haus ist solange „Frauenraum", bis ein Mann eintritt, worauf wieder die oben beschriebene Ordnung hergestellt wird. Umgekehrt verhält es sich bei größeren förmlichen Empfängen, wenn die Frauen sich aus dem Raum zurückzuziehen haben: Die Männer setzen sich entlang den Wänden hin und nehmen den ganzen Raum ein. Das Haus wird zum reinen ‚Männerraum'."*[11]

Das alltägliche Leben der Frauen spielt sich vorwiegend innerhalb der verschiedenen Teile des Gehöftes ab. Während Männer außerhäusig mit landwirtschaftlichen Tätigkeiten beschäftigt sind, die Kinder draußen spielen, erledigen viele Frauen ihre Arbeiten möglichst in geschlossenen Räumen. Darin offenbart sich Stolz auf die „gehobene" Stufe des Wohnens, in der man Tätigkeiten nicht mehr vor den Augen anderer Menschen erledigen muß. Andere Frauen sind flexibel und erledigen beispielsweise Essensvorbereitungen in dem Teil des Gehöfts, wo es ihnen gerade gelegen ist.

Seit dem Beginn der neunziger Jahre besitzen die meisten Familien ein Farbfernsehgerät. Die Tatsache, daß dieses im Gästeraum aufgestellt ist, hat die Attraktivität des Raums erhöht und Familie wie Gäste sitzen in diesem Raum. Und es ist sogar gelegentlich möglich, daß die imaginierte Raumgrenze überschritten wird, um den Frauen besseres Sehen zu ermöglichen.

Hausbau und Geschlechterrollen

Ein Haupthaus wird gebaut, wenn ein Mann zu heiraten gedenkt, oder wenn eine junge Familie, bislang bei den Manneseltern wohnend, über genügend finanzielle Mittel verfügt, ein eigenes Domizil zu errichten. Die Bereitstellung zumindest eines Raumes als Keimzelle für die zu gründende Familie ist eine der Voraussetzungen, die der Mann zur Eheschließung erfüllen muß. Manchmal ist

49

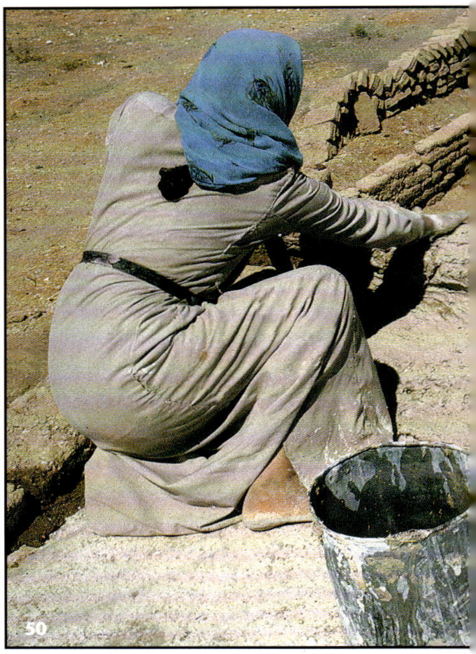
50

der Hausbau im Ehevertrag festgeschrieben. Wenn der jüngste Sohn einer Familie heiratet, entfällt die Gründung eines neuen Hauses, da das junge Paar in der Zukunft das Gehöft komplett übernimmt.

Hausbau ist heute beinahe überall Aufgabe der Männer, Frauen unterstützen dies in unterschiedlicher Weise und Intensität. Die Rolle der Frauen aus der Bauherrenfamilie wird regional und familienabhängig sehr unterschiedlich definiert. Zumindest sind sie insofern am Geschehen beteiligt, als sie für das leibliche Wohlergehen aller am Bau Beteiligten zuständig sind: Sie sorgen für Trinkwasser, reichen Tee und bereiten mindestens eine üppige Mahlzeit pro Tag. In manchen Familien arbeiten sie jedoch auch bei den eigentlichen Bauarbeiten mit.[12] (vgl. Anhang I)

Die Rolle der Frauen im Bauprozess hat sich gewandelt. Während sie in nomadischen Zeiten noch für den Auf- und Abbau der Zelte zuständig waren, wird es heute allgemein als Aufgabe der Männer betrachtet, Häuser ebenso wie Zelte zu errichten. Ende des letzten Jahrhunderts berichtete der Geograph Sachau über arabische Bauern, bei denen „Weiber" die Hütten bauten.[13] Ich fand nur ein Dorf, in dem Frauen stolz erklärten, daß sie die Häuser bauen würden. Es stellte sich zwar bei näherem Nachfragen heraus, daß Wohn- und Gästeraum wie überall von einem Baumeister und männlichen Helfern gebaut werden, alle anderen Bauten, inklusive großer Ställe, werden jedoch von Frauen erledigt.[14] Frauen errichten sogar Kragkonstruktionen. Dieses Dorf, Medīnet Al-Fār am Rande der Syrischen Wüste, ist noch stark vom Nomadismus geprägt, seine Bewohnerinnen errichteten die ersten Häuser erst in den sechziger Jahren. Es hat den Anschein, als ob die Nähe zum Nomadismus – ein Teil des Stammes wandert immer noch alljährlich mit den Herden – dafür verantwortlich ist, daß den Frauen das Bauen obliegt. Und zwar aus doppeltem Grund: erstens sind sie noch näher mit jener Tradition verbunden, die bestimmt, daß Zeltbau Frauensache ist, und zweitens sind die jungen starken Männer mit den großen Viehherden unterwegs. Dem Dorf fehlt die Arbeitskraft dieser Männer. Vielleicht läßt sich daraus ableiten, daß je mehr sich eine Gesellschaft zum Seßhaftwerden entschließt, desto mehr überträgt sie den Männern die Aufgabe des Hausbaus. Mit dem Größerwerden der Häuser und den Ansprüchen, die an sie gestellt werden, mußte die Aufgabe Männern, anfänglich den Hausherren und später den Spezialisten, übertragen werden.

Ein Rest der alten, weiblichen Rolle beim Hausbau ist noch darin vorhanden, daß sie vielerorts ihre Küchen, Silos und kleinen Nebengebäude selbst errichten.[15] (Abb. 49) Aber auch dies ändert sich mit zunehmender Modernisierung der Gesellschaft, in „fortschrittlicheren" Dörfern erledigen dies bereits die Männer. Die von letzteren gebauten Räume können größer sein, da ihnen keine üblichen Hausarbeiten obliegen und sie sich für einige Tage dem Bau vollständig widmen können. Die Bautätigkeit der Frauen beschränkt sich auf traditonelle Baumaterialien, Umgang mit Zement ist Männersache.

Bei wohlhabenden und „modernen" Familien wird heute die Rolle der Frauen beim Bauprozeß auf die Versorgung der arbeitenden Männer mit Essen und Trinken reduziert. Es existieren große Auffassungsunterschiede zwischen Regionen, Stämmen und Dörfern in der Frage, welche Aufgabenbereiche Frauen und Mädchen in bezug auf den Hausbau haben.[16] (Abb. 50)

Die Frau und das Haus

Nach traditioneller Vorstellung bringt die Frau mit ihrer Einheirat ihre Arbeitskraft und vor allem die Fähigkeit, Kinder zu gebären, in die neue Familie ein. Was und wieviel die Braut als Aussteuer mit in die Ehe bringt, ist individuell und regional verschieden. Der große Teil dessen wird durch den Brautpreis finanziert, manchmal gehören auch Möbel dazu. Dem Prinzip der Patrilokalität entsprechend zieht die Frau mit der Heirat zu ihrem Mann – meist in das direkte lokale Umfeld seiner Familie. Der Mann baut das erste Haus im wesentlichen nach eigenen, respektive traditionell bestimmten Vorstellungen, es ist nicht üblich, daß die zukünftigen Ehepartner dies besprechen. Spätere Bauten können dagegen stärker von den Frauen mitbestimmt werden. Am Beginn der Ehe muß sich die junge Frau noch in den Haushalt der Eltern des Mannes einfügen. Oft erst nach mehreren Jahren (und evtl. verbunden mit vielen Auseinandersetzungen) gründet die junge Familie ihren separaten Haushalt mit eigener Küche und Vorratshaltung.

Das Haus ist der Arbeits- und Verantwortungsbereich der Frauen. Dort wirtschaften sie weitgehend nach Gutdünken; sie versorgen ihre Familien und

Abb. 49
Kleine Bauten werden oft von Frauen errichtet: hier ein Geflügelstall in einer Technik aus kleinen Bruchsteinen mit Lehmschlämme

Abb. 50
Am Ende des Sommers erhält das Dach eine neue Schicht Lehmschlämme – in manchen Regionen eine Aufgabe der Frauen, in anderen eine der Männer

Abb. 51
Eine Familie aus dem Euphrattal – bislang mit „nur" fünf Kindern

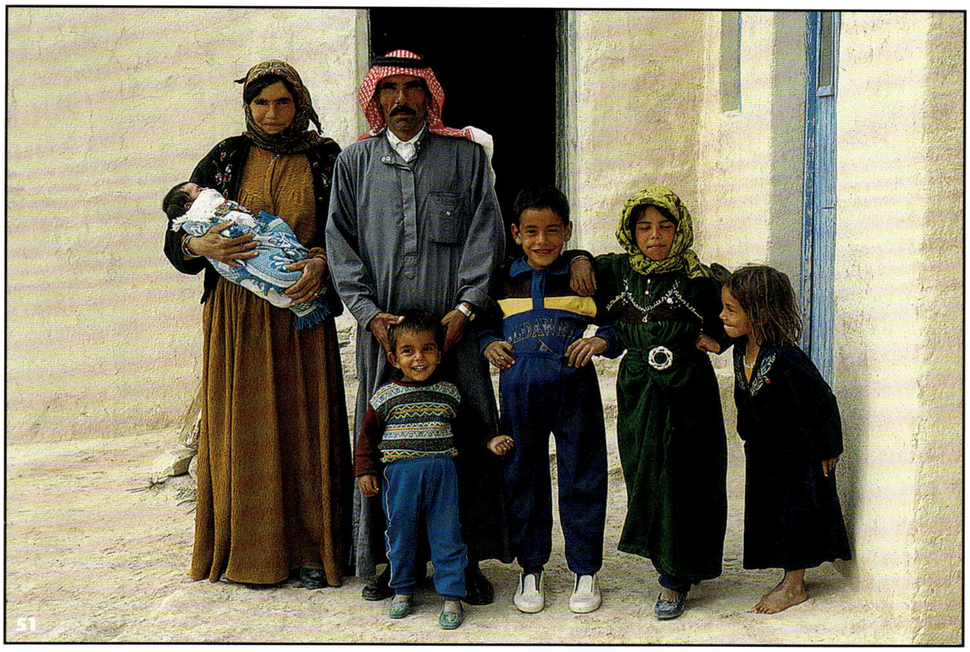

stellen häufig viele Lebensmittel und Güter des täglichen Bedarfs selbst her. Frauen sind für die Instandhaltung und Sauberkeit der Häuser und ihrer Einrichtung verantwortlich. Sie bestimmen die Haushaltsangelegenheiten. Diese Verantwortlichkeit für das Innere des Hauses hat dazu geführt, daß ihnen die Schlüsselgewalt obliegt. Der Mann ist traditionell für den „Außenbereich" zuständig. Männer kennen sich daher manchmal in ihrem eigenen Haus nur wenig aus. Inwieweit über größere Baumaßnahmen und Anschaffungen gemeinsam entschieden wird, ist sehr verschieden. Der Empfangsbereich – obwohl von Frauen eingerichtet und in Ordnung gehalten – gilt als angemessener Aufenthaltsort der Männer.

Nach dem Tode ihres Mannes hat die Frau, solange sie sich nicht wieder verheiratet, lebenslanges Wohnrecht in dem Haus und erbt traditionellerweise – falls sie Kinder geboren hat – ein Drittel des Vermögens, während die Kinder die anderen zwei Drittel erhalten. Haus und Familie werden weiterhin mit dem Namen des Mannes benannt.[17]

Im Falle einer Scheidung muß die Frau das Haus verlassen und kehrt in ihr Elternhaus zurück. Ihr steht grundsätzlich das zu, was ihr privat gehört, d. h. was aus ihrer Aussteuer stammt, ihr geschenkt wurde oder was sie von ihrem eigenen Geld gekauft hat. Anteile am Haus, an sonstigen Immobilien oder anderen Wertsachen stehen ihr nur zu, wenn sie für den Kauf eigenes Vermögen eingebracht hat. Gemeinsame Kinder muß die Frau im Haus des Mannes zurücklassen; sie darf sie je nach Alter noch einige Jahre weiter erziehen, ist jedoch dabei auf die Gutwilligkeit ihres Mannes angewiesen. Sobald die Frau erneut heiratet, kommen die Kinder zu ihrem leiblichen Vater zurück.

Ein Mann, der mehrere Ehefrauen hat, muß diese gleich behandeln. Heute bedeutet dies, daß jeder Frau zumindest ein eigener Familienwohnraum, wenn nicht auch eine eigene Küche, zusteht. Wenn die Frauen sich untereinander verstehen, benutzen sie die anderen Hausteile gemeinsam. Falls es jedoch Streit gibt, versucht jede Frau, sich einen eigenen Hauswirtschaftsbereich zu schaffen oder aber ein eigenes Gehöft zu erlangen. Um solchen Konflikten vorzubeugen, bauen sehr vermögende Männer bei einer weiteren Heirat von Anbeginn ein eigenes Gehöft für die neue Ehefrau. Weniger reiche Männer bringen die zweite Ehefrau oft vorerst im Empfangsraum unter. Dieser wird dann sowohl ihr Wohnraum, bleibt aber auch weiterhin Empfangsort für Gäste.

Obwohl die Frauen letztlich nicht die „Hausherrinnen" sind, eignen sie sich „ihr" Haus an. (Abb. 56) Sie gestalten es nach eigenen Vorstellungen. Bei der Inneneinrichtung werden die Männer meist nicht gefragt. Frauen hinterlassen aber auch Spuren ganz anderer Art im Haus: So vergraben sie häufig die Nachgeburt, umgangssprachlich *ḫauwāt* genannt, in einer Ecke unter dem Küchenboden.[18]

Der Ausschluß der Frau aus dem nach außen gewandten, gesellschaftlichen Leben wird in Dörfern sehr viel weniger strikt als in Städten gehandhabt. Innerhalb der dörflichen Öffentlichkeit bewegen sich Frauen ungehinderter und sind nicht nur auf das eigene Gehöft beschränkt.[19] Sobald landwirtschaftliche Tätigkeiten es erfordern, müssen Frauen oder Mädchen – allerdings meist in Gruppen – weite Wegstrecken zurücklegen. Die tendenzielle Verbannung in die Abgeschlossenheit des Hauses, wie sie für städtische Frauen gilt, hatte mit der Realität nordsyrischer Dörfer bis vor wenigen Jahren wenig zu tun. Einen großen Teil der Feldarbeit, der früher ebenfalls oft Frauensache war, erledigen nun Männer mit landwirtschaftlichen Maschinen, die nur sie bedienen dürfen. Die Frauen werden von härteren Arbeiten zunehmend entbunden, entsprechend findet sich in jüngerer Zeit mancherorts auch auf dem Land die Tendenz, daß jüngere Frauen ihre Gehöfte möglichst nicht mehr verlassen sollen. Andere Frauen lassen sich jedoch in ihrem Bewegungsraum nicht einschränken.

Viele der früher notwendigen Handarbeiten, um die Dinge des täglichen Bedarfs herzustellen, sind nicht mehr erforderlich, da ähnliche Produkte auf dem Markt zu kaufen sind. Die tägliche Arbeit ist leichter geworden, bindet die Frauen aber auch stärker an das Haus. Innerhalb der landwirtschaftlichen Produktion haben Frauen die Nutztiere zu versorgen, deren Produkte weiterzuverarbeiten und zu verkaufen, soweit ihnen dies von zu Hause aus möglich ist.

Die räumliche Mobiltät der Frauen ist sehr viel geringer als die der Männer, den wesentlichen Teil ihres Lebens verbringen Frauen auf dem eigenen Gehöft und im Dorf. Zu größeren Einkäufen und medizinischen Behandlungen fahren sie jedoch mit Männern der Familie in die Marktorte.

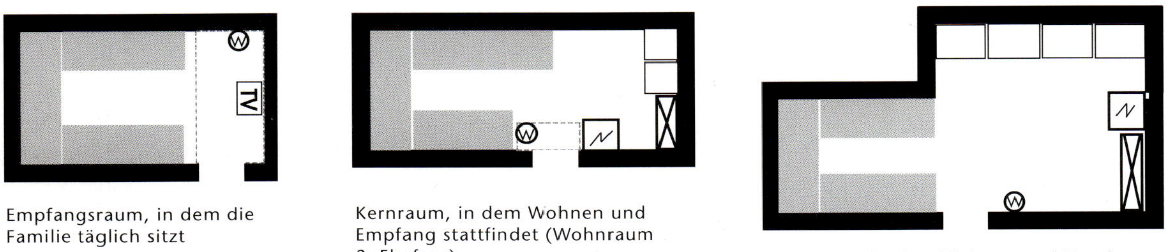

Empfangsraum, in dem die Familie täglich sitzt

Kernraum, in dem Wohnen und Empfang stattfindet (Wohnraum 2. Ehefrau)

Kernraum, in dem Wohnen und Empfang stattfinden (es gibt einen zusätzlichen kleinen Aufenthaltsraum)

Legende

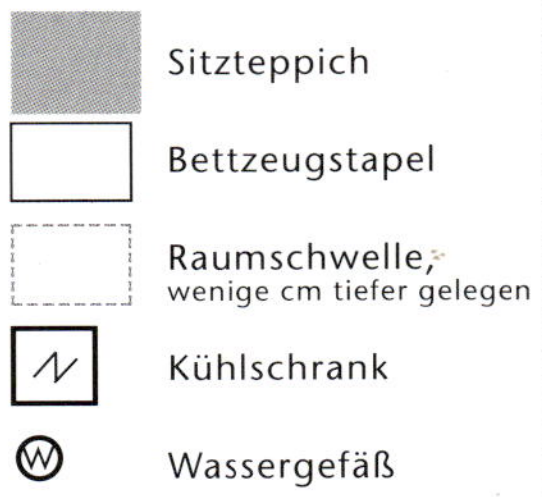

Abb. 52 Raummöblierungsbeispiele

Die Ehre einer Familie, eines Hauses, bemißt sich vor allem an der Ehrbarkeit der weiblichen Familienmitglieder. Normübertretungen können bis heute grausam geahndet werden. Wenngleich auch die islamische Tradition dabei die bestimmende ist, so haben doch andere religiöse und ethnische Gruppen sie in ähnlicher Form übernommen.

Soziales Verhalten und seine Auswirkungen auf das Bauen

Der Zusammenhalt innerhalb der Familien und der Gemeinschaft ist ein praktisch gelebtes gesellschaftliches Leitbild. Wenn daher beim alltäglichen Beisammensein inklusive einigen Besuchern leicht 20 bis 30 Menschen zusammenkommen, sind Raumgrößen bis zu 30 m² durchaus angemessen. Die weitgehende Leere der Räume ermöglicht dies. Wenn es eng zu werden beginnt, rücken die Kinder Richtung Tür, setzen sich in die Raummitte und überlassen den Älteren die bequemen Plätze entlang der Wände. (Abb. 44, 53)

Langsam bahnt sich eine gewisse Separierung in Kleinfamilien an. Der steigende Lebensstandard fordert seit den neunziger Jahren seinen Preis: Männer haben länger als früher zu arbeiten, um die gestiegenen Bedürfnisse der Familien zu befriedigen. Es bleibt ihnen weniger Zeit als früher, die kommunikative Struktur der Gesellschaft auf hohem Niveau aufrecht zu erhalten. Fernsehgeräte in beinahe jedem Haushalt und zunehmend auch Telefone (noch erst in wenigen Dörfern) fördern die Vereinzelung. Dadurch zeichnet sich langsam ein Widerspruch ab: Nachdem man es sich finanziell leisten kann, große Räume zu errichten, erscheinen weniger Besucher, da potentielle Gäste in den eigenen vier Wänden vor dem Fernsehgerät sitzen.

Die großen Feierlichkeiten wie Hochzeiten oder Trauerfeiern erfordern sowohl große Räumlichkeiten als auch viel freie Hoffläche, um ein Zelt aufzustellen, um die lokalen Reigentänze zu tanzen, Schafe zu schlachten und sie zuzubereiten. Dank moderner Kommunikations- und Transportmittel kommen leicht mehrere hundert Gäste zusammen. Um die große Zahl an Gästen zu bewirten, sind große Mengen an Hausrat und Bettzeug erforderlich, das Vorhandene reicht meist nicht aus. Sich einzurichten auf diese eher seltenen Gelegenheiten erscheint Europäern unverhältnismäßig, es sollte jedoch bedacht werden, daß in großen Familien solche Anlässe naturgemäß häufiger auftreten und ihnen eine sehr viel größere gesellschaftliche Bedeutung beigemessen wird.

Eine Folge des gestiegenen Lebensstandards, der mit der langen Abwesenheit der Männer durch Arbeitsemigration „erkauft" wird, ist die widersprüchliche Kombination von Abgrenzung und Zusammenrücken der daheim verbleibenden Frauen. Die neu errichteten großen Häuser liegen oft am Dorfrand in größerem Abstand zu den Gebäuden anderer Verwandter oder Dorfbewohner. Frauen und Kinder der Arbeitsemigranten wohnen dort die meiste Zeit des Jahres ohne Ehemann und Vater und fühlen sich ohne männlichen Schutz. Manche Frauen fürchten sich nachts und versuchen, weibliche Verwandte regelmäßig als Schlafgäste bei sich zu haben.[20] Oder sie schlafen in dem Teil des

Abb. 52
Beispiele von Raummöblierungen von Wohn- und Empfangsräumen (Sitzteppiche werden oft erst bei Bedarf ausgelegt)

Abb. 53
Die Kinder sitzen am Rand, wenn Besuch anwesend ist

Abb. 54
Nur zum Essen setzt man sich in die Mitte des Raumes (hier: junge Frauen bei einem Festessen anläßlich einer Hochzeit)

Abb. 55
Zusammenkunft von Männern: man sitzt entlang der Wände im Emfangsraum, der Bettzeugstapel im Hintergrund wird durch einen Vorhang verdeckt

Gehöfts, der dem Wohnraum der Elternfamilie am nächsten liegt.

Sehr selbstbewußte und finanzkräftige Frauen nutzen die längere Abwesenheit ihrer Männer gelegentlich zur umgekehrten Tendenz: sie distanzieren sich auch baulich von den Manneseltern. Dazu beauftragen sie einen Baumeister oder männlichen Verwandten, um am Rande des Gehöfts für ihre Kernfamilie einen oder mehrere neue Räume zu errichten.

denziell für alle Situationen des Beisammenseins, am deutlichsten jedoch bei repräsentativen Gelegenheiten.

Alle Sitzgelegenheiten und auch Möbel befinden sich daher grundsätzlich entlang der Wände. Die Raummitte besetzt man nur während des Essens oder zum Schlafen.[22] (Abb. 54) Kurzfristig dort Abgestelltes, wie z. B. Speisetabletts, werden möglichst schnell entfernt. Im Winter stehen allerdings Glutbecken oder transportable Öfen in der Raummitte.

Neben praktischen Gründen, wie z. B. dem Freihalten eines Durchgangsbereichs, wird die freie Raummitte mit den sozialen Strukturen und der Meinungsbildung in Verbindung gebracht.

54

55

Raumauffassung und Raumnutzung der Wohnräume

Die Prinzipien, die der Aneignung von Raum zugrunde liegen, lassen sich beobachten, wenn sich Menschen treffen und miteinander kommunizieren. Anfänglich bilden sie einen nach innen gerichteten Kreis, der sich vergrößert, sobald jemand dazukommt. Intuitiv wird darauf geachtet, daß sich niemand ausgegrenzt fühlt und in der zweiten Reihe niederlassen muß. (Abb. 54) Die Runde weitet sich, oder – falls eine äußere Einengung vorhanden ist – man rückt zusammen.[21] Ein Raum mit einer freien Mitte – dies gilt im Innen- wie im Außenbereich – wird umschlossen.

Im Zelt und im gemauerten Raum sitzt man entlang der Raumbegrenzung rings um eine solche leere Fläche. An gemauerte Wände kann man sich anlehnen, im Zelt stützt man sich auf seitliche Kissen. Die Wände markieren die räumliche Grenze des Bereichs, der besetzt wird; sie bilden einen Schutz vor äußeren Einwirkungen wie Wetter oder potentiellen Feinden.

In solchen Räumen kann man sich nicht „an der Wand entlangdrücken", jeder neu Hinzutretende ist gezwungen, die Mitte zu durchschreiten, um den Hausherrn und die anderen Gäste zu begrüßen und erst dann seinen Platz einzunehmen. Den ihm gemäßen Platz kennt der Besucher oder er erhält ihn durch Zeichen oder Platzmachen anderer an der vorgesehenen Stelle zugewiesen. Diese Prinzipien gelten ten-

„... die freie Fläche und die volle Inaugenscheinnahme der Gesprächspartner gibt ihnen die Sicherheit der richtigen sozialen Einordnung der anderen und ihrer eigenen Person. Die Beobachtung von Haltung, Gestik und Mimik fast aller Anwesenden bringt ihnen eine gute Kontrolle der Wirkung ihrer Gesprächsbeiträge und der Bildung einer öffentlichen Meinung über Probleme in diesem Kreis. Kurzum, diese Raumstrukturierung ist Grundlage für die Vermittlung der für die Gruppe gültigen Einstellungen. Durch sie gewinnt der Einzelne Verhaltenssicherheit. Nur so ist auch der ... Gruppenkonsens zu sichern, die Tatsache, daß Beschlüsse nach langer Diskussion meist einstimmig gefaßt werden."[23]

Bei der Möblierung der Empfangsräume, beziehungsweise der Räume, in denen man sich länger aufhält, ist die kommunikative Anordnung der Sitzflächen wichtig, weshalb die Sitzteppiche und Kissen meist U-förmig an drei Raumseiten liegen.[24] (Abb. 52) Im kombinierten Wohn-/Empfangsraum sitzt man in der einen Raumhälfte, während die Wertsachen in der anderen Raumhälfte gestapelt werden. Nicht in allen Familienwohnräumen sind auch Sitzflächen vorhanden: je mehr Wertsachen gestapelt sind, desto weniger Sitzfläche verbleibt.

Als Grundprinzip der Einrichtung – nicht nur des jungseßhaften Teils der Bevölkerung – galt bis vor wenigen Jahrzehnten noch die Leichtigkeit und Mobilität aller materiellen Habe. Die Brauttruhe war das einzige Möbelstück im westlichen Sinn. (Abb. 65) Ähnlich Nomadenzelten sind die untersuchten Häuser bis heute nur spärlich möbliert. In der verstärkten Anschaffung schwerer Möbel macht sich jedoch neuerdings westlicher Einfluß (besonders bei jungen Paaren) bemerkbar.

Die meisten Räume sind ohne feste Einbauten, sie unterscheiden sich nur in der Größe und sind vielfältig nutzbar. Demzufolge kann man die Funktion der einzelnen Teile bzw. Räume des Hauses mit Leichtigkeit verändern. Räume können im Winter anders als im Sommer benutzt werden. Aus diesem Grund, aber auch weil es Änderungen des Familienstandes gibt, zieht man innerhalb des Gehöfts um.

Anders als in westlichen Ländern sind Räume, die im weitesten Sinne zum Wohnbereich gehören, im Orient grundsätzlich multifunktional. Wohnen und Schlafen findet im selben Raum statt, daher exististieren traditionellerweise keine separaten Schlafräume.

Raumfunktionen können sich auch im Ablauf eines Tages ändern: der Wohnbereich dient über Nacht zum Schlafen, am Morgen zum Vorbereiten der Mahlzeiten, nachmittags dem Empfang weiblicher Gäste. Im Wechsel der Jahreszeiten können Räumlichkeiten im Sommer als Vorratsräume, im Herbst zur Weiterverarbeitung der landwirtschaftlichen Produkte und im Winter als Schlafräume dienen. Das Wohnen im Winter unterscheidet sich wesentlich vom Wohnen im Sommer: Hausarbeiten werden öfter draußen erledigt, Kinder spielen ohnehin im gesamten Dorf und man schläft draußen. Im Winter sitzen die Familien sehr viel mehr beisammen und scharen sich um den ebenfalls in der Raummitte stehenden Ofen. (Abb. 48)

Ganz wesentlich verändern Räume ihre alltägliche Funktion durch die Benutzer. Sind ausschließlich Frauen und Kinder anwesend, steht diesen das gesamte Haus zur Verfügung. Abhängig von den kulturellen Regeln der ethnischen Gruppen oder der internen Familienstruktur ändert sich dies in dem Moment, in dem ein männlicher Gast oder ein sehr respektiertes männliches Familienmitglied den Raum betritt. Frauen und Kinder räumen dann die „angeseheneren" Raumbereiche. Entscheidend für den Grad der Veränderung ist die verwandtschaftliche Nähe oder gesellschaftliche Reputation des Besuchers.

Wegen der unterschiedlichen Nutzungen ist es auch schwierig, den Räumen Bezeichnungen nach der Art der Funktionen zu geben. Obwohl mir gegenüber immer der Name je nach Hauptfunktion angegeben wurde, bezeichnen die Bewohner untereinander die Räume nach ihrer Lage, z. B. ist vom nördlichen, äußerst westlichen, mittleren etc. Raum oder Haus die Rede.[25]

Bei der Nutzung der Räume herrscht eine gewisse „Hierarchie der Funktionen": Zuunterst dieser Werteskala liegen Stallungen, Scheunen und Feuerküchen, ein wenig höher stehen die Küchen, darüber die Vorratsräume, gefolgt – jeweils in großen Abständen – von Familienwohnraum und Empfangsraum. In der Regel

finden Funktionsverschiebungen auf dieser Skala nur von oben nach unten bzw. innerhalb einer Stufe statt. Allenfalls kann es sein, daß der Empfangsraum um die Funktion eines Wohnraums für den verheirateten Sohn oder für eine weitere Ehefrau des Hausherrn erweitert wird. Weitere Ausnahmen existieren temporär, wenn z. B. für einen begrenzten Zeitraum Getreidesäcke im Gästeraum gelagert werden müssen.[26]

Zu einem durchschnittlichen Gehöft gehören heute jeweils ein Familienwohnraum und ein Empfangsraum, ich bezeichne sie im folgenden beide als Wohnräume, weil sie beide grundlegende Wohnfunktionen innehaben. Beide Räume sollen stattliche Größen haben. Bei Haustypen, bei denen beide Räume nicht identisch groß sein müssen, wird der Familienwohnraum meist größer als der Gästeraum gebaut. Die Größe der beiden Räume gilt als statusträchtig.

Familienwohnraum

Traditionellerweise bildet der Familienwohnraum, das dār al bait als ‚Haus des Hauses', den Mittelpunkt eines Gehöfts.[27] Er ist die Kernzelle des Hauses. Früher fanden dort alle wichtigen Angelegenheiten einer Familie statt: der erste Geschlechtsakt der Brautleute, die Geburt der Kinder, das festliche Wochenbett der Mütter und das Sterben von Familienangehörigen. (Abb. 59) Der Familienwohnraum ist bis heute der wesentlichste Raum des Hauses. Früher war er der einzige Raum einer Familie (bei manchen Familien bis heute) und stellte den Kernraum dar. Dort mußten Gäste empfangen und alle Funktionen abgedeckt werden.[28] (Abb. 44)

Das *dār al-bait* birgt das Hausinventar, die Wertgegenstände und bildet im mehrfachen Sinne eine Art ‚Schatzhaus'. Auch *ġorfat al-ʿaila* oder *ġorfat al-ʿayāl*[29], was beides ‚Familienraum' bedeutet, genannt, dient es dem Aufbewahren der materiellen Habe einer Familie: Kleidung, technische Geräte wie Nähmaschine, Kassettenrecorder etc., Porzellan- und Glaswaren, ein Teil der Vorräte und, den größten Platz einnehmend, das gestapelte Bettzeug.

Abb. 56
Frauen eignen sich ihr Haus an, gestalten es und füllen es mit Leben: sie fertigen Kissen, Steppbetten und Matratzen, sie stapeln und präsentieren ihren Besitz vor allem im Familienwohnraum

Abb. 57
Am Tag nach der Hochzeit empfängt das Brautpaar Gäste; die Braut sitzt auf dem Stapel ihrer Matratzen, im Hintergrund der neue Kleiderschrank, der aus dem üppigen Etat des Brautpreises gekauft werden konnte

Abb. 58
Ein Familienwohnraum im Euphrattal: rechts das täglich benutzte Bettzeug, im Hintergrund das Gästebettzeug – hinter dem unten hängenden Tuch verbirgt sich viel Stauraum, wo man in Koffern Wäsche und Kleidung aufbewahrt

Der Familienwohnraum dient heute in den meisten Häusern nicht mehr dem dauernden Aufenthalt. Dennoch werden bei Gelegenheit dort Sitzteppiche ausgebreitet, und in der kälteren Jahreszeit legt man vielleicht die Matratzen zum Schlafen aus.[30] Heute wird Gästen eine separate Schlafmöglichkeit, getrennt von der Familie, angeboten. Mangels eines weiteren Raums war dies früher meist nicht möglich.[31]

Familienwohnräume sind gleich groß oder etwas größer als der Empfangsraum – manche bis zu 40 m². Solche Grundflächen werden vor allem im Falle von Feiern tatsächlich benutzt, wenn Gäste in großer Zahl unterzubringen sind.

Viele Familienwohnräume werden verschlossen gehalten; die Hausherrin hat den Schlüssel ebenso wie von allen anderen Räumen. Der Raum wird peinlich sauber gehalten und jedes Teil des Inventars hat darin seinen festen Platz.[32] Wertvolles wird in besonderer Weise zur Geltung gebracht und „ausgestellt". Der Familienwohnraum ist als der Empfangsraum der Frauen zu betrachten. Zum Teil lagert man bis heute dort die Vorräte: unter ihnen als wichtigstes das Brotgetreide. Dort stapeln Frauen ihre Bettzeug-„Schätze" und stellen Porzellan und Glaswaren aus, um zu demonstrieren, wieviel sie besitzen und wie sorgfältig sie damit umzugehen wissen. (Abb. 60, 61, 62) Weiblicher Besuch wird – falls dies nicht im Empfangsraum möglich ist – dort empfangen und bewirtet. Falls sie vorher im Empfangsraum saßen, werden fremde Besucherinnen möglichst anschließend kurz in den Familienwohnraum geführt.

Die Frauen eines Dorfes konkurrieren untereinander in Hinsicht auf ihre „Schätze". Dies erhöht ihr soziales Prestige. Früher fertigten die Frauen den größten Teil der Ausstattung in Handarbeit, heute oft nur noch das im folgenden beschriebene Bettzeug. (Abb. 58)

Fremde Männer erhalten einen Einblick in diese Besitztümer jedoch durch Gebrauch: indem man ihnen zu Ehren den Hausrat und das Bettzeug benutzt. Nur wenn eine Familie keinen separaten Empfangsraum besitzt oder in einem Doppelraum-, T-Haus oder Winkelhaus wohnt, erhält jeder Besucher allein durch den Grundriß einen Blick auf diese „Schätze". (Abb. 62)

In manchen Häusern bevorzugt die Familie, im Wohnraum zu sitzen, um dort ungezwungener als im Empfangsraum Nachbarn, Freunde und Verwandte zu empfangen. Kranke Familienmitglieder liegen ebenso dort.

Erhöhtes Sitzen auf einem Podest in einem Teil des Raumes – für das städtische Haus ein übliches Raumgestaltungsprinzip – hat es früher gelegentlich auch in ländlichen Häusern gegeben, heute ist dies nicht mehr üblich. Es hatte dazu gedient, den Sitzbereich etwas vom Rest des Kernraums abzugrenzen.

Der Familienwohnraum weist, je nach Alter des Hauses, Region und Haustyp, nur wenig Fensterfläche auf. Dies hatte früher seinen Grund in deren hohen Kosten und dem Bedürfnis, das Haus vor Diebstahl zu schützen. Heute begründen die Bewohner die nach wie vor geringe Anzahl von Fenstern mit der Notwendigkeit, das Bettzeug vor hereinwehendem Staub, die Vorräte vor Schädlingsbefall zu schützen und möglichst wenig winterliche Kälte eindringen zu lassen.

In den meisten Häusern verändert sich in neuerer Zeit zunehmend die Funktion des Familienwohnraums. Mit der Akkumulation der Wertgegenstände, insbesondere dem voluminösen und flächenintensiven Gästebettzeug, entstand das Bedürfnis, Aufbewahren und Wohnen zu trennen. Diese neuen Aufbewahrungsräume sind oft so groß, daß schon ihre Außenmaße große materielle Werte darin vermuten lassen. Von entscheidendem Vorteil ist, daß das Bettzeug nicht mehr durch rauchende Öfen Schaden erleidet, und daß in die meist verschlossen gehaltenen Räume kaum Staub eindringen kann. Auf den, aus dieser Trennung der Funktionen entstandenen, zusätzlichen Aufenthaltsraum wird weiter unten eingegangen.

Zur besonderen Bedeutung des Bettzeugs

Im nomadischen Haushalt sind traditionellerweise Teppiche, Matratzen, Bettdecken und Kissen die wesentlichen und manchmal die einzigen Bestandteile der „Möblierung".[33] Das sorgfältig aufgestapelte Bettzeug bildet im Zelt häufig die Wandung zwischen dem Wohn- und dem Empfangsbereich und damit die Grenze zwischen Männer- und Frauenbereich. (Abb. 98) Nomadische Gastfreundschaft bedeutet auch, möglichst vielen Gästen komfortable Schlafmöglichkeiten bieten zu wollen – selbst wenn eine große Zahl von Schlafgästen nur zu großen Feierlichkeiten zusammenkommt.

Erwachsene Familienmitglieder besaßen früher pro Person jeweils eine Matratze, ein Steppbett und ein Kissen.[34] Kinder müssen sich das Bettzeug in der Regel bis heute mit Geschwistern teilen. Darüber hinaus gab es allenfalls noch eine zusätzliche Matratze, eine Decke und einige Kissen für Gäste. Während für nomadisch lebende Familien neben fehlenden finanziellen Mitteln auch die begrenzte Transportkapazität der Kamele oder Esel ein Grund für wenig Bettzeug war, stieg die Ausstattung mit Bettzeug seit der Seßhaftwerdung.[35]

Heute schlägt sich zunehmender Wohlstand vor allem in der Menge von Bettzeug nieder.[36] Kinder, die heiraten, erhalten entweder neuwertiges, jedoch vorhandenes Bettzeug von ihren Müttern oder die weiblichen Familienmitglieder fertigen gemeinsam neues Bettzeug aus Schafwolle oder Baumwolle.[37] Je nach Wohlstand bringen Ehepartner zwei bis drei solcher „Bettzeug-Sets", bestehend aus Matratzen, Steppdecken und jeweils zwei Kissen, in die Ehe mit. Am Tag der Hochzeit werden diese Matratzen ausgebreitet übereinander gelegt. (Abb. 57) Auf ihnen „thronend" empfängt die Braut ihren Bräutigam im für das Paar vorgesehenen Raum. Am nächsten Tag empfängt das Brautpaar die Gratulanten vor dem ausgebreiteten Matratzenstapel sitzend.

Nach jeder Schafschur oder Baumwollernte wird – so wünschen es meist die Frauen – weiteres Bettzeug hergestellt. Ob es für das ohnehin oft nur schmale Familienbudget sinnvoll ist, damit auf den Verkaufserlös verzichten zu müssen, erscheint europäischem Denken eher fraglich.

Die ursprüngliche Funktion des zusätzlichen Bettzeugs, Gästen als Schlafgelegenheit zu dienen, ist an die zweite Stelle gerückt. Heute steht das gesellschaftliche Ansehen, das eine Vielzahl schwerer Matratzen, Kissen und Decken den Frauen einbringt, im Vordergrund. Die Frauen entscheiden über die Akkumulation und die Wertanhäufung in Form von hunderten Kilo Rohwolle oder -baumwolle. Das Füllmaterial des Bettzeugs wird äußerst ungern und nur mit großem gesellschaftlichen Prestigeverlust verkauft; im Prinzip stellt es jedoch eine Wertanlage dar, auf die in Notsituationen zurückgegriffen werden kann.[38]

59

Abb. 59

Wochenbett im Familienwohnraum: die junge Mutter liegt vor den Bettzeugstapeln und empfängt ihre gratulierenden weiblichen Gäste – die Vorhängeteppiche unterhalb der Stapel dienen bei Bedarf als Raumteiler im Zelt oder als Bodenbelag

Von Zeit zu Zeit müssen die Matratzen und Bettdecken aufgetrennt, die Umhüllungsstoffe gewaschen, die Füllung mit speziellen Lederpeitschen von Staub gereinigt und gelockert werden – ähnliche Arbeitsschritte, wie sie auch zur Herstellung des Bettzeugs erforderlich waren. (Abb. 63) Ein- bis zweimal jährlich legt man das Bettzeug zur Belüftung tagsüber an die Sonne.[39] (Abb. 64) Dadurch können sich die Fasern aufrichten und ihre Elastizität bewahren. Während täglich benutztes Bettzeug nach ungefähr zehn Jahren klumpig und unbrauchbar geworden ist, hält das Gästebettzeug Jahrzehnte.

Die Menge des Füllmaterials und die Qualität der verwendeten Hüllstoffe variieren in Abhängigkeit davon, ob die Matratzen dem täglichen eigenen Gebrauch dienen oder zum Gästebettzeug gehören sollen. Für täglich benutztes Bettzeug werden die Matratzen mit ca. 20 bis 30 kg Wolle oder Baumwolle gefüllt, und die Bezugsstoffe werden vor allem nach ihrer Haltbarkeit ausgesucht. Kindermatratzen werden oft mit Reststoffen umhüllt; auch die Füllung besteht manchmal nur aus alten Kleidungsstücken. Dieses Bettzeug stapelt man separat. Während noch vor einigen Jahren das Gästebettzeug meist mit einem Baumwollsatin aus syrischer Produktion bezogen wurde, bevorzugt man heute ostasiatische Goldimitat- oder bunte Phantasiestoffe aus Kunstfaser.[40] Das Gewicht der Gästematratzen ist in den letzten Jahren immer mehr gesteigert worden und beträgt heute manchmal 50 kg. Je schwerer ihre Matratzen sind, desto mehr steigt das Ansehen der Besitzerin unter den Frauen. Nur weil sie selten benutzt werden, können die Gästematratzen so schwer sein, da tägliches Bewegen zu mühsam wäre.

Der Bettzeugstapel wird von den Arabern als *frāš* oder *firš*, *hudūm*, *gešš* oder *naḏīda* bezeichnet,[41] die Kurden nennen ihn *tešt* oder *partal*.

AUFBAU DES BETTZEUGSTAPELS

Für die jungseßhafte Bevölkerung der Ğazīra sind Bettzeugstapel zum „Haupteinrichtungsgegenstand" der Häuser geworden. Sogar bei der Planung eines neuen Hauses spielt gelegentlich die Menge des Bettzeugs eine Rolle für die Größe und Form des Familienwohnraums und damit auch für den Hausgrundriß.[42] Die Größe von Familienwohnräumen erklärt sich auch aus der Neigung, Bettzeug und andere Repräsentationsobjekte „anzuhäufen". Daher wird das System des Bettzeugstapels im folgenden ausführlich erläutert.

Um das Bettzeug vor Insekten, Mäusen, Nässe und Schmutz zu schützen, wird es nicht unmittelbar auf dem Fußboden gestapelt. In den Zelten reichte es aus, große Steine, Holzsättel und dickere Äste als Tragkonstruktion zu verwenden, da die Anzahl und damit das Gewicht des Bettzeugs gering war. Heute liegen die Matratzenstapel auf verschiedenen speziellen Unterkonstruktionen in 40 cm bis 1 m Höhe. Vermutlich eher aus dem seßhaften Zusammenhang stammen kleine Mauerstümpfe, arab. *denge*, kurd. *kulin, kutek*, die rechtwinklig als kleine Anten im Abstand von ca. 1 m aufgemauert werden. Bei einer Ziegelbreite ragen sie 50 bis 80 cm in den Raum hinein. Als Tragkonstruktion werden auf die dengāt dicke Äste, Latten oder dünne Rundhölzer aufgelegt. Manchmal erhält diese Konstruktion einen Lehmverputz, der ihr ein geschlossenes Äußeres verleiht. Als Ganzes werden sie (ebenso wie Podeste) als *dečče/dečāč* bezeichnet. (Abb. 61) Anstelle der festen Mauerstümpfe werden als Träger auch kleine Tischböcke hergestellt, die mit den Auflagebrettern zusammengenagelt sind. Ein solches Untergestell nennen die Araber *karāwaite*, im Kurdischen bezeichnet man es ebenfalls als *kulin*.[43]

Die Flächen, die sich unter dieser Konstruktion ergeben, dienen zum Abstellen von Vorräten oder Kleidungskoffern. Den Blicken sind sie mithilfe spezieller Vorhangteppiche entzogen. Die gewebten Teppiche, arab. *sāḥa, ğağīm, hudra*, oder *nasīğ*,[44] kurd. *barr, derdoxan* oder *parda*,[45] sind zwischen 1,20 und 1,80 m breit und bis zu 7 m lang.[46] Nur bei großen Feierlichkeiten werden die Teppiche auf dem Boden ausgelegt. Traditionellerweise hingen solche Teppiche als trennende Vorhänge zwischen dem Männer- und dem Frauenteil des Beduinenzeltes.[47]

Ursprünglich stellte man wohl die gefüllten Getreidevorratssäcke, *čuwāyil* oder *ḫaiyāš*, nebeneinander auf eine niedrige Unterkonstruktion. Diese Vorräte sicherten nicht nur das Überleben der Familien im Winter, sondern sie symbolisierten den Wohlstand der Familie und die Kreativität der Frauen. (Abb. 60) Sie waren einst einer der wichtigsten „Einrichtungsgegenstände" und Frauen wetteiferten untereinander, welche sie feiner weben konnte. Dicke Troddeln betonen die Vorderseiten. Sie wurden in derselben Flachgewebetechnik (Kettreps) hergestellt wie die Teppiche. Auf dieser Reihe von Websäcken stapelte man das noch wenige Bettzeug.[48] Heute benutzt man Kunststoffsäcke anstelle der repräsentativen Websäcke, sie sind überflüssig geworden.[49] Aber die hängenden Teppiche unterhalb des Stapels, die ja dieselben Muster wie die Säcke tragen, scheinen auch eine Erinnerung an diese zu sein. (Abb. 59)

Um die Fläche unter dem Bettzeugstapel besser nutzen zu können, entwickelte man Unterschränke aus Holz oder Metall mit Teilverglasungen, arab. *manḏid*, kurd. *jana levina*. Sie werden auf Maß hergestellt, um in ihnen Porzellan, Kleidung und andere Habe aufzubewahren. (Abb. 125)

Beim Stapeln des Bettzeugs achten die Frauen auf eine dekorative Anordnung der unterschiedlichen Stoffqualitäten, Muster und Farben. Da die Wandflächen weiß oder lehmfarben sind, bilden die Stapel einen großen Kontrast und heben sich farbenfroh von ihnen ab.

Schlafmatten, Matratzen oder Bettzeug zusammenzufalten und aufzustapeln ist eine naheliegende Idee, die in verschiedenen Teilen der Welt auftaucht und vermutlich unabhängig voneinander entstanden ist. Bettzeugstapelung kleineren Ausmaßes findet sich auch in manchen Regionen der Türkei, Griechenlands, des Iran,[50] Kurdistans. Seit dem Ende des vergangenen Jahrhunderts gibt es Beschreibungen über Bettzeugstapel. [51]

> „Face á l'entrée s'érige contre le mur de fond une espèce de large tréteau fait avec des planches posées sur des pieux (kouline). Sur ce tréteau est gardée la literie recouverte d'un palass,..." Und selbst die Gewohnheit, die Vorräte unter diesem Bettzeugstapel zu lagern, fand Nikitine vor „...et au-dessous du tréteau on remise les outres, le beurre, le kavourma (viande sechée), le fromage et le katyk (fromage sec)."[52]

In der Literatur finden sich keine Hinweise auf größere Mengen speziellen Gästebettzeugs. Falls diese zur Zeit der frühen europäischen Reisenden schon vorhanden gewesen wären, hätte eine Stapelung in solcher Größenordnung sicher Aufmerksamkeit erregt – obwohl nur die reichen Stammesführer sich damals so etwas hätten leisten können.[53] Es kann davon ausgegangen werden, daß die voluminösen, heute fast in jedem Ğazīra-Haushalt vorhandenen Bettzeugstapel-Wände eine

Abb. 60
Ursprünglich stapelte man das Bettzeug auf den bunten gewebten Vorratssäcken, wie dies hier noch in einem Doppelkuppelhaus zu sehen ist

Abb. 61
Die Fläche unter dem Bettzeugstapel zwischen den kleinen Mauerzungen wird als Ablagefläche für Kleidungskoffer und Vorräte genutzt

Abb. 62
Eine für nordostsyrische Verhältnisse mittelgroße Ansammlung von Gästebettzeug: auf dem Foto erkennt man 8 Matratzen, 18 Steppbetten (mit weißer Unterseite), 12 Kissen; darunter hängen leere gewebte Vorratssäcke, im Vordergrund hängt eine rote Eßdecke an der Holzstütze

Abb. 63
Mutter und Tochter peitschen den Staub aus der Schafwolle; spätestens alle zwei Jahre öffnen sie das Bettzeug und reinigen es mit einer Peitsche

Abb. 64
Das Mobiliar des Familienwohnraums, darunter vor allem das Bettzeug, wird gelüftet; die Sonnenstrahlen helfen, daß sich die Fasern der Wolle wieder aufrichten

relativ junge Entwicklung sind,[54] die aus einem gewissen Wohlstand einerseits und dem Ideal, viele Gäste beherbergen zu können, andererseits entstanden sind. In der Bedeutung, die diesen Stapeln beigemessen wird, zeigt sich auch eine eigenständige Entwicklung bei den jungseßhaften Bewohnern, die in Zusammenhang mit der florierenden Schafzucht und Baumwollpflanzung steht.

Die Größe des Bettzeugstapels eines Hauses verändert sich im Laufe der Ehejahre: zu den anfänglich wenigen Matratzen, Kissen und Decken addieren sich eine große Anzahl von bis zu 20 „Sets". Da gegen Ende ihres Lebens ältere Frauen für sich kein neues Bettzeug mehr anfertigen oder bei Verheiratung der Kinder welches abgeben, nimmt dieser Stapel sukzessive wieder ab. Alte Ehepaare verfügen so nur noch über eine geringere Anzahl von Bettzeug. Manchenorts herrscht die Sitte, Matratzen nach dem Tod älterer Menschen an Bedürftige zu verschenken.

Da das Bettzeug tendenziell eine Wand fast ganz verdeckt, erfüllt es auch eine wärmedämmende Funktion. Darauf verweist auch der Umstand, daß im westlichen Teil der Ǧazīra die Stapel fast immer an der Nordwand des Hauses liegen, während sie sich im östlichen Teil des Gebietes meist an der Ostwand befinden. Dies entspricht den Richtungen, aus denen die kalten Winterwinde und der Regen kommen: in der westlichen Ǧazīra vom Taurus, d. h. von Norden, in der Oberen Ǧazīra vom Zagrosgebirge, d. h. von Osten. Obwohl Baumeister bei Nachfragen den wärmedämmenden Effekt eher als Zufall angaben, scheint hier doch eine konkrete Erfahrung mit dem Raumklima vorzuliegen.

Beheizung

Auch wenn die meisten Räume nach Süden ausgerichtet sind und sich im Winter relativ schnell erwärmen, muß dennoch zwischen November und März an vielen Tagen geheizt werden. Um Heizkosten zu sparen, stellt man einen Ofen nur in einem Raum auf. In diesem Raum wird dann beinahe ausschließlich gewohnt. Winterwohnen unterscheidet sich daher von Sommerwohnen. Da der große Bettzeugstapel zu kostbar ist, um durch Ofenluft und feinen Ruß verdreckt zu werden, wird entweder dieser Raum nicht fürs Winterwohnen benutzt oder das Gästebettzeug umgelagert.

Es unterscheidet sich von Haus zu Haus, welcher Raum im Winter bewohnt wird. Alle unmittelbar in der Nähe erforderlichen Dinge, wie z. B. das täglich benutzte Bettzeug, werden für jene Monate im beheizten Raum untergebracht. Die Beheizung erfolgt von der Raummitte her. (Abb. 48) Angeblich hatten manche Häuser früher eine eingetiefte Feuerstelle in der Raummitte, in der man getrocknete Dungfladen, arab. *ğelle*, kurd. *beçkul*, verbrannte, so wurde in der ʿAin Al-ʿArab-Region berichtet. Diese Vertiefungen sollen ca. 20 cm tief gewesen und mit einer kleinen Wandung begrenzt gewesen sein.

Heute ist im Winter meist ein kleiner Petroleumofen, *sōba*, in der Raummitte aufgestellt. Ältere Öfen aus gebrauchten Fässern, *sōbat ḥatab* genannt, werden mit Pflanzenreisig als Brennmaterial beschickt. Wo Rinderhaltung betrieben wird, verheizt man auch getrocknete Dungfladen in der *sōbat ğelle*, dem Dungofen.

Gelegentlich sind noch traditionelle, aufgeständerte Glutbecken, *mangal* oder *mōged*, in Gebrauch. Auf ihnen kann fast jegliches brennbare Material vor der Haustür in Brand gesetzt werden. Erst sobald sich Glut gebildet hat, trägt man das Becken in den Raum.

Schwellen

Die Fußböden vieler Wohn- und Empfangsräume sind unterteilt in zwei Ebenen: die Ebene der ein wenig tiefer gelegenen *ʿittābe* und die eigentliche Raumebene aus gestampftem Lehm oder Zementestrich, die den größten Teil des Raums ausmacht. Wörtlich bedeutet *ʿittābe* ‚Schwelle', aber hier ist der gesamte Eingangsbereich als umfassendere Funktion gemeint. Diese für die islamische Architektur so markanten zwei unterschiedlichen Raumniveaus sind in der Ğazīra wenig ausgeprägt.[55] Nur wenige Höhenzentimeter trennen die beiden Bereiche – so als sei auch der Bedeutungsunterschied geringer als in den seßhaften arabischen Regionen. Bei Räumen mit Zementestrich verzichtet man heute oft ganz auf unterschiedliche Niveaus.

Die *ʿittābe* kennzeichnet einen Übergangsbereich zwischen innen und außen, zwischen Stehen und Sitzen. In ländlichen Häusern, die sich durch ein sehr unmittelbares Verhältnis zur Umgebung und dem Erdboden auszeichnen, wurde ein „sich Abheben" von diesem Boden nicht als notwendig erachtet. Dagegen galt im vornehmen städtischen Haus:

> *„Erst wenn man auf die Sitzstufe hinaufgestiegen ist, hat man das Zimmer betreten, während man sich in der ʿAtebe sozusagen noch draußen – auf dem Hof – befindet."*[56]

Die *ʿittābe* ist der traditionelle Ort der Reinigung; dort vollziehen gläubige Muslime ihre rituellen Waschungen, vor und nach den Mahlzeiten wäscht man sich die Hände und Hereinkommende lassen die Schuhe stehen, bevor der andere, saubere Teil des Raums betreten wird, um Platz zu nehmen. Auf der Fläche der *ʿittābe*, die meist mit Zementestrich befestigt ist, kann auch die Körperwäsche stattfinden. Bei leerem Raum und hinter verschlossener Tür übergießt man sich dort mit bereitgestelltem heißen Wasser.

Am Rand der *ʿittābe* stellt man auch größere Gefäße mit frischem Trinkwasser auf. Bevor Kühlschränke üblich wurden, stand auf der *ʿittābe* eines häufig frequentierten Raumes immer frisches Wasser in einer großen tönernen *ḫābiye*.[57]

Mobiliar

Bis vor wenigen Jahrzehnten war eine hölzerne Brauttruhe, arab. *ṣandūq ʿars*, kurd. *sabat*, das einzige Möbelstück eines Haushaltes der einstigen nomadischen Bevölkerung. (Abb. 65) In ihm lagen Kleidung und Kleinutensilien einer Familie verstaut. Die Größen variieren von 50 x 40 x 30 cm bis 100 x 60 x 60 cm. Material, Ausführung und Dekoration sind einfach.[58] Die aufwendigste Form besteht aus massivem Holz: Die Schauseite ist polychrom mit einer ornamentalen oder figürlichen Malerei dekoriert, die entweder direkt auf dem Holz oder auf einem dünnen aufgenagelten Blech-Untergrund aufgetragen ist. Charakteristisch für diese Brauttruhen sind hohe Fußgestelle: die massiven Schmalseiten tragen das Gewicht, während die großen dreieckigen aufgenagelten Frontplatten in den Ecken eher der Dekoration dienen. Den Rand dieser Platten bildet oft eine fein ornamentierte Sägearbeit. Die Form der Fußgestelle mit ihrer großen Aussparung in der Mitte entstammt angeblich nomadischer Tradition, in der die Truhen auf dem Rücken von Lasttieren transportiert wurden. Vielleicht dienen sie jedoch vor allem der Stabilität.

Die traditionellen Brauttruhen wurden von großen mehrtürigen Kleiderschränken westlichen Stils, *sēkretōn*,[59] abgelöst, die heute unbedingt zur Gründung jedes neuen Hausstandes gehören. Die alten Truhen werden noch von den Besitzerinnen benutzt, auch wenn ihr Fassungsvermögen heute oft nicht mehr ausreicht.[60] Man ergänzt sie durch Blechkoffer.

Um Säuglinge vor Ungeziefer, Schlangen und Skorpionen zu schützen, liegen sie in hölzernen oder metallenen Wiegen, deren Bügel über die gesamte Länge reichen und damit leicht transportabel sind. Die kurdischen Bezeichnungen *čōčāhāne* oder *dergūš* sind allgemein geläufig. Die aus nomadischen Zusammenhängen stammenden schaukelähnlichen Hängewiegen, *hezzāze* genannt, baut man nur noch selten.[61] (Abb. 66)

Empfangs- oder Gästeraum

Entsprechend den Prinzipien nomadischer Gesellschaften spielt Gastlichkeit eine überragende Rolle im Alltagsleben aller Bevölkerungsgruppen Nordostsyriens. Einen Gast zu haben, stellt eine Auszeichnung für das Haus dar. Ihm wird jegliche Aufmerksamkeit zuteil und für seine Bewirtung werden die besten Lebensmittel des Hauses hervorgeholt. Der traditionelle Ehrenkodex verlangt von der Gastfamilie, für die Sicherheit und Unversehrtheit des Gastes zu sorgen. Falls kein Hausherr oder ein männliches Familienmitglied anwesend ist, sind die Frauen des Hauses für die Einhaltung aller Aspekte der Gastlichkeit verantwortlich. Die Gastfreundschaft umfaßt Fremde und sogar Feinde, wenn diese Brot und Salz bei der Familie zu sich genommen haben: sie stehen für eine Frist von drei Tagen, d. h. solange sie das Essen im Körper haben, unter dem Schutz der Familie.

Mit oder ohne die Worte des traditionellen Schutzbegehrens wie *ānī daḫīlek* („Ich bin Dein Schützling") oder *ānī daḫalt baitek* („ Ich bin in Dein Haus eingetreten") können Menschen der schützenden Obhut des Hausherrn und seiner Familie sicher sein. Insbesondere Frauen, die vor Gewalttätigkeiten flüchten, bietet dieses System Schutz. Die Familie, bei der sie als Gast aufgenommen wurde, ist verpflichtet, ihr beizustehen und ggf. eine Vermittlung einzuleiten.

Im Empfangsraum finden die mehr nach außen gerichteten Funktionen des Hauses statt. Er entspringt dem Bedürfnis, diese von den Familienbereichen zu trennen. Außenkontakte und Repräsentation der Familie in der Öffentlichkeit sind Aufgaben der Männer. Bei formalen Anlässen und männlichem Besuch wird dieser Raum gelegentlich zum „Männerraum".[62] (Abb. 55) Im Alltag ist er jedoch „Emp-

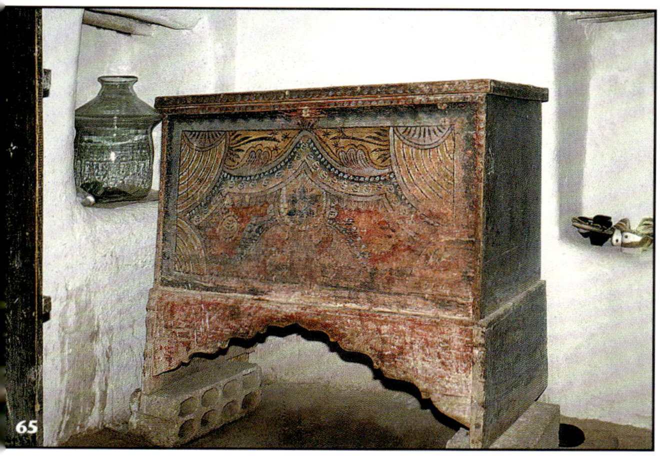

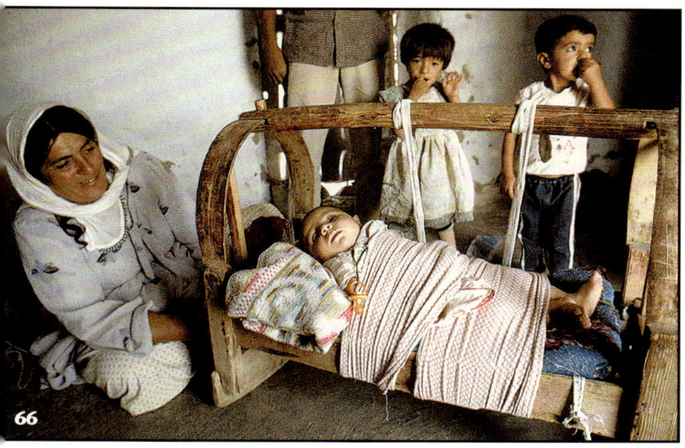

fangsraum“ der gesamten Familie, arab. *ġorfat aḍ-ḍuyūf*, kurd. *cî mîvana* oder *oda mîvana*, was alles „Gästeraum“ bedeutet.

Die Anlage eines separaten Raums für diesen Zweck konnten sich bis vor wenigen Jahren nur wohlhabende Familien leisten. Erst ab den siebziger Jahren wurden Empfangsräume Bestandteil der üblichen ländlichen Wohnhäuser. Manche privaten Gästeräume sind separat stehende Bauten und können von außen auch für Gästehäuser gehalten werden (vgl. Kapitel „Gästehäuser“). Eine durchaus beabsichtigte Assoziation. Schon in der nomadischen Tradition teilte man im Zelt Männer- und Gästeabteilungen ab. Aber auch städtische Häuser weisen ähnliche Bereiche auf, in beiden sitzen Männer beisammen und empfangen – meist männliche – Gäste.

> „... *in keinem anständigen Hause, von einem Ende der Halbinsel zum andern, darf ein solches Zimmer fehlen, und überall ist eins im Ganzen wie das andere, nur größer und kleiner, besser oder geringer möblirt, je nach den Umständen des Besitzers.*“[63]

Heute werden ländliche Empfangsräume von der ganzen Familie genutzt, wenn keine fremden Männer anwesend sind. Die Tatsache, daß sich das Fernsehgerät als ein wichtiges Repräsentationsobjekt dort befindet (das für Gäste sofort eingeschaltet wird) trägt auch dazu bei, daß dieser Raum zum Aufenthaltsraum der gesamten Familie wurde.

Die Möblierung des Raums besteht aus steifen Wandkissen, *maḥād*/sing. *maḥada*, oder *tarkāyye*,[64] und Sitzteppichen. Traditionelle Sitzteppiche, *lubābīd*/sing. *lubād*,[65] sind aus gewalktem Naturfilz, dem geometrische oder abstrakt-florale Muster in den Farbtönen rot-bläulich oder dunkelbraun eingearbeitet wurden.[66] Früher stellten die Frauen im Euphrattal geflochtene Binsenmatten, *berdī*, her, die sie im Winter zur Isolierung unter die Sitzteppiche legten. (Abb. 67)

Sobald sich ein Gast hinsetzt, beeilt man sich, ihm zusätzliche Kissen als Armlehnen unterzulegen. Dabei handelt es sich um sehr fest gestopfte längliche Kissen, die die Frauen anfertigen. Sie haben einen hohen Repräsentationswert und gehören zum Bettzeugstapel, da sie auch als Kopfkissen dienen. Oft ist der Empfangsraum tagsüber leer, und erst wenn er benutzt werden soll, werden Teppiche und Kissen herbeigeholt und ausgerollt. Die Mitte des Raums bleibt frei und ist nur von einer geflochtenen Matte bedeckt. Gegenüber der Sitzgelegenheit steht das Fernsehgerät auf einem Untertisch.

In Empfangsräumen mit Lehmboden wird während der Sommermonate der Boden täglich mit Wasser bespritzt und gefegt, um den Raum kühl zu halten und Staub zu binden.[67]

In weniger wohlhabenden Familien überlassen manchmal die Eltern ihren Empfangsraum für eine begrenzte Zeit dem jung verheirateten Sohn mit seiner Ehefrau. Das junge Paar nutzt ihn als Familienwohnraum, Gäste der gesamten Familie werden jedoch dort empfangen. (Abb. 221)

Den Empfangsraum baut man an der klimatisch angenehmsten Stelle des Gehöfts, d. h. in der Regel im Westen.[68] Mehrere Fenster nach Süden und Westen schaffen ein angenehmes Raumklima und geben den Ausblick nach mehreren Seiten frei. Ein kleines Fenster nach Norden unterstützt die ständige Luftzirkulation. Die Offenheit des Raums nach außen korrespondiert mit seiner Funktion, eine Art verbindendes Element zwischen Öffentlichkeit und Privatheit darzustellen. Sie macht die Empfangsräume auch von außen als solche erkennbar, und die Vielzahl der Fenster erscheint wie eine Einladung an Fremde einzutreten. Die Helligkeit des Raums verstärkt die Klarheit und Offenheit, die durch das Fehlen von Möbeln und dekorativen Elementen ohnehin vorhanden ist.

Das Bedürfnis nach einer repräsentativen Ausstattung zeigt sich nur in Glasfenstern, angenehmen Sitzteppichen und entsprechenden Kissen. Tendenziell baut man Empfangsräume heute größer und höher, was ihre Nutzung im Winter aufgrund zusätzlicher Heizkosten verteuert.

Abb. 65
Brauttruhe mit ihrem typischen hohen Untergestell, das vielleicht dazu diente, die Truhe auch auf dem Kamelrücken transportieren zu können

Abb. 66
Die Kinderwiege mit ihrem großen Bügel läßt sich leicht transportieren

Abb. 67
Im Winter legt man mancherorts eine isolierende Schicht unter die Sitzteppiche; im Euphrattal waren dies dicke Binsenmatten, die die Frauen herstellten

68

In Familien mit größeren Kindern schlafen diese separat und nach Geschlechtern getrennt. Dann ist es meist den Eltern mit den kleinen Kindern vorbehalten, den Schlafplatz im Empfangsraum zu belegen.

Aufenthaltsräume

Da sich der Familienwohnraum immer stärker zu einem reinen Aufbewahrungsort des Besitzstandes entwickelt, entsteht zunehmend das Bedürfnis nach einem ungestörten Wohn- und Aufenthaltsraum der Familie. Dieser neue Raumtyp wird vor allem bei Familien erforderlich, die eine große Zahl von Kindern haben und die gleichzeitig darauf bedacht sind, den Empfangsraum eher einer Nutzung durch Erwachsene vorzubehalten. Das Hauptmerkmal dieses Aufenthaltsraumes ist seine weitgehende Leere, so daß Kinder nichts beschädigen können. In diesem Raum hält sich die Familie tagsüber auf, nimmt die Mahlzeiten ein, und die Frauen erledigen viele der notwendigen Hausarbeiten. Ältere Kissen und Sitzteppiche liegen entlang der Wände. Entsprechend wird dieser Raum auch *ġorfat maqʿud, ġorfat al gāda*, „Raum des Sitzens", oder gelegentlich „Raum der Kinder", *ġorfat al-awlād,* genannt.

Häufig wird dieser Raum der alleinige Wohnraum im Winter, dann versieht man ihn allerdings mit täglich genutztem Bettzeug, Fernsehgerät und anderen Utensilien. Daher kann er auch zum *ġorfat aš-šitʿa*, Winterwohnraum oder Haus mit dem Ofen, *dār ṣōba*, werden. An sehr kalten Tagen verlegt man auch das Kochen dorthin.

Beim Mittelhallenhaus bildet die Halle einen vor allem sommerlichen Aufenthaltsraum. (Abb. 228) Die Bewohner nennen ihn, als Entlehnung aus dem Französischen, *ṣālōn*. Als Verteilungsraum ist er ein Ort der Begegnung. Sitzteppiche entlang der Wände schaffen eine einladende Atmosphäre und bilden einen Ort für die Familie, Freunde, Verwandte und informelle Gäste aus dem Dorf. Es liegen auch Kranke und Alte – gebettet auf Matratzen – im *ṣālōn*. Sie können so am Familienleben teilhaben und ständige Fürsorge erhalten. Auch das Fernsehgerät stellt man während des Sommers in den *ṣālōn*.

Hauswirtschaftsbereich

Die Versorgung mit Lebensmitteln und Gütern des täglichen Bedarfs erfolgt durch Eigenproduktion, Zukauf auf den regionalen Wochenmärkten und gelegentlichen Fahrten in die nächstgelegene Stadt. Fahrende Händler ergänzen die Versorgung.

Der täglichen Zubereitung der Nahrung geht eine umfangreiche Vorratswirtschaft voraus. Diese Arbeiten fallen vor allem während der Sommermonate an. Innerhalb weniger Tage müssen oft große Mengen an Obst, Gemüse oder Milchprodukten zu haltbaren Lebensmitteln verarbeitet werden. Dabei entsteht u. U. kurzfristig ein größerer Flächenbedarf.

In der Regel wird das Essen auf Gas- oder Petroleumkochern zubereitet. (Abb. 69) Während die Zweiflammigen auf tischartigen Ablagen oder Unterschränken stehen, benutzt man die Einflammigen auf dem Boden. Auf offenem Feuer draußen kocht man, wenn große Mengen zuzubereiten sind. Bei großen Feiern nutzt man dazu die riesigen Kupfertöpfe, *ğidārī*/sing. *ğidriye*. (Abb. 70)

Wichtigstes Nahrungsmittel ist ein Fladenbrot, das von fahrenden Brothändlern verkauft oder von den Frauen oder größeren Mädchen täglich frisch gebacken wird. Im westlichen Teil der Ğazīra bäckt man ein hauchdünnes Fladenbrot aus Weizenvollkornmehl[69] auf einem gewölbten Blech, *sāğ*, das auf ein offenes Feuer gelegt wird. Das transportable Blech verweist auf den nomadischen Ursprung dieser Art der Brotherstellung. Es kann auf jede improvisierte Feuerstelle gelegt werden. (Abb. 72) Im östlichen Teil der Ğazīra backen viele Frauen Brot an den Wandungen einer speziellen Backtonne, dem sogenannten Tannur.[70] (Abb. 74, 75) Ein rundes Holzgefäß, *maḫmar*,[71] mit einem Durchmesser von ungefähr 40 cm und 25 cm Höhe mit Deckel, diente ursprünglich als Gefäß zum Ruhen des Teiges, aber auch zur Aufbewahrung des fertigen Brotes oder für Butter.

In den meisten Haushalten hält man zumindest einen kleinen Viehbestand für die Selbstversorgung

Abb. 68

Großzügige Küche: Tochter und Schwiegertochter dieses kurdischen Haushalts sind für Ordnung und Vorratshaltung verantwortlich

Abb. 69

Eine in den 1980er Jahren als modern geltende, Küche mit zweiflammigem Gaskocher und Heißwasserboiler (vorne links)

Abb. 70

Kleine Kochküche mit offener Feuerstelle, auf der ein Kupfertopf steht

Abb. 71

Mit der Steinmühle, *rāha*, wird mancherorts bis heute Salz gemahlen

mit Milchprodukten. Wegen ihrer geringen Haltbarkeit wird Milch sofort zu Yoghurt, arab. *lebn*, *ḫāṯer*, kurd. *mast*, weiterverarbeitet. Daraus stellt man auch das Butterfett, *semna*, – früher neben Brot eines der wichtigsten Nahrungsmittel der Beduinen – her. Die dazu notwendigen Ziegenbälge, arab. *čečua*, kurd. *mašk*, finden sich nach wie vor in den meisten Haushalten. In ihnen gewinnt man durch regelmäßiges Schütteln Butter, die zu Butterfett weiterverarbeitet wird. Dazu hängt man den verschlossenen Ziegenbalg mit beiden Enden an einem Dreibein, *rakāb*, auf oder schüttelt ihn liegend auf einem Beistelltisch.[72]

Die Nahrung wird in der Küche zubereitet, vorbereitende Arbeitsschritte können jedoch auch woanders stattfinden.[73] Gründe für die wechselnden Orte liegen z. B. in schlechten Lichtverhältnissen, der Enge und Hitze in vielen Küchen. In anderen Räumen können die Kinder beaufsichtigt und mehr Familienmitglieder an den Arbeiten beteiligt werden. (Abb. 71)

Die von den Frauen und Mädchen zu erledigenden Hausarbeiten bestehen im wesentlichen aus folgenden Aufgaben: Wasserholen (falls kein Anschluß auf dem Gehöft vorhanden ist), Brotbacken (wo kein Brotlieferant regelmäßig vorbeikommt), Mahlzeiten vorbereiten und kochen, Abwasch erledigen, Haustiere versorgen, ggf. melken, und Milch zu Joghurt und Käse verarbeiten (die in die nächste Stadt geliefert werden), Wintervorräte produzieren und Wäsche waschen. (Abb. 76, 77, 78)

Gemäß nomadischer Tradition lag der Bereich, wo die Hauswirtschaft erledigt wurde, in der Frauenabteilung des Zeltes und dem Außenbereich. Zu Beginn der Seßhaftigkeit erledigten Frauen viele Küchenarbeiten oft im Wohnbereich. Verbunden mit einem allgemeinen Anstieg des Lebensstandards und differenzierter werdenden Mahlzeiten wurden Haushaltstätigkeiten auf verschiedene Räume verteilt. Bei den länger seßhaften Bauern der Sürüç-Ebene hatten sich spätestens seit den zwanziger Jahren des 20. Jahrhunderts Raumspezialisierungen herausgebildet – wie alte Gehöfte erkennen lassen, in denen Vorrats- und Kochbereich schon voneinander getrennt waren. Diese Trennung war wichtig, damit bei einem, meist von der Kochstelle ausgehenden Feuer, nicht die Vorräte vernichtet wurden.

Zumindest die Kochküche, häufig aber der gesamte Hauswirtschaftsbereich, liegen heute in einigem Abstand zum Wohnhaus, da die Kochgerüche nicht den Wohnbereich erreichen sollen. (Abb. 68, 69) Die Hauswirtschaftsbereiche werden deshalb so angeordnet, daß der Wind ihre Gerüche vom Haus wegträgt. Im westlichen Teil der Ǧazīra liegen die Küchentrakte im rechten Winkel zum

Haupthaus an dessen Ostseite. In der Oberen Ǧazīra liegen die Küchentrakte entweder östlich oder westlich im rechten Winkel zum Haupthaus.

Der Hauswirtschaftsbereich ist von der Planung der Räume bis zur täglichen Essenszubereitung das Werk der Frauen. In manchen Regionen gehört sogar die Errichtung der Küchen- und Nebengebäude zum weiblichen Aufgabenbereich.

Der Hauswirtschaftsbereich im weitesten Sinne läßt sich in folgende Funktionsbereiche mit den zugehörigen Räumlichkeiten unterteilen:

Brotbacken	> Feuerküche, Tannur, selten: Küche
Kochen	> Kochküche
Waschen	> Spülküche, Hammam
Essen	> Wohn- oder Empfangsraum, Küche
Aufbewahren der Vorräte	> Vorratsraum, Familienwohnraum, Küche
Aufbewahren des Geschirrs	> Familienwohnraum

Zu diesen Hauptfunktionen kommen noch andere Aspekte: Das in einem Haushalt vorhandene Kochgeschirr samt Schüsseln, Tassen etc. stellt neben seiner praktischen Nutzung auch ein Repräsentationsobjekt dar. Mit Erreichen eines bescheidenen Wohlstands kaufen die Frauen viel Porzellan, Glaswaren, Kochtöpfe, Metallgeschirr, die ebenso wie das Bettzeug nur im Falle großer Feste tatsächlich benutzt werden. Wesentlich ist es, seinen Besitz „vorzuführen". (Abb. 86) Metallregale werden aufgestellt, Borde an die Wand gehängt, um die großen Töpfe unterzubringen, während für die kleinteiligeren und wertvolleren Porzellanwaren Metall-Glas-Vitrinen, *betrīnāt*, angeschafft werden. Bis vor einigen Jahren reichten kleine buntgestrichene Wandborde, um dieses Geschirr auszustellen. (Abb. 43) Verziert mit selbstgefertigten bunten Applikationen aus Stoff, Metall oder Holz sind sie auch heute noch zahlreich zu finden. Oft stellt man Regale nicht in der Küche, sondern in einem Raum mit „höherem Status" auf, meist dem Familienwohnraum. Neben dem Status gibt es praktische Gründe, die Metall- und Porzellanwaren nicht in den Kochküchen unterzubringen: diese sind oft eng, dunkel und niedrig, der zur Verfügung stehende Platz wird für das Kochen gebraucht und die Kochdämpfe lassen alles schneller verschmutzen.

Bei dem Haustyp des T-Hauses stehen diese repräsentativeren Haushaltsgegenstände in der Halle, nur selten wird dort gekocht. Die Gepflogenheit, auch den Hausrat repräsentativ aufzubewahren, ist im Westen der Ǧazīra stärker ausgeprägt als anderswo.

Als neueste Entwicklung werden Küchenfunktionen zusammengelegt – auch infolge zunehmend feuersicherer Kochstellen. Die Bandbreite der vorkommenden Küchenarten mit ihren Funktionsteilungen und -zusammenlegungen ist

Abb. 72
Frauen backen das hauchdünne Fladenbrot, *ḫobz sāǧ*, bevorzugt in einer schattigen, nicht einsehbaren Hofecke; dazu legen sie das Backblech, *sāǧ*, auf die kleine Feuerstelle

Abb. 73
Apsis mit Feuerstelle, *teffiye*, (meist in der Feuerküche) – es kann darauf gekocht oder mithilfe des Backblechs gebacken werden (vgl. auch Abb. 271)

Abb. 74
Das 1–3 cm dicke Fladenbrot wird an den heißen Wandungen des Tannurs gebacken; hier eine assyrische Frau, die ihren Tannur in den Boden eingelassen hat

Abb. 75
Ein ummantelter Tannur in der Umgebung des Hauses, wie ihn Nachbarinnen manchmal gemeinsam errichten

72

73
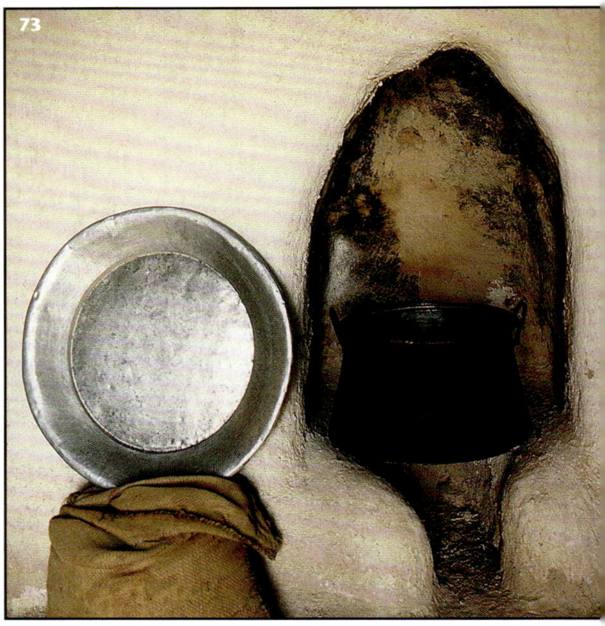

groß: die Beispiele reichen von spezialisierten Einzelräumen bis zur Küche als Vielzweck-Hauswirtschaftsraum.

Feuerküche

In der Feuerküche, arab. *matbaḫ nār*, kurd. *matbaha agir,* backen heute die meisten Frauen nur noch Brot, nur wenige kochen auch dort.[74] (Abb. 70) Gelegentlich finden sich deshalb zwei verschieden große Feuerstellen. Diese bestehen aus ringförmigen kleinen Erhöhungen, auf den kleineren findet ein Kochtopf seinen Platz, auf die größeren legt man das Brotbackblech auf. Bei solchen Feuerstellen in Raummitte muß der Rauch durch die geöffnete Tür und einige Wandlöcher entweichen. Im Sommer bevorzugt man daher, in einer schattigen Ecke des Hofes zu backen. (Abb. 72)

Die häufigere Art der Feuerstelle ist kaminartig in die Wand eingelegt, mit einer außen aus der Wand hervortretenden Rundung. Sie wird arabisch als *ṭeffiye*, kurdisch als *orgun,* bezeichnet. (Abb. 73) Im Innenraum handelt es sich um eine hufeisenförmige oder spitzbogige Wandaussparung von 1 m bis zu 2 m Höhe. Außen ist eine Apsis mit Rauchöffnungen angesetzt, die bis zu 1 m aus der Wand hervortritt.[75] (Abb. 271) In der Apsis bildet eine kleine, runde, vorne offene Lehmwandung die Auflage für Backblech oder Topf, arab. *mōged*, kurd. *malaf, ocalah*.

Um die Feuerstelle für schwere Töpfe stabiler zu gestalten, stellen manche kurdische Frauen der Oberen Ǧazīra kleine, gebrannte Innenwandungen für Feuerstellen, kurd. *habašiq*, her. Diese bestehen aus einem vorne offenen großen Ring von 3 bis 4 cm mit einem Durchmesser von ca. 45 cm und einer Höhe von ca. 35 cm. Sie werden eingebaut.

In den großen Haushalten der Stammesführer, in denen häufiger viele Gäste versorgt werden müssen, weisen die großen Feuerküchen oft mehrere Feuerstellen nebeneinander auf.

Man kann die Feuerküche auch als Bade- und Waschraum nutzen. Mit Glutresten des Backens oder mithilfe eines Reisigfeuers läßt sich Wasser kostengünstig erhitzen. Um einen festen, nicht aufweichenden Untergrund zu schaffen, wird eine kleine Fläche etwas abgemauert und mit Zementestrich und Ablauf versehen. Man hockt zur Körperwäsche in einem großen flachen Gefäß.[76]

Hinter einer kleinen Abmauerung liegt in den Feuerküchen ein Vorrat an Feuerungsmaterial wie Dungfladen, Schafsmist oder Reisig. Gehäckseltes Stroh dient als Anzünder.

Nur noch selten nutzt man Zweighütten als Feuerküchen, obwohl darin der Rauch gut abzieht und sie Schatten bieten. In ihnen ist die Brandgefahr jedoch groß.

Obwohl seit Beginn der neunziger Jahre immer mehr Brotbäckereien die Dörfer beliefern, besitzt jede Familie entweder eine Feuerküche oder zumindest eine gemauerte Feuerstelle.

Tannur

Der Tannur, arab. *tannūr*, ist eine große, lehmummantelte Backtonne, in der dicke, leicht gesäuerte Fladenbrote gebacken werden.[77] (Abb. 74, 358, 359) Die Teigfladen garen an den heißen Wandungen des Tannurs. Zur Feuerung benutzen die Frauen Reisig oder Dungfladen. Das eigentliche Backen kann beginnen, wenn sich Glut gebildet hat und die Wandungen stark aufgeheizt sind. Das Brot ist fertig gebacken, sobald sich Blasen darunter bilden und es sich leicht ablösen läßt. Nach dem Backen wird die Asche durch das untere Lüftungsloch entnommen.

Tannure stehen entweder unter freiem Himmel oder liegen in kleinen, dreiseitig geschlossenen, separaten Unterständen.[78] (Abb. 75) Die geöffnete Seite ist immer windabgewandt. Für das Dach muß Vorsorge getroffen werden – beispielsweise durch flachgeschlagene Konservenbleche –, damit es sich nicht durch Funkenflug entzünden kann. Nur in einigen assyrischen Dörfern backen immer noch Frauen in in die Erde eingetieften Tannuren.

Tannure finden sich nur in der Oberen Ǧazīra. Dort backt man jedoch zu Festessen und an regnerischen Tagen auch Brot auf dem Backblech *sāǧ*.[79]

Kochküche

Kochküchen sind in der Regel kleine, quererschlossene Räume mit Lüftungslöchern oder kleinen Fenstern. Küchen mit rundem Grundriß finden sich in einigen

76

Regionen des Euphrattals, in der ʿAin Al-ʿArab-Region und westlich des Ḫābūr-Oberlaufs. Zur Mindestausstattung einer Kochküche gehören Schalen, Töpfe und eine kleine Ablage, oft ein Ablagetisch, *māṣa*. Der Kocher selbst ist transportabel und ein- oder zweiflammig. (Abb. 68, 69)

Um kein Ungeziefer anzulocken, achtet man auf Sauberkeit. Essensreste verfüttert man sofort an Haustiere und die Lehm- oder Zementestrichböden werden mehrmals täglich gefegt.

Manche Küchen weisen auch Apsiden mit Feuerstellen auf, die allerdings selten benutzt werden. Heute steht darin gelegentlich der Petroleumkocher.

Wo keine zusätzliche Spülküche vorhanden ist, liegt in einer Küchenecke ein Waschplatz, arab. *maġsala*. Dessen Boden ist zementiert, und es gibt ein Ablaufrohr nach außen. Ansonsten wird in großen Metallbecken gespült. (Abb. 76)

Halbnomadisch lebende Beduinen stellen nach Möglichkeit ein separates Zelt als Küche auf. (Abb. 95)

Mehrzweckküchen

Seltener finden sich große Küchen, in denen alle Hauswirtschaftsfunktionen zusammen untergebracht sind. Dort kann gegessen werden, und in vielen Familien dienen sie tagsüber als Hauptaufenthaltsraum. In einem solchen Fall geht dies häufig auf eine Umnutzung zurück, wobei die betreffenden Küchen beispielsweise vorher Familienwohnräume waren. Die Kochgerätschaften in diesen großen Küchen stellt man dekorativ in Regalen auf.

Spülküche/Hammam

Ebenso wie früher in Mitteleuropa kennt man in der Ǧazīra separate Spülküchen. Dort konzentrieren sich die mit Wasser verbundenen Tätigkeiten einschließlich der Körperwäsche.[80]

Die Bezeichnung Hammam verweist in ihrer ursprünglichen Bedeutung auf *ḥamma* = ‚heiß machen, baden, waschen'. Da heißes Wasser nur in begrenztem Umfang zur Verfügung steht, werden Körper- und Kleidungswäsche unmittelbar nacheinander erledigt.

In der Regel ist dieses Hammam ein kleiner, mit Wasserablauf versehener Raum, dessen Boden und Wände bis ca. 1 m Höhe wasserundurchlässig mit Zementestrich oder Naturgips abgedichtet sind. Kocher und Schüsseln werden bei Bedarf aufgestellt. Zum Baden übergießt man seinen Körper mit warmem Wasser aus kleinen Schüsselchen. Vielfach wird heute in den Dörfern, in denen Elektrizität vorhanden ist, warmes Wasser aus Heißwasserboilern entnommen, und Duschvorrichtungen beginnen, den Schöpfguß per Schüsselchen zu ersetzen.

Oft liegen diese Hammams hinter den Küchen und sind nur durch diese begehbar. Hammams hinter dem Familienwohnraum sah ich am westlichen Ufer des Assad-Stausees und in vereinzelten Mittelhallenhäusern Nordostsyriens.[81]

Die Idee, eine Naßzelle in Form einer Raumapsis an die Küche anzuhängen, hat sich nicht durchgesetzt. Der Durchmesser einer solchen Zelle beträgt beispielsweise beim T-Haus in ʿAin Al-Baiḍa ungefähr 80 cm. (Abb. 187)

Vorratsraum

Um verderbliche Lebensmittel aufzubewahren, besitzen die meisten Familien in Dörfern mit Elektrizitätsversorgung große Kühlschränke. In Dörfern ohne

77

78

Stromanschluß werden kühlungsbedürftige Lebensmittel in den sich am wenigsten aufheizenden Räumen, gegebenenfalls durch eine Strohschicht geschützt, aufbewahrt.[82]

Vorräte, arab. *mūna*, werden in allen Haushalten in mehr oder weniger großem Umfang angelegt. Tomaten- und Paprikamark, Schafskäse, milchsaures Gemüse und Marmeladen bewahrt man in großen verschließbaren Gefäßen auf. Das jahrelang haltbare Butterfett lagert in Ziegenlederschläuchen, *mizābed*/ sing. *mizbed*, Hülsenfrüchte, Getreide, Getreideprodukte wie Weizengrütze, *burġul*,[83] bewahrt man in Säcken, arab. *čuwayil, ḫeyāš*, kurd. *mal*,[84] auf. Die meisten Vorräte benötigen trockene Lagermöglichkeiten.

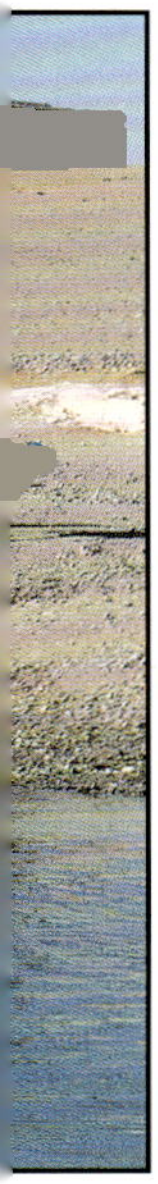

Die Kurden der Oberen Ǧazīra stellen verschiedene Käseprodukte her, die sie in großen Glas- oder Keramikgefäßen in Lake aufbewahren. Zur besseren Konservierung erhalten diese eine Lehmumhüllung und stehen in einer Ecke. (Abb. 90)

Während aus der seßhaften Tradition irdene Vorratsgefäße stammen, (Abb. 89) rühren aus der nomadischen Tradition große handgewebte Woll- oder Baumwollsäcke her. Früher von den Frauen selbst gewebt, bestehen sie heute meist aus Kunststoff oder Jute.

In einer großenteils auf Subsistenz beruhenden Wirtschaft kommt den Vorratsräumen zentrale Bedeutung zu. Sie liegen immer noch

Abb. 76
Geschirrspülen mit einem Minimum an Wasser

Abb. 77 + 78
Wo noch keine dörfliche Wasserversorgung installiert ist, müssen Frauen und Mädchen das Wasser aus dem Euphrat, aus Bewässerungskanälen oder aus Brunnen holen

Abb. 79
Schlafplattform vor dem Haus (mit Hühnerstall darunter) – an den dünnen Stangen befestigt man das baumwollne Mückennetz

Abb. 80
Schlafplattform im Hof, vor Blicken geschützt durch geflochtene Stabmatten

81

82

häufig unweit der Wohnräume, was ihre Bedeutung unterstreicht und auf früher herrschende Bedrohung verweist. Viele Vorräte zu haben, verweist auf Wohlstand ebenso wie fleißige weibliche Haushaltsmitglieder und bildet auch einen Aspekt der Repräsentation. Auch die Tatsache, daß mir als einer Fremden die Vorratsräume eher als die Kochküchen gezeigt wurden, verweist auf den Stolz darauf, im Winter über ausreichend Nahrungsmittel zu verfügen. Den Vorratsraum nennt man *dār al-mūna* oder *ġorfat al-mūna*. Kräuter und empfindliche Lebensmittel werden bis heute an der Decke aufgehängt, um sie vor Ungeziefer zu schützen.

In der Literatur und in den Berichten älterer Bewohner wird über eingetiefte Silos für Kornvorräte, *nuggeret ḥabb* oder *ǧūrat ḥabb* berichtet, die in der Umgebung des Hauses lagen.[85] Heute sind sie nicht mehr üblich. Vorräte wurden damals außerhalb der Gebäude vergraben, um sie vor osmanischen Steuereintreibern zu verbergen.

Hof und Aussenraum

Trotz der landwirtschaftlichen Aktivitäten weisen die Höfe relativ wenige baufeste Einbauten auf. Tätigkeiten, die dort stattfinden, sind jahreszeitlich geprägt; die notwendigen Gerätschaften braucht man nur zeitweise im Hof. Ausnahmen bilden gelegentliche Ablagetische an den Seiten, auf denen etwas getrocknet, aufbewahrt oder Gekochtes abgekühlt werden kann. Dort, wo Wasser noch per Esel herangeschafft werden muß, bauen die Frauen kleine Podeste, *marāġī*, in Höhe der Wassertanks, um die Tiere entladen zu können. Die Verarbeitung von Getreide, wie Dreschen und Worfeln – heute meist per Mähdrescher – erfolgt wegen der Staubentwicklung außerhalb des Hofes.

Wer über keinen eigenen Wasseranschluß verfügt, hält seinen Trinkwasservorrat entweder in großen Tonnen auf dem Hof oder in einem kleinen „Wasserhäuschen", arab. *bait al-ḫābiye, duwair aǧ-ǧurn, bait mayyat aš-šarb*, kurd. *kublah*.[86] (Abb. 84) Darin steht ein großes, manchmal verziertes Keramikgefäß, arab. *ḫābiye*, kurd. *kub avê*, mit Durchmessern von bis zu 60 cm. Nur noch wenige Frauen beherrschen die Herstellungstechnik. Sowohl zur Versorgung der Familie als auch zur Erfrischung von Passanten dienend, liegen die Wasserhäuschen entweder an den Hausseiten oder etwas abseits des Hauses am Wegesrand. Sie sind nur so groß, daß das Wassergefäß darin Platz findet und haben ein flaches Dach. Das Wasser wird durch die Verdunstungskälte des Topfes, umgewickelte Jutesäcke und durch kleine Öffnungen in den Mauern des Wasserhäuschens kühl gehalten.

Die Wasserhäuschen sind dreiseitig geschlossen und zeigen mit ihrer offenen Seite nach Norden.

Zwangsläufig finden Arbeiten wie das Schlachten und Zerlegen von Vieh, das Kochen der Festmahlzeiten, das Herstellen der Weizengrütze oder Wollverarbeitung im Hof statt.

In einer Ecke des Hofes oder außerhalb wird Feuerungsmaterial für den Winter angesammelt. Astwerk und Nutzpflanzenreisig bilden große, sorgfältig gestapelte Haufen, *kōm ḥatab* oder *kōm šabaṭ*. Das Vorkommen solcher Stapel verweist meist darauf, daß die Familie Baumwolle anbaut, da dabei viel Reisig anfällt.

In Regionen mit Rinderhaltung verarbeiten die Frauen Dung mit Häcksel im Laufe des Sommers. Zu Fladen, *karāsī*, geformt, trocknen sie an der Sonne. Danach schichtet man sie zu runden Mieten auf. Um sie trocken zu halten, lagert man sie während des Winters in der Feuerküche oder in kleinen Silos, *šūnāt ǧelle*. Mit ihnen befeuert man *sobāt ǧelle*, die Dungöfen.

Veranden und Schlafplattformen

Die meisten Gehöfte verfügen über mindestens eine Veranda, *dečče, ʿālliye, baranda* oder *sakiye* genannt. Ihre glatt geschlämmte Oberfläche aus Lehm oder Zement wird sorgfältig sauber gehalten. Auf diesen Terrassen sitzt oder schläft man während der heißen Jahreszeit, läßt die Feldfrüchte trocknen oder lüftet das Bettzeug. Alle Tätigkeiten, die unter freiem Himmel stattfinden und einen sauberen Untergrund erfordern, erledigt man dort.

Wo Gefahr durch Skorpione oder Schlangen besteht oder man während der Sommernächte um zusätzliche Kühlung bemüht ist, errichtet man erhöhte Schlafmöglichkeiten. Diese können an einer besonders zugigen Stelle des Hofes errichtet sein. Im Euphrattal werden Schlafplattformen, *ṭarmāye* oder *dečče*, verschiedener Konstruktion errichtet. (Abb. 79, 80, 81, 82) Auf eine Erhöhung von 0,80 bis 1,80 m Höhe, bestehend aus kleinen, parallel stehenden Mauerscheiben, Metalltonnen, Holzstützen oder Hausteinen, wird eine hölzerne Tragkonstruktion aus Astwerk und Reisig gelegt. Meist verputzt man die waagerechte Liegefläche und versieht sie mit einem

Abb. 81 + 82
Schlafplattformen im Euphrattal, der Reisig soll vor Skorpionen und Schlangen schützen

Abb. 83
Im Sommer schläft man in der Oberen Ǧazīra auf hölzernen oder mittlerweile metallenen Familienbetten an einer möglichst zugigen Stelle

Sichtschutz. Auf die Schlafplattformen führen Treppen oder Leitern und den darunter gelegenen Hohlraum nutzt man als Abstellfläche oder Hühnerstall. Früher errichtete man diese Plattformen häufig neben dem Pferch der Schafe und Ziegen, um eventuellen Diebstahl zu verhindern.

In der Oberen Ǧazīra verwendet man anstelle der Schlafplattformen übergroße Familienbetten. (Abb. 83) Die Gestelle sind auf ca. 1,5 m erhöht und haben Liegeflächen von ungefähr 2 m x 3 m. Während die Bettgestelle bis vor einigen Jahren aus Holz gefertigt wurden, sind sie heute aus Metallrohren. Kleine Leitern führen auf diese „Hochbetten". Zeitweise trocknet man darauf auch Lebensmittel.

Frauen und Mädchen tragen täglich das genutzte Bettzeug zwischen Wohnhaus und Schlafplatz hin und her und breiten ein riesiges, kastenförmig zusammengenähtes Baumwoll-Moskitonetz, *kelle*, sorgfältig über der Schlafstelle aus.[87] Mithilfe von Schnüren an den oberen Enden wird es an vier hohen Holzpflöcken befestigt, die in einiger Entfernung in den Boden geschlagen wurden und den Sommer über stehen bleiben. Jede Kernfamilie des Gehöfts baut sich einen separaten Schlafplatz, abseits vom Rest der Familie.

Sanitäre Anlagen

Wegen der ländlichen Umgebung und dem ariden Klima betrachten noch immer einige Bewohner Aborte oder WCs als nicht notwendigen Luxus. Man verrichtet seine Notdurft auf nahe des Dorfes gelegenen Feldern, wo Kot auch als Dünger dient. Dies erschien vielen Bewohnern noch bis zur Mitte der neunziger Jahre als natürlicher.

Zunehmend jedoch gehört ein Hockabtritt, arab. *mirhaḍ* oder *bait al-māyy*, zu beinahe jedem Gehöft. Dazu baut man kleine frei stehende Bauten und plaziert sie in einer Hofecke. Bei größeren Dörfern ergibt sich die Notwendigkeit für Toiletten von selbst, da sich die umliegenden Felder nicht mehr in unmittelbarer Nähe zu den Gehöften befinden.

Besonders von den Arbeitsemigranten gingen in den letzten Jahren Anstöße zum Bau von Hygienebereichen aus.

Dachflächen

Während in den westlichen Landesteilen die Dachflächen meist ungenutzt bleiben und allenfalls Lebensmittel zum Eindicken aufs Dach gestellt werden, finden im Nordosten auch Hausarbeiten auf den Dachflächen statt. So nutzt man beispielsweise den dort herrschenden Windzug, um Spreu und Weizen zu trennen. Zu ständig genutzten Dachflächen führen einfache Rampen oder Treppen hinauf.

Wo man, wie mancherorts in der Oberen Ǧazīra, auf den Dächern schläft, ist die Dachneigung nur sehr gering. Manche Familien stellen das Hochbett auf dem Dach auf, um mehr Kühlung zu erhalten.

Landwirtschaftlich genutzte Bereiche

Die zur Winterfütterung der Nutztiere vorgesehene Gerste und das gehäckselte Stroh sind in einem Bergeraum, arab. *šūna*, kurd. *zinc*, untergebracht. Über große Bergeräume verfügen nur sehr wohlhabende Familien. Da der größte Teil der Ernte als ‚cash crops' sofort verkauft wird, entsteht nur kurzfristiger Lagerungsbedarf; in dieser Zeit stapelt man die Säcke auf dem Hof.[88]

In den Scheunen mauert man manchmal einen Bereich durch halbhohe Mauern ab, um darin die Gerste als Winterfutter aufzubewahren. Solche, *ʿanbar* oder *ʿambar* genannten abgemauerten Raumbereiche waren früher beispielsweise im hinteren Bereich der Doppelraumhäuser eingebaut.

Nur in der nördlichen Oberen Ǧazīra finden sich gedeckelte Häckselhaufen: auf eine gesäuberte, ebene Fläche schichtet man das grob gehäckselte Stroh zu einem großen flachen Haufen. Darüber legt man eine Plastikplane, die mit Lehmschlämme abgedeckt wird. Platzsparender ist es, wenn kleine Mauern diese Haufen begrenzen und sie kompakter machen. Häckselhaufen werden sowohl von den arabischen als auch kurdischen Bewohnern als *lōḏ tibn* bezeichnet. Sie ähneln hiesigen Rübenmieten,; in der Oberen Ǧazīra legt man sie jedoch innerhalb des Gehöftes an. (Abb. 267)

In einer großenteils auf nomadischen Wirtschaftsformen gründenden Gesellschaft kommt der Viehhaltung eine nach wie vor entscheidende Rolle zu. Zumindest um ihren Eigenbedarf an Milchprodukten zu decken, besitzen viele Familien ein paar Schafe, Ziegen und Hühner, manchmal Truthühner. In den grasreicheren Flußtälern hält man Kühe, in den wasserreichen Teilen des Bec de Canard sogar einige Wasserbüffel. Die Nutztiere gelten als *ḥalāl*, d. h. sie sind ‚rechtmäßig' und gehören zum religiös erlaubten Besitz (im Unterschied zum verbotenen Schwein). Die ausgewachsenen Schafe und Ziegen sind mit Ausnahme starker Regentage auf der Weide und übernachten im Hof oder im Stall. Die kleinen Jungtiere bleiben während der ersten Wochen in einem eigenen Stall.

Zu vielen Gehöften gehören größere Pferche, errichtet aus Lehmziegelmauern, arab. *ḥabūsa*, vor den Ställen. Wo viel Reisig und/oder Astholz zur Verfügung steht, schichtet man sie zu runden Hürden, arab. *ṣīra*, auf. Gleichzeitig bilden diese Hürden auch den Vorrat an Feuerungsmaterial.

Stallungen, arab. *isṭabl, kalūš, kaūš, yāḫūr*, kurd. *xane*,[89] errichtet man so kostensparend wie möglich. Im Stall finden die Tiere ihr Futter entweder in krippenartigen Wandnischen oder in gemauerten Futtertrögen (arab. *tuāla mʿaliğ*) entlang einer Wand. Längliche, transportable Futterkrippen aus Metall haben die fest eingebauten heute meist abgelöst.

Hühner und Truthühner laufen tagsüber auf dem Hof herum. Abends sperrt man Küken und Jungtiere in spezielle kleine Stallungen, um sie vor wilden Hunden, Wüstenfüchsen, und evtl. Schakalen und Hyänen zu schützen.

Besonderheiten im Wohnverhalten der altsesshaften Bevölkerungsgruppen

Die altseßhaften Bevölkerungen umfassen Armenier, Türken und Kaukasier. Aramäer, Kurden und Yeziden können teilweise hinzugerechnet werden. (Auch einige arabische Stämme, wie beispielsweise die Ṭāyy, sind schon früher als die Mehrzahl der Stämme zur Seßhaftigkeit übergegangen. Sie fühlen sich jedoch der nomadischen Lebensweise noch nahe.)

Bei den altseßhaften Bevölkerungen finden sich einige abweichende Raumnutzungen und Wohnauffassungen, die im folgenden beschrieben werden. Die längere Tradition im stationären Wohnen zeigt sich beispielsweise in einer größeren Sorgfalt beim Umgang mit Baumaterialien und in der Ausgestaltung baulicher Details, in dem Bedürfnis nach Möbeln und in einer stärkeren Differenzierung der Räume.

Auch der Aspekt der Repräsentation erhält bei ihnen eine andere Gewichtung. Möbel und Hausrat, die bei den nomadischen Familien zum Bereich der Frauen und deren separater Repräsentation gehören, sind stärker in die Empfangsräume integriert, wodurch sie eine andere Bedeutung nach außen erhalten. Hausrat und vor allem Möbel stehen für Modernität und Nähe zu städtischem Leben.

Das „gute" Wohnzimmer

Der Empfang von Gästen einerseits und das Familienwohnen andererseits sind bei den christlichen Aramäern und Armeniern weniger stark voneinander getrennt als bei den muslimischen Gruppen. Beides kann in einem Raum stattfinden, der im übrigen auch der normale Wohnraum der Familie ist. (Abb. 87) Aufgrund der geringeren Separierung der weiblichen Familienmitglieder können auch nach außen gerichtete, repräsentative Funktionen in diesem Raum stattfinden, ohne daß die Frauen zwangsläufig den Raum zu verlassen hätten.[90] Der Hauptraum des Hauses ist der *ġorfat istiqbāl*, wörtlich ‚Empfangszimmer', eine Art „gutes" Wohnzimmer. Er wird sowohl als Wohnraum für die Familie genutzt, als auch für den Empfang von Gästen.

In den Häusern der seßhaften Bevölkerung Nordostsyriens waren früher auch eingebaute Bänke üblich. Am Kopfende des Wohnraums befand sich jeweils eine Bank, die mit einer dünnen gepolsterten Matte, *dušek*,[91] abgedeckt war. Ein Stoffüberwurf verhinderte den Blick auf die Konstruktion dieser Lehmbank. Diese Sitzbank am Kopf des Raumes verweist darauf, daß man dort den bevorzugten Sitzplatz sah – darin ähnlich dem Konzept des

84

85

Ehrenplatzes.[92] Wie aramäische Frauen berichteten, lagen früher auch bestickte Kissen und Spitzendeckchen darauf ausgebreitet. Diese Bänke haben eine Tiefe von ungefähr 60 cm als Sitzfläche bei einer Höhe von ungefähr 40 cm.[93]

An die Stelle der Lehmbänke sind heute einfache Metallgestelle als Sofas getreten, die rechtwinklig zueinander in U-Form aufgestellt werden. (Diese leicht erhöhten Sitzgelegenheiten erleichtern den Frauen mit ihren knielangen Kleidern das Sitzen.) Wer nur ein Sofa besitzt, stellt es an den Ort der Lehmbank. Manchmal liegen neben den Sofas Sitzteppiche auf dem Boden, damit man alternativ auch dort Platz nehmen kann.[94]

In Relation zu den großen und fast leeren Räumen der ehemaligen Nomaden erscheinen die Wohnräume der Seßhaften mit Mobiliar vollgestellt: ein oder mehrere Sofas, kleine Beistelltischchen, zusätzliche Stühle und ein repräsentativer Schrank. Es herrscht peinliche Ordnung, um ständig für Besuch gerüstet zu sein. Als Wohnraum für die ganze Familie versammelt sich dort allabendlich die Familie – vor dem Fernsehgerät. Repräsentation bedeutet für diese Familien, mithilfe von Möbeln und aufgestellten Nippesfiguren, materiellen Wohlstand zu demonstrieren. Man verweist damit auch auf seine seßhafte Herkunft, wo Möbel immer schon wichtige Statusobjekte darstellten.

Schlafraum

Im Unterschied zu den stärker noch mit dem nomadischen Leben verbundenen Bewohnern sind altseßhafte Bevölkerungen bestrebt, möglichst über einen separaten Schlafraum zu verfügen. Dafür verzichtet man auf große Bettzeugstapel. Wo einer Familie nur zwei Räume zur Verfügung stehen, nutzt sie jeweils einen als Wohn-, den anderen als Schlaf- und Stauraum.Insbesondere bei jüngeren kurdischen Familien findet man die Tendenz, sich Möblierung westlicher Art für den Schlafbereich zuzulegen, wobei ein französisches Ehebett das wichtigste Ausstattungsstück zu sein scheint. Diese Schlafräume haben neben der typischen Schlafzimmermöblierung einschließlich Frisierkommode ein Sofa samt Beistelltisch und manchmal einen Fernsehtisch. Diese Räume erfüllen dann auch die Funktion eines Familienwohnraums. Auch ich wurde als fremde Besucherin manchmal in diesem Raum empfangen, damit man mir die Möbel als wichtige Statussymbole zeigen konnte. Darin ähneln sich die seßhaften und die nomadischen Vorstellungen – bei beiden steht Gastlichkeit und Übernachten mit Repräsentation in Verbindung. Gemäß der seßhaften Tradition, die stärker auf Bequemlichkeit bedacht ist, kommen diese Statusobjekte der Familie selbst zugute.

Wohnküche

Mehrfach sah ich in assyrischen Haushalten eine Art Wohnküche, die mit einfachen Geschirrschränken, einem Kühlschrank, einem niedrigen Tisch und niedrigen Schemeln ausgestattet war – letztere galten früher wohl als „sehr vornehm".[95]

Abb. 84
Tongefäße, *ḫawābī*, halten das Trinkwasser kühl; solche Wasserhäuschen baut man gelegentlich an den Wegesrand, um dem Vorbeiziehenden eine Erfrischung zu bieten

Abb. 85
Hölzerne Wandgliederung mit Borden und Nischen, die die Fensterrahmen einbezieht

Abb. 86
Mutter und Tochter posieren stolz vor „ihren Schätzen", die im Familienwohnraum untergebracht sind

87

88

Wie eine Zwischenform zwischen kniehohem Sitzen der westlichen Welt und dem nomadischen Sitzen auf dem Boden erscheint diese Art niedrigen Sitzens. Sie ist in den Städten ebenfalls üblich.

Vorratswirtschaft und Brotbacken

Die seßhafte Bevölkerung bewahrte ihren Vorrat an Brotgetreide früher in riesigen, selbst hergestellten Behältnissen aus einem Lehmstrohgemisch auf, die arab. als *kuwāra* oder *nūn*,[96] kurd. *jesra*, bezeichnet werden (Abb. 89). Beispiele solcher Vorratsbehälter sind aus Südsyrien, Jordanien und Palästina bekannt, wo sie zwischen den Bögen der Querbogenhäuser eingebaut werden.[97] Sie finden sich jedoch auch in den alten seßhaften Dörfern um Aleppo und im Bec de Canard, wie beispielsweise in Al-Ḥanawiya oder Ḫān Yūnis.

„... this is built of a mud and hay mixture without any wooden frame or skeleton. This way of building grain bins, more used in villages in south Jordan, allows a free expression of organic forms giving the grain bins individual character.“[98]

Die *nūn* befinden sich entweder in Küchen oder in Familienwohnräumen; über separate Vorratsräume verfügten früher nur sehr wohlhabende Familien. Die sich ansiedelnde nomadische Bevölkerung hat diese Art der Vorratslagerung anfänglich manchmal übernommen, sie scheint aber in der Ǧazīra nie so verbreitet gewesen zu sein wie in Südsyrien. Daher sind sie im Zuge der Modernisierung der Lebensbedingungen offenbar von jenen Bewohnern am schnellsten aus ihren Häusern entfernt worden, bei denen sie traditionellerweise nicht verankert waren. In Kuppelhausdörfern um Aleppo und einigen von Altseßhaften geprägten Dörfern der Oberen Ǧazīra waren *nūn* die übliche Form der Vorratshaltung. In ihrer Form unterschieden sie sich: während die Aleppiner Silos reihenartig an die Wände gebaut wurden, errichtete man im Osten separat stehende hohe Behältnisse. Beide besitzen eine große Öffnung von oben, in die das Getreide oder die Hülsenfrüchte eingefüllt wurden, und ein kleineres Entnahmeloch unten. Im Unterschied zu Südsyrien sind sie nur maximal 1,50 m hoch.

Um in Salzlake eingelegten Käse länger haltbar zu machen, ummanteln manche Familien der Oberen Ǧazīra die irdenen oder gläsernen Vorratsgefäße und „bauen“ sie in einer Raumecke „ein“. (Abb. 90)

Die länger seßhaften Bewohner backen ihr Brot im Tannur. Auf dem Tannur zu kochen – wie dies beispielsweise in Armenien praktiziert wurde – kommt nicht vor. Nur in den Dörfern der Aramäer am Ḫābūr sah ich in den Boden versenkte Tannure, bei denen die Öffnung nur wenige Zentimeter oberhalb des Fußbodenniveaus liegt. (Abb. 75) In manchen aus der Anfangszeit der Siedlungen stammenden Kuppelhäusern zeichnen sich solche eingetieften, und später zugeschütteten Tannure noch im Fußboden ab.[99]

Wandnischen und Einbauten

Nischen gehörten bis vor wenigen Jahren zur normalen Hausausstattung, da ihre Anlage einfach ist und sie vielseitig nutzbar sind. Der Einbau von Wandnischen ist ebenfalls Ausdruck einer längeren seßhaften Tradition. Entsprechend ihrer Größe und Funktion kann man sie grundsätzlich einteilen in:

- große: bis 1,40 m breite und 50 cm tiefe Nischen für das Bettzeug,
- mittelgroße: bis zu 80 cm breite und 40 cm tiefe Nischen, in denen man Rückenkissen und TV-Geräte, Wasserpfeifen, Kleidungskoffer, Vorräte oder Geschirr aufbewahrt, (Abb. 48, 65)
- kleine: d. h. maximal 40 cm breite, 40 cm hohe und 20 cm tiefe Nischen für Geschirr, Lampen und andere Kleinutensilien.[100]

Die großen Wandnischen, kurd. *kubbala levina*,[101] können bis zu ca. 1,60 m hoch sein. In älteren Häusern hatten diese Nischen oft einen Rundbogenabschluß. Das darin untergebrachte bunte Bettzeug läßt

Abb. 87
„Gutes" Wohnzimmer einer aramäischen Familie: auf Beistelltischchen kann man Getränke abstellen

Abb. 88
Gemauerte Fächer bilden eine „Einbauwand" in manchen Mittelhallenhäusern

Abb. 89
Vorratsgefäß, *nūn*, aus Ton-Lehmgemisch in einem alten Haus in Ḫān Yūnis/Bec de Canard

Abb. 90
In einer Ecke der Mittelhalle: Eine dicke Lehmummantelung bildet die isolierende Schutzschicht um das Vorratsgefäß mit Käse darin

die Nischen zu Gestaltungselementen des Raums werden.

Nischen werden von der arabischen Bevölkerung meist einfach mit *šebbāk* = ‚Fenster' bezeichnet oder sie heißen, wenn sie verschließbar sind, *ḫizāna* = ‚Schrank'. Die Kurden nennen diese Nischen kubbala mit einem Zusatz, der die Funktion genauer bestimmt; die Aramäer nennen sie kebbale; bei den Armeniern heißen sie *deg*. Der im städtischen Bereich geläufige Begriff *kutubiya*, Bücherschrank, wird in der Ǧazīra nur verwandt, wenn darin tatsächlich Bücher aufbewahrt liegen. Nur in sehr wohlhabenden Haushalten sind die Nischen zu hölzernen Einbauschränken mit Glastüren – wie in den städtischen Häusern – ausgebaut.

Offenbar ausschließlich bei Mittelhallenhäusern mit einer Raumreihe hat sich eine ‚integrierte Nischenwand' herausgebildet. (Abb. 88) Zu diesem Zweck ist die nicht tragende Innenwand zwischen Mittelhalle und Familienwohnraum auf eine Mauerstärke von 65 cm bis 75 cm ausgelegt, die sich innerhalb der Nischen auf eine einsteinige Wand von 20 bis 25 cm reduziert. Hier wäre vielleicht auch der Grund zu suchen, warum die großen Nischen nicht in der Außenwand liegen, da die dünne Wandstärke eine gewisse Kältebrücke bedeutet hätte. Diese Nischenwände öffnen sich zum flankierenden Raum und integrieren die Tür.[102] Sie sind in verschieden große rechteckige Fächer unterteilt; dabei reicht die große Bettzeugnische meist bis in Türhöhe. Oberhalb liegen weitere Ablagefächer. Die Nischen bieten viel Stauraum und ersetzen den Bettzeugstapel. Mittelgroße Wandfächer haben meist Fenstergröße und man verschließt sie, wenn sie im Empfangsraum angeordnet sind, mit Holz- oder Teilglasläden. Im Westen des Gebietes sind sie manchmal in ein einfaches hölzernes Rahmenwerk mit einbezogen – ein entfernter Anklang an die Vertäfelungen städtisch-orientalischer Innenarchitektur.[103] (Abb. 85)

Generell kann man feststellen, daß bei neueren Bauten allenfalls noch mittelgroße Nischen gebaut werden. Große Bettzeugnischen haben sich überholt, da sie heute als nicht mehr ausreichend betrachtet werden. Zum Aufbewahren der anderen Utensilien sind Regale und Schränke an die Stelle der Nischen getreten. Heutige Wandstärken von ca. 45 cm lassen auch keine tieferen Nischen mehr zu.

Besonderheiten in den Häusern der Yeziden

Die folgenden Besonderheiten betreffen nur die Häuser yezidischer Flüchtlinge aus dem Irak, wogegen sich die Häuser der syrischen Yeziden nicht von denen ihrer Nachbarn abheben. Verschiedene Autoren haben die sauberen und hellen Häuser ebenso wie die relativ differenzierten Grundrisse mit verschiedenen Höfen und Räumen der irakischen Yeziden hervorgehoben.[104]

Da man auf den Dächern schläft, führen Treppenhäuser vom Innenraum auf das Dach – unter den traditionellen Häusern sind dies die einzigen internen Treppenhäuser im ländlichen Nordostsyrien. Auf dem Dach enden sie mit einem überdachten Treppenabsatz. In diesem lagert man tagsüber das Bettzeug, um es nicht täglich heraufragen zu müssen. In Häusern, wo solche Treppenhäuser fehlen, führen Freitreppen an den Außenseiten der Häuser entlang. (Abb. 332) Ebenfalls nur bei diesen Häusern versieht man diese Außentreppen sorgfältig mit kleinen seitlichen Wangen, um zu verhindern, daß Kinder herunterstürzen.

Im Innenbereich fallen ein besonders sorgfältiger Lehmestrich und Verputz ins Auge, der Nischen, Vorsprünge und Unterkonstruktionen der Bettzeugstapel mit einschließt. Alle Kanten sind glatt modelliert.

Eine weitere Besonderheit besteht auch im Umgang mit Türen. Diese sind relativ niedrig; was mit Respekt vor Gott und Höflichkeit der Familie des Hauses gegenüber begründet wurde, „Auch auf keine Schwelle treten, darunter ist er (der Engel Pfau, K.P.) auch. Deshalb sind die Türen so niedrig bei uns, daß man sich beim Bücken nach unten wende und die Schwelle sehe."[105] In einem yezidischen Haus fiel auf, daß Schwellen auch zwischen den einzelnen Innenräumen liegen – wo sie keinen praktischen Zweck erfüllen. Ich selbst weilte zu kurz in diesen Häusern um feststellen zu können, ob dies häufig auftaucht und ob es die Bewohner im Alltag tatsächlich vermeiden, auf die Türschwellen zu treten.

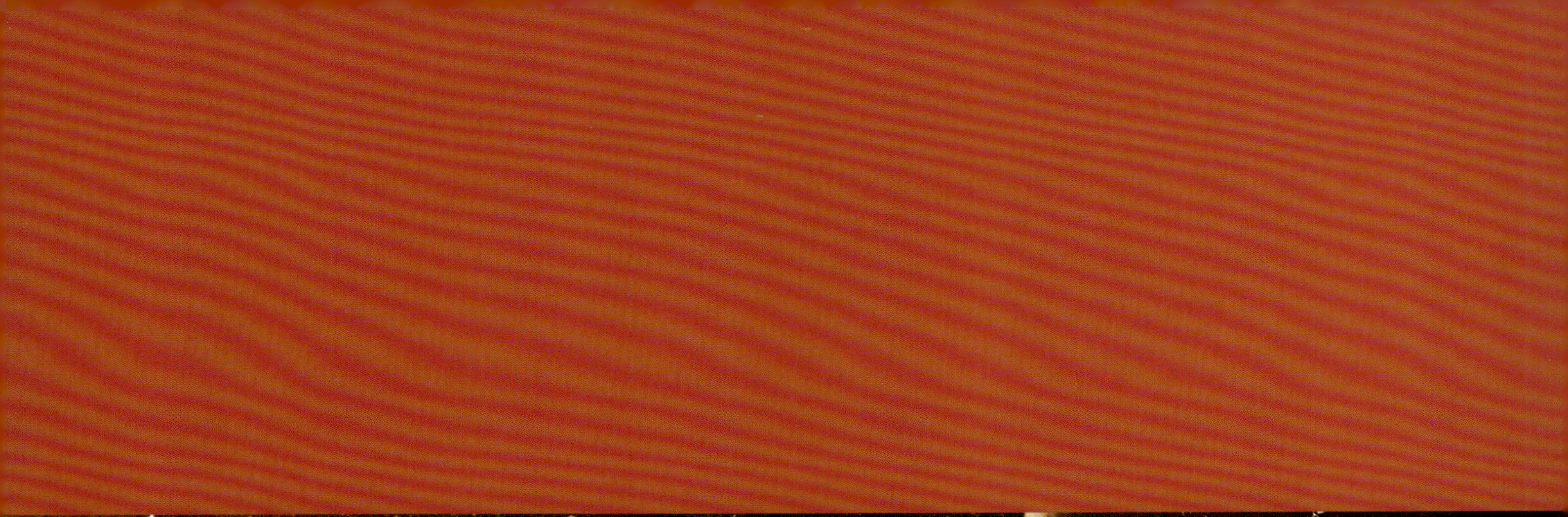

91

Abb. 91 + 92

Das Zelt einer teilnomadisch lebenden Familie der Ṭayy im Bec de Canard (siehe auch Abb. 93): im Wohnbereich stapelt man Vorräte und Bettzeug. An einem kühlen Herbsttag sind die Seitenteile des Zeltes heruntergelassen

Vorläufer heutiger Hausformen

Kapitel 7

92

Der heutige Hausbestand der Ǧazīra hat seine Ursprünge sowohl in stationären als auch in mobilen Behausungen. Manche dieser Behausungen wurden nur zeitweise genutzt. So dienten feste Gebäude oder Höhlen vielfach nur als Unterkunft für die kalte Jahreszeit, während man den Rest des Jahres in den Zelten zubrachte, egal ob in weit entfernten Weidegebieten oder unweit des Dorfes.

Einige der im folgenden besprochenen Behausungsformen existieren heute nur noch als Relikte. Sie dienen oft nur noch als Nebengebäude. Dagegen haben die traditionellen Beduinenwohnformen wie Zelt und Zweighütte überlebt, wenn auch nur bei einem sehr kleinen Teil der Bevölkerung. Einraumhäuser, Zelte, Zweighütten und Wohnhöhlen gehörten bis in die sechziger Jahre noch zu den üblichen Wohnformen und spiegelten die ärmlichen Lebensverhältnisse. Unter den im folgenden besprochenen Wohnformen ist nur das Zelt (auch die Zweighütte, wenn sie nicht den alleinigen Bau darstellt) für die heutigen Bewohner der Ǧazīra nicht mit dem Stigma von Rückständigkeit und Unterentwicklung, sondern mit positiven Assoziationen verbunden.

Obwohl die hygienischen Bedingungen in diesen Behausungen eher schlecht waren, sorgten das aride Klima und die Tatsache, daß viele Arbeiten draußen verrichtet wurden, für einigermaßen erträgliche wohnhygienische Verhältnisse.[1]

Zelt

Da das Beduinenzelt, arab. *bait šʿar*, kurd. *gon/kon*, häufig beschrieben wurde, soll es hier nur kurz skizziert werden.[2] (Abb. 93) Das Zelt besteht aus – häufig selbstgewebten – schwarzen Ziegenhaarbahnen, arab. *fiǧāǧ*/sing. *fiǧǧe* oder *šgāg*/sing. *šugge*, mit einer Breite von ca. 50 bis 70 cm. Zusammengenäht bilden sie das Dach und auch die Seitenteile des Zeltes. Bei Regen saugt sich das lockere Gewebe voll Wasser, schwillt an und wird damit für einige Stunden ein dichter, regenfester Schutz. (Abb. 91, 92) Bei diesem Zelt handelt es sich eigentlich um das Winterzelt, es wird jedoch hauptsächlich verwendet.

> *„Das Beduinenzelt bietet einen wunderbaren Schutz gegen alle Unbill der Witterung; ich fand es trotz der kalten Nacht recht warm und konnte den Sturm, den ich draußen sausen hörte, verhöhnen."*[3]

Die Lebensdauer eines ständig aufgestellten Ziegenhaarzeltes beträgt nur ungefähr 10 Jahre. Helle Sommerzelte bestehen aus Bahnen von ungefärbtem, dicken Baumwollgewebe. Ihr Nachteil besteht darin, daß sie erstens schwer sind und zweitens nach einem Regenschauer nur langsam trocknen. Daher kommen sie nur noch selten vor.

Gerade bei den Halbnomaden haben sich Zelte aus zusammengenähten Jutesäcken weitgehend durchgesetzt. Die Säcke sind äußerst preiswert und werden von den Frauen der Familie zusammengenäht. Auch vollnomadische Beduinen wissen die Vorteile dieser Zelte zu schätzen. Früher stellten die „nördlichen" Euphrattal-Bewohner Zeltbahnen aus Flachs her, die auf dem lokalen Markt verkauft wurden. Sie nannten diese Zelte *gaiyādī*/*gaiyādiyāt*.[4]

Die Tragkonstruktion all dieser Zelte beruht auf senkrechten Stangen in der Mittelachse und schräggestellten Stangen auf den vorwiegend geschlossenen Längsseiten. Im Sommer ist eine Langseite durch ebenfalls senkrecht stehende Zeltstangen geöffnet, die bei kalter Witterung schräg gestellt werden. An den Stellen, wo die Stangen an das Gewebe stoßen und wo besondere Zugbeanspruchung herrscht, sind gemusterte gewebte Verstärkungsbänder, *safāyif*/sing. *safīfa*, oder *ṭarayiǧ*/sing. *ṭarīǧe*, aufgenäht. (Abb. 1) An den Enden dieser Bänder sind Holzanker, *ḫurb*, oder auch Ringe, *ḥlege*, befestigt, an denen die oft über 10 m langen Zeltseile, *marass*, vertäut werden. (Abb. 97)

Zelte von Familien, die entweder vollnomadisch leben oder mit großen Herden nur für kürzere Zeit jeweils an einem Ort verbleiben, müssen leicht zu transportieren sein. Sie sind demzufolge nicht übermäßig groß – obwohl Zelte heute auf Traktoranhängern, LKWs oder Pickups transportiert werden. Dazu wird immer noch das Ziegenhaarzelt bevorzugt, da es sowohl winter- als auch sommertauglich ist.

Ein durchschnittlich großes Zelt besteht heute aus zwei bis drei mittleren Querstangenachsen und weist traditionellerweise einen Männerteil, *rubaʿa*, *magād*, *dīwān*, und einen Familienteil, *muḥarram*, auf. (Abb. 91) Um den Fami-

Abb. 93

Zelt aus Ziegenhaar

(einer Familie der Arabischen Ṭayy)

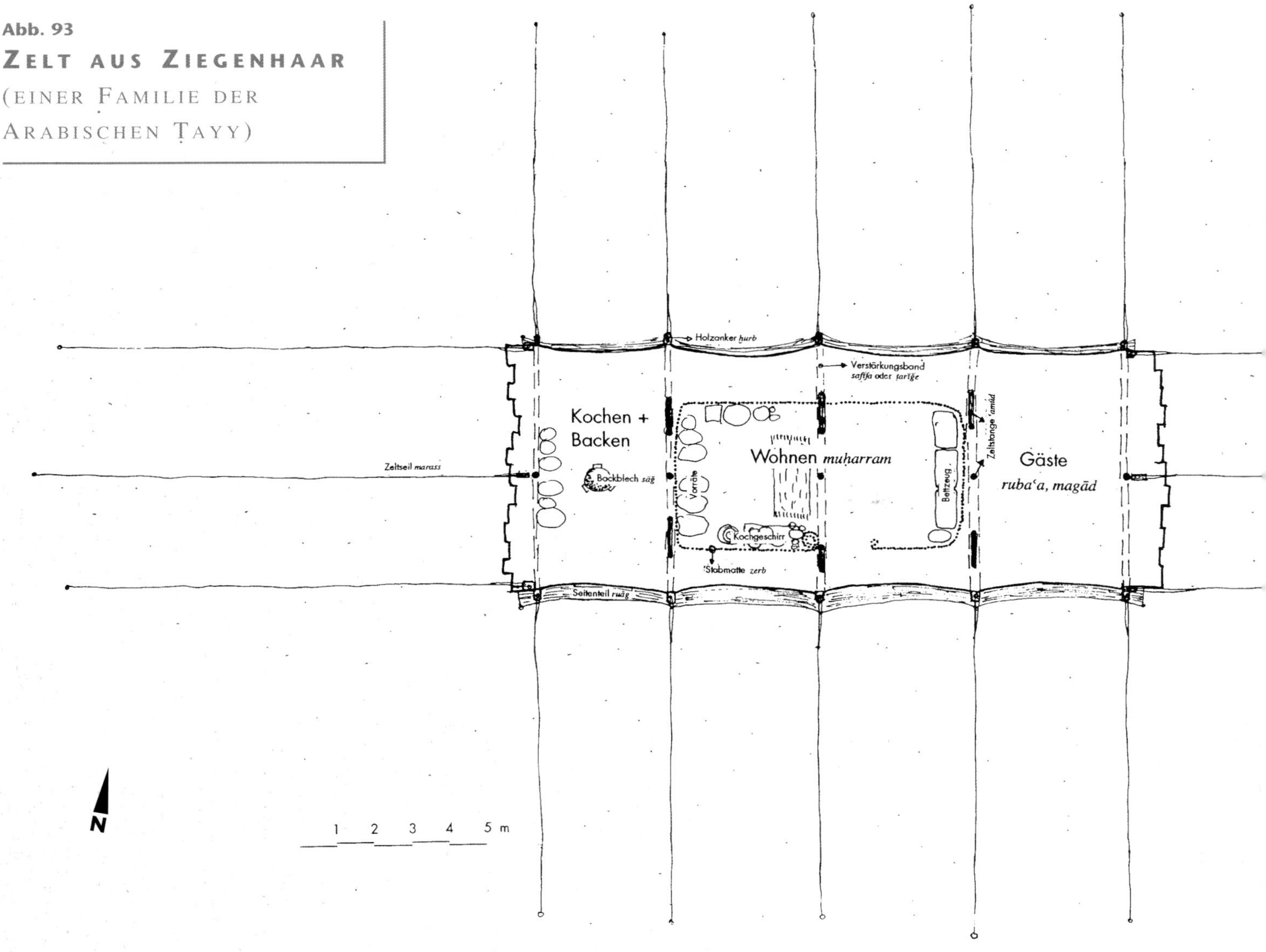

lienteil herum stehen senkrecht Stabmatten, *zerūb*/sing. *zerb*,[5] die aus ihm einen separaten Raum entstehen lassen. (Abb. 357) Alternativ kann auch ein Teppich, *saḥa*, *ǧāǧīm*, zwischen beide Teile gespannt werden oder der Bettzeugstapel bildet die Grenze. Er wird ebenso wie die Seitenteile, *ruwāg*, mit langen Nadeln, *ḫlāl*, am Zeltdach oder an den Stützen befestigt. Heute ersetzen häufig Stabmatten diese Seitenteile, die auch zur Abtrennung von Räumen eignen.

Entlang der inneren Trennung auf der Seite des Familienbereiches lagerte man traditionellerweise die Vorratssäcke, die man nicht täglich benötigte. Auf ihnen stapelte man das Bettzeug. Heute erreicht der Bettzeugstapel allein oft Körperhöhe.[6] Er lagert auf Latten, die auf kleinen hölzernen Böcken aufliegen. Die Vorräte und Haushaltsgerätschaften stapelt man entlang der Außenwände (oder in einem separaten kleinen Zelt). Große selbstgenähte Patchwork-Überwürfe mit regelmäßigen Mustern schützen heute die Bettzeugstapel vor Staub. Sie werden so genäht, daß sie aus vielen Stoffschichten und -fetzen bestehen, die schwer genug sind, um bei Wind nicht hochgeweht zu werden.

Üblicherweise unterscheiden sich die Zelte der teilnomadisch lebenden Bewohner von denen der oben beschriebenen Vollnomaden. Sie bestehen aus Jute und verbleiben länger an einem Ort, da man die Herden auf abgeernteten Feldern in der Umgebung weiden läßt. Dank dieser geringeren Mobilität und des preiswerteren Materials können die Zelte größer sein. Manche Großfamilie verfügt über mehrere nebeneinander stehende Zelte. Für die hauswirtschaftlichen Tätigkeiten errichtet man ein separates Küchenzelt. (Abb. 95) Die räumliche Aufteilung in einem großen Zelt teilnomadischer Bewohner sieht beispielsweise wie folgt aus: der rechte, circa zwei Drittel ausmachende Teil des Zeltes ist leer. Da diese Zelte Raumtiefen von 6 bis 8 m aufweisen können, legt man die Sitzteppiche nicht an den Rand, sondern dorthin, wo man gerade sitzen will. Meist ungefähr in Zeltmitte arrangiert man ein Geviert aus Teppichen, um eine angenehme Nähe zum Kommunizieren zu schaffen. Dort trifft sich die Familie und Gäste werden empfangen. (Abb. 98) Dies ist der eigentliche Repräsentationsteil des Zeltes. An seiner rechten Außenwand stehen ein Fernsehgerät, ein Wassergefäß und vielleicht einige Vorräte. Das verbleibende Drittel an der linken Seite des Zeltes wird durch den Matratzenstapel abgegrenzt, der sich an eine Stabmatte lehnt. Über diesem Stapel hängt die Patchworkdecke beidseitig herunter. Weitere Habe wird in diesem Zeltteil aufbewahrt. Abends legt man die Matratzen in beiden Zelt-Räumen aus. Die teilnomadischen Familien führen einen Teil des normalen Hausstandes mit sich. Das Bestreben, über größeren Raum zu verfügen, findet sich heute bei Zelten ebenso wie im Hausbau. Gerade halbnomadisch lebende Zeltbesitzer bevorzugen großzügige Zelte. Eine weitere Parallele zur gebauten Architektur

Personen: 4 Erwachsene, 6 Kinder
Herkunft: Araber, Ṭayy
Einkommen: Viehzucht: 150 Schafe + Ziegen
Status: bescheidener Wohlstand
Material: Zeltplane aus Ziegenhaar, Breite einer Zeltbahn 50 cm

Versorgung: keine
Lage: 400 m von einem Dorf entfernt
Lebensform: halbnomadisch
festes Haus: südlich von Al-Qamišlī
Bauaufnahme Oktober 1988
(vgl. Abb. 91, 92)

Abb. 94
Das Riesenzelt eines einflußreichen Stammesführers mit vier Mittelstangen

Abb. 95
Küchenzelt einer wohlhabenden Familie der teilnomadisch lebenden Benī Sbʿaa

Abb. 96
Im Hof dieser seßhaften Familie im Euphrattal soll eine Hochzeit stattfinden, daher wurde für die Dauer der mehrtägigen Feier ein Zelt aufgestellt

97

besteht darin, den Familienwohnbereich kaum mehr zum Aufenthalt, sondern vor allem zur Aufbewahrung zu nutzen.

Prinzipiell wird das Zelt nach den Windrichtungen ausgerichtet – je nachdem, ob dieser Wind als Kühlung erwünscht ist, oder ob ihm möglichst wenig Angriffsfläche geboten werden soll. Die Zelte der kurdischen Nomaden im äußersten Nordosten der Oberen Ǧazīra wurden angeblich grundsätzlich ost-westlich aufgestellt – so wurde berichtet. Im Sommer öffnete man die Nordseite, um maximalen Schatten zu erhalten, im Winter und im Frühjahr öffnete man nach Bedarf und Tageszeit die Ost-, Süd- oder Westseite. Die an den Langseiten nur angehefteten *ruwāg*-Bahnen lassen sich schnell abnehmen. Auch die Breitseiten lassen sich nach oben schlagen, was allerdings mit etwas mehr Arbeitsaufwand verbunden ist.

98

Während des Sommers sah ich in der mittleren Ǧazīra vorwiegend Zelte, die mit ihrer Längsachse nord-südlich ausgerichtet standen und gen Osten geöffnet waren. Selbst wenn die Zelte geöffnet sind, verhindern die Stabmatten durch ihre Höhe von mehr als einem Meter den Einblick in den Familienwohnteil.

Die Größe eines Zeltes wird bei den Beduinen anhand der Zahl der Zeltstangen in Längsrichtung angegeben, wobei die äußeren beiden nicht mitzählen. Die Zelte der meisten Nomaden bestanden früher nur aus einer Mittelstange (plus zwei Seitenstangen). Die Größen variieren sehr stark, aber ca. 12 m Länge und 4 m Breite, d. h. also ungefähr 48 m^2 waren übliche Maße.[7] Während des Sommers ist die Größe von untergeordneter Bedeutung, da Zelte vor allem Schattendächer bilden. Man sitzt in dem Teil, in dem gerade Schatten herrscht.

Das *šaiḫ*-Zelt übertrifft die anderen Zelte durch seine räumlichen Ausmaße. Oppenheim erwähnt das „Riesenzelt" Ibrahim Pashas als das größte, das er je gesehen habe und schätzte das Fassungsvermögen allein der Männerabteilung auf ca. 2000 Menschen.[8] Ich besuchte das Zelt des vermögenden und einflußreichen Stammesführers Ḫalīl Al-Ḥāǧim vom Stamm der Ḥaddidiyn im Bewässerungsgebiet in der Syrischen Wüste.[9] Sein Zelt (er besitzt auch ein Haus)

Das Zelt der teilnomadisch lebenden Familie der Benī Sbʿaa:

Abb. 97
Sorgfältig zusammengenähte Jutesäcke und ein Zeltanker, an dem die Spannseile befestigt werden

Abb. 98
Den Gästen wurde ein Sitzteppich im großen Empfangsteil des Zeltes ausgelegt – im Hintergrund verdeckt eine aufwendige Patchworkdecke die Rückseite des Bettzeugstapels; dahinter liegt der Familienwohnteil

Abb. 99
Im Empfangsteil des Zeltes steht das Fernsehgerät; mit Phantasie und Sorgfalt hat die erwachsene Tochter der Familie die Zeltwandung mit Stoffapplikationen versehen – eine Besonderheit

besteht aus sechs Längsstangen und erreicht mit seinen ca. 23 m Länge und 10 m Breite rund 230 m^2 Grundfläche. (Abb. 94) In der Mitte des ca. 15 m langen Männer- und Gästeteils des Zeltes steht ein großes Feuerbecken, um das Sitzteppiche gelegt sind. Auf einem Beistellmöbel steht ein Fernsehgerät. Zelte mit diesen Ausmaßen verbleiben länger an einem Ort: früher mußten sie für den Transport in schmalere Bahnenteile aufgetrennt werden.

Während der Zeltaufbau früher Frauensache war, erledigen dies heute meist Männer und nur bei Bedarf zusammen mit den Frauen.

Verschiedene Autoren des 19. und frühen 20 Jahrhunderts berichteten immer wieder von dem Ungezieferbefall der engen, fensterlosen ersten Häuser, so daß sich die Bewohner im Frühjahr regelrecht in ihre Zelte flüchteten.[10] Zelte blieben oft für viele Monate im Jahr an derselben Stelle, an die man im folgenden Jahr wieder zurückkehrte.

Auch Mischformen mit halbhohen kleinen Trockenwänden baut man gelegentlich. Das Zeltdach wird von Stützen im Inneren getragen. Solche „tente fixe" dienen heute meist als Stallbereich.[11]

Im wesentlichen trifft die obige Beschreibung ebenso auf das arabische wie auch auf das kurdische Nomadenzelt zu. Ich selbst sah nur ein sehr kleines kurdisches Zelt in Benutzung. Kurdische Ǧazīra-Bewohner nannten einige Unterschiede zu arabischen Zelten: die Mittelstangen seien sehr viel länger als die seitlichen, wodurch eine mehr buckelartige Form entsteht, die Stangen der Mittelachse seien durch die Zeltbahn gesteckt und es gäbe anstelle der Seitenteile nur Stabmatten.[12] Entsprechend der stärker differenzierten kurdischen Gesellschaft scheinen auch die Zeltformen insgesamt weniger einheitlich als bei den nordarabischen Beduinen zu sein.

Neben der praktischen Bedeutung, die das Zelt für die Halbnomaden zweifellos immer noch hat,[13] verbindet sich mit ihm eine sentimentale Bedeutung für die seßhaft gewordenen Beduinen. Viele Wohlhabendere verfügen nach wie vor über ein Zelt, das zusammengerollt irgendwo liegt und zu großen Feierlichkeiten aufgestellt wird. Jedes Dorf achtet darauf, daß noch bei jemandem ein Zelt vorhanden ist, das zu Hochzeits- oder Trauerfeiern verliehen wird.

Zweighütte

„I was surrounded by Arabs, who had either pitched their tents, or, too poor to buy the black goat hair cloth of which they are made, had errected small huts of reeds and dry grass."[14]

Unter Zweighütten sind hier temporäre Bauten aus vegetabilen Materialien zu verstehen. Während sie bis zur Mitte des 20. Jahrhunderts noch relativ häufig als Wohnunterkunft dienten, kommen sie seit den siebziger Jahren des 20. Jahrhunderts nur noch selten vor. Traditionell waren sie Ergänzung und Pendant zum Beduinenzelt. Vor allem ärmere Beduinenstämme nutzten Zweighütten als zeitweilige Wohnsitze für den Sommer, dementsprechend wurden sie in der Literatur auch auch „huttes d'estivages" bezeichnet.[15]

Ich konnte drei Zweighütten dokumentieren, deren Besitzerfamilien auch über feste Häuser verfügen. Bei zweien handelte es sich um kleine Gruppen, eines stand einzeln. Die erste Gruppe von vier *ṣīyābīt* war auf einer Euphratinsel (nördlich des Assad-Stausees) errichtet. (Abb. 102) Bei der zweiten Gruppe handelte es sich um drei Beduinen-Familien aus dem Ǧabal ʿAbd Al-ʿAzīz, die sich beim Bewässerungsfeldbau am mittleren Ḫābūr für mehrere Monate verdingten. Neben letzteren standen jeweils die schwarzen Zelte der Familien, in welchen die repräsentativeren Funktionen abgedeckt wurden. Das einzelne *ṣībāt* gehörte einer Familie kurdischer Nomaden vom Stamm der Miran im äußersten Bec de Canard, die dort Äcker gepachtet hatten. (Abb. 105)

Zweighütten, arab. *ṣībāt/ṣīyābīt*,[16] *ʿaraiše/ʿarāʾiš*, kurd. *kol, zinc*, genannt, sind Pfostenbauten, deren Zwischenräume mit Ästen, Schilf und anderen vegetabilen Materialien ausgefüllt sind.

„The Afúddli (Schafnomadenstamm am Euphrat, K.P.) ... make themselves huts out of the tamarisk boughs, laced together while still growing and roofed with a bit of tenting."[17]

Auf solches Bauen mit noch lebendem Gehölz fand ich weder bei heutigen Bewohnern der Region noch in der Literatur Hinweise. Prinzipiell lassen sich Zweighütten auf vielerlei Art errichten. Die übliche Konstruktion ist jedoch folgende: aus marktüblichen Pappelstämmen wird ein würfelförmiges Gerippe, das mit Seilen verbunden ist, errichtet. Die Pfosten, vorzugsweise mit Astgabeln, werden in den Boden eingetieft. Rähmhölzer liegen auf diesen Pfosten und Querriegel dienen der zusätzlichen Versteifung der Wand.[18] Es handelt sich also um eine Ständerrahmenkonstruktion mit Flachdach. In diesen Rahmen paßt man Äste als Wandfachwerk und Dachsparren ein. Die zur Verfügung stehenden vegetabilen Verkleidungsmaterialien werden als ‚Haut' außen am Gerüst angebracht und mit Schnüren an den Pfosten und Riegeln vertäut. Je nach verwendeter Verkleidung differiert das Aussehen der Zweighütten stark. So wie sie schon Oppenheim Ende des 19. Jahrhunderts bei den Beduinen am Ḫābūr antraf, nimmt man „zusammengebundene Rohrmatten", die auch bei Zelten als Unterteilung verwendeten *zerūb* bis heute häufig als seitliche Wände.[19] Als Außenhaut verwenden die Bewohner Materialien aus der unmittelbaren Umgebung: so kann dies ein Kleid aus belaub-

Abb. 100
Mit Pappellaub verkleidete Zweighütte und zugehöriges Zelt am Oberen Ḫābūr – Ende September erwartet man den ersten Regen

Abb. 101
Zweighütte auf Euphratinsel: Im Innenraum ist das täglich benutzte Bettzeug gestapelt; rechts liegt ein Sitzteppich, eine Stabmatte dient als Rückenlehne (vgl. auch Abb. 102)

Abb. 102

Zweighütten auf Euphratinsel (mit Erdgrubenbau)

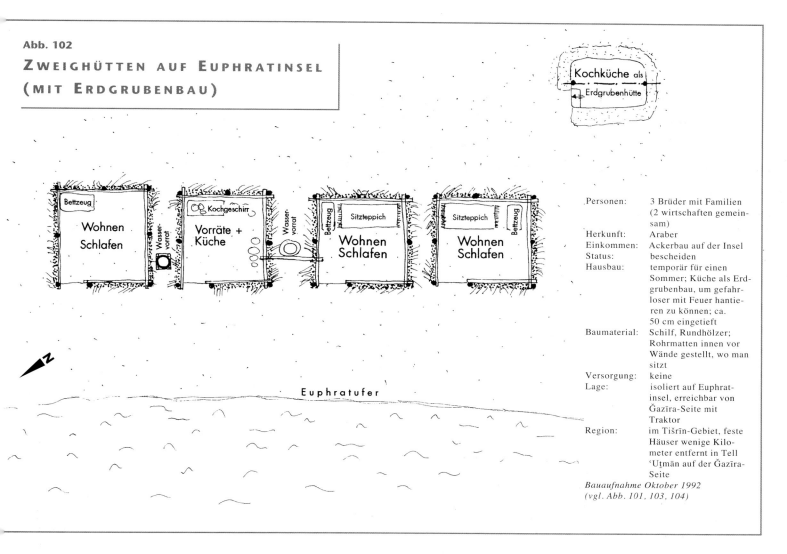

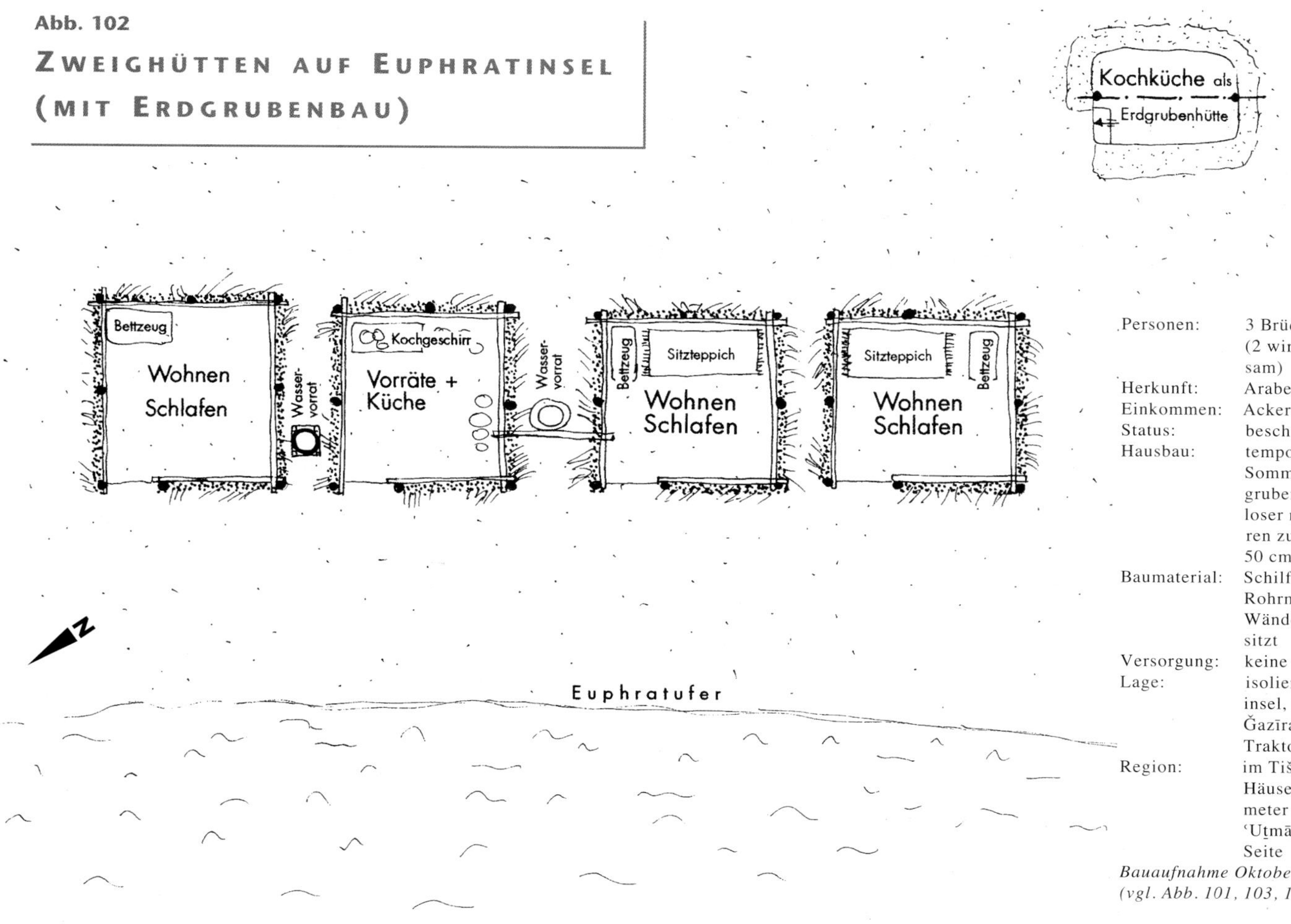

Personen:	3 Brüder mit Familien (2 wirtschaften gemeinsam)
Herkunft:	Araber
Einkommen:	Ackerbau auf der Insel
Status:	bescheiden
Hausbau:	temporär für einen Sommer; Küche als Erdgrubenbau, um gefahrloser mit Feuer hantieren zu können; ca. 50 cm eingetieft
Baumaterial:	Schilf, Rundhölzer; Rohrmatten innen vor Wände gestellt, wo man sitzt
Versorgung:	keine
Lage:	isoliert auf Euphratinsel, erreichbar von Ğazīra-Seite mit Traktor
Region:	im Tišrīn-Gebiet, feste Häuser wenige Kilometer entfernt in Tell ʿUṯmān auf der Ğazīra-Seite

Bauaufnahme Oktober 1992
(vgl. Abb. 101, 103, 104)

ten Ästen des Süßholzbaumes sein, wie ich es am Ḫābūr sah,[20] (Abb. 100) während das *ṣībāṭ* auf der Euphratinsel mit Schilf und Binsen verkleidet war. (Abb. 101, 102, 103)

Früher waren Zweighütten offenbar auch mit Firstpfettendächern aus Weiden- oder Tamariskenholz bedeckt, oft unterstützt durch eine mächtige Mittelstütze.[21] Entsprechend stellte sich eine solche Zweighütte als Satteldachbau dar.

Zweighütten sind flexibel, so daß je nach Bedürfnis die Eingänge verlegt werden können. Während sie in der heißesten Zeit des Sommers eher nach Norden weisen, werden sie, wenn der Herbst beginnt, auf die Südseiten verlegt.[22] In der gegenüberliegenden Seite der Tür können Fensterlöcher angeordnet sein, um den Durchzug zu verstärken.

Heute errichtet man *ṣīyābīt*, wenn schnell herzustellende schattige Plätze benötigt werden, oder wenn man einen Unterstand auf den Feldern benötigt. Wenn das Haus einer Familie zu weit entfernt liegt, kann diese Unterkunft auch so groß sein, daß sie die Familie für einen mehrmonatigen Zeitraum aufnimmt. Zweighütten werden vor Einbruch des Winters abgebrochen, die Rundhölzer aufbewahrt – und vielleicht im nächsten Jahr wieder verwendet – und das Astwerk bei Bedarf verfeuert.

Zweighütten können auch als Stallungen, Traktorunterstände oder Küchen dienen. Im „nördlichen" Euphrattal errichtet man Zweighütten in Spitzzeltform, in denen Kühe einen Schattenunterstand finden.[23] (Abb. 320) Manchmal errichtet man große *ṣīyābīt* als Zeltersatz bei besonderen Feierlichkeiten. Da immer ein wenig Wind durch die Zweighütten bläst, werden sie als luftige, schattige und damit ideale Sommeraufenthaltsorte geschätzt.

Zweighütten baut man dort, wo Holz und entsprechende vegetabile Materialien zur Verfügung stehen; früher war dies ausschließlich in der Nähe der Flüsse der Fall. Heute weisen *ṣīyābīt* häufig auf die Nähe von Bewässerungsanbau hin, da vor allem dort viel vegetabiles Baumaterial zur Verfügung steht.

Zweighütten wurden traditionellerweise auch von Beduinen errichtet – beispielsweise von Stämmen, die regelmäßig im Sommer in die Flußtäler zogen, um dort Ackerbau zu treiben. Besonders verbreitet war diese Form des Siedelns am Habur. Bis heute stellen wohlhabendere Familien neben den Zweighütten ihr Zelt auf, um darin Besucher zu empfangen. Damit zeigen sie auch ihre relativ geringe Wertschätzung der Zweighütte: Sie ist eine praktische, jedoch nicht besonders geschätzte Unterkunft.

Wo nicht genügend vegetabiles Material zur Verfügung stand, errichtete man früher auch Piséwände oder Trockenmauern aus Lehmziegeln – häufiger wohl mit durchbrochenen Formen.[24] (Abb. 32) In diesen Fällen bestand nur das Dach aus Zweigen. Manche Zweighütten wurden – ähnlich dem im folgenden besprochenen Erdgrubenhaus einige Dezimeter in die Erde eingetieft – dies hatte den Vorteil größerer Kühle im Innenraum. (Abb. 104)

Als typologischer Ursprung dieser Zweighütten ist das schnell errichtete und bis heute vorkommende Schattendach ohne oder mit nur einer Wand zu sehen.[25] Ein solcher einfacher Unterstand, ebenfalls *ṣībāṭ* oder *ʿarīša* genannt, wird bis heute gelegentlich auf Feldern errichtet.

10

104

105

Abb. 103
Gruppe von Zweighütten auf einer Euphratinsel (rechts im Bild die Erdgrubenhütte, Grundriß Abb. 102, 104)

Abb. 104
Erdgrubenhütte zum Kochen (Grundriß Abb. 102) rund 40 cm eingetieft; aufgehäufter Aushub dient als kleine seitliche Wandung

Abb. 105
Zweighütte teilnomadisch lebender kurdischer Miran-Nomaden im Bec de Canard, konstruiert aus einem Holzrahmenwerk mit Schilfdach und -wänden und Stabmatten

Abb. 106
Einraumhaus in Al-Ḥamra/Kaiške in der Oberen Ǧazīra, das heute als Stall und Abstellraum genutzt wird (vgl. Abb. 107: C)

106

Zweighütten stellen Zwischenformen zwischen stationärem und mobilem Wohnen dar, sie sind nur auf zeitweise, saisonbedingte Nutzung angelegt. Ihre Bekleidungsmaterialien unterliegen ebenso wie Zeltdecken einem relativ raschen Alterungsprozeß, nur die Holzteile der Stützkonstruktion haben eine längere Lebensdauer.

Mitte der neunziger Jahre sah man gelegentlich eine provisorische Behausung, die aus einem *ṣībāt*-Gerüst besteht, das jedoch allseitig mit aneinandergenähten Säcken verkleidet wird. Diese ebenfalls *ṣībāt* genannte Mischform zwischen Zelt und Zweighütte hat den Vorteil, daß sie schnell auf- und wieder abbaubar ist und die Außenhaut fast umsonst zu haben ist. In der Bewässerungsregion bei Meskene leben für kurze Zeit auch arabische Halbnomaden in diesen Behausungen. Ihnen scheint es wichtiger zu sein, eine praktische und billige Unterkunft zu haben, als aufgrund von Standesdünkel teure Zelte zu kaufen.

Einraum- (und Zweiraum-)Haus

Daß Einraumhäuser noch bis zur Mitte des 20. Jahrhunderts häufig vorkamen, war der verbreiteten Armut geschuldet. Bis auf ganz wenige Ausnahmen sind sie heute aufgelassen und längst erodiert.[26] (Abb. 107, 108,)

Hier sollen unter Einraum- und Zweiraumhäusern nur solche Baukörper verstanden werden, die ausschließlich über einen gemeinsamen Zugang erschlossen und in denen die wesentlichen Hausfunktionen zusammen untergebracht sind.

Ich konnte sechs ehemalige Einraumhäuser aufnehmen: im westlichen Landesteil nur jenes in Ǧurn Kabīr, in der Oberen Ǧazira jeweils eins in Al-Ḫātūniya, Ḫūwailid Fawqānī, Al-Ḥamra/Kaiške (Abb. 106), Al-Ḫātūniya und Al-Ḥakamiya.

Im Innern der Einraumhäuser fanden alle Funktionen des Familienlebens statt: Wohnen, Schlafen, Aufbewahren, Gästeempfang und ein Teil der Vorratshaltung. Zusätzlich hielt man auch das Vieh in diesem Raum. Er war so aufgeteilt, daß der Viehbereich hinten, d. h. am Kopf des Raumes lag. Damit versuchten die Bewohner ihr Vieh (und einige Vorräte) vor Überfällen zu schützen. Diese drangvolle Enge betraf vor allem die kalten Monate, in denen alle wesentlich auf das Haus beschränkt waren. Häufig wurde in diesen Häusern auch gekocht. Dazu war manchmal eine Kochstelle – ähnlich den heutigen Backapsiden (vgl. Kap. 5) – in eine Wand eingebaut. Viele Häuser verfügten jedoch über eine separate kleine Küche, die nicht von Überfällen gefährdet war, da in ihr nichts aufbewahrt wurde.

In diesen eher kleinen Häusern von vielleicht 15 bis 20 m^2 Grundfläche war der Viehbereich mit Stabmatten, halbhohen Mauern oder Mauerzungen abgetrennt. (Abb. 109)

Den Berichten älterer Bewohner zufolge wurden Einraumhäuser auch von Großfamilien bewohnt: auf etwas größerer Grundfläche, im Innern aber auch nur mit Stabmatten oder Teppichen für die einzelnen Kernfamilien abgetrennt. (Abb. 108) In Šarm Aš-Šaiḫ im nördlichen Bec de Canard berichtete man, daß sich Einraumhäuser von armen und ein wenig besser gestellten Familien nur durch ihre Größe unterschieden hätten.

Mit der Eingangstür an der Langseite stellten die Einraumhäuser Breiträume dar, die Lage der Tür war offenbar nicht feststehend. Die Dachformen waren unterschiedlich: sowohl Flachdächer als auch leicht geneigte Satteldächer, letztere von Pfosten unterstützt, kamen vor. Das im Tišrīn-Gebiet des Euphrattales heimische Querbalkenhaus mit Buckeldach war ursprünglich wohl auch einräumig, wird hier wegen seiner Dachkonstruktion jedoch unter den Mittelbalkenhäusern eingeordnet. (Abb. 107, Beispiel B) Die lichten Raumhöhen aller Einraumhäuser waren gering. Anstelle von Fenstern gab es nur kleine Wandöffnungen.

Obwohl sich die folgende Beschreibung auf ein kurdisches Bergdorf bezieht, trifft dies wohl ähnlich auch auf die Obere Ǧazīra am Beginn der Besiedlung zu:

> *„The houses of the villagers, xanî, are very primitive. The simplest consist of a large room divided in half, one half for the animals, yaxûr, and the other for the people of the house.“*[27]

Da kaum noch Einraumhäuser existieren, konnte nicht festgestellt werden, ob die Häuser ebenfalls meist von Süden her erschlossen wurden. Es ist jedoch anzunehmen.

Bei den seßhaft werdenden Nomaden blieb häufig das Zelt zusätzlich zum Haus noch in Gebrauch, neben dem es oft aufgebaut stand. Auch Zweighütten konnten die zur Verfügung stehende Fläche ergänzen und zusätzlichen Raum bieten – so wie es ein von Robert Montagne abgebildetes Einraumhaus vermutlich vom Ende der zwanziger Jahre zeigt, das aus der Oberen Ǧazīra stammt.[28] Entsprechend muß konstatiert werden, daß Einraumhäuser vermutlich häufig eine Ergänzung zu Zelt oder Laubhütte darstellten und demzufolge nur bei sehr armen Familien der ausschließliche Lebensraum war.

Anstelle des nur durch eine Mauerzunge abgetrennten Viehbereichs verfügten manche Häuser auch über einen angebauten zweiten Raum. Dieser war jedoch nur durch den Wohnraum zu betreten. Zusammen bildeten sie ein Zweiraumhaus. (Abb. 107: Beispiele C, D, E) Die räumliche Anordnung blieb so, daß das Vieh hinter dem Wohnraum untergebracht wurde, um es zu schützen. Sachau scheint dieser Sicherheitsaspekt entgangen zu sein, wenn er feststellt:

Abb. 107

Einraum- und Zweiraumhäuser

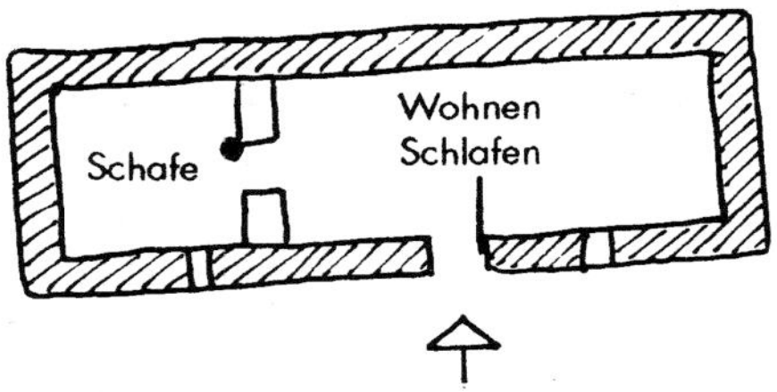

A. Ehemaliges Einraumhaus mit halbhohen Raumteilungen in Al-Ḥakamiya/Obere Ǧazīra (heute Vorrats- und Abstellraum)

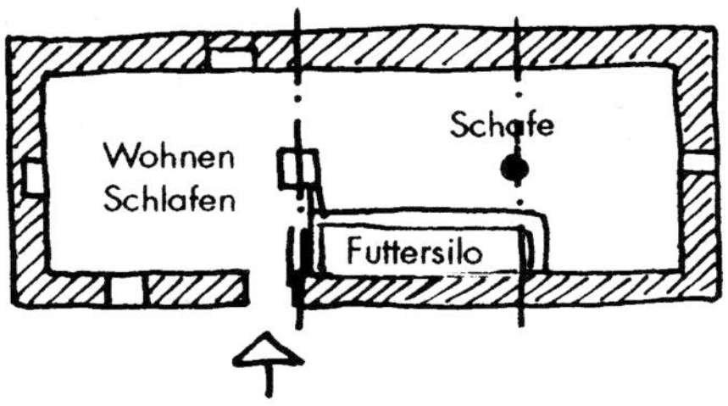

B. Ehemaliges Einraumhaus (Querbalkenhaus) mit eingebautem Futtersilo in Ǧurn Kabīr/Tišrīn-Gebiet des Euphrattales (heute Scheune)

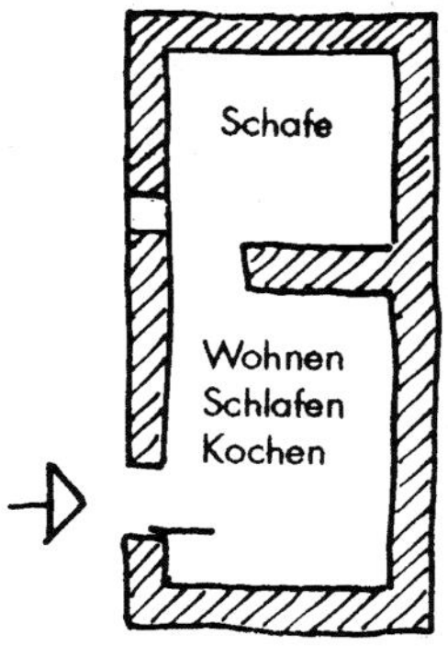

C. Ehemaliges Zweiraumhaus in Al-Ḥamra/Kaiške/Obere Ǧazīra (heute Stall) (Abb. 106)

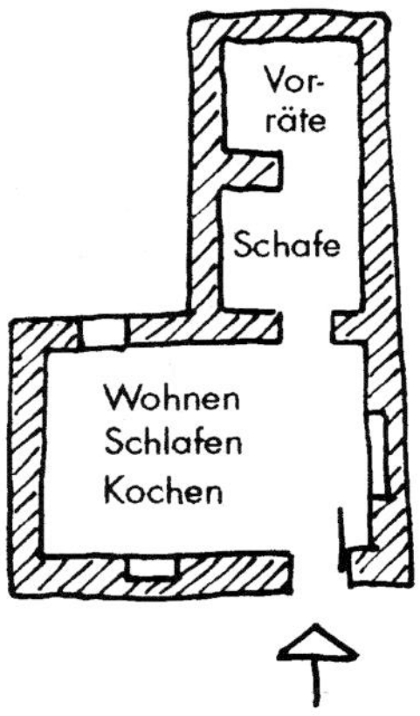

D. Zweiraumhaus in Tell Az-Ziyārat im Bec de Canard (bewohnt)

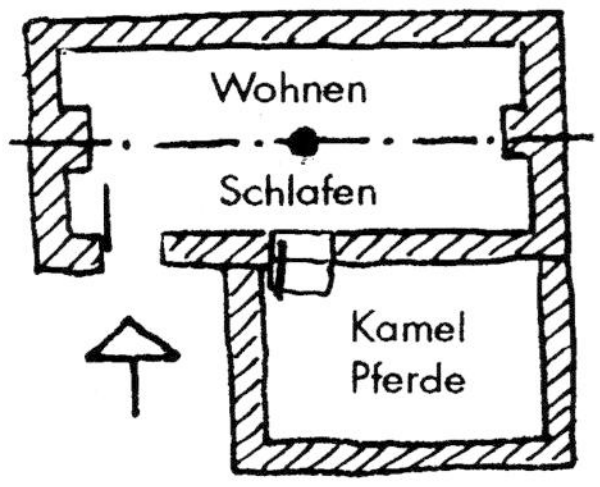

E. Zweiraumhaus (aus Stampflehm) in Ḫuwailid Fōqānī/Obere Ǧazīra (heute leer)

0 1 2 3 4 5m

N

Abb. 108

Zweiraumhaus

Originalzeichnung

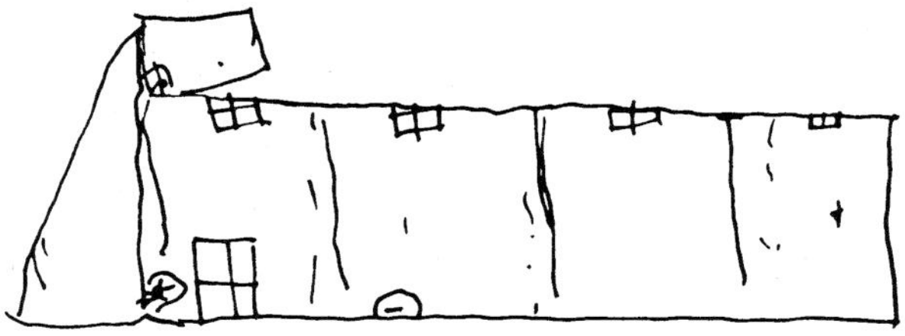

Interpretation der Zeichnung

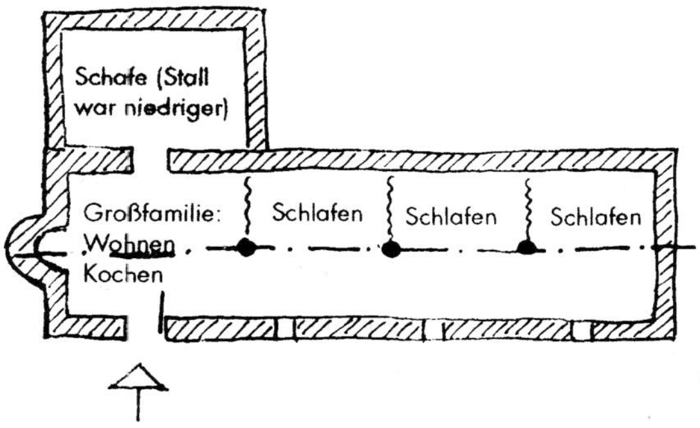

Zeichnung eines Hauses, wie es bis in die vierziger Jahre im Bec de Canard typisch gewesen sein soll (nach Angaben eines alten Bewohners); Vorhängeteppiche trennten die Bereiche der Kernfamilien voneinander

Abb. 109
Ähnlich wie im Zelt kann man im Einraumhaus die Bereiche durch Vorhänge oder Stabmatten abteilen

> *„...nur das Eine scheint mir allen orientalischen Bauernhäusern gemein zu sein, dass allemal die am meisten nach rückwärts gelegenen Räume als Ställe für das Kleinvieh dienen."*[29]

Für die arme Bevölkerung lag in der Höhe des Holzpreises für die Bedachung der entscheidende Grund, warum die Häuser klein bleiben mußten.

Einraumhäuser stellten in vielen Landesteilen die ersten festen Behausungen dar. Die wenigen noch vorhandenen Einraum- oder Zweiraumhäuser dienen heute nur noch als Nebengebäude. Eine Handvoll einräumiger Häuser entstanden jedoch auch noch in den letzten Jahrzehnten. Sie gehen auf solche Fälle zurück, wo Menschen alleinstehend oder verwitwet sind und trotzdem ihre Unabhängigkeit behalten wollen, indem sie über ein eigenes Haus verfügen. Relativ einzigartig dürfte ein Beispielhaus aus Tell Az-Ziyārāt sein, wo ich im Jahr 1988 ein noch benutztes Einraumhaus besuchte. (Abb. 107, Beispiel D) Eine unverheiratete alte Frau wohnte in dem mit vielen Nischen versehenen Raum, an den sich zwei Raumbuchten, jeweils eine für Vorräte und eine für ihre Ziege anschlossen. Zu dem Gehöft dieser Frau gehörte ein Hof mit Hühnerstall und einem kleinen zusätzlichen Bergeraum.

Erdgrubenhaus

Die Problematik bei der Beschreibung des Erdgrubenhauses, *debābe/debābīt*,[30] besteht darin, daß ich nur noch ein einziges fand. Dieses wurde wenige Tage später eingerissen.[31] Es war bis dahin als Vorratsraum und Küche genutzt worden. (Abb. 110)

Vermutlich in Anlehnung an die Zweighütten entstanden in den Boden eingetiefte Behausungen, die wohl ursprünglich ebenfalls Zweigdächer als Beda-

Abb. 110
Erdgrubenhaus Ḥabūba Kabīra

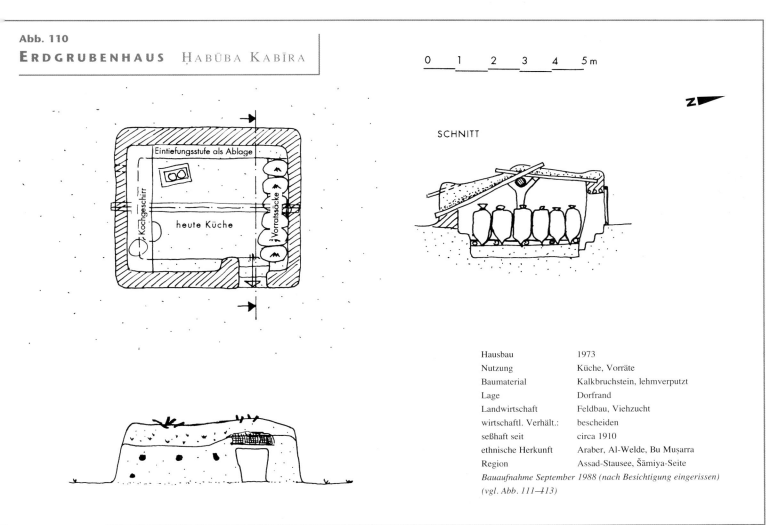

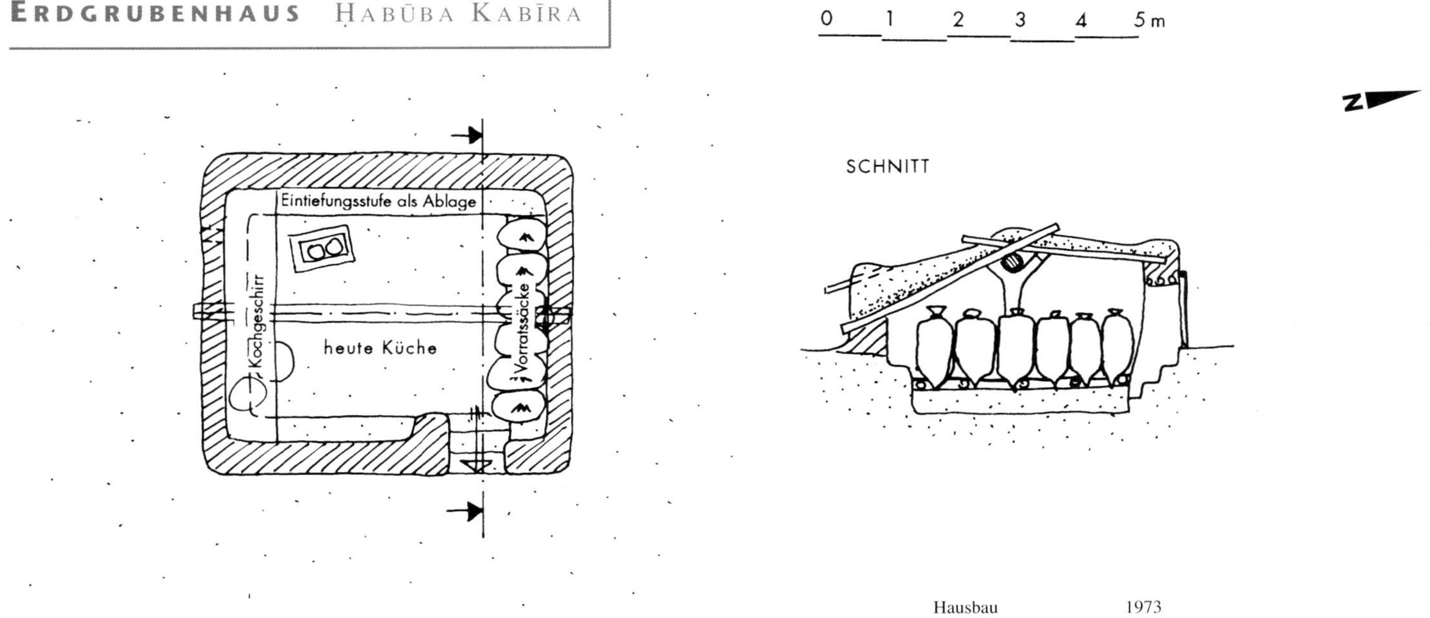

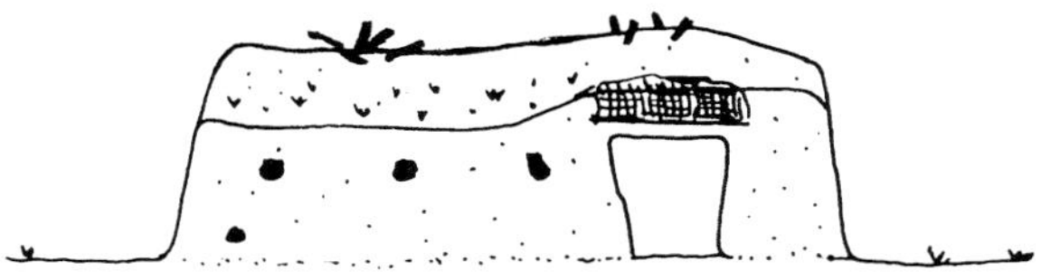

Hausbau	1973
Nutzung	Küche, Vorräte
Baumaterial	Kalkbruchstein, lehmverputzt
Lage	Dorfrand
Landwirtschaft	Feldbau, Viehzucht
wirtschaftl. Verhält.:	bescheiden
seßhaft seit	circa 1910
ethnische Herkunft	Araber, Al-Welde, Bu Muṣarra
Region	Assad-Stausee, Šāmiya-Seite

Bauaufnahme September 1988 (nach Besichtigung eingerissen)
(vgl. Abb. 111–113)

Erdgrubenhaus in Habuba Kabira/Assad-Stausee:

Abb. 111

Innenraum: der Ablagebereich an den Wänden zeigt den eingetieften Bereich an; die Wand oberhalb davon ist gemauert

chung trugen. Dabei handelte es sich um Satteldächer mit Firstpfetten, wie sie Daker als typisch für größere *ṣīyābīt* beschrieb.[32] Die Abtiefung von 0,40 bis 1,50 m erfolgte in rechteckiger Form bei Breiten von 2 bis 4 m und Längen von 4 bis 8 m. An den Schmalseiten, und z. T. in der Mitte, wurde jeweils ein Pfosten mit Astgabel eingestellt und Giebelwände errichtet. Auf diese legte man die Firstpfette. Die Sparren lagen an den Längsseiten direkt auf dem gewachsenen Boden auf, gegen Abrutschen oder ähnliches verstärkt durch eine kleine Erdaufschüttung. Anfänglich ausschließlich aus Zweigen und anderen vegetabilen Materialien, wurde es später mit Lehmschlämme auf dem Zweigdach abgedichtet und wurde damit zu einer wintertauglichen Behausung, einer *hutte d'hivernage*. Da der Innenraum insgesamt eher klein und niedrig war, mußte der Zugang an der Giebelseite neben dem Pfosten erfolgen. Erst mit Errichtung niedriger Längsmauern aus Pisé oder Lehmziegeln konnte die Dachneigung geringer und damit der Innenraum höher werden. Dadurch war es auch möglich, den Eingang in die Längswand zu verlegen.[33]

Abb. 112

Ansicht des Erdgrubenhauses, *debābe*, von hinten

Abb. 113

Eingang des *debābe*, verhängt mit einem Jutesack

Wohnhöhle in Qurq Muġġer/Euphrattal:

Abb. 114

Eingangsbereich

Abb. 115

Küchenbereich: Die Podeste bestehen aus römischen Sarkophagen

Ein Problem bestand im wintertauglichen Zugang; Stufen führten am besten erst innerhalb der Wandung nach unten. Eine sorgfältig gearbeitete Schwelle mußte verhindern, daß Wasser hineinlief. Der Eingang lag vermutlich ebenfalls gen Süden, einer Richtung, aus der keine Niederschläge erfolgen.

Im Innenraum des Erdgrubenhauses in Habūba Kabīra waren beim Ausschachten entlang der Wände kleine Podeste stehengelassen worden, auf denen man Vorräte, Bettzeug etc. stapelte. (Abb. 111–113) Als Arme-Leute-Haus war das *debābe* einräumig. Wenn Vieh auch darin übernachten mußte, trennte man dessen Bereich durch Stabmatten ab, eventuell ging ein Stallbereich davon ab – ähnlich wie beim Einraumhaus.

Der äußere Eindruck dieser Bauten muß relativ merkwürdig gewesen sein: Vegetabile, relativ steile Satteldächer ragten aus kleinen Erdaufschüttungen hervor. Bei lehmverschlämmten Dächern erinnerten die abgerundeten Dachformen an Erdhügel, ähnlich den Strohmieten, wie es sie heute noch in der Oberen Ǧazīra gibt. (vgl. Kapitel 10) (Abb. 267) Eingetiefte Häuser, jedoch mit flachen Dächern, fanden sich wohl früher ebenfalls in anderen Teilen Syriens, so beispielsweise nordöstlich von Aleppo, wo „Wohnstellen aus erdgegrabenen viereckigen Vertiefungen bestehen, auf die Matten und Decken gelegt werden, wenn man sie zum Winter bezieht".[34] (vgl. Kap. 13)

Der Vorteil der Erdgrubenhäuser besteht darin, daß sie durch die Erdtemperatur sowohl im Winter verhältnismäßig warm halten, als auch im Sommer angenehme Kühle bieten.

Die *debābīt* waren vor allem Winterbehausungen armer Beduinen.[35] Es gab sie jedoch auch als Viehställe oder Vorratsräume wohlhabenderer Beduinen. Die Erdgrubenhäuser markieren ein Stadium des Übergangs zwischen Nomadismus und Seßhaftigkeit und existierten parallel zu Zelt und Zweighütte und ergänzten sie.

Auch für die Erdgrubenhäuser gibt es historische Parallelen. Einige Funde belegen sie schon in prähistorischer Zeit. So fand man beispielsweise im südsyrischen Tell Ramad Eintiefungshäuser aus dem späten siebten Jahrtausend vor Christus, dort jedoch mit annähernd ovalem Grundriß.[36]

114

115

Wohnhöhle

Ǧazīra-Bewohner berichten davon, daß Beduinen früher Höhlen, *muġġer*/sing. *maġāra*, als Unterkünfte in kalten Wintern genutzt hatten. Dabei handelte es sich um vorgefundene, natürliche und artifizielle Höhlen, die sie nutzten und evtl. ausbauten. Einige ältere Autoren erwähnten Wohnhöhlen im Euphrattal, ohne sie genauer zu beschreiben.[37] Ich fand keinen Hinweis auf Wohnhöhlen in neuerer Literatur.

Ich konnte drei Wohnhöhlen besichtigen, von denen eine noch bewohnt war; die zwei anderen dienten als Scheunen. Alle weisen dieselbe Grundform einer Drei-Konchen-Gliederung auf. In der noch in Benutzung befindlichen Wohnhöhle besteht der Innenraum aus drei kleeblattförmig angeordneten Konchen mit Tonnengewölben und ist sorgfältig geweißt. (Abb. 119, 114–117) Die, ausgehend vom mittig gelegenen Eingang her, linke Konche dient als Küche, die rechts gelegene Konche als Vorratsbereich. Die größte Konche, die mittig liegt und in die Licht durch die geöffnete Tür einfällt, besteht aus einem erhöhten Sitz- und Schlafpodest. Zwischen den einzelnen Nischen gibt es keine Abtrennungen,

sie öffnen sich zu einer zentralen Mittelfläche. Die beiden seitlichen Konchen weisen an den rückwärtigen Wänden erhöhte Ablageflächen auf, im Küchenbereich gibt es seitlich eine weitere solche Fläche. Über den rückwärtigen Erhöhungen findet sich bogenförmig bekränzt eine sorgfältig gearbeitete niedrigere Wölbung.

Während in diesem Ort, Qurq Muǵǵar, (wörtlich: ‚vierzig Höhlen') bis vor einigen Jahrzehnten die meisten Menschen noch in ähnlichen Wohnhöhlen lebten, ist die oben beschriebene Höhle vermutlich die letzte noch als Wohnung genutzte des Ortes. Die anderen Höhlen des Dorfes dienen heute als Bergeräume oder Stallungen.[38]

Bei Wohnhöhlen dieses Grundrisses handelt es sich um wiederbenutzte römische Grabhöhlen. Der dreikonchige Typ ist im Euphrattal und in anderen Teilen Syriens verbreitet.[39] (Abb. 120) Die Ablagepodeste in den Konchen sind die eigentlichen Grabnischen, deren Sarkophage jedoch leer und vermutlich mit Lehm verfüllt sind.

Auf die Nutzung anderer, natürlicher oder zu anderen Zeiten ausgebauter Höhlen, von denen es ebenfalls einige gibt, soll hier nicht eingegangen werden. Sie dienten eher als temporäre Unterstände während starker Regenperioden. In ihnen haben Beduinen keine deutlich sichtbaren baulichen Veränderungen vorgenommen.

Wohnhöhle in Qurq Muggar:

Abb. 116
Im rechts vom Eingang gelegenen Vorratsbereich werden Vorräte und anderes Hab und Gut aufbewahrt

Abb. 117
Blick auf das Sitz- und Schlafpodest der Wohnhöhle, das gegenüber dem Eingang liegt und dadurch am besten belichtet ist

Abb. 118
Eingänge von nicht mehr zu Wohnzwecken benutzten Höhlen im Dorf Qurq Muqqar; ein Teil von ihnen dient als Ställe oder Scheunen

Abb. 119

Wohnhöhle

Qurq Muğğer

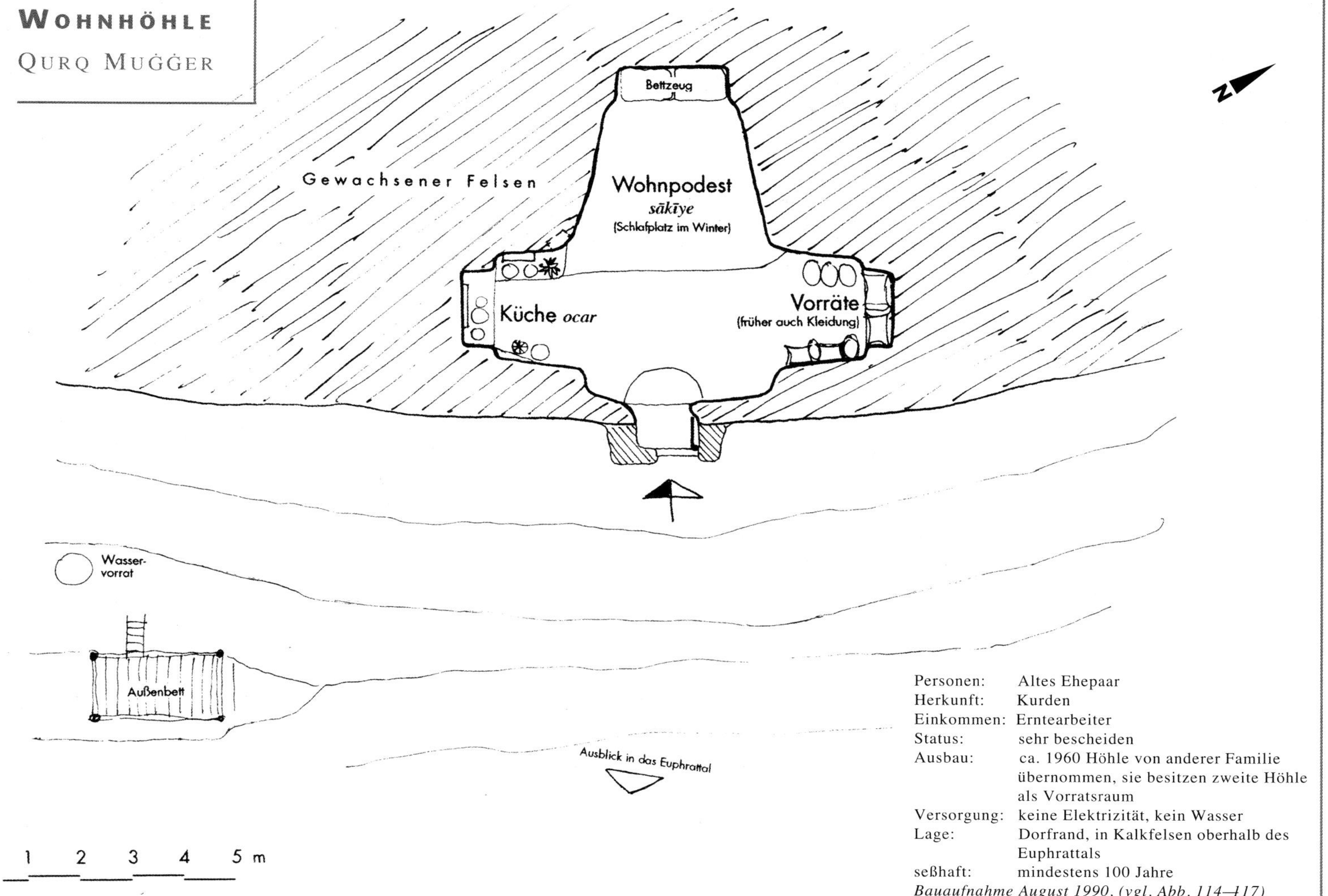

Personen: Altes Ehepaar
Herkunft: Kurden
Einkommen: Erntearbeiter
Status: sehr bescheiden
Ausbau: ca. 1960 Höhle von anderer Familie übernommen, sie besitzen zweite Höhle als Vorratsraum
Versorgung: keine Elektrizität, kein Wasser
Lage: Dorfrand, in Kalkfelsen oberhalb des Euphrattals
seßhaft: mindestens 100 Jahre
Bauaufnahme August 1990, (vgl. Abb. 114–117)

Abb. 120

Römische Grabhöhlen in Nordsyrien

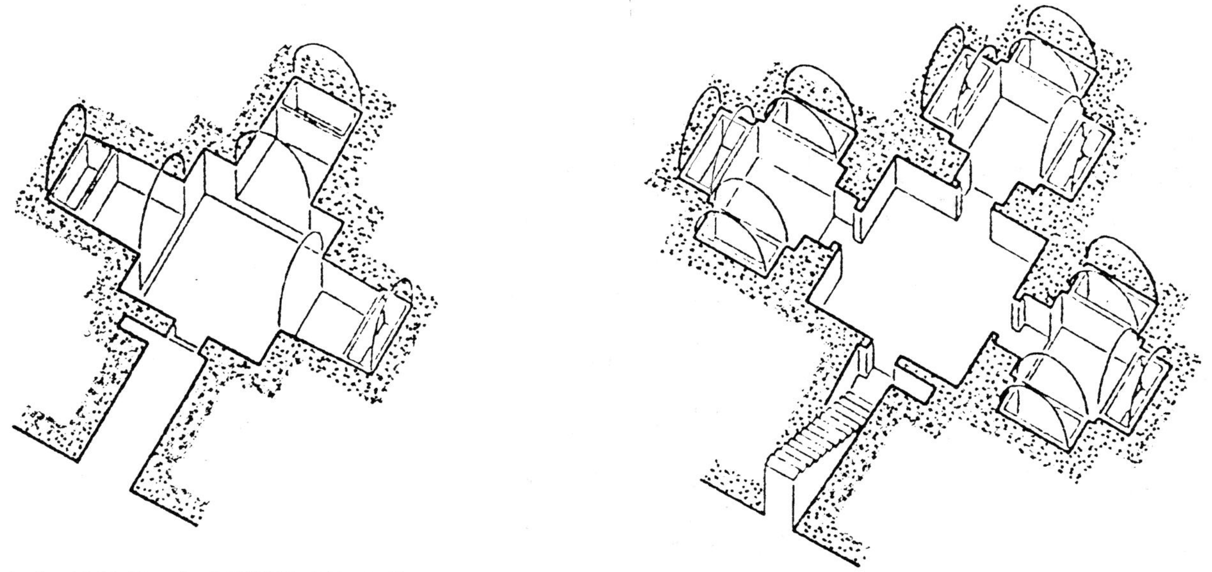

(aus: Tschalenko 1953, Planche LXXXV, Abb. 2+3)

Abb. 121

Das (mittlerweile im Tišrīn-Stausee versunkene) Dorf Ǧurn Kabīr bestand aus einer Mischung von Haustypen: dort, wo Häuser größere Tiefen aufwiesen, handelte es sich um Doppelraumhäuser, unter den leicht buckligen Dächern lagen Querbalkenhäuser und die flachgedeckten rechteckigen Gebäude waren Zeilenhäuser

Haustypen

Kapitel 8

*„**Und Gott** hat euch aus euren Häusern eine Stätte der Ruhe (oder: Wohnstätte) gemacht. Und aus der Haut der Herdentiere hat er euch Zelte gemacht, die ihr, wenn ihr (von einem Lagerplatz) aufbrecht, und wenn ihr Halt macht, leicht handhaben könnt, und aus ihrer Wolle, ihrem Fell und ihrem Haar Gegenstände für den täglichen Gebrauch, und (das alles hat er euch) zur Nutznießung auf eine (beschränkte) Zeit (überlassen). Und Gott hat bewirkt, daß das, was er (an Dingen) geschaffen hat, euch Schatten spendet (so daß ihr euch unterstellen könnt). Und in den Bergen hat er euch Schlupfwinkel gemacht. ... So vollendet er seine Gnade an euch.“* [1] *(Der Koran)*

Der islamischen Überlieferung zufolge hat sich der Prophet Mohammed gegen zu aufwendiges Bauen ausgesprochen. So soll er anläßlich des Neubaus eines Zimmers für seine Ehefrau Umm Salāma gesagt haben: „Das Übelste, in das das Vermögen der Muslime verschwendet wird, ist das Bauen“.[2] (Das Zimmer sollte in Lehmziegeln gebaut werden und nicht, wie sonst üblich, in Flechtwerk-Bauweise.) Eine eindeutige Richtschnur: Gläubige sollen bescheiden bauen und wohnen. Wenn auch diese Worte des Propheten im Bewußtsein der Ǧazīra-Bewohner kaum verankert sind, so überwog gegen Ende des 20. Jahrhunderts (noch) ein gesellschaftlicher Grundkonsens, den eigenen Wohlstand nicht allzu sehr zur Schau zu stellen und aufwendige Bauweisen zu vermeiden. Man solle nicht versuchen, die Häuser seiner Nachbarn an Schönheit zu übertreffen, äußerte sich mir gegenüber ein religiöser Islam-Gelehrter aus Ar-Raqqa. Zentrales Kriterium seiner Ausführungen war das „Angemessen-Sein“. Eine Alltagsweisheit besagt: „Jeder streckt seine Beine so lang aus, wie die Decke reicht.“[3] Mit zunehmendem Wohlstand jedoch geht der Wert äußerer Bescheidenheit beim Bauen immer mehr verloren.

In der vorliegenden Untersuchung werden Bau- und Grundrißformen typologisch und regional geordnet, Maßstab ist dabei das Haupthaus eines Gehöftes. Die Nebengebäude weisen oft andere Formen auf. Im Euphrattal z. B. bestehen Gehöfte häufig aus einem Zeilenhaus als Haupthaus, Mittelbalkenbauten für Nebengebäude und Rundsilos für Futtervorräte. Diese Mischung von Formen ist bezeichnend, da sich unterschiedliche Raumansprüche, Traditionen und Einflüsse zeitlich und regional überlagern.

Folgende Faktoren bestimmen die ländliche Wohnbebauung Nordostsyriens als Ganzes:

- Die Bewohner entstammen nomadischen, halbnomadischen und bäuerlichen Lebenszusammenhängen.
- Landwirtschaftliche Produktion bildet die ökonomische Basis des weitaus größten Teils der Bevölkerung. Die Ǧazīra-Bewohner fühlen sich heute sowohl mit dem von ihnen bewirtschafteten Boden als auch mit ihren Gehöften verbunden.
- Die gesellschaftliche Rollen- und Arbeitsteilung zwischen den Geschlechtern ist traditionell-orientalisch und prägt die Menschen über religiöse oder ethnische Grenzen hinweg.
- Die weitaus überwiegende Zahl aller Häuser gehört zu einem der im folgenden beschriebenen Haustypen. Es existiert nur eine ganz geringe Zahl von Häusern, die eine völlig davon abweichende Grundrißkonzeption des Hauses aufweisen.
- Zum überwiegenden Teil werden Wohnhäuser und Gehöfte aus Baustoffen errichtet, die regional oder lokal gewonnen werden. Hauptsächliche Baumaterialien sind Lehmziegel und Bruchsteine. Hausteinbauten sind selten. Gehäckseltes Stroh dient als Magerungs- und Bindungsmaterial im Lehm. Dächer konstruiert man entweder ebenfalls aus Lehmziegeln (Kuppelbauweise) oder aus Rundhölzern in Balkenlage mit entsprechendem Dachaufbau darüber.
- Die Häuser weisen Solarorientierung auf, d. h. die wichtigsten Öffnungen des Hauses sind nach Süden gerichtet. Wenn man das Haus von Süden her betritt, liegt ‚hinten‘ somit im Norden. Aus dieser Solarorientierung ergeben sich Breiträume oder breit gelagerte Häuser.
- Die weitaus meisten Häuser sind eingeschossig, ohne Keller oder Sockel. Auffällig ist die Tendenz zu möglichst hohen Räumen, durchschnittliche Raumhöhen liegen zwischen 3 und 4 m. Die äußerst seltenen zweigeschossigen Bauten gehören entweder Notablen, die sich auch optisch von ihren Nachbarn abheben wollen, oder sie verdanken ihr Entstehen sehr speziellen Umständen.[4]
- Die Außentüren der Wohnräume sind immer so angelegt, daß sich der Sitzplatz nicht gegenüber dem Eingang befindet, um ihn nicht direkt der Sonne auszusetzen und um dem von außen Hereinblickenden direkte Einsicht zu verwehren.

Hausbau ist Resultat der Zusammenarbeit zwischen Baumeister und Bauherr und dessen Familie. Alle entstammen derselben ländlichen Umgebung, in der das Haus stehen wird, alle kennen deren gesellschaftliche Regeln, in die sich das Haus einzupassen hat. In der Kommunikation zwischen Bauherr und Baumeister zeigt sich, daß Fragen von Erschließung und räumlichen Strukturen zentrale Differenzierungskriterien bilden. Im Westen der Ǧazīra kategorisiert man Haustypen danach, ob es sich um ein *bait ʿarabī*, ein „arabisches Haus“ – das heißt mit Erschließung aller Räume vom Hof aus – handelt, oder ein sogenanntes „europäisches Haus“, *bait franǧī*,[5] mit einer inneren Erschließung. Entsprechend wird dieses System auch *bait dāḫilī*, „internes Haus“, genannt. Diese Einteilung verdeutlicht, wie sehr eine separate Erschließung aller Räume vom Hof aus, zumindest in manchen Regionen, als autochthone Eigenheit begriffen wird, die im Übrigen auch für das städtische Hofhaus zutrifft.

Räume sind das „Ausgangsmaterial“ für den Bau von Häusern, daher soll das Repertoire vorkommender Raumformen hier kurz vorgestellt werden.

- Der rechteckige Raum mit Quererschließung ist die vorherrschende Form; Doppelraum-, Raum-plus-Annex- und Winkelform haben sich als seine Differenzierungen herausgebildet.
- Auch die extreme Verlängerung der Langseite – vor allem bei Gästehäusern – kommt vor.
- Als eigenständige Raumform kann die Halle gelten; sie dient in erster Linie der Erschließung anderer Räume und weist an fast allen Seiten Türen oder Durchgänge auf.
- Der Halle verwandt ist der Iwān; da ihm eine Außenwand fehlt, ist er offener als diese. Er dient ebenfalls der Erschließung. Bei Halle und Iwān handelt es sich um längsgerichtete Räume.
- Noch offener ist die überdachte Veranda, die in der Ecke zwischen zwei rechtwinklig zueinander angeordneten Räumen liegt. Die Schließung einer ihrer offenen Seiten und die meist geringe Tiefe machen sie zu einem quererschlossenen Raum im Außenbereich.

Bei der Benennung der Haustypen und ihrer Unterkategorien, der Hausformen, ergibt sich die Schwierigkeit, daß für manche bereits Bezeichnungen existieren, für andere mußten neue geschaffen werden. Die neu gewählten Benennungen beziehen sich auf die Form der Erschließung und die Grundrißdisposition. Eine Ausnahme muß für das ‚Mittelbalkenhaus' gemacht werden, das nur durch dieses gemeinsame Konstruktionsmerkmal verschiedener Unterformen zu charakterisieren war.

Im folgenden werden die einzelnen Haustypen beschrieben, konstruktiv und funktional analysiert und ihre Entwicklungslinien herausgearbeitet. Es handelt sich nicht unbedingt um ein zeitliches Nacheinander der einzelnen Hausformen, sondern oft um parallel stattfindende oder regional anders verlaufende Entwicklungen. Verdeutlicht wird dies anhand von Schemazeichnungen, in denen die Hausformen klassifikatorisch geordnet sind. Unklare Richtungen der Beeinflussung sind gestrichelt dargestellt. Wo andere, dominantere Einflüsse von außen hinzugekommen sind, die hier nicht dargestellt werden konnten, wird die Hausform mit großen Klammern markiert.

Während jedem Haustyp eine Schemazeichnung beigegeben ist, die einen Überblick über die verschiedenen Differenzierungen und Ableitungen gibt, wird von den hauptsächlich vorkommenden Hausformen jeweils ein konkretes Einzelbeispiel in größerem Maßstab dargestellt.

Kuppelhaus

„When we travelled ten hours to Charmelik (östl. Urfa, K. P.), a village with huts like beehives, as are common in the plains of Harran and Seruj, where wood being very scarce, flat roofs are superseded by ingeniously-contrived spherical or dome-like coverings of sun-dried bricks. There are some villages thus constructed in Northern Syria, and they are always the dread of travellers, as they abound more in vermin than many others."[6]

Gleichzeitig angezogen von der malerischen äußeren Form und abgestoßen von den ‚primitiven' Wohnverhältnissen in ihrem Inneren, berichteten europäische Reisende des 18. und 19. Jahrhunderts über diese merkwürdigen Behausungen. In der Literatur über die Kuppelhäuser finden sie sich bespielsweise bezeichnet als beehives, Bienenkorbhäuser, oder maisons en pain de sucre, zuckerhutförmig.[7] Den ersten monographischen Aufsatz über ‚Gubâb-Hütten' veröffentlichte Banse 1911/12, der auch die Dialektform (*gubāb*) des hocharabischen Wortes für Kuppel, *qubba/qubāb*, in die Diskussion einführte.[8] Die deutschen Worte ‚Kuppel' und ‚Alkoven' entstammen dieser sprachlichen Wurzel.[9] In Anlehnung an den arabischen Begriff wird im folgenden dieser Haustyp als ‚Kuppelhaus' bezeichnet.[10]

Raumdisposition und Konstruktion

Stärker als bei anderen Haustypen ist im Falle der Kuppelhäuser die Dachkonstruktion das sichtbar charakteristische Element. Im Grundriß vorwiegend quadratisch, selten rund oder leicht rechteckig,[11] überwölben Kragkuppeln diese Bauten. Diese sogenannten unechten Kuppeln können parabolisch, halbkugelförmig, spitzkegelig oder oben abgeflacht geformt sein.[12] (Abb. 128, 129, 134, 135)

Die quadratische Kuppel-Grundeinheit für Wohnräume mißt zwischen 3 bis 3,5 m Seitenlänge.[13] Durch diese relativ einheitlichen Maße lassen sich Kuppeleinheiten leicht zu Reihen oder Clustern zusammenfügen – auch wenn die Räume selten exakt quadratisch sind, sondern um einige Zenti- oder Dezimeter abweichen. Bausteinartig kann an jeder Seite eine weitere Kuppeleinheit angefügt werden. (Abb. 123 Schema) Während der Sockel meist aus Bruchsteinen besteht, beginnt spätestens mit der Kuppelrundung die Lehmziegelkonstruktion.[14]

Die Konstruktion der Kuppel erfolgt durch Auskragen der Mauerwerksschichten nach innen. Um aus dem rechtwinkligen Grundriß in die Kreisform überzuleiten, werden zwei Techniken angewandt: bei der älteren legt man die Lehmziegel diagonal über die Ecken und läßt sie in jeder weiteren Schicht nach innen vorkragen. Damit entstehen Pendentifs. (Abb. 138) Bei einer anderen, heute meist verwendeten Technik legt man kurze Knüppel über die Raumecken, so daß die Kuppelrundung schneller aus dem genäherten Achteck entstehen kann. Trotzdem erfordert der Kuppelbau so viel Erfahrung, daß dieser Haustyp – eher als andere Haustypen der Ğazīra – möglichst von Baufachleuten errichtet wird.

Da bei Kuppelbauten aus der ersten Hälfte des 20. Jahrhunderts die Rundung oft schon in 50 cm oder 80 cm Höhe begann, waren Türerker erforderlich, um eine senkrechte Türfüllung zu erlauben.[15] Gemauert wie ein Türrahmen, dessen oberer Abschluß ein Rundbogen oder einige starke Äste bildeten, konnte ein in die Tiefe verlängerter Türrahmen fast die Größe eines kleinen Windfangs erreichen.

Die entscheidende Rolle bei der Belichtung und Belüftung kam früher der Türöffnung zu. Da Fenster zu teuer waren, verfügten die alten Kuppelhäuser nur über kleine Fensterlöcher, sogenannte *tūg/* sing. *tāge*, von maximal 25 x 25 cm. Wo Öffnungen im Kuppelbereich angeordnet sind, was eher selten vorkommt, spenden sie mehr Tageslicht. Manchmal ließ man eine Öffnung im Scheitelpunkt der Kuppel. (Abb. 142) Erst zur Regenzeit deckte man sie mit wenigen Ziegeln oder einem Stück Blech etwas ab.

122

Abb. 123 (Schema)

Kuppelhaus

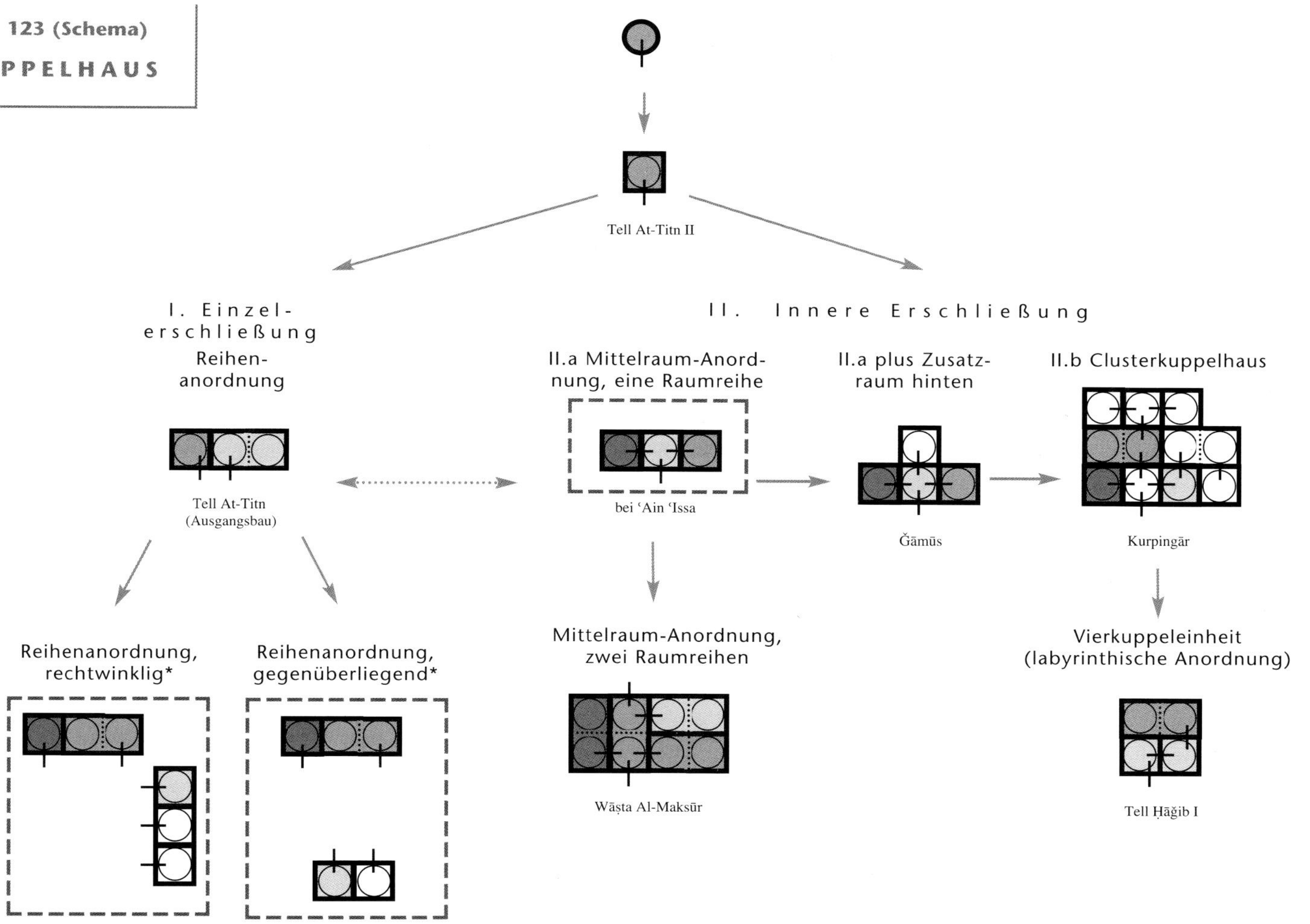

* Im Unterschied zu anderen Hausformen werden hier auch die Nebengebäude dargestellt, da sie bei der einzelerschlossenen Bauweise stärker als bei anderen Bestandteil des Hauses sind.

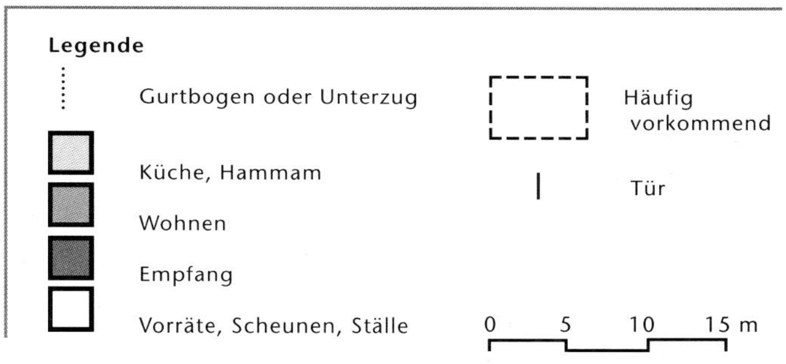

Abb. 122
Kuppelhaus mit labyrinthischer Anordnung der Innenräume in Tell Ḥāǧib II/nördliche ʿAin Al-ʿArab-Region

Abb. 124
Clusterkuppelhaus in der südlichen ʿAin Al-ʿArab-Region, es ist seit Jahren unbewohnt

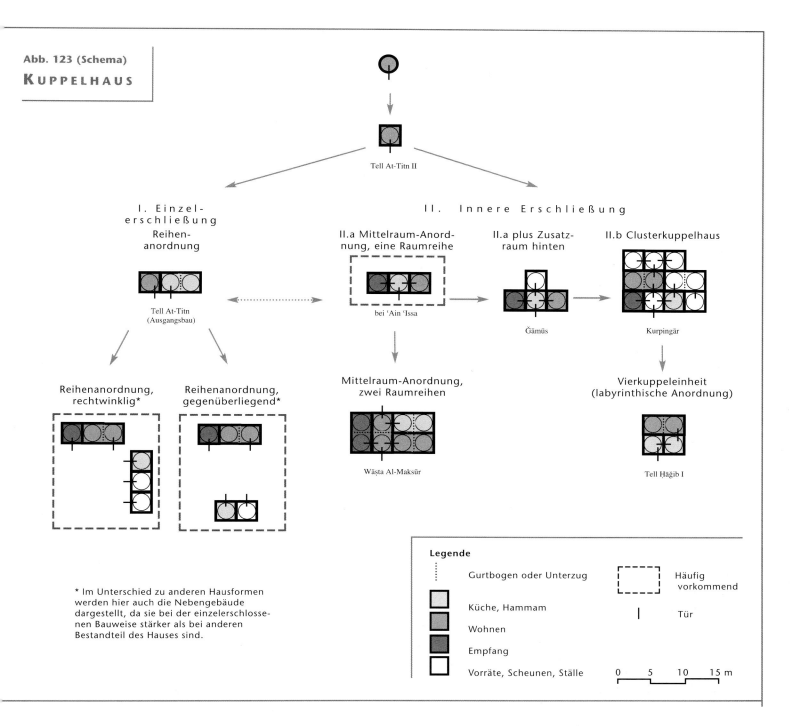

Auch zwei schräg aneinanderlehnende Ziegel, ähnlich einer Schornsteinabdeckung, kamen vor. Anstelle einer beliebigen Verteilung von *tūg* bildete sich für Wohnräume eine feste Anordnung heraus: ein reihen- oder pyramidenförmiges Verteilungsmuster, das man gewöhnlich in der Westwand anbrachte. (vgl. auch Kapitel 12, Abb. 130) Manche alten Kuppelhäuser erhielten nachträglich größere Fenster eingesetzt. Neuere Kuppelhäuser weisen diese von Beginn an auf.

Die klimatischen Vorteile der Kuppel gegenüber einem Lehmflachdach liegen auf der Hand: die ca. 40 bis 50 cm dicken Kuppelwandungen wirken wärmedämmend, und die Sonneneinstrahlung wird durch die Krümmung des Daches gut reflektiert. Im Innenraum bewirkt die große Höhe einen etwas kühler temperierten Raum, dessen Wärmeaustausch durch Kuppelöffnungen optimiert werden kann.

Aus dem Bedürfnis, die begrenzte Grundfläche des Kuppelraums zu erweitern, verband man zwei aneinandergesetzte Kuppeleinheiten miteinander. Diese Doppelkuppelräume, *miǧwiz/miǧāwiz*, sind verbunden durch einen Gurtbogen, *gōs/agwās* oder *ganṭara/ganāṭir*,[16] der die Last der zwei Kuppeln abfängt. (Abb. 125, 131) Solche Räume erreichen Grundflächen von 15 bis 25 m². Der Bogen liegt auf bis zu 70 cm breiten Wandvorsprüngen auf. Die Bogenform ist rund- bis leicht spitzbogig und wird mithilfe eines sphärischen Dreiecks in die Kuppelrundung eingebunden. Gurtbogen und Kuppel bilden eine homogene Deckenlandschaft. Die Baumeister bemühen sich, die Neigungswinkel der Pendentifs und der Kuppel gleich zu gestalten. Wo dies nicht gelungen ist, wird entsprechend beigeputzt.

Ungefähr seit den sechziger Jahren baut man Doppelkuppelräume mithilfe von Holzbalken-Unterzügen anstelle von Gurtbögen.[17] Die Räume veränderten sich dadurch. Im Unterschied zur Bogenkonstruktion liegen die Holzbalken des Unterzuges direkt auf den Mauerscheiben der Außenwände auf, ohne einen Wandvorsprung zu erfordern. Während dadurch die Grundfläche des Raums freier und offener wird, schiebt sich der Unterzug als massiver Querriegel optisch in den Raum hinein. Wo zusätzlich noch eine Stütze einen eventuell unterdimensionierten Unterzug tragen muß, verstärkt sich der Eindruck einer Trennung der beiden Raumteile.

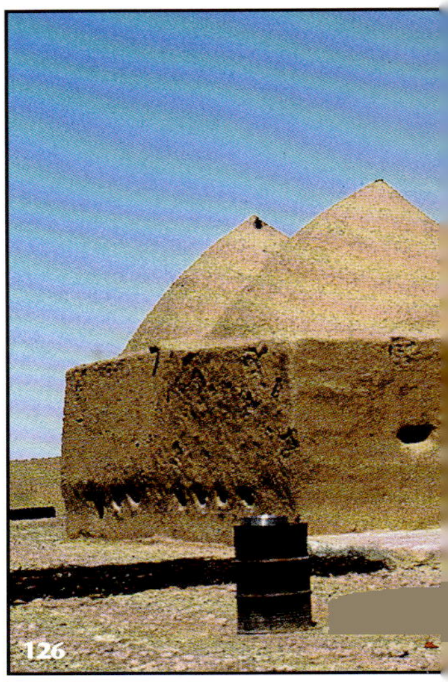

126

127

125

Abb. 125
Blick in einen Doppelkuppelraum (das Bettzeug lagert auf Unterschränken

Abb. 126
Mittelhallen-Kuppelhaus in As-Safaniya, Balīḫ-Tal

Abb. 127
Gehöft mit abgeflachten Kuppeln; mithilfe einer Treppe läßt sich das Stroh in die Bergeräume füllen

Abb. 128
Blick in eine Vollkuppel von innen

Abb. 129
Blick in eine abgeflachte Kuppel von innen

128

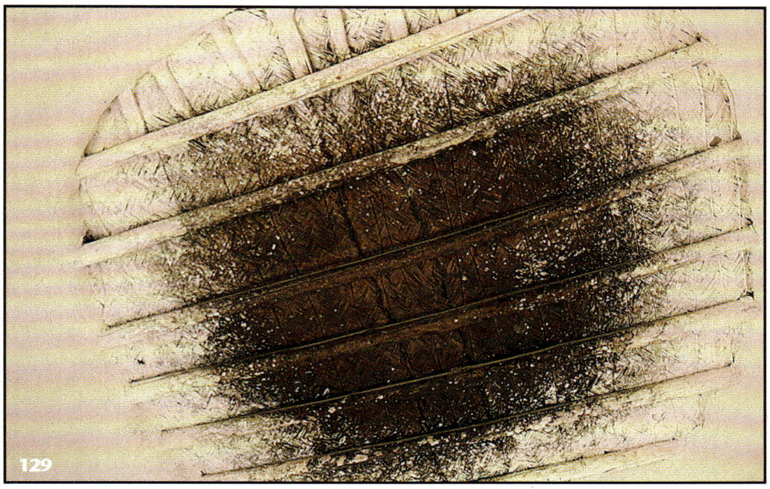

129

Während Doppelkuppelräume zum üblichen Raumprogramm gehören, bilden Vierkuppelräume eine sehr seltene Ausnahme. Sie bestehen aus vier, zu einem Quadrat zusammengefaßten, einzelnen Kuppeleinheiten. Die vier Kuppeln sind getrennt durch vier Gurtbögen, die mittig auf einem massiven Pfeiler aufliegen. Wegen der dadurch auftretenden Druck- und Schubkräfte wurden auch Säulenspolien als Mittelstützen verwendet.[18] Da Vierkuppelräume seit einigen Jahrzehnten nicht mehr gebaut werden, ist es bemerkenswert, daß Ende der achtziger Jahre in Az-Zimla am Rande der Syrischen Wüste eine Moschee mit einem solchen Grundriß entstand. (Abb. 136, 138)

Es haben sich unterschiedliche Schemen der Zusammenfügung von Kuppeleinheiten und der Erschließung der Häuser herausgebildet. Grob lassen sie sich unterscheiden in (Abb. 123 Schema):

I. Einzelerschließung der Kuppelräume in Reihen-Anordnung,

II. Innere Erschließung des Kuppelhauses in

- **a)** Mittelraum-Anordnung des Kuppelhauses
- **b)** Cluster-Anordnung des Kuppelhauses.

I. Einzelerschliessung der Kuppelräume in Reihen

Bei dieser Hausform werden die Kuppeleinheiten seitlich aneinandergefügt, so daß sie Reihen bilden. Die Reihe der Haupträume liegt ost-westlich ausgerichtet mit Zugängen von Süden. Jeder Raum hat einen eigenen Zugang zum Hof, und es gibt keine Verbindungstüren der Räume untereinander. Der westliche Raum weist Fenster oder kleine Maueröffnungen in der Westwand auf, um die kühlenden sommerlichen Westwinde auszunutzen.[19] Eine solche Reihe bildet den Beginn eines Gehöftes. (Abb. 123 Schema: I, Abb. 132)

Um das Gehöft zu erweitern, baut man weitere Kuppeleinheiten, ebenfalls in Reihenform im rechten Winkel, d. h. in nordsüdlicher Richtung an der äußersten östlichen Ecke. Die Türen öffnen sich ebenfalls zum Hof hin, in diesem Fall nach Westen. Diese zweite Kuppelraumreihe kann auch die gegenüberliegende Hofseite einnehmen und ist dann entsprechend von Norden her erschlossen. Bei zunehmendem Raumbedarf bebaut man alle vier Hofseiten. (vgl. Kapitel 11)

Unter Aspekten von Diebstahlsicherheit her betrachtet, scheint die Einzelerschließung ungünstig zu sein, da sich in die separaten Räume relativ ungestört einbrechen läßt. Dies läßt vielleicht darauf schließen, daß die Bewohner zu arm waren, um Diebstähle befürchten zu müssen oder es bestand eine gewisse Sicherheit.

Heute verfügen beinahe alle Gehöfte dieses Typs zusätzlich über ein flachgedecktes, einräumiges Zeilenhaus.

II.a) Innere Erschliessung: Mittelraum-Anordnung

Bei dieser Hausform sind drei Kuppelräume miteinander verbunden. Dies erfolgt über einen zentralen Eingang im mittleren Raum und seitliche Verbindungstüren zu den Flankenräumen. Den Mittelraum bezeichnen die Bewohner der Region als *ṣālōn*. (Abb. 123 Schema: II a,) Es gibt größere Häuser, die aus zwei Reihen hintereinanderliegender Räume bestehen. Dort besteht der Mittelraum aus einer Doppelkuppel.

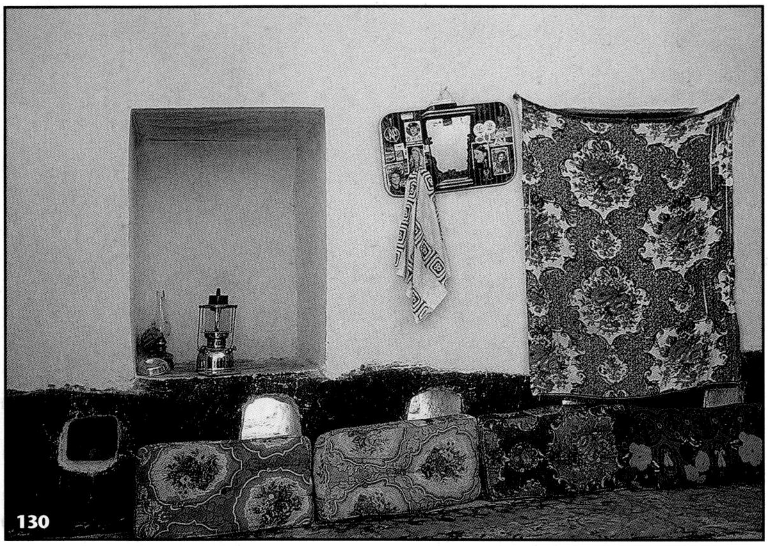

Abb. 130
Im Wohn- und Schlafraum des Kuppelhauses in Tell At-Titn

Abb. 132
Im Hof des Kuppelhauses in Tell At-Titn mit dem Blick auf das ältere Wohnhaus, die alte Küche und Feuerküche

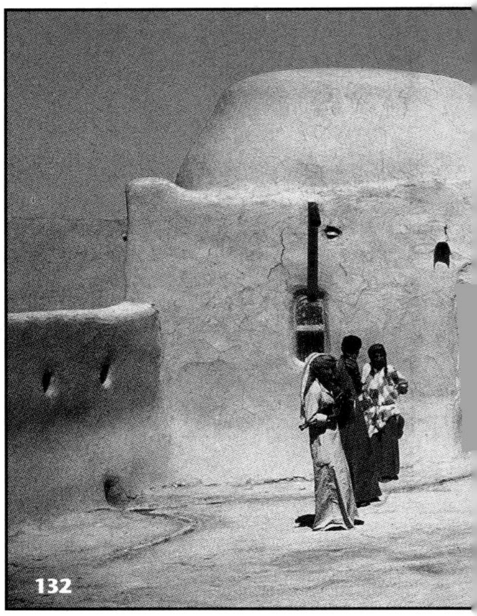

Abb. 131
DOPPEL-KUPPELRAUM
AT-TURN

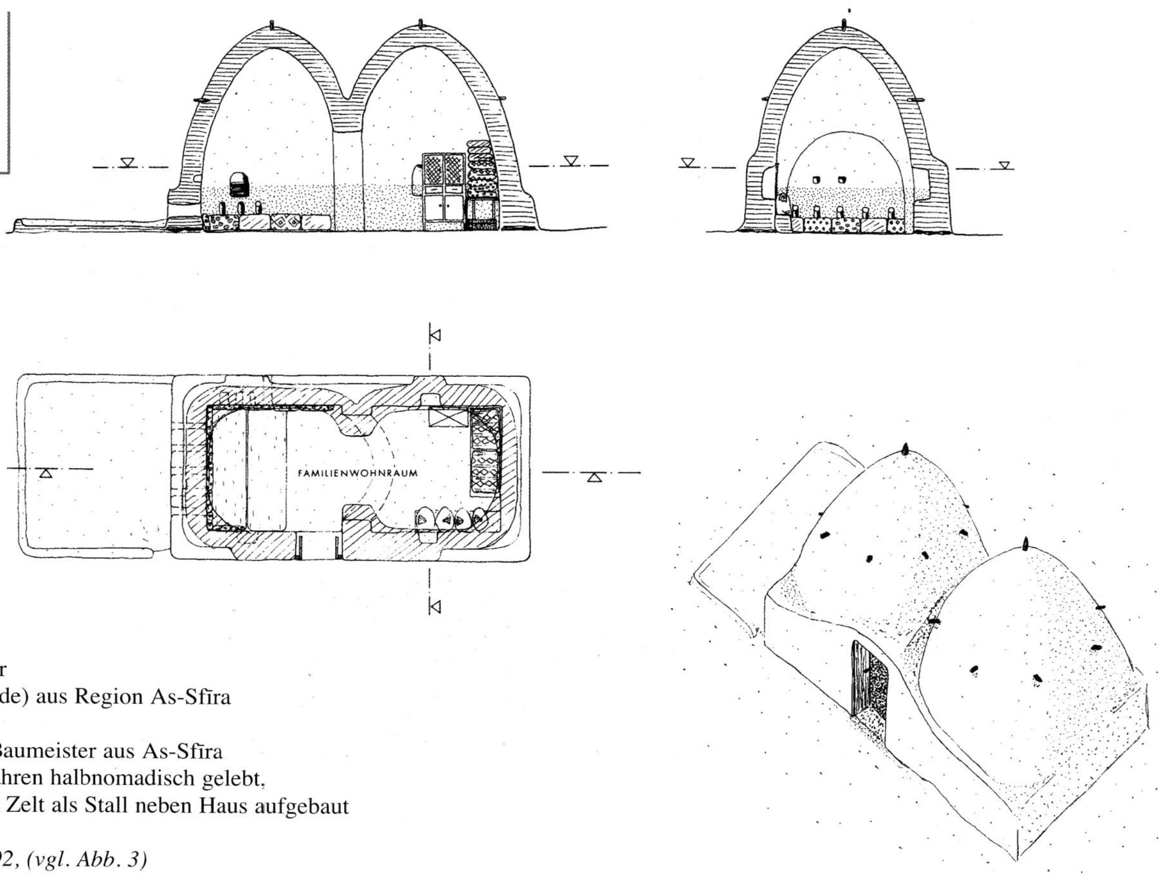

Personen: altes Ehepaar
Herkunft: Araber (Welde) aus Region As-Sfīra
Einkommen: bescheiden
Hausbau: 1960 (ca.), Baumeister aus As-Sfīra
Nutzung: bis vor 20 Jahren halbnomadisch gelebt, zu jener Zeit Zelt als Stall neben Haus aufgebaut
seßhaft: seit 1950
Bauaufnahme Oktober 1992, (vgl. Abb. 3)

Das Prinzip der Mittelraum-Kuppelhäuser ist identisch mit dem anderer Mittelhallenhäuser. Zur besseren Unterscheidung vermeide ich hier den Begriff „Halle", obwohl der Mittelraum des Kuppelhauses dieselben Funktionen erfüllt.

Innerhalb des Mittelraum-Kuppelhauses liegen die Wohn-, Empfangs- und evtl. Küchen- und Vorratsbereiche, während außerhalb davon separate Kuppelgebäude Feuerküche, Stallungen und Scheunen bergen.

Mittelraum-Kuppelhäuser bilden äußerlich relativ einheitliche Baukörper, da sie meist in einem Zug errichtet wurden.

Mancherorts wurde von Bewohnern berichtet, früher hätten manche Mittelraumkuppelhäuser einen weiteren Raum direkt hinter dem Mittelraum aufgewiesen, der als Stallung gedient habe. In einer solchen Raumdisposition ist die Erweiterung zu Cluster-Kuppelhäusern schon angelegt. Ähnlich wie beim Einraumhaus wäre so das wertvolle Vieh in den hinteren Bereichen sicher untergebracht und „versteckt" worden.

II.b) Innere Erschliessung: Cluster-Kuppelhaus

Die Kuppeleinheiten eines Cluster-Kuppelhauses liegen sowohl neben- als auch hintereinander in bis zu fünf Reihen. (Abb. 123 Schema II b, 124, 139, 140) Häufig sind die zugehörigen Räume innen miteinander verbunden. Solche großen Clusterhäuser entstanden sukzessive und gingen aus einem Bau mit nur wenigen Kuppeleinheiten hervor. Ihre komplizierte labyrinthische innere Erschließung entstand

Abb. 133

KUPPELHAUS, EINZELERSCHLOSSEN

TELL AT-TITN

Personen: 2 Erwachsene, 6 Kinder
Herkunft: Araber, Bū Ḫamīs
Einkommen: Ackerbau, Schafzucht
Status: bescheidener Wohlstand
Hausbau: ca. 1968, Neubau Rechteckhaus 1982, Küche und Stall 1987
Baumaterial: Lehmziegel
Versorgung: Elektrizität
Lage: Mitte eines Dorfes
seßhaft seit: seit 60 Jahre an diesem Ort
Region: südlich von Al-Ḥafsa
Bauaufnahme September 1987
(vgl. Abb. 130, 132)

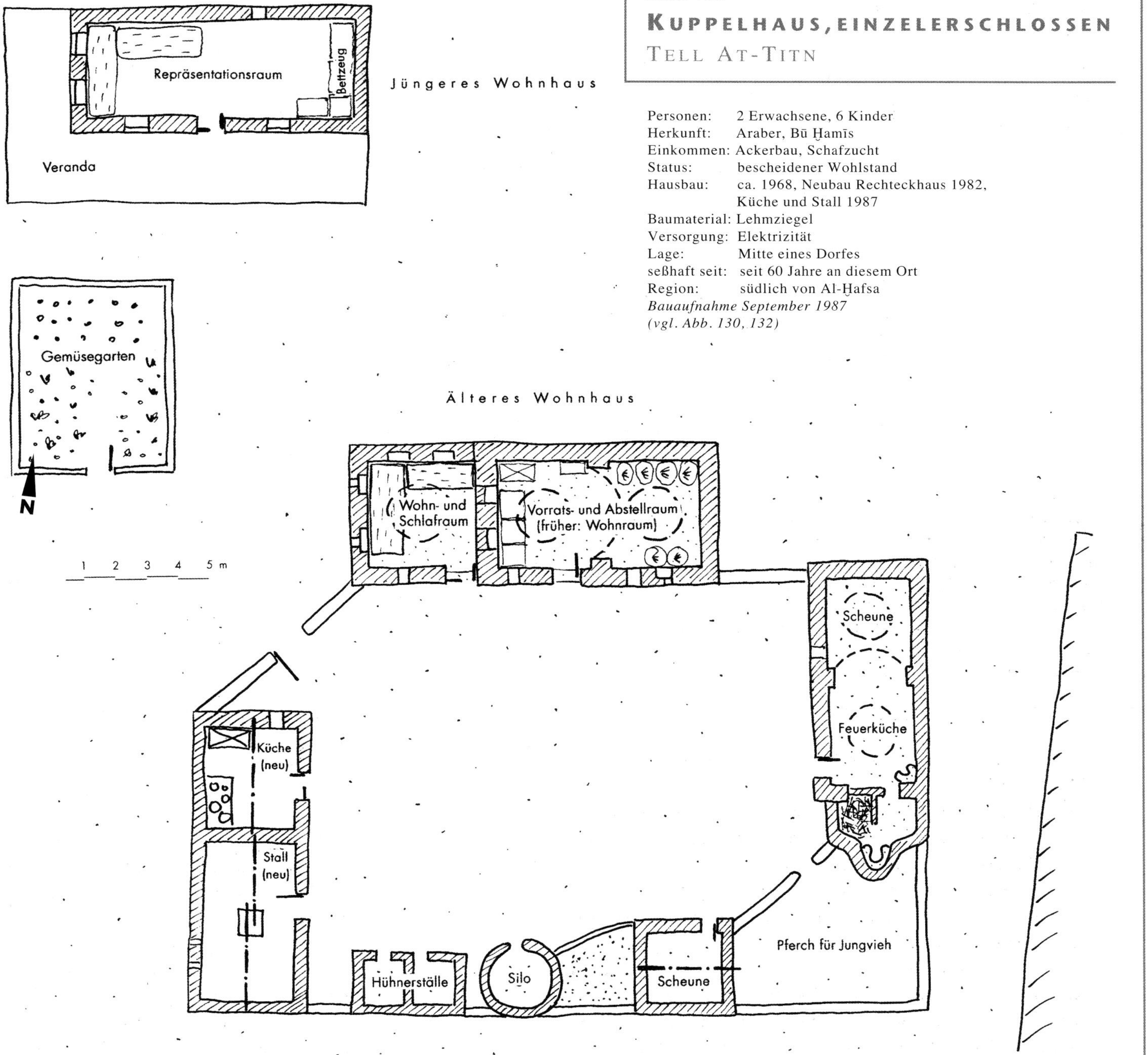

134

135

erst durch das Hinzufügen weiterer Kuppeleinheiten. Je nach Bedarf baute man Türöffnungen, andere wurden wieder geschlossen. Meist als große rundbogige Durchgänge ausgebildet, waren Türblätter ohnehin darin nicht vorgesehen.

Der Eingang zu einem Cluster-Kuppelhaus erfolgt von Süden – oft durch einen Türerker. Da dort der Hof liegt, ist dies die einzige Hausseite, an der nicht angebaut wird. (Abb. 140)

Kuppeleinheiten müssen ungefähr gleiche Seitenlängen aufweisen, um sie zellenförmig aneinanderfügen zu können. Ihrer Erweiterbarkeit waren Grenzen nur durch die Belichtung und Belüftung gesetzt. Die großen Cluster-Kuppelhäuser sind im Inneren sehr dunkel, da von der Möglichkeit, Licht- und Luftöffnungen auch im Kuppelbereich anzubringen, selten Gebrauch gemacht wurde.

Da die Erbauer dieser Häuser heute allesamt verstorben sind, können die Ursprungsbauten der Cluster-Kuppelhäuser nur annähernd rekonstruiert werden. Einige scheinen auf ein Grundmuster von vier Kuppeleinheiten zurückzugehen, die zusammen ein Quadrat bilden. Bei etwas jüngeren Häusern, wie beispielsweise in Tell Ḥāğib, erfolgt der Zugang über einen der vorderen Räume, der als Verteiler dient oder von dem aus man in die weiteren Räume gelangt. Auch Doppelkuppelräume gehören zum Raumprogramm.

Andere Cluster-Kuppelhäuser hatten offenbar ursprünglich Mittelraumanordnung. Um dies im Einzelfall herauszufinden, wären genauere Bauanalysen erforderlich. Veränderungen in der Familie, beim Viehbestand oder bei der landwirtschaftlichen Anbaufläche führen zu verändertem Raumbedarf. Neben vielfältigen Erweiterungsmöglichkeiten konnten die Bewohner das Haus auch verkleinern, indem sie Durchgänge schlossen und die dahinterliegende Kuppeleinheit dem Verfall überließen. Der Grundriß erlaubt viele Möglichkeiten, Wohn- und Nutzbereiche aufzuteilen. Infolge des Alters dieser Häuser und ihrer häufigen Veränderungen entstanden auch uneinheitliche Außenformen. Später hinzugefügte Kuppeln sind oft anders geformt – bedingt durch andere Baumeister, anderes Lehmziegelmaterial oder schlechtere Qualität der Arbeit.

Die Wände sind meist eineinhalbsteinig gemauert, *killain ū nuṣṣ*, mit Wandstärken von ca. 65 cm. Beim Anbau einer neuen Kuppel wurde manchmal neben die bestehende Wand eine schmalere im Binderverband aufgemauert, die bis zum Ansatz der alten Kuppel reicht. Damit ergibt sich die Möglichkeit, beide Wände zusammen als Auflager zu nutzen.[20]

Arbeiten des Baumeisters Moḥammed Aṯ-Ṭelǧī:

Abb. 134
Beim Bau einer Kragkuppel: Der Baumeister sitzt auf der Kuppelwandung, läßt sich Lehmziegel und -schlämme von Helfern anreichen und vermauert sie (Bau unseres eigenen Hauses) (Foto: Hamza Al-Chaban)

Abb. 135
Blick in eine ovale Kuppel mit Lichtöffnungen; der Baumeister hat als Zeugnis seiner Meisterschaft einen Fries aus angewinkelten Ziegeln verlegt (eigenes Haus)

Abb. 136
Die Vierkuppelmoschee, die Moḥammed Aṯ-Ṭelǧī in Az-Zimla in der Syrischen Wüste gebaut hat: vorne die Gebetsnische, in der Mitte zwischen den Kuppeln das Minarett

Abb. 137
Im Innern der Vierkuppelmoschee in Az-Zimla trägt eine Mittelstütze die Last der vier Gurtbögen, auf denen die Kuppeln aufliegen

Abb. 138
Ecke eines Kuppelhauses: der Übergang von der quadratischen Grundform zur Kuppelrundung mithilfe eines gemauerten sphärischen Dreiecks

136

Der Bau unseres eigenen Hauses im Dorf Ḥabūba Kabīra sollte zeigen, daß traditionelle Bauform und moderner Wohnkomfort miteinander vereinbar sind. Das Haus besteht aus sechs Kuppeleinheiten, von denen jene für Halle (Abb. 135) und Bad kleiner sind. Von der zentralen Kuppelhalle gehen Wohnraum, Schlafraum und Küche ab, ein kleiner Gang führt zu Bad, Toilette und einem weiteren Schlafraum. Bis auf einen Sockel aus Bruchsteinen besteht das Haus aus Lehmziegeln, die Kuppeln erreichen bis zu 6,50 m lichte Höhe. (Dies hat sich als zu hoch erwiesen, da die Kuppeln schlecht heizbar und mühsam zu kalken sind.) Trotz anfänglichem Interesse von Dorfbewohnern und Ingenieuren aus dem benachbarten Kreisort hat das Haus bislang keine Nachfolgebauten gefunden. Ein Ziel des Hausbaus war es auch, junge Maurer, die als Helfer assistierten, die Technik des Kuppelbaus erlernen zu lassen. Als Baumeister, der die jungen Männer anleitete, konnten wir den Erbauer der hier dokumentierten Vierkuppelmoschee, Moḥammed At̲-T̲elǧī, gewinnen.

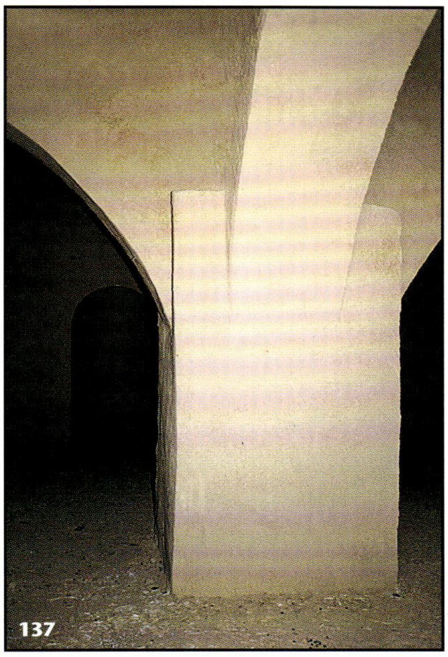

137

138

Nutzungen und Innenräume

Der repräsentativste Raum liegt in der westlichen Gehöftseite. Diese Funktion erfüllte früher der Wohnraum, heute der Gästeraum. Bei vielen Häusern erhält dieser Gästeraum einen separaten Eingang, da man dies als repräsentativer ansieht. Die Verbindungstür zum Mittelraum schließen manche Familien, um den Gästeraum noch deutlicher zu separieren. Die Westlage wird bevorzugt, weil Winde von dort ein wenig sommerliche Kühlung bringen, daher liegt dort der jeweils „beste" Raum.

Der Doppelkuppelraum mit seiner optischen Zweiteilung läßt sich gut nutzen: im linken, dem westlichen Bereich sitzt und schläft man, im rechten Teil bewahrt man den Hausstand auf. Bei einer solchen Nutzungsverteilung liegt die Eingangstür der Doppelkuppelräume in der linken Raumhälfte. (Abb. 3, 131) Wenn jedoch ein einzelerschlossener Kuppelraum westlich angebaut wurde, kann die Eingangstür auch in der östlichen Raumhälfte liegen.

Bei einreihigen Mittelraum-Kuppelhäusern ist die Raumnutzung ebenfalls ähnlich: Der Westraum dient dem Empfang, der Mittelraum stellt den Verteilungs- und Kommunikationsraum – seltener die Küche –, der Ostraum den Familienwohnraum dar. Letzterer kann ein Doppelkuppelraum sein.

Bei beiden bisher besprochenen Hausformen werden die haus- und landwirtschaftlich genutzten Räume in rechtwinklig zum Haupthaus angeordneten Kuppelzeilen untergebracht. Oft bildet die Küche den Anfang einer solchen Zeile, an welche Feuerküchen, Scheunen und Ställe angebaut werden.

Während die Nutzung bei Kuppelhäusern, die aus einer Raumreihe bestehen, relativ einheitlich ist, wird die Raumaufteilung individueller, je mehr Raumreihen hintereinander geschaltet sind. Bei einem Mittelraum-Kuppelhaus mit zwei Raumreihen, das in Ǧdaida in der oberen Balīḫ-Region gelegen ist, berichtete man von folgender früherer Nutzungsverteilung: In der ersten Raumreihe lag jeweils auf beiden Seiten des Mittelraums, in dem auch gekocht wurde, der Wohnraum einer Ehefrau. In den Räumen der zweiten Raumreihe waren das Vieh und der Bergeraum untergebracht. Bei einem anderen Beispielhaus aus Waṣta Al-Maksūr im mittleren Balīḫ-Tal, liegt der Gästeraum auf der westlichen Seite in voller Haustiefe, der Mittelraum ist Verteilungs- und Kommunikationsraum, der vordere, d. h. südöstliche Raum dient als Familienwohnraum, der hintere, d. h. nordöstliche Raum als Küche und Vorratsraum. Weitere Funktionen wurden in späteren kleinen Bauten gegenüber den Haupthäusern untergebracht.

Keines der großen Clusterkuppelhäuser, die ich untersuchte, wurde noch als Wohnhaus benutzt. Angaben über einstige Nutzungen erfuhr ich von den Enkeln

Abb. 139

Clusterkuppelhaus

Taḥtek Fawqānī

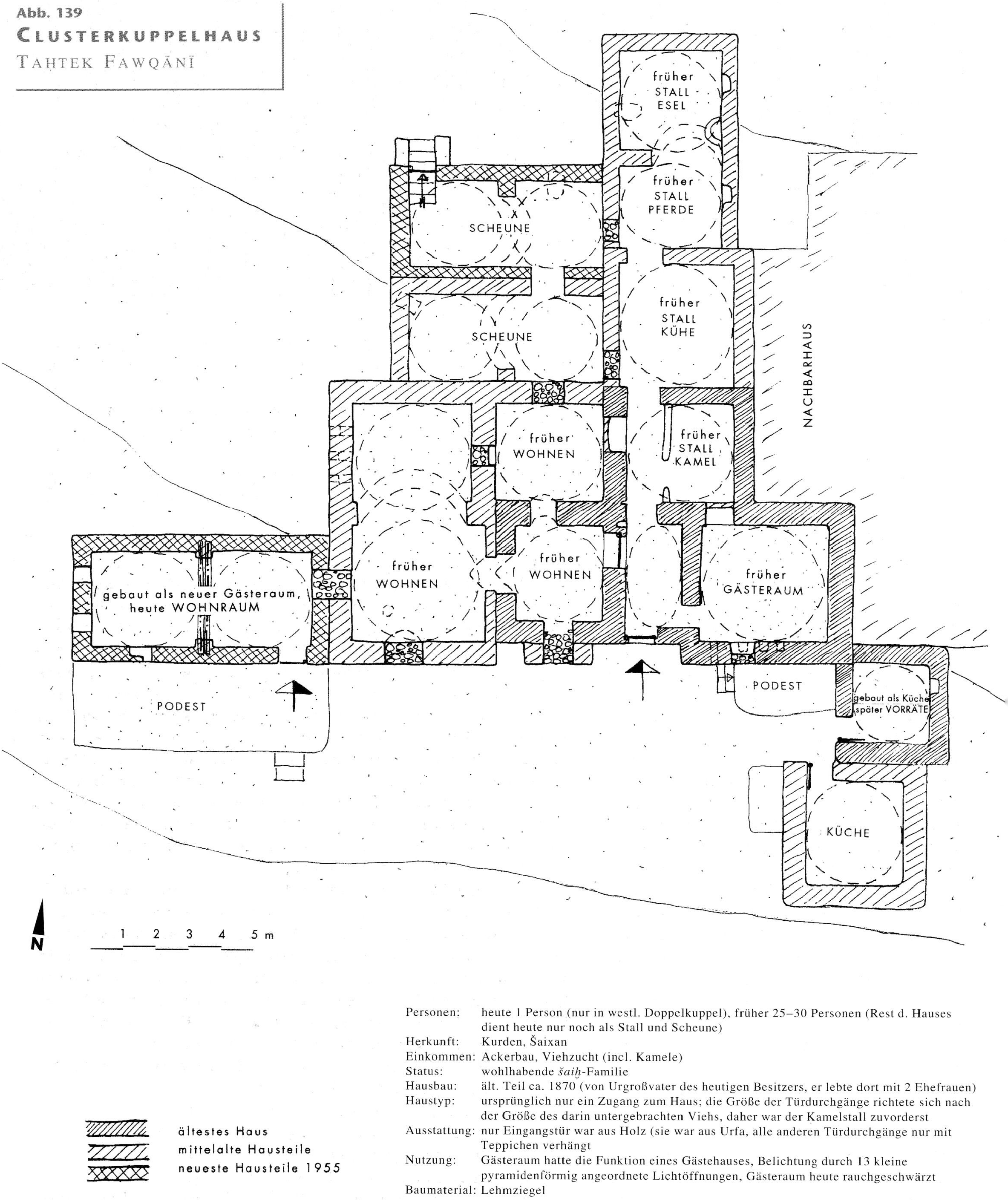

Personen:	heute 1 Person (nur in westl. Doppelkuppel), früher 25–30 Personen (Rest d. Hauses dient heute nur noch als Stall und Scheune)
Herkunft:	Kurden, Šaixan
Einkommen:	Ackerbau, Viehzucht (incl. Kamele)
Status:	wohlhabende *šaiḫ*-Familie
Hausbau:	ält. Teil ca. 1870 (von Urgroßvater des heutigen Besitzers, er lebte dort mit 2 Ehefrauen)
Haustyp:	ursprünglich nur ein Zugang zum Haus; die Größe der Türdurchgänge richtete sich nach der Größe des darin untergebrachten Viehs, daher war der Kamelstall zuvorderst
Ausstattung:	nur Eingangstür war aus Holz (sie war aus Urfa, alle anderen Türdurchgänge nur mit Teppichen verhängt
Nutzung:	Gästeraum hatte die Funktion eines Gästehauses, Belichtung durch 13 kleine pyramidenförmig angeordnete Lichtöffnungen, Gästeraum heute rauchgeschwärzt
Baumaterial:	Lehmziegel
Versorgung:	keine Elektrizität, eigener Brunnen
Lage:	Mitte eines Weilers in der Mitte eines Südhangs
seßhaft:	seit Jahrhunderten
Region:	südliche ʿAin Al-ʿArab-Region

Bauaufnahme September 1990, Oktober 1992, (Abb. 140)

Abb. 140
Blick vom großen offenen Vorplatz auf das gegen einen Hügel gebaute Cluster-kuppelhaus in Taḥtek Fawqānī

der Erbauergeneration. Als Beispiel möge hier ein Haus aus Kurpingār, südöstlich von ʿAin Al-ʿArab, dienen: (Abb. 123 Schema, II b) Durch den einzigen Zugang zum Haus trat man in einen Verteilungsraum, der als Küche diente. Von dort aus gelangte man nördlich in die zweite Raumreihe, in den Wohnraum. Westlich des Verteilungsraums lag ein Gästeraum, was auf die Bedeutung der Besitzerfamilie schließen läßt. Auf der Ostseite gelangte man in Vorratsräume, Scheunen und Stallungen. Der Zugang durch nur e i n e Außentür wurde damit begründet, das Vieh und die Erträge im hinteren Hausbereich geschützter aufzubewahren. Mit zunehmender politischer Sicherheit und gestiegenen ökonomischen Möglichkeiten konnten Ställe und Bergeräume in andere Hofbereiche verlegt werden. Die Vielzahl und die Größe der Kuppeleinheiten weisen auf den Wohlstand der Besitzerfamilien der großen Cluster-Kuppelhäuser hin – entsprechend selten kamen sie vor.

Im Innenbereich der Kuppelhäuser besteht der Boden aus gestampftem Lehm, die Wände sind lehmverputzt und je nach Region auch getüncht. Um auch in Großfamilienhäusern den Familienwohnraum einer Kernfamilie etwas zu separieren, hängte man Teppiche, *bṣt*/sing. *bṣāt*, in die Durchgänge. Die teure Anschaffung von Holztüren blieb auf die Außentür beschränkt. Die Einrichtung der Räume bestand aus einer Brauttruhe für Kleidung und Wertsachen und ein wenig aufgestapeltem Bettzeug, Teppichen und Vorratssäcken.

Stallungen und andere Nebengebäude unterschieden sich von den Wohnräumen nur durch einen unbefestigten Boden und weniger sorgfältig verputzte Innenwände.

Kuppelscheunen kann man als solche daran erkennen, daß eine große Öffnung – die bei Bedarf verschlossen wird – im Kuppelbereich liegt. Durch diese läßt sich Stroh bis unter die Kuppel einfüllen. Rampen führen zu den Kuppelöffnungen hinauf. Die obere Öffnung wird, nachdem die Kuppelscheune aufgefüllt ist, mit einigen losen Ziegeln verschlossen und bei Bedarf wieder geöffnet. (Abb. 127)

In den Verbreitungsgebieten der Kuppelhäuser wurden auch gelegentlich Gästehäuser als Kuppelhäuser gebaut. Eines der wenigen noch existierenden steht in Ǧdaida in der oberen Balīḫ-Region und stammt aus dem Jahre 1954. Der Empfangsraum selber ist ein Doppelkuppelraum von über 30 m^2. Ein geräumiger Vorraum samt Kaffeekamin ist mit einer ovalen Kuppel überdeckt. (vgl. auch Kapitel 9, Abb. 254, 255)

Vorkommen und Verbreitung

Kuppelhäuser finden sich in großen Teilen Nord- und Mittelsyriens[21] ebenso wie in der Sürüç- und der Harranebene, beide in der heutigen Türkei gelegen. (Abb. 143) Ewald Banse wertete am Anfang des 20. Jahrhunderts vorhandene Quellen aus, ergänzte sie durch eigene Beobachtungen und erstellte eine Kartierung der „Verbreitung der Gubâb-Hütten".[22] Dabei faßte er sie zu regionalen Gruppen zusammen. Die Verbreitungsgebiete sind zwar gewachsen, dennoch sind sie nicht alle untereinander verbunden. In Anlehnung an Banses Aufteilung liegen innerhalb des untersuchten Gebietes die südlichen Ausläufer seiner „Harran-" und „Sserudsch-Gruppe" (Sürüç) und Dörfer, die östlich an die „Aleppo-Gruppe" anschließen. Letztere reichen in ihren Ausläufern bis an den Euphrat. Er notierte, daß gerade zwischen dem Euphrat und Aleppo der Besatz mit Kuppelhäusern nicht durchgängig ist, sondern auch andere Hausformen vorkämen. Ebenso wie spätere Autoren stellte Banse den Zusammenhang zwischen Kuppelhausvorkommen und alluvialen Böden fest.[23]

Gegenüber Banses Angaben waren die Kuppelhausregionen gewachsen; in den fünfziger Jahren – der Zeit der größten Verbreitung – reichte die Nord-Süd-Ausdehnung von nordwestlich Urfa bis südöstlich Homs. Die Ost-West-Ausdehnung erreichte den Fuß der syrischen Küstengebirge und des Amanusgebirges im Westen, im Osten fanden sich Kuppelhäuser bis in die Oasenorte der Syrischen Wüste, kreuzten den Euphrat bei Al-Manṣūra und begleiteten den Oberlauf des Balīḫ-Flusses. Meine Beobachtungen aus den Jahren 1993 bis 1995 zeigen eine ähnlich weite maximale Ausdehnung im Osten und Süden. (Abb. 143)

Für Kuppelhäuser lassen sich (innerhalb des untersuchten Gebietes) folgende Verbreitungsgruppen feststellen:

- die Euphrat-Region zwischen Meskene und Al-Ḫafsa,
- die erweiterte Balīḫ-Region am Mittel- und Oberlauf des Flusses,
- die ʿAīn Al-ʿArab-Region als Ausläufer der Sürüç-Ebene,
- die aramäischen Dörfer in der nördlichen Ḫābūr-Region.

Vereinzelte Kuppelhäuser gibt es auch über diese Gebiete hinaus. Diese können durch Wohnortwechsel von Menschen entstanden sein, die ihre alte Hausform „exportierten".[24]

- Zur Euphrat-Region: Innerhalb dieses Gebietes kommen sehr viele Kuppelhausdörfer vor, sie bilden aber nicht mehr die Mehrzahl der Bebauung. Die Ver-

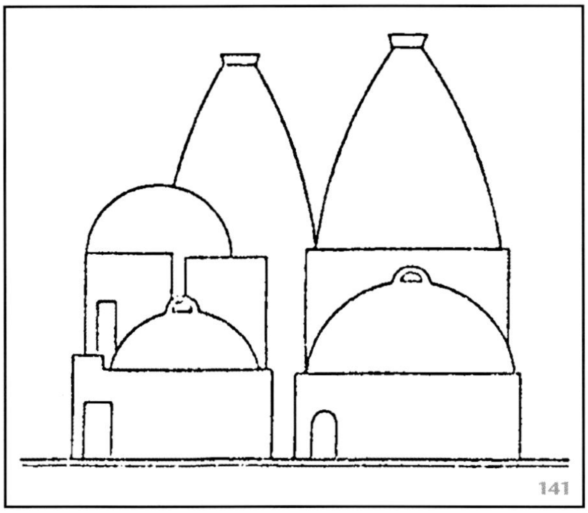

Abb. 141
Kuppelhäuser auf einem Relief im Sanherib-Palast in Ninive aus dem 7. Jahrhundert vor Christus

Abb. 142
Kuppelhäuser mit Lüftungsöffnungen oben (Oppenheim-Archiv)

breitung reicht im Norden von dem Höhenrücken nördlich von Al-Ḫafsa bis ungefähr Meskene. Sowohl in einigen südlich davon gelegenen Dörfern (bis nach Al-Manṣūra) als auch auf der Ǧazīra-Seite des Stausees (südlich und südwestlich von Al-Ǧarniya) gibt es nur vereinzelte Kuppelhäuser. Westlich geht das Gebiet in Banses „Aleppo-Gruppe" über.[25] In dieser Region sind ausschließlich einzelerschlossene Kuppelhäuser vertreten. Da die Gehöfte einige Jahrzehnte alt sind, haben sie sich meist zu vierseitigen Hofanlagen geschlossen, deren anfängliche räumliche Anordnung kaum mehr ablesbar ist.
Die auf den etwas höher gelegenen Uferterrassen des Euphrat siedelnden Bewohner bauten ihre Dörfer aus Kuppelhäusern, während in der Talsohle selbst Kuppelhäuser kaum vorkamen. Obwohl diese Entwicklung nur den Siedlungsbeginn betraf, sind diese unterschiedlichen Traditionen bis heute sichtbar geblieben.[26]
Nach Banse existierten zu Beginn des Jahrhunderts einige Kuppelhausdörfer auf halbem Weg zwischen Aleppo und dem Euphrat. Sehr viel mehr Kuppelhausdörfer sind seit dieser Zeit entstanden, dennoch ist die Region nicht durchgängig mit ihnen besetzt. Die unmittelbar um Aleppo herum vorkommenden Kuppelhäuser weisen eine entwickeltere Bautechnik auf: die Wand endet oben in einem leicht geschwungenen Bogen zur Kuppel hin (hinter der sich die Regenrinne verbirgt), die Kuppelformen sind alle annähernd gleich, die Kuppeleinheiten erreichen (im Ausnahmefall) 4 m Seitenlänge, manchmal zieren kleine Lehmapplikationen die Innenräume (Abb. 311), es gibt eingebaute Vorratssilos, etc. (Dagegen sind in der Euphratregion die Kuppelformen heterogener, die Räume kleiner, Baudekoration und feste Einbauten fehlen völlig.) Ein Grund mag darin zu suchen sein, daß die altseßhafte, bäuerliche Bevölkerung des Aleppiner Umlandes über längere Bauerfahrung als die Bewohner der Euphrat-Region verfügt.

▮ Zur Balīḫ-Region: Die Verbreitung im Balīḫ-Tal, dem südlichen Teil von Banses „Harran-Gruppe", ist im Zusammenhang mit der Regulierung des sumpfigen Flußtals zu sehen. Das Balīḫ-Verbreitungsgebiet umfaßt Landstriche auch der weiteren Umgebung. Kuppelhäuser finden sich im mittleren und nördlichen Teil der Region und nahe der Mündung bei Raqqa. Im Norden kennt man die innere Erschließung mit Mittelraum-Anordnung.[27] Während einzelerschlossene Kuppelhäuser sonst etwas seltener vorkommen, sind sie im Süden bei Raqqa dagegen üblich. Bei letzteren ist der bautechnische Standard eher schlecht und die Kuppeln sind abgeflacht. Der starke Besatz mit Kuppelhäusern im nördlichen Balīḫ-Tal geht auf die ältere Besiedlung dort zurück. Dagegen zog der Baumwollboom der fünfziger Jahre, der sich auch auf das südlichere Balīḫ-Tal auswirkte, einen Austausch vorhandener Kuppelhäuser durch andere Hausformen nach sich.

▮ Zur ʿAīn Al-ʿArab-Region: Diese Region ist bis heute kontinuierlich mit Kuppelhäusern besetzt.[28] Nach Südwesten hat sie eine deutliche Begrenzung in dem Höhenzug, der sie vom Euphrat trennt. Dort, wo nördlich davon die Ebene bis an den Fluß heranreicht, also keine natürliche Barriere besteht, reichen auch die Kuppelhäuser bis auf wenige Kilometer an den Euphrat heran. Im Osten geht ein Ausläufer in den nördlichen Teil der Balīḫ-Region über. Im Norden geht diese Verbreitungsgruppe über in die türkische Sürüç-Ebene, in der schon im 19. Jahrhundert Hunderte von Dörfern vorhanden gewesen sein sollen.
Die in der ʿAīn Al-ʿArab-Region vorkommenden älteren Kuppelhäuser weisen alle innere Erschließung auf. Nur jüngere Häuser sind gewöhnlich einzelerschlossen. Bei vielen Gehöften mischen sich die Formen. Stallungen und Scheunen sind heute selbstverständlich getrennt zugänglich. Die inneren Durchgänge älterer Häuser bestehen alle aus Bogenkonstruktionen.
In Tell Ḥāǧib, südöstlich von ʿAīn Al-ʿArab gelegen, scheint sich die Vierkuppeleinheit als moderne Wohnhausform zu etablieren: mit größeren Fenstern, abgeflachten Kuppeln und Balken anstelle von Zwickeln zur Konstruktion des Kuppelansatzes. Stallungen und Scheunen sind rechtwinklig in separaten Kuppeleinheiten angeordnet.

▮ Die Verbreitung am Ḫābūr geht auf die Ansiedlung aramäischer Flüchtlinge in den dreißiger Jahren zurück.[29] Die französische Mandatsmacht hatte – nach Angaben der heutigen Bewohner – Baumeister aus dem Aleppiner Umland mit dem Bau von Kuppelhäusern beauftragt. In der damals fast baumlosen Ḫābūr-Landschaft bot sich der Kuppelhaustyp als kostengünstige Hausform an. Heute existiert nur noch ein Teil dieser Häuser. In der Ḫābūr-Region wurden ausschließlich einzelerschlossene Kuppelhäuser gebaut, die zu Vierkuppel-Einheiten zusammengefaßt waren. Ursprünglich erhielten Familien mit Kindern je zwei Kuppeleinheiten, kinderlosen Familien stand nur eine Kuppeleinheit zu.[30] Heute werden die letzten dieser Kuppeleinheiten nur noch als Nebengebäude genutzt.

Analyse, Herkunft und Entwicklung

Der rezente Baubestand läßt konkrete Schlüsse auf die Entwicklungslinien im Kuppelhausbau maximal für die letzten 100 Jahre zu. Die ältesten heute noch vorhandenen Häuser mögen noch von der Jahrhundertwende 1900 stammen. Genauere Datierungen sind unmöglich, da die mündliche Überlieferung darüber keine exakten Daten liefert. Dennoch will ich im

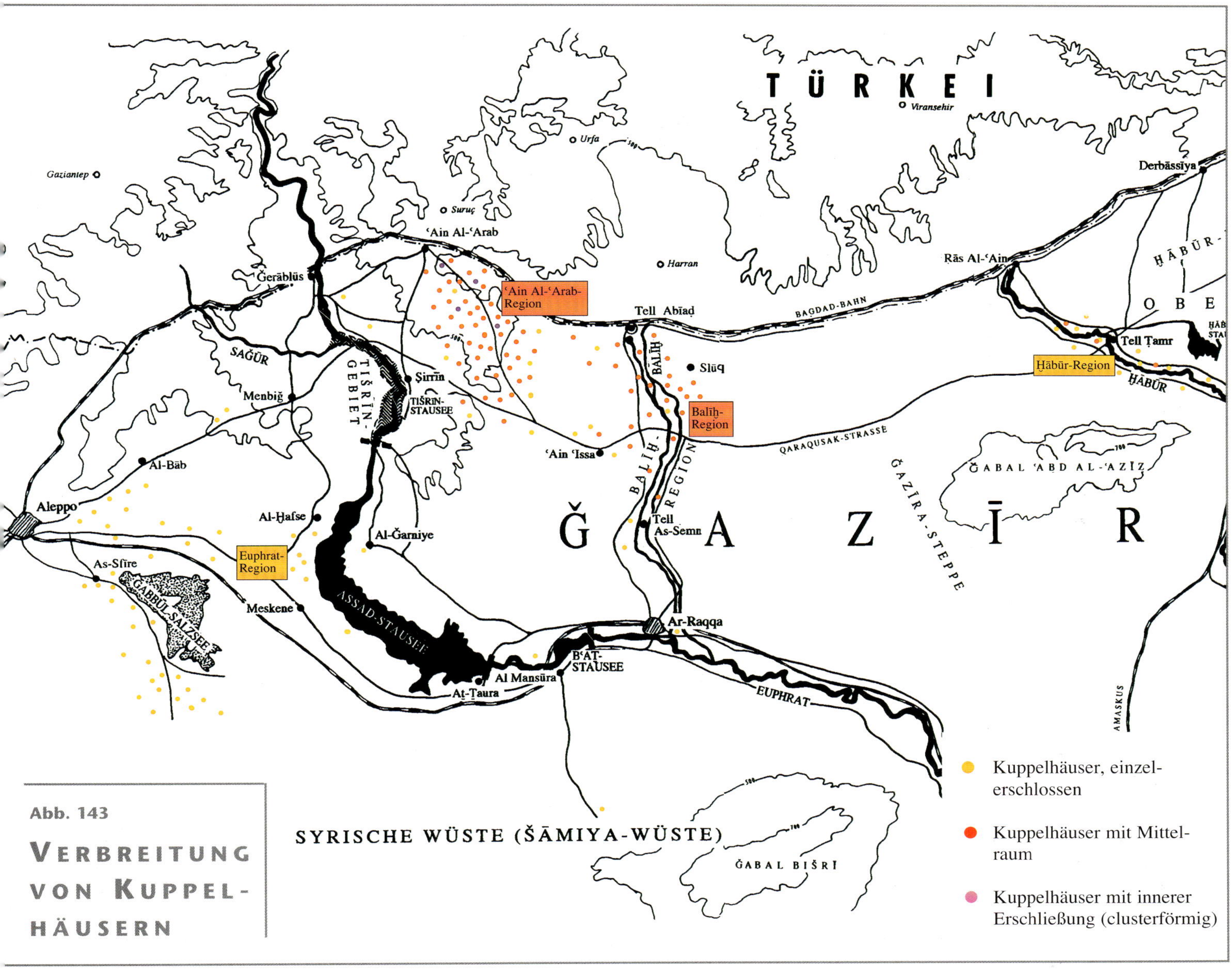

Abb. 143

Verbreitung von Kuppelhäusern

folgenden versuchen, eine typologische Entwicklung des Kuppelhauses nachzuzeichnen.

Es wird angenommen, daß es sich bei dem runden Grundriß um die Ausgangsform des Kuppelhauses handelt. Die Einheit von Wand und Dach legt dies nahe. Das konstruktive Prinzip des sukzessiven Auskragens ist technisch relativ einfach. Sobald Rundkuppeln jedoch erweitert werden sollen, erweisen sie sich als unökonomisch: erstens kann ein Anbau nicht auf schon bestehende untere Ziegelschichten des Erstbaus aufsetzen, sondern man muß einen komplett neuen Kuppelkegel daneben errichten, zweitens muß eine Art Übergangstunnel zwischen beiden Kuppeln gebaut werden. Auch ist für die Tür je nach Kuppelneigung ein Türerker erforderlich, um Kopfhöhe zu erreichen. Gegen Rundbauten spricht auch die erschwerte Nutzbarkeit des Innenraums zum Wohnen. Dagegen eignen sie sich jedoch als Bergeräume und Hühnerställe und werden auch in der Ğazīra für solche Zwecke gebaut.[31]

Es lag nahe, aus dem runden Grundriß einen quadratischen zu entwickeln, der die oben beschriebenen Nachteile vermeidet.[32] Innerhalb des rezenten Kuppelhausbestandes setzt die Kuppelrundung umso tiefer an, je älter das Haus ist. Bei einigen Häusern beginnt die Kuppelrundung schon in 50 cm Höhe und erzeugt dadurch den Eindruck eines Rundbaus.

Eine einzelne Kuppeleinheit auf quadratischer Grundfläche als alleiniger Raum für alle Bedürfnisse ist nicht nur theoretisch die Basis der Kuppelhausformen in Nordostsyrien: Sehr arme ältere Menschen verfügen manchmal nur über einen Kuppelraum. Basierend auf einer solchen quadratischen Kuppeleinheit entstanden zwei Entwicklungsstränge. Zur Einzelerschließung (Abb. 123 Schema, I) gehört immer die seitliche Erweiterung in Reihenform, eine darüber hinausgehende Differenzierung erfolgt nicht. Einzig die Zuordnung der Reihen differiert voneinander. Dagegen wendet die innere Erschließung (Abb. 123 Schema, II) entweder das Zentralraumprinzip oder die labyrinthische Anordnung an. Bei ersterer erfolgt die Differenzierung durch Vervielfachung der Reihe, beim labyrinthischen Prinzip kann überall angebaut werden.

Beide Erschließungsprinzipien tauchen in unterschiedlichen Regionen auf. Auffällig ist, daß die innere Erschließung nur in den beiden nördlichen Verbreitungsgebieten vorkommt, die die Ausläufer der türkischen Verbreitungsgruppen darstellen. Im anatolischen Kulturraum ist das Prinzip eines zentralen Raums üblich, „der nicht nur die einzelnen Räume miteinander verbindet, sondern gleichzeitig ein Gemeinschaftszentrum innerhalb des Hauses bildet."[33]

Die von manchen Europäern gehegte Vermutung, Kuppelhäuser stünden in Zusammenhang mit der ethnischen Gruppe der Kurden, entbehrt jeder Grundlage.

Innerhalb Nordostsyriens handelt es sich nur im Falle des ʿAīn Al-ʿArab-Verbreitungsgebietes um eine mehrheitlich kurdische Bevölkerung. In den meisten Gebieten sind die Bewohner arabischer Herkunft. Ein Zusammenhang zwischen ethnischer Herkunft und Hausform wird heute grundsätzlich bestritten und wurde in diesem konkreten Fall schon Anfang des 20. Jahrhunderts abschlägig beschieden.[34]

Unbestreitbar sind die notwendigen Voraussetzungen zur Entstehung von Kuppelbauten: das Fehlen entsprechenden Bauholzes einerseits und das Vorhandensein geeigneter Böden mit den erforderlichen Lehmeigenschaften andererseits.

Die Existenz von Rundbauten ist zwar seit dem Mesolithikum für den syrisch-palästinensischen Raum belegt,[35] es ist jedoch unklar, ob sich eine direkte Abfolge zu den heutigen Kuppelhäusern herstellen läßt. Das Prinzip des Krag-Rundbaus ist zwar in verschiedenen Kulturen des Mittelmeerraums üblich, doch die Tendenz geht dahin, die syrischen Kuppelhäuser als autochthone Entwicklung anzusehen.[36] Grabungsergebnisse der letzten Jahre haben Kuppelhäuser mit quadratischen Grundrissen aus dem 3. vorchristlichen Jahrtausend in der Oberen Ǧazīra zu Tage gefördert.[37] Die älteste bekannte Abbildung von Kuppelhäusern findet sich auf einem Relief aus dem neuassyrischen Sanherib-Palast in Ninive aus dem 7. Jahrhundert v. Chr. (Abb. 141) Auch dort handelt es sich um Kuppeln auf quadratischen Grundrissen. Sarre/Herzfeld äußerten die Vermutung, daß die dargestellten Häuser nicht assyrisch, sondern vielleicht die Häuser gefangener fremder Fronarbeiter seien.[38] Auch der mittelalterliche islamische Geograph Yāqūt berichtete, daß die Häuser in der Region zwischen Moṣul und Nusaybin Kuppelhäuser seien.[39] In dieser Region kommen heute keine Kuppelhäuser mehr vor.

Diese, wenn auch spärlichen, historischen Kenntnisse deuten auf eine Kontinuität dieser Bauform hin. Wenn auch die heutigen Verbreitungsgebiete nicht mit den historischen identisch sind, so ist die Großregion jedoch dieselbe. Es scheint, als sei die Kenntnis des Kuppelbaus in den seßhaften Regionen am Rande der Steppe bewahrt worden. Ende des 17. Jahrhunderts bestand offensichtlich Aleppo selber großenteils aus Kuppelhäusern.[40]

Kuppelhäuser heute

Zwar sind Kuppelhäuser in allen genannten Regionen in unterschiedlicher Zahl und Dichte am Ende des 20. Jahrhunderts vorhanden, jedoch ist ihr Verschwinden nur noch eine Frage kurzer Zeit. Kuppelhäuser gelten als Inbegriff einer Vergangenheit, in der man sich kein balkengedecktes Wohnhaus leisten konnte. Jede Familie, die über die nötigen finanziellen Mittel verfügt, besitzt zumindest für Wohn- und Empfangszwecke einen Flachdachbau.[41] Kuppelhäuser sind mit dem Stigma der Armut behaftet.[42] Gabriel/Rathjens berichteten von einem Regierungserlaß – vermutlich aus den fünfziger Jahren –, der Kuppelhäuser verbot, „da sie als ein primitives ethnographisches Relikt angesehen werden, dessen sich das moderne Syrien ebenso wie gewisser alter Volkstrachten und -gebräuche entledigen müßte".[43]

Bei den Kuppelhausformen haben in den letzten Jahren starke Funktionsverschiebungen stattgefunden. Da man einen repräsentativeren Flachbau anfügte, sind alle anderen Raumformen in der Werteskala der Bewohner eine Kategorie nach unten gerutscht. Die Generation der Söhne errichtet solche Flachbauten als eigenen Familienwohnraum innerhalb der Hofanlage. Ein eventuell vorher vorhandener Kuppelempfangsraum wird zum Wohnraum der Eltern, die damit zu Bewahrern des traditionellen Haustyps werden. Die Jungen fügen einen „zeitgemäßeren" Haustyp hinzu, ihnen liegt nichts an der Modernisierung der Kuppelhausformen. Die Ablösung der führenden Rolle einer Generation durch die nächste wird so auch räumlich ablesbar.

Nur vereinzelt werden heute noch Kuppelhäuser – aber nur mit abgeflachten Kuppeln – errichtet. Auch die Ansätze zur Kuppelrundung mit mehr als 1,80 m Höhe schaffen großzügigere Innenräume. Allenfalls sehr arme Familien empfangen ihre Gäste (noch) in einem Kuppelraum. Dagegen werden Kuppelbauten für haus- und landwirtschaftliche Funktionen noch länger Bestand haben. Mit zunehmendem Wohlstand werden jedoch auch sie in anderen Bauweisen ausgeführt werden. Während noch viele Gehöfte aus einzel- oder zentralerschlossenen Kuppelhäusern existieren, stehen die großen Cluster-Kuppelhäuser schon seit den siebziger Jahren leer und dienen als Nebengebäude.

Um so bemerkenswerter ist die Initiative eines Dorfbaumeisters aus der „mittleren" Euphratregion zu bewerten, den Auftrag zum Bau einer Dorfmoschee in der nördlichen Syrischen Wüste für die Errichtung eines Vierkuppelraums zu nutzen. Ein Bau, der meines Wissens in Syrien heute einzigartig dasteht.[44] (Abb. 136, 137)

Ob Kuppelhäuser noch bewohnt werden, läßt sich nur feststellen, indem man in diese eintritt, da viele Häuser zwar äußerlich noch intakt sind, aber aufgelassen wurden oder als Ställe dienen. Die Besitzerfamilien haben sich entweder im selben Dorf ein neues flaches Haus gebaut, oder sie sind in die Stadt abgewandert und nutzen die alten Kuppelhäuser bestenfalls noch als ländliche Dependance oder auch als Lagerraum für landwirtschaftliche Produkte. Zur Begründung, warum heute fast keine Kuppelhäuser mehr gebaut und die alten verlassen werden, wurde auf Nachfragen immer wieder folgendes geantwortet: *gubāb* seien unmodern und überholt; sie entsprächen nicht mehr dem modernen, zivilisierten Leben und ihre Grundfläche sei zu klein; es seien keine großzügigen Räume möglich; sie seien eng und „miefig", da sie kaum Öffnungen aufweisen. Die Äußerung eines Bewohners, daß sie als Beduinen diese ersten festen Häuser wie Gefängnisse empfunden hätten, spiegelt zwar einerseits die Überheblichkeit der Nomaden gegenüber den Seßhaften, andererseits aber auch die konkreten Erfahrungen mit engen gubāb zu Beginn der Seßhaftigkeit. Die transhumanten Schafnomaden kamen mit der Seßhaftigkeit besser zurecht als die vollnomadischen kamelzüchtenden Beduinen. Sie waren auch schneller bereit gewesen, den Kuppelhaustyp von den schon längere Zeit seßhaften bäuerlichen Nachbarn zu übernehmen. Unter den ehemaligen Beduinenstämmen haben diejenigen Kuppelhäuser übernommen, die sich im Verbreitungsgebiet der „Aleppogruppe" seßhaft gemacht hatten.

Wie die meisten Gebäude werden auch Kuppelhäuser, wenn sie ausgedient haben, nicht abgerissen, sondern dem Verfall preisgegeben, indem sie keinen jährlichen Neuverputz und keine Lehmschlämme auf dem Dach mehr erhalten. Der Verfall der solide gebauten Vollkuppeln geht ungleich langsamer vonstatten als der der Flachbauten, bei denen mit dem Auflassen auch die Holzteile der Dachkonstruktion entfernt werden und demzufolge die Lehmziegelwände sehr schnell vom Regen abgeschwemmt werden. Der Verfallsprozeß der Kuppelbauten verläuft meist so, daß auf der Wetterseite ein Loch entsteht und sich dieses Loch langsam vergrößert, bis die Kuppel irgendwann einstürzt.

Entsprechend dem nicht mehr vorhandenen Bedarf gibt es auch keine jüngeren Baumeister mehr, die die Kuppelbautechnik erlernen. So wird mit dem Tod der alten Baumeister auch die Tradition des Kuppelbaus zu Ende gehen.

Rechteckhaus-Gruppe

Die im folgenden aufgeführten Häuser umfassen eine große Typengruppe, die wie folgt differenziert werden kann:

- Zeilenhaus und Winkelhaus, die beide aus einer Addition entstehen,
- Mittelbalkenhaus und T-Haus, die sich beide aus einer Differenzierung im Inneren entwickeln.

Alle Rechteckhaustypen sind eingeschossig und haben flache Dächer – häufig mit leichter Pultneigung zur Hausrückseite hin. Die Konstruktion der Decken besteht aus Rundhölzern und weist ‚bündige Flachdächer' auf. (vgl. Kap. 12)

Zeilenhaus

Beim „Zeilenhaus" handelt es sich um einen rechtwinkligen Raum mit flachem Dach.[45] Es tendiert dazu, seitlich in Zeilenform angebaut zu werden und hat eine einheitliche Erschließungsseite. Auch ein einzelner Raum dieser Art wird im folgenden als Zeilenhaus bezeichnet, obwohl es streng genommen mehrerer Räume zur Bildung einer Zeile bedarf. Yagi nennt dieses Haus „rectangular house",[46] Ragette bezeichnet ähnliche Häuser im Libanon als „Rechteckhäuser" und bei Moussli firmieren sie als „Viereckhäuser".[47]

Gehöfte bestehen aus mehreren Zeilenhäusern, die linear aneinandergefügt sind. Sie bilden eine oder mehrere Zeilen, die den Hof definieren und begrenzen. Obgleich die zeilenförmige Reihung auch bei anderen Hausformen, z. B. bei reihenförmigen Kuppelhäusern, vorkommt, so ist sie beim Zeilenhaus doch am deutlichsten. Durch ihre Einzelligkeit stellen die Räume gleichzeitig Häuser dar und werden je nach Region als *bait* oder *dār* – beides bedeutet „Haus" – bezeichnet.

Abb. 144 (Schema) Zeilenhaus

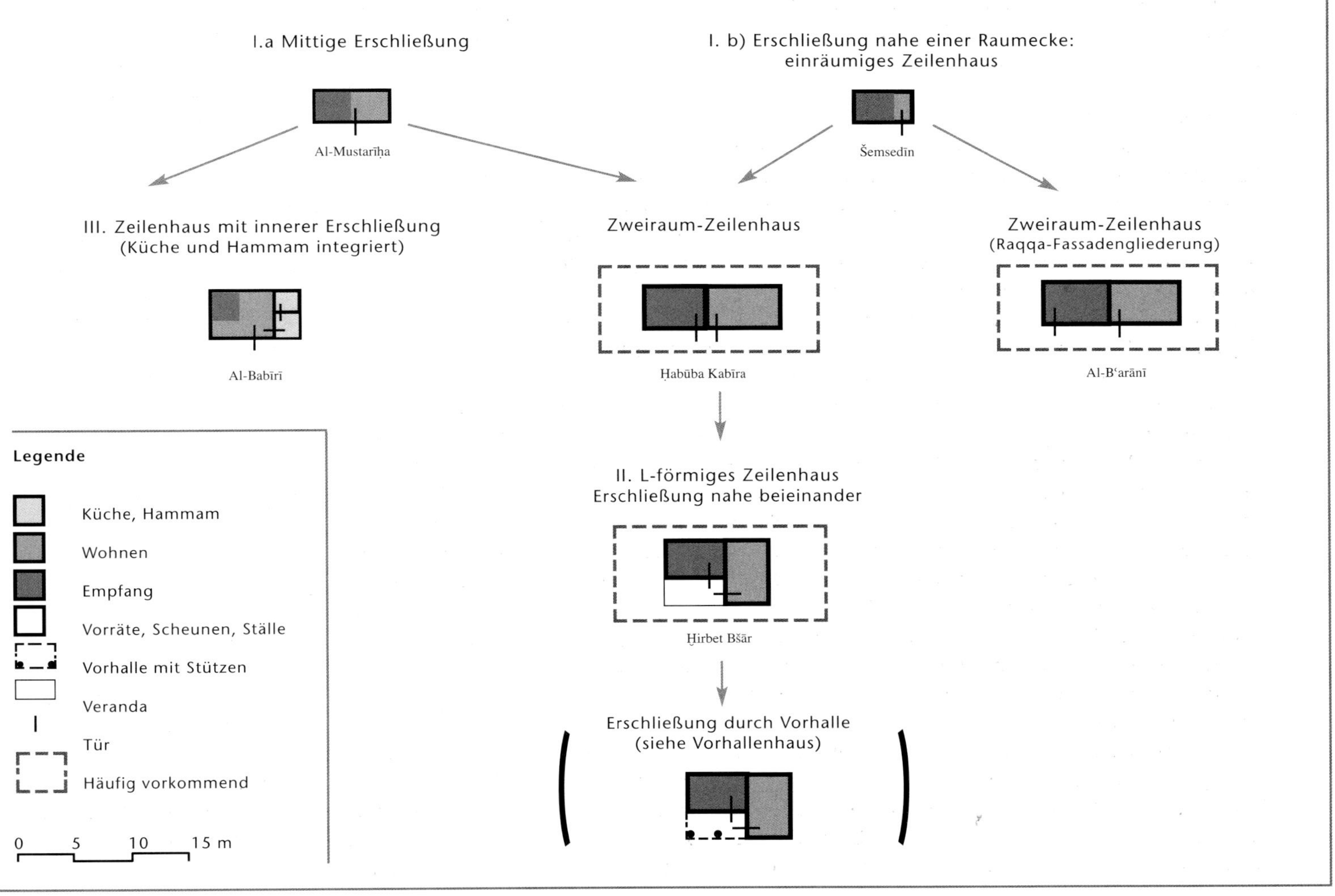

Raumdisposition

Zeilenhäuser sind einzelerschlossene Breiträume mit einer Tür in der südlichen Langseite. (Abb. 144) Die zwei verschiedenen Raumkonzepte, entweder die Tür mittig oder seitlich anzuordnen, werden unten vorgestellt. (Abb. 145, 146, 307)

Die Tiefe der einzelnen Häuser wird durch die Balkenlänge der frei tragenden Deckenbalken begrenzt. Ältere Häuser weisen geringe Raumbreiten von 2,50 bis 3 m auf, während die Verfügbarkeit heutiger Holzbalken bis zu 5,50 m Raumbreite erlaubt. Um diese größeren Raumbreiten zu ermöglichen, wählt man gelegentlich eine Konstruktion aus massiven Balken mit größeren Abständen dazwischen, die man mit Sparren überbrückt. Den Raumlängen sind kaum Grenzen gesetzt, sie betragen in der Regel 4 bis 6 m, gelegentlich auch bis 9 m.

Fenster können an allen Hausseiten – außer der östlichen – angebracht sein. Wo Westfenster fehlen, müssen zumindest Fenster in der Nordwand liegen, um Durchzug zu ermöglichen.

Das Zeilenhaus als Haupthaus wird ergänzt durch Nebengebäude, die eine Reihe aus Zeilen-, Kuppel- oder Mittelbalkenbauten darstellen. Drei verschiedene Formen der Zeile haben sich herausgebildet, die von den örtlichen topographischen Gegebenheiten und den Besitzverhältnissen abhängen. Wo die Fläche eben und uneingeschränkt verfügbar ist, baut man meist eine einzige Zeile, d. h. die Nebengebäude werden direkt seitlich an das Haupthaus angebaut. Diese Form der Anlage wird bevorzugt, da damit der vor dem Haus liegende Bereich, in diesem Fall ein breiter Streifen Land, als Hof in Besitz genommen wird. (Der Bau einer gegenüberliegenden Zeile wird dann oft später realisiert, wie dies im Hausbeispiel aus Ṭāwī, Abb. 150, deutlich wird.) Meist jedoch schränken äußere Faktoren ein und eine zweite Zeile wird im rechten Winkel gebaut. Die Öffnung der beiden Schenkel weist dabei meist nach Südwesten. Ebenso kann die Zeile auf der dem Haupthaus gegenüber liegenden Seite errichtet werden.

Die Nebengebäude sind immer erheblich niedriger und weniger aufwendig gebaut, so daß sich das Zeilenhaus mit den Hauptwohnräumen davon abhebt.

I. A Mitteltür-Zeilenhaus

Das Mitteltür-Zeilenhaus bildet ein Kernhaus, dessen Tür zwar in etwa mittig, jedoch meist ein wenig nach rechts verschoben in der südlichen Langseite liegt. (Abb. 144, 307) Der Raum besteht dadurch innen aus zwei Nutzungshälften, deren Trennung in etwa durch die Tür markiert wird. Der Türanschlag liegt immer an der linken Seite, damit der Blick des Eintretenden zuerst auf diesen – meist westlich gelegenen – Teil des Raumes fällt. Auch die Fenster liegen nur auf dieser Seite, die Osthälfte bleibt als Privatsphäre (im wahrsten Sinne des Wortes) etwas im Dunkeln.

Das Mitteltür-Zeilenhaus signalisiert damit schon von außen, daß hier Wohnen und Gästeempfang in einem Raum stattfindet.

145

Abb. 145
Einräumiges Zeilenhaus im Euphrattal: es liegt außerhalb des zugehörigen Hofes (Zugang durch das Tor rechts) und dient als Gästeraum

Abb. 146
Zweiräumiges Zeilenhaus in Al-Bʿarāni; die Fassadengliederung ist typisch für die Region um Ar-Raqqa

146

Abb. 147
Zeilenhäuser in Al-Ḥmā/Al-ʿOmairāt (das Dorf versank im Tišrīn-Stausee), die alle nach Süden orientiert waren

47

Heutige Mitteltür-Zeilenhäuser sind verhältnismäßig groß (beispielsweise 3,50 x 8 m), damit genügend Platz für die verschiedenen Funktionen zur Verfügung steht. (Wenn die Familie es sich leisten kann, baut sie zusätzlich einen separaten Gästeraum.)

Mitteltür-Zeilenhäuser wurden auch als neuer Wohnraum an Kuppelgehöfte angefügt. (Das jüngere Wohnhaus des Beispielgehöfts aus Tell At-Titn stellt einen solchen Neubau dar; vgl. Abb. 133)

I.B Zeilenhaus

Das Zeilenhaus hat seine Erschließung nahe einer Raumecke, womit der Innenraum eine Ausrichtung erhält. (Abb. 145, 146)

Es gibt einräumige Zeilenhäuser, meist jedoch bestehen sie aus zwei Hauptwohnräumen, die nicht durch eine Tür miteinander verbunden sind.

In der Art der Anordnung von Fenstern und Türen existieren zwei unterschiedliche Gestaltungen der Schaufassade, die sich regional abgrenzen lassen.

Im größten Teil des Westens (dem „nördlichen" und „mittleren" Teil des Euphrattals) ordnet man die beiden Türen der Wohnräume eng nebeneinander an. Sie sind manchmal nur wenig mehr als die Wandstärke der Querwand voneinander getrennt und wirken dann als optische Einheit. (Abb. 305) Im Inneren bewirkt dies die unterschiedliche Richtung der beiden Räume: im Empfangsraum wendet man sich nach Westen, im Familienwohnraum nach Osten.

Zwei West- und zwei Südfenster gehören zu der Gestaltung neuerer Empfangsräume. Bei älteren Häusern ist allenfalls ein kleines Fenster pro Raum an der Schauseite sichtbar (während im Inneren weitere Nischen in den Wänden ausgespart wurden). Familienwohnräume weisen weniger und oft kleinere Fenster auf. (Abb. 148, 322)

In der „südlichen" Euphrat-Region um Ar-Raqqa und am Balīḫ hat sich eine andere Türanordnung und Gestaltung herausgebildet:[48] Dort weisen Zweiraum-Zeilenhäuser die Türen b e i d e r Räume jeweils nahe den westlichen oder östlichen Raumecken auf. Beide Räume zeigen daher in ihrem Innern dieselbe Richtung. (Abb. 146) Die zweiflügligen Türen bestehen aus einem schmalen festverglasten oberen Teil und einem Vollholzteil unten. Hohe verglaste Holzsprossenfenster (oder alternativ dazu Holzläden) von ungefähr 60 x 90 cm sind der gängige Fenstertyp. Es besteht kein Unterschied zwischen den Fenstern des Empfangs- und denen des Wohnraums. Viele Fassaden der Häuser bestehen aus einem festen Rhythmus: Tür, Fenster, Fenster, Tür, Fenster, Fenster (oder umgekehrt). Die Hauptfensterflächen liegen an der Südseite, die Westseiten bleiben oft fensterlos.

Der Grund für die einheitliche Gestaltung und Verbreitung der relativ großen Fenster ist wohl in der engen Beziehung zur Provinzhauptstadt zu suchen. Stärker als andere syrische Großstädte ist Raqqa mit seinem Umland verbunden.[49] Die von dort zugezogenen Neubürger Raqqas behalten den Kontakt zu ihren Heimatdörfern, wo sie oft auch noch Häuser besitzen. Dies verbessert den Baustandard in den Dörfern und städtische Gestaltungsideen können schnell auf das Land überspringen. Der Wohlstand, der sich in diesen großen Fenstern ausdrückt, basiert auf der sprunghaften Entwicklung durch Bewässerungsfeldbau und verbesserten Anbaumethoden seit den siebziger Jahren.[50] Diese Fenster und Türen bilden einen festen Typ, der bis heute gelegentlich verbaut wird. Ähnliche Fenster bauten die wohlhabenden Bewohner Raqqas, häufig Tscherkessen, schon Anfang des 20. Jahrhunderts in ihren Häusern ein.[51]

An das Zeilenhaus können beliebig viele Räume seitlich angebaut werden. Wirtschaftlicher Wohlstand bewirkte z. B. bei einigen Wohlhabenden der Raqqa-Region auch, daß sie sich Zeilen von bis zu fünf großen Räumen bauten. Daraus ergeben sich Zeilenlängen von über 20 m bei Raumtiefen von nur ungefähr 4 m.

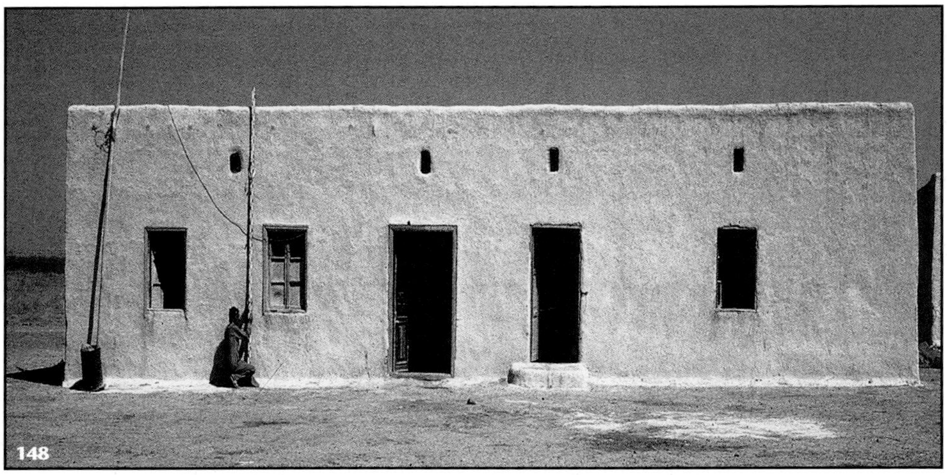

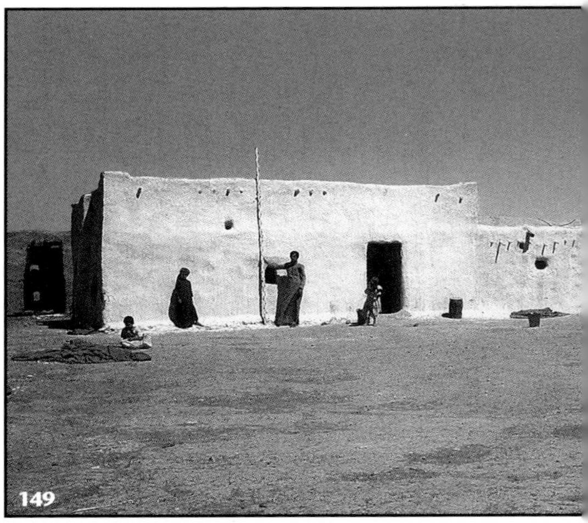

Nördliche Zeile des Gehöfts in Ṭāwī:

Abb. 148

Das Zeilenhaus wurde 1980 errichtet: Gäste- (links) und Familienwohnraum (rechts) sind annähernd gleich groß

Abb. 149

Der ältere Teil des Gehöfts, heute genutzt als: Wohnraum der Großelterngeneration, Küche, Vorräte, Stall (von links nach rechts)

Abb. 150

ZEILENHAUS

ṬĀWĪ

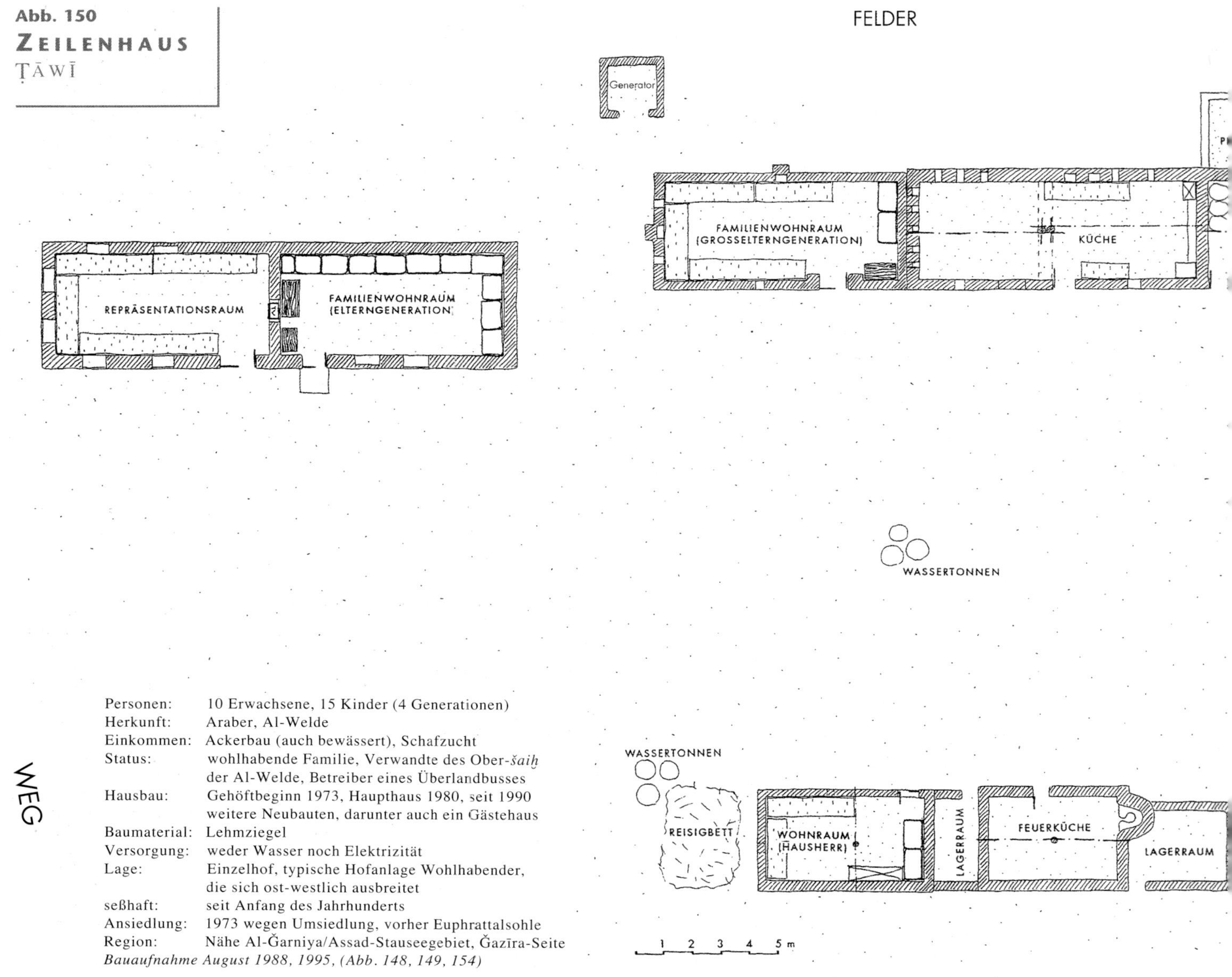

Personen: 10 Erwachsene, 15 Kinder (4 Generationen)
Herkunft: Araber, Al-Welde
Einkommen: Ackerbau (auch bewässert), Schafzucht
Status: wohlhabende Familie, Verwandte des Ober-*šaiḫ* der Al-Welde, Betreiber eines Überlandbusses
Hausbau: Gehöftbeginn 1973, Haupthaus 1980, seit 1990 weitere Neubauten, darunter auch ein Gästehaus
Baumaterial: Lehmziegel
Versorgung: weder Wasser noch Elektrizität
Lage: Einzelhof, typische Hofanlage Wohlhabender, die sich ost-westlich ausbreitet
seßhaft: seit Anfang des Jahrhunderts
Ansiedlung: 1973 wegen Umsiedlung, vorher Euphrattalsohle
Region: Nähe Al-Ğarniya/Assad-Stauseegebiet, Ğazīra-Seite

Bauaufnahme August 1988, 1995, (Abb. 148, 149, 154)

II. L-förmiges Zeilenhaus

Eine Variation stellt die Anordnung der Hauptwohnräume in L-Form dar. (Abb. 151) Sie öffnen sich zu einer Veranda vor dem Haus, die nach Südwesten geöffnet ist. Die Türen liegen beide meist nahe der Ecke, wo beide Räume aneinanderstoßen.

Beide Hauptwohnräume weisen annähernd gleiche Größen von 15 m^2 bis 25 m^2 auf, sie haben keine Verbindungstür untereinander. Bewohner nennen diese Raumkombination bisweilen *riǧl ū īd* (‚Hand und Fuß'), wobei der nach Süden orientierte Raum die „Hand" darstellt. Auch der Begriff *česʿa*, ‚Ellenbogen', ist für diese Hausform geläufig.

Das L-förmige Zeilenhaus unterscheidet sich vom vorgenannten Zeilenhaus, das mit seinen Nebenräumen ebenfalls oft einen Winkel bildet, dadurch, daß bei ersterem die L-Form konzeptionell angelegt ist. Das L-förmige Zeilenhaus wird als ganzes errichtet.

Meist mit wenigen Metern Abstand zum „Fuß"-Haus, aber mit derselben Westausrichtung werden weitere kleine rechteckige einzelerschlossene Räume für die übrigen Funktionen gebaut.

Die beiden Schenkel können auch unterschiedlich lang sein, da immer häufiger die „Hand" aus zwei Räumen besteht.

III. Zeilenhaus mit innerer Erschliessung

Dieses Zeilenhaus sprengt eigentlich die Grenzen der hier gewählten Definition, da nicht alle Räume separat erschlossen sind. Für die Ǧazīra-Bewohner haben die inneren Räume jedoch nur untergeordnete Funktionen und bilden keine „vollwertigen" Räume.

Bei dieser Hausform sind beispielsweise zwei kleine Räume mit untergebracht. Es handelt sich um eine kleine Küche mit dahinter liegender Kombination aus Spülküche und Bad. Konzeptionell sind sie Bereiche, die aus dem großen Raum ausgegliedert wurden.

Ein solches Zeilenhaus mit innerer Erschließung kann ebenfalls seitlich angebaut werden. Dies geschieht vorwiegend an der westlichen Seite, um einen repräsentativeren Empfangsraum zu haben. In diesem Fall wird das Zeilenhaus mit innerer Erschließung zu einem reinen Familienwohnraum.

Von außen unterscheidet sich diese Hausform von einem Mitteltür-Zeilenhaus durch die größere Haustiefe. Betondächer ermöglichen diese.

Nutzungen und Innenräume

In aller Regel ist der westlichste Raum eines Gehöftes der Gästeraum, dessen sichtbare Teile der Deckenkonstruktion und dessen Materialien der Innenausstattung ein wenig repräsentativer ausfallen als die des anderen Raumes. (Abb. 152)

Der östlich angebaute Familienwohnraum ist meist etwas größer und birgt die Habe der Familie. (Abb. 154) Bettzeugstapel baut man vorwiegend an den Nordwänden auf. Wenn eine Familie über weniger Bettzeug verfügt, verlegt sie ihn eher an die kürzere Ostwand.

Der für Europäer so offensichtliche „Nachteil", daß die einzelerschlossenen Räume ohne Innentür jeden Weg von einem Raum in einen anderen erheblich verlängern, stellt für die Bewohner kein Problem dar. Ihnen ist die klare Trennung der Funktionsbereiche wichtiger. Als Grund für diese Trennung wird angegeben, daß die Frauen und Mädchen für fremde Gäste nicht sichtbar sein sollen. Neben den religiösen Motiven, die hinter dem Ausschluß der Frauen aus der Öffentlichkeit stehen, gibt es jedoch handfeste praktische Erwägungen, die zu solchen Bautraditionen führen. Meiner Beobachtung nach wirken sich die häufigen Besuche, die in der ländlichen Gesellschaft üblich sind, für den Alltagsablauf einer kinderreichen Familie tatsächlich störend aus. Ein Teil der Hausarbeit, wie beispielsweise Vorbereiten der Wintervorräte, Wickeln und Ankleiden der Kleinkinder findet daher eher im Familienwohnbereich statt.

Da große Teile der täglichen Arbeit in direktem Zusammenhang mit dem Außenraum stehen, liegt es ebenfalls nahe, daß jeder Raum seinen eigenen Zugang hat.

Mitteltür-Zeilenhäuser beherbergen Familienwohnraum- und Empfangsfunktionen in demselben Raum. Die mittige Tür teilt den Innenraum in zwei Bereiche: Die westliche Raumhälfte dient dem Sitzen und dem Empfang von

Abb. 151

L-förmiges Zeilenhaus

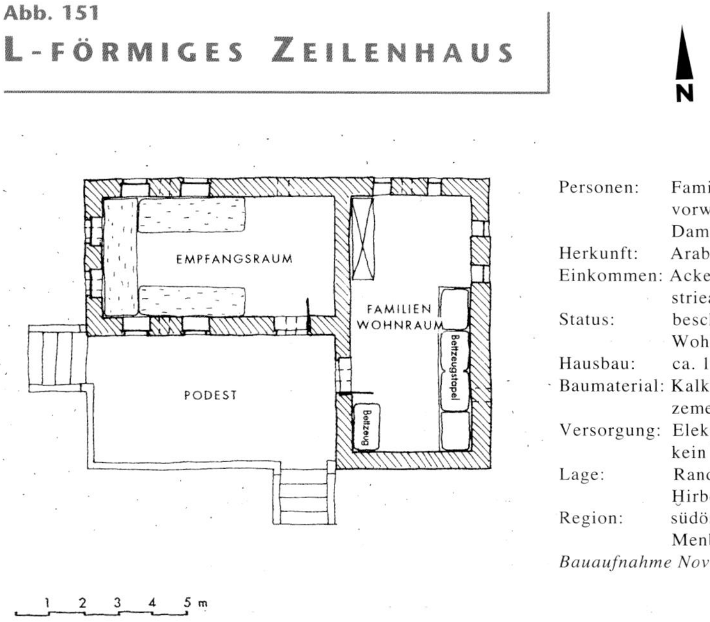

Personen:	Familie lebt vorwiegend in Damaskus
Herkunft:	Araber
Einkommen:	Ackerbau, Industriearbeiter
Status:	bescheidener Wohlstand
Hausbau:	ca. 1983
Baumaterial:	Kalkbruchstein, zementverputzt
Versorgung:	Elektrizität, kein Wasser
Lage:	Rand des Dorfs Ḫirbet Bšār
Region:	südöstlich von Menbiǧ

Bauaufnahme November 1992

Gästen, die östliche Raumhälfte birgt die Habe. Insofern findet sich hier dieselbe Funktionsbelegung, wie sie bei der Zweiräumigkeit auftritt – es fehlt nur die Trennwand. Diese Mitteltürhäuser gelten manchen Bewohnern durch ihre Kombinierung beider Funktionen in einem Raum als Ausdruck von Armut. Mitteltürhäuser erweisen sich aber als integrativ, weil sich das Leben der gesamten Familie notgedrungen in einem Raum abspielen muß. Frauen und Kinder können räumlich weniger ausgegrenzt werden.

Dies gilt jedoch nur insoweit, als eine Familie über keinen weiteren Wohnraum verfügt, was jedoch heute fast immer der Fall ist. Dann ist das Mitteltür-Zeilenhaus entweder der täglich genutzte Aufenthaltsraum und die Habe ist im zusätzlichen Raum untergebracht, oder das Mitteltür-Zeilenhaus birgt die Habe und man hält sich in einem anderen Raum auf, wie dies im Hausbeispiel aus Tell At-Titn (Abb. 133) der Fall ist.

Eine gewisse Ähnlichkeit verbindet das Mitteltür-Zeilenhaus mit dem Zeilenhaus mit innerer Erschließung. Letzteres erweist sich jedoch vor allem im Winter als praktischer und erspart Frauen und Kindern viele Extrawege. Dank seiner innen liegenden Küche und dem Bad dahinter wirkt es sich verbindend auf die Familien aus. Wenn ein weiterer Raum zur Verfügung steht, gilt ebenfalls ähnliches wie beim Mitteltür-Zeilenhaus.

Beim L-förmigen Zeilenhaus liegt in aller Regel der Gästeraum auf der nach Süden geöffneten Seite, während der andere Raum den Familienwohnraum bildet. Ansonsten ähnelt es dem Zweiraum-Zeilenhaus. (Abb. 151)

152

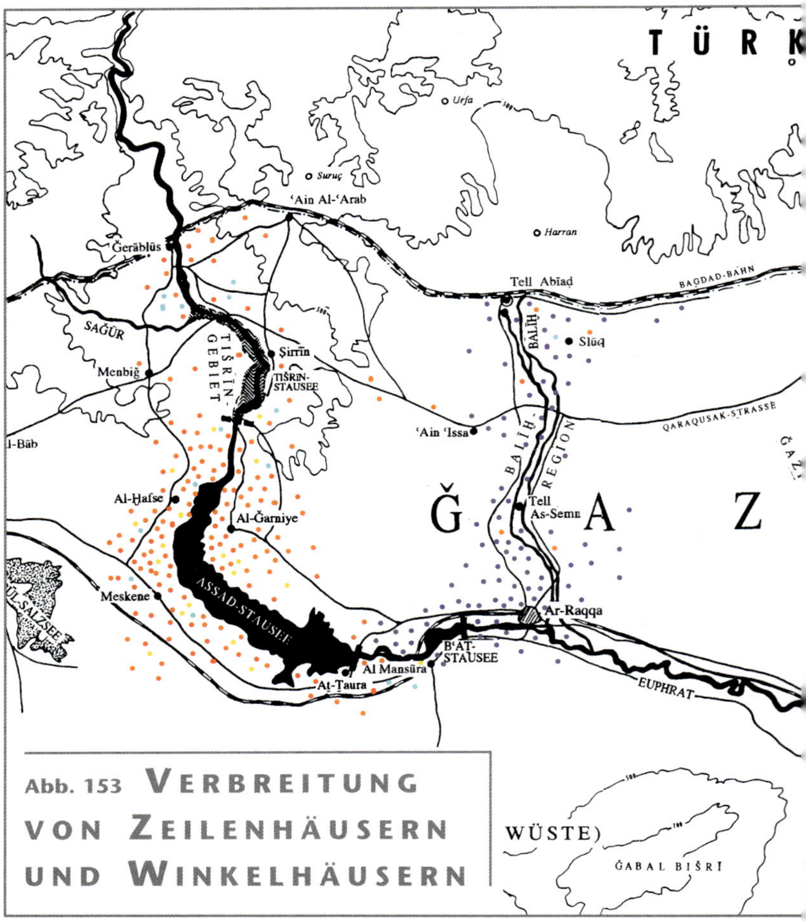

Abb. 153 Verbreitung von Zeilenhäusern und Winkelhäusern

Vorkommen, Verbreitung und besondere Gestaltungsmerkmale

Zeilenhäuser finden sich in fast allen Teilen der Ğazīra, insgesamt bilden sie den häufigsten Haustyp.[52] (Abb. 153) Der Schwerpunkt der Verbreitung liegt im Euphrattal, wo beiderseits des Flusses ungefähr vom Nordende des Stausees bis über die südliche Grenze des untersuchten Gebietes hinaus – wahrscheinlich bis an die irakische Grenze – Zeilenhäuser vorherrschen. Das gilt in etwas geringerem Umfang für die Balīḫ- und die westliche Flußseite der oberen Ḫābūr-Region. In der nördlichen Oberen Ğazīra finden sich Zeilenhäuser vor allem bei den Umsiedlern aus dem Euphrattal, die ihre alte Hausform mitbrachten und sie neben ihre staatlich geplanten Häuser bauten.[53]

Auf beiden Seiten des Euphrat sind Lichtgaden in den Süd- und Westfassaden üblich, sie finden sich jedoch vorwiegend bei älteren Häusern Wohlhabender.

Die Mitteltürhäuser kommen im gesamten Verbreitungsgebiet vor – verstärkt dort, wo geringerer Wohlstand herrscht oder bei den Bewohnern, die noch halbnomadisch leben. Vor allem zur Unterbringung der großen Wertsachen und als Wohnung in Zeiten extremeren Klimas nutzen sie ihre Mitteltürhäuser.

Einräumige Zeilenhäuser bilden häufig die Gästeräume der Kuppelhäuser.

L-förmige Zeilenhäuser fand ich in der Region östlich von Menbiğ in einigen Dörfern häufiger. Ansonsten kommen sie verstreut überall innerhalb des Verbreitungsgebietes vor.

Analyse, Herkunft und Entwicklung

Der einzelerschlossene rechteckige Raum ist eine Grundform, die naheliegend und einfach zu entwickeln ist.[54] Er teilt einige Gemeinsamkeiten mit dem arabischen Beduinenzelt: die Erschließung als Breitraum, die Proportionen von Länge zu Breite und die räumliche Aufteilung im Innern. Die Nutzung ähnelt ebenfalls dem Beduinenzelt. Insbesondere wenn das Bettzeug zwischen Empfangs- und Wohnraum aufgestapelt liegt (wie in manchen Dörfern der Syrischen Wüste üblich), zeigt sich die Nähe zum nomadischen Leben. Der Unterschied besteht dann nur in der trennenden Wand, an der der Stapel lehnt. Auch in seiner Reihung zu einer Zeilenform zeigt sich die Nähe zum Zelt, dessen Längenausdehnung wichtiger als die Breite ist.

Auch das Hofhaus städtischer Prägung hat einzelerschlossene Räume, die alle auf den Hof münden und „sich ansehen“. Wie stark dieser Einfluß im Ver-

Abb. 152
Gästeraum eines wohlhabenden Hauses in Abū Dʿama (versunken im Tišrīn-Stausee)

Abb. 154
Familienwohnraum (der Eltern) im großen Zeilengehöft in Ṭāwī/Euphrattal (Abb. 148, 150)

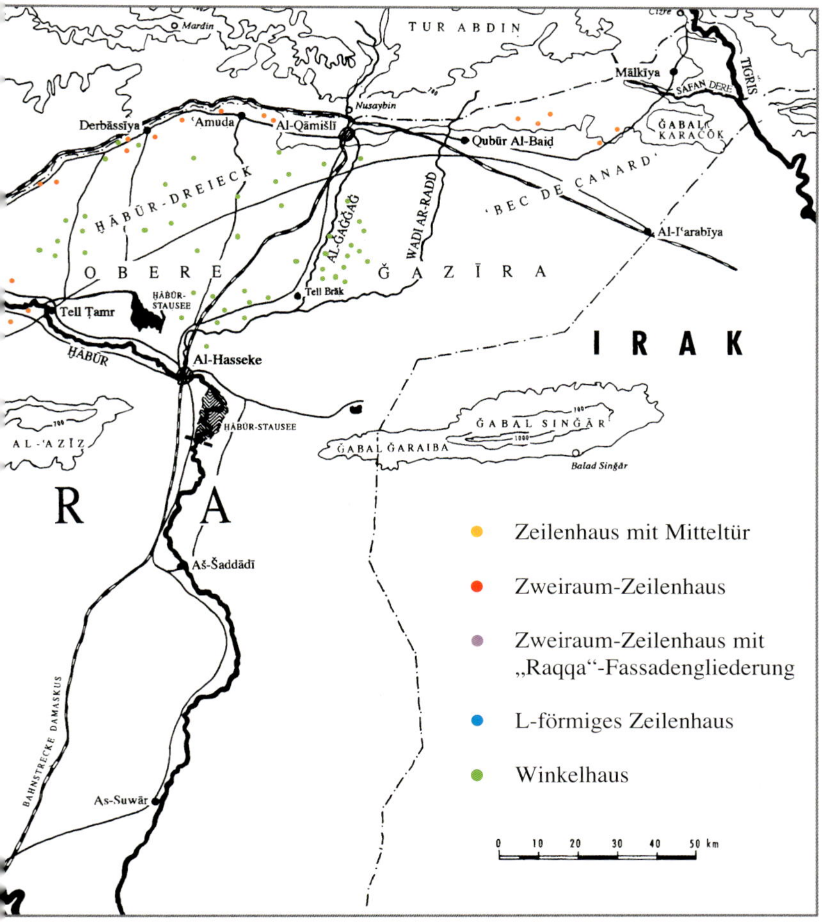

hältnis zum Zelt war, ist schwer zu entscheiden. Es sollte jedoch bedacht werden, daß Beduinen auch Zweighütten und Erdgrubenhäuser als Breiträume bauen bzw. bauten.

Die Stammesführer der sich ansiedelnden Nomaden ließen sich anfänglich ihre ersten Häuser von seßhaften Baumeistern bauen. Wer sich ausreichend Bauholz leisten konnte, ließ sich möglichst einen Raum mit Flachdach errichten, der immer schon mehr geschätzt wurde als ein Kuppelhaus.

Die leicht geneigten Flachdächer der Zeilenhäuser von heute bedürfen einer gewissen Menge – wenigstens leidlich geraden – Bauholzes als Dachbalken. Von der ursprünglichen Vegetation der Flußtäler konnten die allerdings eher krummwachsenden Weiden oder die kurzstämmigen Tamarisken genutzt werden. Die ersten Häuser waren entsprechend klein, und bei ihrem Bau fanden angeblich auch einige Zeltstangen Verwendung. Schon vor der Jahrhundertwende pflanzte man vereinzelt Euphratpappeln an, deren Holz sich nur Wohlhabende leisten konnten, um damit flach gedeckte Häuser zu bauen. Erst aufgrund sinkender Holzpreise und einem sehr langsam beginnenden wirtschaftlichen Aufschwung konnten sich alle Bewohner das Statussymbol Zeilenhaus mit seinem Flachdach leisten.

Die Region, in der die Zeilenhäuser hauptsächlich vorkommen, ist stark geprägt von Schafnomadenstämmen, die dort seit der Jahrhundertwende begannen, seßhaft zu werden. Am dominierendsten waren Welde und ʿAfadle, Unterstämme der Bū Šʿabān, die im 19. Jahrhundert euphrataufwärts strebten und dabei andere Stämme nach Norden abdrängten. Seine hauptsächliche Verbreitung hat das Zeilenhaus in dem Siedlungsgebiet dieser Stämme.

Zeilenhäuser bestanden ursprünglich nur aus einem Raum. Es ist anzunehmen, daß die Tür meist mittig lag.[55] Daß das Zeilenhaus heute aus (meist) zwei Räumen besteht, hat sich erst ungefähr in den siebziger Jahren – mit regionalen Unterschieden – zum Standard entwickelt.

Die untersuchten L-förmigen Zeilenhäuser sind fast alle neueren Datums und finden sich vereinzelt über das gesamte Gebiet verstreut. Inwieweit sie zusammenhängen oder unabhängig voneinander entstanden sind, ist kaum zu entscheiden. Die östlichen Beispiele dieser Hausform können auch im Zusammenhang mit Vorhallenhäusern gesehen werden. Von diesen unterscheidet sich das L-förmige Zeilenhaus nur durch die Überdachung der Veranda.

Das Zeilenhaus heute

Die Einfachheit der Form, die leichte Anbaubarkeit und damit große Flexibilität haben sicher bewirkt, daß sich dieser Haustyp so weit verbreitete. Ein Leben, das stark von Viehwirtschaft und anderen Tätigkeiten draußen bestimmt ist, legt einen schnellen und unmittelbaren Zugang zu den Räumen von außen nahe. Außerdem erfordern die Witterungsbedingungen im Westen des Gebietes nicht zwangsläufig einen Übergangsraum zwischen innen und außen. Dementsprechend sind Zeilenhäuser im nördlichen Teil der Oberen Ğazīra weniger verbreitet, da sie den dortigen klimatischen Bedingungen mit seinen starken Regenfällen nicht genügen.

Heute tendiert man dazu, die Räume immer größer und höher anzulegen. Mancherorts erreichen Räume Größen von 5 x 8 x 4,50 m.

Zu den Modernisierungen, die das Zeilenhaus während der letzten Jahre erfuhr, gehören die Entwicklung des Grundrisses in L-Form und die innere Erschließung mit Integration der Küche. Beide entsprechen auch stärker den Gegebenheiten am Ende des 20. Jahrhunderts, wo absehbar ist, daß immer weniger Fläche für einzelne Höfe zur Verfügung stehen wird. Zeilenhäuser gehen auch einher mit einem gewissen Rückzug auf die Kernfamilie, mit einem sich stärker separierenden Familienleben innerhalb eines Dorfes. Sie sind zum Nachbargehöft hin abgeschlossen und bilden einen geschützten Hofbereich.

Zeilenhäuser mit innerer Erschließung sind auf ganz wenige Beispiele beschränkt, sie waren eine Modernisierung der achtziger Jahre, als sich noch wenige die aufwendigeren „Villen" leisten konnten.

Mitteltür-Zeilenhäuser mit ihrer Einräumigkeit werden kaum noch neu errichtet, da sie als zu bescheiden und nicht mehr zeitgemäß empfunden werden.

L-förmige Zeilenhäuser werden sowohl im Westen als auch im Ḫābūr-Dreieck zunehmend gebaut. Ihre Verbreitung kann man als einen weiteren Schritt in Richtung zu Eigenständigkeit im Bauen und als Abkehr von den Relikten des Nomadismus interpretieren.

155

156

WINKELHAUS

Die Abgrenzung gegenüber anderen Hausformen wie dem L-förmigen Zeilenhaus und dem Mittelhallenhaus mit Winkelraum gestaltet sich etwas schwierig und könnte auch anders vorgenommen werden.

In neueren Veröffentlichungen tauchen Grundrißzeichnungen dieser Hausform zwar auf, ohne jedoch begrifflich definiert und genauer beschrieben zu werden.[56] Es war daher erforderlich, dafür einen Begriff zu schaffen.

Winkelraum und Raumdisposition

Die charakteristische Außenform des Hauses besteht aus zwei Schenkeln, die im rechten Winkel zueinander stehen. (Abb. 155, 157, 158, 160) (Damit ähnelt sein Äußeres stark den L-förmigen Zeilenhäusern.) Winkelhäuser bestehen ursprünglich nur aus dem einen winkelförmigen Raum.

Zur Kennzeichnung der beiden Raumflügel werde ich den Teil, in dem die Eingangstür liegt, als Hauptraum und den anderen als Annex bezeichnen. Der Annex liegt meist an der östlichen Seite und weist nach Süden. (Abb. 159) Wo er jedoch nach Norden abgeht, ist dort auch ein Hof vorhanden.

Der Begriff *safeq* oder *safga*[57] für den Raumannex hat sich am stärksten verbreitet. Der Winkelraum wird ansonsten von den arabischen Bewohnern *ġurfa mʿa ḥadra*, *ġurfa mʿa leffe*, *česʿa*, *galṭa* oder *ġōziya* genannt. [58]

An der Stelle des Übergangs vom Hauptraum zum Annex fängt der Tragbalken, *ǧisr ḥadra*, die Last der Dachbalken unterzugartig ab. Die Balken des Annexes liegen quer zum Raum in derselben Richtung wie der Tragbalken. (Abb. 156)

Der Zugang zum Winkelraum erfolgt von Süden nahe der westlichen Raumecke und führt in den Hauptraum, der damit einen Breitraum darstellt. Der Raumannex bildet dagegen einen zum Hauptraum hin geöffneten Langraum. Der Hauptraum ist mindestens 20 m², der Annex 6 bis 16 m² groß, beide zusammen ergeben in der Regel über 30 m² Raumfläche.

Winkelhäuser sind heute um einen westlich oder südlich angesetzten einzelligen Raum erweitert, zu dem manchmal eine innere Verbindungstür besteht. Dieser Raum hat die gleiche Tiefe wie der Hauptraum. Er verfügt meist über einen separaten Zugang. (Abb. 160)

Zur Belichtung dienen Fenster nach allen Seiten – mit Ausnahme des Ostens.

Nutzungen und Innenräume

Der Winkelraum bietet den Vorteil, an den Raumenden ohne gegenseitige Störung und ohne Sichtkontakt verschiedene Dinge ausüben zu können. Als beispielhaft kann hier das Winkelhaus in Al-ʿArīša gelten, das 1975 errichtet wurde und ursprünglich nur aus diesem einen Raum bestand. (Abb. 155) Nach den Angaben der Familie war der Winkelraum ursprünglich so aufgeteilt, daß im Hauptteil gesessen und geschlafen wurde, in der Ecke an der Ostwand das Bettzeug lag und der Annex als Küche und Hausarbeitsraum diente. Im Winkelhaus Čaṭal I war in der südlichen Wand des Annexes eine Herdstelle mit Kaminapsis eingelassen. (Abb. 225)

Die heutige Funktionsverteilung genügt auch repräsentativen Aspekten. Der Winkelraum bildet den Familienwohnraum des Gehöftes. An seiner langen Ostwand lehnt der Bettzeugstapel samt den darunter verstauten Wertsachen. (Abb. 159) Durch seine Länge dominiert der Stapel den Raum und spiegelt den Wohlstand der Bewohner wider. Das südliche Ende des Annexes birgt heute Vorräte, Schränke und den Kühlschrank. Ob man im Hauptteil des Winkelraums während des Winters schläft, hängt von der Größe des Raumes und der Familie ab.

Manche Familien nutzen den nahe am Eingang gelegenen Hauptteil des Winkelraumes auch als Küche. (Abb. 161) In der Regel sind die Küchenfunktionen heute jedoch ausgelagert.

Auf Fragen an die Bewohner nach dem Grund für diese besondere Raumform erhielt ich die Antwort, daß man die lange Wand für die Aufstapelung des Bettzeugs benötige. Damit ist jedoch nur der repräsentative Aspekt beleuchtet. Tatsächlich ergibt sich durch den massiven Bettzeugstapel entlang der Ostwand ein nicht zu unterschätzender wärmedäm-

Abb. 155
Winkelhaus in Al-ʿArīša; die externe Küche (rechts) wurde später an den Raumannex angebaut

Abb. 156
Deckenkonstruktion am Schnittpunkt von Raum und Annex (der hier gen Norden liegt): ein Unterzug trägt die Balken des Raumes

mender Effekt. Auch als Ganzes stellt die Winkelform einen Schutz vor den kalten Nordwinden und den sturzbachartigen Niederschlägen von Osten dar. In ihrem Winkel ergibt sich ein geschützter Außenbereich.

Westlich an den Winkelraum angrenzend liegt heute meist ein Empfangsraum mit der gleichen Raumtiefe wie der des Winkelraumes. Der Empfangsraum hat einen eigenen Zugang, er weist jedoch gelegentlich ein Innenfenster oder eine Tür zum Familienwohnraum auf.

Anschließend an den nach Süden zeigenden Schenkel wurden in den letzten Jahren Küchen gebaut, die nur von außen erschlossen sind. (Abb. 155)

Winkelraumformen (in Kombination mit einer Halle)

Durch das Ansetzen noch weiterer Raumannexe jeweils im rechten Winkel hat man aus dem Winkelraum T- und U-förmige Räume entwickelt. Diese Winkelraumformen kommen jedoch nicht – wie das Winkelhaus – als selbständige Hausform vor.

Winkelräume werden mit dem zweireihigen Mittelhallenhaus kombiniert. Ein Beispielhaus aus Abū Ḥağaira verdeutlicht dies. (Abb. 157 Winkel/Mittelhal-

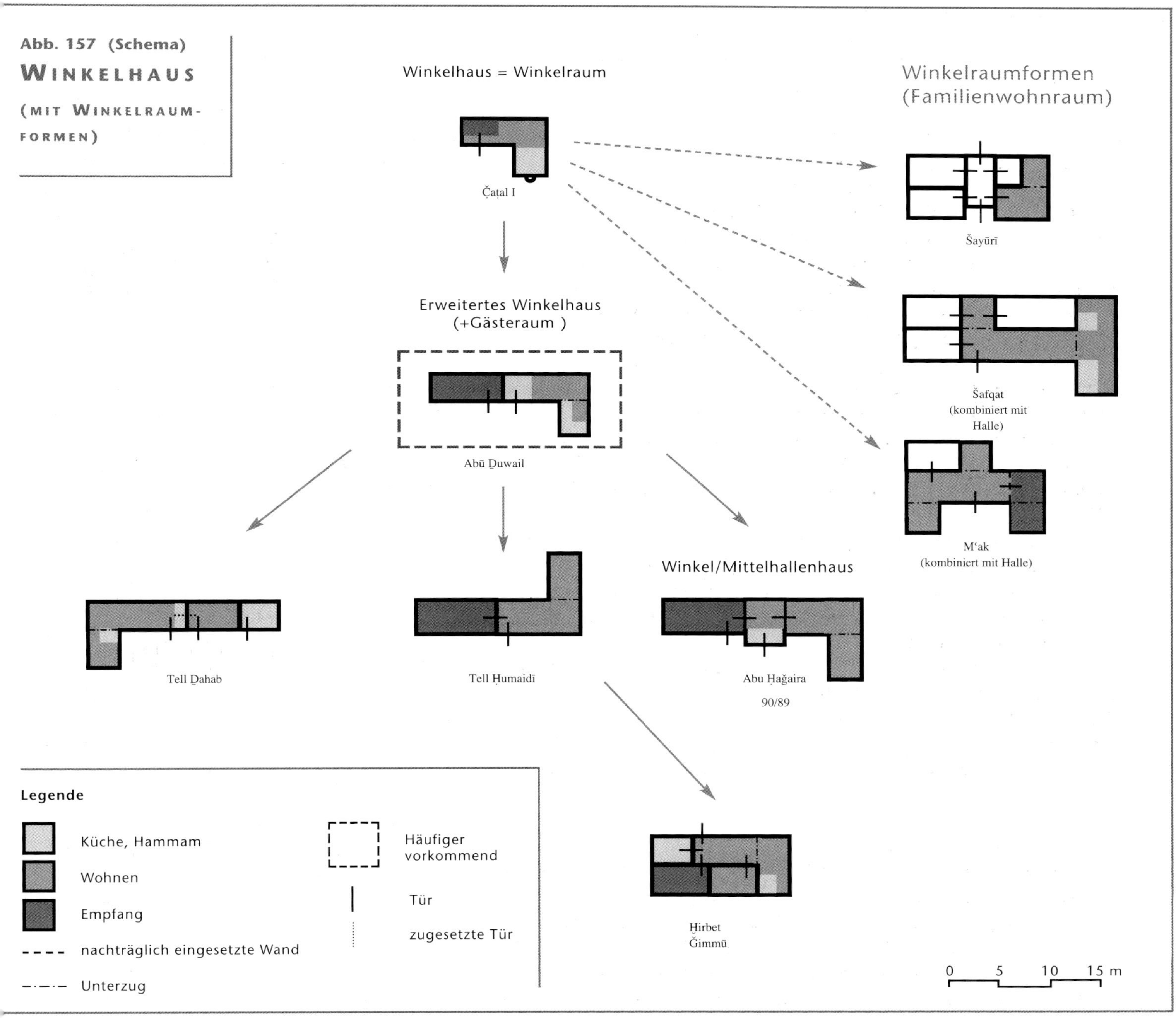

Abb. 157 (Schema)
Winkelhaus
(mit Winkelraumformen)

158

lenhaus) In diesen Häusern wird dann häufig keine Wand zwischen Halle und Winkelraum eingezogen und ein großer, offener und vielgestaltiger Raum entsteht.

Eine besondere Kombination fand sich in Mʿak, einem yezidischen Dorf nördlich von Al-Hasseke: winkelförmige Annexe auf beiden Seiten eines Großraumes ergeben eine Hufeisenform. (Von diesem ursprünglichen Großraum von 77 m² wurde später der östliche Teil als separater Gästeraum abgeteilt und ein zusätzlicher Raum für das Bettzeug angebaut.) Ein dritter Annex zeigt gegenüber dem Eingang nach Norden. Die Bewohner bezeichnen diesen Raum als ‚Dreiannexraum', *sesafq*, wobei *se* (kurd.) ‚drei' bedeutet und *safeq* den Annex meint.

159

Vorkommen und Verbreitung

Winkelhäuser sind auf der östlichen Seite des oberen Ḫābūr bis zur türkischen Grenze und im Osten bis ungefähr Tell Al-Ward verbreitet. Etwas weiter flußabwärts stellen sie einen häufigen, jedoch nicht vorherrschenden Haustyp dar. (Abb. 153) Im Ǧaġǧaġ-Tal liegt ein weiterer Verbreitungsschwerpunkt zwischen Abū Ḏuwail im Norden und dem Ǧaġǧaġ-Knick nördlich von Al-Hasseke. Das Verbreitungsgebiet von Winkelhäusern bildet die Form eines liegenden Halbmondes und zieht sich entlang des Oberen Ḫābūr und des Wadi Ǧaġǧaġ. Vereinzelt finden sich Winkelhäuser auch in anderen Teilen der Oberen Ǧazīra. Mittelhallenhäuser mit Winkelräumen tauchen dagegen häufiger auf.

Im Westen ist dieser Haustyp unbekannt.

Analyse, Herkunft und Entwicklung

Daß das Winkelhaus aus dem Winkelraum entstanden sein muß, ergibt sich klar daraus, daß die ältesten Hausbeispiele nur aus diesem einen Raum bestehen. Bei dem heute leerstehenden Winkelhaus in Čaṭal (älteres Haus I),[59] (Abb. 157, 225) das ungefähr 1947 gebaut worden ist, versicherte mir die noch auf dem Gehöft wohnende Erbauer-Familie, daß dieser Haustyp zur Zeit des Baus üblich war. (Heute kommt das Winkelhaus in der Umgebung von Čaṭal nur noch selten vor.) Unter den Kurden sei das Winkelhaus eine traditionelle Hausform. Die Familie gehört zu den schon lang ein der Ǧazīra lebenden Halbnomaden der kurdischen Kikan.[60]

In der Literatur wird ein Zusammenhang zwischen diesem Haustyp und kurdischen Stämmen angedeutet. Tunca und seine Mitautoren vermuten, daß es kurdische Baumeister (aus dem Gebiet nordöstlich von Al-Qāmišlī?) waren, die den sich in Abū Ḥaǧaira und Umgebung (nördlich von Al-Hasseke) ansiedelnden Arabern vom Stamm der Maʿamara-Ǧbūr um 1936 Winkelhäuser errichteten.[61] Auch aus Irakisch-Kurdistan ist ein Winkelhaus publiziert; es gehört einem alten Dorfvorsteher, der ursprünglich aus der grenznahen Region zu Syrien stammt.[62] Nördlich von Al-Hasseke bringt die lokale Bevölkerung Winkelhäuser mit dem arabischen Ǧbūr-Stamm in Verbindung. Im Bec de Canard behauptete man, ausschließlich die arabischen Stämme der Ǧbūr und Ṭayy würden Winkelhäuser bauen. Dies soll nur verdeutlichen, daß auch Bewohner immer wieder Haustypen bestimmten ethnischen Gruppen zuordnen.[63] Im Grenzsaum des Ḫabūr-Dreiecks gehörten die kurdi-

Abb. 160

Winkelhaus

Ḫirbet Ġazāl

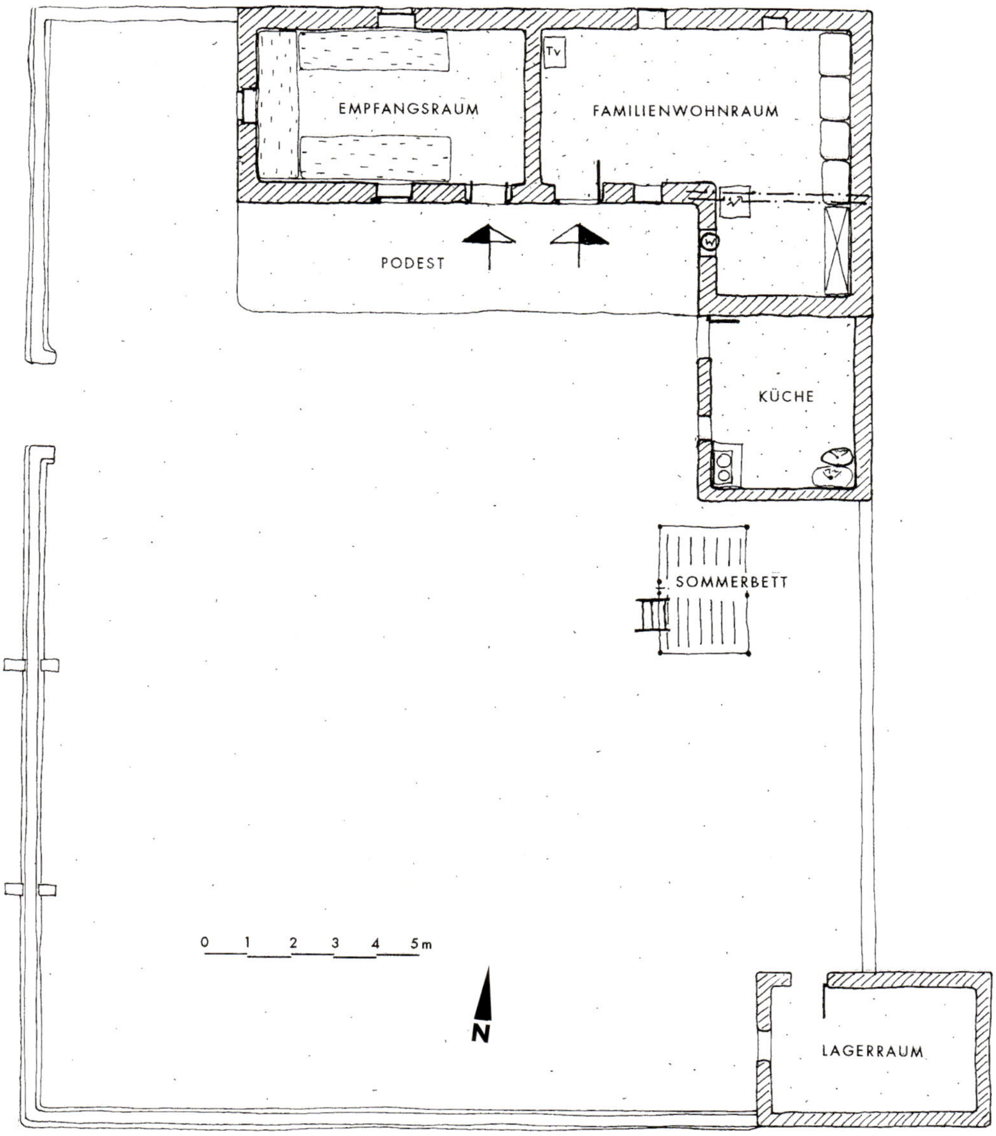

Personen:	2 Erwachsene, 7 Kinder
Herkunft:	Araber, Al-Welde
Einkommen:	bescheiden
Hausbau:	1989, Küche 1991 angebau vorher Küchenfunktion in Raumannex;
Haustyp:	ihr vorheriges Haus war auch Winkelhaus, dort war jedoch der Zugang zum Empfangs-raum nur über den Winkelraum möglich, später einen eigenen Zugang zum Empfangsraum von außen geschaffen
Nutzung:	im Winter wohnen sie im Familienwohnraum, nur wenn Gäste kommen wird der zweite Ofen im Gästeraum angezündet
Angaben:	von einem religiösen *šaiḫ* geschriebene Koransure als Abwehrfetisch innen über der Tür des Wohnraums hängend
Material:	Lehmziegel
Versorgung:	Elektrizität, kein Wasser
Lage:	Dorfrand
seßhaft:	seit 100 Jahre, Familie siedelte sich vor 45 Jahren hier an
Region:	nördlich von Al-Hasseke

Bauaufnahme September 1992, (Abb. 159)

Abb. 158
Winkelhaus in Abū Ḍuwail mit Winkel- (rechts) und Gästeraum (links)

Abb. 159
Im Winkelraum des Winkelhauses in Ḫirbet Ġazāl, rechts blickt man in den Raumannex

Abb. 161
In einem Winkelhaus in Al-ʿArīša: der Raumannex des Winkelraums wird zum Kochen genutzt

161

schen Kikan, weiter südlich die arabischen Stämme der Ṭayy und Ǧbūr zu den ersten, die sich niederließen. Wenn nun gerade diese Bevölkerungen an dieser Hausform festhalten, könnte dies damit zusammenhängen, daß sie diese Hausform seit Beginn ihrer Seßhaftigkeit kennen. Dorfstrukturskizzen, die Montagne ungefähr 1930 aufgrund von Luftfotos aus der weiteren Umgebung von Qāmišlī anfertigte, legen ebenfalls nahe, daß Winkelhäuser schon früh vorkamen.[64]

Weder aus eigener Anschauung noch aus der Literatur sind mir Winkelhäuser in der heutigen Türkei bekannt.

Unter den publizierten Grundrissen findet sich ein Aleppiner Haus, das einen Winkelraum plus westlich angrenzendem Raum aufweist.[65] Laut Reuther stammt dieses Haus aus der Mitte des 18. Jahrhunderts. Das Aleppiner Hausbeispiel unterscheidet sich jedoch in wesentlichen Punkten von den Winkelhäusern der Ǧazīra: Vom Raumannex aus geht eine Tür auf den Innenhof hinaus, der Winkelraum ist ein repräsentativer Raum. Generell ist es naheliegend, daß sich Winkelräume bei Hofhäusern ausbilden, da so die Ecken genutzt werden können. Aus der Tatsache, daß kein weiterer ähnlicher Aleppiner Grundriß publiziert ist, schließe ich, daß der Raumgrundriß dort selten ist. Es ist unwahrscheinlich, daß sich diese Raumform von Aleppo aus in die Obere Ǧazīra hinein verbreitet hat und dabei die westliche Ǧazīra übersprungen hätte.

Das Winkelhaus bildet (vermutlich) eine eigenständige Entwicklung der Region. Es bot offenbar eine angemessene räumliche Form, um verschiedene Nutzungen in einem einzigen Raum unterzubringen. Für die Eigenständigkeit spricht auch die Tatsache, daß sich der Winkelraum im Rahmen des Mittelhallenhauses zu immer komplizierteren Raumformen differenzierte.

Es wäre möglich, daß der Raumannex ursprünglich den Viehbereich barg. Für eine solche Nutzung fand ich keinen Beweis. Die Raumform selbst legt jedoch eine solche Aufteilung nahe, da mit dieser Form automatisch eine gewisse Trennung zwischen Wohn- und Stallbereich verbunden ist. Eine halbhohe Wandung oder Stabmatte könnte die Abtrennung verstärkt haben.

Das Winkelhaus stellt ein Einraumhaus dar und bildet eine der ältesten rezenten Hausformen der Oberen Ǧazīra.

Im Winkelraum ist das Prinzip der Knickachsigkeit realisiert. Dieses altorientalische Erschließungsprinzip beruht auf dem Prinzip, Bereiche nicht sofort einsehbar zu machen. Vorwiegend waren jedoch Raumfolgen und Gänge in dieser Weise geformt. Abgewinkelte Räume tauchen jedoch in altorientalischer Zeit nur selten auf.[66]

Das Winkelhaus stellt eine Stufe in der Entwicklung auf dem Weg vom einräumigen zum mehrräumigen Haus dar. Es separiert Raumbereiche, ohne sie voneinander abzuschließen. Insofern handelt es sich um eine ähnliche Konstellation des Übergangs zwischen Ein- und Mehrräumigkeit, wie sie auch das Doppelraumhaus verkörpert.

Das Winkelhaus heute

Im Winkelhaus kann der individuelle Wohlstand einer Familie offensichtlicher präsentiert werden als beim Mittelhallenhaus: Fremde sehen bei Betreten des Raums zwangsläufig die „Schätze“ des Hauses.

Bei manchen Häusern wurde der Raumannex des Winkelraumes später mit einer Wand vom Hauptraum abgetrennt und statt dessen mit einer eigenen Erschließung vom Hof aus versehen. Wo dies dennoch geschah, brachte man darin die Küche unter. Da diese häufig vom Hof aus betreten werden muß, liegt eine solche Wegverkürzung nahe.

Das Winkelhaus ist prinzipiell an beiden Schenkeln anbaubar.

Am Ende des 20. Jahrhunderts wird dieser Haustyp in den Orten, wo er eine gewisse Tradition hat, nach wie vor gebaut. Er verbreitet sich aber nicht mehr darüberhinaus. Die Bewohner anderer Regionen scheinen keinen Vorteil mehr in der L-Form dieses Raumes zu sehen. Auch ist ihnen das Winkelhaus insgesamt zu klein. Dagegen entspricht die Form des Winkel-Mittelhallenhauses eher modernen Anforderungen. Sein Winkelraum wird jedoch heute kleiner angelegt.

Abb. 162
Die Doppelraumhäuser von Ǧurn Kabīr sind 1999 im Tišrīn-Stausee versunken; hier eines der ältesten des Dorfes

Mittelbalkenhaus

Der Grundrißtyp des Mittelbalkenhauses taucht zwar als Skizze in der Literatur auf, wurde bislang jedoch nur von Moussli als eigenständiger Haustyp verzeichnet.[67] Für van der Kooij handelt es sich einfach um alte Häuser.[68] Es erwies sich daher als notwendig, einen neuen Begriff einzuführen. Die gewählte Bezeichnung „Mittelbalkenhaus“ resultiert aus der charakteristischen Konstruktion.

Dieser Haustyp ähnelt dem Zeilenhaus in verschiedener Hinsicht. Stärker als andere Haustypen hat sich das Mittelbalkenhaus ausdifferenziert.

Raumdisposition und Konstruktion

Das Mittelbalkenhaus ist ein Breitraumhaus mit einer Tragbalkenkonstruktion. Bei allen seinen verschiedenen Formen (mit Ausnahme des Querbalkenhauses) liegt eine Pfette, *ǧā'iz, ǧisr*[69] oder *ḥaizān*, in der Hausmitte. Die Pfette besteht aus einem oder zwei stärkeren Rundhölzern, während das Sparrenwerk aus kleineren Rundhölzern gebildet wird. Dieses Dach kann flach oder auch ein (meist leicht) geneigtes Satteldach, arab. *ǧemelūn*, kurd. *derbasi, maq, zinc*, sein. (Abb. 162, 178) Als Auflager der Pfette dienen Wandscheiben, Zungenmauern oder Stützen.[70] Viele Mittelbalkenhäuser bestehen aus Kalkbruchsteinen, da in der Region Kalkstein als Baumaterial überall zur Verfügung steht.[71]

Durch ihren Lehmverputz unterscheiden sie sich äußerlich jedoch nicht von Lehmziegelbauten dieses Typs.

Der Mittelbalkentyp bot lokalen Baumeistern offensichtlich die Möglichkeit, unterschiedliche Varianten zu entwickeln. Er läßt sich in folgende Hausformen untergliedern (Abb. 163):

I. a. Pfettenhaus
   b. Stützenhaus
II. Querbalkenhaus (Abb. 174)
III. a. Doppelraumhaus (Abb. 169)
   b. Reduziertes Doppelraumhaus
   c. Offenes reduziertes Doppelraumhaus.

Beide Gruppen bilden jeweils eigene Entwicklungsstränge. Gemeinsam ist ihnen jedoch die räumliche Offenheit im Grundriß und ein möglichst geringer Aufwand an Bauholz.

Abb. 163 (Schema)

Mittelbalkenhaus

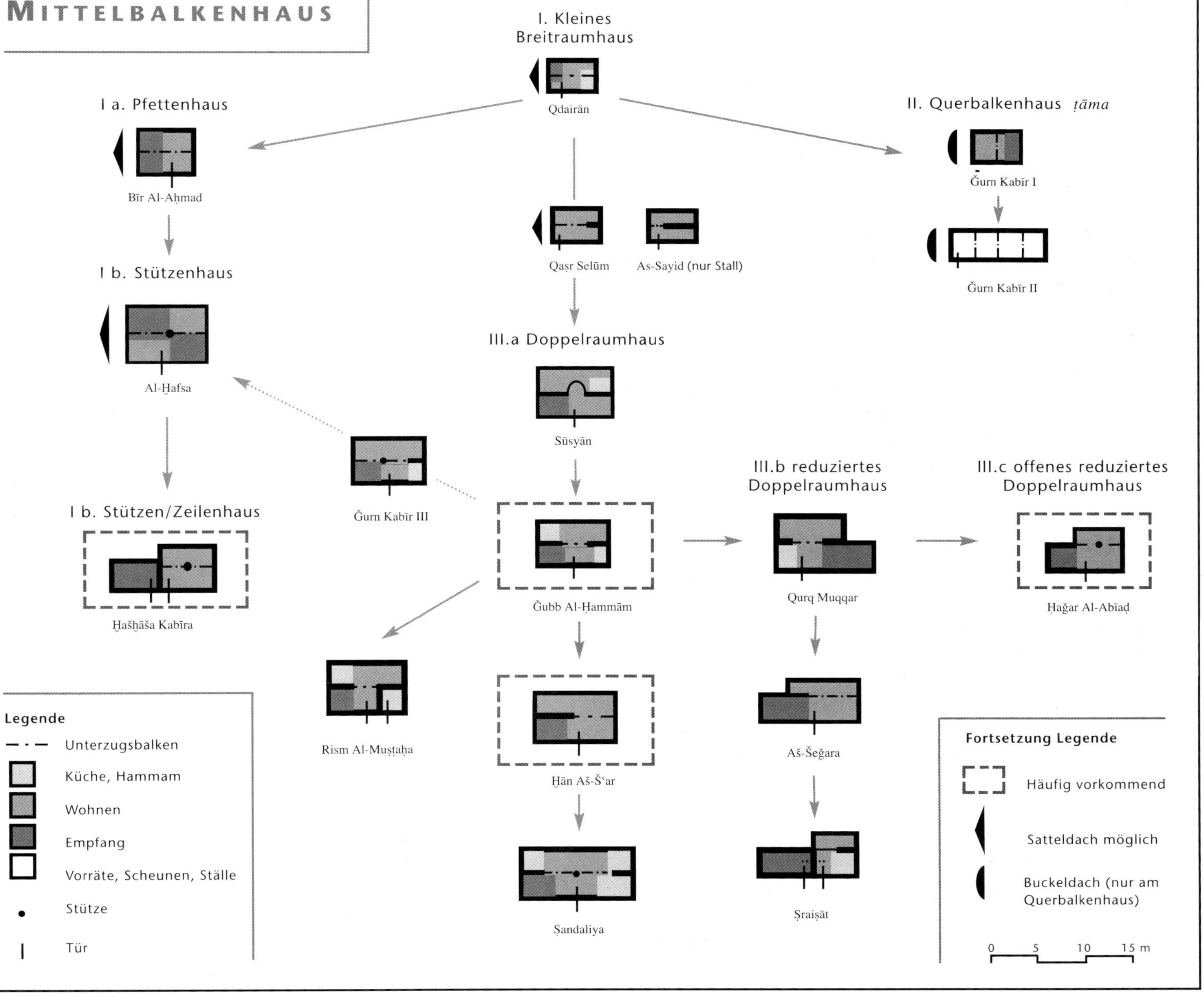

164

165

166

Von den 51 Mittelbalkenhäusern, die ich aufnehmen konnte, waren 12 Stützen- und 5 Pfettenhäuser, 3 Querbalkenhäuser, 21 Doppelraumhäuser, 10 reduzierte und offene reduzierte Doppelraumhäuser.

I.a Pfettenhaus

Ist der Balkenunterzug freitragend, in Raummitte gelegen und über die Gesamtlänge des Hauses reichend, definiere ich diese Hausform als „Pfettenhaus". (Wo sich die Firstpfetten als nicht genügend tragfähig erwiesen, mußte man manchmal nachträglich eine Stütze einziehen.) Mit ungefähr 3 x 4 m waren viele ältere Innenräume klein; heute liegt die Raumtiefe bei 4 bis 5 m, die Länge kann jedoch wegen des benötigten Querschnitts der Pfetten kaum je mehr als 6 m betragen. So entsteht ein offener, ungegliederter Innenraum.

Das Pfettenhausdach ist meist flach, die Sparren liegen waagerecht, nur gelegentlich konstruiert man leicht geneigte Satteldächer. (Abb. 178)

I.b Stützenhaus

Um größere Raumlängen oder -tiefen zu ermöglichen, ist es notwendig, eine (oder mehrere) Stützen unter der Pfette einzuziehen. Die Pfette in der Funktion des Hauptbalkens liegt quer zur Eingangsachse und besteht aus mehreren, etwas versetzt liegenden Rundhölzern.

Die Stütze, arab. *denge, rakīze, ʿamūd*, kurd. *digma, neg*, kann als massiver Lehmpfeiler von ungefähr 60 x 60 cm gemauert sein oder aus Rundholz mit entsprechendem Querschnitt bestehen. Die Verbindung zwischen Hauptbalken und Stütze erfolgt durch ein oder mehrere Sattelhölzer. (Abb. 172) Ursprünglich verwendete man einen Stamm mit Astgabel, *šidḥa*, als Stütze. Stützenhäuser haben vorwiegend flache Dächer, können jedoch auch leicht geneigt sein. (Abb. 177)

Die räumlichen Dimensionen sind sehr unterschiedlich, sie reichen bis zu 6,5 x 9 m lichter Raumgröße. Der Innenraum ist ebenfalls meist ungegliedert. (Abb. 172)

Aus der Kombination eines einräumigen Zeilenhauses mit einem mittelgroßen Stützenhaus (seltener auch Pfettenhaus) entstand ein Stützen/Zeilenhaus. (vgl. Abb. 163)

II. Querbalkenhaus

Das Querbalkenhaus, *ṭāma/ṭūm*,[72] ist ein kleines Breitraumhaus, dessen Dachkonstruktion auf quer zur Längsachse des Hauses liegenden Hauptbalken, *ḥaizān* oder *gōs*, ruht.[73] (Abb. 121, 173, 174, 175) Auf diesem Hauptbalken, meist ein Weidenstamm, liegen Längspfetten aus dünnen Stämmen oder langen Ästen.[74] Auf diesen bilden kürzere Äste das Sparrenwerk. Die Besonderheit der *ṭāma* besteht darin, daß der Hauptbalken in der Mitte erhöht ist. Entweder wird ein entsprechend gekrümmt gewachsener Stamm verwendet oder ein weiterer kurzer Weidenstamm wird ähnlich wie ein Sattelholz oben auf dem Balken befestigt. Die Spannweiten der Hauptbalken begrenzen die Räume, die meist zwischen 2,50 m und 3 m liegen.

Die Giebelmauern sind mittig etwas erhöht ähnlich wie bei einem flachen Satteldach. Die Pfetten liegen auf diesen und dem (oder den) erhöhten Hauptbalken auf. Der mittlere Stamm bildet eine Art Firstpfette, wodurch manche Dächer einen leichten Buckel erhalten (Buckeldach). Von außen ist eine *ṭāma* von einem „normalen" Mittelbalkenhaus dadurch unterscheidbar, daß der Hauptbalken aus der Trauf- statt aus der Giebelseite herausragt.

Auf die Sparren werden geschälte Flachsstengel, *baizūn*, Astwerk oder Schilfrohr gelegt. Wenn man größere Räume mit dieser Konstruktion baut, entstehen schlauchartige Formen, die ungefähr alle 3 m durch einen Hauptbalken unterteilt werden. Eine solche Raumdecke erinnert entfernt an ein flaches Tonnengewölbe mit Gurtbögen.

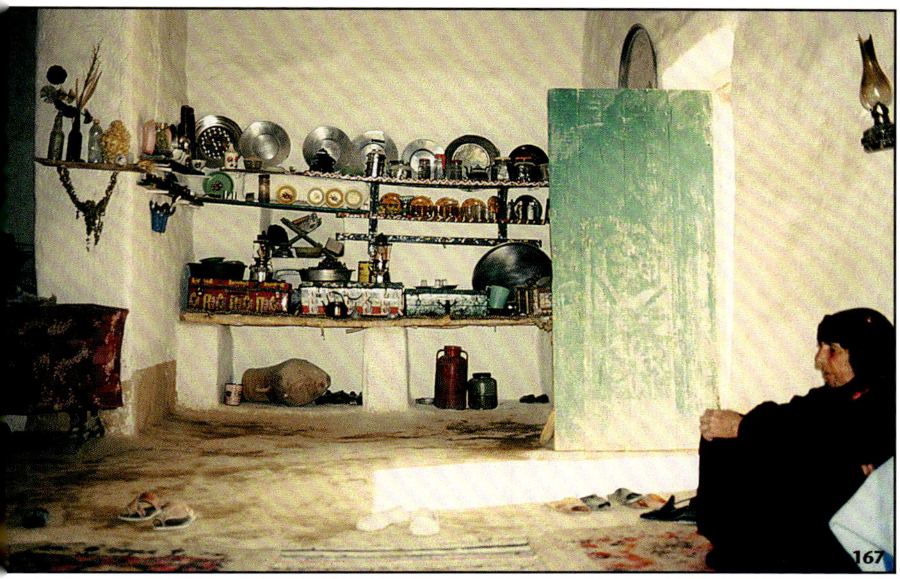

Abb. 164
Doppelraumhaus in Sūsyān/ʿAin Al-ʿArab-Region

Abb. 165
Nur im Innern des Doppelraumhauses in Sūsyān sah ich eine Bogenöffnung zwischen dem vorderen und hinteren Hausteil

Abb. 166
Der Sitzbereich des vorderen Hausteils des Doppelraumhauses in Sūsyān in der westlichen Haushälfte

Abb. 167
Die vordere Haushälfte des Doppelraumhauses Ǧurn Kabīr III mit Blick auf den Küchenbereich im Osten

Abb. 168
Die hintere Haushälfte des Doppelraumhauses in Al-Qirātā/Saǧūr-Tal; hinter der Zungenmauer befinden sich eine alte Brauttruhe und eine schaukelähnliche Hängewiege, *hezzāze*

III. A Doppelraumhaus

Bei dieser Hausform nehmen eine oder mehrere unterstützende Wandzungen dem Tragbalken einen Teil seiner Last ab. Dieser kann somit kürzer und entsprechend preiswerter sein. Das Doppelraumhaus sieht im Grundriß aus, als bestünde es aus zwei Breiträumen hintereinander, die mit einer großen Öffnung verbunden sind. Es handelt sich um einen großen Raum mit separat nutzbaren Raumteilen. (Abb. 169) Nur bei einigen älteren Häusern besteht die Öffnung in einer Rundbogenkonstruktion (Abb. 164, 165, 166), meist liegt über der Öffnung ein Tragbalken als Unterzug.[75] Die lichte Weite der beiden hintereinanderliegenden Raumteile unterscheidet sich ein wenig; der vordere Teil ist etwas mehr als 2,50 m breit, der hintere etwas darunter. Ein oder zwei Ziegellängen bestimmen den Unterschied.

Die Wandzungen werden eineinhalbsteinig ausgeführt, was zu einer Wandstärke von mehr als 60 cm führt. Ihre Längen sind unterschiedlich, es kann auch eine Stütze zusätzlich angeordnet sein. Die sich dazwischen ergebende Öffnung kann sowohl mittig als auch etwas seitlich herausgerückt liegen. Sie ist mindestens 2 m breit. Die Bewohner bezeichnen die Wandzunge als *denge, bālaġ* oder *gōsa*.[76] Die den Aufenthaltsbereich begrenzende Wandzunge weist häufig Ausnischungen und/oder eine Durchreiche auf. (Abb. 170)

Die Unterteilung des Hauses verläuft zwischen dem ‚vorderen Platz', arab. *ʿain al-gidāmiya*, *ʿain al-ḍawiya*, kurd. *siftax, maxe peši* und dem ‚hinteren Platz', dem *ʿain al-warāniya*, *ʿain ẓolma*, kurd. *tali* oder *maxe paši*.[77] Die Wandzungen markieren hier den Übergang zwischen dem mehr öffentlichen und dem mehr familieninternen Bereich. Die Achse der Eingangstür schafft eine weitere Unterteilung in west-östlicher Richtung.

Zwei Fenster in der Westwand belichten den ‚vorderen Platz'. Manchmal bilden sie ein Zwei-Fenster-Nischen-Motiv. Die hinteren Teile der Doppelraumhäuser sind recht dunkel; selten nur werden sie durch kleine Wandöffnungen erhellt.

Die Größen der Doppelraumhäuser variieren wenig: sie liegen meist ungefähr bei 6 x 8 m für den Innenraum als Ganzes. Während heutige Doppelraumhäuser übliche Raumhöhen von 3 bis 3,50 m und die Dächer nur wenig hinten geneigt sind, waren am Beginn des Jahrhunderts durchaus stärkere Dachneigungen vorhanden, so daß sich Pultdächer ergaben. (Abb. 162) Dies war daraus entstanden, daß für die hinteren Raumteile keine großen Raumhöhen erforderlich waren. Heute baut man nur leicht geneigte Flachdächer, die den Regen nach Norden ablaufen lassen.

Abb. 169 **Doppelraumhaus** Ǧubb Al-Ḥammām

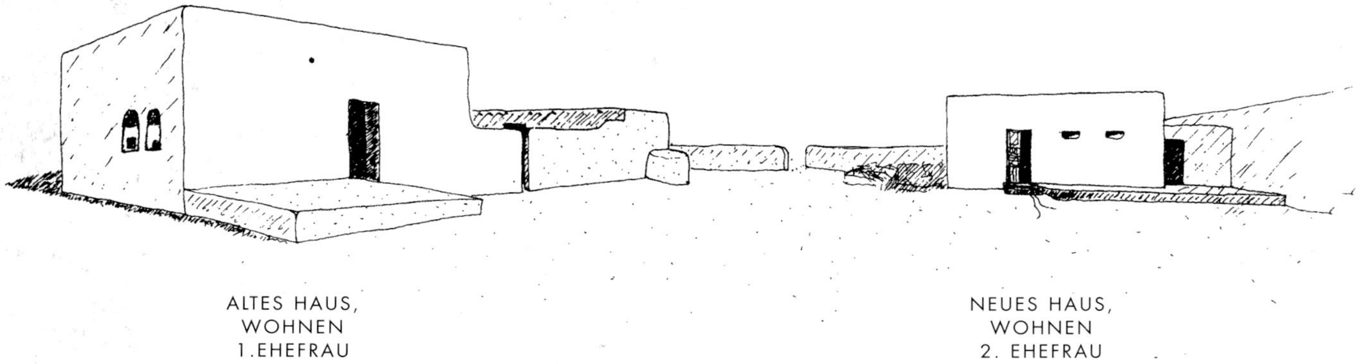

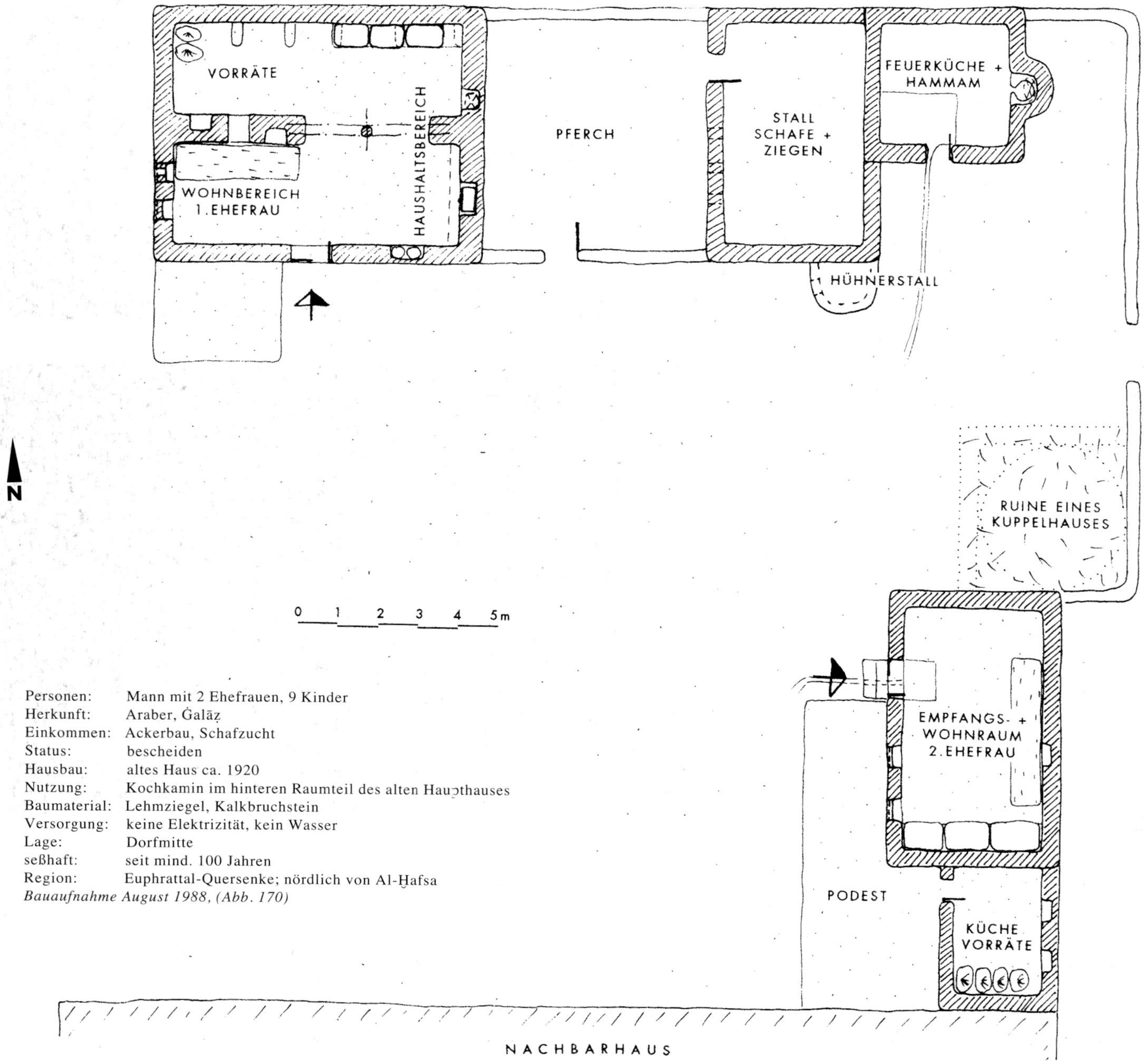

Personen:	Mann mit 2 Ehefrauen, 9 Kinder
Herkunft:	Araber, Ġalāẓ
Einkommen:	Ackerbau, Schafzucht
Status:	bescheiden
Hausbau:	altes Haus ca. 1920
Nutzung:	Kochkamin im hinteren Raumteil des alten Haupthauses
Baumaterial:	Lehmziegel, Kalkbruchstein
Versorgung:	keine Elektrizität, kein Wasser
Lage:	Dorfmitte
seßhaft:	seit mind. 100 Jahren
Region:	Euphrattal-Quersenke; nördlich von Al-Ḫafsa

Bauaufnahme August 1988, (Abb. 170)

In der „nördlichen" Euphratregion bezeichnen manche Baumeister diese Hausform als *dār ʿala fiǧǧtēn*. Dieser Begriff spielt auf zwei nebeneinanderliegende längliche Raumeinheiten des Doppelraumes an. Er leitet sich von der Bezeichnung der Stoffbahn des Beduinenzeltes ab, *fiǧǧe*, und liegt hier als sprachliche Dualform vor. Ebenso wie die Zeltbahnen in der Länge des Zeltes und damit quer zur Eingangsrichtung verlaufen, sind auch die Doppelraumhäuser angelegt. Andere Baumeister bezeichnen das Doppelraumhaus als *mrobbʿa* (‚Quadrat'), was sich auf seine annähernd quadratische Außenform bezieht.

Das Doppelraumhaus mit seiner weiten inneren Öffnung stellt ein Raumkontinuum dar, dessen Zungenmauern und Stützen einen offenen Raumeindruck bewirken – so wird es von vielen Bewohnern empfunden. Nur ein älterer Bewohner beschrieb mir sein Doppelraumhaus als aus vier separaten Räumen bestehend.[78]

In der weiteren Entwicklung des Doppelraumhauses entfielen die Zungenmauern, und die Last des Hauptbalkens wurde durch Stützen abgefangen. Dies läuft auf ein Stützenhaus hinaus. Ein Beispiel für diesen Übergang bildet das große Doppelraumhaus aus Ǧurn Kabīr III mit seiner kurzen Zungenmauer auf der rechten Seite und seiner massiven Stütze auf der linken. (Abb. 167)

III.b Reduziertes und III.c offenes reduziertes Doppelraumhaus

Modifikationen des Doppelraumhauses entstehen durch Verkleinerungen des hinteren Raumteils. Damit werden die (ehemaligen) Wandzungen ein Stück weit zur Außenwand, in welche man sogar Fenster einfügen kann. Der Sitzplatz im vorderen Raumteil erfährt dadurch eine Aufwertung. Auch die Raumtiefen des hinteren Teils werden etwas verringert, bleiben jedoch meist tief genug, um noch einen optisch abgetrennten Raumbereich zu bilden. Der Durchgang zwischen dem vorderen und dem hinteren Raumteil liegt bei dieser Hausform immer leicht aus der Mitte verschoben.

Das reduzierte Doppelraumhaus wird ebenfalls als *(dār ʿala) fiǧǧe ū nuṣṣ*, sinngemäß übersetzbar mit ‚eineinhalb Zeltbahnenhaus', bezeichnet.[79]

Im Grundprinzip ähnlich angelegt ist auch das ‚offene, reduzierte Doppelraumhaus'. Der hintere Raumteil ist noch weiter verkleinert und die Raumtiefe bis auf nur noch ungefähr 1,50 m verringert. Konsequenterweise bleibt dieser hintere Raumteil offen zum vorderen – abgetrennt allenfalls noch durch eine Stütze, die den Hauptbalken trägt. Dieses Grundrißprinzip bildete wohl auch eine der Wurzeln des T-Hauses.

Nutzungen und Innenräume

Die Mittelbalkenhäuser dienen heute vorwiegend als Familienwohnräume, ursprünglich waren

170

171

172

Abb. 170
Im Doppelraumhaus in Ǧubb Al-Ḥammām (Abb. 169)

Abb. 171
Leerstehendes Stützenhaus in ʿAārūda

Abb. 172
Im Innenraum des leerstehenden Stützenhauses in ʿAārūda

alle Funktionen in ihnen untergebracht.[80] Während Stützen- und Pfettenhäuser in ihren Nutzungen variieren können, sind bei den Doppelraumformen die Funktionsbereiche festgelegt.

Bei Stützen- und Pfettenhäusern war es meist üblich, daß der gesamte westliche Raumbereich dem Aufenthalt diente,[81] während der Bettzeugstapel an die nördliche oder – je nach Haustiefe – an die östliche Wand gelehnt wurde. Die Vorräte lagerten unter dem Bettzeugstapel. Wo diese Häuser heute nicht mehr als tägliche Aufenthaltsräume benötigt werden (weil andere Räume zur Verfügung stehen), bedecken Regale voller Geschirr und Töpfe neben Vitrinen oder Schränken die östlichen und westlichen Raumwände. (Abb. 177)

Bei den Doppelraumformen liegt der Sitz- und Empfangsbereich als bevorzugter Platz links des Einganges, d. h. in der südwestlichen Hausecke. Dies ist der übliche Versammlungsort für die gesamte Familie und dort stellt man im Winter einen Ofen auf. Sobald Besuch anwesend ist, ziehen sich Frauen und Kinder in Türnähe oder in den östlichen Raumbereich zurück. Einzige „Möblierung" bilden die U-förmig liegenden Sitzteppiche entlang der Wände. Die geringe Raumbreite bewirkt eine intime Gesprächsatmosphäre.[82] (Abb. 45)

Den Bereich auf der anderen, der östlichen Seite des vorderen Raumteils nutzt man heute unterschiedlich. Meist dient er als Küche. In Qalʿat Neğm im „nördlichen" Euphrattal existierte noch ein Doppelraumhaus aus der Zeit der Jahrhundertwende mit einem – heute nicht mehr benutzten – Kochkamin in der Ostwand. Im *šaiḫ*-Haus in Ṣandaliya Ṣġīra zeigte noch der Abdruck eines Feuerlochs in der Mitte dieses Raumteils, wo einst gekocht wurde. Da dies heute in Wohnräumen nicht mehr erwünscht ist, wurde als erstes das Kochen selbst aus dem Haus ausgelagert.[83] Statt dessen jedoch prangt heute der repräsentative Teil des Küchengeschirrs als Relikt der ursprünglichen Raumaufteilung auf Wandborden, *rufūf*/sing. *raff*, oder steht auf dem Ablagetisch, *maṣa*, darunter. (Abb. 167) In anderen Häusern ist alles in eine separate Küche verlegt, nur der Kühlschrank ist noch verblieben. In diesem östlichen Hausteil mußten früher auch alle anderen Besitztümer der Familie aufbewahrt werden. Daher nennt man diesen Bereich bis heute gelegentlich noch *mağlis al ʿāʾile*, ‚Versammlungsort der Familie'. Dies spielt aber auch darauf an, daß dort die Familie sitzt, falls viele Gäste den kompletten westlichen Sitzbereich einnehmen.

Die hinter den Wandzungen gelegene Fläche diente ursprünglich landwirtschaftlichen Bedürfnissen: Korn und Vorräte wurden auf der einen Seite gelagert, das Vieh brachte man nachts auf der anderen Seite unter. Angeblich sollen sogar einzelne Kamele in kalten Winternächten dort gestanden haben – wie Bewohner aus dem „nördlichen" Euphrattal berichteten. Nachdem separate Ställe gebaut wurden, konnte dieser hintere Raumteil zum Aufbewahren des gesamten Hausstandes und der Vorräte genutzt werden. Vereinzelt finden sich noch entsprechende Abmauerungen hinter der westlichen Wandzunge. In solchen Speicherfächern, *ʿanābir*/sing. *ʿanbar*, bewahrt man Futtergerste auf. Auf kleinen Mauerstümpfen mit Brettern darauf lagern – zum Teil bis in die neunziger Jahre des 20. Jahrhunderts hinein – große Säcke, die den Vorrat an Brotgetreide der Familie bergen. Hinter einer der Wandzungen steht oft noch die Brauttruhe. Weitere Vorratssäcke liegen von einem Vorhangteppich verdeckt unter dem Bettzeugstapel. (Abb. 168)

Der Bettzeugstapel nimmt heute fast die gesamte Nordwand des Doppelraumhauses ein. Meist ruht er auf niedrigen Wandstümpfen, arab. *dengāt*, kurd. *kulin*. Wichtig ist offenbar, daß er einsehbar und repräsentabel ist. Eine Familie, die über keinen weiteren Wohnraum verfügt, rollt nachts im vorderen Sitzbereich das Bettzeug aus. Ist ein Mann über Nacht zu Gast, legen die Frauen ihre und die Matratzen der Kinder hinter der westlichen Zungenmauer aus und überlassen damit den vorderen Bereich Besuchern und erwachsenen Männern des Hauses.

Heute verfügen die meisten Familien über einen separaten Empfangsraum. Das bedeutet, daß der Sitzbereich im Doppelraumhaus oft nicht mehr benötigt

Abb. 174 **QUERBALKENHAUS** *ṭāma*

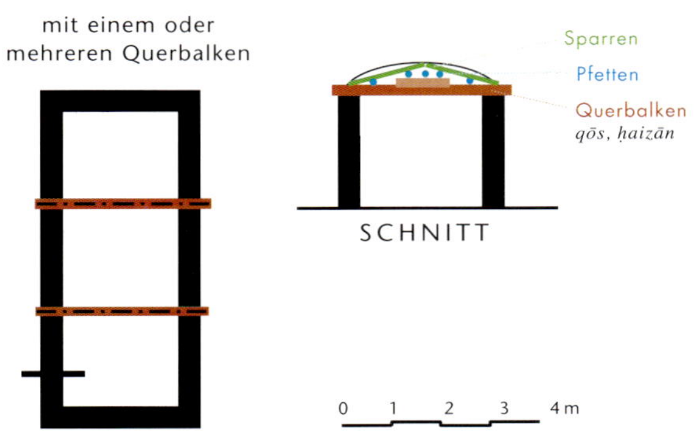

Abb. 173
Das sehr lange Querbalkenhaus in Ğurn Kabīr IV (versunken im Tišrīn-Stausee) wurde als Familienwohnraum genutzt

Abb. 175
Querbalkenhaus in Ğurn Kabīr V: mehrere Baumstämme bilden den Querbalken mit mittiger Erhöhung, die die äußere Buckelform ergibt

Abb. 176
Mehrere Querbalkenhäuser in Ğurn Kabir; von außen sind sie kaum als Querbalkenhäuser zu erkennen

Abb. 177
Stützenhaus in Ṭāwī, heute genutzt als Küche (Grundriß Abb. 150)

Abb. 178
Pfettenhaus in Al-Babīrī/Euphrattal

175

176

wird. Er bleibt entweder leer oder wird für die Aufbewahrung des gewachsenen Hausstandes benutzt.

Auffällig häufig dekorieren Frauen ihre Mittelbalkenhäuser. Die Buntheit des Bettzeugstapels findet ihre Entsprechung im vorderen Raumbereich in selbstgefertigten großen Stickbildern und bunten Geschirrregalen an den Wänden. (Abb. 45) Die Stützen ebenso wie die Wangen der großen Zungenmauern sind gestalterisch oft herausgehoben: sie werden bemalt, mit Spiegeln, amulettwertigen Utensilien oder Bildern behängt.

Kleinere Mittelbalkenhäuser findet man nicht nur als Haupthaus, auch Küchen, Scheunen oder Stallungen können einen solchen Grundriß aufweisen. Als Nebengebäude deckt man sie gewöhnlich mit einem Satteldach, das kostengünstiger herzustellen ist.

Vorkommen und Verbreitung

Die Verbreitungsgebiete der einzelnen Formen des Mittelbalkenhauses lassen sich relativ klar bestimmen. (Abb. 193) Im Osten taucht das Mittelbalkenprinzip ausschließlich bei Nebengebäuden auf.

Stützen- und Pfettenhäuser kommen zwar grundsätzlich im Euphrattal ungefähr zwischen der Mündung des Sağūr im Norden und Ar-Raqqa im Süden auf beiden Euphratseiten bis in das untere Balīḫ-Tal vor. Sie sind jedoch bis auf die folgenden kleineren Verbreitungsgebiete nur sehr vereinzelt anzutreffen. Flachgedeckte Stützen-/Zeilenhäuser sind zwischen Ṣirrīn und Abū Dʿama auf der Ğazīra-Seite des Euphrats verbreitet. Nur in Al-Babīrī am Westufer des Assad-Stausees und in Al-Meftaḥiya in der Syrischen Wüste bildeten sie die Mehrzahl der Häuser – teils mit Flach-, teils mit Satteldächern. (Abb. 178)

Das Verbreitungsgebiet der Doppelraumformen erstreckt sich auf der Šāmiya-Seite in nordsüdlicher Richtung von der Mündung des Sağūr in den Euphrat bis ungefähr Meskene im Süden, südlich von Al-Ḫafsa trifft man sie nur noch sehr vereinzelt. (Abb. 164, 179) Gen Westen sind sie bis ins obere Afrīn-Gebiet nordwestlich von Aleppo verbreitet.[84] Auf der Ğazīra-Seite ist diese Hausform bis an die türkische Grenze vertreten, südlich reicht sie auf dieser Flußseite nur bis zum Höhenzug an der Euphratenge bei Qašlit Yuṣuf Bāša. Nur im Zentrum des Verbreitungsgebietes bilden Doppelraumhäuser die vorherrschende Hausform der Haupthäuser.

Einige lokale Notablen des westlichen Euphrattales haben in den ersten Jahrzehnten des 20. Jahrhunderts die Hausform des großen Stützenhauses bevorzugt. Offenbar konnten sie so für jeden sichtbar den „Luxus" des großen Raumes, ermöglicht durch die starken Unterzugbalken und Stützen, demonstrieren. Die Wohnverhältnisse im Innern waren darin jedoch sicher beengt,

177

178

wenn – so wie im Haus in ʿAārūda/ Assad-Stauseegebiet – drei Ehefrauen mit ihren Kindern im nicht unterteilten Raum (Größe 9,50 x 5,80 m) lebten. (Abb. 171, 172)

Das Querbalkenhaus fand sich fast nur im Tišrīn-Gebiet des „nördlichen" Euphrattals; während mit der Flutung des Tišrīn-Stausees die Querbalkenhäuser in der Talsohle verloren gingen, sind einige Beispiele in den oberhalb gelegenen Dörfern noch vorhanden.

Analyse, Herkunft und Entwicklung

Die Hausformen des Mittelbalkenhauses gehören zu den ältesten innerhalb der Ǧazīra und haben sich relativ weit auseinanderentwickelt.

179

180

Als Wurzel des Mittelbalkenhauses kann man ein kleines Breitraumhaus ansehen, dessen Länge durch den Balken der Firstpfette begrenzt war. Dieser dürfte kaum länger als 4 m gewesen sein, was einer Raumlänge von ungefähr 3,40 m entspricht. (Abb. 177) Um die Räume ein wenig zu verlängern, wurden an den Giebelwänden unter dem Firstholz oftmals Wandvorlagen angebracht. Solche Bauten finden sich heute noch als Nebengebäude, sie waren jedoch früher in vielen Gebieten die übliche Hausform. Für die Annahme, daß das Dach ursprünglich ein leicht geneigtes Satteldach war, sprechen die Angaben einiger Informanten und daß dies kostensparender war, da die seitlich aufgehenden Traufenmauern niedriger sein konnten, und Sparrenholz in ausreichender Länge zur Verfügung stand. Auch Regen konnte so schneller ablaufen.[85] Eine solche einfache Dachkonstruktion findet sich bei der Laubhütte ebenso wie am Erdgrubenhaus. Diese könnten damit die Vorläufer der Mittelbalkenhäuser bilden.

In der Talsohle des Euphrattals bildeten die kleinen Breitraumhäuser die ersten festen Behausungen – wenn man Erdgrubenhäuser aus der Betrachtung herausläßt.[86]

Die vergrößerten Versionen solcher Breitraumhäuser haben sich als Pfetten- und Stützenhäuser etabliert. Heute sind sie meist mit Flachdächern versehen. Satteldächer haben den Nachteil, daß ein Regenablaufsystem auch an der Schauseite des Hauses erforderlich ist. Ein wichtigerer Aspekt ist jedoch das mit Satteldächern verbundene geringere Sozialprestige.

Das Pfetten-/Stützenhaus als Form für etwas repräsentativere Räume ist eine sehr einfache Grundform, die auch in Westsyrien früher üblich gewesen zu sein scheint.[87]

Um die kleinen Breitraumhäuser zu vergrößern, bedurfte es entweder massiveren und längeren Bauholzes oder einer Konstruktion, die den Mittelbalken entlastet oder an seine Stelle tritt. Das Doppelraumhaus könnte aus der Idee entstanden sein, mithilfe längerer Wandzungen den Mittelbalken zu verkürzen, um nur noch die verbleibende Öffnung überspannen zu müssen.[88] Ein solcher Raum ist stärker untergliedert, was jedoch der Nutzung ebenfalls entgegenkam, um beispielsweise Stall- und Bergebereiche besser abzutrennen. Die Grundfläche wurde also differenziert. Die Zungenmauern könnten nach dieser Hypothese eine vergrößerte Version älterer Unterteilungsformen sein, wie sie bei Einraumhäusern üblich waren.

Als andere Entstehungshypothese wäre denkbar, daß der hintere Bereich des Doppelraumhauses einen vergrößerten Anbau darstellt. Damit wäre das Prinzip der Addition von Raum der zugrundeliegende Gedanke. Die große Verbindungsöffnung stünde in der Nachfolge einer üblichen Tür zwischen beiden Räumen, sie wäre nur vergrößert worden. Was Zweifel an dieser Hypothese aufkommen läßt, ist die Tatsache, daß ich bei keinem der Häuser einen früher oder später abgetrennten hinteren Raumteil fand. Man könnte erwarten, daß der Gedanke von zwei getrennten Räumen in irgendeinem Detail erhalten bleibt, wenn dies den Ursprung darstellen würde.[89] Die schmalste Verbindungsöffnung, die ich sah, war jedoch 2,50 m breit.

Tendenziell ist die Öffnung zwischen beiden Raumteilen immer breiter geworden.

Wann und wo die Entwicklung vom kleinen Mittelbalken- zum Doppelraumhaus stattgefunden hat, liegt im Dunklen. Das Doppelraumhaus findet sich auch im Altsiedelland um den Fluß Afrīn nordwestlich von Aleppo. Es ist dort zwar erst seit den dreißiger Jahren belegt, aber die Tatsache, daß die dortige Bevölkerung über eine längere Tradition des Hausbaus verfügt, läßt vermuten, daß Doppelraumhäuser von dort in die Ǧazīra kamen.[90] Im Euphrattal berichtete man davon, daß Doppelraumhäuser schon vor der Jahrhundertwende vorkamen, nachweislich gab es solche spätestens im Jahre 1911 in Qalʿat Neǧm. (Abb. 180) Es ist relativ undenkbar, daß die sich gerade ansiedelnden Nomaden diese Hausform entwickelten, wie ein Foto aus dem Oppenheim-Archiv belegt. Außerdem entspricht die Nutzungsaufteilung nicht derjenigen des Zeltes. Sehr alte Bewohner des Tišrīn-Gebietes im Euphrattal berichten, daß sie in den zwanziger Jahren das Doppelraumhaus im Dorf Ḥağar Al-Abyaḍ, das einige Kilometer vom Fluß entfernt liegt, gesehen hatten. Voller Bewunderung bezeichneten sie es als *qnāq* (*konak*, türk.), was in etwa mit ‚herrschaftlichem Haus' übersetzt werden kann. Sie übernahmen es wenig später. Es existieren auch Häuser von Dorfnotablen mit diesem Grundriß: Während ein solches Haus – auch mit älteren Fenster- und Nischenformen – in Zerkūtek leer steht (Abb. 179), wurde das Kalkhausteinhaus in Al-Awšāriya am Sāğūr im Innenraum stark verändert, um es bis heute zu nutzen.

Abb. 179
Als das Doppelraumhaus des Notablen in Zerkūtek Anfang des 20. Jahrhunderts gebaut wurde, war es der einzige Flachbau im Dorf; er steht heute leer

Abb. 180
Bis zur Flutung des Tišrīn-Sees waren die Doppelraumhäuser in Qalʿat Neğm/Euphrattal noch in Benutzung (Foto Derounian/Oppenheim-Archiv, ca. 1912)

Abb. 181
Rundbogennischen im Innern eines Doppelraumhauses in Qalʿat Neğm

Für den Import des Doppelraumhauses in das untersuchte Gebiet spricht auch die Art der Dachkonstruktion, die keine Beziehung zu der sonst vorhandenen Querbalkenkonstruktion (*ṭāma*) hat. Ein Zusammenhang zwischen den Doppelraumhäusern des Afrīn-Gebiets mit denen des Euphrattals zeigt sich auch darin, daß sowohl die Innenfenster in der westlichen Zungenmauer als auch eine Erhöhung des Sitzbereichs bei beiden vorkommen. Es ist daher davon auszugehen, daß sich das Doppelraumhaus vom Westen kommend gen Osten ausgebreitet hat.

Das Doppelraumhaus des Afrīn-Gebietes war mit einer Bogenöffnung, *gōs*, ausgestattet. Am „nördlichen" Euphrat nennt man die Zungenmauern ebenfalls *gōsa*,‚Bogen'. So könnte sich die Benennung des bogenförmigen Durchgangs auf die Zungenmauern und auch den Tragbalken übertragen haben. Im untersuchten Gebiet sah ich nur ein einzelnes Doppelraumhaus mit Bogenöffnung: es steht in Sūsyān ganz im Norden der Ğazīra zwischen Euphrat und ʿAin Al-ʿArab und stammt aus den vierziger Jahren. Viele Doppelraumhäuser mit Balkenunterzügen sind älter. In Gebieten, wo man den Kuppelbau beherrscht, (wie in der ʿAin Al-ʿArab-Region) ist die Kenntnis von der Technik des Bogenmauerns jedoch vorauszusetzen.

In den ältesten Doppelraumhäusern ist der Durchgang mit ungefähr 2,50 m relativ schmal. Je jünger die Häuser sind, desto breiter wird dieser Durchgang, da die hinteren Nischen nicht mehr als Speicherraum benötigt wurden. Der Raum wirkt dadurch insgesamt größer. Bei manchen Häusern sind anstelle der Zungenmauern nur Stützen eingezogen. Diese Häuser fallen damit unter die Stützenhausform und verweisen wieder auf die Nähe zum Pfetten-/Stützenhaus.

Im Doppelraumhaus mit seinen nur teilabgetrennten Raumbereichen zeigt sich noch das Prinzip des Einraumhauses, in dem alle Habseligkeiten und das Vieh sicher aufbewahrt sind.

Für die Verwandtschaft zwischen Stützen- und Pfettenhaus einerseits und dem Doppelraumhaus andererseits spricht auch, daß sie in derselben Region vorkommen. Äußerlich nicht unterscheidbar kamen sie beispielsweise in Qalʿat Neğm nebeneinander vor. (Abb. 260, 261) Bei einem dieser Häuser wurde eine halbhohe Wand an der Stelle der Zungenmauer nachträglich eingezogen. Einen Hinweis auf den Zusammenhang der beiden Hausformen bietet die Etymologie, da Stützen und Zungenmauern mit demselben Wort *denge* bezeichnet werden.

Auch bei der Entwicklung vom reduzierten zum offenen reduzierten Doppelraumhaus spielte eine erstrebte größere Grundrißoffenheit die entscheidende Rolle.

Das Doppelraumhaus findet sich (in der Ğazīra) vor allem bei den etwas länger Seßhaften des nördlichen Teils der syrischen Euphrat-Region. Der dort dominierende Stamm der Benī Sʿaīd siedelt in der gesamten Großregion nördlich von Aleppo und sogar „vereinzelt auch im Kreise Aʿzaz"[91] (im weiteren Afrīn-Gebiet). Es ist gut vorstellbar, daß sich dieser Haustyp vom Westen her in einem Bogen nördlich von Aleppo bis zum Sağūr, Menbiğ und das nördliche Euphrattal verbreitet hat. Seine Verbreitung wurde dabei durch die stammesmäßigen Beziehungen vielleicht etwas begünstigt. Das Doppelraumhaus übernahmen jedoch auch andere Bewohner der Großregion und der Nachbargebiete.[92] Die südlich angrenzend lebende Bevölkerung verfügte nach eigenen Aussagen, bevor sie ihre Häuser wegen des Assad-Stausees verlassen mußte, ebenfalls gelegentlich über Doppelraumhäuser. Ein alter Mann aus Ḥabūba Kabīra, einem umgesiedelten Dorf auf der Šāmiya-Seite des Euphrats, der um 1910 geboren wurde, meinte sich zu erinnern, daß die Doppelraumform ungefähr 1930 von Baumeistern aus der Menbiğ-Region als neue Hausidee importiert wurde. Sie habe sich jedoch nicht allgemein durchsetzen können. Als Beleg dafür mag gelten, daß sich unter den nach dem Stauseebau entstandenen neuen Häusern zwar Mittelstützen- oder Pfettenhäuser, nicht jedoch Doppelraumhäuser finden.

Das Doppelraumhaus ähnelt in seinem Grundaufbau auch Querbogenhäusern, wie sie in Südsyrien, Jordanien und Palästina vorkommen.[93] Es handelt sich bei diesen um Steindachhäuser, deren steinerne Balken von weiten Gurtbögen getragen werden. Die Bögen reichen über große Spannweiten; außerdem sind mehrere Bögen hintereinander erforderlich, da die Steinbalken nur über kurze Felder von circa 2 m reichen. Ein weiterer Unterschied zwischen den Querbogenhäusern des Südens und den Doppelraumhäusern mit Bogenöffnung besteht darin, daß bei den ersteren die Bögen möglichst groß dimensioniert sind, um einen nicht unterteilten Wohnraum entstehen zu lassen – mit nur sehr kleinen Wandzungen –, während beim Doppelraumhaus der Teilungseffekt der Wandzungen ursprünglich beabsichtigt war. Obwohl beide Haustypen ein ähnliches Konstruktionsprinzip aufweisen, unterscheiden sie sich im Nutzungsgefüge, der Gesamtanlage des Innenraumes und auch in der Mauertechnik des Bogens. Die Querbogenhäuser des Südens sind weit verbreitet und sollen auf römische Vorbilder zurückgehen.[94]

Die Entstehung der *ṭāma*, des Querbalkenhauses, scheint nicht mit den oben genannten Entwicklungen in Verbindung zu stehen. Wie ältere Bewohner des Tišrīn-Gebietes des Euphrattals berichteten, kam bei ihnen die *ṭāma* schon v o r dem Doppelraumhaus vor. Die besondere Konstruktion des Querbalkenhauses entstand vermutlich daraus, daß die zur natürlichen Ufervegetation des „nördlichen" Euphrattals gehörenden Weiden und Tamarisken keine sich als lange Mittelpfette eignenden Stämme aufwiesen.[95] Man machte sich jedoch die krumme Form der meisten Weidenstämme zunutze, verlegte sie entgegen der Schwerkraft mit der Krümmung nach oben und ließ sie eine Art Bogen bilden. (Abb. 174, 175, 176) Sowohl Pfetten als auch Sparren bestehen heute aus klein gebliebenen Pappeln und deren langen Ästen. Es wäre möglich, daß die Sparren früher aus Tamariskenholz bestanden haben.

Die Querbalkenform eignet sich gut für den Zweck eines schmalen aber langen Raumes, da beliebig viele Querbalken mit ihren Deckenfeldern dazwischen aneinandergereiht werden können. Dieses Konstruktionsprinzip taucht nirgendwo anders auf, was darauf hindeutet, daß die Idee aus der Talregion stammt. Sie erinnert auch ein wenig an die konstruktive Struktur des Zeltdaches. Die Zugbänder entsprächen den Querbalken und die Zeltbahnen den Längspfetten. (vgl. Abb. 93)

Das Mittelbalkenhaus heute

Die heutigen Bewohner führen als Kritik an allen Formen des Mittelbalkenhauses ins Feld, daß die Nutzungsbereiche zu wenig getrennt seien. Besonders wird das Fehlen eines abgetrennten Gästebereiches bemängelt. Es erscheint als Zeichen von Armut, alle Funktionen unter einem Dach unterzubringen. Demzufolge dienen diese Häuser heute nicht mehr wie ursprünglich als Multifunktionshäuser. Wenn ein separater Raum zum Sitzen zur Verfügung steht und die Familie viel Hausrat, Wertsachen, Bettzeug besitzt, eignen sich Mittelbalkenhäuser gut als Familienwohnraum, als *dār al-bait*. Da meist die Generation der heutigen Großeltern diese Häuser gebaut hat, bilden sie deren Wohnräume und damit sozusagen das Altenteil des Hauses.

Auch die schlechte Heizbarkeit der großen Bauten wird bemängelt.

Bei der Einschätzung der verschiedenen Mittelbalkenhäuser muß wieder zwischen den Doppelraum- einerseits und den Pfetten-/Stützenhäusern andererseits unterschieden werden. Doppelraumhäuser (in ihrer einfachen Form) galten ursprünglich als repräsentative Bauten. Heute erscheinen sie als antiquiert. Das jüngste vorgefundene Haus stammt in etwa aus dem Jahr 1965. Man tut sich schwer mit der Nutzung des hinteren Raumteils. Die Ecken, die sich hinter den Zungenmauern ergeben, werden kaum noch sinnvoll genutzt oder bleiben sogar leer. Die Möglichkeit, einzelne Teilbereiche des Großraumes durch Mauern zu trennen, wird selten realisiert – ich sah nur in einem Haus eine vom Wohnraum abgeteilte Küche. (Abb. 163, Beispiel Rism Al-Musṭāḥa) Um das Doppelraumhaus durch Zwischenmauern in mehrere Einzelräume aufzugliedern, sind die einzelnen Raumteile zu klein. Die denkbare Alternative, den hinteren durch einen Vorhang oder eine Tür abzutrennen, sah ich nirgendwo.

Am Ende des 20. Jahrhunderts werden reduzierte und offene reduzierte Doppelraumhäuser gebaut, da sie besser zu nutzen und leichter zu beheizen sind. Die neueren Häuser liegen alle im Siedlungsgebiet der länger Seßhaften. Ein älterer Baumeister aus Ḥağar Al-Abiyād erzählte: zuerst hätten die Menschen Doppelraumhäuser bevorzugt, dann hätten sie gemeint, die nur mit Stützen ausgestatteten Doppelraumhäuser seien angenehmer, da sie mehr Raumfreiheit böten. Danach habe man das offene reduzierte Doppelraumhaus haben wollen, bei dem er die Breite des hinteren Teils festlegen würde. Der Baumeister gab an, diesen Haustyp nach wie vor zu errichten.

Pfetten- und Stützenhäuser sind seit den neunziger Jahren generell rückläufig und werden durch Zeilenhäuser ersetzt.

Querbalkenhäuser bilden nur noch einen Restbestand, der meist für Nebengebäude genutzt wird. Früher waren sie die üblichen Wohnhäuser der Armen, heute nutzen sie nur noch wenige Familien als Wohnräume. (Immer jedoch steht diesen Familien auch ein repräsentativerer Raum zur Verfügung.) Ein großer Teil des Bestandes an Querbalkenhäusern ist im Tišrīn-Stausee untergegangen. Sie werden allenfalls noch neu errichtet, um sie als Ställe zu benutzen.

In Hinsicht auf verschiedene Nutzungsmöglichkeiten sind Stützen- und Pfettenhäuser flexibler, da sie ohne innere Unterteilung sind. Sie kommen dann heutigen Wohnbedürfnissen entgegen, wenn die Familie zusätzlich über einen separaten Gästeraum verfügt.

182

T-Haus

Das T-Haus steht in Zusammenhang sowohl mit dem Mittelbalken- als auch mit dem Mittelhallenhaus, weshalb es hier von der Reihenfolge der Haustypen her zwischen beiden angesiedelt ist.[96] Obwohl es eine innenliegende Halle aufweist, steht es dem „offenen, reduzierten Doppelraumhaus" sehr nahe. Beim T-Haus handelt es sich um eine komplexe Dreiraumeinheit, von der es bislang weder veröffentlichte Grundrisse noch Beschreibungen gibt. (Abb. 182, 183)

Abb. 182
T-Häuser sind nur von der Rückseite als solche zu erkennen

Abb. 183
Al-Kussa (I) in der westlichen Ǧazīra nahe dem Euphratnebenfluß Sāǧūr: es überwiegt die T-Haus-Form; in diesem Beispiel mit einem separat erschlossenen Gästeraum

Abb. 184 (Schema)

T-Haus

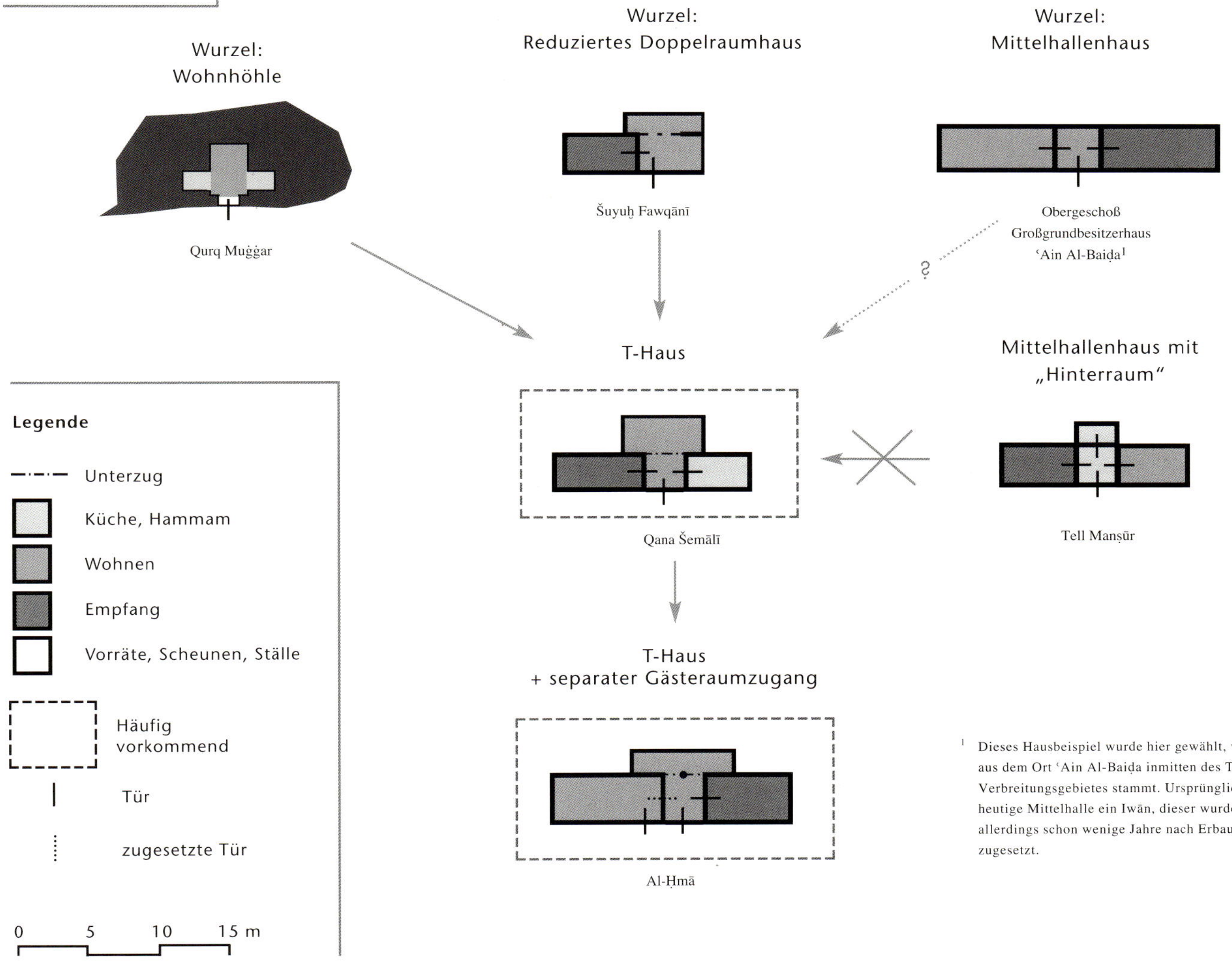

[1] Dieses Hausbeispiel wurde hier gewählt, weil es aus dem Ort ʿAin Al-Baiḍa inmitten des T-Haus-Verbreitungsgebietes stammt. Ursprünglich war die heutige Mittelhalle ein Iwān, dieser wurde allerdings schon wenige Jahre nach Erbauung vorne zugesetzt.

185

Abb. 187

T-Haus

ʿAin Al-Baiḍaʾ

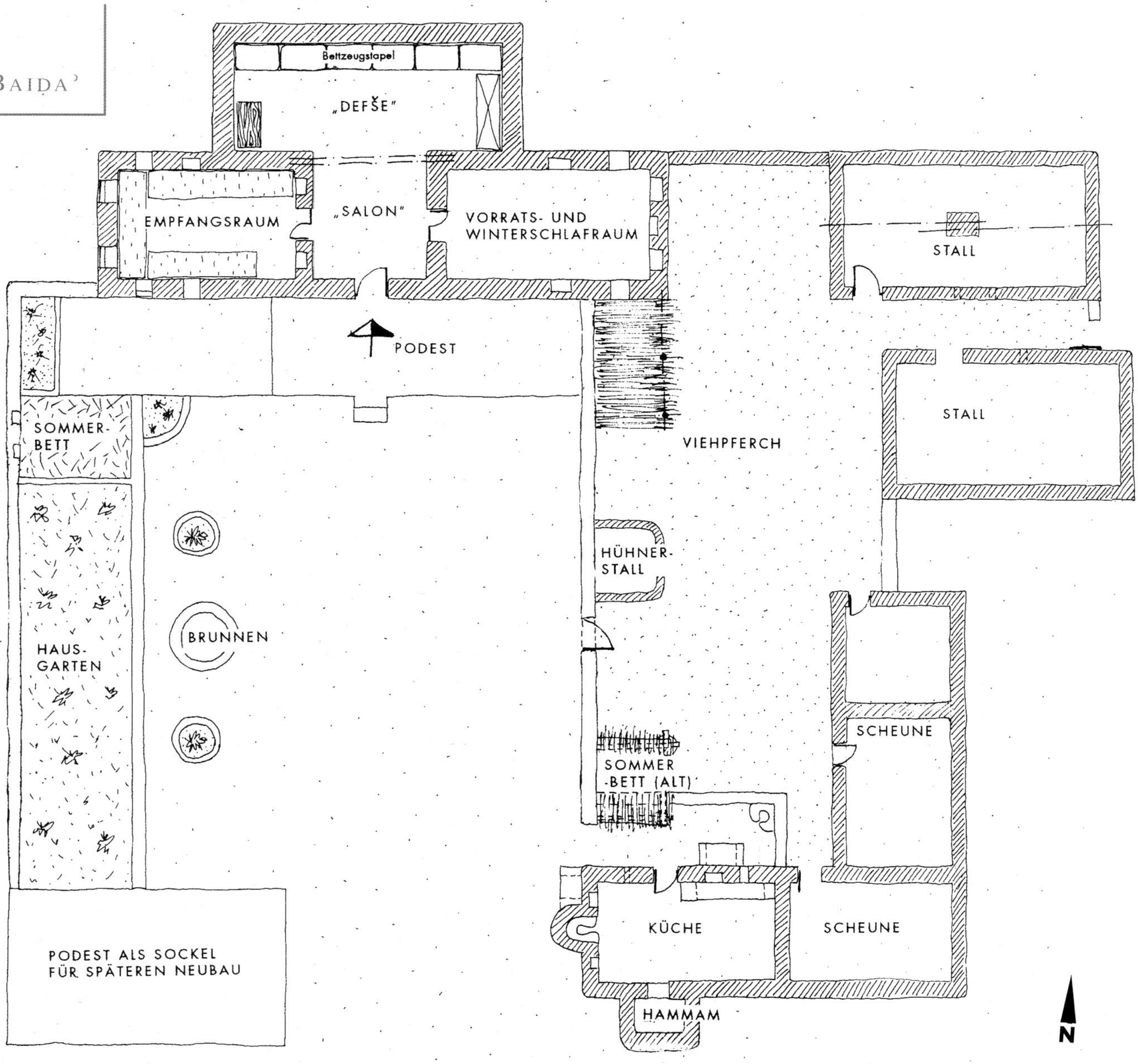

0 1 2 3 4 5 m

Personen: 2 Erwachsene, 10 Kinder
Herkunft: Araber, Ṭayy, Ṣraiṣāt
Einkommen: Ackerbau, Schafzucht
Status: bescheiden
Hausbau: ca. 1963 (im Dorf gibt es auch Doppelraumhäuser)
Baumaterial: Kalkbruchstein und Lehmziegel

Versorgung: Elektrizität, eigener Brunnen
Lage: in altem Dorf
Region: ca. 30 km nördlich von Menbiǧ, westlich des Euphrat, wichtige Überlandstraße geht am Dorf vorbei
seßhaft: seit ca. 130 Jahren

Bauaufnahme Oktober 1988, 1990, (Abb. 185, 186)

Abb. 185 + 186
T-Haus in ʿAin Al-Baida'

Abb. 188
Mittelraum des T-Hauses in Al-Ḥamā: Blick vom hinteren Querschiff in die Mittelhalle

Abb. 189
Die Nordseite des hinteren Querschiffs im T-Haus nimmt der Bettzeugstapel ein

188

189

Die gewählte Bezeichnung „T-Haus" erfolgt aufgrund des Grundrisses, der einen zentralen T-förmigen Raum aufweist und dessen Außenform ebenfalls ein um 180° gedrehtes T darstellt.[97] (Abb. 184) Ich konnte insgesamt elf T-Häuser besuchen und aufnehmen.

Konstruktion und Raumdisposition

Das T-Haus (Abb. 184), manchmal *ǧiya* oder *tayyārlī*[98] genannt, besteht aus einem Mittelraum, von dem seitlich je ein Raum abgeht. Der Mittelraum, der wesentlich die Charakteristik des Hauses bestimmt, gliedert sich in zwei Teile. Der vordere Bereich ist meist annähernd quadratisch und wird arab. *ṣālōn*, kurd. *hêvan*, genannt; der hintere Bereich liegt quer zur Eingangsachse, und die Bewohner bezeichnen ihn als arab. *defše*, (‚das Geschobene') oder kurd. *maxe paši*, (‚hinterer Platz'). Man könnte von einer Verbreiterung des Raumes oder von einem hinteren Querschiff sprechen. (Abb. 189) An der Nahtstelle nimmt ein Unterzug die Dachlast der beiden Raumteile auf, manchmal unterstützt von einem zusätzlichen Holzpfosten mit Sattelholz. (Abb. 188) Die großen seitlichen Raumnischen, die im hinteren Raumteil entstanden sind, können vom vorderen Teil des *ṣālōn* nicht komplett eingesehen werden. (Abb. 189)

Wie sich dies schon in der unterschiedlichen Benennung ausdrückt, begreifen die Bewohner beide Raumteile als getrennt voneinander.

Der Mittelraum ist symmetrisch angelegt – nur bei einem Haus lag der hintere Raumteil aus der Mitte herausgerückt. Zur Belichtung dient die Eingangstüröffnung. Während die Mitte des hinteren Bereichs noch genügend Licht durch die Öffnung erhält, bleiben die dortigen Raumnischen meist dunkel. Bei manchen Häusern wurde nachträglich eine Wandöffnung oder ein Fenster in das kurze Außenmauerstück der West- oder Ostseite eingesetzt.

Die beiden flankierenden Räume bilden Langräume. Den Gästeraum auf der westlichen Hausseite erhellen Fenster meist von Süden, Westen und von Norden. (Abb. 191, 295) Auf der Ostseite des Mittelraumes liegt ein anderer Raum, der von südlichen und östlichen (manchmal auch nördlichen) Fenstern erhellt wird. Die Breite beider Räume ist identisch und liegt meist bei 2,50 bis 3 m. In ihrer Länge unterscheiden sie sich jedoch, den Gästeraum baut man meist um 1 bis 2 m länger. Die Zahl und Anordnung der Fensteraussparungen beider Räume ist gleich, im östlichen Raum sind jedoch manche Fenster nur als halboffene Nischen ausgebildet.

Bei einigen Häusern erhielt der Gästeraum im Nachhinein eine eigene Tür nach außen und häufig schloß man damit auch den Zugang vom *ṣālōn* her. Dadurch wurde aus dem Langraum ein Breitraum. (Abb. 183)

Die Grundkonzeption dieses Haustyps ist symmetrisch. (Abb. 185, 186, 187) Diese Axialität wird zwar durch unterschiedliche Raumlängen durchbrochen, aber Fensterzahl und -art sind oft von außen gleich. Die separate Tür zum Gästeraum durchbricht den mittelaxialen Aufbau ebenfalls. Daran zeigt sich, daß letztlich der Symmetriegedanke doch nebensächlich ist. Es fand sich kein einziges Haus, bei dem beide Flankenräume gleich lang waren, in einem Fall unterschieden sie sich sogar nur durch eine Ziegellänge.

Der T-Haustyp ist feststehend, es haben sich keine Differenzierungen herausgebildet.

Nutzungen und Innenräume

Der Mittelraum gliedert sich auch funktional in zwei Bereiche. Der vordere dient als Durchgang und Verteiler, allenfalls repräsentative Küchenmöbel wie Kühlschrank oder Vitrine stehen darin. Der hintere Bereich erinnert an die heutige Nutzung des hinteren „dunklen" Teiles des Doppelraumhauses. Hier wie dort nimmt der repräsentativ gestaltete Bettzeugstapel die Nordwand des Hauses ein. Dagegen liegt in den aus dem Eingangsbereich nicht einsehbaren Ecken, den Raumannexen das weniger repräsentative tägliche Bettzeug der Familie, steht die Brauttruhe, evtl. ein Schrank und einige Küchenutensilien. Vorräte sah ich dort nicht gelagert.

Den manchmal vorhandenen zentralen Pfosten hebt man farblich hervor und behängt ihn mit Amuletten. (Abb. 189)

Den westlich liegenden Raum definieren die Bewohner als Empfangsraum, er dient jedoch in der Regel als Wohn- und auch Schlafraum. Die Sitzteppiche sind U-förmig entlang der Wände ausgelegt, wo die Fenster und Nischen für gute Belichtung und eine behagliche Wohnatmosphäre sorgen. Falls vorhanden, steht dort auch der Fernseher. (Abb. 192)

T-Haus in Al-ʿAmarna/ Euphrattal:

Abb. 190
Äußerlich fällt auf, daß das Haus einen Zementputz erhielt, um es widerstandsfähiger gegen Regen zu machen. Auf der großen Terrasse vor dem Haus schläft die Familie während der Sommermonate

Abb. 191
In der östlichen Ecke des hinteren Raumteils der Halle

Abb. 192
Der Gästeraum des T-Hauses ist dank seiner Fenster an drei Seiten sehr hell

Für den Raum auf der gegenüberliegenden, der östlichen Seite wurde mir beinahe überall als Nutzung ‚Winterraum', *ġorfat šituiye*, angegeben. Dahinter verbirgt sich einerseits ein zusätzlicher Schlafraum für die Familie während der kalten Monate und andererseits der Aufbewahrungsort der wichtigsten Wintervorräte. Die Belegung eines Raumes im Haupthaus mit Vorratsfunktionen weist auf deren Wichtigkeit hin. Viele der entsprechenden Gefäße standen in den Nischen des Raumes.

Vorkommen und Verbreitung

Auf der westlichen Euphratseite liegt ein geschlossenes Verbreitungsgebiet des T-Hauses vom Saǧūr bis nach Ǧerablūs im Norden. Dieses Gebiet reicht westlich bis in die Region nördlich von Al-Bāb. Südlich von Menbiǧ konzentrieren sich T-Häuser um die Dörfer Qāna Šamālī und Abū Qalqal. Dort reichen sie nicht bis zum Euphrat.

Auf der östlichen, der Ǧazīra-Seite des Euphrats ist das T-Haus weniger häufig. Ich fand es jedoch um den Kreisort Šuyuḫ Fōqānī im Euphrattal und ca. 20 km landeinwärts ungefähr bis zu dem Dorf Zakariya. Vereinzelt taucht es noch nördlich von Ṣirrīn auf.

In diesen Kleinregionen siedeln unterschiedliche Stämme: um den „nördlichen" Euphrat auf der westlichen, der Šamiya-Seite finden sich die arabischen Stämme Ṣraiṣāt/Ṭayy, Bū Banna/Bū Šʿabān, um Abū Qalqal wohnen Ġanām, und auf der Ǧazīra-Seite siedeln Kurden der Barazi-Föderation. Sie alle verbindet, daß sie schon verhältnismäßig lange, spätestens seit der zweiten Hälfte des 19. Jahrhunderts, seßhaft sind.

Analyse, Wurzeln und Entwicklung

Das T-Haus stellt einen der am höchsten entwickelten Haustypen Nordostsyriens dar. Eine entscheidende Wurzel des T-Hauses bildet das oben besprochene „reduzierte Doppelraumhaus", dessen Form ebenso wie die Nutzungsstrukturen ähnlich sind. An die Stelle des im Doppelraumhaus funktionslos gewordenen vorderen ehemaligen Küchen-Raumteils ist beim T-Haus der separate Winter- oder Vorratsraum getreten. Das Haus des Baumeisters in Ḥaǧar Al-Abyaḍ (in Schema 6.3.4) könnte eine typologische Brücke zwischen reduziertem Doppelraumhaus und T-Haus bilden. Der Baumeister baute im Nachhinein einen Empfangsraum östlich an das alte Haus an. Von außen stellt sich dieses Gebäude nun als T-Haus dar, in seinem Innern ist der neue Raum jedoch nicht mit dem alten verbunden. Die charakteristische T-Form des Mittelraumes ist zwar räumlich noch nicht ausgebildet, aber sie ist in der Funktionsverteilung schon impliziert.

Ebenfalls eng sind die Beziehungen zwischen T-Haus und der in der Region vorkommenden dreikonchigen Wohnhöhle (Abb. 119). Diese war im Euphrattal um Ṣraiṣāt und Qurq Muqqar bis nach der Mitte des 20. Jahrhunderts eine übliche Wohnform. Der Grundriß der Höhle – eine Einheit aus drei Raumflügeln in Form eines T – könnte auf den T-Haustyp übertragen worden sein. Unterschiede bestehen allerdings bei der Verteilung einiger Nutzungsbereiche, so liegt z. B. der Wohnbereich bei der Höhle in der Mitte. Dies ist bei Höhlen allerdings der Tatsache geschuldet, daß dorthin das meiste Licht fällt. Andere Nutzungen wiederum, wie die in der östlichen Konche vorhandene Aufstapelung der Vorräte und die Stapelung des Bettzeugs in der Nische in der Achse

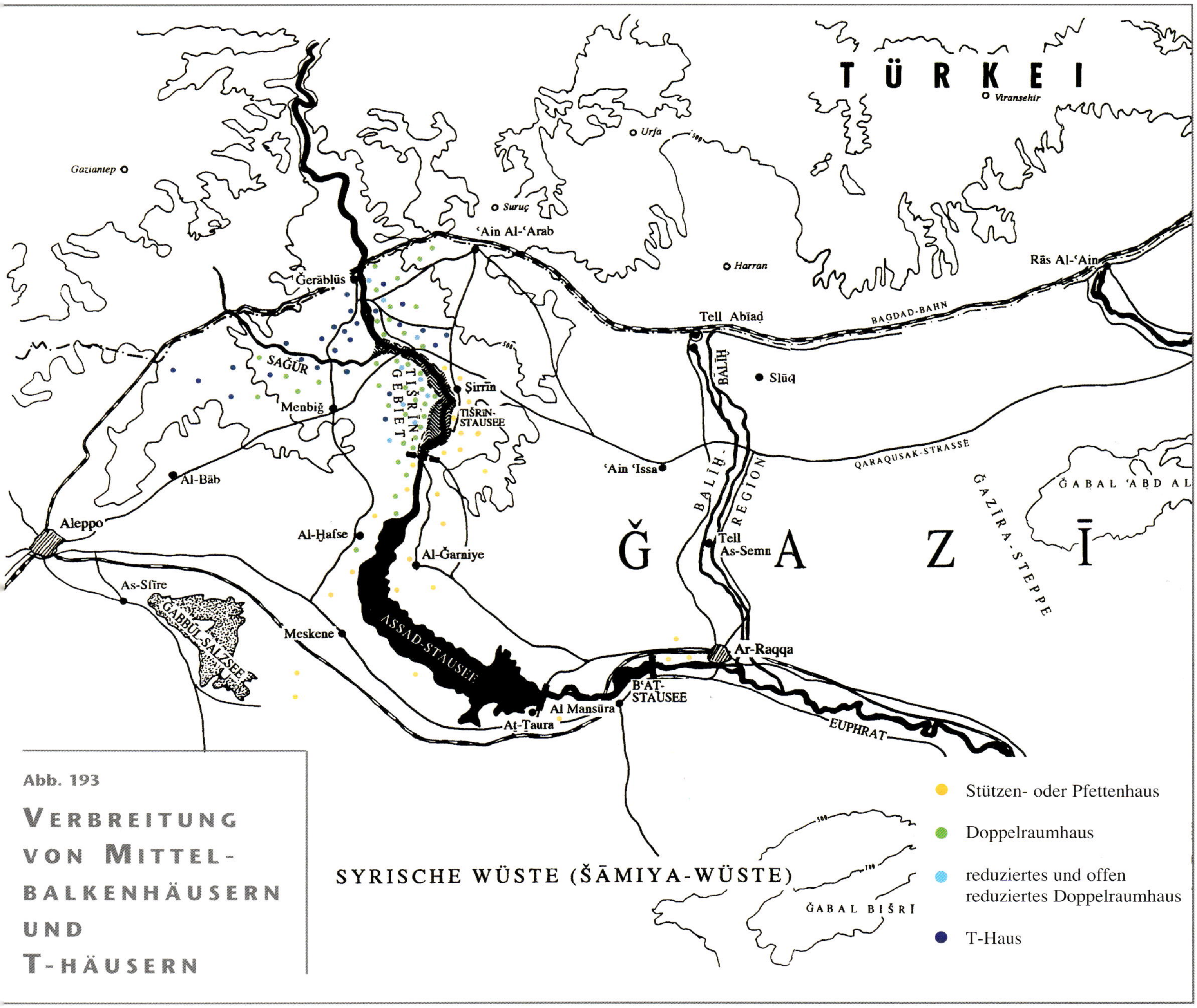

Abb. 193

Verbreitung von Mittelbalkenhäusern und T-Häusern

der Eingangstür, sind identisch mit dem T-Haus. Der T-förmige Raum selbst ist in der Wohnhöhle allerdings nicht antizipiert. Für die Nähe zur Wohnhöhle spricht auch, daß mir Bewohner aus Al-Kūssa – einem Dorf, das ausschließlich aus T-Häusern besteht – berichteten, sie hätten früher ebenfalls in Höhlen gewohnt.

Die dritte Hausform, die äußere Ähnlichkeiten mit dem T-Haus aufweist, ist das einreihige Mittelhallenhaus.[99] Es teilt mit dem T-Haus die Gliederung des vorderen Hausteils und wie das Hausbeispiel des Großgrundbesitzerhauses aus 'Ain Al-Baiḍa zeigt, kommt es in derselben Region vor. Der hintere charakteristische Teil des T-Hauses findet beim Mittelhallenhaus keine Entsprechung. Den T-förmigen Raum gibt es auch nicht. Allerdings wird die Kenntnis von Mittelhallenhäusern die Herausbildung des T-Hauses insoweit befördert haben, als man dort eine Mittelhalle kennenlernen konnte.

Aus diesen Ausführungen wird deutlich, daß es konzeptionelle Zusammenhänge zu mehreren vorkommenden Haustypen gibt. Dennoch stellt das T-Haus nicht nur eine Weiterentwicklung anderer Typen dar, sondern hat sich so weit von seinen Vorläufern oder Anregern entfernt, daß ein eigenständiger Typ entstanden ist.

Für das T-Haus existieren keine städtischen Vorbilder. Das Aleppiner Haus verfügt zwar mit seiner dreiflügligen Qā'a ebenfalls über einen Raum in Form eines T, diese steht aber in keiner typologischen Beziehung zum T-Haus.

Ein lokaler Baumeister könnte – in Kenntnis von Doppelraum-, Mittelhallenhaus und Wohnhöhle – die T-Hausidee entwickelt haben. Dabei handelt es sich um einen relativ jungen Haustyp. Die ältesten vorgefundenen Häuser stammen vom Anfang der fünfziger Jahre: das Haus in Zakariya auf der Ğazīra-Seite des „nördlichen" Euphrattals wurde ca. 1950, das Haus aus Qāna Šamālī aus der Tišrīn-Region des Euphrattals um 1953 erbaut. Wo der T-Haustyp erstmalig auftauchte, ließ sich nicht ermitteln.

Eine besondere Affinität zwischen einzelnen ethnischen Gruppen und dem T-Haus konnte nicht festgestellt werden. Da das T-Haus ein differenziertes Modell darstellt, ist nicht verwunderlich, daß gerade solche Stämme das Haus hervorbrachten oder adaptierten, die aufgrund längerer Seßhaftigkeit auch größere Ansprüche an das Wohnen stellen.

Da das Verbreitungsgebiet bis an die türkische Grenze reicht, ist es nicht ausgeschlossen, daß das T-Haus auch jenseits der Grenze verbreitet ist und vielleicht dort seine Wurzeln hat.[100]

T-Haus heute

Das T-Haus ist ein den durchschnittlichen Wohnbedürfnissen angepaßter Haustyp. Die Räume sind eher klein, daher ist es leicht beheizbar, das gesamte Haus ist gut gegliedert, und es gibt bei männlichem Besuch Rückzugsmöglichkeiten für die Familie. Als Dreiraumhaus bietet es auch Vorteile der Trennung von Stapelung der Habe und Aufenthaltsraum. Als ungünstig wurde bemängelt, daß das Bettzeug wegen des Durchgangscharakters des Mittelraumes schneller verschmutzt.

Auch die Tatsache, daß es praktisch kaum Abwandlungen dieses Typs gibt, zeigt, als wie angenehm seine Aufteilung von den Bewohnern empfunden wird. Es scheint so ausgereift zu sein, daß keine Veränderungen mehr notwendig sind. Einzig ein separater Zugang zum Gästeraum wird heute bevorzugt, und auch die bestehenden Häuser werden dahingehend verändert.

Daraus läßt sich schließen, daß dieser Haustyp auch moderne Anforderungen problemlos erfüllt, so daß er den Bewohnern als zeitgemäß erscheint.

HALLENHAUSGRUPPE

Die verschiedenen Formen der Hallenhausgruppe verfügen alle über einen gesonderten Eingangs- und Erschließungsbereich. Dieser kann die Form einer offenen, halboffenen oder geschlossenen Halle haben. Dabei ist die Halle mehr als nur ein funktionaler Durchgangsbereich, um in die Räume zu gelangen. Dennoch ist sie kein gestalterisch besonders hervorgehobener Raum, ihre Ausmaße – auch der Höhe – orientieren sich an den sie umgebenden Räumen. Obwohl sie nicht unbedingt eine große Grundfläche aufweist, soll hier der Begriff ‚Halle' Verwendung finden, da er 1. eingeführt ist, 2. den Verteilungsaspekt beinhaltet und 3. die Bedeutung eines solchen Raumes für das Hausganze betont.

Das Verhältnis von Haus zu Halle läßt sich in die hypothetische Entwicklungsreihe fassen: am Beginn stand die Schattenlaube vor dem Haus, diese verwandelte sich in eine überdachte Vorhalle (Abb. 195), dann wurde sie ins Haus miteinbezogen, blieb aber an einer Seite noch offen (Iwān, Abb. 207) und in letzter Konsequenz wurde sie zur geschlossenen Halle im Haus (Mittelhalle, Abb. 215, 216). Anders gesagt: In dem einfachen Raum mit Schattenlaube davor sind alle späteren Entwicklungen schon enthalten.

Über verschiedene Hallenhaustypen und damit zusammenhängende antike Haustypen wie Bait Hilani, Liwanhaus und letzlich das Megaron bestehen Diskussionen seit Anfang des 20. Jahrhunderts, auf die hier nicht eingegangen werden soll.[101]

VORHALLENHAUS

Als „Tarmahaus" (Reuther) taucht diese Hausform in der einschlägigen Literatur auf.[102] Spätere Autoren bezogen sich immer wieder auf Reuthers Anfang des 20. Jahrhunderts veröffentlichten Grundrisse und übernahmen auch den Begriff.[103] Es sind jedoch auch die Begriffe „Riwaqtyp" und „Galeriehaus" geläufig; letzterer Begriff ist m. E. im konkreten Fall Nordostsyriens unpassend, da ‚Galerie' im Deutschen eine an der Gebäudefront entlanglaufende Arkade bedeutet.[104] Bei der in der Ğazīra hauptsächlich üblichen Form handelt es sich jedoch meist um eine Loggia, die nur einen Teil der Fassade einnimmt.

Der Begriff „Tarmahaus" bezieht sich auf die charakteristische Vorhalle, die man im Irak als *ṭārma* bezeichnet.[105] Dieser Begriff wird in Syrien nicht benutzt und nur in unmittelbarer Grenznähe zum Irak verstanden. In der syrischen Ğazīra existiert keine regional übliche einheitliche Bezeichnung für diesen Haustyp.

Hier wird statt dessen der Begriff Vorhallenhaus bevorzugt, da er diesen Haustyp eindeutig bezeichnet und aufgrund seines Grundrisses charakterisiert.

Raumdisposition und Konstruktion

Die Vorhalle, arab. *baranda, baranda masgūfa* (‚überdachte Veranda'), *kāšif*,[106] kurd. *safek*,[107] oder *balkūn*, bildet einen überdachten Bereich vor dem Haus, der zwei- oder dreiseitig geschlossen ist. Sie ist – ebenso wie das gesamte Haus – nach Süden ausgerichtet. Ein Unterzug, meist aus Rundhölzern bestehend, fängt die Last des Vorhallendaches ab; er liegt auf den angrenzenden Außenmauern und weist oft zusätzlichen Stützen auf. (Abb. 199) Die Vorhalle ist so tief, daß die sommerliche Sonneneinstrahlung die rückwärtige Wand nicht erreicht. (Abb. 194)

Die Räume werden von der Vorhalle aus erschlossen. Sie bilden meist Breiträume, deren Zugänge nahe der Seiten liegen.

Das Vorhallenprinzip läßt sich grundsätzlich untergliedern in (Abb. 195):

I. Raum mit vorgelegter Vorhalle,
II. Mehrere Räume mit vorgelegter oder einseitig eingestellter Vorhalle,
III. U-förmiges Vorhallenhaus, (Abb. 194, 196, 197, 340)
IV. Mittelhallenhaus mit vorgelegter oder eingestellter Vorhalle. (Abb. 199)

I. Raum mit vorgelegter Vorhalle

Ein Breitraum mit Vorhalle, der die gesamte Hausfassade einnimmt, bildet die Grundeinheit der Vorhallenhäuser. Eine solche einräumige Einheit als separates Wohnhaus fand ich in Nordostsyrien nicht mehr. Gelegentlich dient sie jedoch als Ergänzung anderer Häuser, wie beispielsweise als Anbau an einem Zeilenhaus.

II. Mehrere Räume mit vorgelegter oder einseitig eingestellter Vorhalle

Der Bau von mehreren Räumen mit vorgelegter Vorhalle nebeneinander, entsprechend der unter I. beschriebenen Grundeinheit, so daß sie eine Galerie bilden, kommt in der Ğazīra äußerst selten vor. Ein entsprechendes Haus in Az-Zaḥairiya I am Tigris entstand aus der Kombination mit einem Zeilenhaus, dessen Vordach weit auskragt. (Abb. 195: IIa)

Abb. 195 (Schema)

VORHALLENHAUS

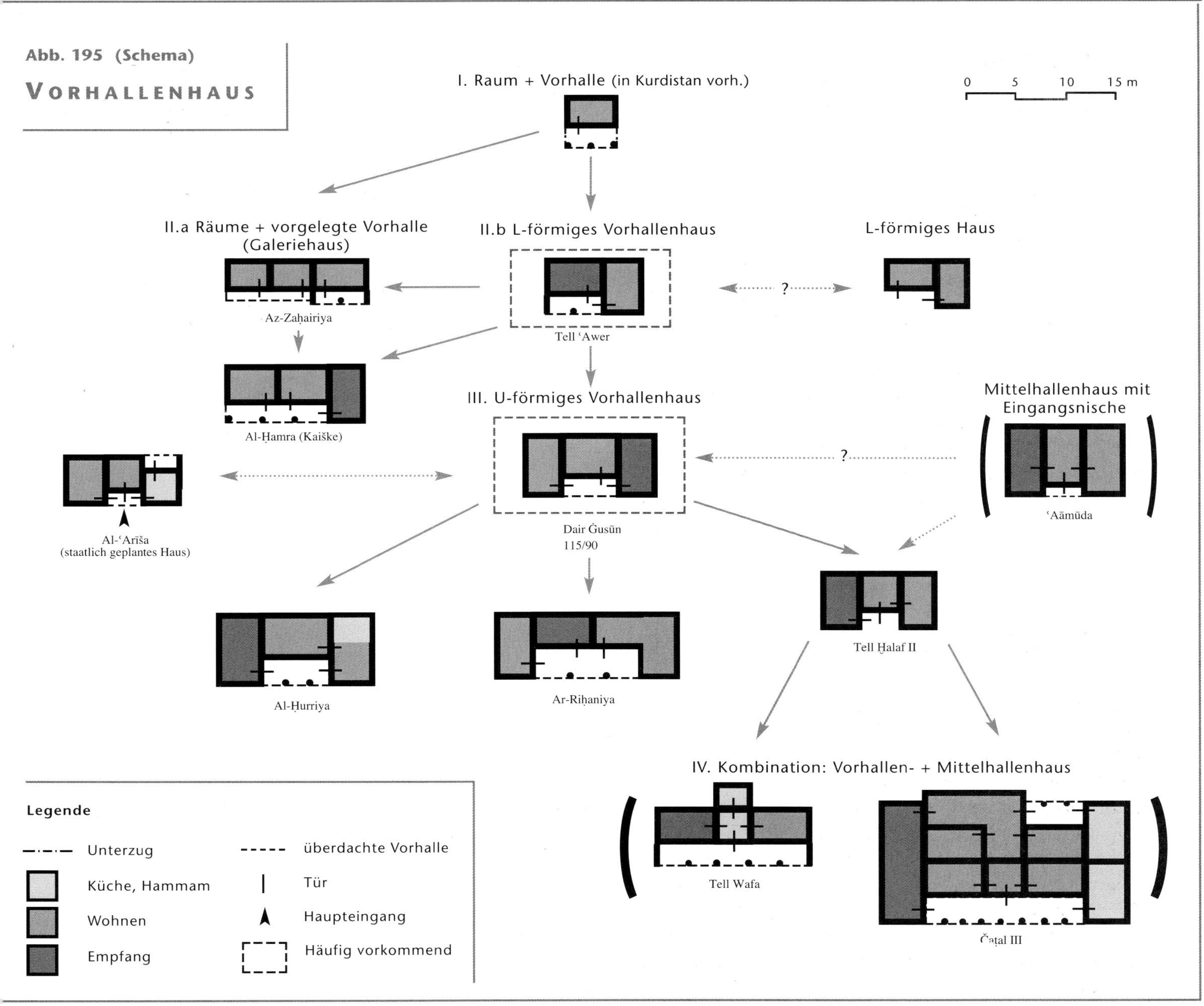

Abb. 194
Vorhallenhaus in Qutba Taḥtānī/Bec de Canard

Dagegen werden relativ häufig zwei Breiträume rechtwinklig zueinander gestellt, so daß sie eine L-Form bilden. In die verbleibende Nische wird zwischen den beiden Räumen an der Vorderfront eine Vorhalle eingestellt. Die Türen liegen meist nahe beieinander. (Abb. 195: II b) Die L-Form ist nach Südwesten geöffnet, um einen vor den winterlichen Regenfällen geschützten Bereich zu schaffen.

Wenn neben dem Raum, an dessen Längsseite die Vorhalle liegt, noch ein Raum mit Vorhalle angefügt ist, entsteht der galerieartige Charakter. Die Vorhalle ist dann entsprechend länger und verbindet die Räume, wie im Beispiel aus Al-Ḥamra/Kaiške, das auf der Schemazeichnung 195 dargestellt ist. (Abb. 336)

III. U-förmiges Vorhallenhaus

Die weitaus häufigste Form des Vorhallenhauses stellt die dreigliedrige Anlage des U-förmigen Vorhallenhauses dar. (Abb. 195: III, 196, 201, 340) Bei dieser umschließen zwei äußere Flankenräume und ein Mittelraum eine eingestellte Vorhalle. Die Flankenräume sind längs zur Hauptzugangsachse gelagert, während der Mittelraum quer zu dieser angeordnet ist. Dennoch bilden alle drei Breiträume. Die Flankenräume können prinzipiell Fenster an drei Seiten aufweisen, gewöhnlich beschränkt man sich aber auf eine oder zwei Seiten – je nach zur Verfügung stehendem Umraum.

Daß man die Räume nicht direkt von der Vorhalle betreten kann, kommt selten vor. Im Beispielhaus aus Al-Ḥurriya sind der mittlere und der rechte Raum untereinander verbunden und nur letzterer ist zur Halle hin geöffnet. (Abb. 340) Der mittlere Raum besitzt jedoch eine Fensteröffnung zur Vorhalle, die leicht zu einer Türöffnung umgebaut werden kann. Eventuell notwendige Türöffnungen sind meist schon im Mauerwerk angelegt.

Die Grundanlage des U-förmigen Vorhallenhauses ist symmetrisch. Die Fenster der Flankenräume betonen dies auch durch ihre Anordnung. Die Tür und die Fenster des Mittelraumes zeigen jedoch häufig Abweichungen von dieser Axialität.

Eine Mischform stellt das *šaiḫ*-Haus in Ar-Riḥaniya (Ǧazīra-Steppe) dar, wo ein Winkelraum die östliche Haushälfte bildet. Dort wurde auch die Vorhalle erst durch nachträgliche Überdachung der Veranda geschaffen. (Abb. 195: III) Ähnlich wie bei jenem Haus können auch zwei Räume nebeneinander hinter der Vorhalle liegen.

Insbesondere Wohlhabende kombinieren Vorhallen mit Mittelhallenhäusern. Dabei kann ein Teil der Räume von der Vorhalle aus erschlossen sein, ein anderer durch die Mittelhalle. (Abb. 195: IV, Abb. 202)

Vorhallenhäuser stehen entweder frei oder werden an den Seiten angebaut.

Nutzungen und Innenräume

Hier sollen vor allem dreigliedrige – vorwiegend also U-förmige – Vorhallenhäuser in ihren Nutzungen beschrieben werden, da sie am häufigsten vorkommen.

In der Vorhalle sitzen die Bewohner je nach Jahreszeit und Bedürfnis: im Sommer sucht man dort nachmittags Schatten, abends verfolgt man das Fernsehprogramm, an warmen Wintertagen genießt man tagsüber den windgeschützten Platz und nutzt die tiefstehende Sonne. Daß dort größere hauswirtschaftliche Tätigkeiten ausgeübt werden, sah ich nur bei älteren Häusern. Statt dessen bildet die Loggia bei neueren Häusern einen eher repräsentativen Bereich, in dem man nicht mit Spuren aufwendigerer Arbeiten konfrontiert sein will. Essenvorbereitungen werden jedoch dort erledigt.[108] Viele Familien schlafen im Sommer in den Vorhallen, wo sich auch die Moskitonetze leicht befestigen lassen.

Die Vorhallen kommen dem Bedürfnis nach Kommunikation entgegen. (Abb. 198, 199) Man sitzt gerne dort, da man einen gewissen Überblick genießen kann, Aktivitäten anderer Dorfbewohner verfolgen und sich dabei einbezogen fühlen kann. Dies gilt insbesondere für ältere Menschen. Auf der Veranda bleibt man nicht lange allein, Vorbeigehende gesellen sich oft dazu.

Ein alltäglicher Vorteil der Vorhalle wird immer wieder von den Bewohnern herausgestellt: Man kann auch bei Regen trockenen Fußes von einem Raum in den anderen wechseln und die im Winter schlammverklebten Schuhe dort abstellen.

Die meist zwischen 1,50 und 3 m tiefe Vorhalle stellt eine Pufferzone dar: Klimatisch verhindert sie die Sonneneinstrahlung von Süden (vor allem auf den mittleren Raum) und hält ihn dadurch im Sommer kühler; entsprechend findet in diesem Raum meist der Kühlschrank seinen Platz. Der Nachteil, daß sich die Räume im Winter nur schlecht beheizen lassen, da sie viel Außenwandfläche, große Fenster und eine direkte Tür nach außen aufweisen, läßt sie für das Klima des nördlichen Bec de Canard wenig geeignet erscheinen. Dennoch finden sie sich dort häufig.

Die Vorhalle besitzt große Anziehungskraft; man bevorzugt es, dort zu sitzen. Sie wirkt aus der Entfernung wie ein dunkles Loch, das Schatten verspricht. Dem sich darin Aufhaltenden bildet sie einen wohltuenden Kontrast für

196

die Augen, die dem gleißenden Sonnenlicht ausgesetzt sind.

Der mittlere Raum wird manchmal auch als *ṣālōn* bezeichnet, obwohl er weder der Verteilung noch dem üblichen Aufenthalt dient. Diese Benennung hat sich offenbar von der Halle des Mittelhallenhauses her auf das Vorhallenhaus übertragen.

Beim U-förmigen Vorhallenhaus mit seiner Dreiräumigkeit steht ein Wohnraum mehr als bei den meisten bisher besprochenen Hausformen zur Verfügung – ein Zeichen für den Wohlstand ihrer Besitzer.

Funktional herrscht die übliche Aufteilung mit einem Empfangsraum auf der westlichen Seite. Die Nutzungen des Familienwohnraumes sind aufgeteilt in jene des Aufbewahrens in einem Raum und denen des täglichen Aufenthalts in dem anderen Raum. Der zusätzliche Raum kann jedoch auch – wie im Beispiel aus Quṭba Taḥtānī (Abb. 201) – als Wohnraum des neu verheirateten Sohnes genutzt werden.

In manchen Vorhallenhäusern, denen es beispielsweise an Nebengebäuden mangelt, oder die gerade neu errichtet wurden, nutzt man entweder den mittleren oder den östlichen Raum als Küche. Den Besitzern solcher Häuser war es jedoch wichtig zu betonen, daß sie bald eine separate Küche bauen würden – und dann drei Wohnräume zu Verfügung stünden.

Aus mitteleuropäischer Sicht fehlen diesen Häusern kleinere Räume für Bäder oder Küchen. Bei der Größe der meisten Räume wäre eine innere Abtrennung ohne weiteres möglich. Die Bewohner bevorzugen es jedoch, diese woanders unterzubringen. Darin zeigt sich auch, wie stark der Repräsentationsaspekt im Vordergrund steht.

Staatlich errichtete Vorhallenhäuser

Eine Besonderheit stellen die behördlich geplanten und gebauten Vorhallenhäuser für ägyptische Niltalbauern dar, die Ende der fünfziger Jahre des 20. Jahrhunderts in der Ḫābūr-Region hätten angesiedelt werden sollen.[109] Die Häuser wurden in traditioneller Lehmbauweise errichtet, unterscheiden sich in ihren räumlichen Dimensionen und Nutzun-

U-förmige Vorhallenhäuser im Bec de Canard:

Abb. 196 in Bāb Al-Hadīd

Abb. 197 in Al-Ḥamra/Kaiške

Abb. 198 Gerade für ältere Familienmitglieder ist die Vorhalle ein bevorzugter Aufenthaltsort

197

198

gen von anderen Vorhallenhäusern. Die Räume sind kleiner und die Küche ist ins Haus integriert. Sie bildet den Durchgangsraum zum hinteren Landwirtschaftshof. Die hohe Mauer um die Parzelle ist mit einem Tor vorne und einem Tor zum hinteren Hof ausgestattet, so daß Wohn- und Wirtschaftsbereiche getrennt gehalten werden können.

Diese Häuser sind zu Reihen zusammengefaßt, die sich in ein orthogonales Straßensystem einfügen. Bei dem Haus, das ich ansehen konnte, schließt sich der hintere Hof mit Stallungen und Scheune nördlich an den Wohntrakt an. Andere Häuser haben jedoch eine Ost-Westorientierung, was als Manko empfunden wird. Beinahe jede Familie hat sich einen Empfangsraum mit „richtiger", nämlich südlicher Ausrichtung und in „angemessener" Größe vor dem Haus hinzugebaut – die vorderen Höfe sind dadurch stark geschrumpft.

Vorkommen und Verbreitung

Das Vorhallenhaus aus traditionellen Baumaterialien findet sich ausschließlich in der Oberen Ǧazīra, wo es zwei Verbreitungsschwerpunkte, aber auch eine breite Streuung gibt. (Abb. 234).

Der mittlere und südliche Bec de Canard weisen die meisten Vorhallenhäuser auf, gelegentlich bilden sie die Mehrzahl der Häuser eines Dorfes. Besonders sind sie entlang der irakischen Grenze nördlich von Al-Iʿarabiya konzentriert. Diese Vorhallenhäuser tragen alle – je nach Alter des Hauses – flache oder hohe Wölbungsdächer und sind relativ groß. Das Bestreben nach Axialität ist dort weniger ausgeprägt, die meisten Mittelräume haben ihren Eingang etwas außermittig. Der seitliche Raumzugang wird bevorzugt, da ein klar ausgerichteter Raum von den Bewohnern als besser nutzbar angesehen wird. (Abb. 196, 197)

Ein offenbar unabhängig davon existierendes kleineres Verbreitungsgebiet besteht westlich und südlich von Ra's Al-ʿAin am oberen Ḫābūr. In dieser Gruppe finden sich ausschließlich U-förmige Vorhallenhäuser mit bündigen oder angeschrägten Flachdächern. Dortige Vorhallenhäuser sind etwas kleiner als die des Bec de Canard. Die Türen zum mittleren Raum liegen meist in der Mitte, so daß eine klare axiale Ordnung vorliegt.

Die galerieartige Hausform mit einer vorgelegten Vorhalle (Abb. 195: II.a) sah ich nur im Tigristal, dem östlichsten Teil des Bec de Canard.

Die Konzeption der U-förmigen Vorhallenhäuser legt es nahe, sie als Solitärbauten zu behandeln und seitlich weder Hofmauern noch andere Gebäude anzusetzen. Dennoch wird dies später oft erforderlich.

Auch die meisten „Villen" aus Betonformsteinen, *fēllāt*/sing. *fēlla*, weisen Vorhallengrundrisse auf. Ihre Vorhallen sind ein- oder zweiseitig eingestellt, d. h. ihre Grundrisse bilden L- oder U-Formen. Es handelt sich meist um Drei- oder Vierraumeinheiten ohne innere Verbindungstüren zwischen den Räumen. Schmuckelement ist die Gestaltung der Arkaden, auf die im Kap.‚Bauformen und Bedeutungen' eingegangen wird. (Abb. 284, 285, 287, 339) Verstärkt sind „Villen" im Weichbild der Städte und an den großen Überlandstraßen anzutreffen.

Analyse, Herkunft und Entwicklung

Die Vorhalle bietet Schutz ebenso vor der Sonneneinstrahlung wie auch vor Niederschlägen und prädestiniert sie damit für Gegenden, die mit beidem konfrontiert sind.

A. Nippa ist recht zu geben, wenn sie Thoumin kritisiert, der allzu einseitig den Grund für Vorhallen nur darin sieht, daß man von einem Raum zum anderen gelangen kann, ohne über den Hof zu müssen. „Ebenso wichtig war sicherlich das Bedürfnis der Einwohner nach Sonne, Luft und einer freien Aussicht."[110] Ragette bezieht dies auf den gebirgigen Libanon und verweist auch darauf, daß man mit dem dortigen Vorhallenhaus „... auf die klimatische Milde und landschaftliche Schönheit" reagiert.[111] Vorhallen und Galerien scheinen gerade in Gebirgsregionen häufig vorzukommen, wo sie immer zur Talseite ausgerichtet sind, um den Ausblick und damit einen ästhetischen Reiz genießen zu können.

Die Vorhalle nimmt ein Stück Außenraum in Beschlag und ordnet es dem Haus zu. Sie stellt einen Übergangsbereich zwischen innen und außen dar und schafft dort einen angenehmen Aufenthaltsbereich. Sie bildet aber auch einen Schutz für dahinter liegende Räume, deren angrenzende Wände sie von Problemen entbindet, die sich durch starke Niederschläge ergeben.

Abb. 199
Vorhallenhaus in Az-Zaḥairiya (II) am Tigris: die Vorhalle liegt vor einem Mittelhallenhaus

Abb. 200
Vorhalle im Hof des Azm-Palastes in Damasku

Mithilfe der Vorhallen wird die Fassade des Hauses gegliedert und aufgelockert. Die Vorhalle selber weist in Nordostsyrien keine besonderen stilistischen Merkmale auf, aus der sich etwa ihre Herkunft ableiten ließe. Erforderliche Stützen mauert man aus Lehmziegeln oder gießt sie aus Beton, selten nur greift man auf hölzerne Pfosten zurück. (Abb. 194, 197, 199)

Ein Bau mit angrenzender Schattenlaube, also einem zeitweisen oder provisorischen Schutzdach, gilt als historisch häufig auftauchender Grundtyp menschlicher Behausung.[112] Er kommt jedoch in der Ǧazīra nicht vor. Dort erfolgte die Genese des Vorhallenhauses prinzipiell vermutlich in der Reihenfolge:

I. Raum + Vorhalle,

II. Räume + vorgelegte Vorhalle,

III. Räume + eingestellte Vorhalle.

Edmonds berichtet von einräumigen Häusern mit Vorhalle in Irakisch-Kurdistan während der fünfziger Jahre, wo diese Häuser *hode-w heyvan*, ‚Raum und Vorhalle', genannt wurden.[113] In Nordostsyrien findet sich jedoch diese einfachste Form nicht und auch die gereihten Vorhallenhäuser der Gruppe II kommen nur äußerst selten vor. Das dagegen häufig vorkommende U-förmige Vorhallenhaus kam wohl als Hausimport in die Ǧazīra. Dies läßt sich vor allem aus der Tatsache schließen, daß die historischen Vorläuferformen nicht in der Ǧazīra vorhanden sind. In den umgebenden Regionen sind dagegen alle Formen von Vorhallenhäusern üblich. Es ist darum zu vermuten, daß sie sich dort auch weiter entwickelt haben und daß das U-förmige Vorhallenhaus seinen Eingang in die Ǧazīra als entwickelter Haustyp fand.

In den traditionellen Architekturen des nordpersisch-azerbaidjanischen Raumes ebenso wie im angrenzenden Kaukasus sind vorgesetzte ebenso wie eingestellte Vorhallen vor den Häusern üblich.[114] Sie tendieren jedoch, ebenso wie in Kurdistan, zur Ausdehnung in der Breite des Hauses, wo lange Galerien die Räume erschließen – eine durch Hanglagen oft naheliegende Anordnung.

Das U-förmige Vorhallenhaus scheint im Irak der Jahrhundertwende so üblich gewesen zu sein, daß Reuther es als „normales Grundrißschema" eines Bauernhauses ansah.[115] Aus diesem „Tarmahaus" als der einfachsten Form leitet er die komplexen Stadthäuser ab. (Abb. 204) Daß ähnliche Häuser auch in der südlichen Türkei unmittelbar angrenzend an die Ǧazīra vertreten waren, kann vielleicht aus 1893 entstandenen Fotos geschlossen werden.[116]

Als „maison libanaise ancienne" beschrieb Thoumin das U-förmige Vorhallenhaus schon in den dreißiger Jahren des 20. Jahrhunderts und veröffentlichte einen Aufriß, der dem heutiger Villen sehr nahe kommt, dessen Grundriß sich jedoch unterscheidet.[117] (Abb. 203) In den altseßhaft besiedelten Gebirgsorten des Qalamūn nördlich von Damaskus gehören zum Tal ausgerichtete vorgelegte Galerien (oder auch Iwāne) zur vernakulären Architektur der Region.[118]

Während der französischen Mandatszeit entstanden öffentliche Gebäude mit Vorhallen, wie u. a. das Rathaus von Dummar bei Damaskus belegt.

Im untersuchten Gebiet stellt das Haus des türkischen Großgrundbesitzers im Dorf Taš Atan südwestlich von Ǧerablūs am Euphrat ein frühes Beispiel dieses Haustyps dar. Es ist um die Jahrhundertwende gebaut worden und seine zum Weg gerichtete Vorhalle erinnert in ihrer Gestaltung an zeitgenössische städtische Iwāne.[119] Ebenso wie bei jenen trennte ein großer Gurtbogen die ansonsten flachgedeckte Vorhalle vom Außenraum, der hier an einen öffentlichen Weg grenzt. Es handelt sich um eine Schaufassade nach außen. Im Grundriß stellt das Haus eine ungewöhnliche Kombination von Vorhallen- und Mittelhallenhaus dar.

An dieses frühe Beispiel schließen jedoch keine weiteren Bauten an. Sie tauchen erst wieder in den frühen sechziger Jahren auf. Am oberen Ḫābūr diente nach Aussagen der Bewohner die Architektur der staatlich geplanten Vorhallenhäuser für ägyptische Bauern als Vorbild. Diese Dörfer liegen südlich anschließend an das heutige Verbreitungsgebiet am Ḫābūr. Ebenso wie die staatlich geplanten Häuser haben diese älteren Häuser Vorhallen von nur geringer Tiefe. Auch die Mittelhallenhäuser mit zurückgesetzter Eingangsnische haben vielleicht darin ihre Spuren hinterlassen, indem sie die symmetrische Erschließung des mittleren Raumes im U-förmigen Vorhallenhaus anregten. (Abb. 195) Solche Mittelhallenhäuser verbreiteten sich seit den 1940er Jahren in der Region. (Abb. 300)

Ein frühes Beispiel der Verbreitungsgruppe im Bec de Canard stammt aus den sechziger Jahren und steht in Az-Zaḥairiya im Tigristal. (Abb. 199) Bei einem dortigen Haus liegt eine Vorhalle vor einer Halle-Raum-Einheit. An einem anderen Haus desselben Dorfes ist an ein Zeilenhaus mit weit vorkragendem Dach (so daß es den Eindruck einer Vorhalle ergibt) eine Vorhalle-Raum-Einheit seitlich angesetzt

Abb. 201 VORHALLENHAUS

Quṭba Taḥtānī

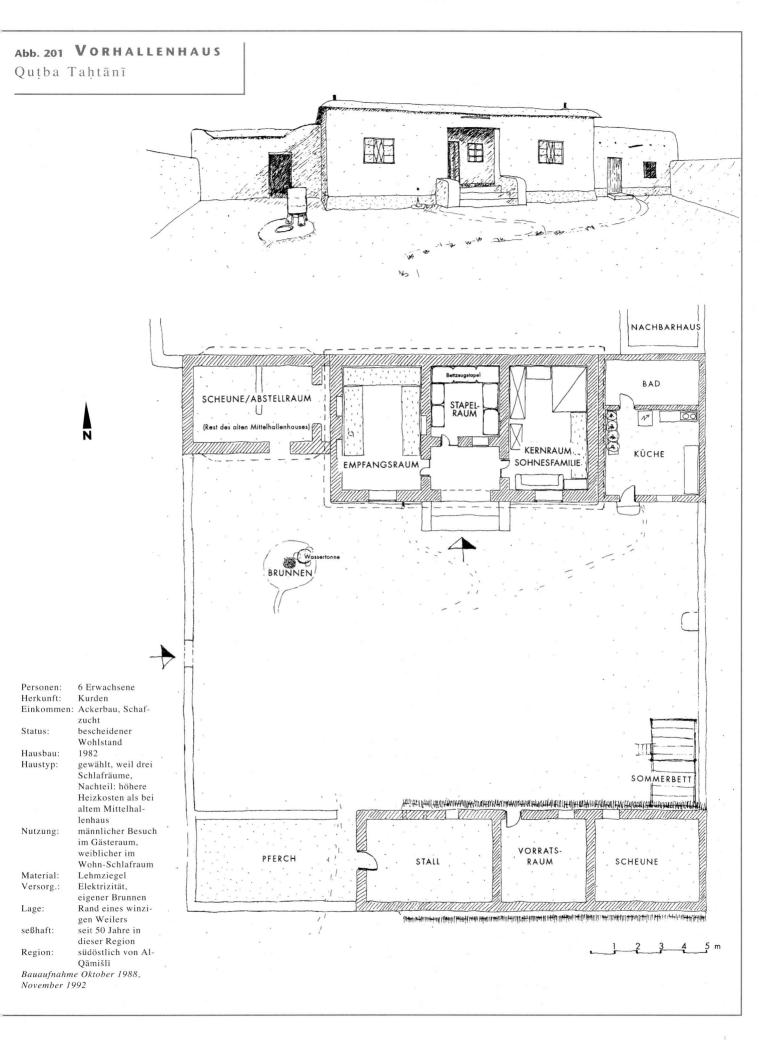

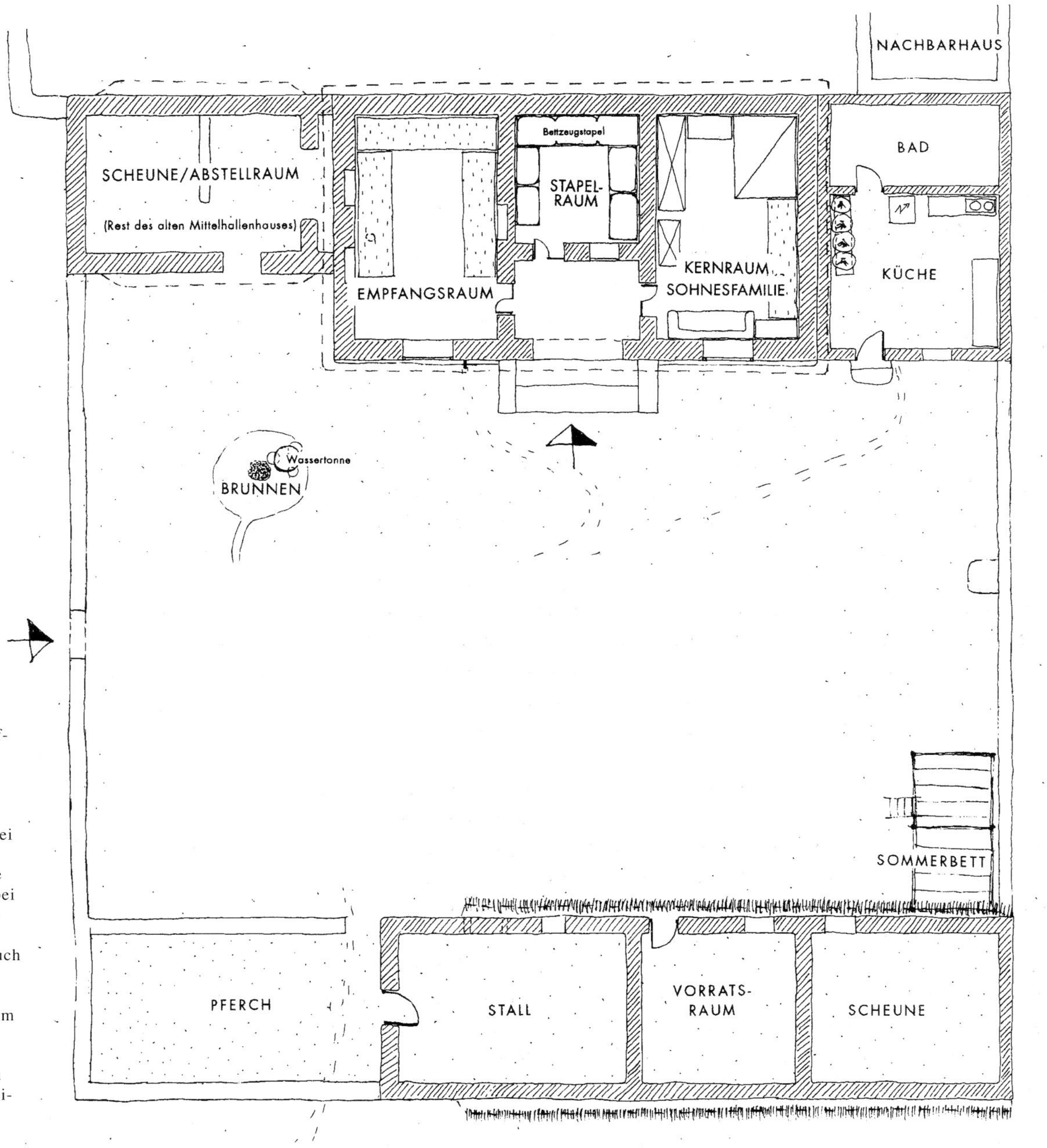

Personen:	6 Erwachsene
Herkunft:	Kurden
Einkommen:	Ackerbau, Schafzucht
Status:	bescheidener Wohlstand
Hausbau:	1982
Haustyp:	gewählt, weil drei Schlafräume, Nachteil: höhere Heizkosten als bei altem Mittelhallenhaus
Nutzung:	männlicher Besuch im Gästeraum, weiblicher im Wohn-Schlafraum
Material:	Lehmziegel
Versorg.:	Elektrizität, eigener Brunnen
Lage:	Rand eines winzigen Weilers
seßhaft:	seit 50 Jahre in dieser Region
Region:	südöstlich von Al-Qāmišlī

Bauaufnahme Oktober 1988, November 1992

Abb. 202

Kombination von Vor- und Mittelhallenhaus: bei der Notablen-Familie in Čaṭal III leben die Eltern auf dieser Seite des Erdgeschosses, eine Sohnesfamilie bewohnt die Rückseite, eine andere lebt im Obergeschoß

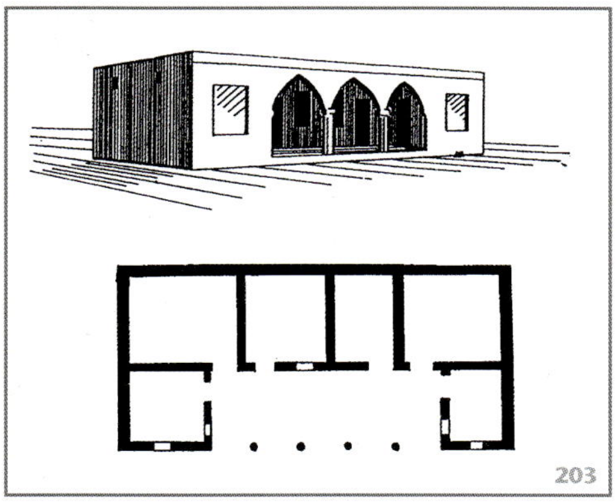

Abb. 203

Libanesisches Vorhallenhaus (aus: Thoumin 1936)

Abb. 204

„Tarmahaus" im mittleren Irak (aus: Reuther 1910)

Abb. 205

Das 1938 erbaute Iwān-Haus in Donnquz Sġīr

worden. (Abb 195: II a) Dieses Dorf liegt an der Grenze zu Irakisch-Kurdistan, wo die Vorhallen ebenso üblich wie vielfältig sind.[120]

Es ist merkwürdig, daß dieser Haustyp so lange gebraucht hat, um aus den umgebenden Regionen in Nordostsyrien Eingang zu finden. Dies liegt wohl darin begründet, daß sich die meisten Bewohner ein solches Haus vorher nicht leisten konnten, und daß einfachere Varianten des Vorhallenhauses nur in der Nähe zu Irakisch-Kurdistan bekannt waren. Einige dieser Mittelhallenhäuser, wie beispielsweise das 1963 erbaute *šaiḫ*-Haus in Tell Mišḥan, weisen Vorhallen vor dem Haus auf (Abb. 202). Den meisten Ǧazīra-Bewohnern war es finanziell jedoch ungefähr erst ab den siebziger Jahren möglich, größere Häuser und damit eventuell Vorhallenhäuser zu bauen. Grundsätzlich scheint der Bedarf an geschlossenen Räumen vorrangig gewesen zu sein, ehe man offene Räume errichtete.

Als Vorbilder für Vorhallenhäuser nannten die ländlichen Bewohner städtische Häuser, wobei grundsätzlich „städtisch" als modern gilt und die Aussage demzufolge wenig Informationswert hat. Erst ab den achtziger Jahren verbreiteten sich „Villen" aus Beton an den Rändern der Städte. Die „Villen" werden von den Bewohnern ausländischen, vornehmlich saudi-arabischen und jordanischen Einflüssen zugeordnet. Sie haben sich in ganz Syrien verbreitet. Ihre Ausbreitung erfolgte damit in etwa gleichzeitig mit den Lehmziegel-Vorhallenhäusern, letztere blieben jedoch auf die Obere Ǧazīra beschränkt. Diese gleichzeitige Verbreitung legt einen Zusammenhang zwischen beiden nahe. Offenbar haben sich „Villen" und Vorhallenhäuser gegenseitig bei ihrer Ausbreitung befördert.

Wie eng (U-förmige) Vorhallen-, Iwān- und Mittelhallenhaus zusammenhängen, zeigt sich daran, daß sie durch Dreigliedrigkeit, funktionale Aufteilung und Symmetrie verwandt sind und in derselben Region vorkommen. Das Großgrundbesitzerhaus in Taš Atan verbindet alle diese Elemente.

In den sakralen ebenso wie in den säkularen Architekturen des Nahen und Mittleren Ostens tauchen Vorhallen in verschiedenen Formen auf. So gehören Arkadengänge zum üblichen Architektur-Vokabular von Moscheen und auch die syrischen Stadthäuser und -paläste spätosmanischer Zeit weisen gelegentlich Loggien auf.

Parallelen existieren zwischen rezenten Vorhallenhäusern und antiken Bautypen. So weist das U-förmige Vorhallenhaus eine gewisse Nähe zum Bait Hilani-Typ auf.[121] Entscheidende Unterschiede bestehen darin, daß zum einen die charakteristischen Säulen des Bait Hilani beim Vorhallenhaus der Ǧazīra nur aus konstruktiven und nicht aus gestalterischen Gründen vorkommen,[122] zum anderen stellt der Mittelraum, auf den die Vorhalle des Bait Hilani festlich hinleiten soll, eine Sackgasse dar, da sich von ihm aus keine anderen Räume aufschließen.[123] Außerdem verbirgt sich hinter der Vorhalle nicht der Eingang des Hauses, sondern viele Räume werden direkt von dort erschlossen.

Die Vorhalle samt dem dahinter befindlichen Raum steht auch in entfernter formaler Verbindung zum Megaron. Das Vorhallenhaus unterscheidet sich jedoch von diesem dadurch, daß es 1. keine längs-, sondern eine quergerichtete Raumfolge gibt, 2. die seitlich angelagerten größeren Räume des Vorhallenhauses dem Charakter des Megarons widersprechen und 3. die Axialität der Erschließung fehlt.[124]

Auf die Ähnlichkeit mit der klassisch-antiken Stoa wurde bereits in der Literatur verwiesen, und auch der Hinweis auf die zahlreichen byzantinischen Wohnhäuser Nordwestsyriens mit ihren Galerien wurde dabei bemüht.[125] Eingestellte Vorhallen kommen dort jedoch nicht vor. Ragette konstatiert als Hauptunterschied zwischen diesen antiken und den rezenten libanesischen Galeriehäusern, daß letztere zum Hof hin offen, dagegen nach außen hin geschlossen sind. In der Ǧazīra handelt es sich um frei stehende Häuser, bei denen meist Hof- und Schaufassade identisch sind, worin sie den byzantinischen ähneln. Trotzdem sind sie von antiken Bezügen weit entfernt, da diese immer nur vorgelagerte Galerien aufweisen.

Das Vorhallenhaus heute

In der Oberen Ǧazīra gelangte das Vorhallenhaus in den letzten Jahren zu immer größerer Ver-

05

breitung. Neue Häuser der neunziger Jahre des 20. Jahrhunderts sind vorwiegend Vorhallenbauten. Wie ein Baumeister aus dem Bec de Canard bestätigte, wird dieser Haustyp ungefähr seit 1980 verstärkt gebaut.

Ausschließlich im Bec de Canard werden auch zweiräumige Vorhallenhäuser mit einseitig eingestellter Vorhalle häufiger gebaut. Besonders weniger wohlhabende Familien, die die Vorteile dieses Haustyps nutzen möchten, errichten diese reduzierte Form des Vorhallenhauses. Das U-förmige Vorhallenhaus mit seinen drei Wohnräumen ist dagegen Ausdruck von relativem Wohlstand.

Vorhallenhäuser gehören kurdischen ebenso wie arabischen Bewohnern. Auch die assyrischen Bewohner am Ḫābūr bauen in den letzten Jahren verstärkt Vorhallenhäuser, an manchen ihrer älteren Häuser anderer Typen brachten sie Vorhallen an.

Eine Form, die versucht, die Vorteile beider Haustypen zusammen zu bringen, bildet die Anlage einer Vorhalle vor einem Mittelhallenhaus – sei es als Arkade über die ganze Hausbreite oder als tiefere Zurücksetzung der Mittelhalle.

Die großen Vorhallenhäuser aus Betonformsteinen, sogenannte „Villen", gelten seit den achtziger Jahren des 20. Jahrhunderts als der modernste Haustyp, als Statussymbol schlechthin. Während sie am Beginn selbst unverputzt schon mit Prestige verbunden wurden, gehören seit der Mitte der neunziger Jahre Verputz, Anstrich oder besser noch die Verkleidung mit Steinplatten zu den entsprechenden Häusern, insbesondere im Westen der Ǧazīra. Dort haben auch schon einige Familien, die L-Häuser besitzen, geplant, in den nächsten Jahren die Veranda zu überdachen und so ihr Haus zum Vorhallenhaus werden zu lassen. Einige haben die notwendige Stahlbewehrung der Betondecken schon auskragend vorgesehen.

Iwan-Haus

Mit ‚Iwān', ‚Liwan', oder im kurdischen Dialekt *hêvan* (die Betonung bei der Aussprache liegt jeweils auf der zweiten Silbe) bezeichnet man einen dreiseitig geschlossenen überdachten Raum oder eine Halle. Obwohl der Begriff angeblich aus dem Persischen stammt,[126] ist er heute im türkischen, arabischen und kurdischen Sprachgebrauch enthalten. Das Iwān-Haus ist eine aus der Literatur bekannte Wohnhausform des Nahen Ostens, die in verschiedenen Ausprägungen – vor allem im städtischen Bereich – auftaucht.[127] Manche Autoren präferieren den Begriff ‚Liwanhaus',[128] was für den libanesischen Sprachraum naheliegend ist. Ich verwende jedoch im folgenden den Begriff Iwān, da er der in der Ǧazīra geläufige ist.

Raumdisposition und Konstruktion

Der Iwān ist die zentrale Achse, um die das Haus gruppiert ist. Er ist kein sich zufällig ergebender Restraum, sondern eine planvoll installierte, eigenständige Raumform. Wegen seines annähernd quadratischen Grundrisses weist er keine eindeutige Ausrichtung auf. Historisch gesehen handelt es sich bei Iwānen um Langräume mit Öffnung an einer kurzen Raumseite.

Iwān-Häuser Nordostsyriens bestehen aus einer Iwān-Einheit, die Ragette für den Libanon als „Liwaneinheit" bezeichnete. Darunter ist die Kombination von einem Iwān mit je einem links und rechts flankierenden Raum zu verstehen. Die beiden Flankenräume bilden Langräume. Um im rückwärtigen Bereich des Iwāns eine durchgangsfreie Zone zu schaffen, liegen die Zugänge zu den Räumen gelegentlich im vorderen Iwān-Bereich. Die Dreigliederung (Raum – Iwān – Raum) ist typisch für alle nordostsyrischen Iwān-Häuser. (Abb. 207)

Die meisten nordostsyrischen Iwāne öffnen sich mit großen Rund- oder Spitzbögen auf ganzer Raumbreite. (Abb. 207, 209) Eine flache Balkendecke bedeckt den Innenraum. Der Bogen ist vorgesetzt, wie dies bei Iwānen in ganz Syrien üblich ist. Da die Balkenlage quer zur Iwān-Längsachse liegt, wären Gurtbögen oder auch ein Unterzug aus statischen Gründen nicht erforderlich. Optisch will man jedoch den Iwān betonen und vom Außenraum abtrennen. Oft liegen die Bögen auf kleinen seitlichen Mauerwangen auf. Damit verkleinern sie die Iwān-Öffnung und schließen ihn optisch stärker ab. Der später zugesetzte Iwān eines zweigeschossigen Großgrundbesitzerhauses in ʿAīn Al-Baiḍā' besaß vermutlich Kämpferkapitelle, die jedoch unter der mittlerweile zugesetzten Iwān-Öffnung verschwunden sind. Auf die bei städtischen Iwānen üblichen Kämpfer wurde bei den Bögen der Ğazīra verzichtet.

Die beiden Iwān-Häuser des Dorfes Al-Ḥanāwiya in Nordostsyrien mit ihren spitz zulaufenden, aber nicht sehr hohen Bögen trennen den Iwān vom Außenraum deutlich ab und betonen den „Innenraumcharakter“ des Iwāns. Diese leicht dreieckigen Bögen ergeben sich aus der Konstruktionstechnik, die die ländlichen Baumeister anwenden: Der Bogen besteht aus einer Kragkonstruktion im unteren Teil und einer steilen Wölbung im oberen Teil. (vgl. Anhang I) (Abb. 206) Die wenigen Iwān-Häuser Nordostsyriens unterscheiden sich vor allem durch ihr Baumaterial: Lehmziegel-Iwān-Häuser sind nur unwesentlich kleiner als die repräsentativen Kalkhaustein-Iwān-Häuser. Letzere gehören reichen Notablenfamilien oder Großgrundbesitzern und weisen Hausbreiten bis zu 23 m auf.[129] Die Haustiefen sind mit 3 bis 4,50 m dagegen verhältnismäßig gering. Während die Flankenräume extrem langgestreckt sein können, bleibt die Tiefe des Iwāns durch die Haustiefe beschränkt. An der Rückseite des Iwāns liegen keine Räume.

Iwān-Einheiten sind von ihrer Grundkonzeption her symmetrisch. Dennoch gilt jeweils ein Flankenraum als repräsentativer und wird gelegentlich größer angelegt. Bemerkenswert ist, daß beim Iwān-Haus Rumaila II im Euphrattal beide Flankenräume jeweils drei Fenster aufweisen und diese im selben Abstand vom Iwān liegen, der Gästeraum jedoch erheblich länger ist. Der ‚obere‘ Bereich des Gästeraumes wird dadurch nur mangelhaft belichtet. Die Fensterverteilung

Abb. 206
Im intensiv genutzten Iwān in Ḥanāwiya/ Bec de Canard, an dessen Rückseite der Eingang zum Haus liegt, sind auf beiden Seiten der Wand Lehmbänke eingebaut

Abb. 208
Iwān-Haus in Donnquz Ṣġīr: im Hintergrund erkennt man den Kaffeekamin und eine ehemalige Tür – letztere diente früher als Zugan zum Gästeraum, als die Familie noch über kein separates Gästehaus verfügte

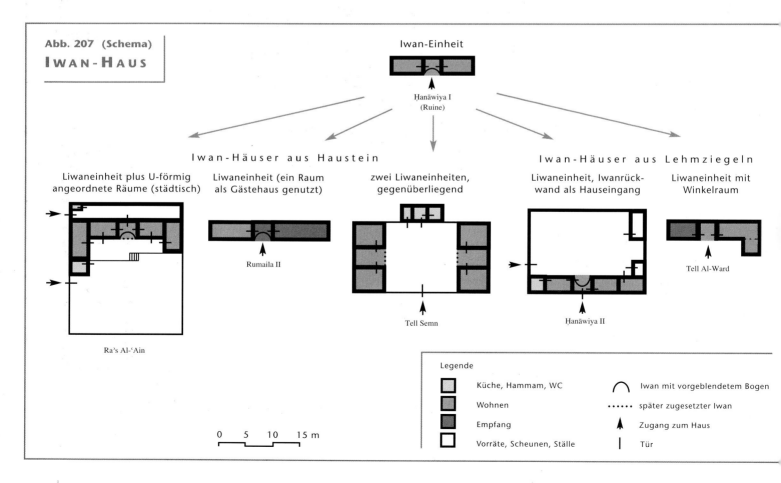

Abb. 207 (Schema)
IWAN-HAUS

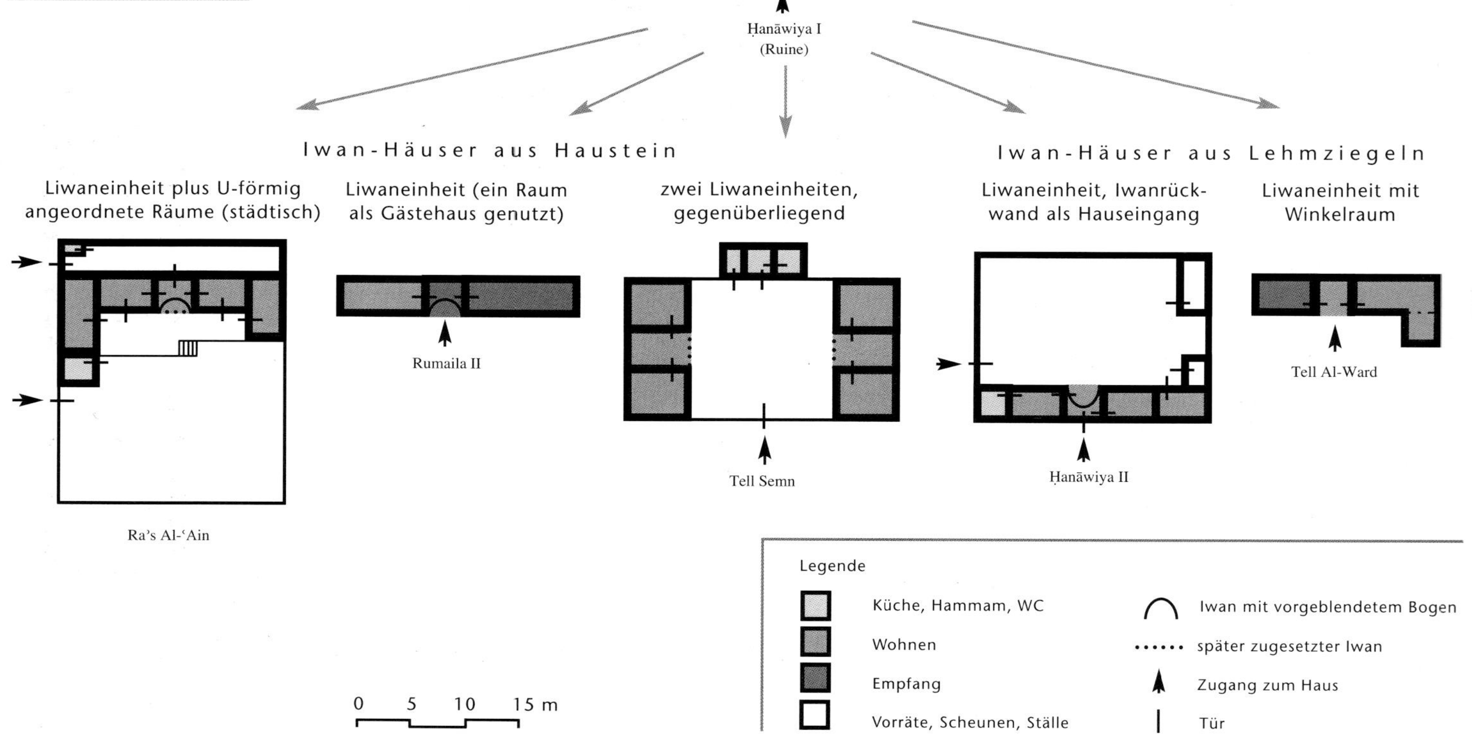

erweckt einen Anschein von Symmetrie. Der Iwān dieses *šaiḫ*-Hauses mit seinem hohen Spitzbogen wirkt sehr repräsentativ, in ihm empfängt man auch Gäste.

Iwāne öffnen sich nach Süden und sie bilden den Zugang zum Haus. Mit seiner großen Öffnung wirkt das Iwān-Haus betont offen und einladend. In Al-Ḥanāwiya wurde im Nachhinein eine Tür zur Straße in die Rückwand des Iwāns eingesetzt.

In mehrfacher Hinsicht eine Ausnahme bildet das heute leerstehende Iwānhaus des *šaiḫ* Ḥāğim Ibn Muḥaid,[130] Führer des Stammes der Fedʿan Weld in den zwanziger Jahren. Es ist eine dreiflügelige Anlage, bei der sich zwei Iwān-Einheiten als östliche und westliche Hofbegrenzung spiegelungsgleich gegenüberliegen. (Abb. 210) An der dritten, der nördlichen Seite liegt ein Versorgungstrakt, und die vierte Seite verschließt eine Mauer. Ḥāğims Sohn ließ die Doppelbogen-Iwāne durch große Türanlagen optisch verschließen. Diese Türfront läßt den Raumeindruck von Iwānen ansatzweise bestehen und bietet dennoch die Möglichkeit, die Bereiche auch im Winter besser zu nutzen.[131]

Abb. 209 IWANHAUS
Donnquz Ṣġīr

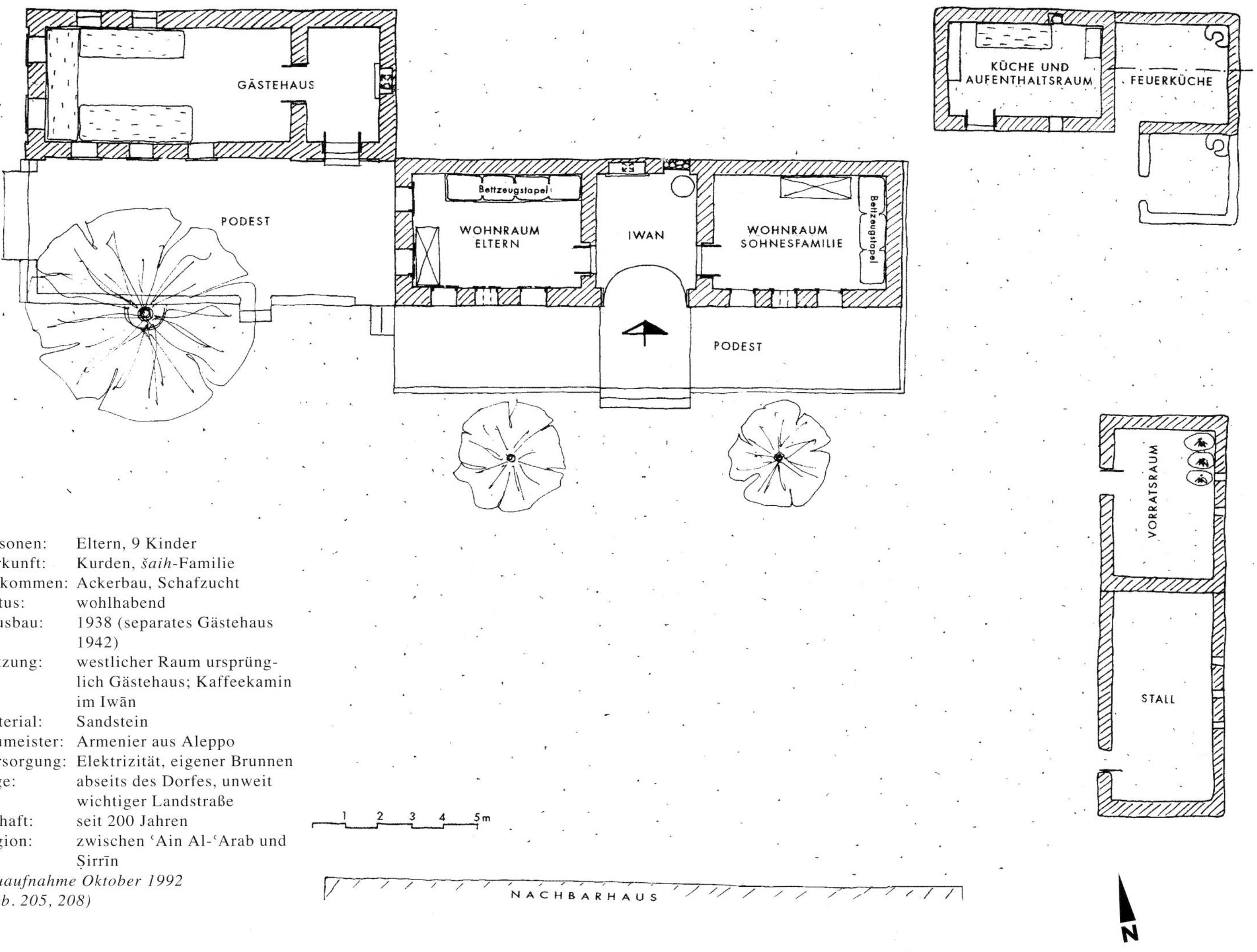

Personen: Eltern, 9 Kinder
Herkunft: Kurden, *šaih*-Familie
Einkommen: Ackerbau, Schafzucht
Status: wohlhabend
Hausbau: 1938 (separates Gästehaus 1942)
Nutzung: westlicher Raum ursprünglich Gästehaus; Kaffeekamin im Iwān
Material: Sandstein
Baumeister: Armenier aus Aleppo
Versorgung: Elektrizität, eigener Brunnen
Lage: abseits des Dorfes, unweit wichtiger Landstraße
seßhaft: seit 200 Jahren
Region: zwischen ʿAin Al-ʿArab und Ṣirrīn

Bauaufnahme Oktober 1992
(Abb. 205, 208)

Nutzung und Innenräume

Ein Iwān ist prinzipiell multifunktional; es können dort ebenso Hausarbeiten verrichtet wie auch Gäste empfangen werden. Die Unterschiede in der Nutzung sind sowohl individuell als auch standesbedingt und sie lassen sich ein wenig an der äußeren Form des Iwān-Hauses ablesen. Die schon anhand der hauptsächlich verwendeten Baumaterialien erkennbare Unterscheidung – hier Kalkstein, dort Lehmziegel – setzt sich auch in den Nutzungen fort: Im einfachen, bäuerlichen Iwān-Haus nutzt man den Iwān als innerfamiliären Vielzweckbereich. Die Nutzung ähnelt der, die in Irakisch-Kurdistan beobachtet wurde:

> *„C'est là que les femmes kurdes travaillaient ou se reposaient avec les enfants. C'est aussi là qu'on prenait les repas pendant une bonne partie de l'année. Le climat chaud et sec du sud du Kurdistan obligeait les habitants à vivre dans un endoit ombragé et aéré.“* [132]

Diese stark auf das Alltagsleben ausgerichtete Nutzung fand sich auch in Al-Ḥanāwiya, wo Familie oder Freunde auf den gemauerten Bänken des Iwāns Platz nehmen, während dem Gast eher ein Platz in einem der Räume angeboten wird. Den Bewohnern erscheint die Ausstattung des Iwāns als zu einfach und unkomfortabel, um sie Gästen anzubieten. (Abb. 206)

Dagegen dienen die Iwāne der *šaiḫ*-Häuser repräsentativen Zwecken, für Gäste holt man Sitzteppiche und rollt sie dort aus. Im Iwān in Donnquz Ṣġīr liegt ein Kaffee-Kamin in der Rückwand. Dieser stammt aus der Zeit, als die Familie noch über kein separates Gästehaus verfügte und den links angrenzenden Raum für Gäste nutzte. (Abb. 205, 208)

Die Nutzung der beiden angrenzenden Räume kann ich nur rudimentär beschreiben, da von den insgesamt zehn untersuchten Iwān-Häusern nur sechs noch bewohnt sind. Deren Raumnutzungen sind unterschiedlich. In zwei Fällen verfügte die Vaterfamilie über einen Raum und die Familie des verheirateten Sohnes bewohnte den anderen. Die Regel, daß der repräsentativere Raum westlich liegt, bestätigte sich nicht immer.

In Tell Semn, wo das leere Haus *šaiḫ* Ḥāğims steht, berichteten Dorfbewohner, daß Gäste ursprünglich in einem außerhalb des Hofes aufgeschlagenen Zelt bewirtet und untergebracht wurden.[133] Eine Hofmauer schirmt dort das Iwānhaus als Privatbereich ab. Über die vier Flankenräume berichtete man, daß jede seiner drei Frauen und seine Mutter jeweils einen als Wohnraum für sich besaßen. (Abb. 210) Vielleicht um der Gleichheit Genüge zu tun, erhielt keine der Frauen die bevorzugte Südseite. Dort liegt statt dessen der Trakt mit Küche, Hammam, Toilette und einer Treppe, die auf das Dach führt.[134]

Die Iwān-Öffnung weist in der Regel nach Süden. Da der Raum tief genug ist, streift die sommerliche Sonneneinstrahlung nur den vorderen Bereich. Da auch seine seitlichen Wände keine direkte Sonnenstrahlung erhalten, heizt er sich nur wenig auf. Der Iwān bleibt im Sommer etwas kühler als seine Umgebung. Im Winter erwärmen die Sonnenstrahlen den gesamten Innenraum, während der Wind abgehalten wird. Die Nutzung dieser ländlichen Iwāne unterscheidet sich damit grundsätzlich von Aleppiner Iwānen,[135] die mit ihrer Öffnung nach Norden nur im Sommer genutzt werden.

Raumwirkung und Umgebung

Der Iwān ist gleichzeitig Innen- und Außenraum und ermöglicht eine Durchdringung von beiden. Durch seine Öffnung ist er auf direkten Kontakt mit seiner Umgebung angelegt. Dabei ist dies bei geschlossenen Gehöften und offenen, frei stehenden Häusern unterschiedlich. Innerhalb geschlossener

Abb. 211 + 212
Das Iwān-Haus in Ra's Al-ʿAin mit seinem heute zugesetzten Iwān; dasselbe Haus, fotografiert ca. 1911 (Foto: Oppenheim-Archiv)

Abb. 213
Drei-Iwān-Anlage in Mardin, typisch für spätosmanische Repräsentationsarchitektur, beherbergte zu Anfang des 20. Jahrhunderts wohl ein Hotel und wurde später Postamt

Abb. 210
Im Innenhof der Zwei-Iwān-Anlage aus Haustein von *šaiḫ* Ḥāǧim in Tell Semn (vermutl. in den zwanziger Jahren erbaut); sein Sohn ließ später die Türen einsetzen

Abb. 214
Iwān-Haus aus Lehmziegeln mit Winkelraum in Tell Al-Ward/Ḫābūr-Dreieck

Gehöfte ist die Iwān-Einheit Bestandteil eines nach innen zentrierten Gebildes, das sich von seiner weiteren Umwelt abgrenzt.[136] Der Iwān selber kann dabei größere Intimität aufweisen. Die Natur in ihn hinein zu holen, wie sich dies in Pflanztöpfen beispielsweise in Aleppo zeigt, sah ich nirgendwo.

Dagegen bezieht sich der Iwān des frei stehenden Hauses unmittelbar auf seine Umgebung. Seine Einfachheit kann auch als Fortsetzung der kargen Umgebung in das Haus hinein begriffen werden. Iwān-Häuser, die nicht im dichtgedrängten Ortsverband stehen, sind von weitem sichtbar und haben eine große Fernwirkung, da der Iwān im grellen Sonnenlicht als dunkle Öffnung erscheint. Sehr deutlich zeigen dies die Häuser in Rumaila II und Tell Al-Ward. (vgl. Kapitel Raumstrukturen) (Abb. 207, 214) Diese Wirkung kann sich nur entfalten, wenn keine geschlossene Hofanlage vorgelagert ist.

In Nordostsyrien ist die Iwān-Öffnung gleichzeitig der Zugang zum Haus. In bergigen Regionen jedoch ist der Iwān talseitig „aufgeständert" und der Zugang erfolgt von der Hausrückseite unabhängig von der Richtung.[137] Im Libanon, in Westsyrien und in Kurdistan weisen die Öffnungen talwärts, während man das Haus von der Bergseite her betritt. Damit büßt die Iwān-Rückwand zwar ihren Charakter als ruhige Sitzfläche ein, die kommunikative Nutzung bleibt jedoch erhalten. Während im Libanon ein Obergeschoß-Iwān zu einer Loggia reduziert wird, da seine Erschließung von der anderen Seite erfolgt, erhöht man in Nordostsyrien (ebenso auch bei den südtürkischen Iwān-Häusern in Midyat und Mardin) die Obergeschoß-Iwāne, indem eine Veranda oder Treppenanlage vorgesetzt werden. Sie heben das Iwān-Haus an und die Erschließung kann „vorn" bleiben. (Abb. 211, 212, 213)

Vorkommen und Verbreitung

Während dieser Haustyp im gesamten Nahen Osten weit verbreitet ist, finden sich in der Ǧazīra nur eine Handvoll Iwān-Häuser, die über die gesamte Region verstreut liegen.[138] (Abb. 234) Auffällig ist, daß es sich im Westen meist um Wohnhäuser lokaler Notablen handelt. In den Landstädten wird es noch mehr Iwān-Häuser geben, die – da von hohen Hofmauern umgeben – von außen nicht als solche zu erkennen sind. Aufgrund von Fotos aus den zwanziger Jahren sind Iwān-Häuser in Rā's Al-ʿAin dokumentiert, die teilweise noch erhalten sind.[139] (Abb. 211, 212) Ich konnte eines dieser Häuser, dessen Iwān geschlossen wurde, identifizieren und besuchen.

Nur in Al-Ḥanāwiya im Bec de Canard stellte ich mehr als ein Iwān-Haus pro Dorf fest. Dieser Ort wird von Kurden und Chaldäern bewohnt, von denen einige aus der kurdischen Bohtan-Region in Ostanatolien kommen. In anderen Dörfern der Region kommen Iwāne auch als Durchgänge in den Hof vor.

Im Dorf Tell Al-Ward in der westlichen Oberen Ǧazīra kombinierte eine relativ wohlhabende Familie das Iwān-Prinzip mit einem dort üblichen Winkelraum. (Abb. 214)

Analyse, Herkunft und Entwicklung

Die Haustein-Iwān-Häuser, die ich besucht habe, stammen alle aus den 1910er bis 1940er Jahren, während die einfachen Lehmziegel-Iwān-Häuser in den 1950er und 1960er Jahren entstanden.

Das Iwān-Haus bildet einen einheitlichen Bautyp, der sich kaum differenziert hat. Erweiterungen erfolgten nur durch rechtwinklige Anbauten an die Flankenräume.

Das Iwān-Haus ist eine tragende Grundform nahöstlicher Architektur. Aleppiner Hofhäuser weisen Iwān-Einheiten vermutlich schon im 15. oder 16. Jahrhundert auf. Auch dort sind beide Flankenräume nicht gleich groß und werden dennoch in der Fassade durch einheitliche Fenstergestaltung gleich behandelt. Die *šaiḫ*-Häuser der westlichen Ǧazīra errichteten Baumeister aus Aleppo oder Ǧerāblūs, letztere vermutlich armenischer Herkunft. Obwohl alle innerhalb einer relativ kurzen Zeitspanne entstanden, kann man gegenseitige Beeinflussungen kaum ausmachen; sie lagen offenbar zu vereinzelt. Es hat sich kein spezifischer Steinschmuck an den Iwānen herausgebildet. Die Einfachheit und Steinansichtigkeit der Fassaden wie der Iwān-Bögen entspricht der üblichen Baugestaltung in Aleppo zwischen 1850 und 1900.[140] Da die Aleppiner Iwāne oft über zwei Geschosse gehen, konnte sich dort die Fassadengestaltung auf die Höhenentwicklung konzentrieren. Die Iwāne der ländlichen *šaiḫ*-Häuser verfügen dagegen nur über geringe Entwicklungsmöglichkeiten. Selbst bei zweigeschossigen Gebäuden – wie beispielsweise in ʿAin Al-Baiḍa – bleibt der Iwān auf das Obergeschoß beschränkt, da das Erdgeschoß als Wirtschaftsbereich gebraucht wird. Das gibt einen Hinweis darauf, die Iwān-Einheit der Ǧazīra stärker mit ländlichen Vorbildern in Zusammenhang zu sehen. Publiziert sind zwar libanesische Beispiele; wie Fotos belegen, kam diese Hausform jedoch bis mindestens zur Mitte des 20. Jahrhunderts auch im Damaszener Umland und in Westsyrien häufig vor.[141] In den irakischen und iranischen Teilen Kurdistans sind Häuser mit Iwānen so üblich, daß sie beinahe als Synomym für kurdische Häuser gelten können.[142] Auch in den beiden südtürkischen Städten Mardin und Midyat unweit der syrischen Grenze sind Iwān-Häuser häufig.[143] (Abb. 213)

In den frühgeschichtlichen Schichten der Ausgrabung im nordirakischen Tepe Gaura fand man verschiedene Iwāne, darunter auch solche herrschaftlicher Anlage. Wachtsmuth vermutete die Wiege des Iwāns dementsprechend auch in Nordmesopotamien.[144] Weiterentwickelt wurde das Iwān-Motiv vor allem von den Parthern und ihren Nachfolgern; der tonnengewölbte Iwān des sassanidischen Palastes von Ktesiphon mit seinen Ausmaßen von 36 m Höhe bei einer Spannweite von 27 m ist das großartigste Beispiel.[145] In frühislamischer Zeit tauchen Iwāne in omayyadischen und abassidischen Palästen sowie in Wohnhäusern im irakischen Samarra auf. Sie verbreiteten sich in der säkularen ebenso wie sakralen Architektur des mittelalterlichen Orients zwischen Ägypten und Afghanistan.[146]

> *„The Iwān as one of the several ways in which the medieval Muslim world would have sought solutions to the problem of architectural space without attributing to it concrete or symbolic meanings permanently attached to the form itself.“*[147]

Die historischen Iwāne waren überwiegend längsgerichtet und unterstrichen damit ihre Abkunft vom Tonnengewölbe.[148] Dem steht der fast quadratische Iwān der Ǧazīra entgegen. Dagegen war die Form der Flankenräume bei den historischen Vorläufern eher quadratisch, in der Ǧazīra sind sie Langräume. Das Verhältnis von der Fläche des Iwāns zur Fläche der Flankenräume hat sich in Nordostsyrien umgekehrt. Mit dieser Größenverschiebung ist auch eine Bedeutungsverschiebung des Iwāns für das Haus verknüpft. Die Flankenräume sind in Nordostsyrien im Verhältnis zum Iwān aufgewertet.

Es sollte der Vollständigkeit halber erwähnt werden, daß Raumformen der Antike, wie Sommer-Triklinium, Ala oder Exedra des Atrium-Peristylhauses ebenfalls Ähnlichkeit zum Iwān aufweisen.[149]

Iwan-Haus heute

Das Prinzip, einen nach außen offenen Raum zu schaffen, besitzt für aride Klimazonen eine große Attraktivität: es bietet einen angenehm schattigen Aufenthaltsort. Auch ein Beduinenzelt bildet während großer Teile des Jahres eine solche Form, wenn die windabgewandte Seite offen gelassen wird. Es hätte daher nahegelegen, daß die Nomaden das Iwān-Prinzip in ihren Hausbau integriert hätten. Sie haben es jedoch nur sehr vereinzelt getan. Während am Beginn seßhaften Siedelns viele Wohlhabende Iwān-Häuser bauten, so hat sich dieser Haustyp doch nicht durchgesetzt. Heute werden keine Iwān-Häuser mehr gebaut.

Entscheidend für die geringe Verbreitung des Iwān-Hauses ist der Umstand, daß der Iwān – im Gegensatz zum Zelt – nicht bei Bedarf kurzfristig verschließbar ist. Beispiele für zugesetzte Iwāne bieten das Großgrundbesitzerhaus in ʿAin Al Baiḍa', das *šaiḫ*-Haus in Tell Semn, das städtische Iwān-Haus in Ra': Al-ʿAin und das Lehmziegelhaus in Šeǧara. Die Öffnungen der Iwāne aller drei Häuser wurden im Nachhinein verschlossen und auf Türen reduziert, so daß Mittelhallen entstanden. Das letztgenannte Haus war erst 1980 gebaut worden und ist das jüngste mir bekannte Iwān-Haus. Die Begründung für den Umbau zeigt deutlich die Nachteile dieses Haustyps: Der Iwān sei im Winter nur selten nutzbar. Als weiterer nachteiliger Aspekt wurde bemängelt, daß ein kleiner Iwan sich im Sommer während der Tagesstunden so stark aufheizt, daß er in den Abendstunden nicht nutzbar ist, da er noch zu viel Wärme abstrahlt. Die Vorteile eines nach Süden gerichteten Iwāns kann man vor allem an sonnigen, jedoch windreichen Wintertagen nutzen. Während dieses Verhältnis zwischen Aufwand und Nutzen für ein Wohnhaus offenbar als unpassend empfunden wird, akzeptiert man es bei Gästehäusern. (vgl. Kap. 9)

Abb. 215 (Schema)
Mittelhallenhaus, einreihig

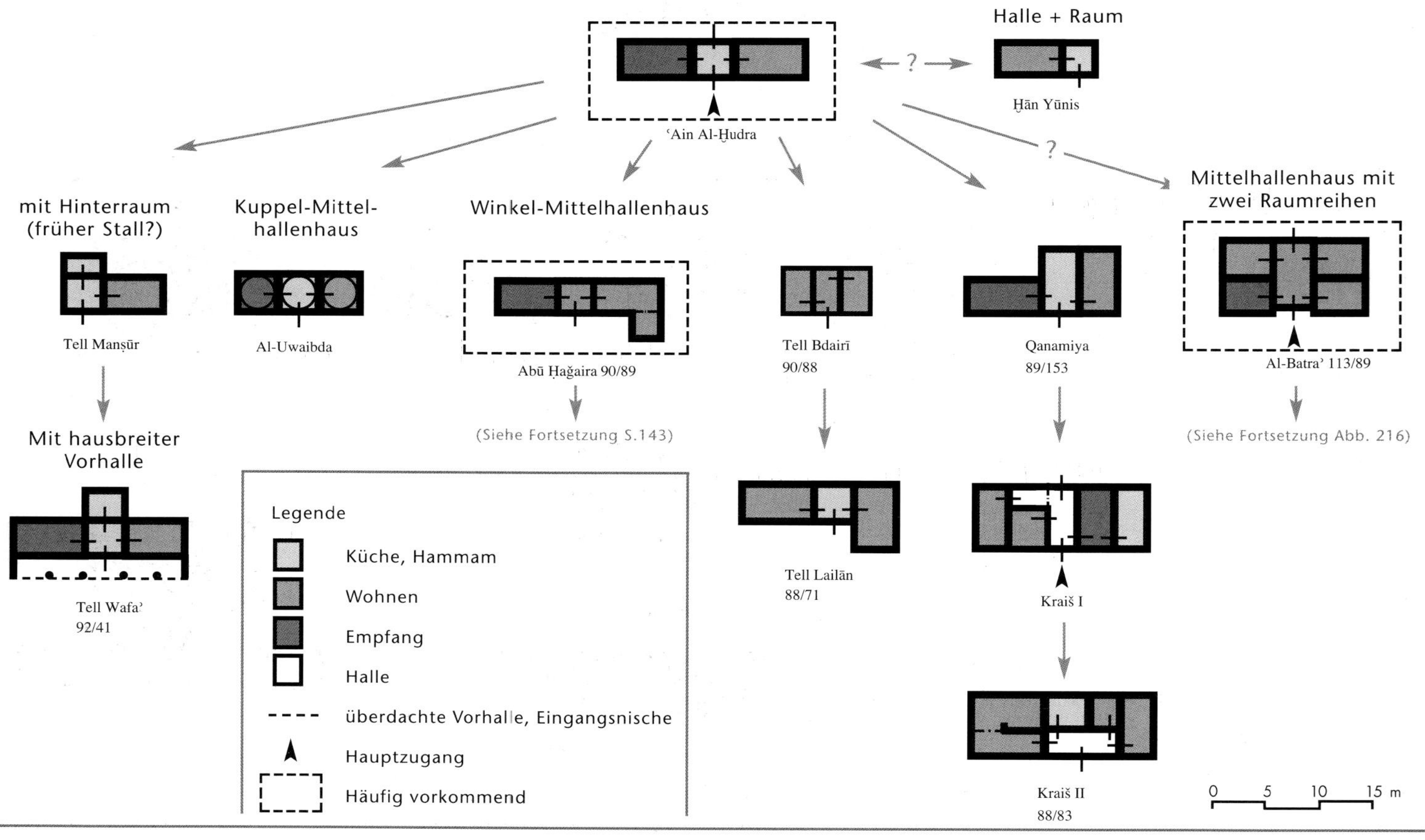

Mittelhallen-haus

Beim ‚Mittelhallenhaus‘ kann man auf eine eingeführte Terminologie zurückgreifen. Sie erfolgt in Anlehnung an Friedrich Ragette, der sie in seiner Dissertation über das libanesische Wohnhaus prägte.[150] Ihm galt das Mittelhallenhaus als „das libanesische Haus schlechthin, nicht nur weil es so häufig auftritt, sondern weil weder in Palästina noch in Syrien diese charakteristische Hausform anzutreffen ist.“[151] Mit der Einschätzung, daß dieser Haustyp sich auf den Libanon beschränke, hat die neuere Forschung längst aufgeräumt. Statt dessen hat sich eine wissenschaftliche Diskussion über das Mittelhallenhaus entsponnen. Daß das Mittelhallenhaus auch in Nordostsyrien auftaucht, war bislang in der einschlägigen Literatur unbeachtet geblieben.[152]

Das Mittelhallenhaus wird von kurdischen Baumeistern kursî genannt. Zur Bezeichnung der Mittelhalle selbst verwenden kurdische Ǧazīra-Bewohner das Wort *heyvan* – die kurdische Form des Begriffs ‚Iwān‘, dem dreiseitig geschlossenen Raum.[153] Die arabischen Ǧazīra-Bewohner nennen die Halle *ṣālōn*, dementsprechend wird dieser Haustyp *bait mʿa ṣālōn ū ġorftēn* (‚Haus mit Halle und zwei Räumen‘) oder *bait mʿa ṣālōn ū ārbʿa ġoraf* (‚Haus mit Halle und vier Räumen‘) genannt. Gelegentlich bezeichnen arabische Baumeister das Mittelhallenhaus mit zwei Raumreihen als *mrobbʿa*, ‚Quadrat‘, in Anspielung auf seine Außenform.

Raumdispositionen

Das Mittelhallenhaus ist in seiner Ausgangsform eine dreigliedrige Anlage. (Abb. 215, 216) Wie ein Mittelschiff teilt die Halle das Haus; beidseitig sind Räume angelagert.

Die Halle nimmt den zentral gelegenen Bereich des Hauses ein. Man betritt sie durch eine große Tür in der Südseite, während an der gegenüberliegenden Nordseite oft eine weitere Außentür in einen Hof führt. An allen Seiten der Halle liegen Türöffnungen, es bleiben nur wenige Meter geschlossener Wändfläche. Manchmal geht die Halle ohne Zwischenwand in den seitlich gelegenen Familienwohnbereich über. Die vielen Türen verleihen der Halle einen offenen, luftigen Charakter, der das Gefühl hervorruft, sich in einem Übergangs-Raum zwischen innen und außen zu befinden. Selbst wenn an der Nordseite nur ein Fenster vorhanden ist, vermag der ungehinderte Luftstrom ein angenehmes Raumklima zu schaffen. Während der heißen Sommermonate erweist es sich außerdem als vorteilhaft, daß die der Sonne zugewandte Südseite der Mittelhalle schmal ist und keine westliche Außenwand existiert, die sich aufheizen könnte. Die Mittelhalle ist dadurch im Sommer der kühlste Raum des Hauses.

Bei den meisten Formen des Mittelhallenhauses gehen Langräume von der Halle ab, deren Türen sich gegenüberliegen. Sie bilden regelrechte Raumpaare oder Raumreihen. Die Anzahl dieser Reihen lege ich als ein Differenzierungskriterium zugrunde.

Abb. 216 (Schema)
Mittelhallenhaus, mehrreihig

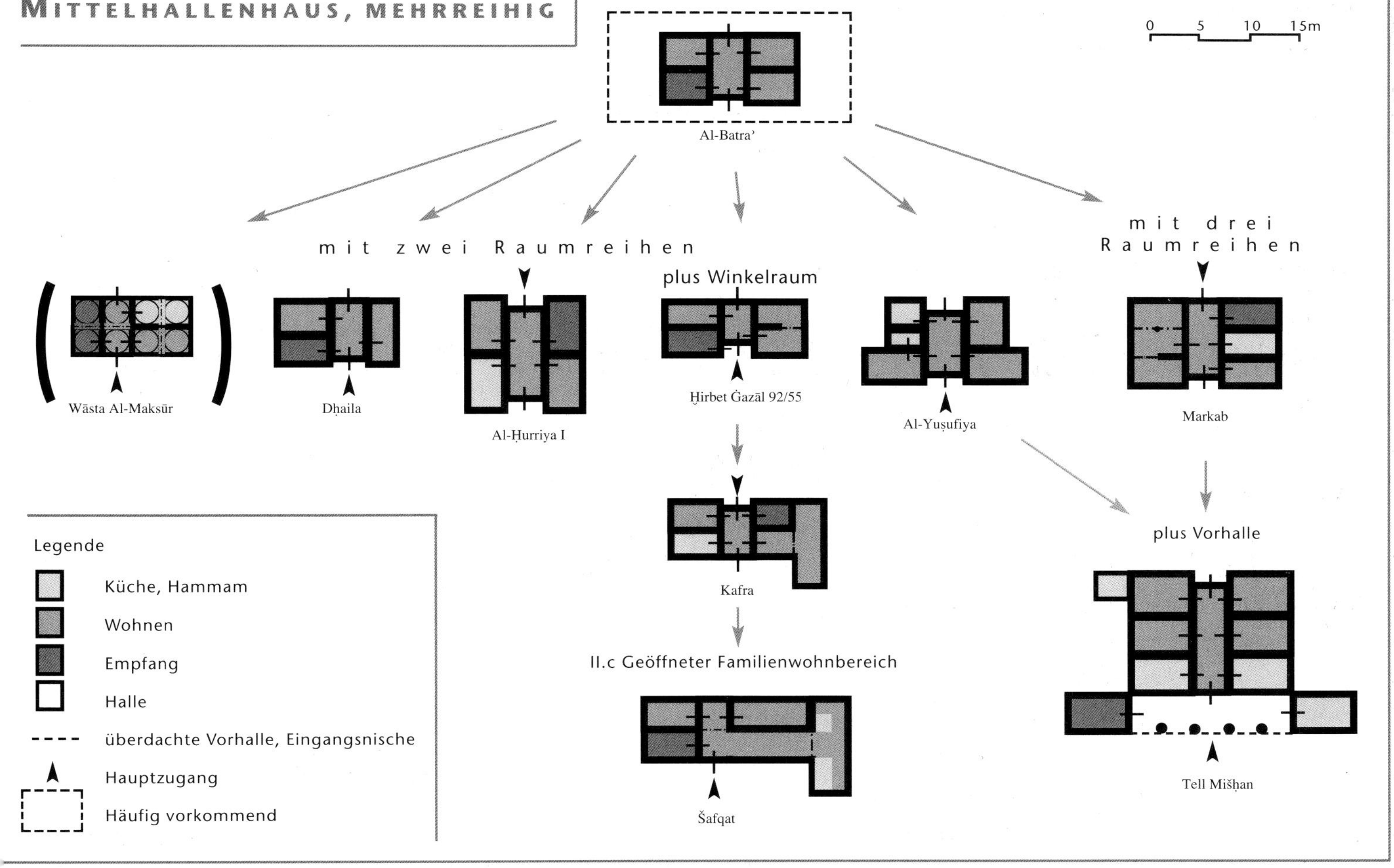

Die meisten Formen des Mittelhallenhauses sind prinzipiell symmetrisch aufgebaut. Je nach Funktion können jedoch die beiden Räume eines Raumpaares unterschiedlich groß oder anders geformt – vorwiegend abgewinkelt – sein.

Eine Ausnahme von dieser Mittelaxialität bildet die kleinste Form des Mittelhallenhauses, bestehend aus kleiner Halle und einem Flankenraum. Diese Hausform kommt jedoch äußerst selten vor.

I. Das einreihige Mittelhallenhaus

Die Grundform des Mittelhallenhauses besteht aus Halle plus einem Raumpaar. (Abb. 215, 221) Die Grundflächen der Räume waren bis vor wenigen Jahren bescheiden: der annähernd quadratische *ṣālōn* erreichte ungefähr 9 m² und die beiden Räume waren oft kaum größer als jeweils 14 m². Heute erreichen Flankenräume bis zu 20 m². Bei der häufigsten Form des Mittelhallenhauses mit querliegender Raumreihe ist die Tiefe des *ṣālōn* identisch mit der Breite der Flankenräume, in der Regel liegt sie zwischen 3 und 3,50 m Innenmaß. Die Längen der beiden Flankenräume unterscheiden sich häufig etwas voneinander. Ihre Belichtung und Belüftung ist prinzipiell durch Fenster in allen Außenwänden möglich. Je nach Bedarf liegen die Türen der Flankenräume entweder mittig oder nahe einer der beiden Außenwände, um die ohnehin kurzen Wandflächen zu verschiedenen Zwecken gebrauchen zu können.

Von außen erscheint das einreihige Mittelhallenhaus mit querliegender Raumreihe durch seine langgestreckte Form als schlauchartiger Kubus. Wenn man sich einem solchen Haus von den Seiten her nähert, bietet sich das Bild eines extrem schmalen Gebäudes, wohingegen von Norden und Süden der Eindruck eines breiten, und damit vermeintlich großen Gebäudes erweckt wird. (Abb. 217)

Dank der geringen Haustiefe kann Regenwasser an den Seiten schnell abfließen.

Modifikationen dieses Mittelhallenhauses können sein: daß der östliche Raum Winkelform aufweist, daß ein kleiner zusätzlicher Raum an die rückwärtige Wand der Mittelhalle angebaut ist („Hinterraum") oder daß die – meist nachträgliche – Erschließung des westlich gelegenen Empfangsraumes direkt von außen erfolgt.[154]

Eine grundsätzlich andere äußere Form hat das einreihige Mittelhallenhaus mit längsliegenden Räumen. Auch die Halle ist entsprechend länger. Bei dieser Hausform sind die Flankenräume breiträumig erschlossen und Halle wie Räume weisen annähernd die gleiche Größe auf.

Nur in einer kleinen Region westlich von Derbasiya im Ḫābūr-Dreieck werden beide vorher beschriebenen Prinzipien miteinander kombiniert und Räume auf der einen Seite quer und auf der anderen Seite längs zur Halle errichtet. Die Halle erreicht die Länge des Längsraumes.

Bei beiden letztgenannten Hausformen liegen die Zugänge zu den Räumen nahe der Schmalseite der Halle, was größere Nutzungsmöglichkeiten zuläßt.

Nur im kurdischen Dorf Kraiš südlich von ʿAāmūda sah ich zwei Häuser, deren Grundrisse wohl ebenfalls auf das Mittelhallenhallenprinzip zurückgehen, sich jedoch weit davon entfernt haben. (Abb. 215) Sie weisen breiträumige Flankenräume auf, durch die man einen dahintergelegenen Raum erreicht. In einem Haus hat selbst die Halle eine abgewinkelte Form, im anderen Haus liegt die Halle quer vor den Räumen.

II A + II B. Das mehrreihige Mittelhallenhaus

Das Mittelhallenhaus mit zwei oder mehr Raumreihen entsteht durch Anfügen weiterer Räume in der Tiefe der ebenfalls längeren Halle. (Abb. 216) In der Regel liegen die Räume quer zur Eingangsachse, sie sind gleich groß und werden durch symmetrisch angeordnete Fenster in den Außenwänden belichtet. Beim Mittelhallenhaus mit zwei Raumreihen ergibt sich ein spiegelgleicher Aufbau des Hauses in beiden Achsen. (Abb. 218)

Nur selten ordnet man die Flankenräume längs zur Halle an, da sich diese dadurch stark verlängert. Auch ungleiche Verteilung mit zwei Räumen quer auf der westlichen und einem Raum längs auf der östlichen Seite kommen gelegentlich vor. Da die Deckenbalken der Räume auf den Langseiten aufliegen, ergeben sich oft unterschiedliche Richtungen der Balken von Halle und Räumen.

Beim Mittelhallenhaus mit drei Raumreihen weist die Halle eine enorme Länge auf. Um sie nicht allzu schlauchförmig erscheinen zu lassen, legt man sie breiter an, was zu über 40 m² großen Hallen führen kann. Die Flankenräume solcher Mittelhallenhäuser dimensioniert man ebenfalls großzügig.

217

218

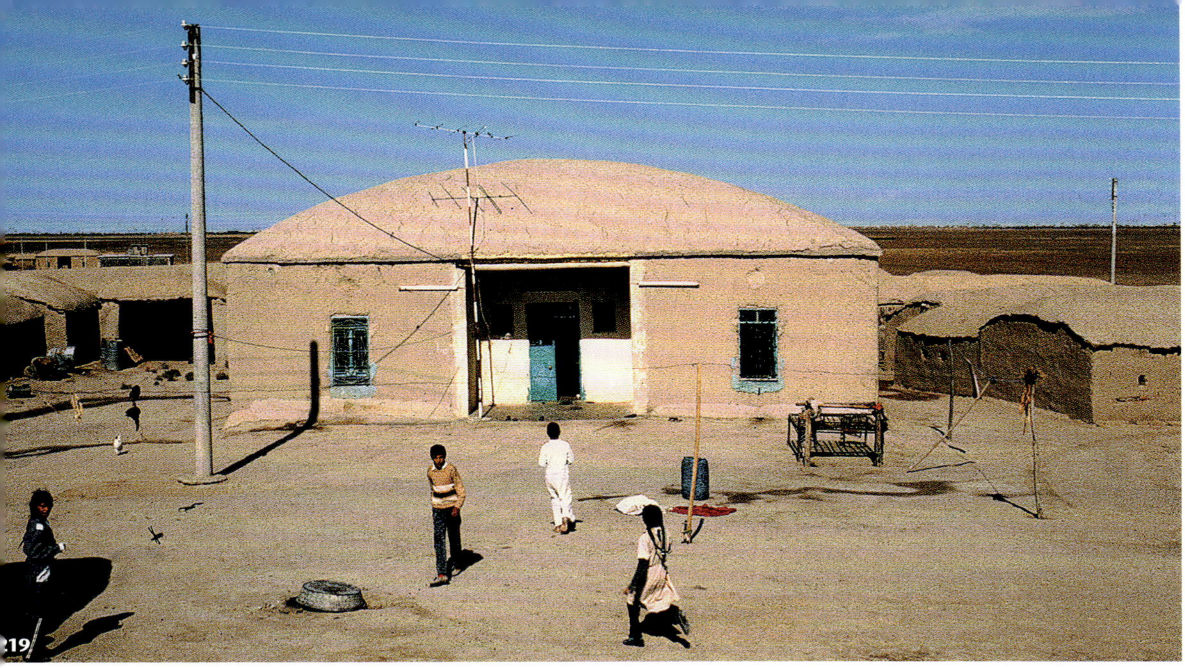

Abb. 217
Ein einreihiges Mittelhallenhaus wirkt breit von vorne, während von der Seite seine geringe Tiefe sichtbar ist

Abb. 218
Zweireihiges Mittelhallenhaus mit plastischer Gliederung

Abb. 219
Mittelhallenhaus mit Wölbungsdach und Eingangsnische: der Hof ist offen und wird von den Dorfbewohnern auch als Weg genutzt

Abb. 220
Mittelhallenhaus in Ḍhaila/Ḫābūr-Dreieck – nur in dieser Region liegen Flankenräume quer und längs zur Halle, was an der Fassade ablesbar ist

Mehrfach wurde berichtet, auch in manchen Mittelhallenhäusern habe man früher das Vieh nachts in einem Raum hinter der Halle („Hinterraum") untergebracht. (Abb. 215) Als verwiesen sie auf diese einstigen Ställe, haben manche Mittelhallenhäuser, die gegen eine Anhöhe gebaut sind, einen Querraum hinter der Halle. Gelegentlich reicht dieser über die ganze Hausbreite, in Ra'š Al-ʿAin dient er heute gleichzeitig als Hauszugang und als Küche (Abb. 211), in Sanǧaq Sʿadūn lagert man dort Vorräte. An anderen Häusern setzte man kleine Räume als Küchen oder Bäder an die Hausrückseite an.

II c. Das Mittelhallenhaus mit Öffnung zum Familienwohnbereich

Die zum Familienwohnbereich geöffnete Form des Mittelhallenhauses (Abb. 216, 225, 226, 227) weist zwei Besonderheiten auf: Dies ist zum einen das Fehlen einer Wand zwischen *ṣālōn* und Familienwohnbereich. Beide Bereiche gehen ineinander über, trotzdem behält jeder Raumbereich seine eigenen Funktionen. Zum anderen besteht der Familienwohnbereich selbst aus einer jener abgewinkelten Raumformen, die aus dem Winkelraum entstanden sind. (vgl. Abb. 157)

Der große offene Raumbereich ist durch seine rechtwinkligen Abwinkelungen in sich gegliedert. (Abb. 157) Er wurde zu einem Raumkontinuum, das bei den entsprechenden Häusern mehr als die Hälfte des Hauses einnimmt. Unterzugartige Balken nehmen die Deckenlasten an den Schnittpunkten der Raumteile auf. Durch seine Größe wirkt dieses Raumkontinuum wie ein Haus im Hause.

Bei großen mehrreihigen Mittelhallenhäusern ist die Repräsentationsabsicht insbesondere in der spiegelgleichen Fensterverteilung deutlich sichtbar. Es widerspricht eigentlich diesem symmetrischen Prinzip, daß Winkelräume sich häufig an der östlichen Hausseite als Seitenrisalit darstellen. Da dieser Vorbau gleichzeitig jedoch nach außen signalisiert, man habe noch mehr Raum zum Unterbringen des Hausstandes benötigt und mit dem Bettzeugstapel in Zusammenhang steht, durchbricht man mit ihm auch die symmetrische Hausanlage.

Nutzung und Innenräume

Die Halle bildet das Zentrum der Mittelhallenhäuser. Sie ist Verteiler zu den anderen Räumen, dient aber vor allem als Aufenthaltsraum. Obwohl an diesen Wänden die Innentüren abgehen, liegen oft Sitzteppiche an beiden Langseiten der Halle. (Abb. 228) Wo keine nördliche Außentür vorhanden ist, ergibt sich eine U-förmige Sitzecke. Die Ähnlichkeit mit der alkovenartigen *sofa* in der Halle türkischer Wohnhäuser ist offenkundig.[155] Die Familie sitzt während der warmen Jahreszeit im *ṣālōn*, wo auch der Fernseher aufgestellt ist. Weniger formeller Besuch wird ebenfalls dort empfangen. Die Halle entspricht einem kollektiven Wohngefühl, da niemand ausgeschlossen wird. (Abb. 228)

Die Mittelhalle wurde beschrieben als „zugleich offen und geschlossen, öffentlich und privat, innen und außen, Durchgangszone und Aufenthaltszone, was diesen Hausteil durch eine höchste Raumqualität auszeichnet."[156] Obwohl auf die Diele türkischer Häuser gemünzt, kennzeichnet diese Beschreibung auch die ihr ähnliche Mittelhalle. Die Halle bildet einen ins Haus transponierten halböffentlichen Raum, sie ist die Verlängerung einer orientalischen Sackgasse.

Der *ṣālōn* erfüllt viele Funktionen, die bei allen anderen Haustypen eher auf dem Hof erledigt werden – gelegentlich sogar Tätigkeiten, die mit einigen Verunreinigungen verbunden sind. Die vielen Öffnungen ermöglichen auch eine schnelle Wärmeabgabe während der Nacht, wodurch man an weniger heißen Sommertagen im *ṣalōn* schlafen kann. Die Eingangstür der Halle ist meist teilverglast, und die schmalen seitlichen Fenster sorgen für zusätzliche Belichtung, was die Offenheit der Halle unterstreicht.

Ähnlich separaten Häusern gehen die Räume von der Halle ab und haben untereinander keine Verbindung. Bei den mehrreihigen Mittelhallenhäusern bewirkt die annähernd gleiche Größe der Räume – mit Ausnahme des großen abgewinkelten Raumes –, daß Raumfunktionen getauscht werden können. Das übliche Verteilungsmuster mit Empfangsbereich auf der Westseite und Familienwohnbereichen auf der Ostseite ist tendenziell bei den meisten Mittelhallenhäusern vorhanden. Fremde Gäste werden in den Empfangsraum geleitet, der in der Regel die südwestliche Hausecke einnimmt. Die anderen Räume dienen als Schlaf-, beziehungsweise Familienwohnräume.

Zweireihige Mittelhallenhäuser werden auffallend häufig von Brüdern mit ihren Familien oder von einem Ehemann mit mehreren Frauen bewohnt. Jede dieser Kernfamilien verfügt über einen eigenen Familienwohnraum mit entsprechender Ausstattung wie Bettzeug, Kleidung, persönlicher Habe, Teppichen und evtl. auch Möbeln wie Vitrine, Ehebett oder Sofa.

Mittelhallenhäuser ohne Abtrennung des Familienwohnbereiches entstanden aus dem Bedürfnis, einen offenen, großzügig wirkenden Raum zu schaffen. (Abb. 226) Mit bis zu 88 m^2 (meist jedoch sehr viel kleinerer Fläche) handelt es sich bei ihnen um die insgesamt größten Räume der Ǧazīra. Die Größe des Familienwohnbereichs innerhalb dieses Raumkontinuums wurde von den Bewohnern auch mit der Menge des Bettzeugs – und damit der Fähigkeit, viele Gäste zu beherbergen – begründet. Der Wohlstand der Familie soll damit ebenfalls zur Geltung gebracht werden. Die Größe des Raumes ist ein Statussymbol ebenso wie der Bettzeugstapel. Dieser liegt an der Ostwand – der in Nordostsyrien kältesten Außenwand im Winter – und wirkt als Blickfang. Gäste, die die Halle passieren, können einen Teil dieses Stapels am Ende des Raumkontinuums sehen, der andere Teil bleibt hinter den Wandvorsprüngen verborgen.

In älteren ein- oder zweireihigen Mittelhallenhäusern sind große, meist rundbogige Nischen in den Wänden eingelassen, um Bettzeug aufzunehmen. Diese sind vor allem typisch für Hallenhäuser, die in den siebziger Jahren gebaut wurden, als der Besitz an Bettzeug noch bescheidener ausfiel. In Mittelhallenhäusern mit einer Raumreihe quer ist häufig das gesamte Wandfeld zum *ṣālōn* hin als durchgängige Nischenwand ausgebildet, in der alle Habseligkeiten und das Bettzeug gestapelt sind. (Abb. 88)

Bei Mittelhallenhäusern mit einer Raumreihe quer ist die Halle nur ungefähr 9 bis 10 m^2 groß, was ihren kommunikativen Charakter begrenzt, da nur wenige Menschen darin Platz finden. In diesem kleinen *ṣālōn* stehen oft Kühlschrank, ein kleiner Kocher oder ein Küchenschrank. Nur in älteren Häusern ist dies eine täglich benutzte Kochküche, da sie zu nahe am Gästebereich liegt, der nicht durch Küchengerüche gestört werden sollte.

Zu den mehrreihigen Mittelhallenhäusern gehören heute separate, außerhalb des Hauses liegende Küchen. Eine Funktionsverteilung wie im Beispiel aus Čaṭal II (Abb. 225), wo die Küche im offenen, abgewinkelten Raumteil neben der Halle liegt, kommt nur selten vor. In manchen Häusern nutzt man einen früheren, nicht mehr benötigten Wohnraum, zur Küche um.

Einige Häuser mit zwei Raumreihen und alle Häuser, die noch mehr Raumreihen aufweisen, gehören vermögenden Notablenfamilien. Große Familien und ein starkes Repräsentationsbedürfnis führten zu diesen Großbauten. Je mehr Raumreihen hintereinandergefügt wurden, desto weniger eignet sich der *ṣalōn* als Aufenthaltsraum, da seine große Länge ihn unattraktiv zum Sitzen macht. Da zu diesen Mittelhallenhäusern auch separate Gästehäuser gehören, sind innerhalb des Wohnhauses eher familieninterne Repräsentationsbedürfnisse zu befriedigen. Das

221

bedeutet konkret, daß sich darin anläßlich großer Feierlichkeiten die Frauen versammeln, während die Männer im Gästehaus sitzen.

Bemerkenswert ist, daß in einigen der mehrreihigen Mittelhallenhäuser Bäder und Toiletten eingebaut sind.

Gesamtanlage, Aussenraum und Hofbildung

Das Konzept des Mittelhallenhauses stellt eine Umkehrung der Prinzipien des Hofhauses dar. Während dieses sich zum Hof hin zentriert, auf den alle Fenster und Türen gehen, kehrt das Mittelhallenhaus das Innere nach außen. Fenster und Türen können prinzipiell nach allen Seiten vorhanden sein und eine direkte Kommunikation nach außen ist möglich. Das Mittelhallenhaus stellt damit ein offenes Wohnkonzept dar. Die Anlage eines solchen frei stehenden Solitärbaus wird in Nordostsyrien oft modifiziert und man versucht Elemente der nach innen zentrierten Gehöfte aufzunehmen. Der Preis dafür liegt im Verzicht auf Fenster an bestimmten Seiten. Bei der Anlage eines Mittelhallenhauses bestehen drei Optionen für die Hofanlage, die schon in der Planung vor allem wegen der Lage der Fenster berücksichtigt werden müssen. Die Möglichkeit, zwischen einem Hof vor dem Haus, einem Hof um das Haus herum, oder einem Hof hinter dem Haus wählen zu können, unterscheidet das Mittelhallenhaus grundsätzlich von den anderen Haustypen Nordostsyriens. Im ländlichen Bereich verlegt man häufig den Viehbereich hinter das Haus, eignet sich jedoch möglichst auch Fläche vor dem Haus an. (Abb. 223) Es stellt einen der großen Vorteile des Mittelhallenhauses dar, auf diese Weise Wohn- und Wirtschaftshof trennen zu können.

Gestaltungselemente

Die folgenden Gestaltungselemente kommen vorwiegend an mehrreihigen Mittelhallenhäusern vor. Eines der hauptsächlichen Gestaltungs-Patterns ist eine große Eingangsnische, genannt *baranda*, die die Fassade vieler Mittelhallenhäuser auflockert. Der Eingangsbereich ist zurückgelegt und zeigt die Breite der dahinter liegenden Mittelhalle außen an. Die Tiefe dieser Rücksetzung variiert zwischen 20 cm und 1,50 m. Die Eingangsnische ist überdacht, erinnert daher an eine kleine Vorhalle und bildet einen Raum des Übergangs zwischen innen und außen. (Abb. 218,

inreihiges Mittelhallenhaus in ʿAin Al-Ḫudra:

bb. 221
Der Gästeraum ist zeitweise zum einzigen Wohnraum der Elternfamilie geworden

bb. 222
Anhand unterschiedlicher Brüstungshöhen der Fenster erkennt man, daß das einreihige Mittelhallenhaus nicht in einem Zug errichtet wurde

222

Abb. 223 Mittelhallenhaus mit einer Raumreihe
ʿAin Al-Baida'

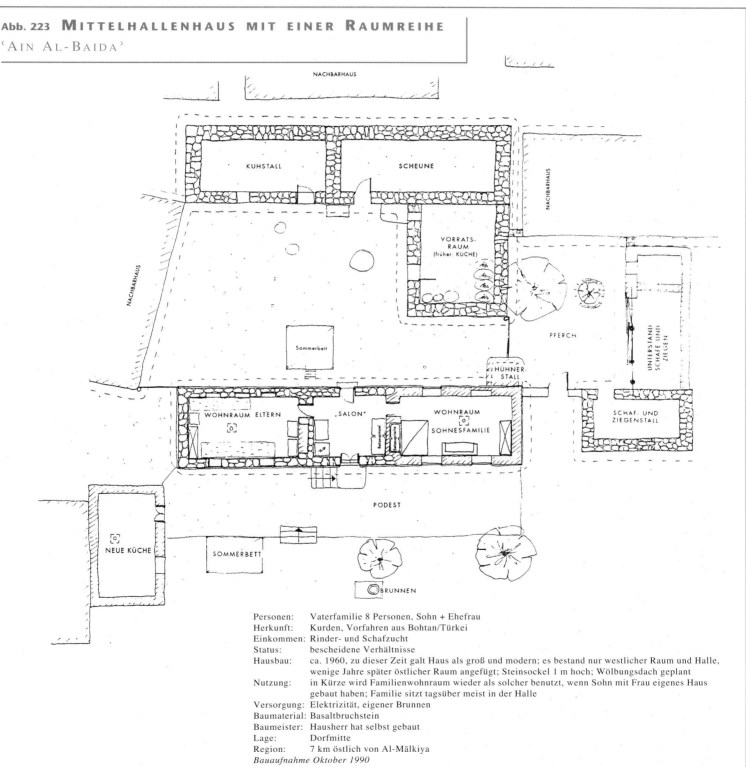

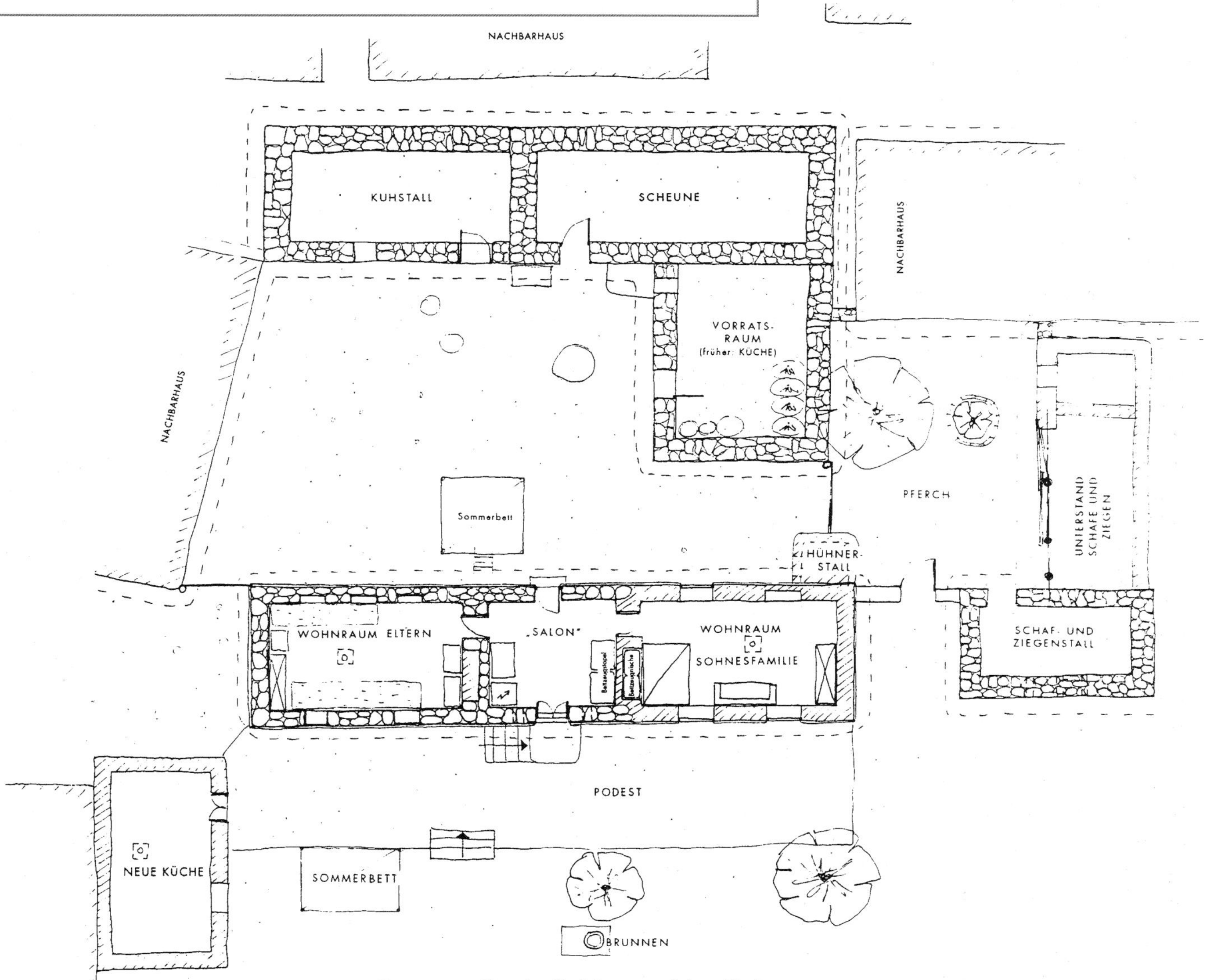

Personen: Vaterfamilie 8 Personen, Sohn + Ehefrau
Herkunft: Kurden, Vorfahren aus Bohtan/Türkei
Einkommen: Rinder- und Schafzucht
Status: bescheidene Verhältnisse
Hausbau: ca. 1960, zu dieser Zeit galt Haus als groß und modern; es bestand nur westlicher Raum und Halle, wenige Jahre später östlicher Raum angefügt; Steinsockel 1 m hoch; Wölbungsdach geplant
Nutzung: in Kürze wird Familienwohnraum wieder als solcher benutzt, wenn Sohn mit Frau eigenes Haus gebaut haben; Familie sitzt tagsüber meist in der Halle
Versorgung: Elektrizität, eigener Brunnen
Baumaterial: Basaltbruchstein
Baumeister: Hausherr hat selbst gebaut
Lage: Dorfmitte
Region: 7 km östlich von Al-Mālkiya
Bauaufnahme Oktober 1990

Abb. 224
Das mit seiner aufwendigen plastischen Gliederung einzigartige Mittelhallenhaus in Čaṭal II: die Familie hat das Haus 1989 aufgegeben und ist in einen Neubau gezogen (Čaṭal III, Abb. 202)

Abb. 225

Mittelhallenhaus mit zwei Raumreihen und Winkelraum, Čaṭal

Personen:	4 Erwachsene, 6 Kinder (Eltern, Kinder + Sohnesfamilie mit 3 Kindern)
Herkunft:	Kurden, Kikan
Einkommen:	Ackerbau, früher Schafzucht
Status:	wohlhabende *šaiḫ*-Familie
Hausbau:	1958 (vorher: Winkelhaus Čaṭal I gebaut 1945), neue große zweigeschossige Villa für Eltern- und zwei Sohnesfamilien im Bau (Abb. 202)
Nutzung:	im Repräsentationsraum hat der Bruder des Hausherrn gelegentlich sein Domizil; der „Raum für lernende Kinder" ist nur noch Abstellraum Wohnraum Sohnesfamilie zu eng geworden
Baumaterial:	Lehmziegel
Versorgung:	Elektrizität, eigener Brunnen
Lage:	im Dorf
seßhaft:	halbnomadisch bis vor ca. 30 Jahren
Region:	westlich von Derbasiya, unmittelbar an der türkischen Grenze, 100 m westlich liegt wichtige Überlandstraße

Bauaufnahme Oktober 1989, September 1990
(Abb. 202, 226, 227)

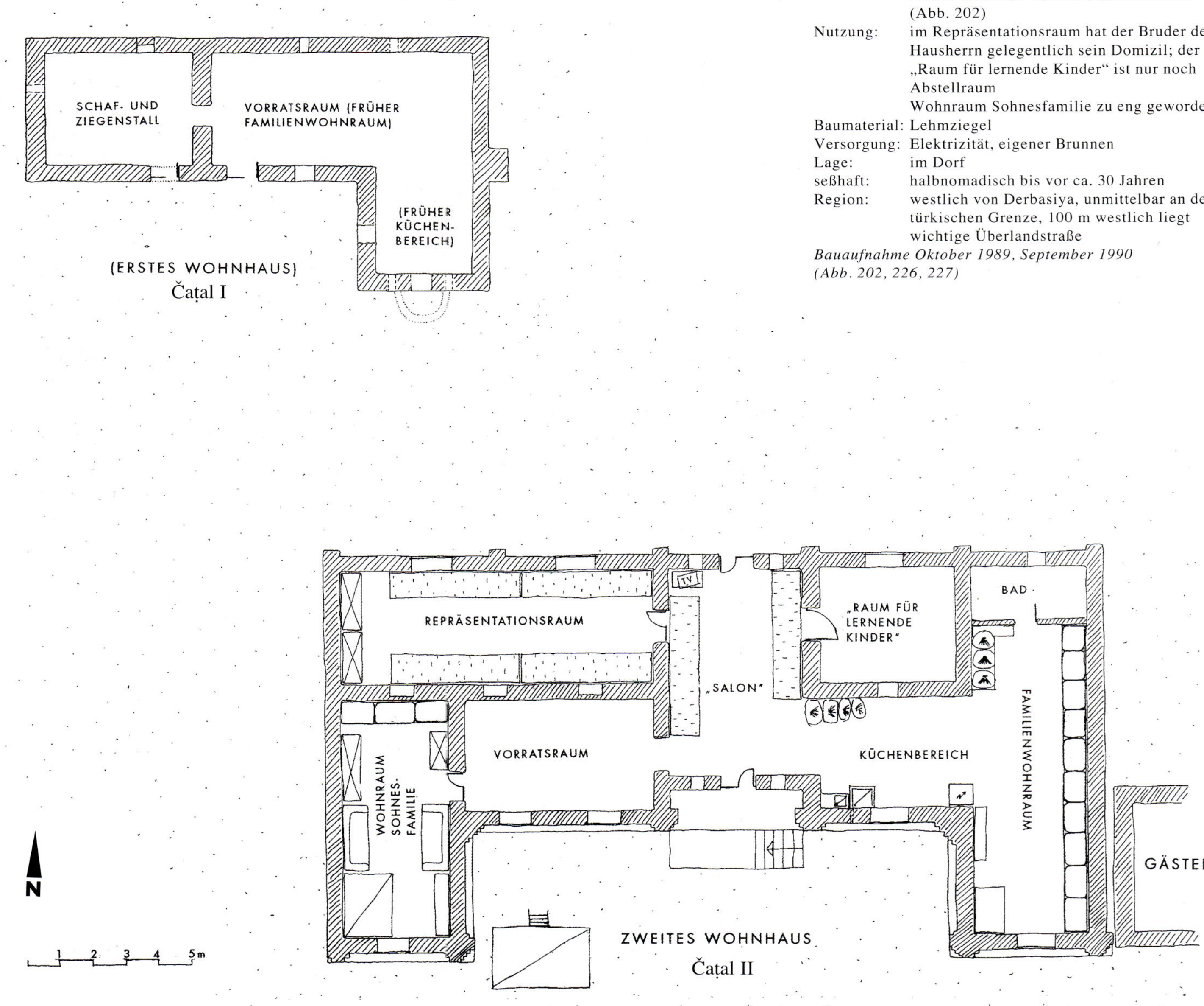

Abb. 226 + 227
In Čaṭal II bildeten Halle, Küchen- und Familienwohnbereich ein Raumkontinuum von über 90 m²

233) Eine solche Eingangsnische betont die Vorderfront und den Zugang zum Haus. Manche Eingangsnischen sind nur angedeutet, sie bestehen aus einem um wenige Zentimeter zurückspringenden Wandfeld.

Mit den meisten Eingangsnischen geht ein weiteres Gestaltungsmuster einher: die mittige, zweiflüglige Eingangstür mit zwei schmalen, flankierenden Fenstern, deren Oberkanten mit der Tür abschließen. (Abb. 232) (Eine solche Fenster-Tür-Fenster-Anordnung kommt gelegentlich auch ohne Eingangsnische vor.) Sowohl im Libanon als auch in Südostanatolien findet man gelegentlich ein ähnliches Gestaltungsmuster. In seiner Dreigliedrigkeit erinnert das Gestaltungsmuster entfernt an das als charakteristisch geltende Dreibogenmotiv. Bei libanesischen ebenso wie städtisch-syrischen Häusern liegt im mittleren der drei Bögen ebenfalls die Tür, die jedoch dort auf einen Balkon hinausgeht. Im Libanon taucht das Dreibogenmotiv offenbar nicht als Hauseingang auf. Ragette interpretierte dieses Motiv als „Rest" der Iwān-Öffnung, der nach dessen Schließung übrigblieb. Ein dreibogiges Motiv zeigt nur der Eingangsbereich des 1944 erbauten, insgesamt ungewöhnlichen Hausteinhauses in Ḫaliğīk. (Abb. 300)

Eingangsnischen mit breiten Teilglastüren und schmalen flankierenden Fenstern waren anfänglich Zeichen für ein wohlhabendes Haus. Sie fanden sich vorwiegend an mehrreihigen Mittelhallenhäusern. Später wurden auch einreihige Mittelhallenhäuser mit Eingangsnischen versehen, wo sie wegen der geringen Haustiefe allerdings nur relativ flach angelegt wurden.

Ein weiteres häufiges Gestaltungselement des zweireihigen Mittelhallenhauses ist die plastische Behandlung mithilfe von Lisenen, Sockel und Gesimsdach. (vgl. dazu ausführlich Kap. 12) Eine solche Fassadengliederung bedeutet Mehrarbeit sowohl beim Mauern als auch beim jährlichen Verputzen und wurde daher meist an Häusern wohlhabender Besitzer angebracht. Seltener brachte man sie an einreihigen Mittelhallenhäusern an. (Abb. 217) Während dieses Gestaltungselement in den fünfziger und frühen sechziger Jahren, als es häufig gebaut wurde, als Ausdruck von Wohlstand galt, hat es diese Bedeutung heute eingebüßt. Plastisch gestaltete Fassaden gelten als „unmodern".

Vorkommen und Verbreitung

In der Oberen Ğazīra stellt das Mittelhallenhaus den am weitesten verbreiteten Haustyp dar. (Abb. 234) Die Ğazīra-Steppe bildet zwar die Hausformengrenze nach Westen, aber vereinzelt findet es sich auch westlich davon. Nach Norden geht das Verbreitungsgebiet in die Mittelhallenhaus-Region der östlichen Türkei über. Nach Süden hin wird das Vorkommen ungefähr 80 km südlich von Hasseke immer geringer und läuft dann ganz aus.

Die einreihige Form des Mittelhallenhauses ist in den meisten Gebieten vorherrschend. Nur im Bec de Canard findet man die extrem breitgelagerte Form des Mittelhallenhauses mit einer quer zur Halle liegenden Raumreihe. Im Ḫābūr-Dreieck ist die Raumreihe in der Regel längsliegend angeordnet. In seiner annä-

Abb. 228
Im dreireihigen Mittelhallenhaus der *šaiḫ*-Familie in Sanğak, Sʿadūn/Ḫābūr-Dreieck: obwohl in den Räumen Möbel vorhanden sind, bevorzugt man im Sommer, auf den traditionellen Filzteppichen in der Halle zu sitzen. (Die Struktur auf dem Fußboden kommt daher, daß dieser gerade angefeuchtet wurde.)

Abb. 229 Zweigeschossiges Mittelhallenhaus im Aleppiner Stadtteil Al-ʿAziziya

Abb. 230 Zweigeschossiges Mittelhallenhaus im heute türkischen Midyat (mit seitlichem Iwān)

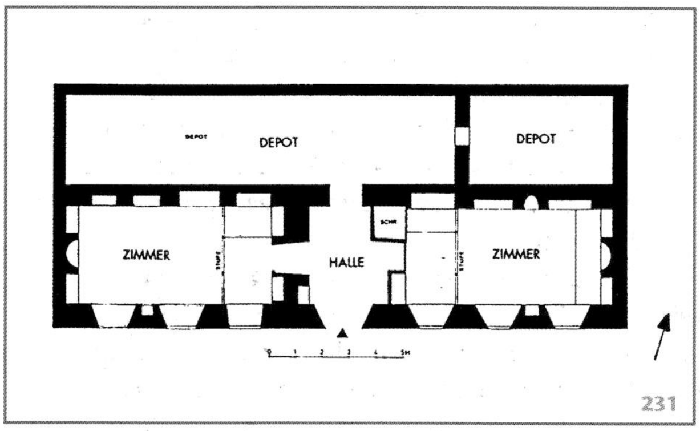

hernd quadratischen äußeren Form ist es dem zweireihigen Mittelhallenhaus ähnlich. Die Kombination von längs- und querliegenden Räumen findet sich nur in einigen Dörfern im nördlichen Ḫābūr-Dreieck. (Abb. 220)

Zwei- und mehrreihige Mittelhallenhäuser kommen in der gesamten Oberen Ǧazīra vor, bilden jedoch nirgendwo die vorherrschende Hausform.

Mittelhallenhäuser können verschiedene Flachdachformen aufweisen. So tragen sie im nordöstlichen Teil oft hohe Wölbungsdächer, was sich nicht auf die Grundrisse auswirkt. (Abb. 219)

In der oberen Baliḫ-Region – als dem östlichsten Teil des Westens – tauchen ebenfalls Mittelhallenhäuser auf. Das Gebiet liegt nahe der türkischen Grenze, und Mittelhallen gehören auch zu dortigen Kuppelhäusern. Das zweireihige Mittelhallenhaus bildete auch dort eine der bevorzugten Formen für *šaiḫ*-Häuser. (Als Beispiel sei hier das in der Literatur erwähnte große Mittelhallenhaus mit zwei Raumreihen von *šaiḫ* Muǧhim Ibn Muḥaid in ʿAin ʿIssa genannt, das in den vierziger Jahren erbaut wurde.[157])

Analyse, Wurzeln und Entwicklung

Zahlreiche Beispiele aus dem türkisch-osmanischen Raum lassen sich mit Mittelhallenhäusern der Ǧazīra in Verbindung bringen. (Abb. 231) Dies beruht u. a. darauf, daß viele der heutigen Bewohner der Oberen Ǧazīra aus dem östlichen Teil des Osmanischen Reiches wie dem Tur Abdin und der weiter nordöstlich gelegenen kurdischen Bohtan-Region stammen. Von Häusern im gebirgigen Taurus/Zagros-Gebiet sind mir keine detaillierten Grundrißzeichnungen oder -beschreibungen bekannt.[158] Einer Schilderung des Kurdenforschers Nikitine läßt sich entnehmen, daß zumindest bis in die 1950er Jahre ein Haustyp in Kurdistan aus einem Haupt- und einem Vorraum, d. h. einer Halle, bestand. Ob der Hauptraum allerdings – so wie beim Mittelhallenhaus – seitlich der Halle angeordnet war, läßt sich daraus nicht belegen.

> *„L'arrangement intérieure d'une demeure kurde n'est pas partout le même. La description qui suit est celle d'un type moyen assez répandu. La maison comprend en général deux compartiments principaux. Le premier ... est une sorte de vestibule ... La deuxième pièce est celle où en vit. ...“* [159]

Die einfachsten der heutigen (Mittel-)Hallenhäuser der Ǧazīra, wie z. B. ein circa 1945 erbautes Haus in ʿAin Dīvār, bestehen aus einer solchen Kombination von Halle (genutzt als Küche) plus einem Raum. Ähnliche Grundrisse waren wohl in der Osttürkei üblich.[160] Bei dieser Raumkombination handelt es sich funktional um eine Küche-Stube-Einheit, wie sie auch in Mitteleuropa üblich war.

An Steilhängen gelegene Dörfer erfordern Häuser mit geringer Haustiefe.[161] Das einreihige Mittelhallenhaus (ebenso wie das Iwān-Haus) entsprechen theoretisch beide dieser Anforderung. Den kalten Wintern des Taurus-Zagros-Hochlandes ist das Mittelhallenhaus mit seiner Halle als Kälteschleuse angepaßt. Aus den dreißiger Jahren ist ein Mittelhallen-Gundriß eines „kurdischen Hauses“ aus der Türkei veröffentlicht, der eine Mittelhalle mit Küchenecke und einen Wohn/Schlafraum im rechts des Eingangs gelegenen Raum und einen Viehstall im links des Eingangs gelegenen Raum zeigt.[162]

Es gibt auch einen etymologischen Anhaltspunkt, der eine Beziehung zwischen nordostsyrischen und kurdischen Mittelhallenhäusern herstellt. Kurdische Baumeister in der Ǧazīra bezeichnen das Mittelhallenhaus als *kursî*. Im persisch-kurdischen Kulturraum versteht man unter *kursî* (oder *korsī*) ein Holzgestell, das über die in der Raummitte eingetiefte Feuerstelle gesetzt wird.[163] Im Winter breitet man eine große Decke über das *kursî*, „around which the whole family sit to chatter and even to sleep“.[164] Es wäre sicher eine zu weitgehende Vermutung, anzunehmen, daß der Begriff *kursî* auf die Hausform der Region übertragen wurde, weil dort ein *kursî* über der Feuerstelle zum normalen Hausinventar gehört.[165] Es ist eher denkbar, daß sich der Begriff auf die quaderhafte Form mancher Mittelhallenhäuser bezieht, die der Form des Holzgestells in der Außenform ähnelt.

Abb. 231
Das Mittelhallenhaus Haci Ömer in Karaman (TR) aus der Mitte des 18. Jahrhunderts (aus: Bammer 1982)

Abb. 232
Mittelhallenhaus in Al-Qāmišlī, gebaut 1944

Abb. 233
Villa mit Mittelhallengrundriß und Vorhalle in Qubūr Al-Baiḍ/Bec de Canard aus den 1950er Jahren

Es soll hier nicht die Herkunft des Mittelhallenhauses aus der vernakulären Architektur kurdischer Dörfer abgeleitet werden. Auch in dieser haben sich Einflüsse von Mittelhallenhäusern der großen Städte niedergeschlagen. Das Prinzip von Vor- und Hauptraum könnte jedoch auf dortige vernakuläre Architektur zurückgehen. Ältere Ǧazīra-Bewohner, die aus der südostanatolischen Bohtan-Region stammen, gaben an, daß die Häuser in ihrer Herkunftsregion ähnlich den einreihigen Mittelhallenhäusern Nordostsyriens gewesen seien.[166] Die in die Ǧazīra einströmende kurdische, aramäische und armenische Bevölkerung Südostanatoliens hat eine zentrale Rolle bei der Verbreitung von Mittelhallenhäusern gespielt – unter anderem, weil sie viele Baumeister stellte.

Mittelhallen- ebenso wie Iwān-Häuser prägen den Ortskern der von Aramäern und Kurden bewohnten türkischen Mittelstadt Midyat im Tur Abdin circa vierzig Kilometer nördlich der syrischen Grenze. Sie entstanden in den ersten Jahrzehnten des 20. Jahrhunderts. Die zweigeschossigen Häuser haben den einreihigen Mittelhallengrundriß nur im Obergeschoß und sind flach gedeckt. Ummauerte Höfe sind südlich vorgelagert und über eine Außentreppe gelangt man auf die offene Terrasse mit dem Eingang. Die Schauseite weist wie in der Ǧazīra zum Hof.

In der einschlägigen Literatur ist das mehrfach abgebildete Haus Haci Ömer Agha aus Karaman im mittleren Taurus eines der ältesten Beispiele eines Mittelhallenhauses mit querliegender Raumreihe.[167] (Abb. 231) Obwohl vor der Mitte des 19. Jahrhunderts erbaut, ähnelt dieser Grundriß in seinen räumlichen Proportionen den heutigen Häusern Nordostsyriens, ist allerdings insgesamt größer (und weist eine prächtige Innenausstattung im repräsentativeren, links der Halle gelegenen Raum auf). Selbst ein Pendant zum an der Hausrückseite gelegenen „Depot" findet sich in der Ǧazīra gelegentlich.[168]

Vor allem in der zweiten Hälfte des 19. Jahrhunderts breitet sich das Mittelhallenhaus in beinahe allen Teilen des Osmanischen Reiches aus und wird zum allgemein üblichen Haustyp. In seiner konkreten Ausprägung von Grundriß, Gestaltung und Baumaterialien finden sich große regionale Unterschiede. Vor dem Hintergrund der Tatsache, daß das Mittelhallenhaus in den Städten des Osmanischen Reiches ab ungefähr 1860 üblich wurde, ist es erstaunlich, daß es in der Ǧazīra erst so viel später „angekommen" ist.[169] Selbst wenn man die verzögerte Ansiedlungsentwicklung in der Ǧazīra in Rechnung stellt, könnte man erwarten, daß in den ersten Jahrzehnten des 20. Jahrhunderts einige Mittelhallenhäuser in Orten wie Menbiǧ oder Ra's Al-ʿAin entstanden wären. Mir ist jedoch kein Mittelhallenhaus aus dieser Zeit bekannt. Erst in den dreißiger und vierziger Jahren etablierte es sich als bevorzugte Hausform der Wohlhabenden in den Landstädten der Ǧazīra (im Osten: in Al-Qāmišlī, ʿAāmūda, Derbasiya, ʿAin Divār, im Westen: in ʿAin Al-ʿArūs, Ḫaliǧīk). Wenig später übernahmen die Stammesführer diese Hausform für ihre Häuser.

Beispielsweise wurde der Ortskern von ʿAāmūda nach dem Brand von 1936 einheitlich mit Mittelhallenhäusern bebaut. Im Zuge des Wiederaufbaus legte die französische Mandatsverwaltung ein orthogonales Straßennetz an. Einreihige Mittelhallenhäuser entstanden als Blockrandbebauung an den Nord- und Südseiten relativ kleiner Baublocks, großzügige Höfe lagen hinter den Häusern. An den Ost- und Westseiten der Blocks war direkter Hofzugang von der Straße möglich und selbst große Landmaschinen konnte man auf den Höfen abstellen. Eine hintere Zeile als Hofbegrenzung birgt Nebengebäude und ist back-to-back an die Nebengebäudezeile des Gehöfts an der nächsten Straße gebaut.

Unter den ersten Bewohnern, die sich Mittelhallenhäuser errichten ließen, waren christliche Händler in Al-Qāmišlī (Abb. 232) und Derbasiya. In Al-Qāmišlī waren sie wohlhabend genug, ihre Häuser in Kalkhaustein bauen zu lassen. In Derbasiya wurden Mittelhallenhäuser in Lehmziegeln errichtet; nur die syrianische Kirche und das Pastorat entstanden in Haustein. Letzteres ist ein zweireihiges Mittelhallenhaus, das unmittelbar an die Kirche angebaut ist. Die Längsachse der Halle bildet die Fortsetzung der Achse des Kirchenschiffs.

Obwohl die französische Mandatsregierung in Damaskus regierte und seit den dreißiger Jahren auch diese entlegenen Landesteile unter Kontrolle hatte, kamen noch bis in die fünfziger Jahre die Architekturvorbilder der Ǧazīra weiterhin aus der Türkei. Auch wenn eine neue Grenze etabliert worden war, riß der persönliche und kulturelle Austausch mit der türkischen Seite nicht ab. Wie ein alter armenischer Baumeister aus ʿAāmūda erklärte, habe man auch weiterhin Bauformen und Grundrisse aus der Türkei angewendet, da man diese als modern empfunden hätte. Gerade die aus der Türkei vertriebenen Armenier mußten sich häufig als Baumeister in der Ǧazīra verdingen und wurden damit zu Bindegliedern mit osmanischen Bautraditionen.

Mittelhallenhäuser mit zwei oder mehr Raumreihen entwickelten sich seit den vierziger Jahren zur bevorzugten Hausform reicher *šaiḫ*-Familien.[170] In den fünfziger Jahren war die Obere Ǧazīra von wirtschaftlichem Aufschwung geprägt, von dem geschickt agierende Stammesführer profitierten. Sie beauftragten die Baumeister aus den Landstädten entlang der türkischen Grenze, die meist aus dem türkisch-osmanischen Raum stammten. In jener Zeit breitete sich auch die Bauweise mit plastischer Fassadengestaltung aus, die unter den Wohnhäusern ausschließlich an Mittelhallenhäusern angewendet wurde.

Noch in den siebziger Jahren gab es in der Literatur kaum Hinweise auf die weite Verbreitung des Mittelhallenhauses im gesamten Osmanischen Reich. So konnte es als das „libanesische Haus schlechthin" erscheinen.[171] Die wesentlichen Kennzeichen des libanesischen Mittelhallenhauses sind: Zweigeschossigkeit, eine Mittelhalle, die sich durch das Obergeschoß hindurch erstreckt, eine dreibogige Arkade, die den Abschluß der Mittelhalle an der Schauseite bildet, und ein ziegelgedecktes rotes Walmdach. Aufgrund neuerer Forschungen wird das Ausmaß der Verbreitung heute sehr viel deutlicher: Von Palästina, Jordanien, Syrien, dem Libanon, der Türkei über die Ägäisküste bis zum Balkan finden sich Mittelhallenhäuser.[172] Auch in Aleppo errichtete man seit ungefähr 1870 beispielsweise im neu entstehenden Stadtviertel Al-ʿAzīziya großzügige zweigeschossige Mittelhallenhäuser.[173]

Das Mittelhallenhaus in der Türkei galt als typisch türkisch. Es weist als Hauptcharakteristikum eine – in ihrer Form jedoch sehr unterschiedliche – Halle (*sofa, hayat*) auf.[174] Häufig gehört eine erhöhte Sitzecke mit Fenstern zu dieser Anordnung. Das türkische Hallenhaus ist auch im ländlichen Bereich im Unterschied zur Ǧazīra oft zweigeschossig mit Mittelhalle nur im Obergeschoß. In Einzelfällen sind türkische Grundrisse jenen aus Nordostsyrien dennoch ähnlich: beispielsweise gleichen die Grundrisse der *šaiḫ*-Häuser aus Al-Yuṣṣufiya im Bec de Canard und aus Ḥazīma am Balīḫ einem publizierten Hausgrundriß aus Ereǧli im Taurus.[175]

Unter den Gestaltungsmustern, die für libanesische oder türkische Häuser prägend sind, finden sich nur wenige in den Mittelhallenhäusern Nordostsyriens. Zu den wenigen gehört eine zwischen Halle und Wohnraum eingebaute Nischenwand. In der Ǧazīra legt man die Nischen im Mauerwerk an, ohne sie zu Schrankwänden mit hölzernen Türflügeln wie im osmanisch-türkischen Haus zu komplettieren. Ein anderes Gestaltungsmuster zeigt sich in der Eingangsnische. Im östlichen Osmanischen Reich (und dem Iran) ist die Akzentuierung durch Rücksprung, in dem mittig die Eingangstür liegt, eine geläufige Fassadenteilung.[176] Auch im Aleppiner Stadtteil Al-ʿAzīziya finden sich manchmal Eingangsnischen, die mit Treppenaufgängen verbunden waren, um zum Eingang im Hochparterre zu gelangen. Unter den Mittelhallenhäusern Nordostsyriens weisen schon die frühen Beispiele Eingangsnischen auf.

Betrachtet man das Mittelhallenhaus-Prinzip über einen längeren historischen Zeitraum, so zeigt sich, daß das Motiv zentraler Hallen in Wohnbauten spätestens seit der frühen Ubaid-Zeit im 5. vorchristlichen Jahrtausend auftaucht. Ernst Heinrich interpretierte den „Mittelsaal" als Faktor, der angrenzende, ursprünglich agglutinierende Räume ordnend zusammenfaßte.[177] Neuere Grabungsbefunde und Forschungen zeigen, daß schon die frühesten bekannten Beispiele aus Mittel- und Südmesopotamien einen durchgehenden Mittelsaal mit angrenzenden, in Heinrichscher Terminologie „regulierten" Räumen aufweisen.[178] Seit dem 4. Jahrtausend und verstärkt während der Urukzeit wurde das Mittelsaalprinzip auch für Kultbauten bestimmend, was die Bedeutung dieser Hausform unterstreicht. Das Mittelsaalhaus ist schon in seinen frühesten Beispielen mit Wandpfeilern ausgestattet, um es plastisch zu gliedern. Auch in der syrischen Ǧazīra, dem historischen Nordmesopotamien, wurden bronzezeitliche Wohnhäuser mit Mittelsälen – allerdings ohne Pfeiler-Nischen-Gliederungen – ausgegraben.[179]

Die frühen ubaid- und urukzeitlichen Mittelsaalhäuser weisen gelegentlich seitlich erweiterte Mittelhallen auf. Meist geschah dies allerdings beiderseits der Halle, so daß ein Querschiff entstand, das dem Hallengrundriß die Form eines T oder Kreuzes verlieh. Nur selten – und vielleicht durch spätere Umbauten – erfolgte dies als Raumbucht nur auf einer Seite der Mittelhalle,[180] wie man es bei der rezenten, seitlich zum Familienwohnraum hin offenen Mittelhallenhausform findet.

Auf die Ähnlichkeit zwischen ‚hethitischem Hallenhaus' und rezenter türkischer Architektur wurde mehrfach verwiesen.[181] Sassanidische und persische Paläste gruppieren sich ebenfalls um Mittelhallen herum, während deren Flankenräume dem familiären Wohnen dienten. Auch in frühislamisch-omayyadischen Wüstenschlössern bilden Mittelhallen das tragende Ordnungsprinzip. Mit Vorhalle und Iwān versehen, erinnern auch seldjukische Paläste des 13. Jahrhunderts an Mittelhallenanlagen.

Ragette wies auf die Ähnlichkeit zum oberösterreichischen Bauernhaus, den venezianischen Casoni und Palazzi und zum geschlossenen römischen „atrium testudinatum" hin.[182] Direkte Verbindungen oder Einflußnahmen zwischen diesen europäischen Haustypen und dem Mittelhallenhaus können jedoch nicht nachgewiesen werden. Hinter der Diskussion um die Herkunft des Mittelhallenhauses steht auch die Frage, ob es sich um einen autochthon-orientalischen Haustyp handelt, und welche Rolle Einflüsse aus Europa spielten.[183] Die Überlegung, ob das Mittelhallenhaus Vorläufer in vernakulären Architekturen des Orients hat, wurde bislang nicht diskutiert.

Dem zur Topkapi-Anlage gehörenden Çinili-Kiosk in Istanbul (erbaut 1473) wurde eine entscheidende Rolle bei der Herausbildung des Mittelhallenhauses zugeschrieben. Seine vier Iwāne gruppieren sich allseitig um eine überkuppelte, quadratische Halle.[184] Goodwin und mit ihm Ragette interpretierten das Entstehen des Mittelhallenhauses aus dem „Abschließen der seitlichen Liwannischen (des Çinili-Kiosk, K. P.), so daß eine längsgerichtete Mittelhalle übrig blieb".[185] Damit wird m. E. die Rolle des Çinili-Kiosks für den Nahen Osten als Ganzes überschätzt. Im Gegensatz dazu schlugen Davie/Nordiguian vor, die Mittelhalle als aus der Überdachung des Innenhofs entstanden anzusehen, was zu Recht abgelehnt wurde.[186] Dem steht nicht entgegen, daß gelegentlich Innenhöfe überdacht und dadurch praktisch zu Mittelhallen werden – ein Vorgang, der in den heutigen beengten Verhältnissen der Damaszener und Aleppiner Vorstädte beobachtet werden kann.

Zusammenfassend kann zur Herkunft des Mittelhallenhauses festgestellt werden, daß dieser Haustyp über einen Zeitraum von ca. 7000 Jahren in der Geschichte des Nahen Ostens immer wieder auftaucht. Von einer direkten Verbindungslinie rezenter Mittelhallenhäuser mit altorientalischen Hausformen kann jedoch nicht ausgegangen werden. Die Qualitäten des Prinzips der Mittelhalle als kommunikativer Bereich, der Verteilungsfunktionen übernimmt und durch seine innere Lage temperaturreguliert ist, sind unbestreitbar. Ihnen ist es vermutlich zu verdanken, daß dieser Haustyp über lange Zeiträume lief und sich weit verbreitete.

In der Analyse rezenter Mittelhallenhäuser, ebenso wie auch der historischen Mittelsaalhäuser, zeigt sich, daß dem

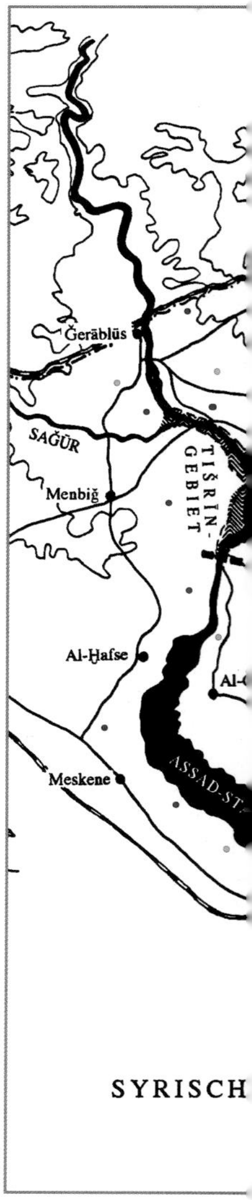

Haustyp eine gewisse Repräsentativität innewohnt. Diese wird durch die Anzahl der Räume und durch den geordneten, oft symmetrischen Aufbau hervorgerufen. Aufgrund dieser repräsentativen Disposition ist vielleicht auch eine weitere Parallele zwischen altorientalischen und rezenten Mittelhallenhäusern zu erklären: die Tendenz zur plastischen Gliederung.[187] Die Pfeiler-Nischen-Architektur hebt Gebäude grundsätzlich von anderen ab und macht sie markant.

Der Mittelhalle selbst haftet bis heute ein zeremonielles Gepräge an. Für die altorientalische Zeit wurden Einbauten und Feuerstellen in ihrer Mitte auch in einem kultischen Zusammenhang interpretiert. In persischen Palästen bildeten die Mittelhallen Orte großer Feierlichkeiten.[188] Bei den heutigen ländlichen Mittelhallenhäusern Nordostsyriens haben sich die repräsentativen Funktionen aus der Halle in den Empfangsraum verlagert.

Zusammenhänge existieren auch zu anderen Haustypen Nordostsyriens: Das einreihige Mittelhallenhaus zeigt deutlicher als die mehrreihigen seine Nähe zum Iwān-Haus. Zwischen beiden gibt es Zusammenhänge auf verschiedenen Ebenen.[189] Beispiele, wo Iwān-Häuser in Mittelhallenhäuser umgewandelt wurden, kommen in der Ǧazīra vor, so u. a. am Großgrundbesitzerhaus in ʿAin Al-Baida.[190] Der Unterschied zwischen beiden Haustypen besteht nur in der Schließung der offenen Iwān-Seite, die Hauserschließung bleibt jedoch gleich. Und für die kurdischen Bewohner Nordostsyriens scheint es zumindest begrifflich kaum einen Unterschied zwischen Iwān, Vor- und Mittelhalle zu geben: sie bezeichnen sie als *heyvan*. Alle drei Haustypen kommen in denselben Regionen vor. Innerhalb des Untersuchungsgebietes hat das Mittelhallenhaus das Iwān-Haus abgelöst, ungefähr seit den vierziger Jahren trat es an seine Stelle als bevorzugter Haustyp der Wohlhabenden.

Das Mittelhallenprinzip wurde auch auf Kuppelhäuser übertragen. Diese Grundrisse finden sich nur dort, wo die Verbreitungsgebiete der Kuppelhäuser in die Türkei hineinreichen, in der Balīḫ- und einige wenige in der ʿAin Al-ʿArab-Region.

Das Mittelhallenhaus der Ǧazīra ist – im Unterschied zu städtischen Beispielen – auf das Wesentliche beschränkt. Nur bei einigen Häusern von Notablen gibt es einen Anklang an komplexere städtische Grundrisse. Die Bewohner der Ǧazīra haben den Haustyp des Mittelhallenhauses auf ihre Bedürfnisse hin zugeschnitten – konkret bedeutet dies, daß sie ihn vereinfacht haben. Der eigene Beitrag der Ǧazīra besteht in der Kombination dieses Haustyps mit plastischer Fassadengliederung und mit dem Aufweiten der Halle zu einem Raumkontinuum. Dieses hat keine Vorbilder in den anderen vernakulären Architekturen des Nahen Ostens.

Der Konzeption des Mittelhallenhauses liegt ein differenzierter Umgang mit Raum zugrunde, der sich nur aus einem Erfahrungsschatz seßhaften Wohnens entwickeln konnte. Insbesondere seine symmetrische Anlage weist darauf hin, daß er in einer längeren Tradition steht. Auch Details, wie die große Eingangsnische

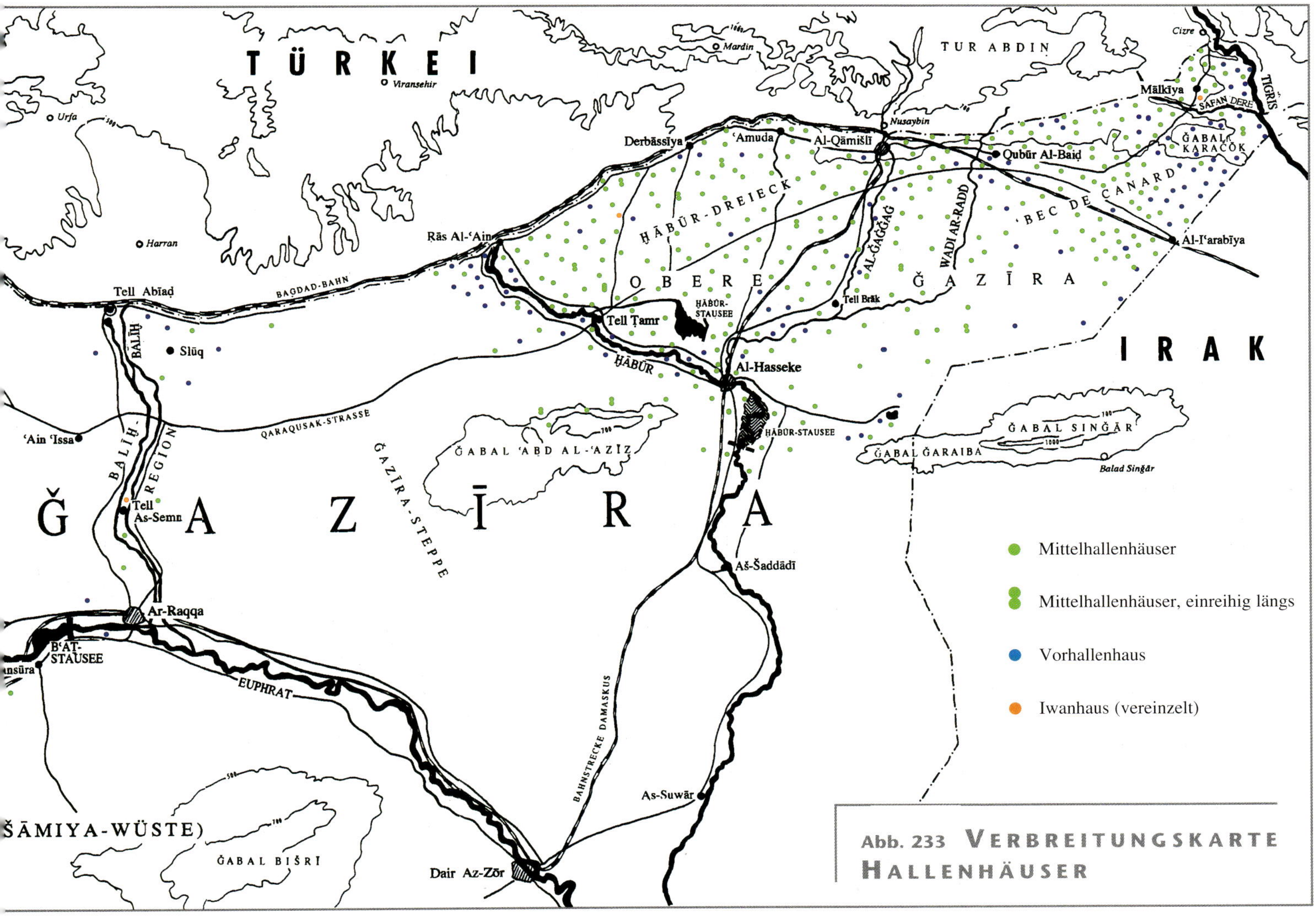

Abb. 233 **Verbreitungskarte Hallenhäuser**

und das Fenster-Tür-Fenster-Gestaltungsmuster, verweisen auf die Herkunft aus einem entwickelteren Haustyp.

Das Prinzip des Mittelhallenhauses stellt eine Umkehrung des traditionellen Hofhauses dar, dessen Inneres nach außen gekehrt wurde. Im Allgemeinen sind die Funktionen eines solchen geschlossenen Hofes (meist städtischer Häuser) Belichtung, Belüftung, Verkehr, Kommunikation und Erholung. Dagegen erfolgen beim Mittelhallenhaus als Solitärbau nur Kommunikation und Verkehr in der Halle, die anderen Funktionen sind in die Umgebung des Hauses, auf die Parzelle oder in den umgebenden Garten, verlagert. Das Mittelhallenhaus verkörpert ein extrovertiertes Konzept des Hauses. Darin unterscheidet es sich – ebenso wie auch Iwan- und Vorhallenhaus – von den anderen Haustypen Nordostsyriens. Während sich Mittelhallenhäuser in Städten an dem Straßenverlauf und der Struktur einer geschlossenen Blockrandbebauung orientieren müssen und oft auch ihre Stellung als Solitäre verlieren, modifizierte man sie in der Ǧazīra dahingehend, daß sie sich in Hofanlagen einpassen. Einen Teil seines offenen Charakters hat das Mittelhallenhaus dabei allerdings eingebüßt.

Die Grundform des Mittelhallenhauses (Halle plus zwei seitlich angrenzende Räume), die äußerlich ein quer zur Eingangsachse liegendes Rechteck bilden, ist eine Raumkonstellation, wie sie in einigen vernakulären Architekturen der Welt auftaucht.[191] Da sie über Erdteile verteilt vorkommen, ist ein voneinander unabhängiges Entstehen dieser Grundrißform wahrscheinlich. Im Nahen Osten und im östlichen Europa kommen sie jedoch gehäuft vor, so daß hier ein Zusammenhang und gegenseitige Beeinflussung anzunehmen ist. Um dies genauer zu analysieren, bedarf das nahöstliche Mittelhallenhaus weiterer ausführlicher Forschungen, die die vernakulären Architekturen der gesamten Region umfassen sollten.

Mittelhallenhäuser heute

Bis ungefähr 1990 war das einreihige Mittelhallenhaus die übliche Hausform in der Oberen Ǧazīra, es entsprach offensichtlich ebenso damaligen Bedürfnissen wie finanziellen Möglichkeiten. Heute erscheinen diese Häuser den Bewohnern häufig als zu eng. Je nach Grundstückszuschnitt sind Erweiterungen jedoch nur mit Abstrichen möglich. Sie erfolgen meist in Zeilenbauten, die westlich angesetzt werden.

Seit den siebziger Jahren wurde das zweireihige Mittelhallenhaus auch eine übliche Hausform breiterer Bevölkerungskreise. Auch wenn manche kleineren Kernfamilien die vier Räume noch nicht ausfüllen können, so werden die Häuser sozusagen auf Zuwachs gebaut.

Zusammenfassend kann also festgehalten werden: Bis zum Ende der siebziger Jahre zeigte sich anhand der verschiedenen Formen des Mittelhallenhauses eine soziale Staffelung. Die normale, eher arme Bevölkerung konnte sich nur das einreihige Mittelhallenhaus leisten. Etwas besser gestellte Familien, Dorfnotable und einige Großfamilien bauten sich zweireihige Mittelhallenhäuser. Und nur sehr wohlhabende Stammesführer konnten es sich erlauben, drei Raumreihen mit Vorhallen und eventuellen Sanitäranlagen im Haus zu errichten.

Vereinzelt sind in den letzten Jahren einreihige Mittelhallenhäuser mit einer sich über die gesamte Hausbreite erstreckenden überdachten Vorhalle errichtet worden. Diese Hausform wird sich vermutlich in den nächsten Jahren ausbreiten, da sie auch das Bedürfnis nach einem verschatteten Außenbereich abdeckt.

Sonderformen

Es soll noch auf ein Phänomen verwiesen werden, das gelegentlich überbewertet wurde: die agglutinierende Bauweise.[192] Sie entsteht dort, wo Räume aneinandergelagert und meist auch direkt miteinander verbunden werden. Ein solches Prinzip taucht heute jedoch nur selten in der Ǧazīra auf. Es steht meist damit in Zusammenhang, daß nur begrenzter Baugrund vorhanden ist, der keine Hofanlage zuläßt. Ein nach agglutinierenden Prinzipien gewachsenes Haus fand sich in Al-Ḫātūniya nördlich des Ǧabal Ǧaraiba an der irakischen Grenze: (Abb. 235, 236) Winzige Räume waren „aneinandergeklebt". Anfänglich bestand das Haus aus einer kleinen Zweiraumeinheit, später wurde es um eine zweite Zweiraumeinheit erweitert. Die Raumhöhe beträgt in den höheren 1,70 m, in den niedrigeren nur ungefähr 1,50 m. Die Belichtungsöffnungen in den Flachdächern waren die einzigen, die ich in ganz Nordostsyrien sah. (Abb. 235, 236) Die Dachkonstruktion hat keine klare Balkenlage, manche der gegabelten Stämme mit Sattelhölzern wurden erst nachträglich als Stützen eingefügt.[193] Ursprünglich lebte und kochte die Familie im vorderen Raum (13 m^2), im dahinter gelegenen Raum nächtigten die Schafe. Später lagerte man dort das Stroh, was bis heute erfolgt. Die zwei kleinen, angebauten Räume (knapp 6 m^2) dienten als Ställe, in die man durch eine Tür des Hauptraums gelangt. Die Eingangstür ist bei einer Breite von 55 cm nur 1,25 m hoch. Das Alter des Hauses wurde mit circa hundert Jahren angegeben.

Das Prinzip des Agglutinierens steht mit der Erschließung eines Raumes durch einen anderen in Zusammenhang. Dies fand sich am Beginn der Seßhaftigkeit häufiger. Meist betraf eine solche Raumanordnung den Wohnraum und den dahinter gelegenen Stall, um eventuellen Viehdiebstahl zu verhindern, das Zweiraumhaus war ein früher Haustyp. Gelegentlich findet man auch heute noch in der Oberen Ǧazīra eine Raumfolge, wo man in einen zweiten Raum nur durch den ersten gelangt. Dies kann an verschiedenen Haustypen vorkommen. Heute dient bei einer solchen Raumkonstellation der hintere Raum meist als Küche.

Eine nicht besprochene Bauweise betrifft die Staatsfarmen im großen Bewässerungsprojekt des Euphrat-Stauseegebietes. Ihre Häuser sind Ergebnis staatlicher Planungen der siebziger Jahre. Bei den frei stehenden „Ingenieur-Häusern" unter ihnen hat man meist einen Grundrißtyp mit zentralem Flur und separatem Hauswirtschafts-„Trakt" gebaut, während die Arbeiterhäuser zu Vierereinheiten zusammengezogen sind.

In der Oberen Ǧazīra finden sich gelegentlich größere Wohnanlagen für Erntearbeiter. Großgrundbesitzer und vermögende šuyūḫ errichteten solche Unterkünfte, die jeweils nur temporär genutzt werden. Es gibt sie vermutlich schon seit den ersten Jahrzehnten des Jahrhunderts.[194] Pfälzner nennt sie „Mehrfachwohnhäuser", da viele Räume reihenartig aneinandergesetzt wurden. Jeder Kernfamilie oder dort wohnenden Gruppe, wie beispielsweise Brüdern, steht nur ein Raum zur Verfügung. Die Bewohner bleiben meist nur eine Reifezeit dort wohnen.

Abb. 235 Clusterhaus
Al-Ḫātūniya

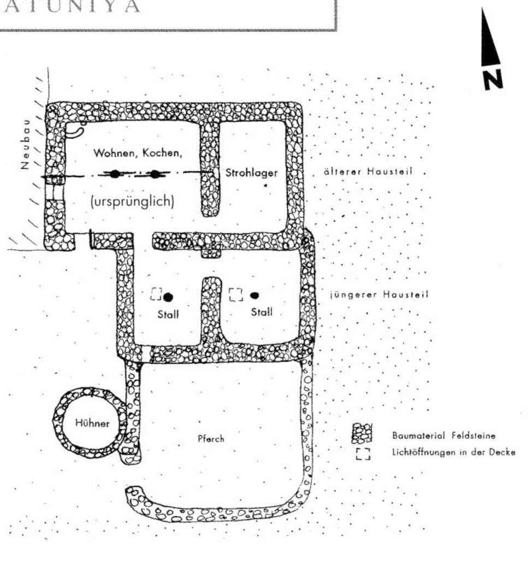

Abb. 236
Das Clusterhaus in Al-Ḫātūniya wird heute nur noch als Stall und Scheune benutzt (Alter ca. 100 Jahre). Die Eingangstür ist nur 1,25 m hoch und 0,55 m breit.

Abschliessende Betrachtungen zu den Haustypen

Das Bauen in Nordostsyrien ist gekennzeichnet durch die Tatsache, daß die traditionelle Architektur beinahe vollständig typisiert ist. Nur weniger als eine Handvoll Häuser sind nicht im weitesten Sinne einem Haustyp zuzuordnen. Die lokalen Baumeister, die diese Häuser errichten, schöpfen aus einem Hausrepertoire, mit dem sie Erfahrungen gesammelt haben.

Die Hausgefüge der Ǧazīra gehen auf folgende Prinzipien zurück: Addieren, Agglutinieren, Differenzieren im Innern oder in der Anlage einer Halle als ordnendem Faktor.

- Zu den Hausformen, die aus einem additiven Prinzip heraus entstanden, gehören: reihenförmiges Kuppelhaus, Zeilenhaus.
- Addition und innere Differenzierung verbinden sich beim: Winkelhaus.
- Aus einer Differenzierung im Inneren entstanden: Doppelraumhaus, T-Haus.
- Eine regelmäßige Agglutination erfolgt beim: Cluster-Kuppelhaus.
- Die Halle oder ihr ähnliche Ordnungsprinzipien organisieren die Räume beim: Mittelhallenhaus, Vorhallenhaus, Iwān-Haus.

Die Halle (inklusive Vorhalle und Iwān) ordnet und reguliert die von ihr abgehenden Räume. Zusätzlich kommt ein additives Element bei den mehrreihigen Mittelhallen- und Vorhallenhäusern zum Tragen. Der Halle – bei allen drei Arten in unterschiedlicher Weise – wohnt ein Moment der Vorbereitung auf den eigentlichen Innenraum inne. Sie bildet einen Übergangsbereich zwischen dem Außenraum und dem Inneren des Hauses. Die beiden offenen Formen Vorhalle und Iwān unterscheiden sich durch ihre unterschiedliche Ausrichtung und ihre Nutzung: Die Vorhalle ist breitgelagert (und meist von Stützen getragen), während der Iwān längsgerichtet ist und in die Tiefe des Hauses weist. Durch das Schließen der offenen Vorderseite kann er leicht in eine Mittelhalle verwandelt werden. Wie eng der Zusammenhang zwischen den drei Hallenarten ist, zeigt auch die Tatsache, daß sie in derselben Großregion, dem gesamten Nahen und Mittleren Osten einschließlich dem Kaukasus, vorkommen. Hallen fassen die ansonsten separaten Raumzellen zusammen, machen aus ihnen ein „festgefügtes Ganzes“.[195] Sie wirken sich jedoch nicht nur nach innen, sondern auch nach außen aus, indem sie einen einheitlichen Baukörper formen, der regelmäßige Außenformen zumindest nahelegt.

Haustypen, die auf Addition beruhen, verbinden diese mit separater Raumerschließung und markieren eine offene Bauweise. Auch Iwān- und Vorhallenhaus präsentieren sich als offene Bauten, nur schiebt sich bei ihnen die Halle schwellenartig zwischen innen und außen. Doppelraum-, Winkel-, Clusterkuppel- und Mittelhallenhaus entsprechen mit ihren zentralen Erschließungen und ihrer inneren Differenziertheit auch Anforderungen nach Sicherheit.

Insgesamt gesehen wird die Ǧazīra von zwei Klimazonen, von unterschiedlichen Einflüssen der Bevölkerungsgruppen und deren Wirtschaftsweisen bestimmt. Während bei den einwandernden Seßhaften und den sich früh ansiedelnden Halbnomaden Ackerbau und Viehzucht die Lebensgrundlage bildeten, dominierte bei den noch nomadisch Lebenden die Wanderweidewirtschaft. Die Gegensätze zwischen diesen Bevölkerungsgruppen machten sich auch in regelmäßig wiederkehrenden Überfällen der Nomaden bemerkbar, die auf diese Weise ihre regionalen Machtansprüche zu sichern suchten. Um sich vor den Raubüberfällen zu schützen, waren die frühen Siedler gezwungen, Haustypen zu entwikkeln, die es erlaubten, Vieh und Vorräte im hinteren, geschützteren Hausbereich unterzubringen.

Am Siedlungsbeginn lebten die Menschen in manchen Teilen der Ǧazīra entweder mit dem Vieh in zweiräumigen kleinen Häusern oder man teilte sich denselben Raum. Eine Möglichkeit bestand darin, den gemeinsamen Raum ähnlich wie in der Zeltarchitektur durch halbhohe Wandungen im Inneren abzuteilen. Bei Querbalken- oder Einraumhäusern ist dies gelegentlich noch sichtbar. Stärker untergliedert wurde der eine Raum durch raumhohe Wandzungen, wie sie das Zweiraumhaus des Ostens und das Doppelraumhaus des Westens aufweisen. In letzterem sind bis heute die Raumbereiche für Vieh, Futter und Vorräte ablesbar. Eine andere Möglichkeit der inneren Abtrennung zeigt sich im Winkelhaus, wo die beiden Schenkel separate Raumbereiche markieren. Das Winkelhaus findet sich in den Weiten des Ḫābūr-Fächers, wo die Dörfer anfänglich verstreut lagen und rivalisierende Nomadenstämme die seßhaft Gewordenen häufig überfielen. Eine Beziehung zwischen Zweiraum- und Winkelhaus wäre insofern möglich, als aus dem hinteren, kleineren Stallraum des Zweiraumhauses, der auch manchmal im rechten Winkel angesetzt war, der Raumannex entstanden sein könnte. (Abb. 107:E) Es würde sich also darum handeln, daß eine Wand entfallen ist.

Es deutet einiges darauf hin, daß dort, wo die lokalen Machtstrukturen gefestigt waren und wo Stämme oder Großgrundbesitzstrukturen ihre festen Einflußgebiete hatten, größere Sicherheit auch einzelerschlossene Kuppel- und Zeilenhäuser erlaubte.

Dagegen scheinen die beiden Kuppelhausregionen südlich von ʿAin Al-ʿArab und am oberen Balīḫ stärker unter Überfällen gelitten zu haben: dort finden sich die großen, nur über einen Zugang zu betretenden, zentralerschlossenen Kuppelhäuser.

Angesichts dieser Bedingungen wird auch verständlich, warum sich ein Haustyp wie das Iwān-Haus nicht durchsetzen konnte. Nicht nur fehlte es dem größten Teil der Bevölkerung an den finanziellen Mitteln, auch seine offene Bauweise konnten sich in den dreißiger und vierziger Jahren nur Städter oder die wenigen ganz mächtigen Stammesführer leisten.

Die Lebenssituation verbesserte sich stetig, wobei sowohl politische Rahmenbedingungen als auch der allgemein gestiegene Lebensstandard für mehr Sicherheit sorgten. Ställe und Scheunen konnten daher in separaten Gebäuden untergebracht werden. Mit zunehmendem Wohlstand rückte man die Nebengebäude in immer weitere Entfernung vom Haupthaus, entsprechend weitläufig wurden die Gehöfte. Die Architektur der Haupthäuser konnte sich so unabhängig von haus- und landwirtschaftlichen Belangen entwickeln.

Als sich das Mittelhallenhaus auszubreiten begann, konsolidierten sich einerseits die politischen Rahmenbedingungen, andererseits kam dieser Grundriß dem Sicherheitsbedürfnis entgegen. Der bei manchen Mittelhallenhäusern am Kopf der Halle vorhandene Hinterraum barg anfänglich noch die Stallung.

Das Vorhallenhaus mit seiner offenen Anlage konnte sich erst unter völlig gesicherten Verhältnissen und gewissem materiellen Wohlstand seit den siebziger Jahren ausbreiten.

Die extremen klimatischen Verhältnisse legen für die Obere Ǧazīra grundsätzlich Bauweisen mit Pufferzonen zwischen innen und außen nahe. Einer solchen Anforderung entspricht das Mittelhallenhaus am ehesten. Dennoch setzt sich das Vorhallenhaus gerade auch in diesen Regionen durch.

Die im Westen vorherrschenden einzelerschlossenen Bauweisen sind dem dortigen, etwas gemäßigteren Klima angemessen. Dennoch würden sich dort Vorhallen als Sonnenschutz anbieten, sie kommen jedoch bislang nur an „Villen“ vor.

Die Hausformen Nordostsyriens sind ausnahmslos „breitstirnig“. Die Entstehung dieser extrem breit gelagerten Häuser ist entscheidend von der Sonneneinstrahlung geprägt: Die von der Strahlungserwärmung im Sommer besonders betroffenen West- und Ostseiten bleiben klein; in eine Südtür fällt während der heißen Monate wenig direkte Strahlung, im Winter dagegen viel. Auch die Tendenz, Häuser in ost-westlicher Richtung zu reihen, geht auf diese Erfahrung zurück. Räume verschatten sich so gegenseitig. Oelmann leitete solche Hausformen entwicklungsgeschichtlich aus offenen „Schattenhallen“ ab.[196] Um sie stärker zu schützen, schloß man nacheinander erst die windzugewandte Langseite, dann die beiden Schmalseiten. In der übriggebliebenen windabgewandten Langseite verblieb, auch nach deren Schließung, der Zugang zum Haus. Bei Beduinenzelten sind solche Erfahrungen noch unmittelbar zu machen: Die Zeltbahnen selbst sind Schattendächer, die man allseitig herablassen kann.

Zur Breitstirnigkeit gehört auch die Raumerschließung mit einem gebrochenen, d. h. abgeknickten Zugang. Wenn man in ein Haus hineinginge und die Richtung beibehielte, käme man nur in untergeordnete Raumbereiche oder würde auf die Außenwand treffen. Um jedoch in den Sitzbereich zu gelangen, muß man sich um 90° drehen. Dieses Prinzip der Knickachse findet sich schon in altorientalischen Palästen, wo es dem Schutz vor Angreifern dient und eine mehrfach geknickte Wegführung die Dramatik steigert, wenn Besucher zum Herrscher geführt wurden. In der auf Privatheit des Hauses bedachten nahöstlich-islamischen Welt haben gebrochene Zugänge den Sinn, Sichtbeziehungen zwischen innen und außen zu verhindern.[197] Dazu dient im städtischen Haus der nach außen abgeriegelte Hof. Wo, wie in der Ǧazīra, solche nur nach Aufforderung zu betretenden Höfe fehlen, ist ein gebrochener Zugang umso entscheidender. Breiterschlossene Räume (mit ihrem Ehrenplatz auf der dem Eingang entgegengesetzten Kopfseite) verhindern die direkte Einsicht in den hinteren Raumbereich.

Einige der vorgestellten Haustypen und -formen weisen Parallelen zu altorientalischen Hausformen auf. Es soll damit jedoch nicht eine direkte Herkunft der rezenten Häuser daraus nahegelegt werden.

> *„Da sich seine (des Hofhauses, K. P.) verschiedenen Ausprägungen offenbar unter den gleichen Umständen und nach denselben Gesetzen wie in alter Zeit noch heutzutage immer von neuem bilden, so brauchen gleiche oder ähnliche Formen verschiedener Orte und Zeiten nicht genetisch voneinander abhängig zu sein. ... Die jüngsten Beispiele sind hier gerade die urtümlichsten und einfachsten .... Ebenso verdanken die einfachen Häuser der Kleinstädte am Euphrat, ... ihr Dasein sicher nicht einer Tradition, die von ähnlich gebildeten Wohnhäusern in Fara und Ur bis zu ihnen herabreicht, sondern dem immer wieder neuen Entstehen der Grundformen in ihrer ländlichen Umgebung.“* [198]

Ernst Heinrich schrieb dies anhand von Beobachtungen im Südirak, wo ihm Ähnlichkeiten zwischen altorientalischen Bauformen und denen des frühen 20. Jahrhunderts auffielen. Angesichts der Nähe von rezenten und antiken Bauten und sah Klinkott in manchen Bauernhäusern das „Urbild antiker Monumente“.[199] Bei der Frage, wie solche Prozesse vonstatten gegangen sein könnten, werden gelegentlich anhand von historischen Parallelen Abstammungs-Ketten konstruiert, ohne sich mit der Frage der Vermittlung über die beträchtlichen Zeitspannen und räumlichen Distanzen auseinanderzusetzen.[200] In diesem Zusammenhang wären genaue Untersuchungen vernakulärer Architekturen, die auch kleinräumliche Entwicklungen beachten, sicher von großem Nutzen. Auch wenn vernakuläre Grundformen in repräsentative oder monumentale Großarchitektur transformiert wurden, so existiert die Grundform jedoch weiter. Gleichzeitig wirkt die Großarchitektur auch wieder zurück auf ihr „Urbild“, die vernakuläre Grundform, und verändert sie dadurch. So entstehen komplexe Wirkungen in beide Richtungen, die auch über einen längeren geschichtlichen Zeitraum denkbar sind.

Das Gästehaus als Ort halböffentlicher Repräsentation

Kapitel 9

*„... **dann** betraten wir die grosse Männerabteilung des Schēch-Zeltes. Hier kauerten wohl über 100 Personen auf dem Boden, die bei unserem Eintritt sich sofort erhoben. Mit unbeschreiblicher Würde wurden wir nun zu den Kissen geführt ...“*[1]

Die Zeremonien arabischer Gastlichkeit beeindruckten europäische Reisende und Forscher des 19. und frühen 20. Jahrhunderts.[2] (Abb. 238, 239) Bei Anthropologen wie Ethnologen fand dieses Phänomen auch noch während der letzten Jahrzehnte Beachtung: Dabei wurden Gästegebräuche aus den südirakischen Marschen, dem jordanisch-palästinensischen oder dem kurdischen Raum dokumentiert, deren Gepflogenheiten nur wenig von jenen in Nordostsyrien abweichen.

Die Gästeabteilung des *šaiḫ*-Zeltes ist bei den seßhaft gewordenen Nomaden heute abgelöst durch das Gästehaus.[3] Wie jenes dient es als Versammlungsort der Männer, der Beherbergung von Gästen, und der Repräsentation ihrer Besitzer. Architektonisch wie räumlich drückt sich die besondere Funktion in einem meist nicht in die Hofanlage integrierten Solitärbau aus. (Abb. 242, 244, 259, 260)

Die Gästehäuser und ihre Gebräuche bilden einen der Schlüssel zum Verständnis der ländlichen arabischen Gesellschaft.[4] Die arabischen Bezeichnungen für das Gästehaus *maḍāfa,*[5] *maḍiyāfa, muḍīf,*[6] entstammen der sprachlichen Wurzel *ḍāfa / ḍīfa,* was ‚als Gast einkehren, absteigen, wohnen‘ bedeutet. Der Begriff *maḍāfa* ist der in Nordostsyrien geläufigste und bedeutet ‚Ort der Gastlichkeit‘. Andere, eher regional gebräuchliche Begriffe sind *maǧlis* (‚Ort der Sitzung, Rat‘), *qahwa* (‚Kaffee‘, ‚Café‘), *ōḍa*[7] (türk. ‚Zimmer‘, hier: ‚Empfangszimmer‘), *robʿa* (‚Halteplatz, Wohnung‘). Unter den Kurden sind die Begriffe *divan* (arab. ‚Sitzung, großer Saal‘) oder *divanxane* (arab.-kurd. ‚Haus der Sitzung‘) am geläufigsten. Die kurdischen Bezeichnungen *kučik* oder *kuške* (kurd. ‚Feuerstelle‘) scheinen so sehr mit dem nomadischen Leben verbunden zu werden, daß sie heute kaum mehr gebräuchlich sind. Die Anzahl dieser Begriffe bildet einen Hinweis auf die Bedeutung, die der Gastlichkeit beigemessen wird. Die Termini lassen sich kategorisieren nach Begriffen, die 1. die Versammlung oder Gemeinschaft herausheben wie *divan, maǧlis, robʿa*, 2. solche, die das gemeinschaftliche Element des Kaffeetrinkens betonen wie *qahwa, kušik* und 3. solche, die in osmanischer Zeit aus dem städtischen Zusammenhang auf die ländliche Gesellschaft überkamen, wie *ōḍa*. Im folgenden werde ich die Begriffe Gästehaus und *maḍāfa, pl. maḍāfāt*, verwenden, da sie sowohl im täglichen Umgang der Menschen in der Ǧazīra als auch in der Literatur eingeführt sind.[8]

Die Gästehäuser gehören dem Stammesführer, *šaiḫ*, oder Dorfvorsteher, arab. *muḫtār*. Ihre soziale Stellung in der traditionellen Gesellschaft erfordert den Bau und Betrieb eines Gästehauses.[9] Die *maḍāfa* ist eine halböffentliche Institution des Dorfes oder Stammes – trotz des privaten Betreibers.[10]

Raumdisposition und Bauformen des Gästehauses

Gemeinsam ist allen Gästehäusern, daß es sich um rechteckige Baukörper mit Flachdach handelt, die – obwohl nur eingeschossig – oft große Geschoßhöhen aufweisen. (Abb. 247, 261) Ihre Fassaden sind durch mehrere, oft größere Fenster und durch eine große doppelflüglige Eingangstür stärker als die der Wohnhäuser gegliedert.

Im folgenden werden die Gästehäuser nach ihren Grundrissen klassifiziert. Alle Gästehäuser bestehen aus einem rechteckigen Versammlungsraum, einige verfügen noch zusätzlich über einen Vorraum oder Iwān. (Abb. 247) Die meisten Gästehäuser sind von Süden her zu betreten. Die Eingangstüren liegen immer nahe einer der beiden Seiten, wodurch sich im Inneren klar gerichtete Räume ergeben.

Es tritt ein Unterschied zwischen den Gästehäusern des westlichen und des östlichen Teils des Untersuchungsgebietes zutage.[11] (Abb. 261) Im Westen finden sich größere Raumbreiten mit bis zu 5,80 m, das Verhältnis der beiden Seiten zueinander ist mit 1 : 2,36 im Rahmen eines üblichen rechteckigen Raumes.[12] In der Oberen Ǧazīra betragen die Raumbreiten dagegen meist nur zwischen 3 m und 3,50 m und das Verhältnis von Raumbreiten zu -längen beträgt durchschnittlich 1:3,39. Damit haben die dortigen Räume eine langrechteckige oder stark oblonge Form. Ein Grund für diese geringeren Raumbreiten besteht im dort höheren Preis des Bauholzes für die Balkendecken.[13] Da jedoch auch sehr wohlhabende Stammesführer solch schmale Gästehäuser errichteten, müssen weitere Gründe vorliegen. Einer liegt darin, daß im Osten der Ehrenplatz am Kopfende des Raums lokalisiert wird, was eine Tendenz zu langrechteckigen Grundrissen nahelegt. Ein weiterer Grund besteht in dem kälteren winterlichen Klima in der Oberen Ǧazīra. Da bei der täglichen Nutzung nur jeweils ein Teil des Raumes beheizt wird, erweisen sich schmalere Räume als günstiger zu beheizen.

Die Raumhöhen sind meist etwas größer als die Raumbreiten. Die Gästehäuser des Westens sind tendenziell entsprechend ihrer größeren Breite auch etwas höher.

Die Vielzahl der Fenster macht die meisten Gästehäuser zu lichtdurchfluteten Räumen. Die in regelmäßigen Abständen angeordneten Fenster sind zweiflüglig und nach innen zu öffnen, wobei die Fensterflügel in der Leibung verschwinden. Oberhalb dieser Fenster können obergadenartig kleine Oberlichter angeordnet sein. Das Licht kann von Süden, Westen und häufig auch von Norden einfallen.[14] Da der Sitzhorizont tief liegt, sind die Brüstungshöhen tendenziell niedrig gehalten, um den Ausblick nach draußen zu ermöglichen.[15] In der Euphratregion faßte man in den sechziger und siebziger Jahren die Fenster im Innenraum durch hölzernes Rahmenwerk, *ḥawāǧib* oder *burwāz*, optisch zu Fensterbändern mit Nischen zusammen. (Abb. 85)

Um die Eingangstür auch mit üppig beladenen Speisentabletts von bis zu 1 m Durchmesser passieren zu können, muß diese mit doppelflügligen Türblättern von mindestens 1 m lichter Weite versehen sein.[16] Damit die Rauchentwicklung den Ehrengast nicht stört, ist der Kaffeeherd ebenfalls am unteren Raumende „... in einer Entfernung, wo die Hitze dem Herrn und seinen Gästen nicht mehr lästig fallen konnte.“[17]

Das Gästehaus liegt meist am südlichen Rande eines Gehöfts. Sein Hauptzugang erfolgt von außen, vom öffentlichen Raum her, manchmal gibt es jedoch einen zweiten Zugang von dem sich nördlich anschließenden Wohnhof der Familie des *šaiḫs*.

Zu vielen Gästehäusern gehört eine große befestigte Veranda. Sie wird in den Abendstunden heißer Sommertage und den warmen Tagesstunden während der kälteren Jahreszeiten benutzt.

Schlichtheit bis hin zur – in westlichen Augen – Spartanität charakterisiert die meisten Gästehäuser bis heute; Ansätze zur Dekoration, die sich in den Haustein-*maḍāfat* anbahnten, haben sich nicht durchsetzen können. Nur unter den Gästehäusern der Oberen Ǧazīra und des oberen Balīḫ findet sich eine

Gruppe bauplastisch gestalteter Fassaden. (Abb. 244) In Grundriß und Raumdisposition unterscheiden sich diese Gästehäuser nicht von anderen; allein im Aufriß zeigen sich außergewöhnliche Gestaltungen, die in Kap. 12 ‚Bauformen und Bedeutungen' ausführlich behandelt werden.

Formale Unterschiede bei den Gästehäusern, die sich an der ethnischen Herkunft ihrer Betreiber festmachen ließen, kommen nicht vor. Das Gästehaus eines yezidischen Stammesführers unterscheidet sich nur durch ein Treppenhaus, das vom Vorraum auf das Dach führt, um im Sommer dort sitzen zu können – eine Nutzung der Dachfläche wie sie im irakischen Teil Kurdistans üblich ist, aus dem diese Yeziden stammen.

Das einräumige Gästehaus

Die meisten Gästehäuser bestehen nur aus einem rechteckigen Raum, der von der Langseite erschlossen ist. Einräumigkeit herrscht im Westen wie auch im Osten vor. (Abb. 247)

Die Eingangstür nahe einer Ecke verleiht dem Raum möglichst viel Ruhefläche. Der Eintretende muß eine Vierteldrehung vollziehen, um den Raum in seiner ganzen Länge erfassen zu können. Ebenso wie bei allen einzelerschlossenen Häusern der Ǧazīra liegt hier ein gebrochener Raumzugang vor. Unweit des Eingangs ist der Kaffeekamin angeordnet. Obwohl er der wichtigste Einbau ist, verfügt nicht jedes Gästehaus über einen Kamin.

Im arabischen Dorf Ovacik in der Südtürkei ca. 80 km nördlich der syrischen Grenze sah ich ein Gästehaus, in dem eine Abtrennung des Eingangsraumteils durch ein dünnes hölzernes Rahmenwerk mit Balustrade und Eingangsbogen erfolgte. Diese Form der Abtrennung stellt einen Zwischenschritt dar auf dem Weg zur Schaffung eines separaten Vorraums, wie er im folgenden beschrieben wird.[18] (Abb. 245)

Das mehrräumige Gästehaus

Die Differenzierung des Gästehauses erfolgt durch die Aufteilung seiner Funktionen auf zwei Räume. Dabei wird das Ende des „unteren", nahe des Eingangs gelegenen Raumteils abgetrennt und Funktionen, die in irgendeiner Weise die Gäste stören könnten, werden dorthin verlagert.

Diese Gästehäuser lassen sich nach den verschiedenen Zusatzräumen kategorisieren. Deren Raumformen können sein (Abb. 247):

1. ein Vorraum, von dem aus das Gästehaus erschlossen wird, (Abb. 242)
2. ein angrenzender dreiseitig geschlossener Raum, ein Iwān, (Abb. 260)
3. ein seitlich angrenzender Zusatzraum.

zu 1: Der im Osten der Ǧazīra häufig vorkommende Vorraum, arab. *ṣālōn*, kurd. *hêvan*, dient der Erschließung – er ist darin den Hallen der einreihigen Mittelhallenhäuser ähnlich und weist auch vergleichbare quadratische Grundrißproportionen auf. Er beherbergt die Funktionen, die vorher im Eingangsbereich stattfanden, wozu wesentlich die Kaffeebereitung zählt. In die Ost- oder Südwände wurden Rauchabzüge eingebaut. Die Vorräume bieten auch Sitzmöglichkeiten, jedoch nur im Gästehaus von Hassūd/Obere Ǧazīra sah ich eine gemauerte Bank entlang einer Wand.[19] Da Gästehäuser heute weniger frequentiert werden, genügt oft der Platz, den diese Vorräume bieten.[20]

Gästehäuser mit Kuppeln waren früher üblich; eines der letzten verbliebenen steht im Kuppelhaus-Verbreitungsgebiet am oberen Balīḫ in Ǧdaida. Das 1954 errichtete Gästehaus stellt mit seinem Vorraum mit ovaler Kuppel und rechteckigem Grundriss eine Besonderheit dar. (Abb. 254, 255) Dadurch wurde eine größere Fläche als Kaminwand möglich.

zu 2: Der Iwān, arab. *īwān*, kurd. *hêvan*, ist seitlich an das Gästehaus angebaut. Seine Tiefe entspricht meist der Raumbreite des Gästehauses, kann gelegentlich

Abb. 238
Im Gästeteil eines Beduinenzeltes: deutlich sichtbar ist die Vertiefung, in der die Kaffeekannen stehen

Abb. 239
Ein Kaffeekoch, *gahwaǧī*, bereitet stark-würzigen Kaffee auf einem transportablen Heizbecken, *mangal*

Abb. 240
Nur in diesem Gästehaus in Sanǧak Ṣ'adūn zeichnet sich noch die metallene Umrahmung einer Feuerstelle im Boden ab, in der man früher die Kannen und Tassen abstellte

auch tiefer sein. In Sanǧaq S'adūn und Donnquz Ṣġīr (altes Haus) betritt man die Gästehäuser durch die Iwāne.[21] In anderen Fällen ist das Gästehaus separat erschlossen, es kann aber eine kleine zusätzliche Tür zwischen beiden vorhanden sein. (Abb. 237) Die ursprüngliche Funktion lag vor allem darin, im Iwān Kaffee zu rösten und zu kochen, um den Gästen im Innern des *maḍāfa* den Rauch zu ersparen. An heißen Sommertagen dienen sie auch als ‚Außen-*maḍāfa*'. Die Kamine liegen in den Nord- oder Ostwänden, sind aber heute kaum noch in Funktion. Dort, wo Bögen die Iwāne begrenzen, sind diese nicht plastisch dekoriert.

zu 3: Bei der selten auftauchenden Raumkombination mit einem Zusatzraum – wie z. B. in Ḥawīǧat Ad-Dišū – verfügen beide Räume über eine eigene Erschließung von außen und eine interne Tür. (Abb. 237) Ein solcher Zusatzraum ist größer als der unter 1. beschriebene Vorraum, diente jedoch ursprünglich u. a. ebenfalls der Kaffeebereitung. Seine Größe von 7 x 3,5 m macht ihn jedoch zu einem Multifunktionsraum. Hier können von weit her kommende Gäste ihre Sachen abstellen, das Bettzeug kann gelagert sein und hier steht zusätzlicher Raum zum Schlafen zur Verfügung. Auch können dort Dinge besprochen werden, die man ungern im großen Kreis des Gästehauses vorträgt. In Šayūrī wurde der Zusatzraum wegen der ohnehin geringen Frequentierung des Gästehauses gar nicht mehr benutzt und scheint dem Verfall überlassen zu werden. Diese Form des Gästehauses ist nicht regional spezifisch, da sich beide Beispiele in weit auseinander liegenden Landesteilen befinden.

Nur in Rumaila Ḥaǧǧ 'Alī am mittleren Euphrat ist eine Moschee an das Gästehaus angebaut, zu welcher mir als Frau der Zugang verwehrt wurde.[22] Zwischen beiden Räumen befindet sich eine Verbindungstür, der Hauptzugang zur Moschee ist jedoch von außen.

Das neue Gästehaus in Al-Batra' (II) im Bec de Canard weist weitere Räume auf: es ist ein typologisch gesehen dreiräumiges Mittelhallenhaus mit Vorhalle, bestehend aus zwei rechtwinklig zueinander gestellten Schenkeln. Tatsächlich wird nur der nördliche mittelgroße Raum gemäß seiner Funktion genutzt, der größere Gästeraum dient zeitweise als Getreidelager.

Abb. 241
Haustein-Gästehaus des früher mächtigen Ġānem-*šaiḫs* in Al-Ḫafsa/Euphrattal, erbaut 19[illegible]

Abb. 242
Das Gästehaus eines kurdischen *šaiḫs* in Al-Muṣṭafāwiya/Bec de Canard

Abb. 243
Gästehaus in Babīrī Fawqānī/Euphrattal aus Lehmziegeln mit Betondach, erbaut 1975

Abb. 244
Das plastisch gestaltete Gästehaus eines Stammesführers der Ṭayy aus Lehmziegeln in Ad-Drisyāt/Obere Ǧazīra, erbaut 1952

Funktionen

Da nach islamischer Überlieferung die guten Taten eines Menschen im Paradies vergolten werden, gehört Großzügigkeit – auch gegenüber Fremden – zu einer der wichtigsten Tugenden. Besonders in der nomadischen Gesellschaft avancierte Gastlichkeit zu einem zentralen Wert, der auf gegenseitiger Unterstützung in einer extremen Umwelt fußt. Außerdem bildeten Nachrichten eine Abwechslung oder manchmal lebenswichtige Information für die weit verstreut lebenden Nomaden. Jeder Reisende in der Wüste kann sich bis heute darauf verlassen, unterwegs Aufnahme zu finden. Zur Bewirtung des Gastes gehört traditionellerweise die Schlachtung, resp. Opferung eines Tieres. (Abb. 253) Im Zweifelsfall soll sogar das letzte Tier des Hauses geschlachtet werden, wie dies in der Legende von der Großzügigkeit Ḥātim Aṭ-Ṭayys erzählt wird.[23]

4

Eine gesellschaftliche Ordnung, die einen „Vorhang“ zwischen Männern und Frauen zieht,[24] wird die Frauen besonders vor den Blicken Fremder schützen. Da die Aufgaben des Mannes nach außen gerichtet sind, er die repräsentativen und öffentlichen Funktionen übernehmen muß, schafft er sich die räumlichen Möglichkeiten dazu. Als Ausgleich der gebremsten und reglementierten Kommunikation zwischen den Geschlechtern dient der verstärkte Austausch innerhalb der eigenen Geschlechtergruppe. Das gesteigerte Kommunikationsbedürfnis der Männergesellschaft bildet den wesentlichen Hintergrund der Institution des Gästehauses, als einem von Frauen und den ihnen zugeordneten „profanen“ Alltagssorgen und -erledigungen ungestörten Versammlungsort. (Abb. 251, 259)

Noch bis vor einigen Jahrzehnten versammelten sich die Männer des Dorfes allmorgendlich und allabendlich im Gästehaus. Dabei wurde der bittere arabische Kaffee getrunken und Angelegenheiten des Dorfes besprochen. Inwieweit dies eine repressive Zusammenkunft war oder ein Beisammensein unter Vorsitz des „primus inter pares“ wird nicht zuletzt auch an der Persönlichkeit des einzelnen *šaiḫ* und an den praktizierten Umgangsformen des betreffenden Stammes gelegen haben. Es herrschte jedoch sicher ein mehr oder minder hierarchisches Verhältnis. Heute ist dieses weitgehend aufgehoben und das Gästehaus bedeutet für die Männer eine Stätte der Kommunikation und Unterhaltung und seltener einen Ort politischer Entscheidungsfindung, Identitätsstiftung und Machtausübung. (Abb. 259) Eine Ausnahme bilden Gästehäuser, deren Betreiber auch öffentliche Ämter bekleiden oder anstreben.

Gästehäuser verwandeln sich – bei entsprechendem Anlaß – in Orte traditioneller stammesinterner Rechtsprechung;[25] Streitigkeiten können geschlichtet, Eide abgelegt und deren Einhaltung kontrolliert werden. An diesen Ort der Vermittlung zwischen Streitenden gehört auch ein friedfertiger Umgang miteinander, und es verbietet sich, dort in erbitterten Streit auszubrechen oder gar zu kämpfen.

Zu den Funktionen des Versammelns und Gästeempfangs gehörte früher wesentlich die Kaffeezeremonie. In den Zelten wurden die Kaffeebohnen auf der Feuerstelle inmitten des Männerbereichs geröstet. (Abb. 238)

„Zuerst wird in der Feuergrube des Bodens mit Hatab (Brennholz) ... ein Feuer angemacht, und durch einen Blasebalg in Glut gesetzt. Auf eine flache eiserne Pfanne mit zwei Fuß langem Stiel werden die ausgelesenen Bohnen geschüttet, mit dem ... Löffel während des Röstens umgerührt und dann auf den Kühlteller geschüttet. Von den im Mörser mit dem steinernen Stößer zu Mehl zerstampften Bohnen wird das Pulver mit einem kurzstieligen eisernen Rührlöffel heraufgeholt. Mittlerweile sind die drei Dellen (Schnabelkannen, K. P.) ... in Bereitschaft gesetzt. Die erste und größte derselben, entweder reines Wasser oder Wasser mit altem Kaffeesatz enthaltend, wird zunächst aufs Feuer gesetzt und bis zum Sieden erhitzt. Daraus wird der strudelnde Inhalt in die zweite Della , das soeben gestoßene Kaffeemehl enthaltend, übergegossen. Nun kommt dieses zweite Gefäß unter sorgfältiger Verhütung des Überlaufens solang aufs Feuer ..., bis kein Schaum mehr aufsteigt und der Satz gänzlich ausgekocht auf dem Boden bleibt. Inzwischen hatte der Hausherr einige Bohnen Hail (Kardamom, K. P.) ... geholt und zum Stoßen im Mörser hergegeben. Das Hail wird dann in die dritte Della geworfen, und der Inhalt der Kanne No. 2 draufgegossen. Auch diese dritte Kanne wird kurze Zeit nochmals aufs Feuer getan, bald aber auf die Seite gestellt, damit sich aller Satz ... niederschlägt. Erst jetzt, nach 30–40 Minuten im ganzen, ist der Kaffee fertig.“[26]

Dieser hochkonzentrierte bitterwürzige Kaffee wurde früher vom *gahwaǧī*, dem Kaffeekoch, zubereitet und ausgeschenkt, heute erledigt dies meist ein jüngerer Mann der *šaiḫ*-Familie. (Abb. 239) Das Kochen des Kaffees, zu dem ursprünglich auch das laute rhythmische Stampfen der Bohnen im großen hölzernen Mörser gehörte, das die Männer des Dorfes oder Zeltlagers herbeirief, erfolgt heute meist relativ geräuschlos in der Küche – allerdings oft noch als Aufgabe der Männer.

Die Einnahme des Kaffees oder einer Speise setzen jenes Gastrecht in Kraft, das beinhaltet, daß man auch gegen seine Feinde, solange sie diese Speisen im Magen haben (3 Tage-Regel) nicht gewalttätig werden darf. Schon ab dem Moment, in dem der Fremde das Haus oder Zelt betritt, wird der Gastgeber automatisch zum Anwalt seines Gastes und ist für dessen Sicherheit verantwortlich. Die Gastfreundschaft beinhaltet Pflichten für den Gastgeber wie für den Gast. Vordergründig ist dabei der Gastgeber derjenige, der gibt – bis hin zu einem Geschenk für den scheidenden Gast. Das, was der Gastgeber erhält, ist immateriell, jedoch für ihn um so kostbarer. Gäste zu beherbergen bedeutet eine Ehre für das Haus, welchem sie *baraka*, den Segen Gottes, bringt. Dahinter steht die Annahme, daß der Gast eine „figure énigmatique de messager divin“ ist.[27] Die große Bedeutung, die die nomadische Gesellschaft der Gastfreundschaft zuweist, und die sich von der städtischen unterscheidet, führt Chelhod auch auf eine unterschiedliche Auffassung von *baraka* zurück, der letztlich ein Gegensatz zwischen islamischer Vorstellung vom alleinigen Segen durch Gott und der nomadisch-

Abb. 245
In einem Gästehaus nahe Ovacik/Türkei: hölzernes Rahmenwerk trennt Vor- und Hauptraum

Abb. 246
Notwenig für die Kaffeebereitung: Kannen, Mörser und Röstpfanne

animistischen Idee der Beseeltheit aller Dinge zugrunde liegt. „If guests do not enter a house, angels do not enter it".[28]

Für wie wichtig die mit Gästen verbundene Ehre gehalten wurde, zeigt die Tatsache, daß für durchreisende Fremde früher das Gebot galt, als erstes das Gästehaus aufzusuchen, da dem Dorfoberhaupt grundsätzlich die Pflichten des Gastgebers zufielen. Selbst wenn der Gast eigentlich jemand anderen im Dorf besuchen wollte, mußte er zuerst die *maḍāfa* aufsuchen und dort nächtigen.[29]

In einem Gästehaus sollen alle Familienoberhäupter der Abstammungsgruppe oder eines Dorfes Platz finden. Die *šuyūḫ* betonten, daß es ihnen peinlich sei, wenn nicht genügend Platz zur Verfügung stände, trotzdem dürften viele Gästehäuser schon nicht mehr groß genug für alle sein. Genau diese Männer, die sogenannte Klientel, erbauen ‚ihr' Gästehaus, ohne dafür entlohnt zu werden, nur der Baumeister erhält Bezahlung. Der Bau wird als gemeinschaftliche Aufgabe begriffen, zu deren Fertigstellung ein Schlachtopfer samt Festmahl stattfindet.[30]

Abb. 24
Die Sitzordnung in einem türkischen Nomadenzelt kennt ebenso wie das nordsyrische Gästehaus einen besonderen Platz für den „würdigen Gast" an der Nordseite des Zeltes gegenüber dem Eingang (aus: Johansen 1983)

Abb. 25
Empfang beim Šammar-Stammesfürsten im saudiarabischen Ḥayil: der Ehrenplatz lag nahe der Feuergrube an der Langseite (aus: Euting 1896/1993)

Abb. 247 (Schema)
GÄSTEHAUS

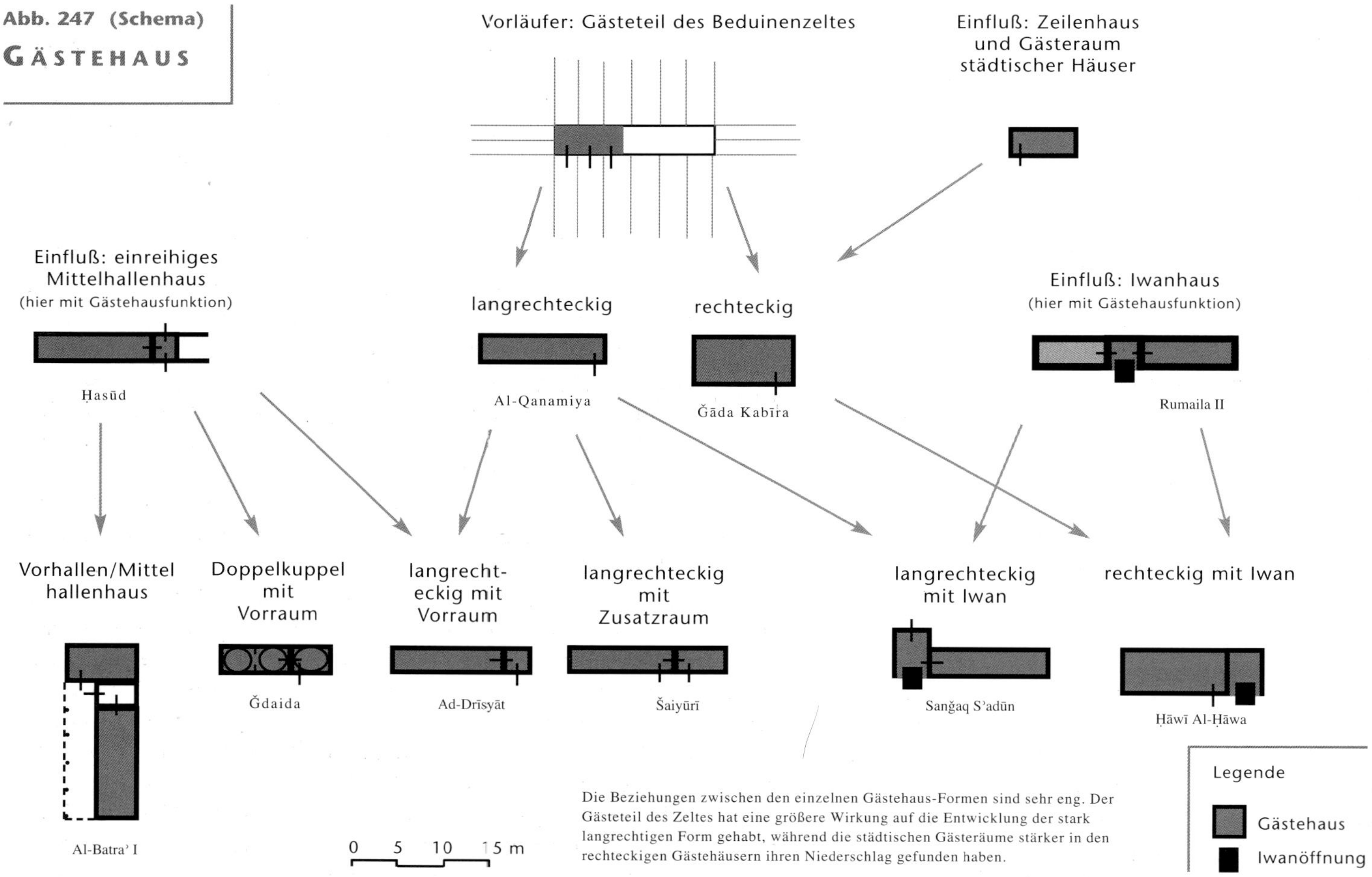

Die Beziehungen zwischen den einzelnen Gästehaus-Formen sind sehr eng. Der Gästeteil des Zeltes hat eine größere Wirkung auf die Entwicklung der stark langrechtigen Form gehabt, während die städtischen Gästeräume stärker in den rechteckigen Gästehäusern ihren Niederschlag gefunden haben.

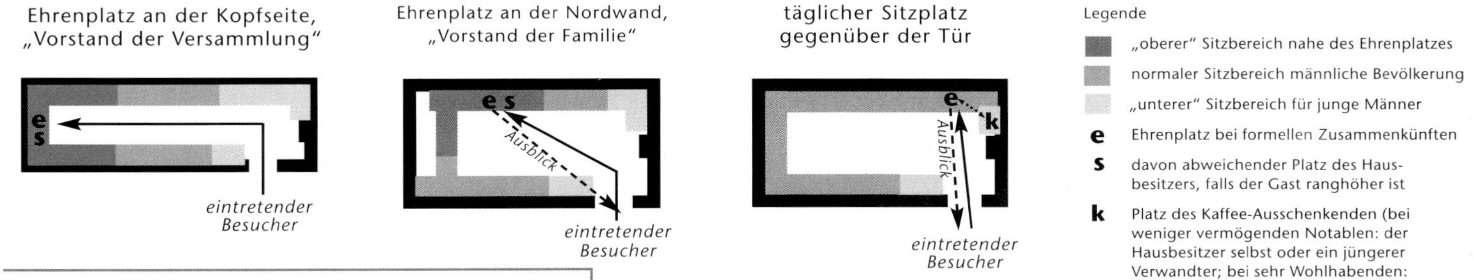

Abb. 248
Lokalisation des Ehrenplatzes

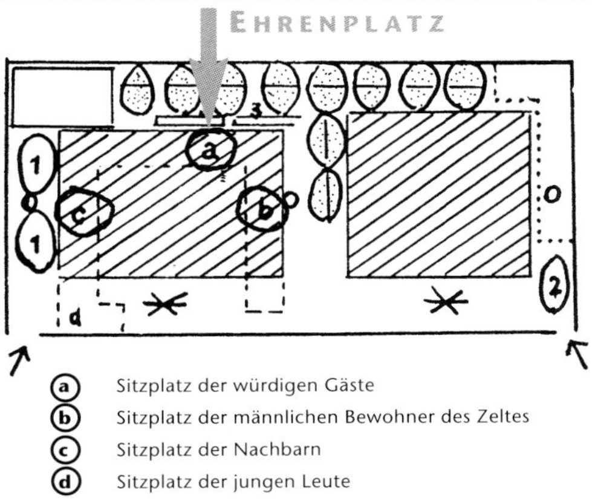

249

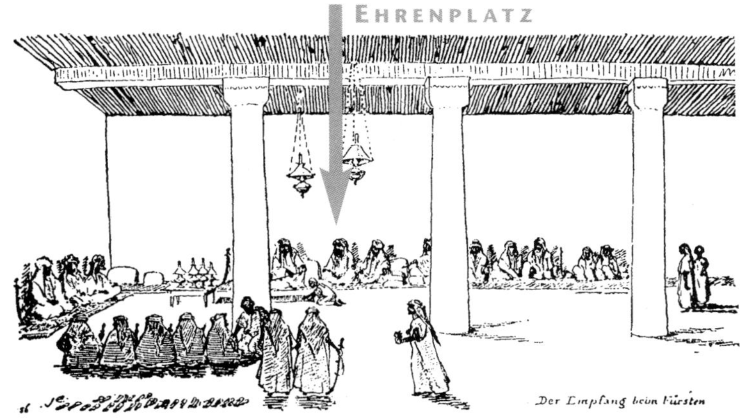

250

ie Männer begreifen das Gästehaus auch als ihr Haus. Für en Unterhalt ist ursprünglich der *šaiḫ* oder Dorfvorsteher ıständig, wenn er jedoch nicht dazu in der Lage ist, unterützt ihn die Klientel auch finanziell durch mehr oder weniɘr regelmäßige Abgaben.[31]

Im Gästehaus werden die männlichen Besucher nicht ur bewirtet, sondern es werden ihnen dort auch Schlafplätɘ zur Verfügung gestellt.

Frauen haben keinen Zutritt zu Gästehäusern – wie Männer nicht müde wurden zu betonen.[32] Dieser Grundsatz unteregt jedoch Einschränkungen: „natürlich" obliegt es Frauen, die ästehäuser zu säubern, wenn sie leer sind. Frauen betreten das ästehaus, wenn es als Ort der Gerichtsbarkeit dient und sie ehört werden müssen. Des weiteren können Frauen das Gästeaus betreten, die aus einem anderen kulturellen Zusammenang kommen, sei es z. B. eine fremde Ausländerin oder eine ebildete einheimische Städterin. Diesen Frauen wird nach Iöglichkeit eine Frau aus dem Haus des Gastgebers als Schwester" zur Seite stehen, damit sie nicht allein inmitten der Iännergesellschaft sitzen muß.[33] (Abb. 257)

Falls Gäste kommen und sich kein männliches Stamesmitglied in der Nähe aufhält, ist es Aufgabe einer der rauen aus dem Haushalt des *šaiḫ*, den Besuch im *maḍāfa* zu ewirten und zu unterhalten, ähnlich wie es sonst ein Mann etan hätte. Aus Irakisch-Kurdistan wird berichtet, daß Frauen in Abwesenheit der Männer das Gästehaus auch zum mpfang weiblicher Gäste nutzten.[34] In der Ǧazīra wird eiblicher Besuch im hausinternen Gästeraum empfangen.

In seltenen Ausnahmefällen kann eine Frau Stamesführerin, *šaiḫa*, werden und damit über ein eigenes Gästehaus verfügen. Aber auch dieser Umstand hebt die Zutritts-Tabus für andere Frauen nicht auf. Unter den 60 besuchten Gästehäusern wurde nur das in Selām ʿAlaik in der Oberen Ǧazīra von einer Frau geführt: *šaiḫa* Šāha von den Kikan-Kurden.[35] Sie reklamiert diesen Ehrentitel für sich, seitdem ihr Mann, der vorherige Stammesführer, starb. Sie betonte, schon zu seinen Lebzeiten im *maḍāfa* neben ihm gesessen zu haben, sich also den Zutritt nicht habe verbieten lassen.

Die Sitzordnung und der Ehrenplatz

Im Gästehaus herrscht ein Regelkanon, der traditionellerweise beinhaltet, den angesehenen Alten und führenden Persönlichkeiten die Wortführung zu überlassen.[36] Junge Männner können sich einüben in Kommunikationsformen wie das „geschickte Reden im größeren Kreis ... und das größere Publikum scheint vor allem Männer in ihrem Redefluß nicht zu hindern, sondern zu befeuern."[37] Im Sitzen um eine freie Mittelfläche, wodurch jeder jeden sehen kann, ist ein egalitäres Prinzip enthalten und Probleme können ausdiskutiert werden.[38]

Dennoch spiegelt sich in der Sitzordnung auch eine gesellschaftliche Hierarchie. So gibt es den Ehrenplatz, der dem jeweils Ranghöchsten vorbehalten ist „ ... von wo Ehre und Kaffee progressiv nach allen Seiten des Gemachs ausstrahlen ...".[39] (Abb. 249) Einem wichtigen Gast wie einem in der Stammeshierarchie höher gestellten *šaiḫ* gebührt dieser Platz des ‚Vorstands der Versammlung', des *ṣadr al-maǧlis*. Die Rangabstufung nach unten erfolgt zu beiden Seiten des Ehrenplatzes. Am weitesten entfernt, im Eingangsbereich, sitzen jüngere Männer. Diese ‚hirtennomadische Raumordnung'[40] besteht aus einer typischen Dreiteilung: 1. dem ‚oberen' Bereich, wo der Kopf der Versammlung sitzt,[41] 2. dem Mittelbereich des Raums für die normale männliche Gesellschaft und 3. dem ‚unteren' Eingangsbereich, *āḫer al maǧlis*, für jüngere Männer nahe der Tür. (Abb. 249) Dennoch wird – nach Angaben vor Ort – beispielsweise Kaffee nicht nach Rangfolge ausgeschenkt, sondern schlicht von rechts nach links.[42]

251

Über die genaue Lokalisierung des Ehrenplatzes wurden verschiedene Angaben gemacht.[43] (Abb. 248) Meist bezeichneten die Bewohner den Platz in der Mitte der Kopfseite als Ehrenplatz. Der dort Sitzende hat so die gesamte Versammlung im Blick und sitzt ihr vor. Die knickachsige Aufschließung des Raums macht den Ehrenplatz uneinsehbar von außen. Der Herrschersitz an der kopfseitigen Schmalseite taucht im asiatischen Bereich häufig auf und wurde auch auf sakrale Architektur übertragen.[44] Eine solche Raum-Ordnung mit dem Ehrenplatz an der Kopfseite des Raumes wurde mir in den langrechteckigen Gästehäusern genannt.

Die Bedeutung des Ehrenplatzes wird dadurch unterstrichen, daß dieser obere Raumteil oft an drei Seiten von Fenstern umgeben ist. Obwohl die Anordnung von Fenstern an der Kopfseite und damit im Rücken des Ehrenplatzes vielleicht merkwürdig erscheint, ist sie unproblematisch, da der Platz zwischen den zwei dortigen Fenstern liegt. Bei einem der wenigen Gästehäuser mit nur einem Fenster in der Kopfwand, in Ḫuwailid Taḥtānī, verlegte man den Ehrenplatz (erkennbar hier an der Wandnische und dem dort hängenden Koran) an die Mitte der Nordwand. (Abb. 257) Der Ehrenplatz ist immer gut belichtet sowie angenehm kühl oder warm, ein Aspekt, den Langenegger auch im Irak bemerkt hat.[45]

Bauliche Hinweise darauf, daß der Ehrenplatz möglichst auch noch etwas erhöht ist, fand ich nicht mehr, von gemauerten Bänken am Kopfende zweier kurdischer Gästehäuser früher wurde mir berichtet.[46] Für das Zelt erwähnt nur Raswan einen leicht erhöhten Sitzplatz – leider ohne die genaue Stelle anzugeben. Dazu wurde der Aushub der Feuerstelle samt darauf gehäufter Asche mit Kamelsattel, Kissen und Matratzen abgedeckt, worauf „der Häuptling und seine Gäste" Platz nahmen.[47] Heute legt man gelegentlich eine Matratze unter, um eine weiche Sitzunterlage zu bieten, der erhöhende Effekt ist (eher nebenbei) Teil der Ehrerbietung.

Abweichend von der vorherrschenden Auffassung, daß der Ehrenplatz in der Mitte der Kopfseite liegt, lokalisierten einige Bewohner den Ehrenplatz an der nach Norden gelegenen Längswand, dort entweder mittig oder etwas gen Kopfseite verschoben. Diese Ortsangabe wurde im Westen der Ǧazīra gelegentlich gegeben und zwar vor allem in Gästehäusern, die größere Raumbreiten aufweisen. Eine ähnliche Lokalisierung des Ehrenplatzes herrscht sowohl in innerarabischen Gästehäusern als auch im türkischen Nomadenzelt.[48] Dort wurde sie begründet mit der dem Eingang diagonal gegenüberliegenden Stelle.

> *„Je höher ein Gast im sozialen Rangsystem steht, desto weiter zur inneren Ecke (dem Eingang gegenüberliegenden Platz, K. P.) ... liegt der ihm gebührende Platz."*[49]

Vorteil dieses Ehrenplatzes auf der der Tür gegenüberliegenden Nordseite ist die Möglichkeit des gewissen Ausblicks durch die Tür. Auch kann der *šaiḫ* einen Eintretenden früher erblicken, als wenn er den recht entfernten Platz am Kopf des Raumes innehätte. Für den Eintretenden impliziert diese Sitzordnung, daß er – unter einer nur leichten Körperdrehung – einen kürzeren Weg zur Begrüßung des ‚Vorstands der Versammlung' zurückzulegen hat. Der nördliche Ehrenplatz wurde von den Bewohnern auch als *ṣadr al ʿaila*, ‚Vorstand der Familie', bezeichnet. Ein dort Sitzender kann besser gehört werden und hat einen geringeren Abstand zu den Anwesenden am „unteren" Raumende. Dieser Platz wird in vielen Gästehäusern eingenommen, obwohl man mir den Ehrenplatz an der Kopfseite angab. Er hat sich offenbar als

alltäglicher Sitzplatz des Hausherrn eingebürgert und liegt entweder mittig oder sogar im „unteren" Raumbereich. (Abb. 257, 259) Gelegentlich sitzt er auch neben dem Kamin, um selbst den Kaffee zu erwärmen und auszuschenken. Oder er wählt den Platz direkt gegenüber dem Eingang, um Ausblick nach draußen zu haben – in Zeiten von immer weniger frequentierten Gästehäusern ein strategischer Ort, um passierende Besucher hereinbitten zu können.

Die Feuerstelle liegt nahe des Eingangs an der Schmalseite des Raumes. Der traditionelle Ehrenplatz am Kopfende des Raumes liegt in maximaler Entfernung dazu. Ursprünglich stand dies mit der Rauchentwicklung in Zusammenhang. Wenn gelegentlich die Nähe des Ehrenplatzes zum Feuer erwähnt wird, wird dies damit zusammenhängen, daß die Beobachtung in der kalten Jahreszeit gemacht wurde.[50] Die Heizwirkung des Kamins ist gering und erwärmt nur die unmittelbar daneben Sitzenden. Als Wärmequellen dienen transportable Kohlebecken oder Öfen. Diese werden in Raummitte nahe jenem Bereich, wo man hauptsächlich zu sitzen pflegt, aufgestellt. Die Frage der Heizbarkeit hat daher keine Auswirkungen auf die räumliche Ordnung bewirkt.

Da man ausschließlich entlang der Wände sitzt, bleibt die Mitte immer frei. Ähnlich wie in Kap. 6 beschrieben, wird sie nur in Beschlag genommen, wenn Essen serviert wird. Wer mit dem Essen fertig ist, steht auf und erhält entweder eine Handwaschschale an seinen wieder eingenommenen Sitzplatz gereicht, oder draußen hält man warmes Wasser bereit, um Hände und Mund zu waschen. Nachdem das Essen abgetragen wurde, ist die Mitte wieder frei, Getränke stehen am Rand in Reichweite der Gäste.

Abb. 251
Das Gästehaus in Ḥazīma/Balīḫ-Tal ist noch eine lebendige Versammlungsstätte für die Männer des Dorfes

Abb. 252
Im Unterschied zu neuen Gästehäusern mit ihren großen Fenstern gibt es im Kuppelgästehaus in Ǧdaida nur kleine Lichtlöcher in den großen Nischen (vgl. Abb. 254, 255)

Abb. 253
Im Innern des Gästehauses in Rāda Kabīra präsentieren die Familienmitglieder das große Speisetablett, das bei wichtigen Gelegenheiten so mit Reis und Fleisch beladen wird, daß es von zwei Männern getragen werden muß (vgl. auch Abb. 302)

Ausstattung

Zum Gästehaus gehören keine Möbel im westlichen Sinn. Es ist ein leerer Raum, auf dessen Boden dicke Filzteppiche und Kissen zum Sitzen entlang der Wände liegen. In den Nord- oder Ostwänden sind Nischen eingelassen, in denen man einige Kissen und die für die Kaffeezeremonie erforderlichen Utensilien aufbewahrt. Nischen auf der Nordseite haben dieselbe Größe und Anordnung wie die gegenüberliegenden Fenster.

An Hakenleisten an den Wänden kann man seine Überkleidung aufhängen, früher hing man auch sein Gewehr dorthin.

Oberhalb des Ehrenplatzes prangen oft Fotos der Vorfahren – heute manchmal ergänzt durch ein Bild des syrischen Präsidenten, dem damit auch eine Art Ehrenplatz eingeräumt wird. (Abb. 257, 259)

Der Fußboden besteht meist entweder aus Zementestrich oder festgestampftem Lehm. Anders als in Wohnhäusern wird die Raummitte nicht mit Matten belegt, da man das Gästehaus mit Schuhen betritt. Im Türbereich ermöglicht eine erweiterte Schwelle, daß dort auch mit Wasser hantiert wird. Von praktischer wie symbolischer Bedeutung ist ein großes Wassergefäß im unteren Teil des

Gästehauses. Traditionell handelt es sich um große Tongefäße, *ḫawābī*/sing. *ḫābiye*, auf dreibeinigen Gestellen. Bei Gästehäusern mit Vorräumen ist dieser Schwellenbereich in den Vorraum verlagert. Dort nehmen die Männer auch ihre rituellen Waschungen vor dem Gebet vor.

Bei all dem darf jedoch nicht außer Acht gelassen werden, daß die bauliche Form und Ausstattung eines Gästehauses für dessen Anziehungskraft immer zweitrangig bleiben. Entscheidend sind die praktizierte Großzügigkeit, das soziale Ansehen des „Hauses" und die Persönlichkeit seines Betreibers.[51]

Rauchabzüge

Im Gästeteil des Beduinenzeltes nutzte man die offene Feuerstelle in der Mitte auch um Wärme, Licht und eine erbauliche Atmosphäre zu spenden. Da im Gästehaus der Kamin am Raumende liegt, werden die Funktionen der Feuerstelle aufgespalten in den Kamin für die Kaffeebereitung und für eine angenehme Raumatmosphäre einerseits und die Wärmequelle für kühlere Tage in der Raummitte andererseits.

Auf offene Feuerstellen in der Mitte des Raums gibt es in den rezenten Gästehäusern kaum bauliche Hinweise.[52] Nur in Sanǧaq Sʿadūn markiert eine rechteckige Metallumrandung eine solche Feuerstelle zur Kaffeebereitung nahe dem Ehrenplatz.[53] Unter einem Metallrand liegt das in den Boden eingetiefte Feuerbecken. In kleine runde Aussparungen des Metallrahmens wurden die Kaffeetäßchen gestellt. Heute ist diese Feuerstelle mit Erde verfüllt, nur noch der Metallrahmen ist sichtbar. (Abb. 240)

Statt dessen sind in der Mehrzahl der untersuchten Gästehäuser Kaminnischen mit Rauchabzügen vorhanden, die in der Nähe des Eingangs in der Schmalwand liegen. Die vielen unterschiedlichen Bezeichnungen dieser Rauchabzüge verweisen auf die Wichtigkeit der Kaffeezeremonie: *fḫairiye, baḫḫūre, nafīle, ṭeffiye*.[54] Im Kurdischen benutzt man teilweise dieselben Begriffe, darüberhinaus sind aber auch *wačak/ocalar*,[55] *kulek, hošurek* und *kušik* geläufig.

Die Rauchabzüge sind Wandaussparungen von bis zu 80 cm Höhe, die in einen kleinen Wandschlitz führen, der jedoch nicht immer als Schornstein bis zum Dach reicht.[56] Als Rohr mit oder ohne Lehmummantelung ragt ein solcher Schornstein nur wenige Dezimeter über das Dach hinaus.

Häufig sind die Rauchabzüge als einziges Element des Gästehauses plastisch dekoriert. Die Gestaltung ist weniger aufwendig, wenn der Kamin im Vorraum liegt. Die Rauchabzüge können ihrer Form nach unterschieden werden in:

- Schornsteinzug in der Wandscheibe mit Kaminöffnung,
- vorspringender Kamin mit Schornsteinzug in der Wandscheibe,
- vorspringender Kamin mit Schornsteinvorlage.

Zu Gruppe I: Die einfachste Form mit Schornsteinzügen in der Wand kommt ohne jegliches in den Raum

Abb. 254
Das vermutlich letzte seiner Art: das Kuppelgästehaus in Ǧdaida in der oberen Baliḫ-Region (Abb. 252, 255)

Abb. 255 Kuppel-Gästehaus
Ǧdaida

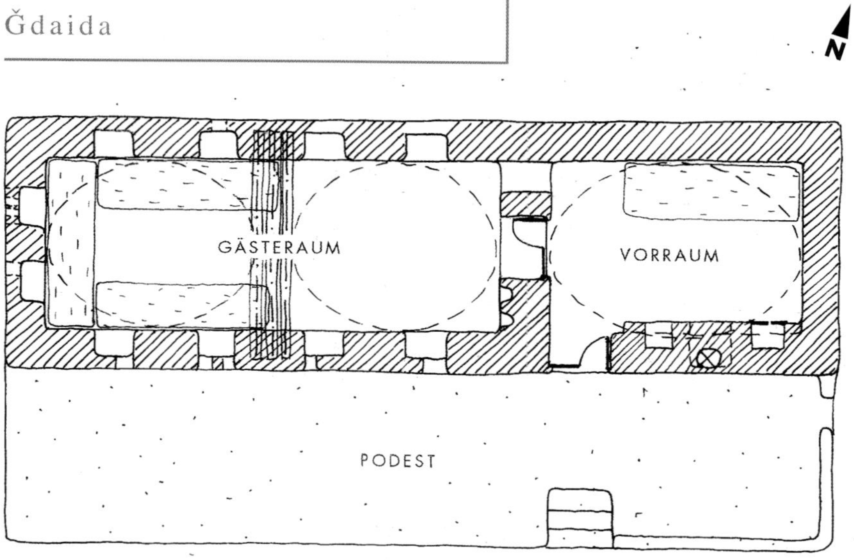

Herkunft:	Araber, Baggāra
Status:	*šaiḫ* eines Unterstammesbescheid. Wohlstand
Einkommen:	Ackerbau
Baujahr:	1954
Nutzung:	tagsüber sitzt der *šaiḫ* oft im Vorraum; nur wenige Männer kommen-noch; Sohn möchte Gästehaus abreißen und neu bauen, *šaiḫ* will erhalten
Baumaterial:	Lehmziegel
Konstr.:	Ecküberbrückung mit Kanthölzern
Baumeister:	Turkmene aus Region
Versorgung:	Elektrizität, eigener Brunnen
Lage:	an einer Landstraße
seßhaft seit:	1942, vorher etwas nördlich stationär mit Zelten
Region:	östlich des oberen Baliḫ

Bauaufnahme September 1990
(Abb. 252, 254)

Maßstab: siehe Abb. 256, rechts

Abb. 256 GÄSTEHAUS
Tell Mišhan

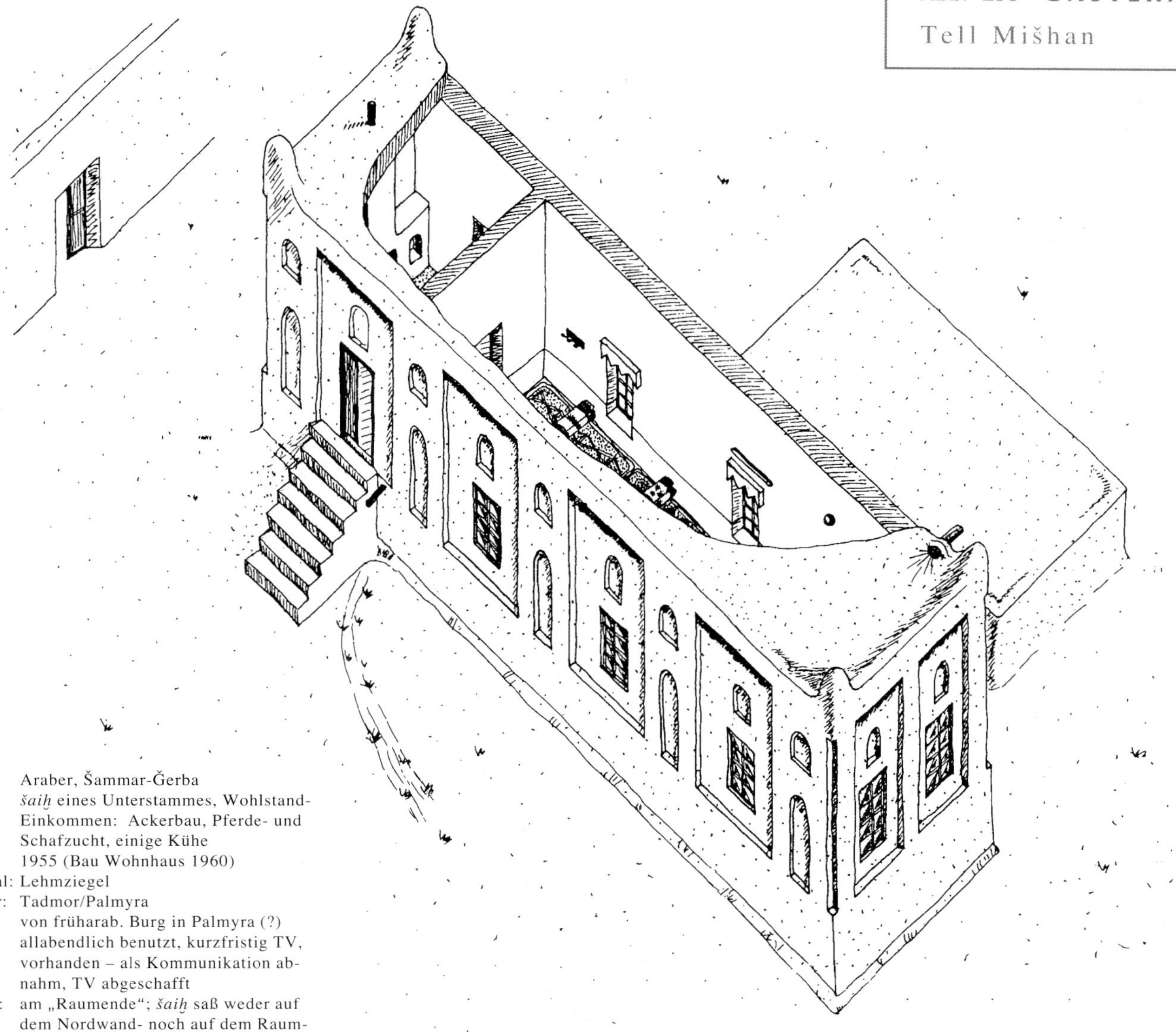

Herkunft: Araber, Šammar-Ǧerba
Status: *šaiḫ* eines Unterstammes, Wohlstand-Einkommen: Ackerbau, Pferde- und Schafzucht, einige Kühe
Baujahr: 1955 (Bau Wohnhaus 1960)
Baumaterial: Lehmziegel
Baumeister: Tadmor/Palmyra
Dekoridee: von früharab. Burg in Palmyra (?)
Nutzung: allabendlich benutzt, kurzfristig TV, vorhanden – als Kommunikation abnahm, TV abgeschafft
Ehrenplatz: am „Raumende"; *šaiḫ* saß weder auf dem Nordwand- noch auf dem Raumkopf-Ehrenplatz, da er Gäste bewirtet
Versorgung: Elektrizität, eigener Brunnen
Lage: auf Hügelkuppe in Dorfmitte
seßhaft seit: erste Häuser hier 1945
Region: südlicher Bec de Canard/ Nähe Bagdadbahnlinie

Bauaufnahme Oktober 1988, September 1989 (vgl. Abb. 259, 301)

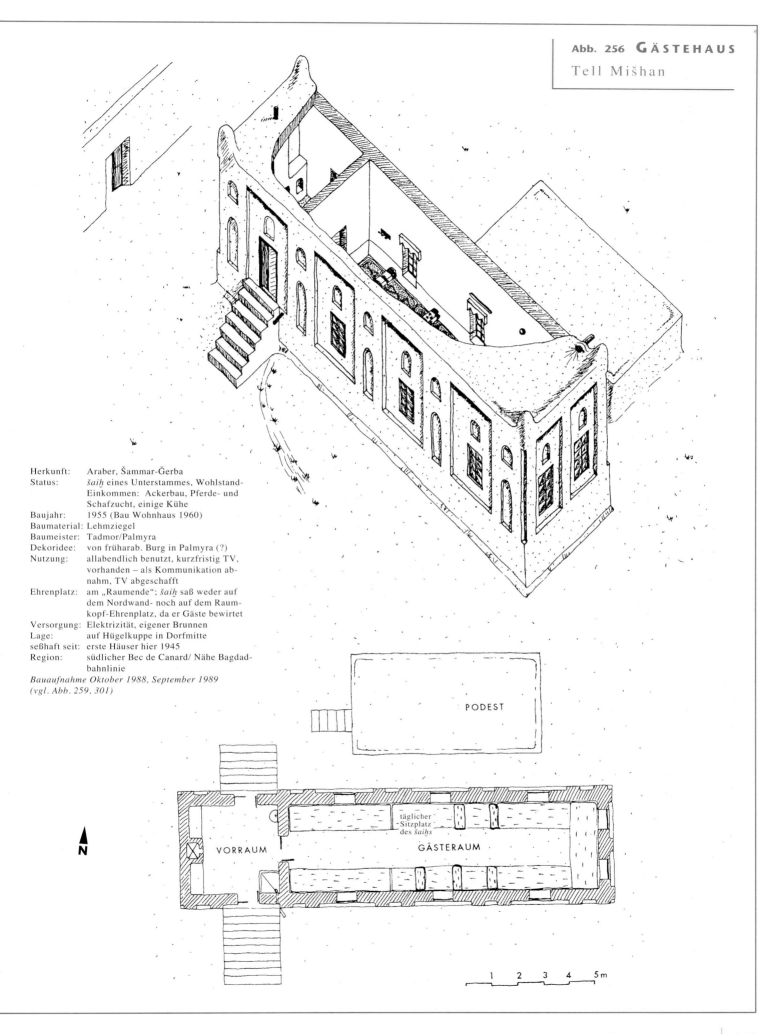

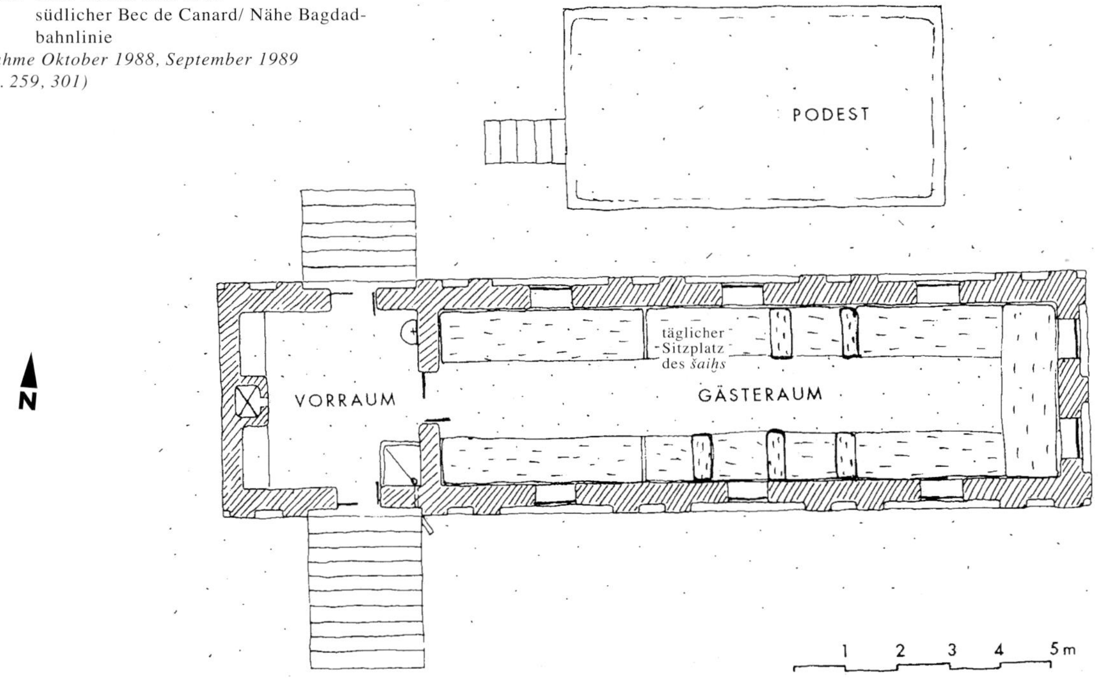

hineinragende Bauteil aus. Sie wurde bald ergänzt durch Gesimse oberhalb des Feuerlochs, die für das Zurschaustellen der Schnabelkannen, der *delāl*/sing. *delle*, wichtig waren. Die Beispiele D und E zeigen Variationen mit Klinkerverblendungen um das Kaminloch. Die Tatsache, daß bei dieser Form die Fläche auf den Simsen nicht sehr groß ist, verweist darauf, daß die Hausherrn vermutlich nur wenige Kaffeekannen besaßen.

Zu Gruppe II: Vorspringende gemauerte Kamine sind für die Gruppe charakteristisch. Sie bilden dabei als Korpus jenen Vorsprung, manchmal zum Sims erweitert, auf dem – für alle Besucher gut sichtbar und der Größe nach geordnet – die Reihe der *delāl*, der Stolz des Hausherrn und des Dorfes prangt. In den meisten Gästehäusern befinden sich die dellål auch heute noch dort – auch wenn meist nur noch die kleinen tatsächlich im Gebrauch sind. Aus den einfachen, undekorierten Kaminen entwickelten sich zum einen stärker plastisch differenzierte Formen, zum anderen wurden sie immer breiter und zu ganzen Wandvorsprüngen erweitert, mit dem Vorteil, daß darin auch Nischen für Kaffeeutensilien eingelassen werden können. Im Gästehaus von Al-ʿAzāwī am Nordrand der Syrischen Wüste (Abb. 258), das stellvertretend für die neueste Art der Kamine steht, wurde dieser Vorsprung verdoppelt. Er besteht aus einem Bauteil für die Nischen und einem weiteren, zusätzlich vorspringenden für den eigentlichen Kamin.

Zu Gruppe III: Diese weist bis zu 50 cm aus der Wand vorspringende Schornsteinvorlagen auf, die in ihrer simpelsten Form direkt aus dem Kaminvorsprung hervorgehen. Im Gästehaus von Abū Ḥaǧaira liegen Schornstein und Kamin über Eck. An letzteren hat man einen Vorsprung für die Schnabelkannen gebaut.[57] Bis auf das Beispiel von Tell Bared sind alle diese Schornsteinvorsprünge mit zusätzlich vorspringenden Kaminen kombiniert. Auch in dieser Gruppe gibt es die Tendenz zur Bildung einer größeren Kamin-Nischenwand.

Wie stolz die Gästehaus-Betreiber auf ihre neuen aufwendig gestalteten Kaminwände sind, zeigt die Tatsache, daß sogar die Ehrenbilder der Vorfahren und des Präsidenten dort angebracht sind, und man sich vor ihnen gerne fotografieren läßt.

257

258

Ausrichtung

Ebenso wie bei Wohnbauten liegt die Längsachse der Gästehäuser in ost-westlicher Richtung. Die Eingangstüren weisen nach Süden; am östlichen oder westlichen Ende gelegen, bewirken sie die Betonung der Längsachse und klare Ausrichtung des Innenraums in die eine oder andere Richtung. 49 Gästehäuser waren nach Westen ausgerichtet, 11 nach Osten. Letztere liegen überwiegend in der Oberen Ǧazīra.

Zelte werden vorwiegend mit ihrer Längsachse nord-südlich aufgestellt. Ein Vergleich der Literatur über die Ausrichtung des Zeltes und des Männerbereiches darin zeigt divergierende Angaben.[58] Einen wichtigen Hinweis gibt Oppenheim, wenn er erwähnt, daß Kissen für die Gäste „am Morgen auf der Westseite, am Nachmittag auf der Ostseite" ausgebreitet wurden.[59] Dies betrifft zweifellos eine Jahreszeit, in der man den Schatten sucht. Im Winter verfährt man umgekehrt. Auch bei kaltem Nordwind stellt man das Zelt mit der Schmalseite in Nord-Süd-Richtung. Das, was im Zelt schnell je nach Windrichtung, Sonnenstand und Temperatur verändert werden kann, muß beim Gästehaus schon beim Bau festgelegt werden. Wenn dennoch die meisten Autoren und einige Befragte Osten als präferierte Richtung der Zelt-Männerabteilung angeben, so könnte darin die früher bevorzugte Richtung zu sehen sein. Heute findet sich die Ostausrichtung der inneren Achse beim Gästehaus nur im östlichen Teil der Oberen Ǧazīra häufiger. Es handelt sich um 11 von 34 Gästehäusern des Ostens. Im Westen des Untersuchungsgebietes taucht eine Ostausrichtung nur zwei Mal auf.

In der Längsachse nord-südlich ausgerichtete Zelte wurden als die übliche Aufstellung in Syrien beschrieben. Mit dem Beginn der stationären Wohnweise wurde das Zelt um 90° gedreht, so daß der Männerteil an die westliche und der Frauenteil an die östliche Seite kam. Dies findet sich ebenso bei Wohnhäusern, wo die Gästeteile heute ebenfalls meist im Westen liegen.[60] Einer der Gründe, die zu dieser Ausrichtung geführt haben, liegt in den sommerlichen kühlenden Westwinden. Während diese in das Zelt als Ganzes ungehindert einströmen konnten, erreichen sie beim gemauerten Gebäude nur die westlichen Räume, falls diese geöffnete große Fenster aufweisen. Ein weiterer Grund der Westorientierung ist darin zu suchen, daß im Winter in der Oberen Ǧazīra sehr starke, vorwiegend von Osten kommende Regenfälle einsetzen. Die Ostwand ist daher besonderen Wetterunbilden ausgesetzt.[61] Gästehäuser, deren innere Achse gen Osten orientiert ist, sind meist an ein bestehendes Gebäude östlich davon angebaut.

Abb. 257
In Ḫuwailid Taḥtānī wurde das Gästehaus als Empfangsraum der Familie genutzt, als das Wohnhaus teilweise eingestürzt war

Abb. 258
Die moderne Form einer Kaminwand aus Brennziegeln im Gästehaus von Al-ʿAzāwī am Nordrand der Syrischen Wüste, erbaut 1988

Abb. 259
Der *šaiḫ* von Tell Mišhan saß bei den allabendlichen Zusammenkünften auf einem Platz gegenüber dem Nordwand-Ehrenplatz

Zur städtebaulichen Bedeutung

Gästehäuser unterscheiden sich äußerlich oft, jedoch nicht immer, in ihrer baulichen Gestalt von den Wohnhäusern. Manche *maḍāfāt* zeichnen sich schon von weitem in der Silhouette des Dorfes ab.[62] Für Menschen der Region sind aber auch wenig auffällige Gästehäuser als solche zu erkennen. Eine separate Lage, viele Fenster, größere Höhe und früher eine deutlich breitere Eingangstür unterscheiden sie von den Wohnhäusern.

Die herausgehobene Bedeutung des Gästehauses demonstriert auch die Bezeichnung als *ṣadr al-ğeriye*, ‚Vorstand, Führung des Dorfes', und sie läßt sich quantitativ dadurch belegen, daß von den 60 untersuchten Gästehäusern 37 schon von weitem erkennbar sind. Städtebauliche Dominanz erreicht man am einfachsten durch einen Standort auf einer Anhöhe. Alternativ errichtet man den Bau auf einem massivem Sockel. Außerdem übertrifft die Gebäudehöhe des Gästehauses die Wohnhäuser oft um einige Dezimeter. Ein kurdischer Stammesführer, dessen Gästehaus in Al-Muṣṭafāwiya auf einer Anhöhe liegt und zusätzlich mit einem Sockel versehen ist, erklärte, daß kein Haus des Dorfes höher als das Gästehaus sein dürfe. (Abb. 242)

Der durch den Baukörper manifestierte Dominanzanspruch wird durch plastische Gliederung oder auch durch die Verwendung von Haustein verstärkt. (Abb. 7, 244, 298, 301)

Mehrfach hoben Stammesführer hervor, daß ihre Gäste- und Wohnhäuser zu den ersten festen Häusern des Dorfes gezählt hätten. In der Folge entwickelten sich die Dörfer um den Ansiedlungsplatz des Stammesführers herum; ähnlich den nomadischen Rast- und Lagerplätzen. Auch aus strategischen Gründen wählte er bevorzugt den höchstgelegenen Punkt für sich. In der Ebene liegen Gästehäuser am wichtigsten Weg, der das Dorf durchquert.

Die Fernwirkung, die Erhöhung und die besondere Gestaltung von Gästehäusern zielen darauf ab, städtebauliche Dominanz zu demonstrieren, den potentiellen Gast zu beeindrucken und anzuziehen, sowie Macht und Einfluß zu symbolisieren.

Vorkommen und Verbreitung

Die eigenständige Bauform des Gästehauses hat sich insbesondere in Nordostsyrien ausgeprägt. Dort findet sie sich in sehr unterschiedlicher Dichte in fast allen Teilen.[63] Eine geringere Verbreitung gibt es in der überwiegend von Kurden bewohnten Region um ʿAin Al-ʿArab[64] und in christlichen Dörfern kommen sie nicht vor.[65] Wo Gästehäuser fehlen, kann dies von verschiedenen Faktoren herrühren; so sollen kurdische Gästehäuser von Seiten der syrischen Regierung als „Brutstätten des kurdischen Nationalismus geschlossen" worden sein.[66] Neben politischen Gründen können auch das fehlende Interesse oder – wie es manchmal von Ğazīra-Bewohnern ausgedrückt wird – der Geiz eines Stammesführers oder die Armut einer Region Grund für das Fehlen von *maḍāfāt* sein.

In Dörfern, die sich aus verschiedenen Stämmen zusammensetzen, gibt es gelegentlich mehrere Gästehäuser.

Der Kategorisierung der Gästehäuser liegt eine vergleichende Betrachtung von 58 Gästehäusern zugrunde. (Abb. 261) Davon liegen 25 im Westen: 17 in der Euphratregion, 4 in der Balīḫ-Region, 2 in der Syrischen Wüste und 2 in der Region ʿAin Al-ʿArab. Außerdem wurde ein Gästehaus in dem arabischen Dorf Ovacik bei Urfa in der Südtürkei in den Vergleich mit einbezogen. In der Oberen Ğazīra besuchte ich 34 Gästehäuser: 6 im westlichen Teil des Ḫābūr-Dreiecks, 16 im östlichen Teil, 10 im Bec de Canard und jeweils eines im Ğabal Ğaraibe und im Ğabal ʿAbd Al-ʿAzīz. Ein Gästehaus wurde aufgrund von Berichten der Dorfbewohner skizziert.[67]

Entsprechend ihrem Anteil an der Bevökerung wird die Mehrzahl der besuchten Gästehäuser von Arabern betrieben. Von den 17 untersuchten kurdischen Gästehäusern gehörten zwei Angehörigen des yezidischen Glaubens.

Wurzeln und Entwicklung des Gästehauses

Innerhalb des untersuchten Gebietes existieren keine Gästehäuser aus osmanischer Zeit mehr. Als Ernst Herzfeld 1916 die Euphratregion bereiste, sah er keine Gästehäuser dort.[68] Die ältesten erhaltenen Gästehäuser stammen aus der Zeit der französischen Mandatsherrschaft. Sie wurden während der dreißiger und vierziger Jahre aus Haustein erbaut und liegen alle im Westen. Ihre Größen sind sehr unterschiedlich, sie weisen die üblichen rechteckigen Grundrisse auf – gelegentlich plus Vorraum. Eine Ausnahme bildet die in Ğubb Al-ʿAlī gelegene *maḍāfa* des einst bedeutenden *šaiḫ* Muġhim Ibn Muḥaid. Ihre Größe und die fast quadratische Grundform sind singulär unter den Gästehäusern und hängen vielleicht mit Muġhims Kontakten zur französischen Mandatsregierung zusammen, von der er die Ideen eines eher quadratischen europäischen Versammlungssaales bezogen haben mag.

In der Oberen Ǧazīra hatte die Phase ökonomischer Prosperität zu jener Zeit noch nicht begonnen, und wohl ehemals vorhandene Gästehäuser sind längst durch neue ersetzt. Bewohner berichteten, daß die Gästehäuser nur kleine Wandöffnungen im oberen Wandbereich aufwiesen, da Fenster zu kostspielig waren. Daß schon im 19. Jahrhundert Gästehäuser in der Oberen Ǧazīra bestanden haben müssen, zeigen Aussagen über einen Abgabenstreit, aus dem das dörfliche Gästehaus finanziert wurde.[69]

Eine der ältesten noch existierenden *maḍāfa* des Ostens steht in Al-Qanamiya und wurde – nach den nicht immer zuverlässigen Jahresangaben der Besitzer – 1945 erbaut. Schon dort zeigt sich ein extrem langrechteckiger Grundriss mit einem Seitenverhältnis von 1:4,2. Es fehlen jegliche dekorativen Elemente. Die meisten Gästehäuser des Ostens datieren aus den fünfziger und frühen sechziger Jahren, einer Zeit ökonomischen Aufschwungs. Die Tendenz zu immer größeren und repräsentativeren Bauten läßt sich über die gesamte Zeitspanne, aus der Gästehäuser vorhanden sind, ablesen; sie zeigen den steigenden Reichtum der landbesitzenden *šuyūḫ*. Die Gästehäuser Nordostsyriens gelten als die „vornehmsten und luxuriösesten Gästehäuser" des kurdischen Siedlungsgebiets.[70]

Der entscheidende Vorläufer des Gästehauses in seiner heute in der Ǧazīra existierenden Form ist das Beduinenzelt. Dessen rechteckige Grundform wurde auf die stationäre Architektur übertragen. (Während die Gästehäuser reine Repräsentations- und Versammlungsbauten darstellen, beherbergte das *šaiḫ*-Zelt auch den Wohnteil der Familie.) Daß Zelte ausschließlich für Gästeempfang aufgebaut wurden, kam vor der Seßhaftwerdung kaum je vor, wenn dann nur bei den wichtigsten und reichsten Stammesführern. Die Größe der Zelte ist transportbedingt begrenzt. Mit dem Beginn des stationären Verbleibens an einem Ort konnten die Zelte generell größer werden. Und ab dem Moment, als man auch über Wohnhäuser verfügte, konnten die Zelte als Ganzes für Gäste genutzt werden.[71] Die räumliche Trennung von Wohnbereich und Gästezelt war vollzogen.[72] Und in der Folge entwickelte sich aus dem Zelt ein eigenständiges Gebäude. Für diesen neuen Gebäudetyp fehlten Vorbilder, die als separate Gebäude demselben Zweck dienten.

So übernahm man die langrechteckige Bauweise der Zelte für die neuen Gästehäuser. Da die Größe eines Zeltes mit der Anzahl der Zeltstangen in Längsrichtung angegeben wird, was auf die besondere Bedeutung der Längenausdehnung schließen läßt, erhielten auch die neuen Gästehäuser möglichst langgestreckte Formen.[73] Die riesigen *šaiḫ*-Zelte wiesen Dimensionen von beispielsweise 28 x 12 m oder 40 x 15 m auf,[74] hatten also durchaus nicht nur sehr lange, schmale Grundrisse, sondern auch größere Breiten. Nur die Längen waren jedoch entscheidend! Die Bedeutung einer großen Anzahl von Längsstangen ist auf das Gästehaus übertragen worden. Deren Größe gibt man ebenfalls in Längenmetern an.

Ein anderer wichtiger Faktor ist der höhere Preis für längere und stärkere Tragbalken in der Oberen Ǧazīra, die man für größere Raumbreiten benötigt. Dies wirkte sich besonders in den fünfziger und sechziger Jahren aus, als die regionalen Holzbestände noch nicht ausreichten.

Die Grundrißstruktur der Gästehäuser steht auch in Zusammenhang mit den Wohnbauten der Region. Deutlich wird dabei eine Nähe zu Zeilen-, Mittelhallen- und Iwān-Häusern. Die einräumigen Gästehäuser ähneln Zeilenhäusern, wobei die breiteren unter ihnen an Raumproportionen städtischer Räume orientiert sind. Aus dem Mittelhallenhaus wurde die Halle als Vorraum zum Gästeraum übernommen, ähnlich wie Iwāne von dem entsprechenden Haustyp übertragen wurden.

Gästehäuser mit mehr als einem Gästeraum gibt es nur in Ausnahmefällen, so beim nicht mehr existierenden Gästehaus in Al-Qaḥṭāniya und dem neue Gästehaus in Al-Batra' (II). Demgegenüber wiesen große städtische Hofhäuser früher manchmal mehrere Empfangsräume auf, die im jahres- oder tageszeitlichen Wechsel benutzt werden.[75]

Versammlungsbauten oder Audienzhallen sind – trotz der uns heute so naheliegenden Annahme, es handele sich um eine typisch islamische Form, da ihr Zutritt Männern vorbehalten ist, – eine vorislamische und vielleicht vorarabische Form. Westphal und Westphal-Hellbusch regen an, darüber nachzudenken, ob sich nicht Reste einer vorarabischen „bäuerlichen Dorfkultur" dahinter andeuten.[76]

Tunca weist auf die erstaunliche gestalterische Ähnlichkeit zwischen manchen Gästehäusern und den reliefierten Repräsentationsbauten der Uruk- und Obeidzeit hin. Und er stellt die provozierende Frage, ob nicht vielleicht auch jene Versammlungshäuser „bâtiments de prestige" waren, wie es heute die Gästehäuser sind.[77]

Einer der gestalterischen Einflüsse auf die Dekoration der *maḍāfāt* des Untersuchungsgebietes kommt von den Repräsentationsräumen vornehmer Stadthäuser. An den Haustein-Gästehäusern aus dem Westen sind Steinschmuckelemente um Türen und Fenster angebracht.[78] Die Verteilung der Fenster und Nischen ist ähnlich. Ein gravierender Unterschied ergibt sich durch die Tatsache, daß das ländliche Gästehaus Fenster an allen Raumseiten haben kann und die Fensterflächen nicht auf eine Hofseite konzentrieren muß. Im Verhältnis zur städtischen *maḍāfa*,

Abb. 260
Neues Kalkstein-Gästehaus mit Iwā[n] in Meskene; mit dem repräsentativen Äußeren verknüpft de[r] Besitzer auc[h] politische Ambitionen

wo die Hoffassade dicht nebeneinandergesetzte Fenster aufweist, sind die Abstände zwischen den einzelnen Fenstern des ländlichen Gästehauses größer, da sich die Fenster an drei Gebäudeseiten verteilen können.

Das nordostsyrische Gästehaus im Vergleich

Die untersuchten Gästehäuser unterscheiden sich von dörflichen Gästehäusern in den umliegenden nahöstlichen Regionen – soweit dort überhaupt welche vorhanden sind. Ein Vergleich mit diesen fördert nur wenige formale Ähnlichkeiten zutage. Jede Region bildet offenbar ihren eigenen Grundrißtyp und ihre eigene Innenausstattung aus. Dies geschieht auf der Grundlage der Verwendung örtlicher Bautechniken und Materialien.
Herzfeld beschrieb ein kurdisches Gästehaus im Nordirak, das er 1916 sah:

> *„In dieser Landschaft tritt auch zuerst ein Haustypus auf (Der Autor war vorher quer durch das Untersuchungsgebiet am Euphrat entlanggereist. K.P.), als musāfirkhānah oder oda d.i. Haus für Reisende benutzt, der eine Bekanntmachung verdient ...: eine Vorhalle, breit rechteckig mit 2 Holzsäulen zwischen sehr verbreiterten Anten, besser gesagt zwischen zwei Turmfronten. Dahinter ein geschlossener Breitraum. Die Halle ist der Sommer-, der geschlossene Raum der Winteraufenthalt."*[79]

Ein solcher Grundriß ähnelt dem zweiräumigen Vorhallenhaus, wie es in Irakisch-Kurdistan und in Nordostsyrien bis heute vorkommt. Das erst wenige Jahre alte Gästehaus in Al-Batra' (II) erinnert ein wenig an diesen Grundriß. Der Gästeraum des kurdischen Beispiels von 1916 hat ebenfalls eine extrem längliche Form (4,50 x 17 m, Seitenverhältnis 1 : 3,8). Die Tatsache, daß sich der Kamin am oberen Raumende unmittelbar im Rücken des dort zu erwartenden Ehrenplatzes befindet, liegt vielleicht im kälteren Klima Kurdistans begründet. Dem Ehrengast sollte offenbar – im ohnehin nur im Winter genutzten Gästeraum – ein warmer Platz nahe dem Kamin und entfernt vom rauchigen Kaffeefeuer in Raummitte geboten werden. Die unterschiedlichen Niveaus im kurdischen Gästehaus bei Moṣul zeigen an, daß es dort ebenfalls einen „oberen" und „unteren" Bereich gab.

Auch der Gästetrakt anderer *šaiḫ*-Häuser in Irakisch-Kurdistan weist offene Vorhallen auf.[80] Ein Vergleich von kurdischen und arabischen Gästehäusern in Nordostsyrien zeigt, daß kurdische Gästehäuser häufiger Hallen und Iwāne oder Vorhallen aufweisen. Diese Affinität erklärt sich vielleicht durch die Herkunft der heute in Syrien ansässigen kurdischen Stämme. Die klimatischen Bedingungen kurdischer Gebirgsregionen legen Übergangsbereiche wie Vorhallen und Iwane zwischen innen und außen nahe.

Daß es keine ethnisch oder stammesmäßig begründeten Unterschiede in den Bauformen gibt, zeigt beispielsweise der „Empfangssaal" der Šammar-Fürsten im nord-saudiarabischen Ḥayil. Ein durch Lehmsäulen in zwei Schiffe unterteilter Breitraum von ca. 16 x 10 m war in der dortigen Region eine übliche, in Syrien jedoch unbekannte Raumform. Gästehäuser der syrischen Šammar ähneln ihnen nicht.[81] (Abb. 250)

Im jordanisch-palästinensischen Raum weisen Gästehäuser häufig quadratische Grundrisse mit Kreuzgewölben auf. In der jordanischen Stadt As-Salt haben *maḍāfāt* die Form mehrreihiger Mittelhallenhäuser.[82]

Das südirakische Gästehaus *muḍīf*, das aus Schilf gebaut wird, weist in anderen Punkten formale Ähnlichkeiten zu den nordostsyrischen Gästehäusern auf: es überragt ebenfalls die Wohngebäude an Höhe, bildet einen langgestreckten Solitärbau und ist extrem schmal.[83]

An dieser vergleichenden Zusammenstellung wird deutlich, daß es keine feststehende Bauform für Gästehäuser gibt. Jede Region prägt ihre eigene Form aus, die in Zusammenhang mit lokal vorkommenden Haustypen steht. Auch in der Ǧazīra zeichnet sich diese Tendenz ab: Vorräume an Gästehäusern gibt es dort, wo Hallenhäuser vorkommen. Gästehäuser mit Iwānen finden sich vereinzelt in der gesamten Ǧazīra. Letztere wurden jedoch noch sehr viel länger als die Iwān-Häuser selber gebaut. Insgesamt gesehen überwiegt die einräumige Bauform.

Das Gästehaus heute

Die Hoch-Zeiten der Gästehäuser als Versammlungsorte, Treffpunkte und Empfangsräume für Reisende sind unwiederbringlich vorbei.[84] Im Zeitalter schneller Verkehrs- und Kommunikationsmittel bleiben Gäste nur einige Stunden und bringen weniger Muße als früher mit. Auch die einst führende gesellschaftliche Rolle der Alten ist relativiert. Diese sind in den Gästehäusern heute oft unter sich, während die jungen Männer ihrer Arbeit nachgehen. Einige Gästehausbetreiber sind selber oft in geschäftlichen Dingen unterwegs, andere beklagen wortreich die Veränderungen und ihren Einflußverlust und stellen bedauernd fest: „Heutzutage ist jeder sein eigener *šaiḫ*". Letzteres manifestiert sich baulich darin, daß heute fast alle Wohnhäuser über einen eigenen Gästeraum verfügen. Dennoch bleiben Rituale wie jene des Ausschanks von bitterem Kaffee auf das Gästehaus beschränkt.

Heute dominiert die zwanglosere, alltäglichere Funktion des Gästehauses als Dorfclub; formelle Zusammenkünfte und ranghoher Besuch sind selten geworden. Einzelne Betreiber von Gästehäusern verfolgen politische Ambitionen und versuchen diese mit dem Unterhalten eines Gästehauses zu verknüpfen, um über den Kreis ihrer Stammesklientel hinaus wirken zu können. (Abb. 260) Aus den alten Notablenfamilien gehen heute häufig die Politiker hervor.

Als Gebäude werden die Gästehäuser weitgehend instand gehalten. Es wird jedoch zunehmend problematischer, das jährlich erforderliche Neuverputzen durch die Männer des Dorfes zu gewährleisten, weshalb viele Gästehausbetreiber überlegen, sich durch einen Zementputz des Problems zu entledigen. In Tell Aš-Š'aīr brachte man eine äußere Schale aus Betonfertigsteinen auf. Vereinzelt wurden Gästehäuser aus Betonsteinen gemauert. Dahinter steckt vermutlich weniger das Beharren auf der Lehmbautradition als vielmehr der Umstand, daß Lehmziegel von den Dorfbewohnern selber hergestellt werden und es damit für den *šaiḫ* kostengünstiger ist, als Betonfertigsteine kaufen zu müssen.

Gerade angesichts der rapiden Veränderungen der Lebensweisen ebenso wie der gesellschaftlichen Umgangsformen knüpft sich an die Gästehäuser die Hoffnung, Werte der traditionellen nomadischen Kultur – wenn auch in modifizierter Form – weiterführen zu können. Das Gästehaus wird von vielen Ǧazīra-Bewohnern als eines der letzten sichtbaren Relikte intakten Stammeslebens begriffen.

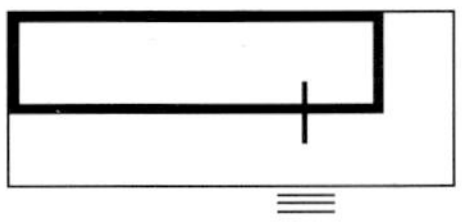	Salām ʿAlaik	Kikan/Kurd.		14,2	3,9	*3,6*	LZ	Betreiberin: Stammesführerin
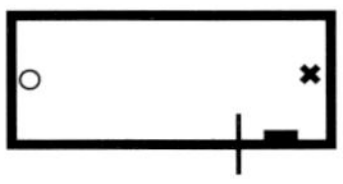	Buḥaira	Welde-Nasr	1976	11,7	4,8	*2,4*	LZ	früheres Gästehaus 22 x 7 m (angebl.), Betreiber: Umsiedler aus Euphrattal
	Al-Qanamiya	Kikan/Kurd.	1945	13,8	3,3	*4,2*	LZ	arm. Baumeister
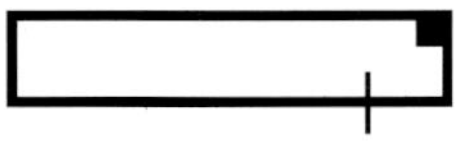	Abū Ḥağaira	Ǧbūr	1956	14,7	3,5	4,2	LZ	plast. Dekor (Abb. 299: C)
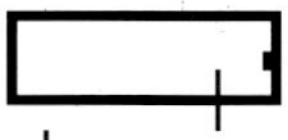	Ar-Riḥaniya	Baggāra	1967	9,0	3,2	*2,8*	LZ	
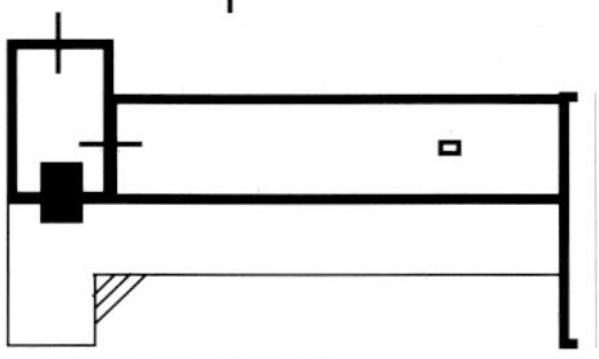	Sanğaq Sʿadūn	Kikan/Kurd.	1950	15,3	3,8	*4,0*	LZ	plast. Dekor, früher Raum für Kaffeebereitung westlich angebaut
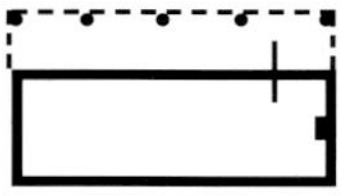	Markab	Yezid. Kurd.	1990	10,8	4,0	*2,7*	BZ	neues kleineres Gästehaus wegen Heizproblemen mit älterem größerem Gästehaus
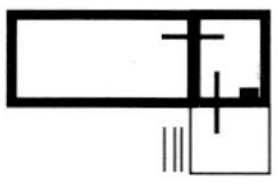	Kraiš	Gabara/Kurd.	ca. 1965	6,1	3,3	*1,8*	LZ	Zelt lagert imVorraum
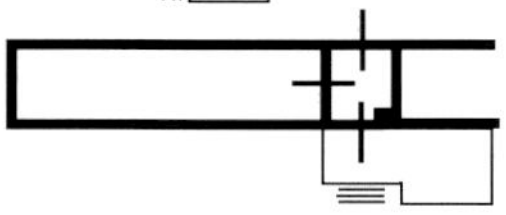	Hasūd	Kurd.		13	4,0	*3,25*	LZ	
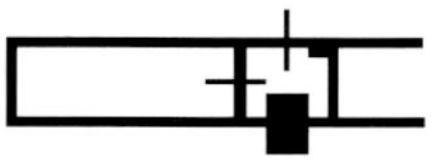	Ruine: Quṭba Taḥtānī	Kurd.					LZ	plast. Dekor, Wohnhaus angebaut
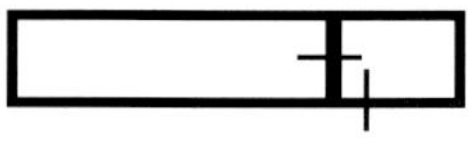	Šaiyūrī	Šammar-Ḫawātna		11,1	3,3	*3,4*	LZ	östlicher Raum früher Zusatzraum, heute verkleinert
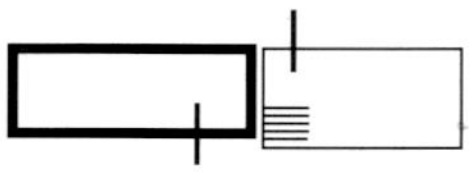	Ruine: Šaqir Bizār						LZ	plast. Dekor
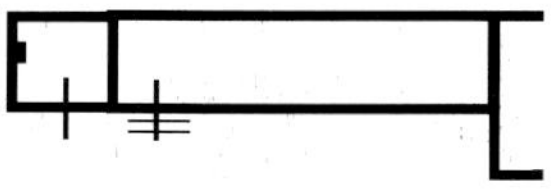	Tell Ḏahab	Ǧbūr	1962	13,0	3,5	*3,7*	LZ	plast. Dekor
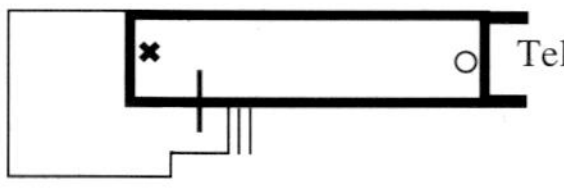	Tell Ḥumaidī	Ǧbūr	1960	12,0	3,3	*3,6*	LZ	plast. Dekor (Abb. 6, 299: D) innen Wandmalerei
	Drīsyāt	Ṭāyy	1952	12,3	3,4	*3,6*	LZ	plast. Dekor (Abb. 244)
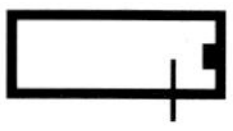	Tel Berd						LZ	
	Tell Aš-Šʿaīr	Ǧbūr					LZ	Betonsteinverkleidung
	Tell Ḫamīs	Šerabiyn					LZ	

Legende — Maßstab 1: 1000

- ■ Iwanöffnung
- □ Terrasse
- ▮ Kaffeekamin
- ✖ Ehrenplatz
- ○ Sitzplatz des Gästehaus-Betreibers
- LZ Baumaterial Lehmziegel
- HS Baumaterial Haustein
- BS Baumaterial Betonformstein
- BZ Baumaterial Brennziegel
- K/L Baumaterial Kalkbruchstein

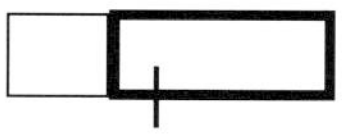	M'ak	Yezid.Kurden	ca. 1959				LZ	plast. Dekor (Abb. 299: A)
	Ḫuwailid Fawqānī	Ǧbūr	ca. 1960	13,1	3,4	*3,9*	LZ	plast. Dekor (Abb. 299: B)
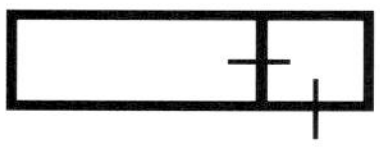	Ḫuwailid Taḥtānī	Ǧbūr	ca. 1955				LZ	Plast. Dekor, Betonsteinverkleidung
		Bec de canard:						
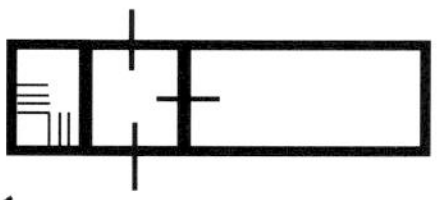	Mizgift	Yezid. Kurden		8,2	3,9	*2,1*	LZ	Treppenhaus auf die Dachterrasse
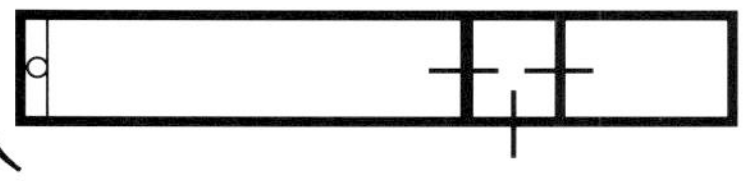	Al-Qaḥtaniya	Heverkan/Kurd.	ca.1935				LZ	nicht mehr existent (nach mündlichen Angaben: gemauerte Bank am Kopfende
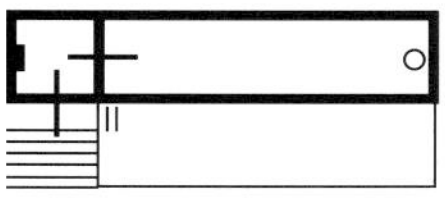	Al-Muṣṭāfawiya	Alian/kurd.		11,5	3,2	*3,6*	LZ	Teilmodernisierung mit Klinkern eingebautes Kohlebecken
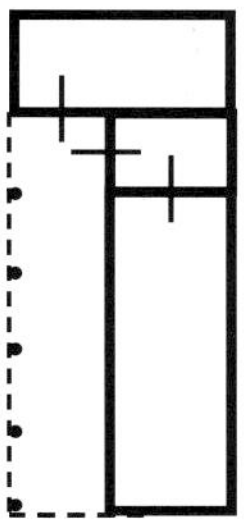	Al-Batra'	Miran/kurd.	ca.1985				BF	nur nördl. Raum gelegentlich als Gästeraum genutzt, Männer des Dorfes treffen sich in der Teilruine des alten Gästehauses
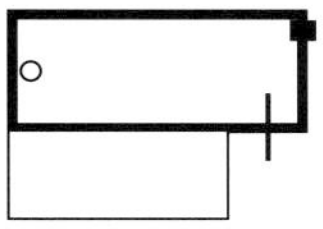	Aṭ-Ṭabqa	Miran/kurd.	1953				LZ	
	Al-Yuṣṣufiya	Šammar-Ǧerba	ca. 1958	12,6	3,8	*3,3*	LZ	
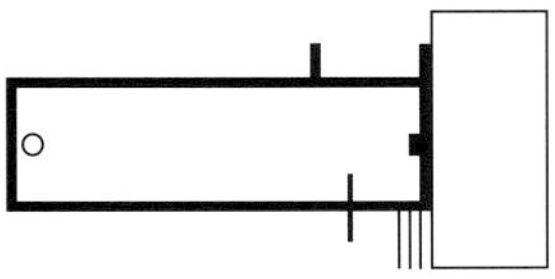	Tell Rumailān	Šammar-Ǧerba		14,5	4,5	*3,2*	LZ	früher Zusatzraum dahinter
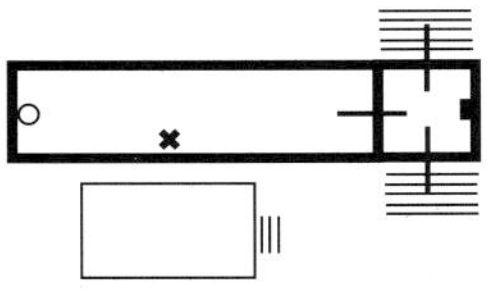	Tell Mišḥan	Šammar-Ǧerba	1955	12,0	3,5	*3,4*	LZ	plast. Dekor (Abb. 256, 301)
	Ad-Duwim	Ṭayy	ca. 1980				LZ	
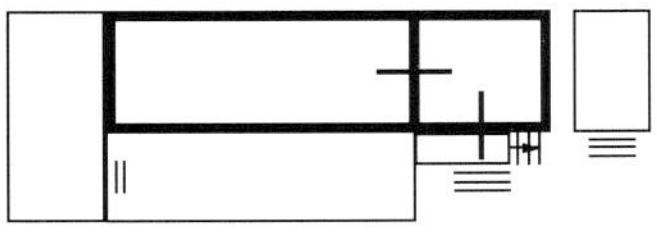	Umm Al-'Iẓām	Ṣammar-Ǧerba	1975	10	4	2,5	BF	plast. Dekor, zweites *maḍāfa* im Keller
	Umm Qrain	Šammar	1954	11,8	3,2	*3,7*	LZ	plast. Dekor (Abb. 334)
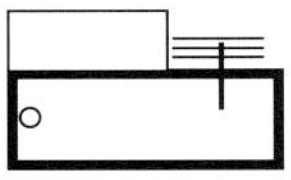	Al-Ḫātūniya	Šammar-Ḫawātna	ca.1980	9,0	3,3	*2,7*	LZ	

Abb. 262
Rundküche mit flachem Dach, die seitlich an das Wohnhaus angebaut wurde (Al-Qadaḥiya, versunken im Tišrīn-Stausee)

Nebengebäude und ihre Bauformen

Kapitel 10

Der Begriff „Nebengebäude“ ist hier ziemlich weit gefaßt – ähnlich, wie ihn auch die Bewohner verstehen. In Nordostsyrien gibt es keinen geläufigen arabischen Begriff, der Nebengebäude insgesamt bezeichnen würde. Verwendung finden die Begriffe *kūḫ / kuwāḫ*, was in etwa mit ‚Hütte‘ übersetzt werden könnte, *yāḫūr / yuwāḫīr* und *ṭāma / ṭūm*, die beide für Stallungen und Scheunen benutzt werden.[1] Alle Gebäude oder Räume, die nicht dem Wohnen oder Repräsentieren im engeren Sinne dienen, werden im folgenden behandelt. Auch der Hauswirtschaftsbereich wird – wenn er separat untergebracht ist – als Nebengebäude behandelt.

Größe und Anzahl der Nebengebäude sind bestimmt von den ökonomischen Bedürfnissen der Familie als Wirtschaftseinheit. Während unter dem Zeltdach des nomadischen Lebens alle Nutzungen ihren Platz fanden, entstanden mit Beginn der Seßhaftigkeit separate Bereiche für Brotbacken, Vorräte, Feuerungsmaterial, Viehwirtschaft und Lagerung des Futters. Bedingt durch zunehmende Sicherheit konnten diese von außen erschlossen und in einigen Metern Entfernung vom Wohnbereich plaziert werden. (Abb. 266)

Nebengebäude sind Zweckbauten, deren Bau so kostengünstig wie möglich erfolgt. Daher werden sie aus lokal vorhandenen Baumaterialien errichtet. Sie unterliegen kaum ästhetisch bestimmten Veränderungen und haben sehr lange Laufzeiten, was sie zu aussagekräftigen Forschungsgegenständen macht. (Nur wenn man sehr schnell ein neues Nebengebäude braucht oder in einer Familie nicht genug Arbeitskräfte zur Verfügung stehen, baut man in Betonformsteinen.) Es werden nur dann neue Nebengebäude errichtet, wenn die alten entweder baufällig oder zu klein geworden sind. Daher spiegeln Nebengebäude heute oft noch alte, teilweise am Beginn der Seßhaftigkeit benutzte Hausformen. Der formale Veränderungsprozeß der Nebengebäude geht erheblich langsamer vonstatten als im Wohnhausbau.

Zusätzlich zu den unten beschriebenen Formen von Nebengebäuden nutzt man auch gelegentlich Höhlen und Zelte. So errichtet man beispielsweise für die kleinen Jungschafe, die von den Muttertieren getrennt werden, gelegentlich separate kleine Zelte aus Säcken oder Flachs, genannt *ḫarabīš* / sing. *ḫarbūš*.

Von außen lassen sich die meisten Nebengebäude durch ihre geringere Höhe von Haupthäusern unterscheiden. Darüber hinaus gibt es bei manchen weitere Merkmale, die ihre Funktion anzeigen, wenn man diese Zeichen zu lesen weiß.

Nutzungen können wechseln; so kann aus einer Küche ein Vorratsraum, aus einer Scheune ein Stall werden. Auch nicht mehr benötigte Wohngebäude kann man zu Nebengebäuden umnutzen.

Heute liegen Nebengebäude entweder in einiger Entfernung vom Haupthaus oder sie sind – vorwiegend im rechten Winkel – daran angebaut, jedoch immer durch separate Türen begehbar.

Bei allen Unterschieden scheinen sich doch bestimmte Bauformen so optimal für bestimmte Nutzungen zu eignen, daß sie im Westen bei vielen Gehöften auftauchen (allerdings mit abnehmender Tendenz): Küchen sind in Rundbauten untergebracht, Futtervorräte lagern in Rundsilos, Häcksel bringt man in Kuppelräumen unter und Stallungen sind Mittelbalkenbauten mit Stützen. In der Oberen Ǧazīra bestehen die meisten Nebengebäude aus Mittelbalkenkonstruktionen.

Häufig sind die Formen der Nebengebäude gleichartig, sie unterscheiden sich nur durch kleine Merkmale, die schnell verändert werden können, um sie auch für andere Zwecke zu nutzen. Im folgenden geht es um hauswirtschaftliche Bereiche wie Küchen und Feuerküchen, um landwirtschaftliche Bauten wie Bergeräume für Häcksel und Stallungen und Pferche für Schafe und Ziegen. Für die nur in wenigen Regionen gehaltenen Kühe werden nur kleine Ställe benötigt, da kaum eine Familie mehr als zwei Kühe besitzt.

Sattel- und Flachdachbauten

Erst in den letzten Jahren mit zunehmendem Wohlstand der Bewohner erhielten auch Nebengebäude manchmal flache Balkendecken. (Abb. 263)

Die geläufigste Form der Nebengebäude ist ein quererschlossener Breitraum mit oder ohne Stützen. Er entspricht dem Stützen- oder Pfettenhaus. Anders als im Wohnhausbau überwiegen jedoch Satteldächer. Eine Firstpfette liegt in der Längsachse des Baus (Abb. 265, 269). Die Sparren bestehen aus längeren Ästen, die bei älteren Bauten oft regellos verlegt sind. Sie bleiben unbeschnitten und ragen unterschiedlich lang über das Gebäude hinaus. Wo tragfähiges Schilf oder Flachs zur Verfügung steht – wie in den großen Flußtälern – kann dieses auch alternativ zu den Ästen als Sparren verwendet werden. Dieses Schilf kragt manchmal über die Hauskante und bildet Dachüberstände bis zu 40 cm. Dieser auffällige Dachüberstand wird heute bei Neubauten vermieden, indem man das Schilf abschneidet oder gar keine Überstände mehr baut. In der Oberen Ǧazīra wird eine dicke Stroh- oder Binsenschicht auf dem Dach aufgebracht, die an den Rändern sichtbar bleibt und ebenfalls etwas vorkragt.

An den Ställen mancher Gehöfte des Bec de Canard sieht man unterhalb der Traufe schräg aneinandergelehnte Ziegel, die dazwischen bestehenden Hohlräume bleiben offen. Durch diese Öffnungen, kurdisch qatt, werden die Ställe belüftet. (Abb. 266) Früher war es auch im Wohnbau üblich, durchbrochenes Mauerwerk zu bauen. Heute bedient man sich dieser Technik noch gelegentlich, um Lehmziegel zu sparen oder luftige Strukturen zu schaffen. (Abb. 32)

Mittelstützen- und Mittelwandform

Für größere Bauten dieser Art müssen Stützen die Dachlast tragen helfen. Die Firstpfette besteht aus mehreren Rundhölzern, die überlappend auf den Stützen liegen. Es handelt sich immer um Bauten mit leicht geneigten Satteldächern. Dort, wo diese Bauten als Stallungen errichtet werden, sind die Traufen allgemein niedriger als für Wohnbauten. Insbesondere für größere Schafherden haben sich Mittelstützen-Ställe bewährt. (Abb. 265) Eine mittlere Stallgröße hat beispielsweise 6 x 8 m Außenmaß.

Gelegentlich sind diese Mittelstützen durch eine Mittelwand ersetzt, die die Firstpfette trägt. Diese Konstruktion braucht nur eine sehr kurze Mittelpfette und ist daher am preisgünstigsten. Ich sah dies nur im Westen der Ǧazīra. Der Vorteil eines solchen Stalles besteht darin, daß die beiden Seiten schon so stark voneinander getrennt sind, daß mithilfe eines Gatters der Stall unterteilt werden kann, um Tiere voneinander zu trennen. Bei manchen Ställen erhält die Mittelwand Öffnungen von vielleicht 40 x 40 cm, damit die Luft im Innenraum zirkulieren kann. Das Prinzip dieser Mittelwandstallung ähnelt der Doppelraum-Hausform mit seitlichem innerem Durchgang (vgl. Abb. 163: Beispiel As-Sayid)

Daß diese Bauten als Schafställe dienen, ist von außen neben der geringeren Höhe auch durch eine Reihe von Belüftungslöchern in Kopfhöhe der Tiere erkennbar.

Im Unterschied zu Wohnhäusern kommt die Form des Mittelstützenbaus als Nebengebäude in allen Teilen Nordostsyriens vor.

Querbalkenform

Im Unterschied zur Firstpfettenkonstruktion bilden bei der Querbalkenform *ṭāma* ein oder mehrere massive Rundhölzer einen Unterzug quer zur Längsachse des Baues. (vgl. Kapitel 8) Für diesen Unterzug werden leicht gekrümmte Stämme bevorzugt, da die Mitte bogenförmig erhöht sein soll. Die Pfetten liegen auf diesem Unterzug und auf der etwas giebelförmig erhöhten Wand auf. Von außen ergibt sich so ein leicht geneigtes Satteldach. (Abb. 163, 175)

Diese Querbalkenkonstruktion kommt fast ausschließlich im „nördlichen" Euphrattal vor. Sie findet sich heute hauptsächlich bei Nebengebäuden, während früher auch viele Wohnhäuser aus dieser Konstruktion bestanden.

Es existieren auch kleine Nebengebäude, deren Dachkonstruktion sich in keines der oben beschriebenen Schemata einordnen lassen, da die tragenden Knüppel und Äste kreuz und quer verlegt sind.

Kuppel- und Rundbauten

Sowohl in den Verbreitungsgebieten der Kuppelhäuser als auch darüber hinaus werden Nebengebäude in Kuppelbauweise oder als Rundbauten errichtet. Die Kuppeln tragen häufig ein oben abgeflachtes Dach und dienen vor allem als Küche oder Feuerküche.[2] Der Grund, warum wenig Vollkuppeln bei Nebengebäuden vorkommen, liegt darin, daß alte Resthölzer und Zweige als Dachkonstruktion preiswerter sind als die Herstellung weiterer Lehmziegel für eine Kuppel.

Selbst Kamelställe wurden früher in Kuppelbauweise errichtet.

Dienen die Kuppelbauten als Scheunen, weisen sie im Kuppelbereich auf der Südseite große Einfüllöcher auf, die nach Bedarf mit Ziegeln verschlossen werden können. Am nördlichen Euphrat führen lange Rampen oder Treppen zu den nahe beieinander liegenden Öffnungen zweier angrenzender Kuppelbauten. (vgl. Kapitel 8) (Abb. 127)

Rundbauten

Obwohl sie sich ähnlich sehen und gelegentlich miteinander verwechselt werden, lassen sich Rundbauten unterteilen in:

I. Kuppel-Rundbauten,

II. Flachdach-Rundbauten,

III. Parabelförmige oder zylindrische Kuppeln.

zu I. Kuppel-Rundbauten weisen Wände auf, die ab einer sehr geringen Höhe konisch zusammenlaufen. Je tiefer der Konus ansetzt, desto stärker ist die Nutzbarkeit des Raumes eingeschränkt. Der Durchmesser dieser Rundkuppeln beträgt zwischen 2 und 3,5 m; meist sorgt eine kleine Fensteröffnung gegenüber der Tür für Durchzugsmöglichkeit. Dem Aneinanderfügen von Rundkuppelbauten sind durch den runden Sockel und die konische Form des aufgehenden Mauerwerks enge Grenzen gesetzt. Um zwei oder mehr aneinanderzusetzen, bedarf es einer Art verbindenden Ganges. Daher wird die konisch zulaufende Kuppelrundung möglichst erst oberhalb der geplanten Türhöhe zum Nachbarraum angesetzt. Verständlicherweise ist infolge der eingeschränkten Nutzbarkeit die runde Kuppelform im Untersuchungsgebiet nur sehr selten anzutreffen.[3] Ein weiterer Grund liegt darin, daß sie wegen der Kragkonstruktion von Baumeistern errichtet werden müssen. Da sie jedoch „nur" als Nebengebäude dienen, versucht man diese Kosten zu vermeiden.

II. Statt dessen errichten die Frauen einer Familie selbst Flachdach-Rundbauten. Die Wände sind im Unterschied zu den Rundkuppelbauten senkrecht aufgehend oder nur minimal nach innen kragend. Die Frauen mauern diese Bauten entweder aus Lehmziegeln oder Ziegelbruch mit Lehmmörtel oder sie wenden die Feldstein-Lehmschlämme-Technik an. (vgl. Anhang I) Die annähernd runde Form wird durch Augenmaß festgelegt. Gedeckt sind die Flachrundbauten mit einem einfachen Flachdach aus Resthölzern, Zweigen, Reisig, Stroh oder Schilf in einer Höhe von ca. 2 bis 2,5 m. Wo Schilf oder Stroh einen breiten Überstand bilden, verleiht ihnen dies ein pilzartiges Aussehen. (Abb. 262)

Manche dieser Türen bleibt ohne Türblatt. Um Holz zu sparen, wird der Sturz von einem Lehmziegel ersetzt. Türöffnungen sind daher manchmal nach oben verjüngt.

Sowohl Rundkuppelbauten als auch Flachrundbauten dienen vor allem als Küchen oder Feuerküchen. Meist sind ihnen Backkamine, *ṭeffiyāt,* angesetzt. (Abb. 271, 73)

Flachdachrundbauten finden sich auch in Gebieten, in denen heute keine Kuppelbauweise vorhanden ist und verweisen vielleicht als Relikt auf früher dort vorgekommene Bauweisen.

III. Die parabelförmigen oder zylindrischen Kleinbauten können bis zu maximal 3,5 m Höhe und 2 m Durchmesser erreichen, sind jedoch meist erheblich kleiner und schlanker. (Abb. 269) Frauen bauen sie aus Feldsteinen mit Lehmschlämme. Ihre Wandungen sind mit ca. 10 – 20 cm relativ dünn. Wenn sie als Silos dienen, werden sie *šuwān* / sing. *šūna* genannt, und haben eine obere Einfüll- und eine untere Entnahmeöffnung. Ersteres wird, nachdem die *šūna* gefüllt ist, wieder fest verschlossen und verputzt. In den Silos lagert man die Futtergerste. In manchen Regionen werden auch getrocknete Dungfladen (Heizmaterial) auf diese Art trocken aufbewahrt.

Etwas niedriger und gedrungener als die Silos, manchmal auch mit abgeflachtem Dach, baut man Ställe für Hühner oder Truthühner, genannt *gunān değāğ*.[4] Es gibt nur eine Öffnung unten, die nachts mit einem großen Stein oder einem Blech verschlossen wird.

Die kleinste Form dieser Bauten besteht in einer Art umgestülpter Halbkugel, die in ihrer dünnen Wandung von ca. 5 cm kleine Belüftungslöcher und ein Zugangsloch am Boden aufweist. Hierbei handelt es sich um einen speziellen Stall für Küken, um sie vor Wüstenfüchsen und wilden Hunde zu schützen, kurd. *pinek*. Sie werden aus Lehmschlämme, allenfalls mit kleinen Feldsteinen angereichert, hochgezogen. (Abb. 272)

Während sich Silos und größere runde Geflügelställe vor allem im Westen finden, kommen die runden Küken- und kleinen Hühnerställe nur in der Oberen Ǧazīra vor.

Abb. 265
SATTELDACHBAUTEN

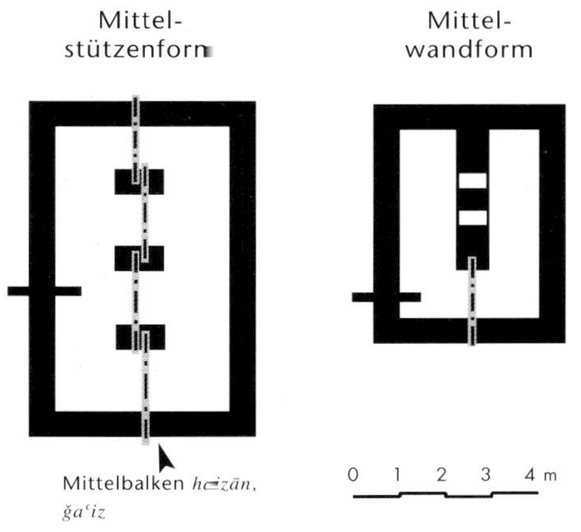

Kleinst- und Anbauten, Mieten

Feuerstellen liegen heute meist in Kaminapsiden, die außen an die Küchen oder Feuerküchen gesetzt sind. (vgl. Kapitel 6) Selten reicht ihr Abzug, *madḫane*, über das Dach hinaus. In der Apsiswand sind kleine Belüftungslöcher ausgespart, die bei Bedarf verschlossen werden können. (Abb. 271) Es gibt verschiedene Konstruktionsarten, u.a. aus senkrecht gestellten Lehmziegeln oder aus Feldsteinen und Lehmschlämme.

Für Hühner und Truthühner errichtet man heute meist kleine rechteckige Flachbauten aus Restmaterialien, die bis zu 1 m Höhe erreichen. Durch die kleine Eingangsöffnung können nur Kinder schlüpfen, um die Eier zu holen und auszu-

bb. 263
Im Gegensatz zu Wohnhäusern werden Nebengebäude nicht unbedingt jährlich neu verputzt; dementsprechend kann auch – wie hier im Bec de Canard – der Basaltsockel sichtbar werden; vor allem kurdische Familien nutzen die Dachflächen, um beispielsweise Getreide zu worfeln

bb. 264
Unterstand angrenzend an den Viehpferch

bb. 266
Verschiedene Formen von Nebengebäuden: Scheune mit flachem Dach und Taubenschlägen, Hühnerstall mit Wölbdach (vorne), Satteldachstall (hinten) und Backtonne *tannūr* (vorne rechts)

bb. 267
Eine gedeckte Strohmiete, die „angebrochen" wurde

266

267

Abb. 268
RUND-BAUTEN

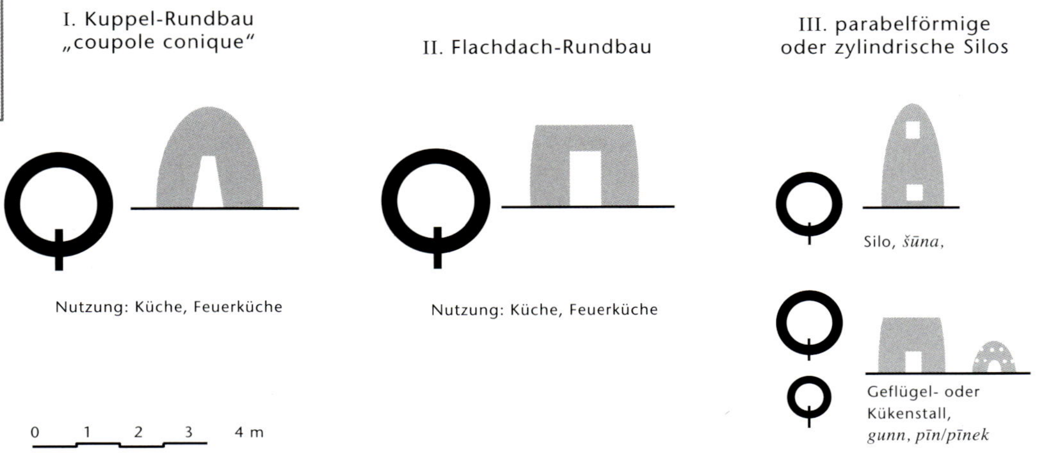

Abb. 269
Satteldach-Stallungen der Oberen Ǧazīra

misten. Im Euphrattal nutzt man oft den Raum unterhalb der Schlafplattform als Geflügelstall.

Entlang der türkischen Grenze zwischen Tell ʿAbiaḍ und ʿAāmūda sind mit Lehmschlämme abgedeckte Strohhaufen verbreitet. Eine Plastikfolie dazwischen sorgt für zusätzlichen Schutz vor Feuchtigkeit. Das Stroh dient als Winterfutter. Die Form dieser *lowāḏ* / sing. *lōḏ* ist vergleichbar mit hiesigen Mieten. Manchmal werden die Seiten etwas aufgemauert, um ihnen mehr Fassungsvermögen zu geben oder man baut sie an ein anderes Gebäude an. (Abb. 267)

Zweighütten, Pferche und Unterstände

Stallungen aus Zweigen, arab. *ʿarāyiš*/ sing. *ʿarīša*, werden nur in wenigen Dörfern des Tišrīn-Stauseegebietes am Euphrat errichtet. Dünne Stämme und große Zweige bindet man spitzzeltartig aneinander. Sie können bis zu 3 m hoch sein und man nutzt sie als sommerliche Schattenunterstände für die eine Milchkuh der Familie (oder für andere vorübergehende Zwecke). (Abb. 320)

Das während des Sommers gesammelte Astwerk und andere Pflanzenreste schichtet man zu großen ringförmigen Gehegen auf, um darin ebenfalls Vieh zu halten. Heute kann sich in einer solchen, heute selten gewordenen *ṣīra* auch ein kleiner Nutzgarten verbergen, der so vor Wind und Austrocknung geschützt ist. Meist stapelt man heute das Brennholz, arab. *ḥatab*, außerhalb des Hofes oder am Dorfrand, ohne ihm eine weitere Funktion zu geben.

Zu einem Stallbereich gehört auch ein Viehpferch, arab. *ḥabūsa*, als Auslauf. Er ist vom Wohnhof durch eine Mauer oder einen Zaun abgetrennt. Bevorzugt bringt man diesen Pferch ist einer Hofecke unter, um schon existierende Wände zu nutzen. Einen Teil davon überdacht man mithilfe von Resthölzern, und schafft einen Unterstand als Schattenplatz. (Abb. 264)

Taubenschläge

Die Taubenzucht ist ein verbreitetes Hobby. Mit Metallkanistern oder kleinen Lehmfächern schafft man den Tauben einfache Nistmöglichkeiten auf den Dächern. Diese übereinander gestapelten Taubenschläge, *brūg* / sing. *birč*, bestimmen das Bild mancher Nebengebäude und finden sich gelegentlich auch auf Hauptgebäuden. (Abb. 266)

Taubenzucht mit wirtschaftlichem Hintergrund wird in Nordostsyrien nicht betrieben. In dem Dorf Ǧubb al-Hamām („Taubenbrunnen“) südwestlich von Al-Ḫafsa existieren noch die Ruinen einer großen Taubenzucht-Anlage mit mehreren tausend Nistplätzen. Ein Aleppiner Landwirtschaftsunternehmer hatte sie dort vor einigen Jahrzehnten errichten lassen. Die Nistplätze sind wie bei einer Legebatterie in große Lehmziegelwandscheiben eingelassen.

Wasserbauten und Brunnen

Ältere Brunnen, arab. *abyār*/ sing. *bīr*, bestehen aus einem mit Lehmziegeln oder Steinen gefaßten Rand und seitlichen Aufbauten. Diese tragen einen Querriegel als drehbare Welle, über welche das Seil hochgezogen wird. (Abb. 164) Mancherorts müssen immer noch Esel den Wassereimer hochziehen. In Dörfern, die über Anschluß ans Stromnetz verfügen, setzt man kleine Dieselpumpen ein. Solche Brunnen fallen kaum mehr ins Auge, da sie nicht aufgemauert und mit einem Deckel versehen sind; oft ragt aus ihnen nur ein Wasserschlauch heraus. Üblich sind unter- und oberirdische Zisternen, *ǧubube* / sing. *ǧubb* oder *ḫazānāt* / sing. *ḫazān*, um über Wasserreserven zu verfügen.

In Gehöften ohne Leitungsanschluß stehen Gefäße mit einem Wasservorrat an einer geeigneten Stelle des Hofes. Während bis in die neunziger Jahre Wasserleitungen oft mit einem zentralen Hahn im Innenhof endeten, verlegen die Bewohner heute Verteilerleitungen in Küche und Hammam.

Nur in den westlichen Teilen der Ǧazīra stehen entlang der Wege hin und wieder kleine Bauten mit einem Trinkwassergefäß darin. Diese Bauten bestehen aus kleinen dreiseitig geschlossenen Aufbauten mit Dach. Viele Luftlöcher, um den Wind durchstreichen zu lassen und ein Sack als Umwicklung des Gefäßes

Abb. 270
Frisch verputzte Silos für Dungfladen und Futtergerste

Abb. 271
Backkamin *ṭeffiye* mit seinen Lüftungslöchern

Abb. 272
Kükenställe, die nachts mit einem großen Stein oder einer Lehmplatte verschlossen werden

Abb. 273
Wasserhäuschen an einer großen Überlandstraße

helfen, das Wasser kühl zu halten. In einem solchen Wasserhäuschen, *bait al-ḫābiye* (arab.), *kublah* (kurd.), steht ein großes tönernes Wassergefäß, *ḫābiye* oder *kub*, das zum Schutz gegen Staub abgedeckt ist, und in dem ein Becher schwimmt.[5] Diese Wasserhäuschen liegen am Rande oder außerhalb der Gehöfte, um sowohl für Vorbeikommende als auch für die Hausbewohner kühles Wasser bereit zu halten. (Abb. 273)

Sanitäre Anlagen

Erst seit der Mitte der neunziger Jahre werden Abtritte üblicher. Entsprechend selten finden sich in Nordostsyrien traditionelle Abortformen. Nur in einem Haus von Yeziden aus dem Sinǧār-Gebirge sah ich einen Abort, der ohne Wasser auskommt. Zwei etwas erhöhte Lehm-Standflächen sind mit einer Rinne dazwischen versehen, in der Urin auf die Straße hinauslaufen kann, wo er versickert. Feste Exkremente werden, nachdem sie getrocknet sind, zusammen mit Tierexkrementen als Dünger verwendet.

Dahingegen bestehen heutige Aborte, *mirāḥīḍ*/ sing. *mirḥāḍ* oder *buyūt mayy*, aus ungefähr 1 bis 2 m^2 großen Bauten, in deren Mitte ein aus Beton gegossenes Urinalbecken (*ḥaǧerat mirḥāḍ*) in den Boden eingelassen ist. Zur Spülung steht entweder eine große Tonne mit Wasser bereit oder die Benutzer bringen jeweils eine Wasserkanne mit. Ein gekrümmtes Rohr verbindet das Urinalbecken mit einer Grube (Größe z. B. 1,50 x 2,30 m, Tiefe 2,20m), die mit Holzplanken, alten Türen oder einer Betondecke abgedeckt ist. Diese Grube liegt seitlich unter dem Abort und ist mit Erde abgedeckt. Gelegentlich wird Kalk in die Grube gestreut. Angeblich wird angestrebt, das Urinalbecken „quer zur Richtung, in der Mekka liegt" zu legen.[6]

Aborte legt man in größtmögliche Entfernung zu den Wohn- und Küchentrakten der Gehöfte, meist auf der gegenüberliegenden Seite des Hofes, häufig nahe bei den Ställen.

Abb. 274

Das Dorf Al-Batraʿ an den Abhängen des Ǧabal Karačok ist bislang nur locker besiedelt. Seine Bewohner sind ehemalige kurdische Nomaden und wurden erst in den 1950er Jahren seßhaft. Die Zwischenräume zwischen den Gehöften lassen noch Raum für kommende Generationen. Blick von Norden

Raumstrukturen: Haus, Hof und Dorf

Kapitel 11

Die Seßhaftwerdung (Sedentarisation) der Beduinen erfolgte schrittweise im Laufe von mehr als einem halben Jahrhundert und wurde durch sich verändernde ökonomische Bedingungen diktiert.

Für Nomaden bestimmt die Nähe von trinkbarem Wasser die Wahl eines Standplatzes. Da auch ein großer Teil der heutigen Orte auf solche Siedlungsplätze zurückgeht, liegen sie in den Flußtälern oder nahe alter Brunnen oder Wasserlöcher.[1] Ortsnamen, die mit *bīr* oder *ǧubb* beginnen, zeugen davon; solche, in denen *ʿain* vorkommt, verweisen auf die Ansiedlung nahe einer Quelle.

Für moderne Ortsgründungen ist es dagegen unter Umständen entscheidender, daß ausreichend Wasser für die Viehtränke vorhanden ist. Die Menschen versorgen sich mithilfe von LKWs oder Traktoren mit Trinkwasser.[2] In hauseigenen Zisternen speichert man den Wasservorrat. Dies auch dort, wo in den letzten Jahrzehnten gebohrte Tiefbrunnen die Bewohner mit Wasser versorgen.

SIEDLUNGSBEGINN

Am Beginn der Dörfer ehemaliger Nomaden stand das Zeltlager, das zunehmend länger am selben Ort blieb. Der ursprüngliche rasche Wechsel zwischen verschiedenen Weidegebieten tendierte immer stärker hin zu längerem Aufenthalt meist in dem Winterweidegebiet. Schwächere Beduinenstämme ließen sich zuerst nieder. Sie hatten schon Regenfeldbau betrieben, als sie noch nomadisierten und nur zu Aussaat und Ernte ihre Felder aufsuchten.

Im Rahmen des Zeltlagers baute die Familie des Stammesführers ihr Zelt nahe der Wasserstelle, und die anderen Stammesmitglieder errichteten ihre Zelte in sehr lockerer Anordnung in der Umgebung. Hinter dieser sehr offenen Lagerform steckt das Anliegen, jedem Zelt einen schnellen Zugang zur Umgebung zu bieten. Die weit auseinandergezogene Niederlassung der Zelte in linearer Form scheint die Regel gewesen zu sein.[3] Bis heute ist es üblich, daß mehrere Zelte einer Familie in einer Reihe aufgestellt werden – die Bauweise in Zeilengehöften ist hier schon angelegt. Zelte verstellen sich möglichst nicht gegenseitig den Zugang und Ausblick auf die Umgebung. (Abb. 275)

Man ließ sich nach Abstammungsgruppen nieder. Wichtig war ausreichender Abstand der Zelte untereinander, um jeder Familie ihre Privatsphäre zu gewähren. Allein aufgrund der langen Zeltschnüre,[4] die sich nicht überschneiden, ergibt sich eine relativ weite Entfernung der einzelnen Zelte untereinander. Mindestens ca. 12 m, d.h. in etwa Rufweite, liegen zwischen den Zelten von Verwandten; andere Zelte stehen noch weiter voneinander entfernt.

Konkret ging Seßhaftwerdung so vonstatten, daß zunehmend mehr Stammesmitglieder im Zeltlager verblieben, während andere weiterhin auf die jährlichen Wanderungen zogen. Das Zeltlager entwickelte sich langsam für immer mehr Menschen zu einem ständigen Wohnort. Diese Übergangsphase, während der das Zeltlager am festen Platz blieb, bis zum Bau der ersten Häuser, dauerte mehrere Jahre, manchmal ein Jahrzehnt oder mehr. Meist waren die Armen die Ersten, die begannen, feste Behausungen zu bauen. Familien, deren Zelte verschlissen waren, und die sich keine neuen Zeltbahnen leisten konnten, begannen als erste, sich des kostenlosen Baumaterials Lehm zu bedienen. Schrittweise lösten Wohnhäuser die Zelte ab: manchmal diente die Zeltplane noch als Dach, während aufgehende Mauern schon halbhoch gemauert waren. Wohlhabende bauten sich zwar Häuser, ließen aber die Zelte noch neben den Wohnhäusern stehen.[5] Für welche Funktionen man als erstes feste Behausungen baute, ist unterschiedlich. Bewohner des Dorfes At-Turn in der Syrischen Wüste berichteten beispielsweise, daß sie als erstes Ställe gebaut hätten, während sie selbst noch in Zelten wohnten. Überwiegend dürften jedoch die ersten Häuser als Winterwohnstätten für Menschen und Vieh gedient haben.

In der Oberen Ǧazīra waren es oft Stammesführer, die sich die ersten Häuser bauen ließen und damit ein Vorbild für andere Stammesangehörige abgaben. Dieses lag auch im Eigeninteresse, da den Stammesführern häufig materielle Vorteile aus einer intensiveren Landbewirtschaftung erwuchsen. Sie verfügten auch weiterhin noch über Zelte für den Empfang von Gästen; Häuser dagegen nutzte man für die Vorratshaltung und das Aufbewahren von Hausstand. Es gab regelrechte geplante Ansiedlungen durch reiche Stammesführer, in wenigen Fällen durch Landwirtschaftsrentiers. Da das Land auf die Stammesführer registriert worden war, entwickelten sie ein materielles Interesse an seiner Bewirtschaftung. Sie ließen Brunnen bohren, verpachteten Boden an die Siedler – ehemalige Sklaven, Kurden, Armenier und arme Stammesleute – und kassierten hohen Pachtzins. Diese Einnahmen bildeten eine der Grundlagen des zunehmenden Reichtums der Stammesführer. Manche Dorfgründungen entstanden gezielt an wichtigen Wegverbindungen, um sie zu kontrollieren.

> *„... on recherche les points de passage obligés, l'abord des puits òu viennent les troupeaux des tribus voisines. Vieux souvenirs de la vie bédouine qui poussent les chefs à se fixer en des lieux òu il leur serait facile, si l'insécurité renaissait, de couper les chemins, de percevoir des taxes abusives et de monnayer l'usage des points d'eau.“*[6]

Für die seßhaft gewordenen, aber landlosen Nomaden der Oberen Ǧazīra gab es anfänglich kaum Bindung an den Boden, sie konnten sich daher auch leicht entschließen, an einen anderen Ort zu wechseln.[7] Gründe konnten ungünstige kleinstklimatische Bedingungen oder auch Animositäten mit Nachbarn sein. Die ersten Häuser hatten ohnehin oft so schlechten Standard, daß sie ohne großen Verlust schnell wieder verlassen werden konnten.[8]

In der fruchtbaren Aue des Euphrattals hatten sich Schafnomaden konzentriert, wo sie Feldbau betrieben und über Weideflächen in der Region verfügten. Ihre Ansiedlungen bestanden anfangs aus Zelten, Erdgrubenhäusern und Zweighütten, die nur wenige Meter oberhalb des Flusses oder auf den Inseln lagen. Während der Sommermonate errichteten sie Zweighütten in den Feldern, um über die Ernte zu wachen. Allzu große Flußnähe barg wegen permanenter Feuchtigkeit, Uferdschungel und Insekten an manchen Stellen auch ein Krankheitsrisiko.

Selbstschutz und Verteidigung spielten bei der Standortwahl der Dörfer wohl eine eher untergeordnete Rolle.[9] Insbesondere in früh entstandenen Dörfern wurde jedoch immer wieder von Überfällen berichtet und die Enge dieser Dörfer ist auch Ausdruck davon, daß man zusammenrückte, um sich untereinander ein wenig Schutz zu gewähren. (Abb. 279)

Die Dörfer der ersten Siedler der Oberen Ǧazīra wurden vorzugsweise auf antiken Siedlungshügeln, den Tells, oder natürlichen Erhöhungen gebaut. Dort verschafft der Wind etwas Kühlung während der heißen Sommermonate, die Überschwemmungsgefahr während der winterlichen Regenfälle ist geringer und eine bessere Übersicht über das Umland konnte in vielerlei Hinsicht nützlich sein. Wegen der Solarorientierung liegen Dörfer bevorzugt an der Südseite von Erhö-

hungen. Dort, wo der Dorfkern an einer anderen Seite liegt, müssen besondere lokale Bedingungen vorliegen, beispielsweise, daß eine wichtige Wegverbindung an einer anderen Seite vorbeiführt. Bei Gebirgszügen und größeren natürlichen Erhöhungen sind auch Nordhänge besiedelt. Stammesführer oder Großgrundbesitzer bauten ihre Häuser auf oder nahe der Kuppen. (Abb. 277) Im Ǧaǧǧaǧ-Gebiet mit seinen unzähligen kleinen Wadis mußte jede verfügbare kleine Erhöhung zur Siedlung genutzt werden.

Da im westlichen Teil der Ǧazīra eine hügeligere Landschaft vorherrscht, spielt die Besiedlung von Tells dort keine Rolle. Tellkuppen sind (in beiden Landesteilen) oft von Friedhöfen bedeckt. Seit Jahrhunderten hatten vorbeiziehende Nomaden dort ihre Toten bestattet, und es verbat sich, auf diesen Gräbern zu bauen. Auch kann der uneinheitliche Untergrund auf einem Siedlungshügel zu Setzungen bei den darauf errichteten Häusern führen. Im Westen gibt es außer den Uferterrassen der Flußtäler keine bevorzugten Siedlungslagen.

Die Hausausrichtung: Süd-Nord und Rechts-Links

Die Ausrichtung der Haupthäuser nach Süden ist im gesamten Untersuchungsgebiet die Regel. Dies wurde entweder religiös oder praktisch begründet und interpretiert.

> *„All the houses and compounds are facing to the south. This is done for religious purposes, namely to be facing Mecca which is the center of the Islamic religion."*[10]

Befragt nach den Gründen geben die meisten Bewohner religiöse Gründe für die Ausrichtung nach Süden an, da Mekka als Gebetsrichtung und Kristallisationspunkt der islamischen Welt in dieser Richtung liegt. Ghirardelli schenkte dem wenig Glauben und führte als Gründe dagegen u. a. ins Feld, daß nichtmuslimische Bevölkerungsgruppen ihre Häuser ebenfalls nach Süden ausrichteten, und daß auch nicht alle Häuser nach Süden orientiert sind. Falls die Annahme der Südorientierung aus religiösen Gründen stimmte, würde Übertretung sogar einem Sakrileg nahekommen. Auch spielen bezeichnenderweise in den generell stärker religiös ausgerichteten Städten solche Aspekte keine Rolle. Im Koran oder den Überlieferungen des Propheten Mohammed findet sich kein Hinweis, daß Wohnhäuser der Gläubigen zur Gebetsrichtung hin orientiert sein sollten. Dennoch ist es ein naheliegender Gedanke, daß, wo das ganze Leben an dieser „axis mundi of the islamic cosmology" [11] orientiert ist, auch die Südorientierung der Häuser von Seiten der Bewohner damit in Verbindung gebracht wird.

Wenn man die Aussagen der Bewohner in dieser Weise ernst nimmt und die Winkel nachmißt, stellt man fest, daß Häuser ungefähr südlich orientiert sind, meist aber um einige Grad abweichen. Der 39. Längengrad, auf dem Mekka liegt, teilt das Untersuchungsgebiet in einen westlichen und einen östlichen Teil. Zur Gebetsrichtung ausgerichtete Häuser müßten also strenggenommen im westlichen Teil um einige Grad von der Südrichtung abweichend nach Osten weisen, während sie im östlichen Teil ein wenig nach Westen gerichtet sein müßten.[12] Die Tatsache, daß die Bewohner bei meinen Kompaßmessungen immer hofften, daß ihr Haus möglichst genau nach Süden ausgerichtet sei, verweist darauf, daß man wünscht, die Gebete möglichst korrekt ausgerichtet zu vollziehen, wenn man sich der Einfachheit halber an den Wänden orientiert. Die Ausrichtung der Häuser gen Mekka hilft auch Besuchern, die beten möchten, da sie nicht erst nach der Richtung fragen müssen.[13] Nach den religiösen Vorschriften muß nur ein fester Betplatz oder eine Betnische genau in Richtung Mekka ausgerichtet sein. Beispielsweise sind im umayyadischen Wüstenschloß Mšaṭṭa (Jordanien) der Thronsaal ebenso wie der Moscheetrakt gen Mekka orientiert, daher wurde aus dieser Ausrichtung der Herrschaftsanspruch zum „Oberhaupt der islamischen Gemeinde" interpretiert.[14]

Der Bezug zu den Richtungen ist im ländlichen Leben allgegenwärtig: fast jede räumliche Lage wird mithilfe der Himmelsrichtungen definiert. Eine Mutter trägt beispielsweise ihrem Kind auf „Bringe mir bitte die Sachen aus dem Westhaus, die dort in der südlichen Nische liegen." Auch die Tatsache, daß im Alltagsgebrauch für „Süden" immer *ǧible* (anstelle von *ǧenūb*, was ebenfalls ‚Süden' bedeutet) verwendet wird, könnte auf einen Zusammenhang zwischen Richtung und Religion hindeuten: *ǧible* heißt auch die Gebetsrichtung nach Mekka. Die Bewohner erklären dies damit, daß dieser Begriff grundsätzlich auf alles Südliche übertragen wird, ohne daß die ursprüngliche religiöse Bedeutung noch mitschwingt. *Al-ǧible*, hocharabisch *al-qibla*, steht in seiner sprachlichen Grundbedeutung *qabala* für ‚annehmen, zustimmen', meint aber auch ‚vorne'.

Chelhod machte auf den Zusammenhang zwischen geografischen Bezeichnungen, deren Bedeutungen und den Himmelsrichtungen im Islam und der arabischen Sprache aufmerksam. So heißt der „Jemen", sowohl ‚Land zur Rechten, als auch ‚glückliches Land', da das Verb *yamana* in seiner Ur-

Abb. 275
Zeltlager von Beduinen (Fedʿan Weld) entlang des Wadis ʿAin ʿIssa (Foto: Oppenheim-Archiv)

Abb. 276
Eine neue Ansiedlung: Haupt- und Nebengebäude liegen weit auseinander, um einen möglichst großen Hof zu sichern

Abb. 277
Dörfer der Oberen Ǧazīra liegen oft auf Siedlungshügeln mit dem *šaih*-Haus auf der Kuppe

sprungsbedeutung ‚glücklich sein' bedeutet.[15] Nur aus der Perspektive eines Standortes vor der Kaʿba in Mekka mit Blick auf die aufgehende Sonne liegt der Jemen im Süden und im Norden liegen die *bilād aš-šām*, die ‚Länder des Nordens', nämlich Syrien. Das Verb *šaʾma* bedeutet ‚ein übles Vorzeichen vorfinden' und das damit in Zusammenhang stehende *šimāl*, eigentlich ‚Norden', wird auch für ‚links' benutzt. In diesen Begrifflichkeiten deutet sich an, daß dem Süden eher positive Eigenschaften zugeschrieben werden, dem Norden eher negative und unheilvolle. Dennoch erscheint es mehr als gewagt, eine Verbindung zwischen den Begriffskonnotationen der Himmelsrichtungen und Form der Häuser mit ihrer weitgehenden Geschlossenheit nach Norden und der Öffnung nach Süden herzustellen. Südausrichtung von Häusern ist unter heiß-trockenen Klimabedingungen mit kühlen Wintern üblich.[16] Die niedrig stehende Wintersonne kann maximal ausgenutzt werden, um die Wohnräume aufzuheizen. Sonnenstrahlen können durch die geöffnete Eingangstür und vielleicht noch ein südliches Fenster eindringen und erwärmen die Langseite eines Hauses. Dagegen ist der Einfallswinkel von Sonnenstrahlen während des ariden Sommers fast senkrecht und heizt die Südwand nur wenig auf.[17] Die im Sommer stärker beschienenen West- und Ostseiten der Häuser bieten der Sonne wenig Angriffsfläche, da sie schmal gehalten sind.

Diese durch das Klima bedingten Vorgaben führen zu Bauweisen, die südliche Türen und nach Süden gerichtete Breiträume haben. Auch dies legt bei Vergrößerung eines Gehöfts die Ausdehnung in östlicher oder westlicher Richtung nahe. (Abb. 150)

Die Südausrichtung findet sich sogar bei Dörfern, die an Nordhängen liegen, woraus sich schließen läßt, daß auf Topographie wenig Rücksicht genommen wird. Erst, wenn auch die kleinklimatischen Bedingungen differieren, wie am Nordhang des Gebirgszuges Ǧabal ʿAbd Al-ʿAziz, ändert man die Ausrichtung der Häuser. Dort kommen die winterlichen Regenfälle von Süden und die extreme Hanglage läßt gelegentlich große Wassermengen zu Tal fließen. Daher öffnet man dort die Häuser talabwärts nach Norden. Ein anderes Beispiel der Abweichung von der Südausrichtung bildet die Region um Dair Az-Zōr am Euphrat. Dort sind die Häuser nach Nordosten geöffnet, um den Staubstürmen, die aus Südwesten kommen, keine „offenen Flanken" zu bieten.

Im Westen der Ǧazīra kommen die winterlichen Niederschläge und Kältefronten hauptsächlich von Norden, die kühlenden Sommerwinde dagegen von Westen. Dementsprechend bleiben die Nordseiten geschlossen, haben nur ein kleines Fenster für die Querlüftung. Fenster weisen in erster Linie die westlichen und südlichen Hausseiten auf.[18] Lichteinfall von Westen ist zwar erwünscht, aber man ordnet dort keine Türen an, damit die untergehende Sonne während des Sommers nicht zu tief ins Innere des Raums dringen kann. Außerdem würde eine Tür noch mehr Verunreinigung durch starke Westwinde zur Folge haben. Die Ostseiten bleiben geschlossen, um dem Nachbargehöft Privatheit an seiner Westseite zu gewähren.

In der Oberen Ǧazīra kommen die Hauptregenfälle von Osten, daher sind diese Hausseiten tendenziell geschlossen. Obwohl Kälteeinbrüche vom nördlich gelegenen Taurus erfolgen, weisen Mittelhallen- und L-Häuser Nordfenster auf.[19] Da kühlende Mittelmeerwinde aus dem Westen die Obere Ǧazīra kaum noch erreichen, ist Westen keine besonders bevorzugte Richtung für Fenster.

Häuser mit Nordeingang würden im Sommer sehr viel kühler bleiben; dennoch kommen sie selten vor. Erstaunlich ist, warum selbst Wohlhabende nicht zwischen Sommer- und Winterwohnräumen trennen – so wie seit Jahrhunderten im städtischen Bereich üblich.[20] Selbst bei Mittelhallenhäusern mit mehreren Raumreihen, die Räume an der nördlichen und der südlichen Seite aufweisen, werden diese nicht getrennt nach Jahreszeiten benutzt.

Da beinahe alle Haupthäuser die gleiche Orientierung aufweisen, ergibt sich bei unmittelbar hintereinander liegenden Haupthäusern keine Einsicht in die Höfe der Nachbarn. So entsteht allein aufgrund der Anordnung eine Privatsphäre im Hof. Gehöfte, die einen rechten Winkel bilden, der nach Südwesten geöffnet ist, schließen sich voreinander ab. Jedes bildet eine relativ intime Hoffläche. Einblikke in diese Höfe erhalten allenfalls Vorübergehende, nicht jedoch die ständig anwesenden Nachbarn. Da die Gehöfte darüberhinaus weit genug auseinander und immer auch etwas versetzt in Nord-Südrichtung liegen, kommt es auch zu keiner Windschattenbildung zum Nachteil des östlichen Nachbarn.

Die bevorzugte Lage des Repräsentationsteils im Haus ist westlich, während die Familienwohnteile östlich liegen. Ghirardelli interpretierte diese signifikante Anordnung ausgehend vom Hausherrn, der auf der Schwelle seines Hauses steht und auf den Hof, d. h. gen Süden blickt: aus dieser Perspektive hat er den Gästeraum zur Rechten und den Familienwohnraum zur Linken.[21] Wie oben beschrieben, steht *yamana* für ‚nach rechts gehen' und positive Aspekte des Lebens wie ‚Glück, Erfolg'. Links, *yasira*, bedeutet ‚leicht sein', ‚ebnen',‚leicht gebären',‚erleichtert werden', es verweist auf ein naturhaftes Glück.

> *„Besteht dieses Glück darin, mit allem versehen zu sein, was zur Befriedigung der Bedürfnisse* ***im*** *(Hervorhebung des Autors) Haus notwendig ist, weist ‚yamana' eher auf eine Bedeutung des Glücks in der Zukunft hin, auf die Perspektive des „rechten Weges" und auf die guten Vorzeichen, unter denen die Entfaltung des ‚Hauses' stehen soll."*[22]

Abb. 278

Kurz nach der Bauaufnahme versank das Dorf Abū Ḥağaira im Ḥabūr-Stausee nahe Tell Tamr. Das größte und höchstgelegene Gehöft gehörte dem Notablen; der westliche Raum mit vielen Fenstern war das Gästehaus. Die Gehöfte schlossen sich vor allem aufgrund ihrer Zentrierung auf den eigenen Hof voneinander ab. Die einheitliche Struktur der Gehöfte und des Haustyps (einreihiges Mittelhallenhaus mit Winkelraum) hängt mit der fast gleichzeitigen Entstehung der Haupthäuser in den 1950er/1960er Jahren zusammen. Die Bevölkerung hatte sich 1936 am Ort angesiedelt. (Abb. und Angaben nach: Tunca et al., 1991)

Abb. 279

Das Dorf Umm Al-Marrā bei Dair Ḥafir weist einen Kern um die Moschee auf; die verschachtelte, kleinteilige Struktur der Gehöftgrenzen deutet auf seine frühe Entstehung vermutlich in der Mitte des 19. Jahrhunderts hin. Die ersten Siedler hatten sich nur kleine Hausparzellen gesichert, spätere Gehöfte okkupieren größere Flächen. (Abb. und Angaben nach: Tunca et al., 1991)

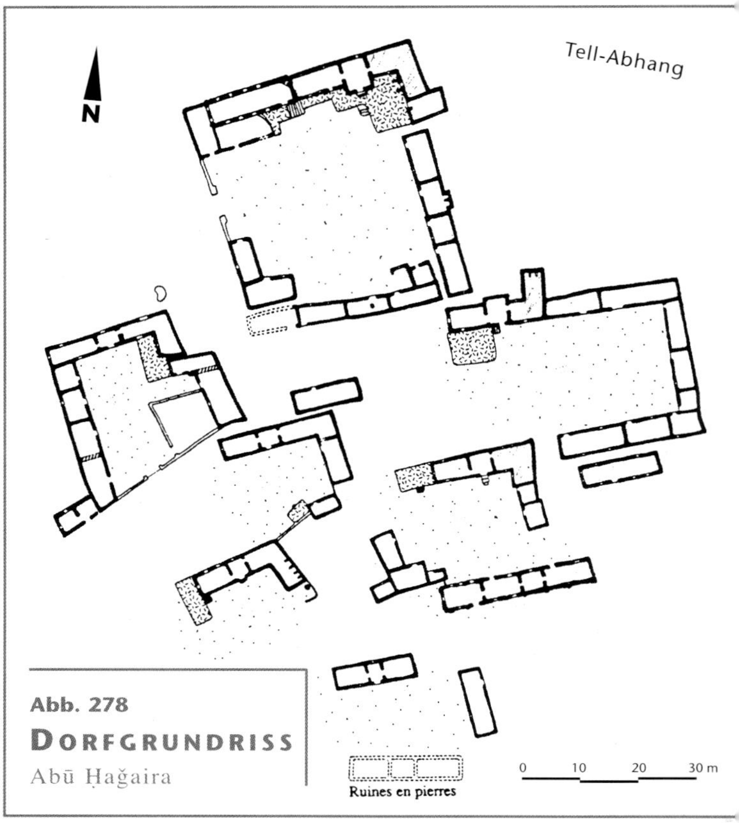

Abb. 278
Dorfgrundriss
Abū Ḥağaira

Zum ‚rechten' Bereich gehören die nach außen gerichteten Räume des Westens mit ihren Männerversammlungs- und Besucherfunktionen, in denen die Zukunft des Hauses gesichert wird. Auch das Haus des ältesten Sohnes, des *ibn al-yamīn*, des ‚Sohnes zur Rechten', wird manchmal rechts des Vaterhauses gebaut.[23] Im Gegensatz dazu liegen zur Linken des auf der Schwelle stehenden Hausherrn die Familienwohnräume, in denen bewahrt und gepflegt wird – bis hin zu den Kindern, die dort zur Welt kommen und aufwachsen. Dort ist das eigentliche Haus, in dem sich alle lebenserhaltenden Dinge und die Vorräte befinden – ein Bereich, für den ausschließlich die Frau zuständig ist. Auch im einräumigen Haus findet sich dieselbe räumliche Ordnung der Bereiche.

Diesem kulturanthropologischen Erklärungsansatz kann ein rein praktischer gegenübergestellt werden: wegen der kühlenden Wirkung von Fenstern im westlichen Raum wird dieser als der repräsentativere Raum genutzt. Für den Aufbewahrungsraum bietet sich die östliche Lage an, als „Haus des Hauses" mit seinen Besitztümern und seinen intimen Zwecken verlangt er nach Abgeschlossenheit. Wenn man ausschließlich den Westen der Ğazīra betrachtet, hat diese Begründung eine gewisse Berechtigung. In der Oberen Ğazīra kommt der leicht kühlende Westwind kaum mehr an. Dort weisen auch nur ca. 2/3 aller Häuser den Repräsentationsraum auf der Westseite auf. Das restliche Drittel folgt darin offenbar der in den Zelten üblichen Anordnung mit dem Männerbereich im Osten.[24]

Solarorientierung wie auch Rechts-Links-Aufteilung wird heute aus praktischen Gründen in der oben beschriebenen Weise gehandhabt. Hinter diesen „Regeln" verbergen sich jedoch tief verwurzelte spirituell-geistige Auffassungen, die sich zu Traditionen verfestigt haben.

Wie stark die durch religiöse Zusammenhänge definierten Himmelsrichtungen den Alltag bestimmen, zeigt sich an der Richtung, die man im Schlaf einnehmen sollte – nach der Meinung einiger sehr frommer Ğazīra-Bewohner: So soll der Ruhende mit seinem Kopf entweder nach Süden oder nach Westen schlafen, keinesfalls dürfen angeblich die Füße gen Mekka zeigen.

Entstehung eines Gehöftes

Im folgenden wird das Wachsen eines Hauses idealtypisch anhand eines Zeilenhauses (das auf offenem Feld entsteht) demonstriert, dessen Gehöftteile alle aus einzelligen Bauten bestehen. Der Bauprozeß beginnt mit dem Errichten eines nach Süden gerichteten Zeilenhauses. Es dient einem jungverheirateten Ehepaar als Familienwohnraum und liegt unweit des Gehöfts der Eltern des Mannes. Der südseitige Eingang öffnet sich zu einer Freifläche, dem bislang räumlich undefinierten Hof. Hauswirtschaftliche Arbeiten erfolgen zunächst noch im elterlichen Gehöft. Nach drei Jahren wird eine eigene Küche mit Hammam errichtet. Sie wird im rechten Winkel zum Familienwohnraum, ungefähr in einer Linie mit dessen Ostwand etwas südlich gebaut. Der Hof erhält also ein erstes Stück östlicher Begrenzung und hat die Form eines Hakenhofs angenommen. Die Entfernung zwischen Haupthaus und Hauswirtschaftsbereich wird mit Geruchsbelästigung begründet. Da in Küchen mit offenem Feuer oder Gas hantiert wird, spielt auch die Brandgefahr eine Rolle; Feuer sollte nicht auf den Wohnbereich übergreifen können. Diese Angst vor Feuer zeigt sich auch in der magischen Vorstellung, daß sich „böse Geister", *ğinn,* besonders in Abfallhaufen und Feuerglut aufhalten und dort Unheil stiften könnten.

Ein Jahr später errichtet die Frau eine kleine Feuerküche, damit sie nicht mehr in der Feuerküche der Schwiegermutter backen muß. Der Ertrag einiger guter Ernten ermöglicht ihnen, Schafe zu kaufen, und der Mann baut Stallungen, einen Pferch und eine kleine Scheune gegenüber dem Familienwohnraum. Der Hof hat die Form eines offenen Dreiseiters erhalten.

Wenn es die finanzielle Situation der Familie erlaubt und es vielleicht wegen mehrerer Kinder erforderlich geworden ist, wird das Paar einen separaten Raum zum Gästeempfang in Angriff nehmen. Sie bauen ihn westlich an den Familienwohnraum an.

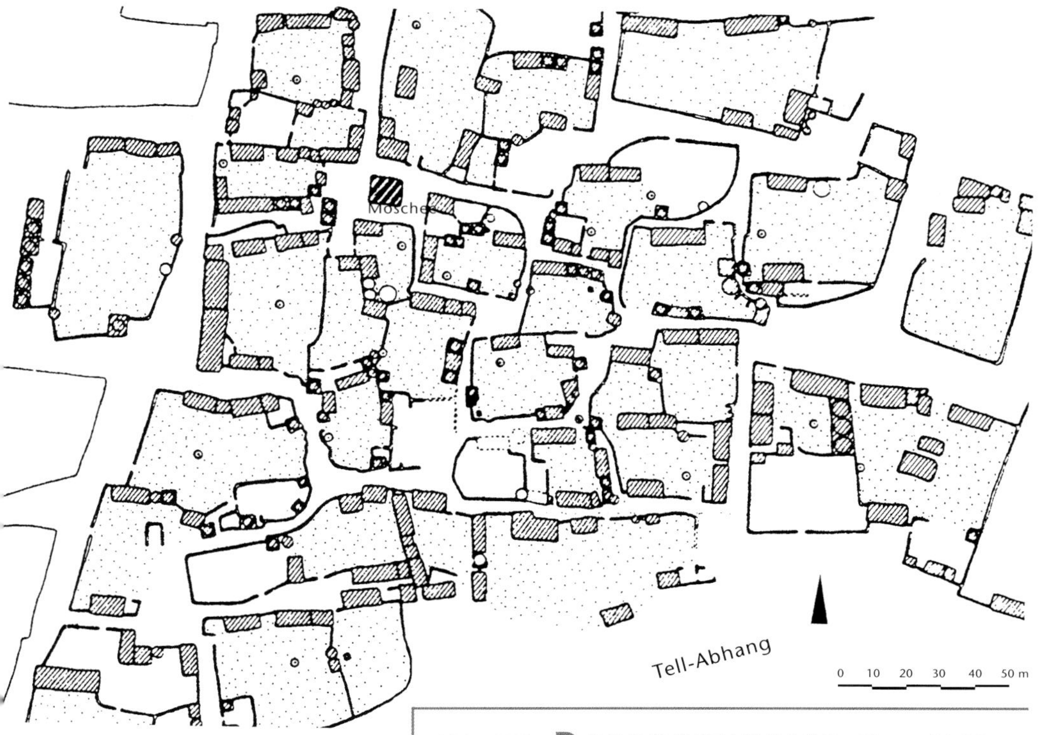

Abb. 279 **Dorfgrundriss** Umm Al-Marrā

Die Hauptzeile ist nun breiter geworden und hat dort weiteren Raum als zugehörige Hoffläche definiert.

Obwohl das Gehöft nun „komplett" ist, könnte durch weitere Kinder oder durch viel Hausrat nach weiteren Jahren das Bedürfnis nach einem Eß- und Aufenthaltsraum entstehen. Man würde ihn in die freie Ecke zwischen Familienwohnraum und Küche bauen.

Ein solcher Bauprozeß zieht sich beinahe über das gesamte Eheleben hin. Er steht für einige Jahre still, um jedoch bei verändertem Bedarf wieder in Gang zu kommen. Wenn die Söhne heiraten, nutzen deren neu entstehende Kernfamilien nur anfänglich noch Teile des Elterngehöftes mit. Der jüngste Sohn übernimmt das Gehöft der Eltern und erneuert es nach eigenen Vorstellungen.

Formen und Bauweisen von Gehöften

Am Beginn der Landnahme (oder bei heutigen Neuansiedlungen) dokumentiert eine Familie ihren Anspruch auf ein Stück Land, indem sie ein Haus errichtet. Der südlich vorgelagerte Bereich ist der zugehörige Hof. Grundsätzlich gilt die Regel: die Fläche vor dem Haus gehört zu diesem. Hier tritt die Bedeutung der Südorientierung zutage: der Hof, das Zentrum des Hauses, liegt südlich vor ihm.

Gehöfte bestehen immer aus mehreren Gebäuden, keiner der vorhandenen Haustypen vereint alle Funktionen unter einem Dach – Einhäuser haben nur am Siedlungsanfang existiert. Hallenhäuser ebenso wie T-Häuser fassen Repräsentations- und Wohnräume unter einem Dach zusammen. Die Nebengebäude wie Hauswirtschaftsteil, Stall und Scheune bedingen bei fast allen Haustypen eigene Bauten.

Die Formen, wie man die einzelnen Gehöftteile zusammenfügt, sind vielfältig. Nur ansatzweise lassen sie sich in Gehöftkategorien einordnen. Jede weitere Baumaßnahme verändert die Gehöftform mehr oder weniger:

- Die Gehöftteile stehen separat, sie erhalten ihren Zusammenhang durch räumliche Nähe und bilden einen Streuhof.
- Sie sind reihenartig aneinander gebaut, kombiniert evtl. mit einer zweiten Zeile (Streckhof).
- Sie sind im rechten Winkel aneinander gebaut (Hakenhof).
- Sie bilden rechtwinklig zueinander stehende Drei- oder Vierseiter.[25]

Streuhöfe stehen oft am Beginn einer Gehöftbildung. Viele bleiben jedoch auch trotz Zubauten als Streuhöfe bestehen. (Abb. 276) Sie sind besonders als Einzelgehöfte außerhalb von Dörfern oder an deren Rändern üblich. Die Distanz der Gebäude zueinander mag den Kulturfremden irritieren. Erst aus der Perspektive von jemandem, der im Türrahmen des Wohnhauses steht, ergibt manche Gebäude-Ansammlung ein Gehöft, das sich um einen Hof gruppiert. Sie können später durch eine Hofmauer zusammengefaßt werden.

Dem ursprünglich einzeiligen Streckhof werden häufig weitere Zeilen gegenüber oder hakenförmig zugefügt. (Abb. 282: II) Die Nebengebäude können auch verstreut angeordnet sein. Wer wohlhabend ist, eine große Familie hat, und wo der Ausdehnung keine anderen Häuser entgegenstehen, wird sein Gehöft möglichst breit ost-westlich anlegen, um damit einen großen Hof zu erhalten und viel Land für seine Familie zu sichern. Dadurch ergeben sich lange Streckhöfe, die im Westen verbreitet sind und mit Zeilenhäusern einhergehen. (Abb. 150) Dem wird später oft eine weitere Zeile gegenübergestellt, die das Land südlich begrenzt.

Eine spezielle Form von Streckhöfen hat sich in einigen Dörfern der Oberen Ǧazīra ausgebildet: zwei gegenüberliegende Zeilen werden durch Hofmauern (oder auch andere Räume) an beiden verbleibenden Seiten verbunden. Der Zugang erfolgt durch einen schmalen Gang in der dem Haupthaus gegenüberliegenden Raumzeile. Solche Gehöfte lassen sich in engen Siedlungslagen reihenartig aneinanderfügen. (Abb. 282: III)

Hakenhöfe im rechten Winkel sind in allen Landesteilen üblich. Sie liegen nach Südwesten geöffnet, und die beiden Raumflanken sind mehr oder weniger auf Zuwachs ausgerichtet. (Abb. 282: IV) Dreiseithöfe kommen ebenfalls häufig vor, sie sind aus Haken- oder gegenüberliegenden Streckhöfen entstanden. (Abb. 282: V) Gehöfte, die vierseitig mit Räumen geschlossen sind, gibt es selten. Wo dies der Fall ist, zeugt es oft von ihrem relativem Alter oder einem besonderen Bedürfnis nach Abgeschlossenheit. (Abb. 282: VI) Nur bei diesen Vierseithöfen besteht eine Tendenz zu regelmäßigen Außenmauern.

Insgesamt läßt sich eine etwas unterschiedliche Tendenz bei der Hofausdehnung im Westen und im Osten Nordostsyriens beobachten. Während man im Westen sein Gehöft größer und eher in die Breite anlegt, überwiegen im Osten quadratische bis schmalere Gesamtanlagen der Gehöfte.

Wenn Menschen unbebautes Land in Beschlag nehmen, um ihr Vieh zu weiden, ihr Zelt zu errichten oder Bauern sich Land aneignen, um Anbau zu betreiben und ein Haus zu errichten – dies alles wird von der islamischen Religion ausdrücklich gebilligt. Das Prinzip ‚Das Land dem, der es bebaut' hatte seit osmanischer Zeit gegolten.

Das entscheidende Charakteristikum für einen Hof ist, daß alle Gehöftteile sich ansehen. Das Gehöft spiegelt – ebenso wie die Sitzordnung – die Tendenz der Bildung einer freien Mitte. Von arabischen wie von kurdischen Bewohnern Nordostsyriens wird für ‚Hof' der Begriff *ḥōš* / *ḥōwāš*[26] (oder auch als Partizipien *mḥawwiš* oder *msayyiğ*) verwendet. Gehöfte tragen in sich die Tendenz, die anfänglich räumlich noch undefinierte Hoffläche durch Bauten in Beschlag zu nehmen, indem sie sie umschließen. Die Gehöfte der Ğazīra haben am Anfang alle einen vorgelagerten Hof. Von der agglutinierenden Bauweise haben diese Gehöfte zwar das „Anleimen, das Wachsen, das Schwinden und die Flexibilität",[27] aber im Unterschied zu echten Agglutinaten bilden die Höfe ein so stark ordnendes Element im Gesamtgefüge, daß hier bestenfalls von ‚regulierten Agglutinaten' gesprochen werden kann. Am Beispiel der Anbaubarkeit wird dies deutlich: eine Hauszelle kann nur an zwei Seiten angebaut werden, nicht, wie bei echten Agglutinaten, an allen vier. Wenn Ernst Heinrich Beispielhäuser aus dem Dorf Tell Ailūn bei Derbasiya in der Oberen Ğazīra anführt, so bezieht sich dies auf Bausubstanz, die er dort in den fünfziger Jahren vorfand.[28] ‚Anleimende' Bauweisen sind heute äußerst selten. Ältere Dorfgründungen weisen zwar eine stärkere Tendenz zum Agglutinieren auf, aber auch dort ist diese Bauweise nicht vorherrschend. Es besteht die starke Tendenz zur Regulierung. Das Zusammenfügen der einzelnen Baukörper eines Gehöftes erfolgt heute anders als offenbar noch vor einigen Jahrzehnten. Rechtwinkligkeit, Regelmäßigkeit, Großzügigkeit der Anlage und die Zuordnung zum Hof als zentrales Element sind heute offenbar viel wichtiger geworden, als in den Jahren bis zur Mitte dieses Jahrhunderts, aus der die Beobachtungen Heinrichs in der Ğazīra stammen.[29]

Gehöfte ehemaliger Nomaden sind möglichst weitläufig. Ein Grund für die Anlage weit auseinanderstehender Räume liegt in der Sicherung des Landes für die eigenen Nachkommen. Dies kann entweder, wie oben beschrieben, in Form einer langen Zeile als Streckhof erfolgen, oder aber durch die möglichst große Entfernung zu den Nebengebäuden auf der dem Haupthaus gegenüberliegenden Seite.

Die einzelnen Gehöftteile treten mit ihrer lockeren Bauweise in direkte Korrespondenz mit der sie umgebenden Landschaft. Zwar stellt die Hauswand eine Abgrenzung von der Umgebung dar, der Boden des Innenraums ist jedoch noch deutlich ähnlich: der gestampfte Lehmfußboden. Auch die direkte Verbindung der Räume nach außen (bei den einzelerschlossenen Bauweisen) erinnert an das Leben in Zelten mit seiner unmittelbaren Nähe zur Natur. Weite Sichtbeziehungen in die Umgebung sind möglich.

Ein Vergleich zwischen dem Besetzen des Raums eines Zeltes (innerhalb eines Beduinenlagers) und der Aneignung einer noch undefinierten Hoffläche offenbart eine Verschiebung. Beim Zelt beansprucht eine Familie den Umraum, der sich unter den Schnüren ergibt und noch weitere Fläche darüber hinaus. Wie groß diese Fläche ist, wird wesentlich von der Größe der Herde bestimmt. Nachts schlafen die Tiere meist seitlich neben dem Zelt. Unter den Zeltschnüren finden alle möglichen Gerätschaften ihren Platz. Vor dem Zelt jedoch liegt der Außenraum, der eher dem Wohnen und Repräsentieren dient.[30] Beim Besetzen der Hoffläche des Wohnhauses hat also eine Verschiebung stattgefunden: auf die Flächen hinter dem Haus wurde verzichtet (dort gelagerte Geräte liegen nun in Nebengebäuden an entfernteren Stellen des Gehöftes) und die Fläche vor dem Haus aufgewertet.

Abb. 280
Aus der Entfernung wirkte das Dorf Qal'at Neğm wie ein geschlossenes Gebilde, das sich an die islamische Burgruine schmiegt. Die Haupthäuser öffneten sich nach Süden.
Im Vordergrund lag der nicht mehr benutzte Dreschplatz. Das Dorf ging 1999 im Tišrīn-Stausee unter.
(vgl. auch Abb. 30, 281).

Abb. 281
Das Dorf Qal'at Neğm entstand in den zehner Jahren des 20. Jahrhunderts. Deutlich sind die geschlossenen Gehöfte als Insulae mit breiten Freiflächen dazwischen erkennbar. Bei diesem Blick von Norden sind die geschlossenen „Rückseiten" der Häuser gut erkennbar.
(vgl. auch Abb. 280)

Die Rückwände der Gebäude bilden nun die Grenzen des beanspruchten Raumes. Im Alltag setzt man sich sowohl beim Zelt als auch beim Haus jeweils an den Ort, der gerade den gewünschten Verhältnissen von Licht, Schatten und Windzug entspricht. Teppiche, Matten und Kissen werden dort ausgelegt. Falls nur dort angenehm-kühlende Windbrisen zu spüren sind, kann dies auch in einiger Entfernung von der Behausung sein. Obwohl dies nur vorübergehender Natur ist, wird man bestrebt sein, diese Fläche auch permanent für sich zu reklamieren.

Die Ansiedlung seßhafter Bewohner in Nordostsyrien folgte anderen Schemata. Weniger das Aneignen von möglichst viel Fläche für eine Hausparzelle, sondern sein Haus abzugrenzen, stand im Vordergrund. Entsprechend baute man kleinere Höfe mit Tendenz zum Mehrseithof. Sie siedelten auf Tells, den antiken Siedlungshügeln, da diese die einzigen Erhöhungen in der Landschaft darstellen. Vorteile waren das schnelle Abfließen des Regenwassers und das Schonen der Ackerflächen in der Ebene.

Die Hofbildung vollzieht sich heute bei fast allen Haustypen in ähnlicher Art und Weise. Eine Ausnahme bilden (mehrreihige) Mittelhallenhäuser, die von ihrem Ursprung her inmitten des Grundstückes liegen sollten (und daher dem Zeltumraum ähneln). Man splittet daher häufig Hoffunktionen zwischen einem Vorplatz vor dem Haus und dem eigentlichen Wirtschaftshof hinter dem Haus auf.[190]

Höfe und ihre Begrenzungen

In Nordostsyrien sind ein übergroßer Teil aller Anwesen geschlossene Gehöfte – mit steigender Tendenz. Darunter verstehe ich sowohl solche, bei denen die Hausflanken Vierseithöfe haben entstehen lassen, als auch solche, bei denen eine Hofmauer, *sūr*, fehlende Flanken ersetzt.

Neuere Gehöfte beanspruchen bis zu 4000 m², während ältere Gehöfte nur einige hundert Quadratmeter Fläche aufweisen. Große Hofflächen bewahren einen Rest von Weite der Landschaft, helfen durch Entfernung zu den Nachbarn Abstand herzustellen, für die nächsten Generationen Flächen freizuhalten und eine große Herde im Hof unterzubringen. In solchen Höfen kann man große Hochzeitsfeiern ausrichten, was sie auch zu einem Statussymbol macht.

Es wurde gemutmaßt, daß das von den Frauen eines Haushalts sauber gehaltene und gefegte Gelände um das Wohnhaus jene Hoffläche markiert, die von dieser Familie beansprucht wird.[31] Es besteht jedoch kein direkter Zusammenhang zwischen beidem. Der Anspruch auf die Hausparzelle manifestiert sich nicht zwangsläufig in äußerlich sichtbarer Form. In der Anfangsphase der Ansiedlung wird es als unwichtig erachtet, die Parzelle seiner Familie abzugrenzen, wenn genügend Fläche zwischen den einzelnen Gehöften vorhanden ist. Solange Land im Überfluß vorhanden war, war dies unwichtig.[32] Heute, im Angesicht stark zunehmender Bevölkerung, versucht man, sich Hofflächen zu sichern.

Heinrich interpretiert Umgrenzung oder Einhürdung als typisch für die Nähe seßhafter Regionen, da Siedlungswillige dort den „zwei- bis vierbeinigen Räubern“ stärker ausgesetzt sind „als der Nomade in der freien Steppe ...“ [33] Der ehemals nomadischen Bevölkerung Nordostsyriens liegt das Prinzip der Eingrenzung jedoch eher fern: Sie bevorzugt die offene Fläche und freie Sicht rund um Haus oder Zelt, was ihr auch als Zeichen von Ungebundenheit erscheint, als bewahrenswertes Relikt einer „freieren“ Vergangenheit. Schon allein die Größe dieser Freifläche gewährleistet eine gewisse Intimität. Sehr deutlich ist dies bei jenen Wüstendörfern abzulesen, die noch keine Phase der Verdichtung miterlebt haben. Dort stehen Gehöfte sehr weit auseinander und es gibt keine Hofeinfriedungen. Selbst wo Schafe und Ziegen gehalten werden, übernehmen allein die Wachhunde das Zusammenhalten der Herden.[34]

Ein Grund zur Hofummauerung kann in der Nutzung als Garten liegen, aus dem Schafe und Ziegen ferngehalten werden müssen. (Abb. 133) Eher bevorzugt man jedoch, nur den Teil des Hofes zu ummauern, der wirklich als Garten dient. Dies reduziert die Verdunstung und schützt die Pflanzen vor Staub. Die Hofbildung selbst wurde ebenfalls vor dem Hintergrund des Schutzes vor Wind und Staub interpretiert.[35] Dies trifft jedoch für Nordostsyrien nicht zu, wo man den Wind begrüßt, jedoch Staub als seinen leidigen Begleiter betrachtet.

Eine relativ optimale Lösung der Probleme unter gleichzeitiger Wahrung der Offenheit bietet die Errichtung einer niedrigen Hofmauer von 1,20 bis 1,50 m Höhe. Es wird eine gewisse Umgrenzung geschaffen, die die Schafe der Nachbarn nicht überwinden können, wenig Staub einläßt, aber Blickbeziehungen erlaubt und so eine teilweise Offenheit bedeutet.

Abb. 282 Hofformen

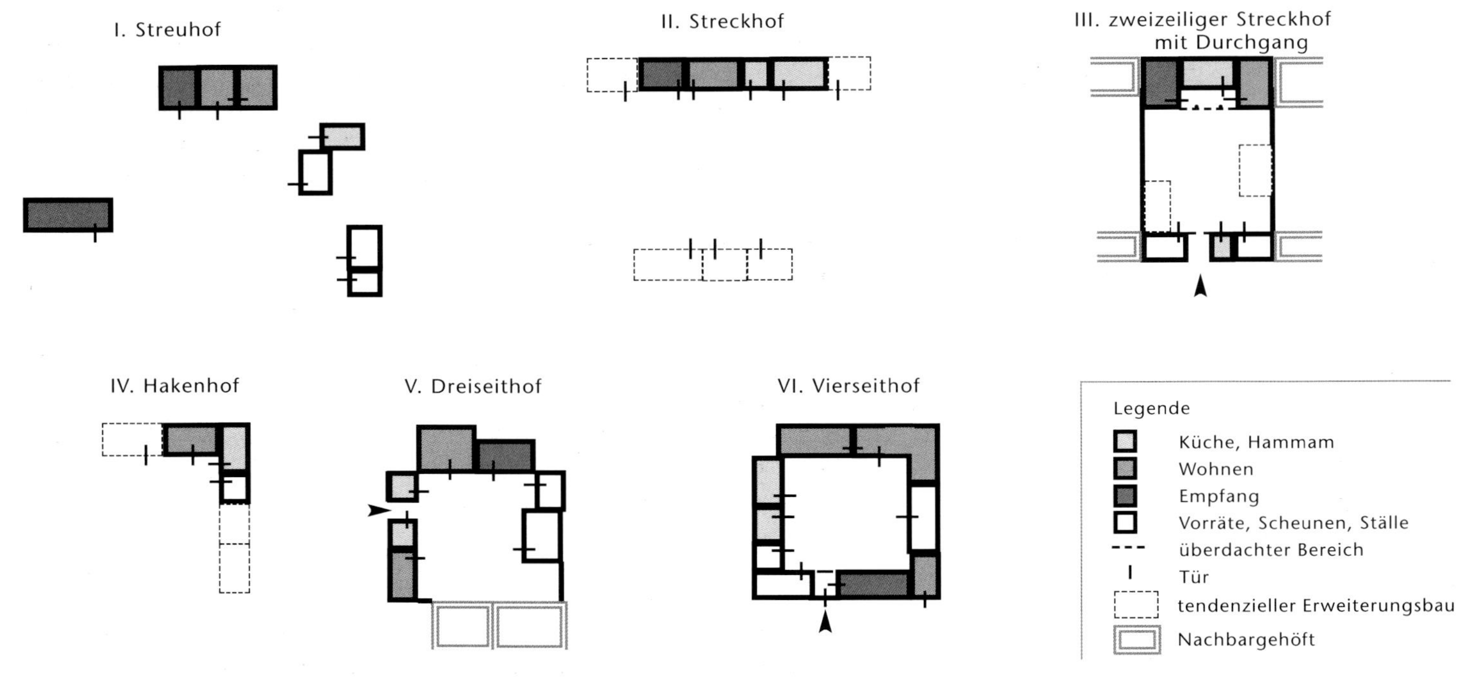

Bei offenen Gehöften und solchen mit niedrigen Hofmauern ist jede Bewegung außerhalb der Räume sichtbar. Auch daß im Sommer unter freiem Himmel übernachtet wird und die Frauen vielfältige Hausarbeiten im Hof erledigen, bildet keinen Grund für einen Sichtschutz. Solange das Dorf klein ist und die Bewohner miteinander verwandt sind, empfinden sie dies nicht als Problem. Die offene weit vertraute Bauweise läßt über einen längeren Zeitraum Viertel entstehen, in denen die Mitglieder einer Familie wohnen.

Geschlossene Gehöfte gibt es vor allem aus folgenden Gründen: wenn die Bebauungsdichte so groß geworden ist, daß die erforderlichen großen Abstände zu den Nachbarn nicht mehr vorhanden sind (oder wenn Nachbarn im Streit miteinander liegen). Erst wenn die familiale Intimität nicht mehr durch ausreichende räumliche Entfernung gewährleistet ist, errichten die ehemaligen Nomaden hohe Hofmauern. Demzufolge sind häufig in den Kernbereichen der Dörfer durch Hofmauern geschlossene Gehöfte anzutreffen, während man an den Rändern nach wie vor offene Höfe hat.

Dementsprechend werden diesselben Bewohner, sobald sie in eine Stadt ziehen, als erstes eine Ummauerung um ihr Grundstück ziehen, um der fremden Umgebung den Einblick in das Haus zu verwehren.[36] Während also im Dorf die räumliche Abgrenzung den Endpunkt einer längeren Entwicklung der Verdichtung darstellt, steht sie im städtischen Bereich am Anfang der Ansiedlung, um sich in einer anonymen Umgebung abzugrenzen und Privatheit zu wahren. Die häufig geäußerte Annahme von dem „Wunsch des südlichen Menschen, eine nach außen abgeschlossene Welt zu schaffen“ [37] trifft nicht auf die Ǧazīra zu. Eher notgedrungen baut man dort geschlossene Höfe, entsprechend dem städtischen Vorbild werden sie als *ḥowāš ʿarabī*, „arabische Höfe“, bezeichnet.

Je größer ein Gehöft ist, desto stärker manifestiert sich darin eine Bindung an dieses Stück Land. Die Familien der ehemaligen Nomaden erreichen damit ein fortgeschrittenes Stadium der Sedentarisation.

Die Höfe selber sind anfänglich weite offene Freiflächen mit ausreichend Platz für land- und hauswirtschaftliche Tätigkeiten.[38] Während zum Innenhof des städtischen Hauses Gestaltungselemente wie gefliester oder plattierter Boden, gestaltete Hofwände, Wasser- und Pflanzbecken gehören, fehlt dem ländlichen Hof dies alles. Seine landwirtschaftliche Nutzung, seine Größe und die geringe Abgeschlossenheit von außen lassen kein Innenhof-Idyll entstehen. Auch bringt die Eingeschossigkeit ländlicher Gehöfte wesentlich mehr Sonneneinstrahlung und damit nur kleine Schattenzonen mit sich. Diese weiten offenen Höfe kühlen sich nachts jedoch schnell ab. Schlafpodeste oder Familienbetten stehen dort, wo der Luftzug dafür am günstigsten ist.

Die Anordnung mit dem Wohnhaus im Norden des Gehöftes und einem Zugang von Süden oder Westen her bedeutet, daß Besucher den Hof durchschreiten müssen, um zum Gästebereich zu gelangen. Das hat jedoch nicht zur Folge, daß deshalb auch der Hof in irgendeiner Weise repräsentativ gestaltet wird.

Abhängig von Jahres- und Tageszeiten sitzen die Familienmitglieder im Schatten unterschiedlicher Gebäude des Gehöftes – nur, wer ein Vorhallenhaus besitzt, verfügt immer über einen schattigen Ort und muß deshalb nicht die Plätze wechseln.

Hofmauern werden zwischen 1 m und 2,50 m hoch errichtet und können aus Lehmziegeln, Bruchsteinen oder vegetabilen Materialien bestehen.[39] Nur wo besondere Mauerkronen vorkommen, fallen die Mauern ins Auge. Bekrönungen sind selten. Während man sie im Westen gelegentlich mit Zacken, durchbrochenem Mauerwerk bekrönt, werden im regenreichen nördlichen Bec de Canard Hofmauern mit kleinen Strohsatteln mit Lehmschlämme bedeckt, um vorzeitige Erosion zu verhindern.

Vom Gehöft zum Dorf

Bei der Landnahme vieler Dörfer in der zweiten Hälfte des 19. Jahrhunderts und der ersten Hälfte dieses Jahrhunderts war Baugrund mehr als ausreichend vorhanden, so daß sich jeder das von ihm gewählte Land aneignen konnte. Dies wurde in Absprache innerhalb der Dorfgemeinschaft festgelegt; trotzdem ergaben sich auch immer wieder Streitigkeiten. Die von den Familien beanspruchten Flächen waren anfangs allseitig umgehbar und bilden teilweise bis heute „insulae“. Nicht näher definierte Freiflächen um diese, teilweise unregelmäßigen „insulae“ stellen die Verkehrswege dar.

Während bei frühen Dorfgründungen die Häuser noch relativ eng, mindestens in Rufweite, beieinander lagen, um ein gewisses Maß an Sicherheit zu gewähren, konnten seit der Mandatszeit größere Abstände und Freiflächen zwischen den Häusern gelassen werden.[40]

Mit dem Alter der Dörfer steigt die Verdichtung.[41] (Abb. 279) Selbst bei ursprünglich großen Grundstücken verdichtet sich das Gehöft, wenn z. B. verheiratete Söhne mit ihren Familien innerhalb eines Vatergehöfts bauen. Während sich anfänglich die Bauten der Söhnegeneration noch auf den zentralen Hof beziehen, tritt häufig nach einigen Jahren ein Bedürfnis nach weiterer Separierung auf. Aus dem ursprünglich e i n e n Gehöft können sich so mehrere Gehöfte mit kleineren Hofflächen entwickeln. Neue Gehöfte, die zur selben Großfamilie gehören, können an das Vatergehöft direkt ohne Freifläche dazwischen angesetzt sein. Auch gehören beispielsweise die zusammenhängenden Gehöftgruppen um die Moschee in Umm Al-Marrā (Abb. 279) vermutlich jeweils zu einem Familienclan. So scheinen dort drei bis vier Gehöftgruppen den ältesten Siedlungskern darzustellen.[42]

Gehöfte wachsen auch in Verkehrsflächen hinein. Die Ausdehnung erfolgt, indem nicht unbedingt erforderliche Wege überbaut oder auf ein Mindestmaß reduziert werden. Aufgrund zunehmender Enge entsteht manchmal eine verschachtelte Bauweise, die zwar an Agglutinate erinnert, jedoch immer von der Innenhofstruktur her bestimmt bleibt. In stark verdichteten Dorfkernen geht man durch enge mauergesäumte Gassen und fühlt sich als Fußgänger ein wenig an orientalische Altstädte erinnert. (Abb. 279) Im Unterschied zu den Städten sind die Saummauern dieser Gassen jedoch manchmal mit Fenstern versehen und die Hofmauern und Gebäude wirken in ihrer Eingeschossigkeit weniger dominant. Außerdem entstehen im Gegensatz zu orientalischen Städten keine Sackgassensysteme. Der Grund liegt wohl darin, daß dies die landwirtschaftliche Arbeit behindern könnte und kurze Wege in alle Richtungen wichtig sind.

Wenn ein Dorf in seinem Innern zu eng geworden ist und keine Erweiterungsmöglichkeiten mehr bestehen, baut man neue Gehöfte am Dorfrand. Auch werden alten Gehöfte aufgelassen, wenn man sie als zu eng empfindet. Die Lehmziegel verlassener und der Dachbalken beraubter Häuser „schmilzen zusammen“ und die Ruinen verwandeln sich je nach Niederschlagsmengen wenige Jahre später in etwas erhöhte Freiflächen. So entkernen sich manche Dörfer.[43]

Da sich die meisten Dörfer auf Ansiedlungen von Sippen- oder Familienverbänden gründen, ist eine Ausgrenzung der Außenwelt weniger relevant. So können ländliche Gehöfte eine Offenheit demonstrieren, die in einem städtischen Haus nur innerhalb des Hofes gilt. Selbst die Trennung zwischen Verkehrs- und Hofflächen entfällt manchmal innerhalb eines Dorfes: so nimmt niemand Anstoß daran, über den Hof eines anderen Hauses zu laufen. Der Übergang zwischen öffentlichen Verkehrsflächen und der Privatheit des Gehöftes ist dort, wo keine Hofmauer eine manifeste Grenze bildet, ein variabler, der in unterschiedlichem Maße für Dorfbewohner und für Fremde gilt.

Dorfstruktur und Ortsgrundriss

Viele Ansiedlungen in Nordostsyrien müßten aufgrund ihrer Kleinheit als Weiler bezeichnet werden, da sie nur aus 10 bis 15 Häusern bestehen.[44] Ausgehend von mitteleuropäischen Dorfmerkmalen stellen die syrischen Ansiedlungen am ehesten Haufensiedlungen dar. Ein echter Dorfkern, wie im Beispiel von Umm Al-Marrā, ist auch wegen der Südorientierung der Gehöfte selten.

Die bäuerliche Subsistenzwirtschaft der Bewohner hat keine beruflichen Spezialisierungen entstehen lassen, aufgrund derer sich ebenfalls Kernbereiche herausbilden würden.[45] Größere Dörfer verfügen über Grundschule, Gemischtwarenladen, eine kleine Moschee und vielleicht ein Gästehaus. Der Laden befindet sich im Gehöft seines Besitzers, unabhängig von der Lage im Dorf. Einzig die von außen unscheinbaren Moscheen in muslimischen Dörfern und die Kirchen in den wenigen christlichen Dörfern mit ihren zugehörigen Freiflächen schaffen ein gewisses Zentrum. In dicht bebauten Dörfern sind große Freiflächen wichtig, die auch als Festplatz für große Hochzeiten und Trauerfeiern dienen können. Die Schulen, heute von staatlichen Behörden erbaut, liegen dort, wo die Anbindung an einen befahrbaren Weg die Baumaßnahmen erleichterte.

In jüngeren Dorfgründungen ebenso wie an den Rändern älterer Dörfer überwiegen größere Hausparzellen mit tendenziell rechtwinkliger Form. In der Folge ist in diesen Dörfern auch das Wegenetz stärker linear orientiert, ohne jedoch zu einem orthogonalen Wegesystem zu werden, da die Wege oft an den Grundstücksecken verspringen. Da Gebäude und Gehöfte rechtwinklige Formen haben, legen sie einen ebensolchen Wegeverlauf nahe.

Aus Rücksicht auf Nachbarn werden in engen Dörfern landwirtschaftliche Arbeiten mit Geruchs- und Staubbelästigung am östlichen Dorfrand erledigt. Dort lagen früher auch die Dreschplätze. Heutiges maschinelles Dreschen braucht weniger Fläche und kann daher in großen Höfen stattfinden. Mit dem Häckseln von Stroh ist so viel Staubentwicklung verbunden, daß dies ebenfalls möglichst am Dorfrand erledigt wird. Dorthin kippt man auch den nicht verwertbaren Müll.

Ackerland liegt nicht immer in der Nähe der Dörfer. Oft findet es sich in einigen Kilometern Entfernung: Das fruchtbare Land der Flußauen war immer von den Gehöften entfernt, aber auch durch Zuteilungen aufgrund der Landreform oder Umsiedlungen kann dies geschehen. Allenfalls am Siedlungsrand gelegene Gehöfte verfügen über direkte Hofanschlüsse ihrer Fluren.

Manche Ansiedlungen um die Gehöfte einflußreicher Stammesführer wurden in den Anfangsjahren ihres Bestehens zu wichtigen Zentraldörfern; dort saß eine lokale Autorität, die Landrechte besaß und die über eine gewisse Wirtschaftskraft verfügte. Für die dauerhafte Bedeutung eines Ortes erwies es sich als entscheidender, ob sich Handel entwickelte – sich z.B. ein Wochenmarkt etablierte – und ob die staatliche Macht, wie beispielsweise eine Polizeistation, vertreten war. Einige dieser Stammesführerdörfer haben sich heute zu kleinen Kreisstädten entwickelt, andere sind in Bedeutungslosigkeit versunken, seit die Stammesführer nicht mehr die wichtigsten Kristallisationspunkte der ländlichen Gesellschaft sind.[46]

Die Entwicklung von Dorfgrundrissen und ihren Gesetzmäßigkeiten ist bislang wenig erforscht – auch in Hinsicht auf evtl. Unterschiede zwischen alt- und neuseßhafter Einwohnerschaft. Hier wäre weiterer Forschungsbedarf.

Bauformen und Bedeutungen

Kapitel 12

Abb. 283
Stolz präsentiert sich der Hausherr vor seinem frisch verputzten Haus. Er hat das traditionelle Zeichen des Handabdrucks über der Tür zum Familienwohnraum angebracht.

Die Häuser Nordostsyriens sind nicht besonders reich an gestalterischen Formen. Dennoch sollen die Gestaltungsmittel hier relativ ausführlich beleuchtet und auch kleine Unterschiede erfasst werden. Wenn in diesem Kapitel auf Dekorationsformen eingegangen wird, so darf daraus nicht geschlossen werden, daß Fassadenschmuck häufig vorkomme. Gestaltete Fassaden stellen immer nur Ausnahmen dar!

Traditionelle Bauten bildeten am Ende des 20. Jahrhunderts noch die Mehrzahl des Baubestands. Auf deren formale Entwicklung soll hier vor allem eingegangen werden. Dennoch werden auch moderne Entwicklungen und Veränderungen, wie das Auftauchen der Beton-„Villen“, arab. *fēllāt* / sing. *fēlla,* Beachtung finden.

Gestaltung, Tradition und Ästhetik

Vernakuläre Architektur entsteht aus der Auseinandersetzung mit gesellschaftlichen Vorgaben, Klima- und Umweltfaktoren, vorhandenen Ressourcen und dem Kenntnisstand von Bautechniken. Die Faktoren gemeinsam bilden eine kulturelle Matrix, aus der Formen entstehen, die sich zu Bautraditionen verdichten.[1] Diese Formen stecken voller sozialer Bedeutung, sie verleihen gemeinsamen Werten entsprechenden Ausdruck und enthalten auch ästhetische Potentiale. In ihnen äußert sich auch der Geist eines historischen Zeitabschnitts und spiegelt ihn in gewisser Weise wider. Hinter vernakulärer Architektur steckt ein unausgesprochener Kanon, der auf einem komplexem System an Konventionen beruht. Zu diesem System gehört auch die Tatsache der starken Typisierung der Häuser. Wenngleich ein wesentlicher Grund im früher sehr beschränkten Repertoire der Bauhandwerker liegt, so gibt es doch auch ein gesellschaftliches Einverständnis, welches die Typenfrage regelt. Gewisse Regeln müssen bei der Gestaltung eines Hauses eingehalten werden. Diese Regeln unterliegen Veränderungen.

Eine der wichtigsten Bauregeln besteht darin, daß nach Meinung der Ǧazīra-Bewohner jedes Wohnhaus ästhetische Qualitäten erfüllen sollte. (Für Nebengebäude gilt dies nicht.) Die Schönheit eines Gebäudes hängt nach Ansicht der Bewohner stark von der Qualität seiner Ausführung ab: Oberflächen sollen glatt gearbeitet, Details sorgfältig ausgeführt und rechte Winkel sollen möglichst präzise sein.

Besonderer Wert wird auf Größe gelegt, was aus dem stark ausgeprägten gemeinschaftlichen Leben resultiert. Zum alltäglichen Beisammensein im großen Kreis der Familien, Verwandten und Nachbarn bedarf es entsprechender Räume. Auch beim Beduinenzelt bildet die Zahl seiner Stützen in Längsrichtung eine entscheidende Charakteristik. Größe wird angestrebt, um viele Gäste bewirten und beherbergen zu können. „*Al-wāḥed yigdār yišḥad lubād, firš, maḥād min aǧ-ǧirān, bes mā yigdār yišḥad dār.*“ („Man kann sich Sitzteppiche, Matratzen und Kissen vom Nachbarn erbetteln, aber man kann sich kein Haus erbetteln.“) Aus Gründen der Annehmlichkeit sollen Räume hoch sein, was im Sommer entscheidend zu einem angenehmen Raumklima beiträgt. Größe und Höhe verselbständigten sich als wichtige Statussymbole. Dies gilt für Wohnhäuser ebenso wie für Gästehäuser. Auf die Bedeutung der Gastlichkeit verweisen auch andere zentrale Bestandteile der Einrichtung: der Bettzeugstapel und die Menge an Geschirr. Um beides unterzubringen, benötigt vor allem der ehemals nomadische Teil der Gesellschaft entsprechende Flächen in den Häusern, richtet teilweise sogar die Grundrisse danach aus. Die Bedeutung, die diese Repräsentationsobjekte haben, schlägt sich auch in den Zelten der heute noch nomadisch lebenden Bewohner Nordostsyriens nieder, indem diese ebenfalls größer wurden, um mehr Platz und Bettzeug für Gäste aufweisen zu können.

Der Kanon der Bauregeln beruht auf den *ʿādād u taqālīd* – unzulänglich übersetzbar als ‚Sitten und Gebräuche‘ –, die Bestandteil des kulturellen Erbes sind. Der Bau fester Behausungen nimmt nur einen untergeordneten Platz innerhalb von *ʿādād u taqālīd* ein. Viele Bewohner räumen dem Bauen (noch) keinen Platz im kulturellen Erbe ein, da sie nur das schwarze Ziegenhaarzelt als traditionelle Behausung gelten lassen. Dieses sehen sie als Teil ihrer materiellen Identität. Allgemein scheint in der nomadisch geprägten Gesellschaft die Erinnerung eher mit der immateriellen Kultur wie der Stammesgenealogie und ihren Mythen verknüpft zu sein. Sie dominiert gegenüber der materiellen Kultur.

Bei den Bauregeln unterscheiden sich die Bevölkerungsgruppen leicht voneinander. Der unmittelbare Zugang zur Landschaft ist beispielsweise vor allem den ehemaligen Nomaden wichtig. Aus diesem Grund bauen sie eine sichtversperrende Hofmauer eher als notwendiges Übel. Dagegen liegen den Bewohnern mit altseßhaftem Hintergrund die Anlage von Gärten als schmückendes Element um das Haus näher. Um diese zu schützen sind Hofmauern sinnvoll.

Generell messen die Bewohner der Ǧazīra ihrer eigenen vernakulären Architektur eher geringen Wert bei. Dennoch schätzt jeder sein eigenes Haus, da es den vitalen Lebensinteressen dient und einen, nicht unerheblichen materiellen Wert darstellt. Mit einem selbsterbauten Haus identifiziert man sich in besonderer Weise. Das Elternhaus, das normalerweise der jüngste Sohn übernimmt, wird dagegen oft nach dem Tod der Eltern bald durch einen Neubau ersetzt. Sentimentale Erinnerungen verknüpfen sich kaum mit dem Elternhaus. Für einen Neubau spricht allerdings auch die oft marode Bausubstanz alter Häuser: brüchig gewordene Lehmziegel, zu weicher Kalkstein und morsch werdende Balken. Sowohl in ihren räumlichen Dimensionen als auch dem Ausbaustandard gelten Häuser schnell als veraltet, dienen nur noch als Nebengebäude oder müssen einem Neubau weichen.

Gebäuden aus technisch hergestellten Baustoffen wird eine längere Lebensdauer zugeschrieben, und sie gelten als Prestige-Objekte. So erstaunt es nicht, daß Zement heute der bevorzugte Baustoff ist. Dies wird damit begründet, daß Betonbauten keinen jährlich neuen Verputz erfordern. Die Lebensdauer eines Steinbaus, beispielsweise aus Basalt, übertrifft jedoch die mangelhafte Qualität der Betonformsteine bei weitem – dementsprechend weiß man in der Basaltregion auch heute noch dieses traditionelle Baumaterial zu schätzen. Da bis Mitte der neunziger Jahre Zement relativ teuer war, galten selbst unverputzte Betonbauten als repräsentativ. Mit steigendem Wohlstand verkleidet oder verputzt man diese Häuser.

In der Oberen Ǧazīra arbeiteten Ende der 1990er Jahre drei Ziegeleien, entsprechend entstanden dort auch Bauten aus gebrannten Ziegeln, *karmīd.* Ihr Preis ist verhältnismäßig günstig. Brennziegel gelten als repräsentativ, und die roten Häuser blieben unverputzt. Sie haben sich jedoch nicht in größerem Maße durchsetzen können, da Betonformsteine ungleich kostengünstiger sind.[2]

Wenn man das Verhältnis zu ihren jeweiligen Häusern bei Ǧazīra-Bewohnern und beispielsweise Aleppiner Städtern vergleicht, zeigen sich unterschiedliche Grundeinstellungen. Aleppiner fühlen sich, auch wenn sie nicht selbst in einem traditionellen städtischen Haus wohnen, mit „ihrer" Architektur eher verbunden, sie hat sich zu einem Leitbild entwickelt. Bewohner Nordostsyriens orientieren sich dagegen eher an der Erwägung, daß ein modernes Haus dauerhafter ist und weniger Pflege erfordert, und würden dies dem eigenen traditionellen vorziehen. Aufgrund der geringen Anerkennung durch die syrische Gesellschaft als Ganzes hat sich keine Identifikation mit der Architektur Nordostsyriens herausgebildet. Die Baukultur ebenso wie die dortige Bevölkerung wird als rückständig angesehen. Einzig Kuppelhäuser gelten als pittoresk, aber ebenfalls als nicht mehr zeitgemäß.

Bauformen haben sich im Alltag zu bewähren. Die Bewohner passen sich an das Haus an, sie akzeptieren es, korrigieren Unzulänglichkeiten oder verändern Bauteile, wo sie es für nötig befinden. Bei einem Neubau wird diese konkrete Erfahrung zugrunde gelegt und eine entsprechende Lösung gesucht. Menschen und ihre gebaute Umwelt stehen in ständiger Wechselbeziehung zueinander: die Menschen prägen ihre Wohnumwelt und diese wiederum beeinflußt die Menschen und ihr Verhalten. Aus diesem Wechselspiel entstehen spezielle Formen.

> Ein Beispiel von Anpassung und Veränderung: Körperwäsche erfolgte früher (zum Teil bis heute) per Schöpfguß in einem großen flachen Gefäß hockend. Dies fand in der Küche statt, die im konkreten Fall ein Erdgrubenhaus war. Aufgrund von Mäusegängen in den Wänden, baute die Familie eine neue Küche als Pfettenbau. Eine Wandzunge verlängerte die zu kurze Pfette im hinteren Raumbereich. Die Familie nutzte die sich ergebende Nische, dichtete den Boden mit Zementestrich ab und schuf eine „Waschnische" mit Rohrablauf nach außen. Diese Küche brannte ab. Daraufhin baute man eine neue Küche, deren gesamter Fußboden einen Zementestrich erhielt. Die ersten Jahre praktizierte man nun den Schöpfguß hinter der Tür stehend. In der ca. 10 m^2 großen Küche war es im Winter jedoch kalt. Als Abhilfe teilte man eine Raumecke zu einer Kabine mit niedriger Decke ab. Auf diese stellte man eine Überlauftonne, die von fließendem Wasser gespeist wurde und mit einem Duschkopf in der Kabine verbunden war. (Den meisten Familienmitgliedern erschien dies als luxoriöser Fortschritt, aber ältere Mitglieder mußten erst ihren Widerwillen gegen den „unkontrollierbaren" Wasserstrahl aufgeben.) Diese kleine, von der Küche aus zu begehende Naßzelle erhielt später eine eigene Tür, ein kleines Bad war geschaffen.

Kreativität im Umgang mit baulich bedingten Widrigkeiten des Alltags ist üblich. Prinzipell sind Männer wie auch Frauen in der Lage, bauliche Veränderungen relativ einfach und mit geringem Kostenaufwand vorzunehmen, wenn das Material verfügbar ist. Im Gegensatz zu dem obigen Beispiel gibt es auch die umgekehrte Tendenz: man paßt sich an störende Baulichkeiten an und erträgt Unannehmlichkeiten, ohne Veränderungen herbeizuführen.

So kocht eine junge Mutter in einer winzigen improvisierten Küche unter der Außentreppe ihres Hauses. Das Haus selbst wird als repräsentativ angesehen, besteht jedoch – ebenso wie die kleine Notküche, die sich durch ihre Südlage im Sommer stark aufheizt – aus Betonformsteinen. Die großen Räume des Hauses will man nicht als Küche „abwerten". Für den Bau einer separaten Küche fehlt es an Zeit und Arbeitskraft. Die Frau hat die Folgen dieses Zustandes zu tragen, sieht sich aber wegen kleiner Kinder nicht in der Lage, selber eine größere Küche zu errichten. (Abb. 285)

Runde Formen der Frauen-Bauten

Nach wie vor erledigen Frauen kleinere Bautätigkeiten selbst: sie errichten Tannure, Silos, Hühnerställe und Küchen. (vgl. Kapitel 5) Auffällig sind dabei die Formen, die sie wählen: Hühnerställe, Silos, Brotöfen und Küchen haben traditionellerweise runde Grundrisse. Silos und Hühnerställe laufen meist parabolisch nach oben zu, während sie Rundküchen flach abdecken. Auf Nachfrage, warum

284

285

286

Abb. 284
Beton-„Villa" einer Notablen-Familie mit typ[…]scher Vorhalle der 1980er Jahre

Abb. 285
Ästhetisch misslungen, dem Klima unangeme[…]sen und disfunktional, da die Küche fehlt: Beton-„Villa" eines aus Saudiarabien zurück[…]gekehrten Arbeitsemigranten – erbaut 1985

Abb. 286
Ein frühes ästhetisches Vorbild mancher län[…]licher Bauten der 1980er Jahre: der Gouverneurspalast in Ar-Raqqa

Abb. 287
Beton-„Villen" mit ihrer auf Individualität bedachten Gestaltung verändern das Bild der früher einheitlichen Bauweise der Dörfer

Frauen rund bauen, erklärte man, daß dies einfacher sei und keiner Werkzeuge bedürfe, sie beispielsweise keinen rechten Winkel konstruieren müßten. Die runde Form wird in der Literatur mit dem „Urweiblichen" in Beziehung gebracht: das runde Gebäude wird verglichen mit der Gebärmutter als dem ersten schützenden Gehäuse, das der Mensch kennenlernt. Die runde Form stellt jedoch auch einfach eine geometrisch optimale Form dar, die ebenso naheliegend wie materialsparend ist.

Freistehende Brotbacköfen (Tannure) und ihre Sockel haben ebenfalls runde Formen. Man würde daher beispielsweise erwarten, daß auch deren Überdachung rund gebaut würde. Statt dessen errichtet man sie in Würfelform. Wieder zeigt sich die unterschiedliche Entwicklung von westlicher und Oberer Ǧazīra: die Form der Rundküchen (des Westens) hätte naheliegenderweise auf die Tannur-Bauten im Osten übertragen werden können, statt dessen stammt die dort verwendete Würfelform vermutlich aus den nördlich angrenzenden Regionen.

Gleichheit, Andersartigkeit und Veränderung

Gemäß der von Rapoport vorgeschlagenen Kategorisierung fiele die traditionelle Architektur der Ǧazīra am ehesten unter ‚preindustrial vernacular', definiert als: „A greater, though still limited, number of building types, more individual variation of the model, built by tradesman."[3] Rapoport sieht den Baumeister einer solchen Architektur als jemanden, der auf der Basis traditioneller Vorgaben und eines gesellschaftlichen Einverständnisses agiert. In diesem System ist der Bauherr noch am Bauprozeß wirklich beteiligt, er teilt dasselbe Vokabular und kann sich auf dieselbe historische Bauentwicklung berufen. Dieser gemeinsame Hintergrund ermöglicht eine reibungslose Kommunikation und der Baumeister konnte darauf aufbauend Variationsmöglichkeiten des lokalen Formenkanons entwickeln. Über dieses Stadium bloßen Variierens bestehender Typen wächst die vernakuläre Architektur Nordostsyriens momentan hinaus.

„Innerhalb einer Gemeinschaft sollte ein Haus dem anderen gleichen, wie ein Mann dem anderen. Gleichheit ist Ideologie, und die zugelassene Ungleichheit – Ausdruck erlaubter Selbstverwirklichung – hat ein Maß, das die Gemeinschaft der Gleichen festsetzt."[4]

Noch bis vor wenigen Jahren folgten die Häuser eines Dorfes den gleichen Grund- und Aufrißprinzipien. (Abb. 287) Sie unterschieden sich in ihrer Zusammenfügung zu Gehöften, in ihren räumlichen Dimensionen, der Anordnung der Fenster und vielen weiteren baulichen Details. Aufgrund der Gleichheit unter den Stammesangehörigen war es nicht notwendig, sich gegenseitig „auszustechen". Repräsentationsaspekte waren nur für den Stammesführer wichtig, so erläuterte mir ein Bewohner des Euphrattals die traditionellen Prinzipien der Gleichheit. Innerhalb dieser Gleichheitstoleranz bewegen sich auch die in diesem Kapitel ausführlich besprochenen verzierten Fassaden. Innerhalb der vernakulären Architektur der Ǧazīra sollte das eigene Haus zwar ähnlich, nicht jedoch gleich wie das des Nachbarn aussehen.

Dieses differenzierte Gefüge von Gleichheit und Andersartigkeit beginnt seit Mitte der achtziger Jahre aufzubrechen, und es verbreiten sich individuellere Vorstellungen. Anders als früher werden diese Veränderungen heute von der Gemeinschaft akzeptiert. Grund ist der Einbruch der „Moderne" in die mehr oder minder traditionellen Stammesgesellschaften. Verbesserte Möglichkeiten individueller Entwicklung gehen auch auf Schul- und Weiterbildungsmöglichkeiten zurück. Dabei vollzieht sich dies durchaus ungleichzeitig in den verschiedenen Teilen Nordostsyriens. Je weiter ein Gebiet von asphaltierten Straßenverbindungen entfernt liegt, desto stärker orientiert man sich noch an traditionellen Werten und Bauweisen.

In Gesprächen betonten Baumeister ihren eigenen Anteil an der Entwicklung von Bauformen. Vorstellungskraft, Offenheit, eine gewisse Experimentierfreudigkeit und Flexibilität befähigen einige von ihnen, Neues zu entwickeln. Vor allem das gebaute Vorbild – oft des eigenen Hauses – kann Mitmenschen und potentielle Auftraggeber überzeugen (Abb. 303). Auf meine Nachfragen nach Vorbildern machten sich Bauherr und Baumeister oft gegenseitig die Urheberschaft von Ideen streitig.

Traditionell wollten insbesondere wohlhabende Stammesführer ihr Wohnebenso wie das Gästehaus von anderen Bauten unterschieden und abgehoben wissen.[5] Da sie über die entsprechenden Finanzmittel verfügten, konnten sie auch dezidierte ästhetische Vorstellungen für einen Neubau verwirklichen und suchten Baumeister, die diese realisierten. Auch wenn diese dazu aus entfernten Regionen kommen mußten, lag darin kein Hinderungsgrund für den Auftrag. (vgl. Anhang I) Im Gegenteil: Baumeister aus anderen Orten erhöhen das Prestige des Bauherrn. Wie findet der Bauherr einen Baumeister? Entweder anhand von bestehenden Gebäuden, die ihm gefallen haben, oder durch persönliche Empfehlung. Gerne wird angegeben, der Baumeister komme aus der nächstgelegenen Stadt, auch wenn er nur aus der Umgebung dieser Stadt stammt:

Als Beispiel sei hier ein übergroßes Haus in Al-Manṣūra am Euphrat angeführt:[6] Es gehört einem Zweig der *šaiḫ*-Familie des Welde-Stammes und wurde 1950 von einem Aleppiner Bauingenieur errichtet. (Abb. 289) Typologisch besteht es aus zwei hintereinander angeordneten zweireihigen Mittelhallenhäusern, denen eine große Vorhalle vorgelagert wurde. Zur Zeit seiner Erbauung muß es befremdlich gewirkt haben, da in der Region weder Mittelhallenhäuser noch verzierte Arkaden und Attiken üblich waren. Bis heute stellt es ein modernes Haus dar. Es nahm die Stilelemente der 1980er und 1990er Jahre vorweg: Naturstein-Verblendung, Vorhalle mit Säulen, ornamentierte Kämpfer und Architrav. Der Mittelhallen-Grundriß findet sich im Westen bei man-

288

chen Häusern von Notablen. (Abb. 284) Diese Familie vollzog den Wechsel von einem Kuppelgehöft direkt zu dieser Villa. Den Hintergrund zu diesem Bau (ebenso wie zu dem zugehörigen großen Gästehaus) gaben Rivalitäten über die Führerschaft innerhalb des Stammes ab, die auch in Form der Häusergröße ausgetragen wurde. (Viele Familienmitglieder bevorzugen bis heute, in den noch vorhandenen alten Kuppelräumen zu sitzen.)

Bauten wie die vorgenannten, blieben für die vernakuläre Architektur folgenlos, da die Diskrepanz zwischen ihnen und der traditionellen Bauweise zu groß war. Von weniger ausgefallenen Stammesführerhäusern allerdings gingen Anregungen und ästhetische Impulse aus. Je nach individuellem Wohlstand unterschieden sich die Häuser der Notablen mehr oder weniger stark von den Häusern anderer Dorfbewohner. Grundrisse, Gestaltungsmuster und Bauformen, die heute die meisten Häuser bestimmen, tauchten zuerst an diesen *šaiḫ*-Häusern auf und verbreiteten sich später: hohe und große Räume, hochrechteckige Flügelfenster, Mittelhallengrundrisse oder zweiflügelige Türen.

Heute sind es neue gesellschaftliche Schichten, die sich aufwendige Häuser bauen: Ärzte, Rechtsanwälte, Arbeitsemigranten. Und für diese Häuser wird – ebenso wie für die *šaiḫ*-Häuser – dezidiert nach einem individuellen Ausdruck gesucht. Es gibt einen gewissen gesellschaftlichen Druck, der solche besonderen Lösungen nahelegt. Dennoch wird jemand, der sich solchen Erwartungen entzieht und in einem üblichen traditionellen Haus wohnt, für seine bewußte Bescheidenheit mit Respekt bedacht. (Dies gilt nicht, wenn Geiz hinter solchem Verhalten vermutet wird.)

Gesellschaftlicher Druck setzt die Standards von Ausstattung heute höher als früher, so daß sich auch Leute gezwungen sehen mitzuhalten, die finanziell kaum dazu in der Lage sind. Auch wenn Armut nicht als Schande betrachtet wird, „*Al-fuqqer mū ʿaib*" („Armut ist keine Schande"), wie ein Sprichwort besagt, gilt es auch nicht mehr als ehrenrührig, Wohlstand vorzutäuschen. Manche Familien errichten große moderne Häuser, obwohl ihre finanzielle Lage dies nicht erlaubt. Entweder verschulden sie sich oder bauen das Haus sukzessive nach jeder ertragreichen Ernte ein Stück weiter.

Einflüsse und Anregungen

Die formalen Ideen zur Realisierung von Bauten entstammen entweder dem „Grundrepertoire" eines lokalen Baumeisters („das habe ich immer so gemacht"), basieren auf äußeren Anregungen und auf der individuellen Kreativität von Bauherrn oder Baumeister. Anregungen verbreiten sich aufgrund der generell verstärkten Mobilität, der Arbeitsemigration, und durch das Massenmedium Fernsehen rasch. Sehr deutlich zeigt sich die Auswirkung von Mobilität bei den Gästehäusern, wo Übernahmen von Ideen häufig vorkamen oder sogar derselbe Baumeister beauftragt wurde. „Oberschichtarchitektur" verbreitet sich schneller als andere vernakuläre Architektur. Der „Glanz des Neuen und Schönen, die Zugkraft des Dauerhafteren, des wirtschaftlich und zugleich kulturell Überlegenen" [7] kann bei Wohlhabenden seine Wirkung umso leichter entfalten, da die nötigen Finanzmittel zur Verfügung stehen.

Grundsätzlich werden Anregungen eher von Bauten oder aus Regionen übernommen, die man als technisch oder zivilisatorisch „fortschrittlicher" überlegen empfindet. Dies betrifft heute in besonderer Weise Saudiarabien, Kuwait und den Libanon. Jüngere Baumeister bringen neue Impulse von dort in ihre Heimatorte mit. Dies geschieht umso leichter, da es sich um denselben Kulturraum handelt, ohne daß hinterfragt wird, woher die dort vorherrschende Architekturstile stammen. Sie übertragen einzelne Elemente in die vernakuläre Architektur Nordostsyriens; insbesondere sind dies neue Fenster- und Türformen, sanitäre Einrichtungen und die größeren Dimensionen von Wohnhäusern. Gelegentlich importieren sie auch ganze Haustypen. Aber auch Bewohner, die nur in syrische Städte oder andere Dörfer reisen, bringen bauliche Anregungen von dort mit.

Architekturelemente strahlen dann auf eine größere Region aus, wenn sie als zeitgemäß empfunden werden. Aus der Vielzahl von Einzelelementen bilden sie sich heraus und setzen sich allgemein durch. Insofern handelt es sich um einen Selektionsprozeß, in dem etwas präferiert, anderes weggelassen wird. Aufgrund äußerer Bedingungen und kollektiver oder einzelner Anregungen prägen sich lokale und regionale formale Stilelemente aus. Sie bilden die

Abb. 288 Im Rahmen der jährlichen Tünchung hat diese Frau das ‚Gesicht ihres Hauses' verschönt; die Fassade zeigt eine klare, ästhetische Gliederung auch durch die achsial angeordneten Fenster und Oberfenster (Ǧurn Kebir/Tišrīn-Stausee)

Abb. 289 Vierreihiges Mittelhallenhaus eines *šaiḫs* in Al-Manṣūra, erbaut 1952 (vgl. S. 195)

„Dialekte" der traditionellen Architektur. Während sich diese früher infolge der Abgeschiedenheit der einzelnen Landesteile voneinander eigenständig herausbildeten, vereinheitlichen sie sich heute. Bis zu einem gewissen Maß setzen sich jedoch Unterschiede zwischen den Großregionen westliche und östliche Ǧazīra fort, und jeweils etwas andere stilistische Tendenzen bilden sich heraus.

Heute steht eine größere Palette an Baustoffen zur Verfügung, sie kommen jedoch beinahe alle aus dem Westen Syriens. Weite Anfahrtswege machen diese Baustoffe mit Ausnahme des subventionierten Zements für die Obere Ǧazīra teurer.

Vorstellungen von Schönheit tendieren dazu, mit dem jeweils neuesten Stand der Technik, der im vorgegebenen Rahmen möglich ist, verknüpft zu werden. Wenn etwas Neues technisch machbar wird, bedarf es eines Vorreiters, der es anwendet, danach wird es schnell allgemein üblich. Das ältere erscheint plötzlich als veränderungsbedürftig und überholt.

In den 1980er Jahren entwickelte sich die Arkadenfront der „Villen", *gwās al-baranda* (‚Bögen der Veranda') zu einem wichtigen Gestaltungsträger. Der Vielfalt der Leibungsformen sind dank der Formbarkeit des Beton kaum Grenzen gesetzt. Manche erinnern entfernt an die Stalaktitformen der Muqarnas-Gliederungen. Andere scheinen die Gesetze der Statik auf den Kopf zu stellen. Als beliebtes gestalterisches Mittel überwölbt man Fenster und Türen, Bögen in jeglicher Form wurden überall angebracht. Die „Villen" gehören typologisch aufgrund ihres Grundrisses meist zu den Vorhallenhäusern, sie differenzieren sich jedoch am Ende der neunziger Jahre zunehmend. Vereinzelt lassen sich auch „neue" Gestaltungselemente schon in älteren Lokalstilen ausmachen, wie beispielsweise die Sägezahn-Elemente. (Abb. 292)

In der westlichen Ǧazīra erhalten Betonformsteinhäuser von Wohlhabenden – vor allem seit den neunziger Jahren, selten aber auch schon früher – häufig eine Natursteinverkleidung, *telbīs ḥaǧar sūrī*.[8] (Abb. 289) Derselbe Aleppiner Kalkstein, der früher das bevorzugte Baumaterial – allerdings in massiver Form – für die Häuser der Notablen bildete, stellt heute als Fassadenplatte einen gefragten Baustoff dar. Zu den ersten Gebäuden in Nordostsyrien, die damit verkleidet wurden, gehörte die Gouverneursresidenz in Ar-Raqqa aus der Mitte der achtziger Jahre. (Abb. 286) Die dort zitierten Formen: Bogen, Dreieck, *mašrabiya*-Fenster und Nischen haben sich überall als modernes Formenrepertoire durchgesetzt. Durch Farbpasten erhalten die weiß bis hellgrauen Steinplatten andere Farbtöne, die oft ins gelb-orange gehen. Bauteile werden farbig gegeneinander abgesetzt. Die verschiedenfarbigen Platten werden zu Bändern, Gesimsen undanderen Ornamenten verlegt. Farbpastendekoration beruht auf einer langen Tradition im Nahen Osten und Bauten wie der 1749 entstandene ʿAẓm-Palast in Damaskus bilden bis heute eine Quelle baulicher Anregungen. Wenngleich Steinverkleidung in der Oberen Ǧazīra durch lange Transportwege teurer ist, so verwendet man sie dennoch dort gelegentlich.

Als formale Inspirationsquelle nannten die Bewohner immer wieder Saudi-Arabien, seltener erwähnt wurde der Libanon, obwohl dort die meisten Arbeitsemigranten arbeiten. Dahinter deutet sich auch eine allgemeine Bewunderung für den reichen und geordneten Golfstaat an, während die Arbeitsemigranten im Libanon auch mit der dortigen Armut konfrontiert sind. Bei der populären Architektur der Golfstaaten handelt es sich um einen Zeitstil, der in ähnlicher Weise viele Teile des Nahen Ostens erfaßt hat. In den reicheren Ländern mit ihrer vielfältigen Bauaktivität konnte er sich noch stärker verbreiten. Viele der gestalterischen Elemente gehören zu einem weit verbreiteten stilistischen Grundrepertoire, das auf das arabo-islamische Erbe anspielen soll – besonders sichtbar in Anklängen an Muqarnas- und Bogen-Gliederungen. Diese Elemente stehen für eine Suche nach kultureller Identität, die man sich durch Rückgriff auf historische Wurzeln erhofft. Seit den 1990er Jahren bildet sich eine neue stilistische Richtung aus: Barock-, Rokokko- und Phantasieformen überschwemmen manche Neubauten des gehobenen Wohnbaus. In Neu-Aleppo bediente man sich beliebig aus dem Baukasten der Architekturgeschichte. Der lokale beige-gräuliche Kalkstein wird zu vorgefertigten Fassadenteilen plastisch bearbeitet und an Stahlbetonskelettbauten angebracht. Beide formalen Tendenzen, sowohl die neo-islamische als auch die neobarocke, vereint eine Tendenz zur Plastizität.

Diese sich als ‚modern' verstehende Architektur ist Ausdruck ästhetischer Orientierungslosigkeit. Sie ist Teil einer tiefgehenden kulturellen Verunsicherung, die die Länder des Nahen Ostens erfaßt hat. Man empfindet sich als hilflos der westlich dominierten Moderne ausgeliefert und sucht sein Heil im Wiederbeleben von einer glorifizierten Vergangenheit – egal, ob dabei auf die eigene hochentwickelte frühislamische Kunst rekurriert wird oder mit den Formen barocker Üppigkeit die Neureichen ihren Schulterschluß mit der westlichen Bourgeoisie vorführen wollen. Die einstige ästhetische Sicherheit im Umgang mit traditionellen Baumaterialien wie Lehm, Stein, Holz und Ziegenhaar geht zunehmend verloren.

Abb. 290
Ein Türriegelschloß, *ġafl ḫašab*, aus Maulbeerholz, bei dem man den Schlüssel durch eine Öffnung der Tür in das an der Innenseite der Tür befestigte Schloß steckt

Abb. 291
Hoftür mit der Öffnung für das Türriegelschloß; der Drehpfosten dreht sich in einer gestutzten Astgabel und einem Türangelstein

Abb. 290

TÜRRIEGELSCHLOSS

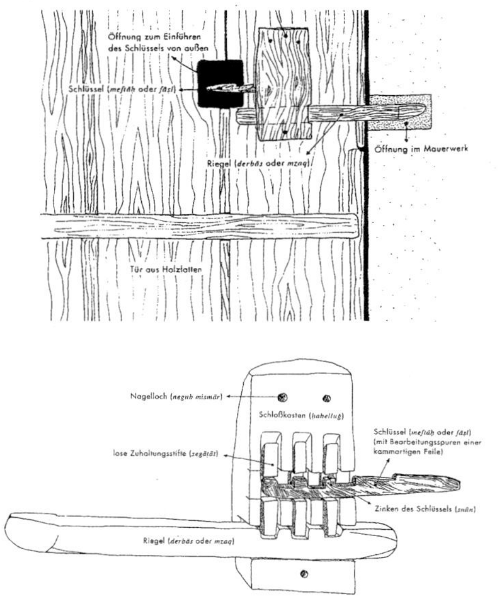

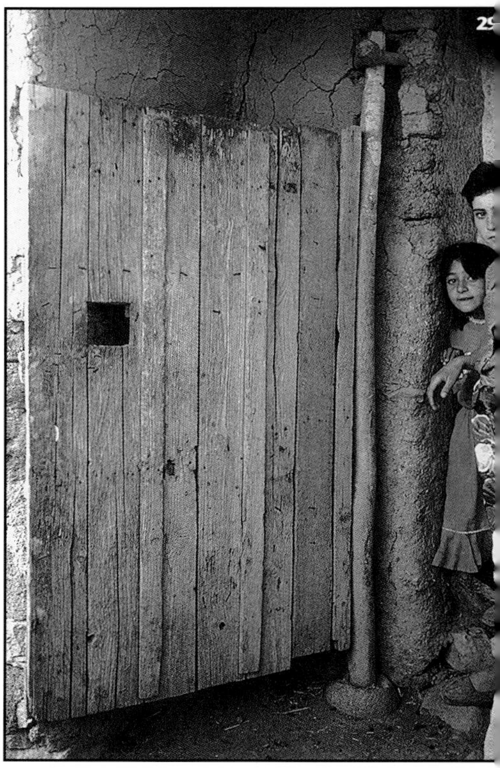

STADT UND LAND

Seit den achtziger Jahren verändert sich das homogene Gesamtbild der Dörfer zusehends. Anfänglich im Umkreis der großen syrischen Städte und entlang der asphaltierten Straßenverbindungen, heute sogar in entlegenen Flußtälern und Steppenregionen, trifft man auf die baulichen Auswirkungen angeblichen Fortschritts. Die Nähe zur Stadt oder gute Anbindung an diese steht dabei in direktem Zusammenhang mit der stärkeren Verbreitung ‚moderner' Architektur. Wenn, so wie bei Dörfern unweit von Aleppo, die neuen Beton-„Villen" am Dorfrand liegen, verstellen sie manchmal den Blick auf die traditionelle Architektur im Dorfkern.[9]

Es wurde von den Bewohnern häufig betont, daß neue bauliche Ideen aus den Städten gekommen wären. (Dies ist auch vor dem Hintergrund zu betrachten, daß man mir als einer Fremden seinen Kontakt mit der städtischen und damit „entwickelteren" Kultur andeuten wollte.) Berührungen der ländlichen Bevölkerung mit den Städten geschehen bei Einkaufsfahrten, medizinischen Behandlungen und bürokratischen Angelegenheiten. Dabei wird vielleicht eher unbeabsichtigt auch die dortige Architektur wahrnommen. Durch das System der Landwirtschafts-Rentiers war es am Siedlungsbeginn gelegentlich erforderlich, daß ɪaz/ra-Bewohner auch deren Häuser betraten und dabei Einsicht in die von den Gassen her nicht sichtbaren Aleppiner Hofhäuser erhielten.

> „...*auch betrachten sie (die Hirten und Ackerbauern aus der Euphratregion, K. P.) sich, wenn sie nach Aleppo gehen, als die Gäste ihrer Compagnons (der Rentiers, K. P.).*"[10]

Heute läßt man sich manchmal von gut sichtbaren Bauten der Vorstädte anregen, da wohlhabendere Städter dort ihre Neubauten errichten. Vor allem aber bringen städtische Baumeister die neuen Ideen in die Dörfer.

In der Literatur werden ländliche Häuser als „Grundform des Stadthauses" betrachtet und angemerkt, daß „ ...Bauernhäuser die Wohnhaustypen in den Städten in den einfachsten Ausführungen spiegeln."[11] Sinjab verweist damit auf einen langen historischen Entwicklungsprozeß, in dessen Verlauf aus einfachen ländlichen Häusern die entwickelten städtischen Hofhäuser wurden. Die Komplexität solcher Vorgänge soll hier nicht erörtert werden, man muß jedoch feststellen, daß Einflüsse heute hauptsächlich von der Stadt auf das Land ausstrahlen. Hier soll ein Schlaglicht auf heutige Zusammenhänge zwischen ländlicher und städtischer Architekturentwicklung geworfen werden.

Al-Ḫafsa, am Nordende des Assad-Stausees war Anfang der achtziger Jahre ein Mittelpunktsdorf mit Polizei- und Verwaltungsposten, drei kleinen Lebensmittelläden, Wochenmarkt zur Versorgung der umliegenden Dörfer, Telegrafenstation, einer Arztpraxis und dem Gäste- und Wohnhaus eines einflußreichen Stammesführers. Die Bausubstanz der anderen Wohnhäuser bestand aus geschlossenen Zeilen- und Kuppelgehöften. Entlang zweier parallel verlaufender Hauptstraßen entstanden seitdem mehr Läden, Arztpraxen und Apotheken. Heute verbergen sich hinter den Hofmauern im Ortskern noch viele dieser alten Häuser, aber spätestens seit den neunziger Jahren ist man bei einem Neubau „gezwungen", in „modernen" Materialien und Formen zu bauen. Im Ortskern errichtet man Hofanlagen, bei denen die vierte Seite eine Ladenzeile birgt, deren Verkauf oder Vermietung den Hausneubau finanziert. Selbst wenn jemand gewillt wäre, ein neues Haus in traditioneller Bauweise zu errichten, so zwingt ihn doch die städtische Enge, auf die Nachbarn Rücksicht zu nehmen. Er kann nicht mehr – wie im Dorf üblich – den jährlichen Außenputz der Hausrückseiten von den Innenhöfen der Nachbarn aus erledigen. An den Rändern von Al-Ḫafsa werden oben beschriebene „Villen" mit großen Freiflächen um die Häuser gebaut. Die neuen Wohlhabenden (Arbeitsemigranten, Rechtsanwälte und Ärzte) siedeln sich gerne in den Landstädten an und bringen Ideen aus ihren Herkunfts- oder Immigrationsorten mit.[12] Weniger Wohlhabende errichten ihre Beton-„Villen" sukzessive: sie bleiben zum Teil Rohbauten, da der Außenputz oft jahrelang auf sich warten läßt. Anschlußmöglichkeiten verschiedener Art erlauben einen Weiterbau an den Seiten und auf dem Dach.

Am Beispiel von Al-Ḫafsa läßt sich beobachten, wie traditionelle Gehöfte mit ihren Kuppelbauten immer weiter aufgrund der Kapitalverwertung der Grundstücke und des gesellschaftlichen Drucks zurückgedrängt werden. Begierig werden in der kleinen Stadt Stilentwicklungen von außen übernommen. Man verwandelt sie zu etwas preisgünstigeren landlichen Varianten ab. Dass die baulichen Formen letztlich aus der westlichen Welt stammen, spielt keine große Rolle. Solche Bauten sind vor allem ein Schritt Richtung Modernisierung und weniger ein „...step toward Westernization".[13]

Fassaden

Es lassen sich drei Prinzipien der Fassadengestaltung und damit der Wandgliederung in der Ǧazīra ablesen. Alle drei Prinzipien kommen gleichzeitig vor, sie repräsentieren aber auch verschiedene Phasen, die aus Erfahrungen im Umgang mit dauerhaftem Baumaterial herrühren.

Die älteste und häufigste Tendenz ist jene der reinen Flächigkeit mit nur wenigen kleinen Öffnungen in der Wand. Sie ist Ausdruck sowohl eines Mangels an anderen Materialien, finanziellen Ressourcen, und Bauerfahrung, als auch an gewollter Schlichtheit.

Die zweite Tendenz verändert diese Flächigkeit. Fenster sind größer, nicht nur in die Wand eingeschnitten, sondern manchmal mit Gewänden akzentuiert. Weitere Oberflächenebenen, in Form von verspringenden Wandfeldern, Lisenen, kombiniert mit Rahmen- und Blendwerk, gehören zu dieser Art der Flächenbehandlung. All diese Merkmale bewirken eine Hausoberfläche, die ästhetische Momente durch die Wirkung von kleinen Schattenfeldern erreicht.

Das dritte Prinzip der Wandgliederung geht über die reine Flächengestaltung hinaus. Es besteht aus Rücksprüngen in der Fassade, aus tieferen Türnischen, Iwānen und Vorhallen. Vor allem die beiden letzteren ermöglichen schattige Zonen und angenehme Aufenthaltsorte. In dem grellen Sommerlicht der Region erscheinen diese Schattenzonen wie dunkle Löcher, die sich kontrastreich abheben. Vielleicht nicht ganz zufällig belegen ehemalige Nomaden diese Zone mit dem Begriff, den andere für die Veranda gebrauchen: *kāšif*, in etwa zu übersetzen mit „das Enthüllende, Aufdeckende".

In den folgenden Abschnitten wird das Haus morphologisch untersucht. Auch die lokalen Baumeister „zerlegen" ein Haus gedanklich in seine einzelnen Bauteile wie Fenster, Türen, Fassade, Fußböden, Dachformen. Anhand von „Patterns",[14] *mōdēlāt* / sing. *mōdēl*, für die Bauteile verständigen sich Baumeister und Bauherr. Um sich über diese „Patterns" am geplanten Neubau klar zu werden, diskutieren sie anhand gebauter Vorbilder.

Da man in der Regel von Süden her auf ein Haus zuschreitet und es betritt, entsteht auf dieser Seite die Schaufassade, das ‚Gesicht des Hauses', *wağeh al-bait*. Um zu dem Haus zu gelangen, muß der gesamte Hof bzw. die Freifläche vor dem Haus durchschritten werden, Zeit für die Familie, sich auf den Gast vorzubereiten, Zeit für den Gast, das ‚Gesicht' auf sich wirken zu lassen. (Abb. 288) Die aufwendigere Gestaltung der Schauseite beinhaltet sowohl einen repräsentativen Aspekt, verschönert aber das ‚Gesicht des Hauses' ebenso für die Bewohnerfamilie, zu deren Hof die Fassade zeigt. Zumindest die Oberfläche der Schauseite sollte ordentlich gearbeitet sein. Manchmal sind allein diese Südseiten der Haupthäuser gekälkt, bemalt oder plastisch gestaltet.

Im Westen der Ǧazīra hat sich – obwohl sie nicht explizit als ‚Gesicht' begriffen wird – die westliche Fassade ebenfalls zu einer Schaufront entwickelt. Viele Gehöftanlagen haben ihren Zugang von Westen, so daß man sich von Südwesten her auf ein Haus zubewegt und sich Süd- wie Westfassade dem Besucher darbieten.[15] Die Westseite gilt wegen des kühlenden Windes als bevorzugte Hausseite. Im Gegensatz dazu werden in der Oberen Ǧazīra meist alle Hausseiten gestalterisch gleichrangig behandelt.

Im Westen der Ǧazīra ordnet man die wenigen Hausöffnungen in den Süd- und Westfronten an. Bauherren überlassen meist den Baumeistern die Entscheidung über die genaue Lage der Türen und Fenster. Letztere entscheiden dies aufgrund praktischer Erwägungen, eigener Gewohnheiten oder traditionell bestimmter Vorgaben. Befragt nach ihren Kriterien, geben Baumeister an, daß eine Tür entweder nahe der Fassadenecke oder in die Mitte gehöre. In die verbleibende Wandfläche setze man die Fenster mittig ein. Bei mehreren Fenstern teilen sie die Fläche so ein, daß die Zwischenräume gleich breit sind.

Bei Mittel- und Vorhallenhäusern bleibt den Baumeistern wenig Spielraum in der Verteilung der Fenster und Türen. Im Rahmen der meist symmetrischen Grundrißkonzeptionen liegen die Fenster in der Mitte zwischen den Bezugsgrößen Tür, Gebäudeecke oder Lisenen.

Die Nordseiten der Häuser sind stärker geschlossen und auch schlichter gehalten. Vor allem bei Zeilenhäusern staken die Enden der Dachbalken oft aus der Wand heraus. Erst von Nahem kann man Regenspeier von Deckenbalken unterscheiden.

Bei Gästehäusern, die frei stehen und wo von allen Seiten Gäste kommen könnten, werden alle Seiten als Schaufassaden ausgebildet.

Türen

Grundsätzlich markieren Hauseingangstüren den Übergang zwischen Privatheit und Öffentlichkeit. Bei der einzelerschlossenen Bauweise signalisiert die Art der Tür, um welchen Raum es sicher dahinter handelt. (Abb. 292, 293) Zum Gästeraum führt die teuerste meist zweiflüglige Tür, die niedrigschwellig zu überwinden ist. Die zum Familienwohnraum führende Tür stellt eine deutlichere Schwelle dar, da sich dahinter das *dār al-bait* als Kern des Hauses befindet. Beide Türöffnungen müssen breit genug sein, um große Speisetabletts und die riesigen Gästematratzen hindurch tragen zu können. Neuere Türen bestehen aus zwei Flügeln, arab. *bāb ferdtēn, bāb ṣarrʿatēn, bāb derftēn*, die nach innen aufgehen. Sie zeigen damit auch den relativen Wohlstand heutiger Häuser an. Die Rahmen dieser Türen schließen beinahe bündig mit der Außenwandfläche ab. Die hölzernen Rahmen sind immer allseitig und mit einer Schwelle versehen.

Dagegen sind ältere Türen einflügig. Sie sind ebenfalls nach innen zu öffnen und mancherorts noch mit Drehpfosten ausgestattet: oben drehen diese sich in einer Lasche oder Astgabel und unten in einem Türangelstein, *ḥağar ṣiyūr*. (Abb. 291) Solche Türen liegen leicht zurückgesetzt in der Leibung und verfügen über eine angehobene Schwelle, um zu verhindern, daß Regenwasser eindringen kann.

Die Palette von Türblättern reicht von einfachsten Holzbrettertüren bis zu verzierten Metalltüren. Letztere sind heute üblich, sie tragen eine aufgeschweißte schlichte Ornamentierung auf dem Metall. Glaseinsätze im oberen Bereich ermöglichen Lichteinfall auch bei geschlossener Tür.

Nur noch wenigen Türen verschließt man mit hölzerne Türriegelschlössern, *ġufūl ḫašab* / sing. *ġafel ḫašab*. (Abb. 290) Das Schließprinzip beruht darauf, daß im Bart des ebenfalls hölzernen Schlüssels, *meftaḥ*, Zinken ausgesägt sind, mit denen kleine Holzzapfen hochgedrückt werden, um den Riegel, *derbās* oder *mzāq*, freizugeben.

Da früher innerhalb der Häuser Türblätter nicht üblich waren, konnten die Öffnungen auch ungewöhnlich geformt sein. Die Überwölbungen liefen oft rund bis dreieckig zu und wurden allenfalls mit Teppichen verhängt.

Wandöffnungen und Fenster

Bis in die sechziger Jahre verfügte ein durchschnittliches Wohnhaus in Nordostsyrien nur über kleine Wandöffnungen, *ṭūg*/ sing. *ṭāge*, von maximal 20 cm Breite und Höhe.[16] Während sie im Sommer Licht und Luft einließen, verschloß man sie im Winter oder an stürmischen Tagen mit passenden Kissen, zusammengeknüllten Stoffresten oder Steinen. Da durch sie auch Staub hereingeweht wird, setzte man sie oft von außen dauerhaft zu, so daß im Innenraum nur Nischen verblieben. Bei der Anordnung dieser kleinen Wandöffnungen prägten sich bestimmte „Patterns" aus: das einfachste ist die waagerechte Reihung in ungefähr 50 cm Höhe. Aus dieser Reihung entwickelte man am westlichen Euphratufer eine pyramidenartige Anordnung: Bei zwei bis fünf Reihen übereinander wird nach oben pro Reihe je eine *ṭāge* weniger angeordnet. (Abb. 296) Dieses dekorative Motiv integrierte man vor allem in Westfassaden, wo die bevorzugten Sitzplätze des Hauses liegen.

In der westlichen Ǧazīra wandte man auch das „Pattern" des Lichtgadens an. In der Südfassade (manchmal auch in der Westfassade) angeordnete kleine Oberfenster, *manāwir*/ sing. *minwār*, liessen die aufsteigende Warmluft abziehen. Die große Wandstärke verhindert direkte Sonneneinstrahlung im Sommer und sorgt so für indirekte Belichtung. Seit den achtziger Jahren des 20.Jahrhunderts hat man diese Lichtgaden häufig wegen Staubproblems fest verglast oder zugesetzt. Diese Oberfenster liegen in regelmäßigen Abständen auf die gesamte Fassade verteilt oder sind auf die darunter liegenden größeren Fenster bezogen. (Abb. 288, 149) Heute betrachtet man sie dank größerer Flügelfenster und Deckenventilatoren als überflüssig. Lichtgaden hat man vor allem in den sechziger und siebziger Jahren an Häusern wohlhabenderer Familien angebracht. Sie betonen die große Höhe der Räume.

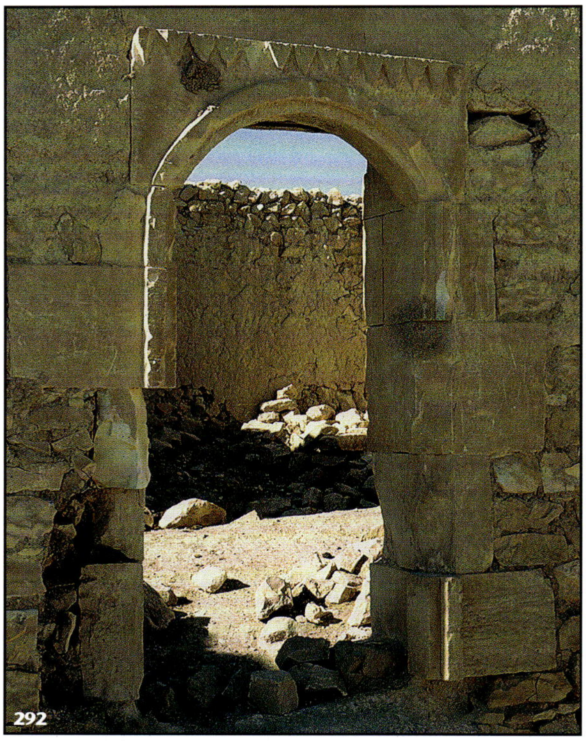

292

293

Viele Wandöffnungen sind durch häufiges Verputzen rund geworden. Selten nur noch kommen dreieckige *ṭūg* vor, die aus gegeneinandergelehnten Lehmziegeln gebildet werden. An dem verfallenden *šaiḫ*-Haus im kurdischen Dorf Zerkūtek unweit des „nördlichen" Euphrattals sind Rosetten im Mauerwerk angelegt. (Abb. 294) Wie ein unveröffentlichtes Foto Oppenheims von 1893 aus dem heutigen ʿAin Al-ʿArūs an der Balīḫ-Quelle zeigt und ältere Bewohner Nordostsyriens bestätigen, waren solche und andere Formen von Fensteröffnungen früher üblich. (Abb. 31) Sie sind durchbrochene Flächenfüllungen ähnlich den in Oberägypten üblichen und von Hassan Fathy häufig gebauten Claustra.[17] Durch sie fällt das Licht nur gebrochen in den Raum. Auch wenn diese Arten von Wandöffnungen heute als überholt und als Zeichen von Armut gelten, so sind sie doch eigentlich den sommerlichen Klimabedingungen bestens angepaßt. Ein Problem besteht darin, daß sie während der kalten Jahreszeit verschließbar sein müßten. In Fortsetzung des Claustrum-Prinzips entstanden Fenster-Nischen-Kombinationen: ein Teil der Fensternische ist zugesetzt, ein anderer festverglast und ein weiterer besteht aus einer kleinen Öffnung.[18] Diese Kombination stellt eine Art Zwischenschritt in der Entwicklung vom *ṭāge* zum Flügelfenster dar. Sie erfüllt alle Funktionen, die von einem Fenster verlangt werden und sorgt dafür, daß Lichtstrahlen nur gedämpft ins Haus fallen können. Von außen stellen sich Fenster-Nischen-Kombinationen oft als waagerechte Sehschlitze dar, da die Festverglasung, *ballūr*, meist im oberen Bereich quer liegt. (Abb. 311)

Bis in die fünfziger Jahre des 20. Jahrhunderts hinein konnten sich nur Wohlhabende zu öffnende Fenster leisten. Auch diese bestanden oft nur aus Holzflügeln mit einer festverglasten kleinen Scheibe im oberen Teil des Rahmens. Solche bis heute häufigen Holzladenfenster müssen im Winter, wenn sie an der Wetterseite gelegen sind, vor Schlagregen geschützt werden. Auch als zusätzliche Wärmedämmung verschließt man sie von außen mit einer Plastikfolie. Erst seit den siebziger Jahren haben sich Glasfenster, *šebabīk* / sing. *šebāk*, allgemein durchgesetzt. Verglasung gilt bis heute als Statussymbol.

Fenster sind üblicherweise zweiflüglig. Heute bevorzugt man Holz- oder Metallrahmenfenster mit Sprossen oder phantasievollem Gitterwerk. Die ärmere Bevölkerung verschließt die Fensterhöhlen mit Draht oder Fliegengitter und heftet im Winter außen eine Plastikfolie vor. Abgesehen davon, daß die in der Ǧazīra üblichen Glasscheiben dünn und zerbrechlich sind und damit eines zusätzlichen Schutzes bedürfen, zeigt sich an dieser Fensterart das Bedürfnis, die Häuser nicht

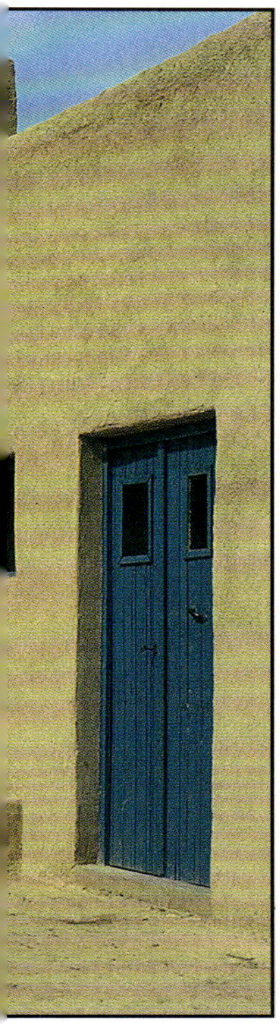

von außen einsehbar zu machen. Sie bedürfen eines schützenden Vorhangs, um sie gegen Blicke, Steine oder Bälle spielender Kinder abzuschließen. Dieser Vorhang-Effekt verbindet sie mit Claustra und *mašrabiyāt*, den das Sonnenlicht brechenden hölzernen Gitterfenstern orientalischer Altstädte. Früher erhielten die Fenster wohlhabender Häuser eine ins Mauerwerk integrierte Vergitterung als Schutz vor Diebstählen.

Heute sind Fensteröffnungen quadratisch oder rechteckig; Holzknüppel oder Betonbalken dienen als Stürze. Noch vor einer Generation bevorzugten die Wohlhabenden in der westlichen Ǧazīra hochrechteckige Fenster mit Rundbögen aus Stein oder Gipsguß. Türen und Fenster älterer wohlhabender Häuser im

Abb. 292
Rundbogentürsturz aus Kalkstein mit Sägezahnverzierung an der Ruine eines Hauses aus Kalksteinmauerwerk in Ḥağar Alʿ Abiāḍ/ Tišrīn-Region

Abb. 293
Doppelflüglige Holztüren; der Sturz besteht aus wiederverwendeten Hausteinen der frühislamischen Burg Qalʿat Neğm/ Euphrattal

Abb. 294
Wandöffnungen in Form gemauerter Rosetten an der Ruine des Doppelraumhauses eines kurdischen Notablen in Zerkötek/Euphrattal (vgl. Abb. 31)

Abb. 295
Westfenster-Pattern: Wandsafe in der Mitte zwischen zwei Fensternischen in Qurq Muqqar/Euphrattal

Abb. 296
Pyramidenartige Anordnung kleiner Wandöffnungen, *ṭūg*, in der Westwand eines Zeilenhauses in Al-Ḥamra am Assad-Stausee

Abb. 297

Wandvorlagen an Wohnhäusern

A./B Wandvorlagen als Versteifung (2 kleine einreihige Mittelhallenhäuser in Tell Bdairi/Ḫābūr-Stausee)

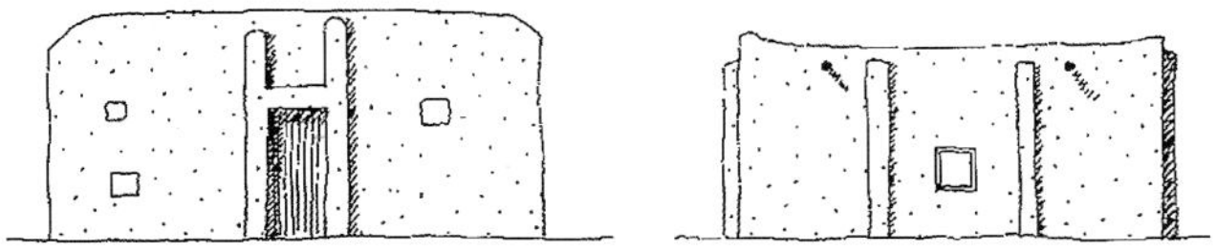

C. Gesimsdach, verbreiterter Sockel und Lisenen, die sich an der Lage der Innenwände orientieren – einreihiges Mittelhallenhaus in Al-ʿAšra/Ḫābūr

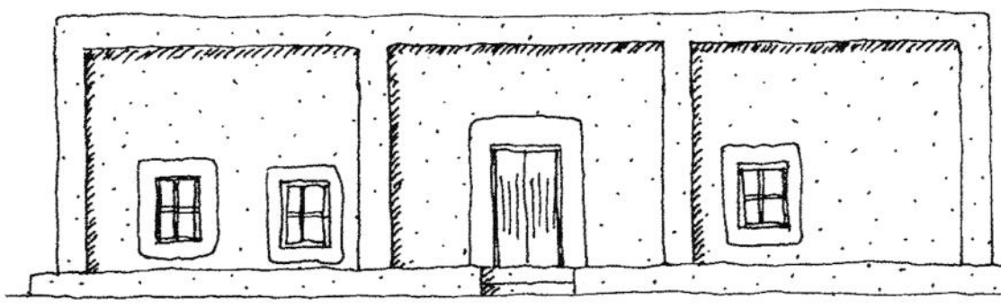

D. Gesimsdach, Sockel und Lisenen („weiche" Ecken, Doppellisenen), Türnische, deren Lisenen gebundene Vorsprünge sind – Mittelhallenhaus mit zwei Raumreihen längs in Ḫirbet Ḥağğī/Ḫābūr

Euphrattal um Qalʿat Neğm sind von Werksteinbögen überwölbt. Beim Kuppelhausbau waren Rundbögen aus Lehmziegeln ebenfalls üblich.

In der westlichen Ǧazīra werden Fenster zu „Patterns" kombiniert: In der Westfassade ist die paarweise Kombination mit einer Fensterbreite Abstand dazwischen üblich. Oft auch fügte man ein Fenster oder eine Nische mittig oberhalb der beiden anderen Fenster hinzu. Diese Nische ist im Innenraum zu einem kleinen „Wandsafe", arab. *ḫizāna,* kurd. *kulek*, verschlossen. In ihm bewahrte man wichtige Papiere und Geld auf. Die dreieckige Anordnung dieser Öffnungen betont die dekorativ gestaltete Stirnseite des Raums (Abb. 311) und sicher nicht zufällig fällt dies mit der Verfügung der Familienoberhäupter über den Wandsafe zusammen.[19] Diese westliche Fensterwand – ob mit oder ohne eingebautes Wandkästchen – erscheint wie ein Gegenstück zu den weiblich besetzten Teilen des Hauses: offen, hell und nach außen gewandt ist dieses westliche Ende des Hauses, während am östlichen Hausende der dunklere Raum mit dem Teil des Familienbesitzes liegt, der den Frauen gehört. Es mag praktische Gründe geben, die eine solche Aufteilung des Hauses nahelegen, ohne Symbolgehalt ist sie jedoch nicht.

Abb. 299

Lisenenintervalle und ihre Auswirkungen auf Mittelhallengrundrisse

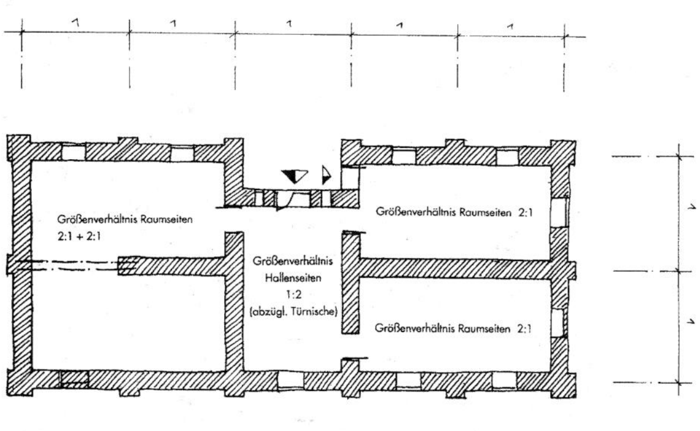

Fenster und Nischen bilden das entscheidende Element der Innenraumgestaltung repräsentativer Räume. Sie rhythmisieren die Wandflächen. Während im städtischen Bereich Fenster nur an einer, der Hofseite, möglich sind und für ausreichenden Lichteinfall zu sorgen haben, können im ländlichen Bereich Fenster an drei Seiten für Licht sorgen. Dem Eintretenden bietet sich dadurch ein offenerer Raumeindruck als bei dem städtischen Gästeraum,[20] wo Ausblick nur an einer Seite möglich ist. Dort soll Leichtigkeit und Transparenz durch Gliederung der Wände in Nischen und Fenster sowie durch Bemalung der Räume erzeugt werden. Im ländlichen Repräsentationsraum stellt sich dieser Raumeindruck beinahe von selbst her. Die weitgehend kahlen Wände bewirken eine Konzentration des Blicks auf die Menschen, die in diesem Raum sitzen, oder lassen ihn nach außen schweifen. Auch dort, wo hölzernes Rahmenwerk Wände und Fenster verbindet, betont dies die Leichtigkeit. (Abb. 85)

Die Fenster der Oberen Ǧazīra sind grundsätzlich größer als jene im Westen, da dort extremere sommerliche Temperaturen nach nächtlicher Abkühlung verlangen. Nur noch schwache Ausläufer des kühlenden Westwindes erreichen die Obere Ǧazīra und möglichst große Fenster sollen ihn hereinlassen. Dortige Fenster haben entweder eine im Fensterloch verankerte Vergitterung – früher vermutlich ohne Verglasung – oder weisen Ziergitter auf den Fensterflügeln selbst auf.[21] Diese größeren Fenster stehen jedoch auch mit dem jüngeren Alter der meisten Häuser in Verbindung. Sie sind üblich an Mittel- und Vorhallenhäusern.

Unabhängig von ihrer Größe weisen ältere Fenster niedrige Brüstungen von 30 bis 60 cm auf, die angenehmen Windzug für die am Boden Sitzenden ermöglichen. Niedrige Fenster bewirken auch ein wohnliches Raumgefühl, das zur Intimität beiträgt. Heute wird bei Neubauten kaum mehr Rücksicht auf den niedrigen Sichthorizont der Sitzenden genommen. Die Brüstungen der Fenster liegen statt dessen in der Höhe für Stuhlbenutzer.

Nordfenster sind nicht bei allen Hausformen üblich, da die Nordfassade eher geschlossen bleibt. Falls dennoch vorhanden, weisen sie nicht unmittelbar zu einem Nachbargrundstück. Wo sie an Wege grenzen, sind sie mit Tabus belegt, und es gilt als grob unhöflich, wenn jemand von außen hereinschaut. Die sich im Raum Aufhaltenden können allerdings durch das Nordfenster Kontakt nach außen aufnehmen.

Bei einzelerschlossenen Bauweisen erhalten Gästeräume grundsätzlich mehr Fenster als Familienwohnräume. Letztere behalten den abgeschlossenen Charakter alter Häuser bei. Schon das Äußere vermittelt, daß sich hier das *dār al-bait*, das zur Familie hin Gerichtete und Schützenswerte, befindet. Bei Neubauten relativiert sich dieser Unterschied etwas: auch Familienwohnräume erhalten größere Fenster. Die verhältnismäßig große Fensterfläche der Gästeräume veranschaulicht deren einladenden Charakter und den Stellenwert, den die orientalische Gesellschaft der Gastlichkeit einräumt.

Plastische Reliefierung der Fassade

Das Material Lehm mit seiner Formbarkeit und leichten Verarbeitbarkeit legt plastische Oberflächengestaltung geradezu nahe. Eine solche Art der Fassadendekoration bedeutet jedoch nicht nur Mehraufwand beim Bauen, sondern auch beim jährlichen Verputzen verschlingen die vielen Kanten mehr Zeit als eine glatte Oberfläche.

Plastische Gestaltungen der Fassaden kommen nicht sehr häufig vor. Während man in der Oberen Ǧazīra von einer kleinen Verbreitungsgruppe sprechen kann, handelt es sich im Westen nur um ganz vereinzelte Beispiele. Bei der östlichen Gruppe bilden Lisenen, Bänder, Gesimse, Blendnischen die Gestaltungselemente, die an allen sichtbaren Hausseiten angebracht sind. Im Westen findet sich plastischer Bauschmuck – meist als Dreiecks-Elemente – nur an den Schauseiten.

Das Augenmerk soll hier zuerst auf die östliche Gruppe mit ihren Lisenen als wichtigstem Gestaltungsmittel gerichtet werden. Unter Lisenen sind statisch nicht tragende, im Mauerwerk angelegte Wandvorsprünge zu verstehen, die jedoch wandaussteifende Funktionen haben können. Die Bewohner der Oberen Ǧazīra nennen die Lisenen *dʿamiye*, *denge* oder *šebbe*. Auf die Tatsache, daß sie ausschließlich an Mittelhallen- und Gästehäusern vorkommen, wird im Folgenden eingegangen.[22]

In der Regel sind diese plastisch gegliederten Bauten mit Gesimsdach, Sockel für den Spritzschutz und Ecklisenen versehen, so daß das Gebäude gerahmt erscheint. Alle drei Elemente sind durch dieselbe Tiefe miteinander verbunden (Abb. 297: D). Diese Kombi-

Abb. 298

Wandvorlagen an Gästehäusern

A. Unterbau, gestaffelte Lisenen, doppelt versetzte Lisenenecke, Staffeleingang – Mʿak/Ḫābūr-Dreieck

B. Sockel, „weiche" Ecken, Lisenen, hohe Blendnischen mit Eckbetonung, rechtes Lisenenfeld entspricht Vorraum – Ḥuwailid Fawqānī/Ḫābūr-Dreieck

C. Unterbau, „weiche" Ecken, Lisenen mit integrierten Nischen, Blendnischen mit Oberfenstern, Türbetonung durch Doppellisenen – Abū Ḥaǧaira/Ḫābūr-Dreieck

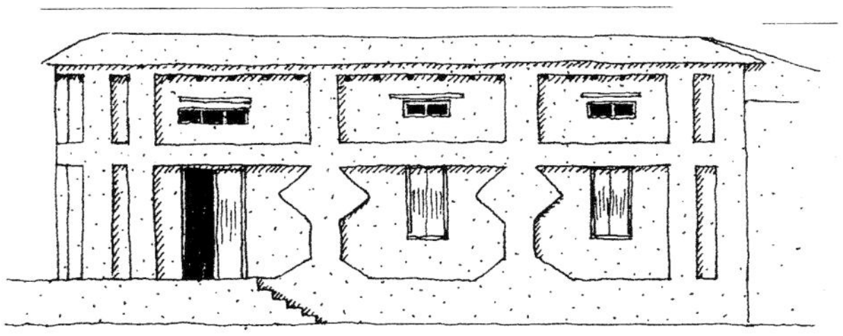

D. Unterbau, zu Rauten erweiterte Lisenen, Horizontalband, Lichtgaden, versetzte Lisenenecke – Tell Ḥumaidī/Ḫābūr-Dreieck

Abb. 300 Flächige Fassadengliederung an einem Haus in Ḫalīǧīk/ʿAin Al-ʿArab, das 1944 von einem armenischen Baumeister in spätosmanischer Tradition errichtet wurde

301

nation vorspringender Elemente bewirkt eine optische Zweiteilung der Fassade. Es scheint, als ob Lisenen, Gesims und Sockel ein tragendes Skelett bilden, das sich nach außen abbildet, und dahinter liegende Wandscheiben nur Ausfachungen seien.

Einfache Lisenen haben einen rechteckigen Querschnitt und sind eine Lehmziegellänge breit. Ihre Tiefe ist abhängig vom Mauerverband, sie beträgt zwischen einem halben und einer ganzen Ziegelbreite, so daß sie nach dem Verputz meist um 15 bis 20 cm aus dem Mauermassiv vorstehen. Gelegentlich werden extra lange Ziegel von ca. 60 cm für die Lisenenkonstruktion hergestellt. Variationen bestehen in der Eckausformung der Lisenen. Es existieren sowohl Ecklisenen, deren Vorsprung über die Ecke hinausreicht, als auch „weiche" Ecken mit Staffelung nach hinten. Es handelt sich dabei um zwei Lisenen über Eck, die jeweils kurz vor der Ecke angeordnet sind und deren Entfernung zur Ecke dieselbe wie die Tiefe der Lisene ist. Durch die Staffelung entsteht eine Betonung der Ecke. Als Weiterentwicklung stufte man die Lisenen selbst ab und erzielte damit verstärkte Plastizität. Insbesondere an den Ecken wirkt sich dies aus: In der Vorderansicht sieht man eine fünffache Abstufung nach hinten. (Abb. 224)

„Harte", vorspringende Ecken bilden eine Art äußeren Rahmen des Hauses, betonen Anfang und Ende als klare Fixpunkte. Demgegenüber strahlt die „weiche", rückspringende Ecke und stärker noch die gestaffelte „weiche" Ecke etwas Filigranes, Zurückhaltendes und eher Elegant-Verspieltes aus. Sie schiebt – im wahrsten Sinne des Wortes – die Begrenzung immer weiter hinaus, sie legt sich nicht genau fest, hält etwas offen. Durch die Staffelung wird die Mauerstärke auch im Aufriß spürbar, was einen Eindruck von Massivität erzeugt.

Eingangstür und Fenster bilden den Ausgangspunkt für die Fassadengestaltung. Sie ordnet der Baumeister in regelmäßigen Abständen an und macht sie zur Mitte der von Lisenen begrenzten Wandfelder. Wo Innenwände auf die Außenwände stoßen, setzen die Lisenen diese nach außen fort, zeichnen sie ab und bilden gebundene Wandvorsprünge.[23] Hier werden innere Strukturen und Konstruktionen außen angezeigt. So läßt sich beim Mittelhallenhaus anhand der das Türfeld begrenzenden Lisenen die Breite der dahinter befindlichen Halle von außen ablesen (Abb. 297: C, D). Im Idealfall liegt den Mittelhallenhäusern ein Modul zugrunde: die Hallenbreite bestimmt das Türfeld und damit den mittleren Lisenenintervall (das Modul), nach dem sich die anderen Intervalle annäherndsweise richten. (Abb. 299) Daraus ergibt sich, daß diese Mittelhallenhäuser Flankenräume aufweisen, die die doppelte Länge der Hallenbreite haben.[24] Um die Intervalle der seitlichen Fassaden denen der Fronten anzunähern, werden die Räume in ähnlicher Breite wie die Halle angelegt.[25] Diese Maßverhältnisse wurden besonders am zweireihigen Mittelhallenhaus angewendet; dort weisen Halle und Räume im Grundriß häufig Seitenlängen im Verhältnis 1:2 auf. In den Außenmaßen ergibt daraus sich ein Verhältnis von Breite zu Tiefe von 5:2.

Die dekorative Gestaltung mit versetzter Lisenenecke oder dreifach gestaffelter „weicher" Ecke kommt etwas häufiger vor, während die fünffache Staffelung nur sehr selten ist. Fassadengliederung mit Lisenen findet sich vereinzelt im gesamten mittleren und östlichen Ḫābūr-Dreieck.

Ebenfalls in der Oberen Ǧazīra läßt man gelegentlich Blendarkaden als Dreiecksbögen auslaufen.[26] (Abb. 303). Absichtlich erhält der stufenartige Kragaufbau des Mauerwerkes einen nur dünnen Verputz. Ein Baumeister im Dorf Al-Qunaiṭra im Bec de Canard hat bei seinem eigenen Haus das Blendwerk zweistufig angelegt. Der Eingangsbereich wird durch einen kleinen mittigen Zapfen im äußeren Blendwerk betont und die Eingangsnische ist mit einem Segmentbogen überwölbt. Bei diesem Beispiel handelt es sich nicht mehr um Bauschmuck aus Blendarkaden, sondern um Ausnischungen der Fassade, deren Idee von Spitzbogennischen abgeleitet ist.

Meist leistete sich nur die wohlhabendste Familie im Dorf plastischen Bauschmuck, was deren Haus ein unverwechselbares Gesicht verleiht. Bemerkenswert ist die Tatsache, daß dort, wo einer Familie ein Mittelhallenhaus und ein Gästehaus gehört, nur eins von beiden mit Bauplastik versehen wurde.

Die plastische Gestaltung der Gästehäuser unterscheidet sich nur wenig von denen der Mittelhallenhäuser. (Abb. 217, 218, 224) Auch hier wirken sich Vorhallen – wo vorhanden – in gebundenen Wandvorlagen aus; dennoch wird die Länge der Vorhalle allenfalls als Anhalt für die Länge der Lisenenfelder benutzt. Bei einräumigen Gästehäusern ist die Intervallgröße zwischen den Lisenen frei. Immer jedoch ist die Anzahl der Fenster Ausgangspunkt der Wandgliederung. Die Fassadengliederung an Gästehäusern (an 14 von 60 besuchten Gästehäusern, Abb. 261) ist freier als bei Mittelhallenhäusern: Gestaltungsmittel wie Horizontalbänder, Blendnischen und Lichtgaden wurden hinzugefügt.

Zu diesen Gästehäusern gehörten ursprünglich Gesimsdächer, die bei einigen später durch Wölbungsdächer ersetzt wurden. (Abb. 4, 298: D).

Nur die Fassade des Gästehauses in Mʿak (Abb. 298: A) weist eine fünffache Tiefenstaffelung auf. Durch seine Kleinheit kommt die Plastizität stärker zur Geltung als am ebenfalls fünffach gestaffelten Mittelhallenhaus Čaṭal II. (Abb. 224) Zusätzliche Dekorationselemente zeigt das *maḍāfa* in Tell Ḥumaidī (Abb. 298: D). Dort umschlingt ein horizontales Band in Sturzhöhe das Gebäude. Es teilt damit die Wandfelder zwischen den Lisenen in untere große und obere kleinere flach-rechteckige Felder auf und

Abb. 301
Das Gästehaus in Tell Mišḫan: Die Lisenen sind zu breiten Wandvorsprüngen erweitert, in deren Mitte jeweils eine große und eine kleine obere Blendnische liegen. Innerhalb der Wandfelder befinden sich drei große normale Fenster und darüber weitere kleine Blendnischen. Die Fläche des vorgeblendeten Teils inklusive des massiven Unterbaus ist größer als die „eigentliche“ Wandfläche. Die Bauplastik gipfelt in vier leicht konisch zulaufenden Dachaufsätzen an den Ecken. Die Anzahl der Blendfenster ist mit 26 im Verhältnis zu acht tatsächlichen Fenstern groß.

Abb. 302
Erstaunlicherweise imitiert das Betonstein-Gästehaus in Rāda Kabīra Elemente des plastischen Lehmbauschmucks aus der Oberen Ǧazīra

erweckt den Eindruck eines Mezzaningeschosses. Zusätzlich sind in die Lisenen rautenförmig erweitert. Insbesondere dadurch wirkt die Bauplastik im Verhältnis zur Gebäudegröße sehr massig. Auch die Wandfelder bilden keine ruhigen Flächen, da in ihnen Fenster, Oberlichter und Leuchtstoffröhren angeordnet sind. Auch das in Betonformstein errichtete Gästehaus in Rāda Kabīra weist ein horizontales Band auf. Zusätzlich liegen vorspringende markisenartige Betonschirme oberhalb der Fenster und dem Eingangsvorbau. (Abb. 302) Es ist das einzige Gästehaus aus dem Westen, an dem plastische Lisenenelemente – allerdings in Beton – zur Anwendung kamen.

Weitergehende Differenzierung des Baudekors besteht in der Einbeziehung der Wandfelder in die plastische Dekoration. Dies erfolgt durch kleinere rundbogige Blendnischen mit oder ohne Fenster als Lichtgaden. Dadurch wird die Höhe betont. Die Gebäudeecken werden durch Doppellisenen oder verbreiterte Wandvorsprünge akzentuiert, wie dies an den Gästehäusern in Ḫuwailid Fawqānī, Ad-Drisīyāt (Abb. 244), Quṭba Taḥtānī und Abū Ḥağaira sichtbar ist.[27] In die Wandvorsprünge sind Blendnischen eingelassen. In Abū Ḥağaira verbreiterte man die Lisenen im oberen Bereich, um weitere Blendnischen darin unterzubringen. Dies wirkt jedoch ungeschickt, da es der formalen Strenge und dem Prinzip der schlanken Lisenen widerspricht.

Die Gästehäuser weisen ein facettenreiches Spiel von Licht und Schatten, von strenger Ordnung und spielerischer Leichtigkeit auf. Letzeres wird vor allem durch die nur geringe Tiefe des Bauschmucks hervorgerufen. Auch die hochrechteckigen Sprossenfenster unterstützen diesen Ausdruck. Das Element der Lisenen verbindet plastisch gestaltete Mittellhallen- und Gästehäuser und sorgt für deren grundsätzliche Tendenz zur Vertikalität. Die Gästehäuser mit ihren schmalen Grundrissen, ihren zusätzlichen Dekorelementen und ihrer Wandauflösung (da die Felder kleiner und durch Blendnischen aufgelockert sind) wirken im Vergleich zu Mittelhallenhäusern zarter und feingliedriger.

In den Dörfern bilden diese Gästehäuser und/oder Wohnhäuser der Notablen auch städtebauliche Dominanten.

Zur Herkunft plastischer Dekoration

Plastische Gestaltung durch Lisenen, Rahmung und Ausnischungen ist eng verknüpft mit ihrem Baumaterial, den Ziegeln. Dieses legt in der Mauertechnik den plastischen Umgang mit der Wand geradezu nahe. Das Material ist also strukturbestimmend.

Von der Bevölkerung wird plastische Dekoration in Zusammenhang mit der Konstruktion gesehen, manche nennen sie *tegwī al-ḥayṭ*, „Verstärkung der Wand“. Eine einzelne Lisene nennt man in ʿAāmūda auch „Schwein“, *ḫanzīr*, was ebenfalls auf ihre unterstützende Funktion anspielt. Wandvorsprünge können als Aussteifung der Wand, insbesondere wenn diese halb- oder einsteinig ist, konstruktiv erforderlich sein. In der Oberen Ǧazīra wendet man bei langen Hofmauern dieses Prinzip durch regelmäßige Vorsprünge gelegentlich an. Auch der gebundene Wandvorsprung geht auf eine Versteifung an der Stelle zurück, wo eine Innenwand abgeht. Wandvorsprünge an Giebelseiten von Mittelbalkenhäusern stellen statisch gesehen Strebemauern dar.

Im Bereich der Türen, wo zusätzliche Scherkräfte wirken, können Wandvorsprünge statisch unterstützend wirken, dazu werden ein oder zwei Binderziegel um die Türöffnung gemauert. In der Region südlich von Hasseke, im mittlerweile überfluteten Dorf Bdairī, standen zwei verlassene Häuser, an denen die Funktion der Wandvorsprünge sowohl als Türumrandung als auch als Wandaussteifung beobachtet werden konnte. (Abb. 297: A,B) An späteren Bauten entwickelten sich die Wandvorsprünge zu statisch nicht erforderlichen, nur dekorativen Lisenen. Dennoch haben an ein- oder eineinhalbsteinigen Wandscheiben, die Höhen bis zu 3,50 m und Längen bis zu 14 m aufweisen, wie dies an vereinzelten Gästehäusern der Fall ist, Lisenen wirken sich positiv auf die Versteifung der Wand aus.

Die Entwicklung der plastisch dekorierten Gebäude allein als Weiterentwicklung einstmals konstruktiver Erfordernisse erklären zu wollen, greift zu kurz. Es stellt sich daher die Frage: Woher stammen die formalen Einflüsse der plastischen Dekoration in der Oberen Ǧazīra? Konkrete Nachfragen bei den heutigen Inhabern der plastisch dekorierten Gebäude erbrachten nur in einem Fall Aufschluß über mögliche Anregungen, die Baumeister oder Bauherr erhalten haben könnten.[28] Meist sind die Bauherren verstorben, und deren Nachkommen geben an, daß die Anregungen aus der nächstgelegenen Stadt stammten. Im Falle des Gästehauses in Tell Mišḫan, das auch als Vorbild bei anderen Gästehäusern angegeben wurde, ließ sich feststellen, daß der Baumeister aus Tadmor, dem römischen Palmyra, gestammt hatte.[29] Wenn ein Bauherr einen Baumeister aus dem über 500 km entfernten Ort mit dem bedeutendsten römischen Ruinenfeld Syriens holte, geschah dies nicht zufällig. Vielleicht versprach sich der Bauherr einen gewissen Anklang an römische Architektur, bzw. das, was er sich darunter vor-

303

Abb. 303 Dreiecks-Flächenstaffelung am Baumeisterhaus in Al-Qunaiṭra/ Bec de Canard

Abb. 304 Schwachplastische Flächengliederung in Mahabad/ heute Iranisch-Kurdistan

stellte. Konkret jedoch fehlen die für das Gästehaus in Tell Mišḫan so typischen Blendnischen in Palmyra fast gänzlich, während die an der Temenosmauer in Palmyra so augenfälligen Lisenen in Tell Mišḫan nur an der kurzen Gebäudeseite auftauchen. Statt dessen schuf der Baumeister einen Bau ganz eigener Qualität, der die regional übliche Form der Doppellisenen zu breiten Wandvorsprüngen erweitert und diese als Flächen für eine Rhythmisierung aus verschieden großen Blendnischen nutzt. (Abb. 256, 301) Das Gästehaus in Tell Mišḫan bildete eines der ersten plastisch dekorierten Gästehäuser und diente zumindest als Vorbild für die Bauten in Abū Ḥağaira und Ad-Drisiyāt (Abb. 244).

Die Formen der plastischen Dekoration in Nordostsyrien stehen auch im Zusammenhang mit stilistischen Elementen, die von den dreißiger bis in die frühen sechziger Jahre die Architektur der Städte (und vieler über das Land verteilter Polizeistationen) prägten. Dieser Baustil ging aus von der nahöstlichen Variante des Neuen Bauens, die mit Elementen aus Art Deko und Expressionismus angereichert ist. Ein Architekturelement jener Zeit war beispielsweise die mehrfach gestaffelte Türleibung, wie sie in Aleppo, Al-Qāmišlī, Hasseke oder Dair Az-Zōr vorkommt. Auch Verwendung von Ecklisenen und die Auflösung der Wand in zwei Ebenen findet sich in dieser städtischen Architektur.

Es gibt jedoch auch noch weitere Ebenen, durch die die Obere Ğazīra mit plastischer Wandgestaltung verbunden ist. In der traditionellen Wohnhausarchitektur und der Repräsentationsarchitektur öffentlicher Institutionen des gesamten geographischen Raumes vom Irak bis zum Iran sind Wandgliederungen durch Lisenen und flächenhafte Rahmung üblich. (Abb. 304) Dieses Prinzip hatte sich als flache Reliefierung unter dem Einfluß der persischen Kunst im Nachbarland Irak verbreitet, ist dort jedoch fast immer mit großen Bogennischen in den Wandfeldern verbunden. Schon aus abbassidischer Zeit findet sich diese Art der Wandgliederung beispielsweise an der Mustanṣiriya-Medresse (erbaut 1232) in Baghdad, und an den großen schiitischen Heiligtümern in Baghdad-Kadhimain und in Najaf aus safawidischer Zeit. Während dort noch die Ausfüllung der Flächen mit Flechtwerk oder Fayencen im Vordergrund stand, entwickelte sich die Fassadengliederung mit Lisenen und Ausnischungen in der gesamten irakischen Architektur zum üblichen Mittel der Gestaltung. Sowohl an öffentlichen Gebäuden als auch an Wohngebäuden setzte sie sich durch und war mit ihrer meist sehr flachen Reliefierung ein von statischen Aspekten unabhängiges Element.[30] Es kam aber nicht zur „Auflösung der Mauer in ein Pfeilersystem".[31] Gelegentlich wird durch weitere Staffelung die Tiefe betont wie beispielsweise an der Außenwand der Moschee von Salman Pak (bei Baghdad), die vermutlich aus der Zeit der Restaurierung 1904/5 stammt.[32] Bis heute variiert die irakische Architektur diese Prinzipen der Fassadengestaltung und verbindet sie auch mit dem neuen, gesamtnahöstlichen Zeitstil.

Wandgliederungen, die von einer vergrößerten Fensternische ausgehen, kommen an spätosmanischen Wohnhäusern zum Tragen, wie sie in den der Oberen Ğazīra auf türkischer Seite gegenüberliegenden ostanatolischen Städten vorkommen. (Abb. 213) Die Fassaden mit Dreiecks-Nischen oder Blendarkaden in der Ğazīra weisen eine Nähe zu diesen ostanatolischen Bogennischen auf. Die Baumeister der Ğazīra bevorzugten die leichter zu mauernden Kragkonstruktionen, um welche es sich bei den größeren dreieckig zulaufenden Blendnischen handelt; man baute jedoch auch Rundbogennischen.

Wandgliederungen mit Pfeilern und Nischen tauchen seit der Mitte des 6. vorchristlichen Jahrtausend auf und galten lange als „untrügliches Zeichen" für den einstigen „kultischen Charakter" eines Gebäudes.[33] Neuere Grabungen belegen allerdings, daß die frühesten Wandpfeilergliederungen an Mittelsaalhäusern auftauchen, erst in der jüngeren Ubaidzeit verlagern sich Pfeiler-Gliederungen immer stärker auf Kult- und Sonderbauten.[34] Gerade die frühesten Wandgliederungen der Ubaidzeit, wie beispielsweise in Tell Abada, gleichen den rezenten Beispielen Nordostsyriens am ehesten. In Tell Abada sind jedoch die regelmäßig angeordneten Wandpfeiler nicht an die Binnenmauern gebunden, sondern sollten offenbar ausschließlich die Fassade rhythmisieren.[35] Die Übereinstimmung zweier Grundprinzipien (der der Mittelhalle und der Pfeiler-Nischengliederung) von altorientalischer und gegenwärtiger Architektur ist bemerkenswert. Manche der rezenten plastisch gestalteten Gästehäuser der Ğazīra mit ihrer oft erhöhten geographischen Lage erinnern an ubaid- oder urukzeitliche Tempel, was Tunca dazu veranlaßte vorzuschlagen, auch altorientalische Tempel vorerst nur allgemein als „bâtiments de prestiges" anzusehen.[36] Es ist kaum anzunehmen, daß altorientalische Pfeiler-Nischen-Gliederungen die rezenten Bauten beeinflußt haben. Abbildungen solcher Bauten waren der Landbevölkerung während der fünfziger Jahre in Syrien kaum zugänglich.[37] Möglicherweise verdingten sich auch damals schon lokale Baumeister bei archäologischen Grabungen; daß sie bauliche Anre-

304

gungen von dort jedoch auf Neubauten übertrugen, halte ich für eher unwahrscheinlich.[38]

Vielleicht entstehen bestimmte Prinzipien immer wieder neu, da sie relativ naheliegend sind. Die konkreten Anregungen zur plastischen Gestaltung entstammen eher den umgebenden Regionen und den modernen städtischen Formelementen. Daraus hat sich jedoch eine eigenständige plastische Architektur der Oberen Ğazīra entwickelt. Eine vermittelnde Position bei der Ausbildung und Ausbreitung der plastischen Architektur Nordostsyriens nehmen die Bauten der entstehenden Landstädte am syrischen Grenzsaum zur Türkei ein, von wo aus sich diese Gestaltung weiter in den ländlichen Raum verbreitet hat. Die Art und Weise, wie Wandvorlagen, mehrfache Staffelung und Blendnischen auf den Mittelhallen- und Gästehäusern der Oberen Ğazīra ausgearbeitet wurden, hat sich von den Vorläufern entfernt. Es ist eine eigene Art der Flächenbehandlung entstanden. In manchen Bauten ist die Modellierung so ansprechend gelöst worden, daß sie Beachtung über den lokalen Rahmen hinaus verdienen. Die hier ausführlich beschriebene plastische Architektur steht meines Wissens im Nahen Osten einzigartig da. Aus den angrenzenden Regionen der Türkei und des Irak findet sich zumindest in der Literatur keine vergleichbare Architektur.[39]

Die plastisch durchgestalteten Mittelhallen- und Gästehäuser entstanden alle in den fünfziger und frühen sechziger Jahren, d. h. in jener Zeit, als ein wirtschaftlicher Aufschwung aufgrund des Baumwollbooms eingesetzt hatte. Stammesführer profitierten u.a. davon, daß ihnen Landtitel über Stammesland zugefallen waren – Land, das sie äußerst gewinnbringend verpachteten. Ihren neuen Reichtum investierten die meisten in neue große Häuser. Nachdem die Landreformgesetze von 1963 durchgesetzt worden waren und der syrische Staat den Stammesführern große Teile ihres Landbesitzes genommen hatte, endete auch die Bauweise der großen, plastisch gestalteten Bauten. Daß sie sich nicht stärker verbreitet hatten, liegt darin begründet, daß eine solche Bauweise als luxuriös erschien und Mehrarbeit für die plastische Fassadengliederung zu kostspielig war. Nur wenige plastisch gestaltete kleinere, d. h. einreihige Mittelhallenhäuser entstanden. (Abb. 303).

Das Prinzip plastischer Fassadengliederung wurde nicht auf andere Hausformen übertragen, da in jener Zeit das Mittelhallenhaus in der Oberen Ğazīra die übliche Form für Neubauten darstellte. Im westlichen Teil der Ğazīra kommt die plastische Lisenengliederung nicht vor.

Plastische Gestaltung mit Dreiecksformen

Die im folgenden beschriebenen Dekorationsformen beschränken sich auf einige wenige Zeilenhäuser. Deren plastische Erhebungen sind geometrisch geformt und direkt im Mauerverband angelegt. Dazu fertigt man manchmal größere Ziegel von bis zu 6 cm Länge. (Da alljährlich beim Verputzen ein größerer Arbeitsaufwand notwendig ist, schlagen manche Hausbesitzer der Dekoration ab.)

Die Wohnhäuser mit bauplastischem Sägezahndekor liegen beiderseits des nördlichen Assad-Stausees (u. a. in Qšaiš und Al-Mustarīḥa bei Al-Ğarniya), in der Syrischen Wüste (in Az-Zimla) und in der Ğazīra-Steppe östlich des Balīḫ (in Nuṣṣtell). Ihre Sägezahnfriese sind meist fünf bis sechs Ziegellagen hoch und ziehen sich (Abb. 305) unterhalb der Dachkante über die Fassade.

Die Häuser mit Sägezahnfriesen entstanden zu unterschiedlichen Zeitpunkten. Während die Häuser und eine Moschee (in Al-Mustarīḥa) auf der Ğazīra-Seite des Euphrat in den späten fünfziger und sechziger Jahren entstanden, baute man sie auf der Šāmiya-Seite noch bis in die frühen neunziger Jahre. Letztere Häuser wurden fast alle von dem Baumeister aus Qšaiš errichtet: Moḥammed Aṭ-Ṭelǧī variierte das Motiv jeweils von Haus zu Haus ein wenig.

Sägezahndekorationen haben keine städtischen Vorbilder. Aber Zackenbänder finden sich in verschiedenen Zusammenhängen: an Traufblechen, Wandborden, am Kaminsims eines Gästehauses (in Rumaila nördlich des Assad-Stausees) oder auf Türstürzen.[40] (Abb. 292) Dieses alltägliche Ziermotiv könnte auf Hausfassaden übertragen worden sein. Aber auch Schattenmuster, die entstehen, wenn Sonnenlicht seitlich auf eine Hausfront mit reglmäßig vorstehenden Dachbalken scheint, könnten die Idee dazu gegeben haben. Von weitem sind solche Fassaden kaum von Sägezahnfassaden zu unterscheiden. Ein Sägezahnmotiv mit zusätzlich gezackten Schenkeln findet sich unter den geometrischen Arabesken und Fassaden mit Sägezahn-Dekorationen sind auch im Norden Saudi-Arabiens verbreitet.[41]

Inwieweit sich die Häuser der Euphrattalgruppe und die Häuser am oberen Balīḫ beeinflußt haben, konnte nicht festgestellt werden. Dagegen gehen die Sägezahndekorationen in Qšaiš und Az-Zimla in der Wüste auf denselben Baumeister zurück. Dieser bezeichnet den Sägezahnfries als *ḥāǧib/ pl. ḥawāǧib* – ein Begriff, der eigentlich ‚Augenbraue' bedeutet.[42]

Gelegentlich begnügte sich ein Bauherr nicht mit einem Sägezahnfries, sondern fügte noch andere Motive hinzu: Rahmung, Sockel, Türfeld und sogar ein stilisierter Baum, wie beim Haus aus Al-Muṣtarīḥa auf der Ğazīra-Seite des Assad-Stausees. An dieser Fassade wurden Ideen verwirklicht, die von großer Lust an plastischer Durchgestaltung zeugen. Auch an einem Gästehaus in Ğamūs am oberen Balīḫ wurden 1959 plastische Gestaltungselemente verschiedener Art gemauert. In einem Nachbardorf soll ein Vorbildbau existieren. (Abb. 341)

Während solche plastischen Gliederungen von Wandflächen heute nur noch ganz vereinzelt vorkommen, waren sie vermutlich früher etwas häufiger. Sie zieren nur die südlichen Schauseiten der Häuser, manchmal auch die Westseite. Diese Art der Bauplastik hat sich aber nicht zu einem verbreiteten Lokalstil entwickelt. Nur einzelne Bauherren ließen sich solche Häuser bauen und bestellten dafür den Baumeister auch aus einem entfernteren Ort.

Plastische Gestaltung mit geometrischen Formen bildet eine eigenständige Idee und in ihr kommt stärker noch als in den Bauten mit Wandvorlagen ein eigenständiger Gestaltungsdrang des Baumeisters zum Tragen.

Ein Vorhallenhaus in Al-Ḥurriya im Bec de Canard stellt dank seiner Dekoration einen singulären Bau dar. (Abb. 340) Sein Baumeister, ein Umsiedler aus dem Euphrattal, hat mit dem aufgebogenen Architrav die Hausmitte betont. (Dort würde man einen Eingang erwarten, aber dieser erfolgt momentan noch durch den östlichen Raum und wird ersetzt durch ein mittiges Fenster.) Diese besondere Gestaltung, die dem sogenannten syrischen Giebel ähnelt, verleiht dem Haus ein dynamisches Aussehen, das von der gebündelten Stellung der Pfeiler unterstützt wird. Das symmetrisch angelegte Haus bildet eine Synthese aus traditionellen Elementen eines U-förmigen Vorhallenhauses mit hohem Wölbungsdach und modernem Arkadengebälk mit eigenständigem Ausdruck. Das Haus wurde 1990 errichtet; vielleicht findet seine Fassadengestaltung noch Nachahmer.

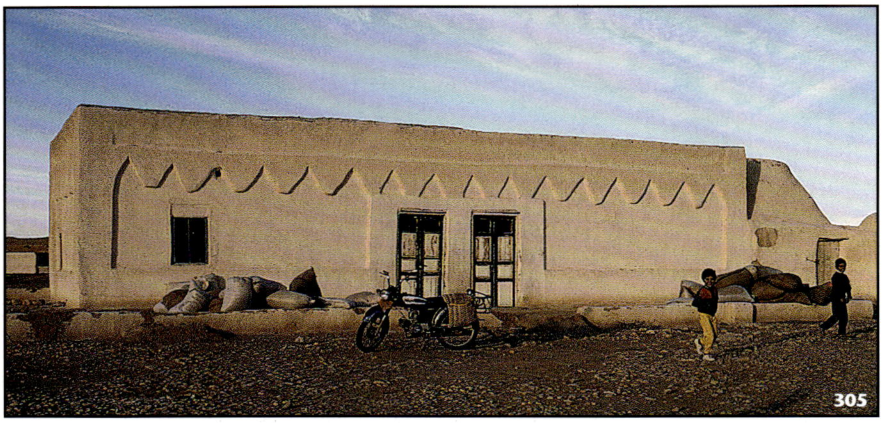

Abb. 305
Rahmung durch Sägezahnfries, Ecklisenen u
Sockel an einem zweiräumigen Zeilenhaus i
Qšaiš in der westlichen Euphratregion

Abb. 306+ 308
Begrüßung eines heimkehrenden Mekkapilgers: Bemalte und beschriftete Fassaden in R'as Al-'Ain und dem Euphrattal

Abb. 307
Mit Tünche gestaltete Fassaden, wie sie nur noch in Medīnet Al-Fār/Syrische Wüste vorkommen: als Motiv vor allem Lebensbäume

Gekalkte und bemalte Fassaden

In Regionen mit leicht abbaubaren Kreidevorkommen ist eine vollflächige Kälkung der Häuser üblich. Sie findet jedoch auch dort nicht bei allen Häusern Anwendung und manchmal werden nur die Schauseiten gekälkt.[43]

Die Tünche muß jährlich erneuert werden; eine Aufgabe, die überall den Frauen obliegt. Teilkälkung soll vor allem vor Spritzwasser schützen. Dazu dient ein Sockelanstrich, der oft bis zur Brüstungshöhe der Fenster reicht. Da Ungeziefer angeblich getünchte Flächen meidet, wird vor allem rund um Türen und Fenster gekälkt. Die Umrandung kann zu dekorativen geometrischen Elementen erweitert werden. Heute ersetzt man Teilkälkung oft durch Zementverputz.

Häuser mit geometrischen oder floralen Mustern zu tünchen, ist stark rückläufig. Nur im halbnomadisch lebenden Dorf Medīnet Al-Fār sah ich dies um 1990 an vielen Häusern. Besonders beliebt sind dort Variationen des Lebensbaummotivs, *šeğara* (‚Baum'), mit fünf oder sieben Enden. Handabdruckzeichen werden heute kaum mehr auf Hauswänden angebracht. (Abb. 283) Während dies eindeutig als Schutzzeichen gilt, ist es der Lebensbaum nur indirekt. Sein Symbolgehalt ist oft nur älteren Frauen bekannt.[44] Auf dem rötlichen Lehmverputz der Fassaden heben sich die weißen Kreidemilchbemalungen kontrastreich ab, ihre Dekoration dauert jedoch nur bis zur nächsten Regenzeit. (Abb. 307)

Heimkehrende Mekka-Pilger werden manchmal mit Graffitis auf ihrer Hausfassade begrüßt. Dazu wird das ‚Gesicht des Hauses' mit Koransuren, Lobpreisungen Gottes und des Propheten Mohammed beschriftet. Ein Dorfbewohner mit schöner Handschrift malt den Text auf die Hauswand. Das Geschehen rund um die Pilgerreise wird gegenständlich dargestellt: die Kaaba in Mekka, das Flugzeug als modernes Symbol für Reise oder auch Lebensbäume. (Abb. 306, 308)

In Ermangelung von Farben hat man früher Dekorationen aus kleinen Lehmwülsten aufgebracht, eine Technik, die um Aleppo wohl stärker verbreitet war. (Abb. 309, 311)

bb. 309
Lehmwulstdekoration ist beinahe vollständig verschwunden: hier in Qalʿat Neğm

bb. 310
Sparsame Dekoration herrscht im Steinbau vor: Gästehaus in Rism Al-Muṣṭāḥa/Euphrat

bb. 311
Lehmwulstdekoration in einem verlassenen Kuppelhaus in der Aleppo-Region

bb. 312
Empfangsraum im Euphrattal: hier sehr farbig gestaltet

STEINFASSADEN

In den dreißiger und vierziger Jahren entstanden in der westlichen Ğazīra einige Gäste- und Privathäuser von Dorfnotablen aus Kalkhaustein. Beispielhaft seien hier auf der Šāmiya-Seite des Euphrats die Häuser in ʿAin Al-Baiḏa, Ḥağar Al-Abiyaḏ, Rism Al-Muṣṭāḥa (Abb. 310) und Al-Ḫafsa (Abb. 241) zu nennen, während sie sich auf der Ğazīra-Seite wohl um das Dorf Rumaila konzentrieren. In der ʿAin Al-ʿArab-Region bestehen zwei große Kalksteinhäuser am östlichen Ortsrand und im südlichen Teil der Region in Donnquz Ṣġīr und Ḫaliğīk. In der Nähe des Balīḫ liegt das große Haustein-Anwesen in Tell Semn.[45]

Während die Wandflächen dieser Bauten glatt gearbeitet sind, tragen manche reliefierten Steinschmuck an den Fenster- und Türgewänden, Kranzgesimse oder Ecklisenen. Die oft rundbogigen Türen sind besonders betont, z. B. durch eine reliefierte Archivolte in Rumaila-Ḥağğ ʿAlī. Auch Glaubensbekenntnisse, Angaben zum Baujahr, Halbmonde, Tauben oder Sterne wurden in die steineren Türstürze oder oberhalb der Iwān-Bögen geschnitten. (Abb. 208)

Relativ große Fenster, oft kombiniert mit Oberlichtern, betonen den Ausblick auf die Umgebung. Zur Zeit der Entstehung dieser Häuser waren Flügelfenster und gläserne Scheiben im ländlichen Umfeld noch unüblich und verwiesen auf den Wohlstand des Hausbesitzers. Selbst manche Notablen konnten sich keine Glasfenster leisten, und so erhielt das 1938 erbaute Privathaus des *šaiḫ* in Donnquz Ṣġīr zwar ein hölzernes Rahmenwerk im Innenraum, aber anstelle von Glasflügeln sicherten Metallgitter die Fenster von außen. (Abb. 205)

Die Grundrisse der Hausteinhäuser sind unterschiedlich. Sie sind nicht unbedingt zeitlich zuzuordnen, beispielsweise in dem Sinne, als daß die älteren Beispiele Iwān-, die jüngeren Mittelhallengrundrisse zeigen. Ebenso kommen auch lokal präferierte Hausformen wie das offene Doppelraumhaus und das Zeilenhaus vor. Einige Hausteinhäuser weisen ein Obergeschoß auf. (Abb. 319) Die Dachkonstruktionen entsprechen den üblichen Balkendecken bündiger Flachdächer, mancherorts ersetzte man sie später durch Betondächer.

Durch ihr Baumaterial ebenso wie durch ihre Gestaltung hoben sich diese Hausteinhäuser stark von der Umgebung ab; während die zugehörigen Nebengebäude der lokal üblichen Architektur entsprachen, allenfalls größer waren. Im Vergleich zu dem Stand der Bautechnik, zu der Formenvielfalt der Innenausstattungsdekoration und den ausgeklügelten Ornamentierungen, wie sie in Aleppo beispielsweise Tradition haben, bilden die ländlichen Hausteinhäuser eine eher schlichte Architektur. Sie konnten nur im noch einfacheren ländlichen Umfeld ihre Wirkung entfalten.

Die Fassadengestaltung der Hausteinhäuser hat mit einigen Jahren Verspätung auch Auswirkungen auf die Gestaltung der anderen Wohnhäuser gezeigt. Die Aufteilung der Fassade, die Kombination von hochrechteckigen Fenstern mit Oberlichtern wurden später auch für die Gästeräume einfacher Häuser beinahe verbindlich. Nicht übernommen wurden die betonten Fenster- oder Türgewände und der plastische Steinschmuck. Dies wäre zwar leicht in Lehm zu übertragen gewesen, hätte aber beim jährlichen Verputzen Mehrarbeit mit sich gebracht.

311

312

Abb. 313
Deckenunterseite mit Schilf als Trägermateri

Abb. 314
Deckenunterseite aus dünnen Holzlatten, die sich nur Wohlhabende leisten konnten

Abb. 315
Deckenunterseite aus Astwerk

In keinem Hausteinhaus fand ich eine Dekoration des Innenraumes, die über ein einfaches Rahmenwerk hinausging.

Das Baumaterial, ein verhältnismäßig harter gelblicher Kalkstein, stammte aus dem nördlichen Aleppiner Umland. Von dort kam ebenfalls ein Teil der Baumeister. Andere gehörten zu den Armeniern, die sich vor allem in Ǧerāblūs angesiedelt hatten. Sie galten als qualifizierte und begehrte Bauhandwerker, da sie die Bautraditionen und -techniken des anatolisch-osmanischen Raums beherrschten.[46] Das Gästehaus in Donnquz und das Wohnhaus in Ḫaliǧīk wurden beispielsweise von Armeniern erbaut.

Bauherren dieser Hausteinhäuser waren lokale Dorfvorsteher und Stammesführer. Sie konnten sich solche Häuser nur leisten, wenn sie selbst über Großgrundbesitz verfügten. Selten nur hat einer der städtischen Landwirtschaftsunternehmer, die die ökonomischen Geschicke vieler Dörfer bestimmten, sich ein solches Haus im Dorf errichtet. Obwohl sie durchaus über viele Jahre mit „ihren" Dörfern verbunden waren, widersprach offenbar der Bau eines repräsentativen Hauses dem Prinzip der Kapitalverwertung. So kam es allenfalls zum Bau kleiner Unterkünfte. Die Hausteinhäuser in ʿAin Al-Baiḏa und ʿAin Al-ʿArab gehören Großgrundbesitzerfamilien, die jedoch in den Regionen verwurzelt sind.

In der Oberen Ǧazīra finden sich Hausteinhäuser aus Kalkstein nur im städtischen Rahmen von Al-Qāmišlī. (Abb. 232) Die hohen Transportkosten entsprechender Steine werden eine Ausbreitung im Osten verhindert haben. Der dort im Bec de Canard vorhandene Basalt führte nur sehr selten zu steinansichtigen Hausteinhäusern. (Abb. 345) Basaltmauerwerk ist meist verputzt, allenfalls an Hofmauern bleibt es gelegentlich sichtbar.

Dachformen

Obwohl Dächer eigentlich rein konstruktiv begründete Bauteile sind, unterliegen ihre Formen auch zeitbedingten Änderungen.[47] Grundsätzlich lassen sich die Dächer in folgender Weise unterteilen:

- Kuppel (*gubbe*),[48]
- Flachdach (arab. *ṣataḥ, sagf ṣṭūḥī, lagha;* kurd. *zarban, axban, max*),
- Satteldach (arab. *ǧemelūn, derbāsiye, ṭāma;* kurd. *maq, zinc,*[49] *derbasi*).

Die größte Verbreitung hat heute das Flachdach, es gilt als angemessen und war früher ein Statussymbol. Unterhalb von Flachdächern liegen die höchsten Räume. In Europa wird in Flachdächern die „natürliche" oder zumindest die übliche Dachform des Nahen Ostens gesehen. In Nordostsyrien jedoch werden viele, wenn nicht gar die Mehrzahl aller Nebengebäude mit Satteldächern abgedeckt. In Zusammenhang mit der Wertschätzung, die das Flachdach genießt, erscheint es wie eine Ironie, wenn Wölbungsdächer, deren Form ja Satteldächern ähnelt, in der Oberen Ǧazīra angestrebt werden. Kuppeln ebenso wie Satteldächer werden – mit Ausahme von Kleinregionen – bei Neubauten nur noch an Nebengebäuden angewendet.

Für die genaue Form des Flachdachs und seinen Aufbau spielen lokale Witterungsbedingungen eine entscheidende Rolle. Die üblichen Formen und ihr genauer Aufbau werden im Anhang I dargestellt. (Abb. 364) Neben den konstruktiven Aspekten zeigen auch Dächer bestimmte Zeit-Stile. In den fünfziger/sechziger Jahren des 20.Jahrhunderts gehörten beispielsweise Gesimsdächer zu den Häusern der Wohlhabenden, sie stellen eine Weiterentwicklung der Kragdächer dar, bei denen das Material des Dachaufbaus außen sichtbar war. Seit der Mitte der achtziger Jahre breitet sich das Wölbungsdach, *ṣataḥ ʿalī, ṭīn mudebbe*, in der regenreichen Region des Ḫābūr-Fächers stark aus. Es ist Ausdruck von bescheidenem Wohlstand, der sich an der Höhe der Wölbung, die durch das aufgehäufte Stroh entsteht, ablesen läßt. Vor allem aber bietet dieses Dach thermische Vorteile. Es isoliert gegen die Sonneneinstrahlung im Sommer und läßt Niederschläge schnell ablaufen. (Abb. 219) Es kann eine Höhe von bis zu 1,50 m in Dachmitte erreichen und erweckt dadurch die Assoziation einer Haube, die eher eine darunterliegende Walmdachkonstruktion vermuten läßt.

mmer wieder wurde von älteren Bewohnern betont, daß früher (in fast allen Teilen der Ǧazīra) Satteldächer auch auf Haupthäusern die Regel waren. Daß dies auch in der angrenzenden irakischen Ǧazīra der Fall ist, belegen alte Fotos und eine jüngere Untersuchung.[50] Auch die Tatsache, daß mehr Begriffe für Satteldächer als für Flachdächer existieren, spricht für ihre (früher größere) Verbreitung. Die meisten der arabischen und kurdischen Begriffe für Satteldächer werden auch in der Bedeutung ‚Stallung' gebraucht. Jüngere Baumeister der Region meinten, die französische Mandatsmacht hätte das Satteldach eingeführt. Dies kann nicht den Tatsachen entsprechen, da Satteldächer auf Erdgrubenhäusern und Laubhütten schon vorher vorkamen. Es ist jedoch zu vermuten, daß die häufige Verwendung des Satteldachs bei den Franzosen (und an den Stationsgebäuden der Bagdadbahn) dieses gegenüber dem Flachdach in den Augen Bewohner Nordostsyriens aufwertete.

Früher waren sowohl Sattel- als auch Flachdächer, die meist ohnehin eine Pultneigung aufwiesen, etwas stärker geneigt als heute. Der entscheidende Grund lag darin, daß es vor Einführung der Plastikplanen wichtig war, den Regen schnell genug ablaufen zu lassen und zu verhindern, daß Wasser in die Innenräume durchsickert.

Raumproportionen und Bauholz

Je nach Nutzung differieren Raumgrößen sehr stark. Seit den achtziger Jahren legte man Wohnräume zunehmend größer an. Ältere Räume weisen dagegen eine Größenkonstante auf, die bei vielen Räumen eine Rolle spielt. Dieses konstante Element besteht in dem Maß von ungefähr 3 Metern. Bei Kuppelhäusern haben Länge und Breite des Raumes dieses Maß. Aber auch beinahe alle anderen älteren Bauten sind von Raumbreiten zwischen 2,50 bis maximal 3,50 m bestimmt. Für die Dachkonstruktionen bedeutet dies, daß die Rundhölzer für Flachdächer mindestens 3,10m lang sein müssen (bei Auflagelängen von jeweils mind. 40 cm). Preise für solches Bauholz bewegen sich im erschwinglichen Bereich.

Abgesehen von konstruktiven Gründen hat sich ein solches Maß als angenehm für Menschen herauskristallisiert, die sich gegenüber sitzen. Eine solche Entfernung schafft eine kommunikative Situation. Selbst bei ausgestreckten Beinen berühren sich die Füße von Gegenübersitzenden nicht und auch leisere Gespräche sind möglich. In der Mitte verbleibt genügend Platz, um Essenstabletts aufzustellen. Die „freie Mitte" hat mit diesem Maß offenbar eine relativ optimale Größe erreicht. (vgl. Kap. 6)

Rundhölzer von bis ca. 4 m Länge lassen sich noch ohne größere Probleme transportieren – früher auf Eseln oder einem Pferdekarren, heute auf Bussen, Kleintransportern oder LKWs. Für die westliche Ǧazīra war die Versorgung mit solchen Hölzern einigermaßen erschwinglich.

Die für die Entwicklung der vernakulären Architektur so entscheidende Verfügbarkeit von Bauholz, stellte sich vom Beginn der Besiedlung bis in die fünfziger Jahre folgendermaßen dar: Den geringen natürlichen Baumbestand des Euphrattals, vor allem Weiden, verbaute man in den dortigen Häusern, darüber hinausgehender Bedarf mußte angepflanzt werden. Zur Sultansdomäne bei Abū Qalqal gehörten spätestens seit der Jahrhundertwende 19./20. Jahrhundert ausgedehnte Pappelpflanzungen. Im Euphrattal existierten Pappelwäldchen bei Sandaliya und Qašlit Yussuf Bāša, die im heutigen Tišrīn-Stausee versunken sind, schon in den zwanziger Jahren desselben Jahrhunderts, später kamen weitere hinzu. Ansonsten mußte man Bauholz in den Landstädten kaufen, das meist aus dem Aleppiner Umland stammte.

In der Oberen Ǧazīra war die Versorgung mit Bauholz war ungleich kostspieliger. Vor der Grenzschließung zwischen Syrien und der Türkei, d. h. bis in die frühen fünfziger Jahre, erwarb man Holz in türkischen Städten, die es aus dem südlichen Taurus und dem Tur Abdin bezogen.[51] Danach verteuerte sich das Bauholz und bis heute reicht das in der Oberen Ǧazīra angebaute Holz für die Versorgung dieser Region bei weitem nicht aus. Daher muß es aus den westlichen Landesteilen (aus Aleppo, der Euphratregion, dem oberen Balīḫ-Tal und sogar aus dem Damaszener Umland) transportiert werden, was sich verteuernd auswirkt.

Das kostspieligere Bauholz bewirkte in der Oberen Ǧazīra, daß dortige Räume über ein Innenmaß von circa 3 m nur selten hinauskamen. Dies betrifft alle Hausformen. Die Raumbreite ist generell geringer als im Westen. Um Räume zu vergrößern, blieben nur die Erweiterung in der Länge oder in abgewinkelter Form. Die extrem breit gelagerten Häuser mit nur geringer Haustiefe, wie das einreihe Mittelhallen- und das Iwān-Haus, resultieren wesentlich aus diesen Faktoren.

Innenräume

Decken bleiben an den Unterseiten grundsätzlich unverkleidet. Es gilt als wichtiges Statusmerkmal, wenn mehr oder stärkere Rundhölzer als statisch erforderlich verlegt wurden. Das Gästehaus in Tell Rumailān hat 47 Rundhölzer bei einer Raumlänge von 14,50 m, d. h. alle 30 cm liegt ein Rundholz. Ein einheimischer Besucher des Gästehauses registriert dieses Zeichen von Wohlstand sofort.

Holzlatten, *dufuf/sing. deff*, galten bis in die achziger Jahre als repräsentative Deckenschalung oberhalb der Rundbalken. (Abb. 314) (Heute sind Betondecken statusträchtiger.) Eine ältere und preisgünstigere Alternative waren geflochtene Schilfmatten, gewebte Stabmatten oder Flachsstengel als Unterseiten der Decken. (Abb. 313) Früher bedeckten ähnliche geflochtene Binsenmatten auch den Fußboden, heute sind dort die langlebigeren Kunststofflechtmatten üblich geworden.[52] (Abb. 44) Auf verspannten Drähten aufliegend, verlegt man bei neueren Häusern Kunststoffmatten als Deckenschalung. Das Bild der Räume verändert sich dadurch entscheidend: während früher Naturtöne dominierten, bestimmen heute farbige Flächen an Decke und Boden den Raumeindruck der Wohnräume.[53] Andere Räume werden immer noch mit Astwerk oder mit einfachen Kunststoffplanen abgedeckt. (Abb. 315)

Fußböden bestehen entweder aus geglätteter Lehmschlämme, Zementestrich oder neuerdings aus Terrazzoplatten. Der Lehmboden wird durch tägliches Befeuchten und Fegen fest und erhält eine ebene Oberfläche. Nur bei Bewohnern, die auf eine länger seßhafte Tradition zurückblicken, wird eine Lehmkalkschlämme, *šera'in*, auch als Estrich benutzt, wodurch die Böden weiß werden und eine noch glattere Oberfläche erhalten.

Im Unterschied zu städtischen Wohnräumen sind Fußböden nicht mit Mosaiken ausgestattet. Ein Zementestrich trennt jedoch die erweiterte Schwelle, *'ittābe*, vom Rest des Raumes. Die *'ittābe* beginnt in der Türwandung und kann bis zur gegenüberliegenden Wand reichen. Sie ist immer mit Zementestrich oder Naturgips, *ǧiss*, überzogen, da in diesem Bereich mit Wasser hantiert wird. (vgl. Anhang I) Eine Wasserrinne, ein kleines Rohrstück und leichtes Gefälle gewährleisten den schnellen Ablauf nach außen. Die Schwelle wird traditionell mit magischen Verboten verbunden, da sie als bevorzugter Sitz von Geistern gilt. Angeblich wird beim Bau der *'ittābe* etwas Eisernes mit eingemauert. Vielleicht „von der feuchten Erde und wohl auch von der Uneindeutigkeit des Ortes angezogen,"[54] treiben dort nach Ansicht mancher Frauen Geister ihr Unwesen. Es gibt daher viele Regeln und Sitten rund um die *'ittābe*, die auf Geisterglauben beruhen. Um beispielsweise beim Waschen geschützt zu sein, sollte man eine Waschschüssel aus Metall benutzen, da die Geister alles Metallene meiden.[55]

Allen Bewohnern Nordostsyriens gilt es als unhöflich und unheilbringend, in diesem Zwischenbereich von Innen- und Außenraum stehen zu bleiben. Wie in vielen Kulturen ist auch in Nordostsyrien die dekorative Gestaltung der Innenräume eine traditionelle Aufgabe der Frauen. Sie gestalten die „Innenarchitektur" des Hauses im umfassenden Sinn – auch auf die vorher beschriebenen Materialien von Decke und Fußboden nehmen sie Einfluß. Die Möblierung gehört meist ihnen, da sie Teil der Brautgabe war.

Im Westen der Ǧazīra sind Wohnräume grundsätzlich getüncht, während im Osten oft der Lehmputz die Wandoberflächen bildet, da es keine Kreidevorkommen dort gibt und der Transport ihn verteuert. (Seit den achtziger Jahren geht man dazu über, Wände mit einem Zementputz und Wandfarbe darüber zu versehen.) Im Frühjahr nach der Heizperiode räumen Frauen und Mädchen die Wohnräume leer und tünchen sie neu. Die Sockelbereiche der Wohnräume werden mit einem meist blauen Anstrich oder einem dünnen Zementputz versehen. Danach verteilen sie den Hausrat so, wie es sommerlichen Wohnansprüchen angemessen ist – ein winziger Rest alljährlicher Wanderung innerhalb des Gehöfts. Diese Zweiteilung der Wände in einen oberen und einen unteren Bereich hat ihren praktischen Grund darin, die Wand vor Abnutzung durch Sitzende, Kissen und Spritzwasser zu schützen und das Abfärben der Tünche auf Textilien zu verhindern. Dieses Prinzip der Wandaufteilung betrifft alle Raumbereiche, in denen man sitzt. (Abb. 312) Neuerdings ist diese Zweiteilung oft nicht mehr sichtbar, da die Wände mit dünnen gardinenartigen Stoffen verhängt werden.

Es existieren zwei unterschiedliche Gestaltungsprinzipien für Wohnräume: das eine ist das der völligen Schlichtheit und Reduzierung auf das Wesentliche, das andere ist das des Umgangs mit möglichst vielen Farben, Mustern und Materialien. Im Repräsentationsbereich überwiegt tendenziell das erste Prinzip – am konsequentesten ist es in den Gästehäusern verwirklicht. Ähnlich wie dort bilden farbige Teppiche und Sitzgelegenheiten oft die einzigen farbigen Muster und damit Anhaltspunkte für das Auge des Betrachters.

Der Repräsentationsraum ist der nach außen und allgemein gehaltene Teil des Hauses, in dem man eher seine Gleichheit mit anderen betont. Der Raum wird bestimmt durch Neutralität, die sich in Schlichtheit zeigt. Dadurch werden die Menschen, die sich darin aufhalten, auch auf der formalen Ebene zum Zentrum, von dem nichts ablenkt. Eine solche Ausgestaltung des Repräsentationsraums erinnert an nomadische Raumauffassungen. Bevölkerungsgruppen, die länger seßhaft sind, gestalten ihre Repräsentationsräume weniger karg.

Das zweite Gestaltungsprinzip betrifft stärker die Familienwohnräume. Optisch dominieren dort der Bettzeugstapel mit seinen unterschiedlichen Stoffen und Farben, ein Schrank oder eine Truhe, das reichlich vorhandene Kochgeschirr und Porzellan. (Abb. 86) Vielleicht wird dies ergänzt durch eine Vitrine und gestickte Bilder an den Wänden.[56] (Abb. 333) Hinzu kommen noch Poster (des Präsidenten) und Familienfotos an den Wänden, Plastikblumengestecke und Nippes auf Schränken und Vitrinen. Im Wohnbereich dominiert ein wohlgeordnetes Zurschaustellen des Besitzes, eine Lust zur Dekoration und der Ausdruck des persönlichen Stiles der Hausherrin.[57] (Abb. 44)

Nach wie vor prägen sie entscheidend das Aussehen vieler Bettzeugstapel: die selbstgewebten Hängeteppiche. Sie werden jedoch, ebenso wie die Vorratssäcke und Satteltaschen, kaum mehr hergestellt. Verloren geht damit eine spezielle Webtechnik (Kettrepsbindung) mit komplizierten Mustern.[58] Unter den kurdischen Frauen scheint sich die Tradition ihrer Webprodukte aus Flachgewebe bislang noch stärker zu halten.

Heute liegt der Schwerpunkt der Handarbeiten auf Steppoberbetten und Kissen. Der Hausstand stellt nach wie vor einen Nachweis für Fleiß und Sorgfalt der betreffenden Frau dar. Ein Bericht aus dem Jahr 1948 beschreibt Handarbeitsaufgaben von Frauen, wo auch die Patchwork-Technik schon vorkommt.

„Interessant sind Nähbehälter mit übereinander gestaffelt liegenden Taschen, worin ... in der Hauptsache das ganze Nähzeug liegen ... (Sie) bestehen aus lauter kleinen Stoffstücken von verschiedenen, aber immer hellen Farben. Alle diese Stoffstücke sind Reste von den Kleidern .. Diese Nähbehälter geben auf den fahlen weißen Wänden der Zimmer eine farbenprächtige Dekoration. Aus den gleichen Stoffresten und in der gleichen Näharbeit werden Decken für die Lehm- oder Holzbänke sowie für die Bettnischen hergestellt." [59]

In einigen Wohnräumen birgt eine handgewebte kleine Wandtasche den Familienkoran als meist einziges Buch des Hauses. Die Tatsache, daß der Koran in einer Tasche aufbewahrt wird, verweist auf die nomadische Herkunft dieser Bewohner. Diese kleine Tasche, *ʿalīǧe*, wird in der üblichen Technik aller Webprodukte gewebt. Allem Religiösen wird magische Schutzwirkung beigemessen. Bis heute tragen die Frauen kleine Dreiecksamulette unter der Kleidung oder hängen sie an den Türsturz. Darin ist eine von einem religiösen *šaiḫ* geschriebene Koransure enthalten. Wandteppiche mit aufgedruckten Koransuren oder Bildern der heiligen Stätten erfüllen ähnliche Funktionen. Die Stützen des Mittelbalkenhauses behängt man oft ebenfalls mit amulettwertigen Dingen und bemalt sie farbig. Dennoch haben sie in Nordostsyrien nicht die – im doppelten Sinne – tragende Bedeutung, wie sie Bourdieu beim kabylischen Haus feststellte. Mit diesen Stützen könnte allenfalls eine „Übergangsbedeutung" zwischen ästhetischer Gestaltung und magischer Funktion verbunden sein.

Die Innenraumgestaltung wird heute zunehmend von gekauften und nicht mehr von selbstgefertigten Gegenständen bestimmt. Junge Frauen erlernen alte Techniken, wie beispielsweise das Herstellen von Binsen- oder Stabmatten, nicht mehr. (Abb. 357) Während Frauen früher aus eigener Anschauung ihr Dorf, einige Nachbardörfer und allenfalls die nächstgelegene Stadt kannten, gewinnen sie heute viele ihrer Eindrücke durch das Massenmedium Fernsehen. Dabei zeichnet sich ab, daß sie gestalterische Anregungen auch aus den beliebten Seifenopern übernehmen. Syrische TV-Produktionen spielen vorwiegend in Damaszener Altstadthäusern, aber die aus Ägypten und den Golfstaaten stammenden Serien zeigen eine „moderne" Innenarchitektur, die eine Mischung zwischen einem araboislamisch imaginierten Stil und westlichen Prunkelementen darstellt. Der Zuschauer sieht fast immer nur Innenräume, daher prägen sich deren formale Elemente der Dekoration besonders gut ein. Noch fehlen den Frauen die finanziellen Möglichkeiten, aber schon jetzt bevorzugen sie „moderne" Möbel, die beinahe rokokohafte Formen aufweisen.

Abb. 316
Zeilenhausgehöfte am Ufer des Assad-Stausees, die dank ihres Baumaterials mit der Landschaft zu verschmelzen scheinen

Architektur und Region

Kapitel 13

317

318

Bei der Entwicklung seßhafter Besiedlung verliefen die Wege von westlicher und östlicher Ǧazīra etwas unterschiedlich. Im Westen pflanzte sich die Kuppelbauweise von Aleppo und As-Sfīra her kommend nach Osten bis ins Euphrattal hin fort. Weiter nördlich rings um den Euphrattnebenfluß Ṣāǧūr kamen bauliche Einflüsse aus der nördlich von Aleppo liegenden Afrin-Region. Die nomadischen Bewohner der Region wurden seßhaft und übernahmen Architekturformen der westlich angrenzenden Gebiete.

Im Unterschied dazu präsentieren sich die Obere Ǧazīra und alle an die heutige Türkei angrenzenden Gebiete, darunter auch die Ausläufer der Harran- und Sürüç-Ebene. Dort wanderten neue Bewohnergruppen von Norden her ein und brachten ihre Architektur mit. Sie beeinflußten die sich dort langsam ansiedelnden Nomaden. In der Oberen Ǧazīra hatten sich die seit Jahrhunderten dort streifenden Nomaden (wie die Ṭayy) festen Wohnformen verweigert.[1] Es existierten wenige Dörfer am Nordrand der Ebene, wie beispielsweise ʿAmūda und das heute türkische Nusaybin.[2] Kurden, christliche Aramäer und Yeziden aus den nördlich angrenzenden ostanatolischen Regionen wanderten in die Obere Ǧazīra ein. Unter ihnen waren seßhafte Bauern ebenso wie halbnomadische Viehhirten. Da sie auf keine stationäre Bautradition stießen, bestimmten sie weitgehend die Entwicklung der Architektur. Ihre Bauweise, die teilweise aus bewaldeten Gebirgsregionen stammt, modifizierten sie den neuen Bedingungen entsprechend.[3] Während in Südostanatolien Steinbau, überdeckt mit mächtigen Baumstämmen, vorgeherrscht hatte, stand in Nordostsyrien vor allem Lehm als Baumaterial zur Verfügung. Holz bezog man (bis in die fünfziger Jahre) weiterhin aus den türkischen Gebirgsregionen. Die Hausformen waren sehr einfach: breitstirnige Ein- oder Zweiraumhäuser von geringer Tiefe oder – etwas modifiziert – Vor- und Hauptraumkombinationen. Dennoch scheinen sich Häuser kurdischer Einwanderer schon früh durch bessere Bautechnik ausgezeichnet zu haben. Häufig stellten Kurden die ersten Baumeister in den Dörfern der Araber. Kurdische Dörfer wurden auch um 1930 noch als entwickelter als arabische beschrieben.[4]

Abb. 317
Eine typische Bauweise des Westens: freistehend, offen und in die Breite orientiert – hier ein nach der Assad-Stauseeumsiedlung gegründetes Dorf von der Nordseite aus gesehen

Abb. 318
In der nördlichen Oberen Ǧazīra schmiegen sich Dörfer an Hügel, sind Gehöfte eher geschlossen, kragen Wölbungsdächer über und tragen die Häuser einen dunklen Lehmputz

Zum Verhältnis von ethnischer Gruppe und Baugestalt

Auch wenn die Hausforschung den „Stammesgedanken“ längst ad acta gelegt hat, tauchen immer wieder Vermutungen auf, Hausformen „als Ausdruck eines Stammes oder Volkes“ ansehen zu können.[5] Im Bewußtsein mancher Bewohner ist beispielsweise das Zeilenhaus mit den (sich genealogisch nahestehenden) Stämmen der Welde und ʿAfādle verknüpft, das Mittelhallenhaus bauen die Kurden der Oberen Ǧazīra, das Kuppelhaus der Region ʿAin Al-ʿArab gehört zu den dortigen Kurden, und die Formen des Mittelbalkenhauses werden vom arabischen Stamm der Benī Sʿaīd bevorzugt. Obwohl ein direkter Zusammenhang zwischen ethnischer Gruppe und Hausform nicht zu belegen ist, sei hier noch einmal grundsätzlich auf einige Aspekte dieses Verhältnisses hingewiesen. Durch die Siedlung in tribalen Gruppen identifiziert man regionale oder lokale Architekuren schnell mit der dortigen Bewohnergruppe. Da die Beziehungen der Menschen einer tribalen Gruppe untereinander enger sind als zu anderen Menschen, werden auch Anregungen eher innerhalb von diesen weitergegeben. Im allgemeinen wählt man seinen Baumeister aus dem eigenen Dorf oder dessen Umgebung. Nur Bessergestellte können es sich leisten, Baumeister aus entfernteren Regionen zu beauftragen.[6] Die äußeren Bedingungen, die Einfluß auf Bauformen ausüben, sind ebenfalls identisch. So etablieren sich bestimmte morphologische Elemente oder Hausformen innerhalb einer Bevölkerungsgruppe.

Es gibt den Export von Hausformen, der insbesondere dann auftaucht, wenn Einzelne oder ganze Gruppen in eine andere Region wandern. In der Regel werden sie dort zuerst die alte Hausform bauen – sofern sie dort über entsprechende Baumaterialien verfügen können.

Eine Gruppe, die sich am Ende des 19. Jahrhunderts in der Oberen Ǧazīra niederließ, waren kaukasische Wehrbauern. In Ra'➀s Al-ʿAin, einem der Orte der Tschetschenen in der Oberen Ǧazīra, bauten sie um die Jahrhundertwende südorientierte Zeilenhäuser mit flachen Dächern und Schilfüberständen, so sieht man es auf zeitgenössische Fotos.[7] In den 1910er Jahren lebten offenbar die wohlhabenden Bürger Ra's Al-ʿAins in steinernen Iwān-Häusern. (Abb. 212) Das heißt, sie eigneten sich schnell die moderne Architektur ihrer Zeit an. Allenfalls in Einzelheiten blieben Elemente der vernakulären Architektur ihrer Herkunftsregion erhalten.

Bei den Häusern der Bevölkerungsgruppe der Aramäer ist ähnliches zu beobachten. Sie wurden am Ende der dreißiger Jahre am oberen Ḫābūr angesiedelt, wo man ihnen als erste Unterkünfte Kuppelhäuser errichtete. (Abb. 326) Sobald sie jedoch dazu finanziell in der Lage waren, erbauten sie moderne Hausformen, in ihrem Fall das Mittelhallenhaus. In den assyrischen Dörfern sind heute die regional üblichen Hausformen vertreten: einreihige Mittelhallen-, Vorhallen-, Zeilenhäuser und die letzten Kuppelhäuser, mehr oder weniger in Ruinen. Die traditionelle Architektur der Herkunftsregion der Assyrer, die waldreiche Gebirgsregion Hakkari in Südostanatolien und im Nordirak, scheint im 19. Jahrhundert durch massive Steinbauweise mit Balkenflachdächern und großem, nach Süden offenem Obergeschoß mit Holzstützen, das als Sommerwohnung diente, geprägt gewesen zu sein.[8] (Abb. 328) Die Sommerwohnbereiche dieser Häuser waren offenbar tiefe multifunktionale Vorhallen, vielleicht der türkischen Diele *hayat* vergleichbar. Auf den ersten Blick zeigen sich keine Übereinstimmungen zwischen früherer und heutiger Architektur der Assyrer. Einzig die Tatsache, daß sie häufig Vorhallen in jeglicher Größe an unterschiedliche Haustypen ansetzen, könnte man vielleicht mit den früheren Sommerwohnlauben auf den Dächern in Verbindung bringen. (Abb. 327) Wenn nur in heutigen assyrischen Dörfern Flechtwerkwände aus Ästen und in den Boden eingetiefte Tannure vorkommen – beides kennt man sonst in Nordostsyrien nicht – so mögen sich darin Reste alter Bauelemente und -techniken bewahrt haben. (Abb. 74)

Insgesamt läßt sich folgendes Fazit ziehen: Am Beginn der Besiedlung der nördlichen Ǧazīra übertrugen die Einwandernden die Architektur ihrer Herkunftsregion, soweit sich dies unter anderen topographischen wie klimatischen Bedingungen realisieren ließ und es ihre wirtschaftliche Lage gestattete. Einfach ließ sich beispielsweise der Kuppelbau übertragen: In der Sürüç- und in der Harran-Ebene herrschten dieselben Bedingungen wie in Nordostsyrien. In der Oberen Ǧazīra jedoch mußten die Bewohner, die aus dem Südosten Anatoliens kamen, mit weniger Holz auskommen, was die Architektur veränderte.

Die an die lokalen Verhältnisse angepaßte vernakuläre Architektur der zugewanderten seßhaften Bevölkerungsgruppen, die am Beginn die Mehrheit der seßhaften Bewohner stellten, bildete einen Ausgangspunkt der entstehenden Ǧazīra-Architektur. Kleinere bauliche Details verbreiteten sich jedoch meist nicht über die Gruppen hinaus, die sie eingebracht hatten.[9] Beispielsweise finden sich heute gemauerte Lehmbänke und irdene Vorratskrüge nur in Häusern altseßhafter Kurden oder Christen im nördlichen Bec de Canard. Früher gab es sie auch bei anderen Bevölkerungsgruppen. Ein Grund, der alte Einrichtungsbestandteile verschwinden läßt, ist die Ansicht, daß sie überholt seien und modernen Ansprüchen nicht genügten. Die schlechte wirtschaftliche Lage mancher kurdischer Familien heute zwingt sie, an solchen Gegenständen festzuhalten. Ökonomische Gründe sind jedoch nur eine Seite; eine andere besteht darin, Alltagsgegenstände und Bauelemente als Teil einer eigenen Identität aufbewahren zu wollen. Auch unter der Mehrheitsbevölkerung findet man gelegentlich eine solche Haltung des Bewahrenwollens, gerade bei den Minderheiten ist sie Teil einer Selbstvergewisserung.

Jüngeres Beispiel einer Übertragung von vernakulärer Architektur geben Umsiedler aus dem Euphrattal, die, als sie 1973 in die Obere Ǧazīra verpflanzt wurden, bald dort ihre Zeilenhäuser bauten. Schnell zeigte sich, daß diese für dortige Klimaverhältnisse ungeeignet waren. Momentan werden entweder die regional übliche Bauformen der Oberen Ǧazīra übernommen oder moderne Beton-"Villen" gebaut.

Die heute in Nordostsyrien lebenden Bevölkerungsgruppen haben sich in ihren materiellen Kulturen weitgehend aneinander angeglichen.

Haus und Landschaft

Die Ǧazīra ist eine ebene Landschaft, in der sich hin und wieder sanfte Hügel erheben. Die horizontalen Linien dieser Ebene scheinen von den Häusern aufgenommen zu werden. Flachdächer sind nicht wirklich tischeben, selbst Satteldächer sind nur wenig geneigt, andere Dächer sind gewölbt. Nur Kuppelhäuser bilden eine Ausnahme, aber auch sie sind weniger steil als in anderen Regionen. Vor allem der Lehmverputz der meisten Häuser läßt sie als Teil ihrer Umgebung erscheinen. Erst beim Näherkommen kann man die glatte Textur der Häuser von der des Erdbodens unterscheiden. Bunt lackierte Türen und Fenster bilden einen Kontrast zu den monochromen Wandflächen. Nur die neuen Beton-„Villen" fallen aus dem einheitlichen Bild der Dörfer.

Fast immer gibt es eine deutliche Gliederung der Baumassen, die oft mit verschiedenen bautechnischen Qualitäten einhergeht: Wohnräume sind größer, höher und mit kostspieligeren Fenstern und Türen ausgestattet als andere Räume.

Der Unterschied zwischen nomadisch und seßhaft geprägten Dörfern ist oft noch sichtbar: In stärker nomadisch geprägten Dörfern läßt man größere Freiflächen – sowohl im Hofbereich als auch zwischen den Gehöften. (Abb. 317)

Während anfänglich strategisch günstige Orte wie Anhöhen, Flußtäler, Brunnen etc. als Siedlungsplätze gewählt wurden, liegen neue Ansiedlungen auch in der (ehemaligen) Wüstensteppe. Neue Dörfer, wie sie beispielsweise seit der Erschließung der Wüsten durch große Bewässerungsprojekte entstehen, erhalten ihre Orte und Hofstellen staatlicherseits zugewiesen. Einzelne Familien haben in den letzten Jahren Tiefbrunnen gebohrt und errichten ihre – gelegentlich zweigeschossigen – Häuser abseits der Dörfer am Rande der Felder, um für die tägliche Bewässerungsarbeit direkt vor Ort zu sein.

Die wesentlichen architektonischen Unterschiede bestehen zwischen dem Westen, d. h. der Euphratregion auf der einen und der Oberen Ǧazīra auf der anderen Seite. Die dazwischen gelegene Balīḫ-Region tendiert in ihrem Formenrepertoire zum Westen, zeigt jedoch auch Elemente aus dem Osten. Innerhalb der beiden Großräume kommen weitere Differenzierungen vor, auf die hier das Augenmerk gelenkt werden soll.

Die Flüsse Euphrat und Balīḫ bilden weder für Hausformen noch für die Baugestalt einschneidende Grenzen. Von den Bewohnern wurden häufig die engen Beziehungen zwischen beiden Flußseiten erwähnt.[10] Es gibt Unterschiede in Details, und allgemein gilt die Ǧazīra-Seite des Euphrat als etwas ärmer und rückständiger.

Generalisierend kann man festhalten: die verbreitetsten Hausformen des „nördlichen" Euphrattals sind Mittelbalken- und T- Haus, während in der Mitte und im Süden Zeilenhäuser dominieren. Mittelhallenhäuser sind im Westen äußerst selten, nehmen aber von der Balīḫ-Region gen Osten zu. Zwei Kuppelhausregionen, die fast ineinander übergehen, liegen im Norden entlang der türkischen Grenze; bei ihnen handelt es sich um ärmere Gebiete.

Der größte Teil der Wohnhäuser ist von bündigen Flachdächern bedeckt. Eines der wenigen dekorativen Elemente, das sich an vielen Häusern findet, sind kleine, zwanzig bis dreißig Zentimeter hohe „Höcker" auf den Ecken älterer Dächer. Man benennt sie mit dem kurdisch-türkischen Wort für „Ecke": *koše* oder *košaye* obwohl sie gelegentlich auch die Hausmitte akzentuieren. (Abb. 322)

Bei Nebengebäuden sind Dachüberstände üblich. Rundküchen finden sich am Balīḫ, in der nördlichen ʿAin Al-ʿArab-Region, in der Syrischen Wüste und in manchen Abschnitten des Euphrattals. (Abb. 262) Sie kommen überall dort vor, wo Frauen sie erbauen.

Der kalkhaltige Boden bewirkt ein beiges bis hellgraues Aussehen aller Häuser; in manchen Gegenden sind sie zusätzlich getüncht. Generell ist der ältere Baubestand von geschlossenen Wandflächen mit wenigen kleinen Fenstern geprägt.

In weiten Regionen der westlichen Ǧazīra überwiegen Zeilenhäuser.

Euphrattal, nördlicher Teil

Der wichtigste Ort des nördlichen Grenzgebietes ist die Stadt Ǧerāblūs. Sie besitzt noch Verwaltungsbauten der Bagdadbahn, in denen heute syrische Grenzbehörden einquartiert sind. Sowohl ein Bazar als auch ein Stadtviertel zeichnen sich durch aus schlichten Werksteinbauten der Mandatszeit aus. Dieses einzige, komplett in behauenem Kalkstein errichtete Stadtviertel der gesamten Ǧazīra zeugt von seinen armenischen Bewohnern.[11] Die Häuser sind eingepaßt in ein orthogonales Straßenraster, wie es die französische Verwaltung in den Landstädten vorgab. Auf kleinen Parzellen errichteten die aus der Türkei vertriebenen Armenier Haussteinhäuser mit verhältnismäßig großen Fenstern. Obwohl sich die Häuser um Höfe

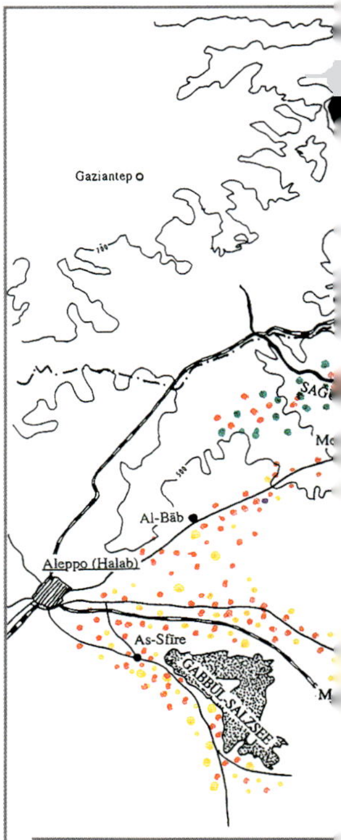

Abb. 321
Verbreitungs-bebiete der Haustypen

319

Abb. 319
Das aus Haustein errichtete Wohnviertel der Armenier in Ǧerāblūs: große Fenster gehen auch im Erdgeschoß zur Straße

320

Abb. 320
Südlich von Ǧerāblūs im Euphrattal in Qurq Muqqar: Zeilenhäuser neben Eingängen zu ehemaligen Wohnhöhlen (heute Abstellräume), vorne: Unterstand für eine Milchkuh

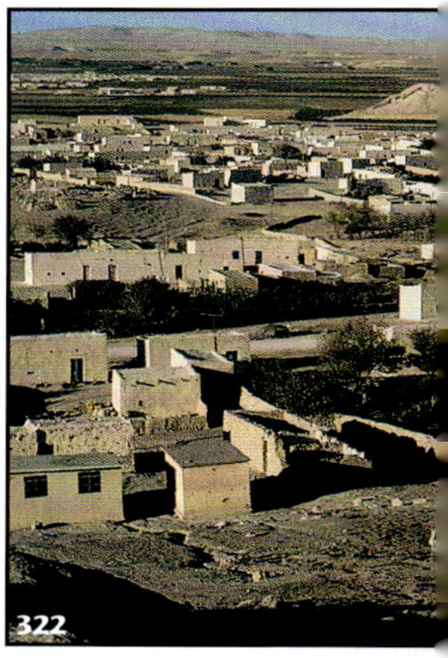
322

Abb. 322
Tell Banāt/Gazira-Seite des Euphrattals: Zeilenhaus-Gehöfte, die 1999 im Tišrīn-Stausee versanken

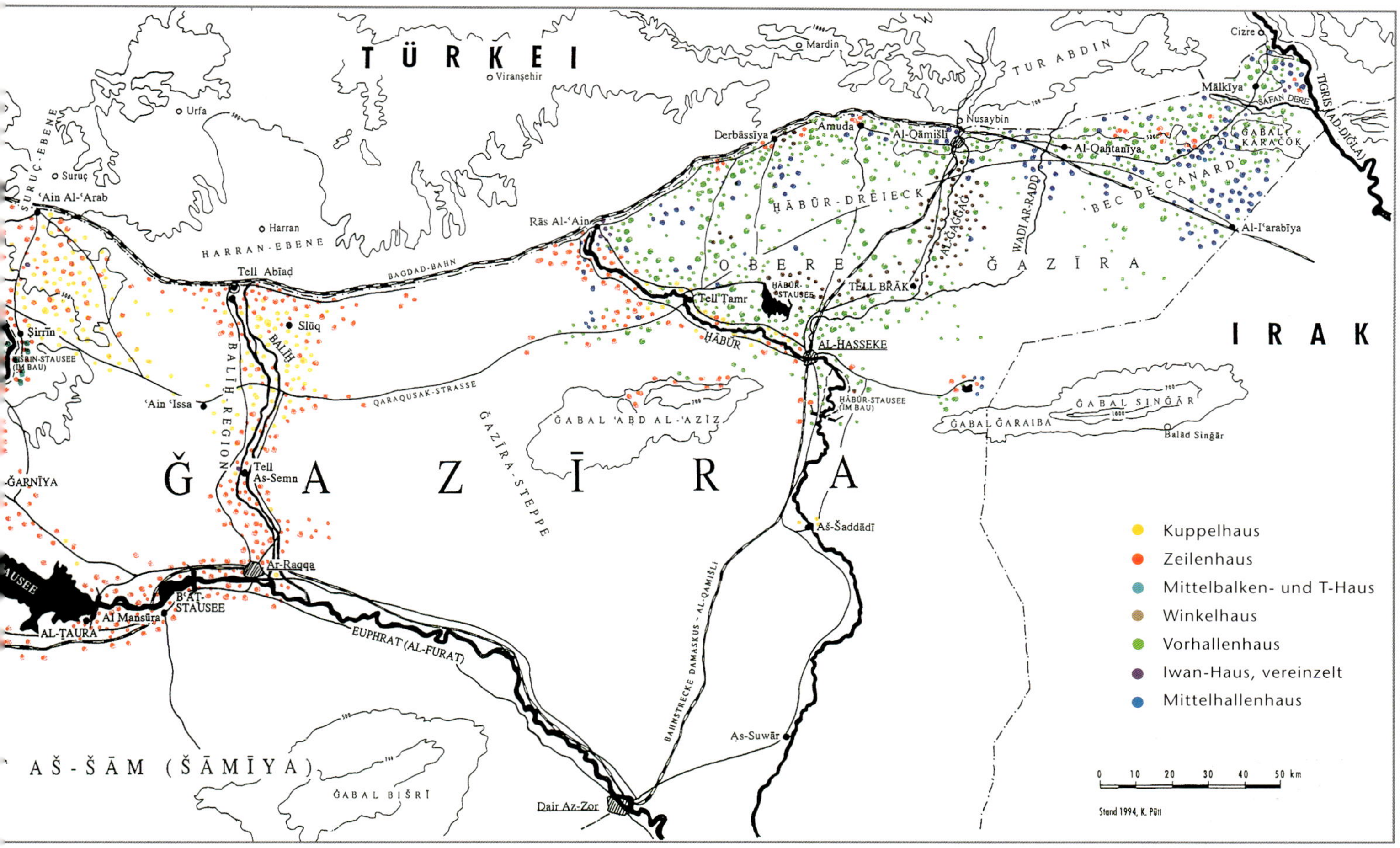

Abb. 323
Gehöft im Balīḫ-Tal – bestehend aus Kuppel-, Pfetten- und Zeilenhaus; das Foto wurde Mitte der 1980er Jahre aufgenommen

gruppieren, unterscheiden sie sich vom städtisch-orientalischen Hofhaus durch Fenster auch an der Straßenseite. Obergeschosse oder erhöhte Erdgeschoßräume überragen die niedrigeren Nebenräume. Fenster- und Türgewände zeigen einen schlichten Fassadenschmuck mit spätosmanischem Einfluß. (Abb. 319) Unter den Armeniern waren viele Handwerker, die sich in der Region als Baumeister verdingten und die Architekturentwicklung der repräsentativeren Bauten der Region entscheidend prägten.[12] Vermutlich sollten ihre Wohnhäuser auch ein wenig für die Qualität armenischer Handwerksarbeit werben.

Die breite Senke des Euphrattals mit Bewässerungsfluren schließt sich im Süden an die Stadt an. Viele neue Beton-“Villen“, Zeilenhäuser – auch in L-Form – verweisen darauf, daß die Bebauung erst jüngeren Datums ist. Oft liegen die Häuser inmitten der Felder. Euphratabwärts dominieren Dörfer mit T-Häusern und einigen Doppelraumhäusern, die sich weiter gen Westen fortsetzen. Das große Dorfe Ṣraiṣāt war eine der ersten Siedlungen am „nördlichen“ Euphrat; schon in den dreißiger Jahren des 19. Jahrhunderts wurde es als „tent village“ beschrieben, das Sachau 40 Jahre später immer noch vorfand.[13]

Flußabwärts reicht ein Plateau bis an den Fluß, das in einem Steilufer abfällt. In der Region lebte man bis vor wenigen Jahrzehnten in ausgebauten römischen Grabhöhlen. Heute werden sie fast nur noch als Vorratsräume, Ställe und Scheunen genutzt. Über das Dorf Qurq Muġġar herrschte bis 1963 ein Großgrundbesitzer, der nach Aussagen der Dorfbewohner das einzige gemauerte Haus des Dorfes besaß, während alle anderen in den Höhlen wohnen mußten. Heute bilden dort Doppelraum- und Zeilenhäuser den hauptsächlichen Hausbestand.

Das kleine Tal des Euphrat-Nebenflusses Saġūr wird intensiv landwirtschaftlich genutzt und ist dicht mit kompakt gebauten Dörfern bestanden. Mit Kuppeln bedeckt sind dort nur noch Doppelraumscheunen. Als Wohnbauten

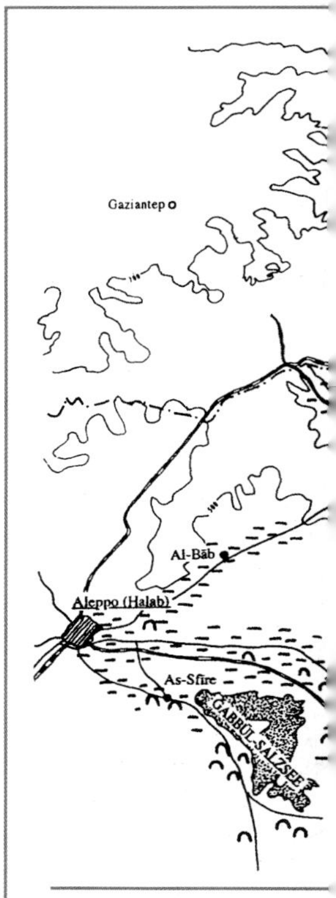

Abb. 324
Verbreitung von Dachformen

überwiegen Zeilenhäuser, häufiger auch L-förmig gestellt, sowie T- und Doppelraumhäuser. Letztere haben Rundbogentüren, Steinstürze und kleine Fenster, was die Altersangabe von 70–80 Jahren wahrscheinlich macht. An steilen Abhängen baut man gelegentlich terrassenartig, wobei im Untergeschoß die Küchen liegen. Die frühe Abdeckung der Häuser mit flachen Dächern läßt darauf schließen, daß das Sağūr-Tal zu jener Zeit mit Bäumen bestanden war.[14]

Auch die Ğazīra-Seite des Euphrattals wird intensiv bewirtschaftet. Um den Kreisort Šuyūḫ Fawqānī überwiegen reduzierte Doppelraumhäuser mit separatem Gästeraumeingang und T-Häuser; Zeilenhäuser sind auch vorhanden. Die reduzierten Doppelraumhäuser habe man von der anderen Flußseite übernommen, so wurde berichtet. In dem kostbaren Bewässerungsland stehen die Häuser enger und gelegentlich setzt man einen Empfangsraum als Obergeschoß auf. Der Beginn des Baus fester Häuser wurde hier mit ungefähr 1920 angegeben. Im kurdischen Dorf Zerkütek existierte 1994 ein großes Doppelraumhaus, das einst dem lokalen Notablen gehörte. Obwohl Ruine, war es noch relativ gut erhalten und bewies, daß diese Hausform schon um 1940 als repräsentativ galt. (Abb. 294)

Je weiter man sich vom Euphrat entfernt, desto stärker überwiegen Zeilenhäuser, die den älteren Mittelbalken- und Kuppelhausbau verdrängten.

Region ʿAin Al-ʿArab

In diesem fast rein kurdischen Siedlungsgebiet (Barazi-Föderation) müssen einige am nördlichen Grenzsaum gelegene Dörfer zur ältesten Besiedlung der Ğazīra, vielleicht seit Mitte des 19.Jahrhunderts, gerechnet werden. Dort ließen sich die teilseßhaften Barazi-Kurden der nördlich angrenzenden türkischen Sürüç-Ebene nieder. Während entlang der nordsüdlich verlaufenden Straße nach ʿAin Al-ʿArab Zeilenhäuser dominieren, ist in der östlich davon gelegenen Region das Kuppelhaus vorherrschend. Südlich reicht der Kuppelhausbesatz bis etwas über die ostwestlich verlaufende „Qaraqozak-Road" hinaus. Unter den älteren Häusern überwiegt die innere Erschließung, und gelegentlich finden sich noch Clusterkuppelhäuser. Jüngere Kuppelhäuser sind einzeln erschlossen.

In dieser Region sind traditionellerweise alle Gebäude (einschließlich Silos und Ställen) mit Kuppeln bedeckt. Dort wohnten im Jahr 1990 noch einige Familien in fensterlosen Häusern; neuere Kuppelhäuser haben dagegen die zwei üblichen Westfenster. Zu zahlreichen Gehöften gehört heute auch ein einräumiges Zeilenhaus. Als Neubauten bevorzugt man L-förmige Zeilenhäuser.

Tišrīn-Region des Euphrattals

Die weiten Flußauen des Euphrattals bestanden aus bestem Schwemmland und wurden mit zwei Ernten pro Jahr intensiv bewirtschaftet. Seitdem 1999 nahe Qišlat Yūsuf Baša der Damm des neuen Tišrīn-Stausees geschlossen wurde, ist das breite fruchtbare Tal überflutet. Die Bewohner des Tišrīn-Gebietes haben sich von ihren nomadischen Wurzeln schon weit entfernt und vermutlich schon lange Ackerbau betrieben.

Da die Pläne zum Bau des Stausees seit Anfang der achtziger Jahre bekannt waren, stagnierte die bauliche Entwicklung seit dieser Zeit und kam einige Jahre vor der Umsiedlung praktisch zum Erliegen.[15] Die ältesten Haustypen sind Querbalkenhäuser. Danach hat man auf der rechten, der Šamiya-Seite, das vermutlich aus dem westlich angrenzenden Gebiet stammende Doppelraumhaus übernommen und zum reduzierten und offenen reduzierten Doppelraumhaus weiterentwickelt. Seit den achtziger Jahren avancierten Zeilenhäuser zum neueren Haustyp. Meist als Nebengebäude fand sich noch die Querbalken-Konstruktion.

Als Baumaterial nutzte man den lokalen Kalkstein. Diese relative Härte dieses Steins hat es ermöglicht, daß Türgewände und Rundbogenstürze daraus entstanden, die sich nicht nur Wohlhabende leisten konnten. (Abb. 292) Bewohner der Region um Qalʿat Neğm gaben an, daß die dortige islamische Burg sie zum Steinbau angeregt habe. Spolien der Burg sind zu Bauelementen in ihren Häusern verarbeitet worden.

Im untergegangenen Dorf Al-Qadaḥiya standen die Rundküchen nicht separat, sondern waren an die Haupthäuser mit angeschnittener Rundung angesetzt. Auch überragte sie ein Schilfkragdach, was ihnen ein pilzartiges Aussehen verlieh. (Abb. 262) Im engen Dorf mußte jeglicher Platz ausgenutzt werden.

In dem westlich an das Euphrattal angrenzenden Gebiet (in Richtung auf den Kreisort Menbiğ zu) haben sich die Haustypen in den letzten Jahren modernisiert: Dort überwiegen einfache, neuerdings auch L-förmige Zeilenhäuser. Einige der dortigen Dörfer konnten schon im Laufe des 19.Jahrhunderts entstehen aufgrund der Tatsache, daß man dort ergiebige Brunnen gegraben hatte.

Die Besiedlung der Hochebene auf der linken, der Ğazīra-Seite, ist durch die Ansiedlung aus dem Tal vertriebener Bewohner dichter geworden und erstreckt sich in die Steppe hinein. Familienwohnräume bestehen dort oft aus flachgedeckten Stützenhäusern. Die größere Haustiefe schafft mehr Wohnfläche. Dort kann das Bettzeug an der Ostwand gestapelt werden. Der Gästeraum besteht aus einem seitlich angebauten Zeilenhaus. Da die beiden Räume aneinandergebaut sind und auf der dem Hof zugewandten Hausfront eine Baulinie bilden, zeigt sich die größere Tiefe des Stützenhauses nur an der Rückseite des Hauses.

Einziger Schmuck der gekalkten Häuser sind erhöhte Hausecken und Lichtgaden an älteren Wohnhäusern. (Abb. 321)

Mittleres Euphrattal: Assad-Stauseegebiet

Auf der Ğazīra-Seite zeigt sich eine klare Grenze zwischen Stützen-/Zeilenhäusern an der Nordseite eines quer zum Euphrat laufenden Höhenzuges und

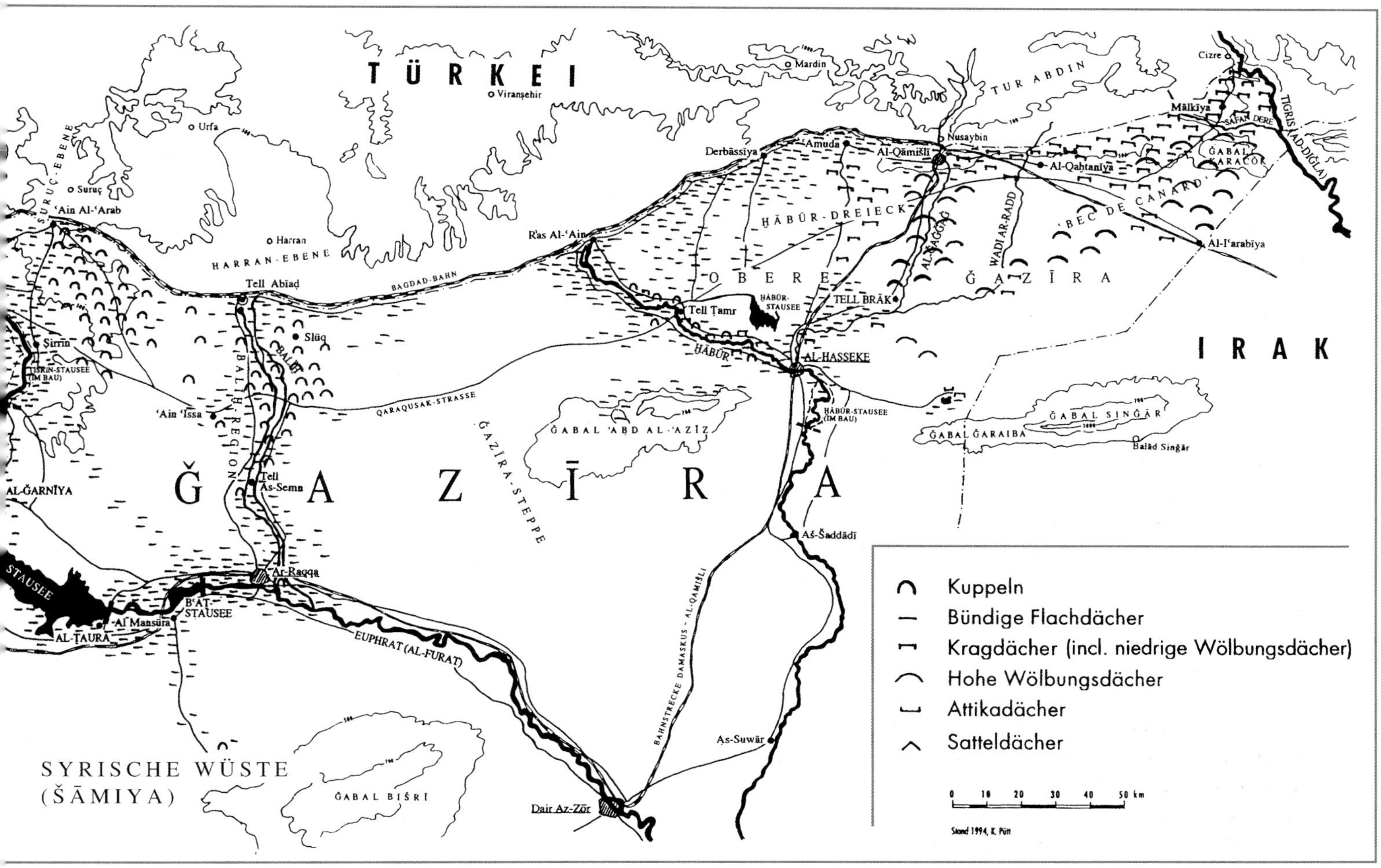

reinen Zeilenhäusern an seiner Südseite. Auf der Šāmiya-Seite des Flusses gibt es keine so klare Hausformengrenze. Statt dessen vermischen sich in der weiten Senke südlich des Höhenzuges Doppelraum und Zeilenhäuser, während südlich von Al-Ḫafsa ausschließlich Zeilenhäuser vorkommen.

Unter den Dörfern, die heute den Assad-Stausee säumen, sind nur wenige noch von Kuppelhäusern geprägt. Diese Dörfer entstanden in den ersten Jahrzehnten des 20. Jahrhunderts. Andere Dörfer, der durch den Stauseebau des Assad-Sees Vertriebenen etablierten sich neben den älteren Kuppeldörfern. Sie entstanden in den siebziger Jahren als quasi illegale Dörfer, da die Umsiedelung aller Bewohner in den Bec de Canard vorgesehen war. Einige Familien verblieben auf ihrem nicht im See versunkenen Land und gründeten neue Dörfer. Kurz nach der Flutung des Sees waren die Unterschiede zwischen beiden Dörfergruppen prägnanter, heute gleichen sie sich an. Die Bewohner der älteren, einige Kilometer vom Flußlauf entfernten Dörfer waren ursprünglich darauf angewiesen gewesen, am Beginn ihrer Siedlung Kuppelhäuser zu bauen, da ihnen nicht – wie den Talbewohnern – die Bäume der Uferregion als Dachdeckungsmaterial zur Verfügung standen. Auch in jenen Dörfern ist die Kuppelbauweise heute stark rückläufig.

Arme Bewohner aus dem überfluteten Tal griffen unmittelbar nach der Umsiedlung vereinzelt sogar auf die alte Bauform des Erdgrubenhauses zurück. (Abb. 111–113) In der Regel baute man allerdings erst ein-, dann zweiräumige Zeilenhäuser. Der Gästeraum weist Westfenster auf, die in den letzten Jahren zusehends fest verschlossen wurden, um weniger Staub einzulassen – Deckenventilatoren sorgen für die Luftumwälzung.

Auf der Ğazīra-Seite des Stausees gab es vor dem Stauseebau nur wenige Dörfer auf der Terrasse oberhalb des unmittelbaren Flußtals. Entsprechend sporadisch sind dort heute Kuppelhäuser anzutreffen.

Das Umsiedlerdorf Bābīrī auf der Šāmiya-Seite des Stausees weist andere Architekturmerkmale auf als die Dörfer der Umgebung. Es überwiegen große Stützen- und Pfettenhäuser mit Satteldächern; Hammams und Küchen wurden die Familienwohnräume angefügt.[26] Während diese Unterschiede anfänglich mit Armut zusammenhingen, hat sich dies als etwas Eigenständiges etabliert. Waren die Unterschiede teilweise aus Kostenersparnis gewählt worden, hat man die Formen auch beibehalten, als man sich wirtschaftlich konsolidiert hatte. Den Frauen war an kurzen Wegen gelegen, so entstand das Bad hinter dem Wohnraum. Nach Angaben von Bewohnern benachbarter Dörfer hat sich die abweichende Architektur in Bābīrī durch die besondere Rolle der Frauen dort entwickelt.Trotz der Enge des Dorfes gibt es kaum Sichtschutzmauern.

Zwischen den beiden Ufern des Stausees gibt es kaum Unterschiede in den Haustypen. Die Šāmiya-Seite weist hinsichtlich des inneren Komforts der Häuser einen etwas höheren Standard auf. Zunehmender Wohlstand zeigt sich in vielen neuen „Villen“ Die Ğazīra-Seite ist dünner besiedelt und etwas ärmer. Dementsprechend fanden sich beim Kreisort Al-Ğarniya auch noch bis Mitte der neunziger Jahre des 20. Jahrhunderts einräumige Mitteltür-Zeilen- und Pfettenhäuser. Wandpfeiler an Giebeln bei Nebengebäuden deuten ebenfalls auf geringeren Wohlstand, da dies nur bei einsteiniger Bauweise eine konstruktive Notwendigkeit darstellt. Oberfenster sind auf der Ğazīra-Seite stärker verbreitet als auf der Šāmiya-Seite.

Abb. 325
Verfallende Kuppelhäuser am Ǧabbūl-Salzsee mit sehr einheitlichen Kuppeln

Abb. 326
Dorf mit Kuppelhäusern für die assyrischen Flüchtlinge am Ḫābūr (Foto unbekannt, ca. 1940)

Abb. 327
Assyrisches Dorf am Ḫābūr mit Kirche

Abb. 328
Dorf von Assyrern im ostanatolischen Hakkari: Vorhallen an allen Häusern (aus: Yonan 1989)

Sägezahnmuster als Gestaltungselement der Fassaden trägt nur eine Handvoll von Häusern, die alle im Dreieck von Meskene, Al-Ḫafsa und Al-Ǧarniya, also beiderseits des Flusses, liegen. Es wäre möglich, daß sie sich gegenseitig beeinflußt haben. (Abb. 305)

Südwestlich des Assad-Stausees

Die weite flache Steppe bildet den nördlichsten Ausläufer der Großen Syrischen Wüste. Sie grenzt an den Ǧabbūl-Salzsee und geht im Nordosten über in die Euphratregion. Die Region liegt am Rand der 200 mm-Jahresniederschlagszone und ließ nur sehr unkontinuierlichen Regenfeldbau zu. Seit den siebziger Jahren wird dort das Landschaftsbild komplett umgewälzt. Mit der Bewässerung des Gebietes um Meskene, ermöglicht durch Kanäle vom Assad-Stausee, entstand eines der landwirtschaftlichen Produktionszentren Nordsyriens. Große Staatsfarmen und viele neue Dörfer wurden errichtet. Zu ihnen gehören auch riesige Pappelpflanzungen, um Bauholz zu gewinnen.

Auch die aus dem Tišrīn-Gebiet Vertriebenen wurden 1999 in dieser ehemaligen Wüste angesiedelt. Sie erhielten Zuteilungen an Zement und Moniereisen, um ihre Häuser selbst zu errichten. Unter ihnen ging das Gerücht, daß Bauen in Lehmziegeln verboten sei! Da die staatlichen Behörden die neuen Dörfer planen und parzellieren, erhielten die Familien einheitlich nur 500 m² Bauland. Die darauf gebauten Gehöfte sind notwendigerweise stark verdichtet. Ganz im Gegensatz zu den engen neuen Umsiedlerdörfern waren die wenigen aus der Zeit vor der Bewässerung stammenden Dörfer sehr weitläufig angelegt. Die weit auseinanderliegenden Gehöfte bestanden oft nur aus einer Zeile ohne Hofmauern – inmitten der weiten, wenig intensiv genutzten Wüstensteppe hatte in diesen Dörfer das nomadische Ideal offenen Siedeln konsequent verwirklicht werden können. Heute erstreckt sich die staatliche Planung auch auf diese Dörfer und hat sich für die Umsiedler aus dem Tišrīn-Gebiet der weiten Hofflächen der Altsiedler bedient.

Außergewöhnlich war das Dorf Medīnet Al-Fār, wo getünchte Graffittis aus floralen Mustern die Fassaden der Zeilenhäuser schmückten.[16] (Abb. 307) Die Bewohner gehören zu dem früher mächtigen Kamelnomadenstamm der Rualla und errichteten erst seit den sechziger Jahren Häuser. Sie halten bis heute große Schafherden, mit denen viele Familienmitglieder im Frühjahr ins Innere der Wüste ziehen. Bei ihnen sind daher die Frauen stärker in den Bauprozeß eingebunden als andernorts – vielleicht in Fortsetzung der nomadischen Tradition, daß Zeltaufbau Frauensache war.[17] Die Häuser waren sorgfältig verputzt, aus den Wänden staken keine überstehenden Balken und an den Hausecken ebenso wie über manchen Türen ragten „Höcker" empor. Die weitauseinander stehenden Gehöfte lagen auf den Bodenerhebungen eines ehemaligen römischen Forts.

Die nördlich an den Ǧabbūl-Salzsee angrenzende kleine Stadt As-Sfīra war früher ein Karawanenhandelsort. Sie ist ein Zentrum der seßhaft geprägten Kuppelhausregion des Aleppiner Umlandes. Lange Reihen von Kuppelbauten entlang der Straße nach Ǧabbūl zeugen von den Ställen der Viehhändler, die hier mit Kamelen und Schafen handelten. Die Form der hohen und sehr regelmäßigen Kuppeln, teilweise mit Einlegesteinen versehen, verweist auf Kuppelhäuser, wie sie in Nord- und Mittelsyrien verbreitet sind und damit auf eine längere seßhafte Tradition.[18] Die meisten Kuppelhäuser stehen heute leer. An den pyramidenförmigen Anordnungen der Wandöffnungen erkennt man von außen, wo früher Wohnräume lagen. In hohen Hofmauern sind Kuppelsilos integriert. (Abb. 325)

„Südliche" Euphrattalebene und unterer Balīḫ

Dieser Abschnitt des Euphrattals erstreckt sich zwischen dem Staudamm bei der „sozialistischen" Musterstadt Aṯ-Ṯaura (‚Die Revolution') und der Provinzhauptstadt Ar-Raqqa. Inseln mit Tamariskenwäldern zwischen dem Al-Bʿaṯ-Staudamm und Raqqa vermitteln an manchen Stellen einen Eindruck von der ursprünglichen Talvegetation. Hier befanden sich vielleicht die Zweighäuser aus lebendem Gehölz, über die im 19. Jahrhundert berichtet worden war. (vgl. Kap. 3)

Im gesamten Gebiet überwiegt das Zeilenhaus mit großen Holzrahmenfenstern und breiten Türen. Beides zeugt von einem gewissen Wohlstand, der sich in den Bewässerungsgebieten der Region um Ar-Raqqa verbreitete. (Abb. 146) Auf der Ǧazīra-Seite haben die Kanäle eine komplett veränderte Landschaft geschaffen: Ein dichtes Netz von Dörfern und Staatsfarmen liegt im Dreieck zwischen Euphrat und Balīḫ. Der Wohlstand zeigt sich an der Vielzahl von grauen Häusern aus Betonformsteinen, asphaltierten

328

Straßen und ummauerten Gehöften. Auf dieser Flußseite hat sich eine eigene Variante der „Villa" herausgebildet: eine Verlängerung des Zeilenhauses mit bis zu sechs Räumen nebeneinander, verbunden durch eine Arkade. Wegen besseren Windzugs liegen diese Häuser der Wohlhabenden auf den wenigen Anhöhen. (Abb. 336)

Im nördlich anschließenden Balīḫ-Tal wird der dort anstehende Naturgips verwendet. An neuen Häusern ist er allerdings von Zement ersetzt. Anfangs ist Naturgips weiß, aber schon nach wenigen Jahren verfärbt er sich grau. Auch Türen und Fenster überwölbte man dort früher Gipsgußstürzen. Viele Innenräume sind gipsverputzt. (Abb. 346)

Das Balīḫ-Gebiet ist eigentlich kaum als Tal wahrzunehmen. Die vielen Flußarme sind kaum größer als Bäche und im Sommer ausgetrocknet. Die Dörfer liegen auf den kleinsten Anhöhungen oder Tells, um sich über das einstmals sumpfige Gelände zu erheben.

Der Besatz mit Dörfern reicht weit in die Ǧazīra-Wüstensteppe hinein. Dort haben sich Nomaden relativ spät angesiedelt und praktizieren bis heute verschiedene Formen des Teilnomadismus. Die Gehöfte bestehen aus zweiräumigen Zeilenhäusern und sind nicht eingefriedet.

Mittlere und obere Balīḫ-Region

Die Flußarme des Balīḫ haben sich nur wenig in die tischebene Landschaft eingegraben. In seinem Oberlauf bildete der Balīḫ früher zusammen mit anderen kleinen Flüssen eine marschartige Landschaft. Um das Wasser zur Bewässerung nutzen zu können, wurden die Flußarme schon früh reguliert und aufgestaut. Spätestens seit dem 19. Jahrhundert betrieb man am nördlichen Balīḫ Bewässerungsfeldbau unter der Ägide von Rentiers aus Urfa. Viele Bewohner der Region wohnten in Zelten und nomadisierten weiterhin mit ihren Herden im Umkreis. Die Lebensbedingungen in der sumpfigen Landschaft waren hart. Feste Dörfer hatten sich zwar unter diesen Umständen als ungünstig erwiesen, da man malariaverseuchte Gebiete möglichst schnell wieder verlassen wollte, dennoch wurde schon vor 1900 von 39 festen Dörfern berichtet.[19] Die Bausubstanz bestand anfänglich vorwiegend aus Kuppelhäusern, vermischt mit einigen Flachdachbauten. Die Bevölkerung des oberen Balīḫ war von Beginn an gemischt aus arabischen Stämmen (Baggāra, Mašḫūr, Ǧēs), Kurden und Turkmenen.

Die Ansiedlung armenischer Flüchtlinge und Waisen in den zwanziger und dreißiger Jahren hat keine baulichen Spuren hinterlassen. Ihre ersten Häuser in Tell Armen (‚armenischer Hügel') waren kleine Kuppelbauten und ein Flachdachhaus. (Abb. 40) Armenische Siedler in Ḫirbet Ar-Rizz zogen schon wenige Jahre später in das größere ʿAin Al-ʿArūs. Unter ihnen waren keine Baumeister, die Bewohner liessen sich einreihige Mittelhallenhäuser von kurdischen Baumeistern errichten.

Der Kern der Kuppelhausregion am Balīḫ liegt zwischen Slūq und Ǧisr Al-Skairō. Im kleinen Dorf Ǧdaida existierte im Jahr 1990 noch das vielleicht letzte Kuppelgästehaus, es wurde 1954 errichtet. (Abb. 254) Das zugehörige Privathaus von 1944 ist ein Mittelhallen-Kuppelhaus. Solche Grundrisse sind bis heute in dem Gebiet üblich.

Das Kuppelhaus der Region erfuhr während der letzten Jahre einige Modernisierungen: Der Unterbau mit seinen aufgehenden Wänden ist sehr hoch, die Zwickel sind durch hölzerne Eckträger ersetzt, relativ viele Fenster sorgen für gute Belichtung und auch ungewöhnliche Mittelhallengrundrisse sind entstanden. Nur hier wurden noch 1990 Wohnräume als Kuppelhäuser errichtet – jedoch als Konzession an moderne Formvorstellungen mit abgeflachten Kuppeln versehen.

Das Zeilenhaus ist die vorherrschende Hausform. Mittelhallenhäuser sind spätestens seit den dreißiger Jahren in dem Gebiet heimisch und wurden auch von Familien errichtet, die nicht sehr wohlhabend waren.

Die Besiedlungsgrenze gen Osten entlang der Grenze zur Türkei verschob sich erst während der letzten Jahrzehnte des 20. Jahrhunderts. Dort entstanden auch einzelne Zeilen- und Gästehäuser mit plastischem Dekor. Deren Baumeister stammen aus dem westlich gelegenen Gebiet um Slūq. Die lehmbedeckten Häckselmieten neben einigen Häusern verweisen auf Einfluß aus der Oberen Ǧazīra, da man sie im Westen nicht kennt.

Grossregion Obere Ǧazīra

Mit Ausnahme des nördlichen Bec de Canard und der kleineren Gebirgszüge steht in der gesamten Oberen Ǧazīra nur Lehm als Baumaterial zu Verfügung.

Einer der augenfälligsten Unterschiede zwischen dem westlichen und dem östlichen Teil der Ǧazīra ist die Lage vieler Dörfer auf den Südflanken antiker Siedlungshügel (Tells). Diese erheben sich in großer Zahl über der Ebene. Die breit gelagerten Haupthäuser dominieren den optischen Eindruck: scheinbar terassenförmig schmiegen sie sich an den Hügel. Die niedrigeren Nebengebäude fallen weniger ins Auge. Das Haus des Stammesführer auf der Kuppe verweist auf dessen einstigen Führungsanspruch. Im nördlichen Teil der Oberen Ǧazīra werden die Tell-Dörfer von Kurden und aramäischen Christen bewohnt, die dort die ersten Siedler waren. Im südlichen Teil des Ḫābūr-Dreiecks siedelten Araber, im westlichen Assyrer als erste.

Verschiedenartige Dachformen prägen das Bild der Häuser in der Oberen Ğazīra. (Abb. 324) Generell wird der Dachaufbau im Osten höher angelegt und Vorkragungen schützen die Wandflächen gegen die im Nordosten intensiveren Niederschläge. In der Regel ist ein direkter Zusammenhang zwischen Intensität der Niederschläge und Dachform gegeben. Um das Ğaġğaġ-Tal nördlich von Tell Brāk weichen jedoch die gemessenen Niederschlagszonen (300 bis 400 mm) und Dachformengebiete voneinander ab.[20] Dort klagen die Bewohner über die Intensität der winterlichen Niederschläge – dementsprechend sind hohe Wölbungsdächer dort sehr verbreitet. Dies könnte eventuell darauf zurückzuführen sein, daß regional spezifische Meßwerte fehlen. Die Niederschlagszone von 400 bis über 600 mm deckt sich in etwa mit der Verbreitungszone der Kragdächer.

Die Lehmhäuser des Ḫābūr-Fächers sind durch den rötlichen Farbton des Bodens gekennzeichnet. Mit ihren relativ großen, gleichmäßig verteilten Fenstern und Dachvorspüngen sind die Fassaden stärker aufgelockert als im Westen. Die größeren Glasfenster zeugen von der wirtschaftlich positiven Entwicklung der letzten Jahrzehnte. Eingangsnischen sorgen an vielen Mittelhallenhäusern für strukturierte Fassaden. Der größte Teil des Baubestands ist jüngeren Datums und stammt aus den sechziger Jahren bis heute. Die Tünchung der Innenräume wird auf den Gästeraum beschränkt, gelegentlich sind Fenster und Türen mit Tünche umrahmt; Kreide ist teuer, da sie aus dem Westen importiert werden muß.

Die Dörfer der arabischen Umsiedler aus dem Euphrattal, die überall im Grenzsaum zur Türkei liegen, unterscheiden sich immer noch etwas von den Nachbardörfern.[21] 1973/74 siedelten die syrischen Behörden durch den Bau des Assad-Stausees vertriebene Umsiedler in diesem nördlichen Grenzstreifen an. Die Umsiedler waren gezwungen, sich in einen fremden Landesteil zu begeben und sich mit anderen klimatischen Bedingungen auseinanderzusetzen. Für sie waren pro Familie zwei kleine einzelerschlossene Räume mit Wellblechdächern vorgesehen, die reihenartig aneinandergesetzt als back-to-back-houses konzipiert worden waren. (Die Umsiedler mußten diese Häuser selbst errichten.) Aber die staatlichen Planungen wurden von ihnen bald unterwandert, da sie die Richtung dieser Häuser als „falsch" enpfanden: sie wiesen nach Osten und nach Westen, anstatt nach Norden und Süden. Die anfänglichen Einfachsthäuser wurden entweder komplett umgebaut oder dienen heute nur noch als Nebengebäude. Die Bewohner errichteten statt dessen Zeilenhäuser mit bündigen Flachdächern, wie sie im Euphrattal üblich sind. Erst nach ungefähr zwanzig Jahren begannen sie die Vorteile regional üblicher Haus- und Dachformen, die dem Klima angemessener sind, einzusehen und gelegentlich zu übernehmen.

Nördliches Ḫābūr-Tal um R'as Al-ʿAin

Die Ḫābūr-Quellen und andere unterirdische Wasserläufe, manche davon schwefelhaltig, bestimmen das Gebiet um Ra's Al-ʿAin: dementsprechend kann intensiver Bewässerungsfeldbau betrieben werden.[22] Tschetschenische Bewohner bestimmten anfänglich die Geschicke der heutigen Kreisstadt. Verzierte Bogenöffnungen an manchen Läden der Hauptstraße und hinter hohen Mauern verborgene große steinerne Iwān-Häuser zeugen vom frühen Wohlstand der Bewohner. (Abb. 212)

Die Hauslandschaft ist geprägt von Vorhallen- und Zeilenhäusern. Die bündigen Flachdächer, kleineren Fenster und gelegentlich geweißten Häuser erinnern an Hauslandschaften im Westen. Der Wohlstand dieses und des sich östlich anschließenden Gebietes zeigt sich in einem dichten Besatz mit Dörfern in den fruchtbaren Ackerebenen. (Abb. 330)

Eine Besonderheit der Region bilden große lehmbedeckte Häckselmieten in den Gehöften. (Abb. 267)

Die Dörfer nahe den großen Bewässerungsfeldern westlich des Ḫābūr entstanden meist erst seit Ende der fünziger Jahre. Die aus der Zeit von Syriens Vereinigung mit Ägypten stammenden fünf staatlich gebauten Fellachendörfer wurden immer stärker den regional üblichen Bauweisen angepaßt. Der große Speicherbau in der Dorfmitte, in dem Ernteerträge einlagert werden sollten, ist untypisch für syrische Verhältnisse, und die zusammengedrängten Häuser mit hohen Sichtschutzmauern in Reihenanordnung wirken etwas befremdlich.[23] Da ihnen die privaten Häuser zu klein waren, errichteten die meisten Bewohner einen zusätzlichen Raum auf der kleinen Parzelle.

Ḫābūr-Tal und Ğabal ʿAbd Al-ʿAzīz

Das Ḫābūr-Tal ist in diesem Abschnitt heute baumbestanden. Mithilfe von Flußbewässerung können viele Arten von Feldfrüchten sowie Obst und Gemüse angebaut werden. Entlang des Flusses reihen sich antike Siedlungshügel, auf denen zwischen Tell Ṭawīl im Norden bis kurz vor Hasseke im Süden die Dörfer der Assyrer liegen. Ihr Hauptort ist die Kreisstadt Tell Ṭamr. Die Dörfer sind eng, von einem Geflecht kleiner Gassen durchzogen und uneinheitlich in Haustyp und Gehöftform. In einigen Dörfern bekrönt eine kleine Kirche die Kuppe. (Abb. 327) Die noch verbliebenen Kuppelhäuser – die einzigen in der Oberen Ğazīra – verweisen auf die Geschichte dieser Dörfer als vom Völkerbund organisierter Ansiedlungen für assyrische Flüchtlinge, denen Aleppiner Baumeister die Kuppelhäuser in der damals baumlosen Landschaft errichteten. (Abb. 326) Sobald wie möglich bauten sich die Assyrer andere Hausformen; wohl wegen des Stigmas von Armut scheint niemand später einen Kuppelbau errichtet zu haben. In den fünfziger Jahren begannen sie, einreihige Mittelhallenhäuser zu errichten, dem damals bevorzugten Typ der Region. Dieverbliebenen Kuppelräume werden zum Kochen oder Aufbewahren, manchmal auch zum Schlafen, genutzt. Die Gehöfte der Assyrer sind klein; weshalb man platzsparend baut. Das führt gelegentlich zu agglutinierenden Tendenzen, was sonst kaum in der Ğazīra vorkommt.

Die Besiedlung wächst vom Ḫābūr-Tal ausgehend immer weiter westlich in die Ğazīra-Wüstensteppe hinein. In den wenigen Dörfern entlang der großen Ostwest-Verbindungsstraße „Qaraqosaq-Road" überwiegen ebenfalls Mittelhallenhäuser mit Eingangsnischen. In der Wüstensteppe stehen im Sommer nach wie vor die großen, mit ihrer Längsachse nordsüdlich ausgerichteten Zelte der Beduinenfamilien mt ihren großen Schafherden.

Zusehends weniger halbnomadisch lebende Familien bevölkern im Sommer mit ihren Zelten und Laubhütten das Ḫābūr-Tal zwischen Tell Tamr und Hasseke.[24] (Abb. 100) Sie gehören zu ärmeren, teilnomadisch lebenden Beduinenstämmen, die in den Dörfern des Ğabal ʿAbd Al-ʿAzīz ihre Häuser haben. Diese Dörfer am Hang des kahlen Gebirgszuges sind weitläufig. Im „Wallfahrtsort" Al-Qarra steht eine kleine, von Tscherkessen errichtete Moschee aus Haustein mit einem *šaiḫ*-Grab darin. Am kargen

Nordhang des Gebirgszuges sind die Häuser „umgekehrt" orientiert: die Öffnungen weisen talwärts, d.h. nach Norden. Meist sind die bündigen Flachdächer ebenfalls leicht nach Norden geneigt. Das Regenwasser muß an der Talseite der Häuser ablaufen, obwohl es dort stört und die Veranden wegspülen kann. An den Hausrückseiten würde jedoch die größere Gefahr des Unterspülens bestehen. Der hier anstehende Kalkstein dient als Baumaterial und der kalkhaltige Lehm verleiht den Häusern ihre beigen bis hellgrauen Fassaden.

Die Provinzhauptstadt Al-Hasseke beweist Anziehungskraft, neue Siedlungen entstehen an ihren Rändern. Die Dörfer der Umgebung sind verdichtet, und neue Beton-„Villen" säumen die Zufahrtstraßen.

Ğabal Ğaraiba

An dem kahlen, nur sehr sanft gen Osten ansteigenden Höhenrücken des Ğabal Ğaraiba haben sich zwei größere Orte unweit der irakischen Grenze etabliert. Auf das Dorf Al-Ḫatūniya, auf einer Halbinsel im gleichnamigen kleinen See gelegen, soll hier etwas eingegangen werden. Bewohner gaben sein Alter mit ungefähr 400 Jahren an; spätestens seit dem 18. Jahrhundert ist die Existenz schriftlich belegt. Nur hier wurde mir von einer Ummauerung mit Graben berichtet. Deren Spuren zeichnen sich noch in der Landschaft ab.[25] Die Enge des Dorfkernes mit einem nur kleinen Gästehaus am Ende des Hauptweges geben einen Hinweis auf das Alter des Ortes. Um 1900 fand Sykes dort katastrophale Wohnbedingungen vor:

> *„The village of Khatunieh is, I think, one of the most depressing spots I have ever visited, for its situation is gloomy and dreary beyond belief. ... while the village itself is in keeping with its surroundings, being only a collection of tumble-down huts, half built, half dug out of the ground, more like the lairs of wild beasts than the dwellings of human beings. Around the holes through which the inhabitants creep into these burrows, is collected the filth and rubbish of years, reeking with a sickening odour of decay.“* [26]

Als Baumaterial verwendet man bis heute Feldsteine aus dem See. Dieser Ort litt offenbar immer große Armut infolge kärglichster Erträge des salzhaltigen Bodens der Region und seiner isolierten geographischen Lage. Spuren dieser Lebensverhältnisse weist die Architektur bis heute auf. Wenn hier bespielsweise die Bewohner auf den Dächern schlafen, so liegt dies an der Enge der Höfe, aber auch, weil sich viele Familien keine Außenbetten leisten können. Statt dessen steckt man Stabmatten in kleine Lehmwülste auf den Dächern, um im Sommer dort sicher und geschützt zu schlafen. Seitliche Rampen führen an den Fassaden entlang auf die Dächer. (Abb. 236) Am Dorfrand entstanden seit den achtziger Jahren auch große Vorhallenhäuser, während ansonsten Mittelhallen- und Rechteckhäuser die neueren Grundrisse bilden. In der Baugestalt fallen die relativ kleinen Fenster und Türen ebenso wie die bündigen Flachdächer auf.

bb. 329
Dorf mit Schilfkragdächern im nördlichen Bec de Canard auf einem antiken Siedlungshügel; der Großgrundbesitzer hat sein Haus auf der Kuppe errichtet

bb. 330
„Modernes" Gästehaus inmitten eines Dorfes aus Lehmziegeln unweit des nördlichen Ḫābūr-Tales

Mittleres Ḫābūr-Dreieck

Dieses Gebiet ist sehr groß, beinahe tischeben. Von seiner Fruchtbarkeit zeugen die zahlreichen antiken Siedlungshügel. Der neue, abseits des Flußlaufes gelegene nördliche Ḫābūr-Stausee hat ein kleineres Gebiet überflutet. Die meisten Dörfer sind weitläufig mit großzügigen, offenen Gehöften. Angesichts der Bodengüte ist dies erstaunlich, resultiert jedoch noch aus der Zeit, als die Region dünn besiedelt und Ackerfläche im Überfluß vorhanden war.

Eines der Zentren des mittleren Ḫābūr-Fächers ist die Stadt ʿAāmūda, die schon Mitte des 19. Jahrhunderts als großes Dorf beschrieben wurde.[27] Dort ordnen sich einreihige Mittelhallenhäuser mit Seitenflügeln als geschlossene Gehöfte in die Blockrandbebauung des rasterförmigen Ortsgrundrisses ein, den die französische Verwaltung vorgegeben hatte. In den neueren Bereichen von ʿAāmūda hat sich durchgesetzt, die Parzelle mit einer hohen Hofmauer zu umschließen und sukzessive Räume zu errichten, die sich innen an die Mauer lehnen – ein klassisches Hürdenhausprinzip.

In der Region ist das Mittelhallenhaus in all seinen Varianten der vorherrschende Haustyp. Er ist häufig mit großen Eingangsnischen versehen. Plastisch gegliederte Bauten mit Lisenen und Gesimsdächern, die Bauweise der Wohlhabenden in den 1950er und 60er Jahren, finden sich vereinzelt über das Ḫābūr-Dreieck verstreut. (Abb. 297, 298) Um das Dorf Al-Qanamiya an der türkischen Grenze orientiert man bei Mittelhallenhäusern jeweils einen Flankenraum längs und einen quer zur Halle. In einem weiten Bogen vom nördlichen Ḫābūr bis an den Ğaǧǧaǧ sind Winkelhäuser sehr verbreitet, vereinzelt gibt es sie auch im mittleren Ḫābūr-Gebiet.

Im Nordosten mußten bei einigen Häusern, die in exponierter Lage auf Kuppen der antiken Siedlungshügel stehen, massive Strebepfeiler vor die Hauswand (meist auf der Ostseite) gesetzt werden, da durch Regen und unsicheren Untergrund die Wände abzukippen drohten.

Östliches Ḫābūr-Dreieck

Viele kleine Wadis und das Tal des im Sommer trockenliegenden Flüßchens Ǧaġǧaġ durchziehen die Ebene, deren schwere Böden das Regenwasser nur langsam aufnehmen.

In etwa nördlich von Tell Brāk haben seit den achtziger Jahren des 20. Jahrhunderts beinahe ausnahmslos alle Hauptgebäude hohe Wölbungsdächer erhalten, während man Nebengebäude mit Satteldächern abdeckt. Trotzdem stürzen Dächer ein oder werden abgedeckt, weil sie den Regenmassen nicht standhalten. Die Grenze der Wölbungsdächer verschob sich immer weiter nach Süden. Dort sind sie jedoch Ausdruck eines gewissen Wohlstands und weniger durch Niederschläge bedingt. Die Westgrenze der Wölbungsdächer liegt etwas westlich des Ǧaġǧaġ. Nach Osten reichen sie in den Bec de Canard. Südlich der Dachformengrenze sind Gesimsdächer und bündige Flachdächer üblich.

Ebenfalls in der Region um Tell Brāk verläuft auch eine Hausformengrenze: nördlich davon überwiegen Winkelhäuser, südlich von Tell Brak überwiegen Mittelhallenhäuser. Um Al-Qāmišlī dominieren einzelerschlossene Zeilenhäuser, ergänzt durch Vorhallen- und einige Mittelhallenhäuser. Sie haben entweder Beton- oder bündige Flachdächer.

In dem Dorf Damḫiya Kabīra wenige Kilometer südlich von Al-Qāmišlī mischen sich die Dachformen: im Kern des Dorfes, wo christliche Aramäer (Syrianer) wohnen, baut man bündige Flachdächer, die Haupthäuser der am Dorfrand siedelnden und später zugezogenen arabischen Familien sind mit großen Wölbdächern bedeckt.[28] Zwei Tage vor meinem Besuch war gerade ein bündiges Flachdach im Dorfkern eingestürzt. Die Gehöfte der Syrianer sind mit hohen Sichtschutzmauern umgrenzt, während die Gehöfte der Araber nur niedrige Mauern aufweisen. Die Häuser der Syrianer haben einreihige Mittelhallengrundrisse, durch hintere Anbauten variieren sie jedoch stark. Dorfbewohner berichteten, daß schon ihre ersten Häuser Mittelhallen aufwiesen, die das Vieh passieren mußte, um in die dahinter gelegenen Ställe zu gelangen. Die Häuser der später zugezogenen arabischen Dorfbewohner haben Winkel- oder ebenfalls Mittelhallengrundrisse.

In Dorf Ḫūailid Fawqānī südlich von Tell Brāk zeigte man mir ein nicht mehr bewohntes altes Haus aus Stampflehm mit einer Mittelbalkenkonstruktion und seitlich gelegenem Viehstall, zu dem ursprünglich einige Stufen hinunter führten.[29] Von außen nicht erkennbar, handelte es sich also um eine erdgrubenartige Bauweise. Ähnliche Bauten fanden sich wohl früher häufiger in der Region.

In der weiten Ebene zwischen Ǧabal Ǧaraiba und Wadi Ar-Radd baut man sowohl Mittelhallen- als auch Winkelhäuser mit Annexen nach Norden.

Im nördlichen Teil des Ḫābūr-Dreiecks siedeln Kurden, wenige Aramäer und arabische Ṭayy, im gesamten südlichen Teil überwiegt der arabische Stamm der Ǧbūr. Die Grenzen ihrer Siedlungsgebiete stimmen jedoch weder mit Haus- noch mit Dachformengrenzen überein.

Nördlicher Bec de Canard

Durch seine fruchtbaren Böden, ergiebigen Niederschläge und kleinen Bachtäler bietet der nördliche Bec de Canard hervorragende natürliche Bedingungen für die Landwirtschaft und damit zur Besiedlung.

Ein vielfälfiges ethnisches Gemisch versammelt sich hier auf kleinem Raum: Manchmal von Dorf zu Dorf ändert sich die Herkunft der Bewohner, auch gemischte Dörfer kommen vor. Nur unwesentliche Unterschiede kennzeichnen die Architektur alt- oder jungseßhafter Kurden, Aramäer oder Araber. Die Mehrzahl der nichtarabischen Bewohner stammt aus der Bohtan-Region in der heutigen Osttürkei. Die Hauptstadt dieses einstigen kurdischen Emirats, das heute Cizre genannte Ǧazīrat Ibn ʿOmr, gelangte durch die Grenzziehung zur Türkei, wodurch der äußerste Bec de Canard seines Zentrums beraubt war. Al-Mālkiya, das ehemalige Derik, wurde als Kreisstadt etabliert. Einige der am Grenzsaum gelegenen Dörfer wie beispielsweise Dairūna Āġa / Dair Ġusūn gehören zu den ältesten besiedelten Dörfern Nordostsyriens.[30] Spätestens seit der 2. Hälfte des 19. Jahrhundert existierten dort Orte mit kurdischer und aramäischer Bevölkerung. Einwanderungswellen erfolgten nach kurdischen Aufständen in der Türkei und einer der Anführer, *šaiḫ* Haco, siedelte sich in der kleinen Kreisstadt Al-Qaḥṭāniya / Qubūr Al-Baiḍ an. Ein Teil des Stadtbildes ist bis heute von den großen,

Abb. 331
Hohe Wölbungsdächer bedecken Mittel- und Vorhallenhäuser im südlichen Bec de Canard

Abb. 332
Sorgfältig gearbeitete Außentreppe und Attik an einem Haus irakischer Yeziden

mit Vorhallen versehenen Mittelhallenhäusern seiner Nachkommen bestimmt. (Abb. 230) Die Ärztin F. Bissar besuchte das (nicht mehr existierende) Gehöft der Familie Haco im Jahr 1948 und hat es als das weitaus größte des Ortes beschrieben: Es bestand aus einem zweiräumigen Wohnhaus für die Familie! Daneben gab es ein dreiräumiges Gästehaus. Andere Dorfbewohner wohnten noch bescheidener:

> *„Die Häuser in Kubur-al-Bid sind aus Lehm und Stroh gebaut und niemals höher als ein Stockwerk. Die meisten dieser Häuser sind nach ein und demselben Schema gebaut. In vielen Häusern dieses Dorfes trafen wir aber nur ein Zimmer an, da die Bewohner nicht die Mittel besaßen, mehrzimmerige Häuser zu bauen. Aber fast alle Häuser hatten einen Hof mit ... Mauer sowie dem darin liegenden Stall.“*[31]

Dunkler humider Boden und Basaltvorkommen sind die prägenden Baumaterialien der Architektur: Die Häuser bestehen aus grob behauenen Basaltsteinen, jedoch verbirgt dies der Lehmputz, der selbst auch entsprechend dunkel ist. Meist nur an den Hofmauern sind die Basaltsteine unverputzt sichtbar. (Abb. 263)

Bis in die sechziger Jahre herrschten starke soziale Unterschiede. Kurdische und aramäische Bauern, die in Abhängigkeit von Großgrundbesitzern und Stammesführern (der kurdischen und arabischen Nomaden) gelebt hatten, berichteten, daß sie noch bis zur Mitte des 20. Jahrhunderts unter fronartigen Bedingungen leben mußten. Erst nach der Landreform 1963 konnten sich auch arme Bewohner der Ǧazīra einreihige Mittelhallenhäuser bauen. (Abb. 223) Seit den achtziger Jahren errichteten größere Familien auch Mittelhallenhäuser mit zwei Raumreihen. (Abb. 220) Das Vorhallenhaus entwickelt sich seit den neunziger Jahren immer mehr zum bevorzugten Haustyp. Ungefähr in der Mitte des Bec de Canard (rund um das Dorf Tell Aṭ-Ṭuwība) ebenso wie in Tigrisnähe baut man zwei- oder dreiräumige Vorhallenhäuser schon mindestens seit den siebziger Jahren.[32] (Abb. 199)

Die herkömmliche Dachform ist das niedrige Wölbungsdach mit großem Dachüberstand, das in den letzten Jahren zusehends abgelöst wird durch hohe Wölbungsdächer. Aus den niedrigen Wölbungsdächern ragen mancherorts auffällige Schornsteinerhöhungen heraus. Im Osten, in den Dörfern des Tigristals und des unmittelbar angrenzenden Gebietes, herrschen Schilfkragdächer mit breiten Auskragungen vor.

Häufiger als anderswo sind Gehöfte mit niedrigen Mauern umfriedet. In Dörfern, wie beispielsweise Bāb al-Ḥadīd, ʿAin Divār oder Lailān entstanden aus Streckhöfen, die aus zwei gegenüberliegenden Zeilen bestehen, eine Art Reihenhäuser. Im Unterschied zu jenen der Blockrandbebauung in ʿAāmūda liegt dort die Nebengebäudezeile am Weg und man betritt das Gehöft durch einen überdachten Durchgang darin.

Außerhalb der Höfe bergen manchmal kleine, dreiseitig geschlossene Gebäude den Brotbackofen Tannur. Er wird von mehreren Frauen einer Nachbarschaft gemeinsam errichtet und abwechselnd genutzt.

Die Häuser yezidischer Flüchtlinge aus dem Irak, die u. a. im nördlich gelegenen Dorf Mizgift wohnen, heben sich von anderen Häusern ab. Von weitem sichtbar sind Dächer mit niedrigen Attiken (um beim Schlafen vor Blicken geschützt zu sein) und kleinen Dachhäuschen, in denen die aus dem Innenraum aufsteigenden Treppenhäuser, *kanka pelpelk*, enden. Auch die Grundrisse dieser Häuser differieren – selbst wenn bestehende Zeilen- oder Mittelhallenhäuser umgebaut wurden. Bei diesen Um- oder Neubauten führen sorgfältig gearbeitete Innen- oder Außentreppen (manchmal mit gebrochenen Läufen) auf die Dächer. (Abb. 331) Auch eine Tendenz zu räumlichen Clustern wird deutlich. In Ermangelung von Veröffentlichungen über die vernakuläre Architektur des ebenfalls von Yeziden bewohnten an Nordostsyrien angrenzenden Ǧabal Sinǧār lassen sich Ähnlichkeiten allenfalls aus Fotos bestimmen. Der Erlanger Geograph Eugen Wirth hat im Jahr 1953 Dörfer am Südabhang des Ǧabal Sinǧār fotografiert.[33] In einigen baulichen Elmenten stimmen dortige Häuser mit denen der yezidischen Flüchtlinge überein: Putzoberflächen sind äußerst sorgfältig gearbeitet, Türleibungen haben gerundete Ecken, Türanschläge liegen an der zum Innenraum gerichteten Seite der Leibung, Attikadächer sind üblich und Türen weisen Schwellen auf.

Der südliche Bec de Canard

Am Südhang des Höhenzuges Ǧabal Karačōk, wohnen die ehemaligen kurdischen Nomaden der Miran, die sogenannten *koçer*. Im südlichen Teil bis über die Bagdad-Bahntrasse hinaus leben – auch jenseits der irakischen Grenze – die ehemaligen Nomaden der arabischen Šammar.

Die Erdölvorkommen unter dem Höhenzug Ǧabal Karačōk und seinen südlichen Ausläufern haben die Landschaft verändert. Pumpen stehen auf den Feldern und im Zentrum des Bec de Canard ist die Erdölstadt Rumailān entstanden, deren Bewohner in mehrgeschossigen Wohnblocks osteuropäischer Bauart leben. Als ökonomisches Herz und regionales Versorgungszentrum fungiert jedoch das Dorf Mʿabada, das an Rumailān angrenzt.

Die Dörfer der kurdischen und der arabischen Nomaden unterscheiden sich wenig voneinander. Sie sind locker bebaut und ihre Gehöfte sind größer als die der altseßhaften, bäuerlichen Bevölkerung weiter nördlich. Da die Nomaden erst nach 1950 begannen, Häuser zu bauen, ist der Baubestand relativ einheitlich und mit hohen Wölbungsdächern versehen. Auch die Satteldächer der Nebengebäude haben gewölbte Formen.[34] (Abb. 265) Es gibt kaum Einfriedungen in den südlicher gelegenen Dörfern mit ihren weit getreuten Gehöften. Als Hausformen sind zweireihige Mittelhallen- (oft mit Türnische) und Vorhallenhäuser bei allen Bevölkerungsgruppen des Gebietes vorherrschend. (Abb. 331) Die erst in den fünfziger Jahren entstandenen Dörfer sind in ihrer Bausubstanz homogener als ältere Dörfer. Die heutigen Haupthäuser bilden meist erst die zweite Haus-„Generation“, während die erste abgerissen wurde oder als Nebengebäude dient.

Entlang des Bagdadbahnstrecke (in den Irak) bis Al-Iʿarabiya/Tell Kotchek, die in diesem Abschnitt erst 1934 fertiggestellt wurde, hatten sich während der Bauzeit einige Dörfer gegründet. Auch der oberste Stammesführer der bis heute einflußreichen Šammar ließ sich nahe einem Bahnstations-Dorf nieder.

Das südwestliche Hinterland von Al-Iʿarabiya wurde erst in den sechziger Jahren besiedelt. Die Bewohner anderer Regionen nennen es Ǧenūb ar-Radd, „südlich des Radd“, was einen Beiklang von „Hintertupfingen“ hat. Familien erhielten dort 10–50 ha Ackerland, das von Großgrundbesitzern enteignet worden war. Bis an die Grenze zum Irak bestehen Dörfer. Als Variation einreihiger Mittelhallenhäuser bauten manche Familien an der Rückseite der Mittelhalle einen Raum an, den sie als Küche oder Bad nutzen. Neue Häuser entstanden dort ebenfalls als Vorhallenhäuser.

Schlussbetrachtungen

Kapitel 14

Seitdem vor kaum mehr als einhundert Jahren die dauerhafte Besiedlung der Ǧazīra begann, hat eine rasante Entwicklung stattgefunden. Der größte Teil der Bewohner vollzog nicht nur den Schritt vom Nomadismus zur Seßhaftigkeit, sondern mußte darüber hinaus auch im 20./ bzw. 21. Jahrhundert „ankommen". Die großen Umwälzungen ließen den Menschen – vor allem in den ländlichen Regionen – nur wenig Zeit, sich darin zurechtzufinden. Große Anpassungsleistungen sind zu vollbringen. Insbesondere die Gemeinschaft der Familie, des Dorfes, des Stammes schützt sie bislang davor, Bodenhaftung zu verlieren.

> *„Wir wissen heute, daß historische Kontinuität in unserem Lebensraum notwendig ist, um eine Umgebung zu erhalten und zu schaffen, die es dem Individuum erlaubt, sich mit ihr zu identifizieren und sich vor abrupten sozialen Veränderungen sicher zu fühlen."*[1]

Eine Teilhabe am sogenannten zivilisatorischen Fortschritt geschieht durch den Zugang zu Bildung, Massenkommunikationsmitteln und heute auch durch den Anschluß an globale Märkte. Basis dafür ist jedoch die Befriedigung von Bedürfnissen, wie beispielsweise der Anschluß an Elektrizitäts- und Wasserversorgung. Das Maß, in dem die Bewohner Nordostsyriens mit diesem ‚Fortschritt' konfrontiert sind, ist lokal, regional und individuell sehr verschieden. Selbst wo die Kinder zur Schule gehen, ein Fernsehgerät oder neuerdings sogar Telefon vorhanden sind, ist das Bewußtsein der Menschen noch stark von Traditionen bestimmt. Aus diesem Aufeinandertreffen von ‚Fortschrittsattributen' mit überlieferten Wertmaßstäben ergeben sich vielfältige Alltagskonflikte: Kinder, die zur höheren Schule gehen, brauchen einen ruhigen Raum, um ungestört lernen zu können, der in den meisten Häusern nicht zur Verfügung steht. Gleichaltrige müssen das Vieh auf die Weide führen und erhalten keine Zeit für Schule und Ausbildung. Duschen und separate Badezimmer können gebaut werden, da Wasser nicht mehr nur in kleinen Mengen zur Verfügung steht, das mühsam von den Frauen und Mädchen auf Eseln transportiert werden muß – jedoch gibt es keine Abwasserentsorgung und das auf die Dorfwege geleitete Brauchwasser führt zu modernden Tümpeln voller Krankheitskeime. Da an den Neubauten große Glasfenster einen Blick ins Innere erlauben und viel Sonnenlicht das Haus aufheizt, zieht die Familie eine hohe Mauer um ihren Neubau, der sie von der Dorfgemeinschaft isoliert. Da Hausparzellen aufgrund des Platzmangels in Dörfern kleiner werden, die Häuser jedoch immer größere Grundflächen beanspruchen, reduziert sich die zur freien Verfügung stehende Außenfläche und bewirkt, daß sich die Menschen stärker als früher in den Innenräumen aufhalten. Besuche werden seltener, da jede Familie abends vor ihrem eigenen Fernsehgerät sitzt, die neuen großen Räume werden immer seltener ausgefüllt. Obwohl man enorme Mengen Hausrats und Bettzeug für Gäste angeschafft hat, werden diese nur zu großen Feierlichkeiten wie Hochzeiten und Begräbnissen benutzt. Ähnliche Konfliktbeispiele finden sich zuhauf.

Tendenzen der Modernisierung

Das ursprünglich von allen geteilte Wertesystem tritt langsam etwas in den Hintergrund, es wird relativiert. Noch wird dem Prinzip der sozialen Verantwortung gegenüber den Mitmenschen ein großer Stellenwert beigemessen, aber auch dies wird des öfteren zugunsten eines rein individuellen Strebens nach Wohlstand (und den damit verbundenen Äußerlichkeiten wie beispielsweise ein großes Haus) zurückgedrängt. Anstatt ein Zehntel seines Gewinns, so wie es Religion und Tradition fordern, an Arme zu geben, wird das Geld in repräsentative Gegenstände oder Gebäude gesteckt. Da ausschließlich von landwirtschaftlichen Erträgen lebende Familien nur ein Mal jährlich (nach der Ernte) über eine große Geldsumme verfügen, überschätzen viele zu diesem Zeitpunkt ihre finanziellen Möglichkeiten. Dann werden Hochzeiten gefeiert, Häuser gebaut oder Anbauten in Angriff genommen. Gemessen an den zur Verfügung stehenden Finanzmitteln, geben manche Familien große Summen für einen Neubau aus. Sie errichten ihn beispielsweise nach einer hervorragend ausgefallenen Ernte, jedoch schon wenige Monate später reicht das Geld kaum noch für den Lebensunterhalt der Familie.

Dennoch pflegen die meisten Bewohner Nordostsyriens einen – gemessen an europäischen Verhältnissen – bescheidenen Lebensstil. Bis vor wenigen Jahren gab es in den Haushalten kaum materielle Güter, die über das unmittelbar Lebensnotwendige hinausgingen. Und selbst die großen Häuser der Stammesführer boten nach unseren Maßstäben nur sehr geringen Wohnkomfort. Dies betraf und betrifft vor allem die weiblichen Familienmitglieder, da sie sämtliche Hausarbeiten von Hand erledigen müssen. Insofern sind sie es, die durch Gasherd, Waschmaschine, Heißwasserboiler, Schleudergerät zur Butterherstellung etc. massive Arbeitserleichterungen erfahren und entsprechend wichtig ist ihnen deren Anschaffung. Der Wunsch nach mehr Komfort ist stark gewachsen, obwohl den meisten Familien noch die Mittel fehlen.

Die heutigen seßhaften Bewohner Nordostsyriens sind weniger gegen Hitze und Kälte abgehärtet als dies ihre nomadischen Vorväter waren und entwickeln neue Ansprüche an Bequemlichkeit. Bei winterlicher Kälte sitzt die Familie zwar immer noch um den Ofen herum, aber sie will dies bei Tageslicht tun, das durch Fenster und teilverglaste Türen in den Raum einfallen soll.

334

bb. 333
Die Weiterentwicklung der traditionellen Architektur sollte zum Thema gesellschaftlicher Debatten werden

bb. 334
Das Gästehaus in Umm Qrain verweist auf eine eigenständige Architekturentwicklung der Region in den 1950er Jahren

Auch die Arbeitsemigration bringt gestiegene Ansprüche an Wohnkomfort und Bequemlichkeit, da die Männer bei ihren jährlichen Besuchen zuhause ihr Haus stärker als früher zur Rekreation nutzen. Während man sich früher seinen Schattenplatz je nach Tageszeit irgendwo im Hof suchte, will man es heute annehmlicher haben. Überdachte Veranden bieten einen Bereich zwischen innen und außen, in dem man selbst an kälteren Tagen sitzen kann. Infolgedessen gehört die Vorhalle zu einem neu errichteten Haus.

Die Gesellschaft der Ğazīra hat begonnen, sich zu individualisieren und stärker als vorher in Kernfamilien aufzusplitten. Aufgrunddessen bräuchten Häuser eigentlich nicht weiter zu wachsen. Haupthäuser werden jedoch tendenziell größer angelegt, da man der Präsentation des Hausrates ebenso wie der Repräsentation überhaupt einen immer höheren Stellenwert einräumt. Funktionsbereiche werden stärker als früher voneinander getrennt: Gäste müssen in einem separaten Raum empfangen werden können. In diesem sitzt ansonsten die Familie – und nicht mehr im Familienwohnraum, da das Fernsehgerät im Gästeraum steht. Während noch in den 1980er Jahren große Küchen in weiter Entfernung vom Haupthaus angelegt wurden, kommt bei manchen Familien am Ende des 20. Jahrhunderts die Idee einer Küche innerhalb des Haupthauses auf.

Neue ökonomische Bedingungen ziehen mannigfaltige Veränderungen nach sich: Landwirtschaftliche Güter werden nicht mehr hauptsächlich für den Eigenbedarf, sondern für den nationalen oder globalen Markt angebaut. Im Gegenzug dazu müssen die notwendigen Lebensmittel käuflich erworben werden. Die früher so entscheidende Flächen für die Wintervorräte wird geringer, da man mit weniger Vorräten auskommt. Trotz steigender landwirtschaftlicher Produktion braucht man weniger Lagerflächen und damit weniger Nebengebäude.

Auch wenn Holz und Zement immer noch verhältnismäßig teure Baustoffe sind, will man sich große Räume leisten. Sie werden gelegentlich zu Sälen, denen das Maß für Proportionen verloren gegangen zu sein scheint.

Entwicklungen der traditionellen Haustypen

Am Siedlungsbeginn schlugen sich die Wirtschaftsweisen Viehzucht und Ackerbau unmittelbar in der Architektur nieder: Wegen fehlender individueller Sicherheit baute man mancherorts Einhäuser mit nur einem Zugang. Diese trugen eine Tendenz zur Clusterbildung in sich. Die Lebenssituation verbesserte sich stetig, wobei sowohl politische Rahmenbedingungen als auch der allgemein gestiegene Lebensstandard für mehr Sicherheit sorgten. Ställe und Scheunen konnten in separaten Gebäuden untergebracht werden, da keine Raubangriffe mehr zu befürchten waren. Mit zunehmendem Wohlstand rückte man die Nebengebäude in immer weitere Entfernung vom Haupthaus; entsprechend weitläufig wurden die Gehöfte. Der Architektur der Haupthäuser konnte sich erst danach unabhängig von haus- und landwirtschaftlichen Belangen entwickeln.

Im Zuge der Entwicklung der vernakulären Architekturen Nordostsyriens haben sich Konstanten herauskristallisiert, die offenbar so grundsätzlich sind, daß sie bis heute beibehalten werden: 1. Solarorientierung, 2. flache Dächer auf den Haupthäusern, 3. Eingeschossigkeit, 4. Anlage von Breiträumen mit gebrochenem, d. h. knickachsigem Raumzugang.

Gehöfte und ihre Teile werden permanent angepaßt und verändert: es wird neu gebaut, umgebaut, erweitert oder zumindest einmal jährlich winterfest gemacht. Dadurch bieten sich Gelegenheiten zu kleinen Veränderungen, auch neue Baumaterialien können ausprobiert werden, was eine sich schnell verändernde Architektur geradezu nahelegt.

Am Beginn fester Siedlungen existierte ein scheinbar unerschöpflicher Vorrat an Boden. Heute dagegen reicht für manch jüngeren Bewohner die Fläche des väterlichen Gehöfts ebensowenig aus wie die geerbte landwirtschaftliche Anbaufläche. Neue Bauflächen müssen schon mancherorts käuflich erworben werden – ein Novum in den Dörfern. Dennoch hat dies nicht zur Folge, daß platzsparender oder beispielsweise zweigeschossig gebaut wird, sondern man reduziert die Freiflächen.

Auch wenn die Vorbilder und Einflüsse der Haus- und Bauformen wesentlich aus den umliegenden Regionen kamen, hat sich in Nordostsyrien doch eine eigenständige Architektur herausgebildet. Die verschiedenen Erfahrungen und Wohnweisen der sich ansiedelnden seßhaften und nomadischen Bevölkerungen flossen zusammen. Die anfänglichen Unterschiede in den Architekturen von Bevölkerungsgruppen, die zu unterschiedlichen Zeitpunkten seßhaft wurden und verschiedenen ethnischen oder religiösen Gruppen angehören, verschleiften sich zusehends. Wichtig war die Bereitschaft, von anderen Bauten zu lernen und Neues anwenden zu wollen. Es wirkt sich jedoch bis heute aus, daß bestimmte Bevölkerungsgruppen über einen längeren Erfahrungsschatz verfügen. So gelten altseßhafte Armenier und Kurden als die besseren Bauhandwerker, da ihre Ethnie über eine längere Bauerfahrung verfügt. Aber auch Angehörige von Stämmen, die sich in diesem Jahrhundert ansiedelten, werden mittlerweile als kompetente Baumeister angesehen.

Die seßhaft gewordenen Beduinen stellen die Mehrheit der Bevölkerung; von ihren Erfahrungen

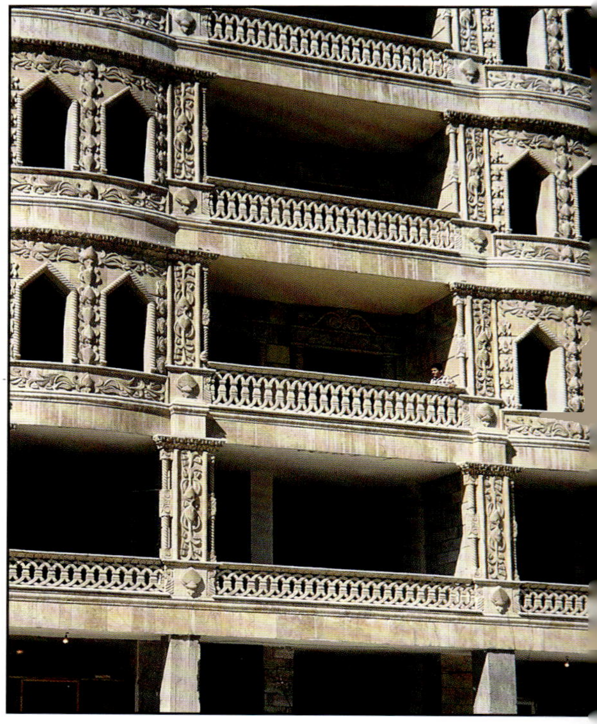

mit Zelten und Zweighütten haben einige Prinzipien auf das stationäre Bauen übertragen werden können. Vor allem mit ihrem Siedlungsprinzip der Weite und Offenheit, sowohl bei der Anlage von Gehöften als auch von Dörfern, haben sie der Bauweise der Ğazīra wesentlich ihren Stempel aufgedrückt. Die offene Anordnung der Gehöftteile, die die Landschaft einbezieht, entspringt einer Lebensauffassung, in der nicht Abgrenzung, sondern Bewegungsfreiheit die Triebfeder bildet. Dahinter steht ein aus nomadischer Tradition gewachsener Umgang mit Raum; erwünscht ist die unmittelbare Nähe zur Umgebung und zur Natur. Auch der große Stellenwert der Gastlichkeit und das Bedürfnis nach Kommunikation tragen dazu bei, daß man Gehöfte räumlich möglichst nicht abschließt. Diesem Siedlungsprinzip steht die zunehmende räumliche Enge in manchen Dörfern entgegen, die Abgrenzung erforderlich macht.

Im Nahen Osten ist die Aufteilung des Wohnbereichs in einen nach innen gerichteten Familien- und Aufbewahrungsteil und einen nach außen gerichteten Sitz-, Gäste- und Empfangsbereich üblich. In Nordostsyrien ist das Kernstück des Wohnbereichs der Bettzeugstapel, zu dem lebensnotwendige Dinge wie Bettzeug, Kleidung und Lebensmittelvorräte gehören. Diese Stapelung erinnert an die Aufbewahrung in den Zelten. In seiner heutigen Form ist der Bettzeugstapel zu einer Art Wandverkleidung geworden und stellt eine eigenständige Besonderheit Nordostsyriens dar. Es bleibt bis heute ein gewisser Unterschied zwischen dieser eher „nomadischen Lösung" und der Aufbewahrungsform in Nischen – ein Prinzip, das die aus der seßhaften Tradition stammt und das heute immer seltener vorkommt.

Unter den eigenständigen Entwicklungen Nordostsyriens sind die plastisch dekorierten Bauten die ästhetisch anspruchsvollste Besonderheit. In ihnen drückt sich ein plötzliche Reichtum aus, dessen sich die Notablen der Oberen Ǧazīra in den fünfziger und frühen sechziger Jahren des 20. Jahrhunderts erfreuen konnten. Sie sind jedoch in Gefahr, daß sie bald, spätestens nach dem Tod der Erbauergeneration, verfallen oder abgerissen werden, um Platz für neubauten zu schaffen. Es sollten Anstrengungen unternommen werden, wenigstens einige dieser Bauten zu erhalten.

Abb. 335
Den Architekten dieses Wohnhauses – gelegen an einem der prominentesten Plätze Aleppos – scheint ein Horror vacui getrieben zu haben, keine Fläche ist frei von Dekoration geblieben

Abb. 336
Für die Architektur der neuen und alten Wohlhabenden Nordostsyriens fehlen angemessene ästhetische Vorbilder

Wo sie als Gästehäuser errichtet wurden, läge es nahe, sie auch weiterhin zu gemeinschaftlichen Zwecken zu nutzen.

Wenn man die heutigen Haustypen Nordostsyriens im einzelnen dahingehend analysiert, woher ihre Einflüsse stammen und wieviel Eigenständigkeit sich in ihnen äußert, so zeigt sich ein gemischtes Bild. Zu den Haustypen der westlichen Ǧazīra:

- Das in großen Teilen Nord- und Mittelsyriens heimische Kuppelhaus ist eine autochthone Hausform der gesamten Großregion, in der es vermutlich seit dem 3. vorchristlichen Jahrtausend vorkommt. In Nordostsyrien hat man es mit verschiedenen Grundrißprinzipien kombiniert. Das Kuppelhaus wird von den Bewohnern heute als überholte Bauform angesehen und seine Verbreitung ist rückläufig. In einigen Jahren wird es möglicherweise ganz verschwunden sein.
- Zu Kuppelgehöften gehörten schon früh auch Zeilenhäuser; beide Haustypen haben sich in diesem Jahrhundert gemeinsam verbreitet. Die einräumige Grundeinheit des Zeilenhauses, das einfache Rechteckhaus, ist im städtischen Hofhaus ebenso enthalten wie im Zelt. Daß Räume einzeln erschlossen sind, ist in ariden Klimazonen häufig und entspricht einem Bedürfnis nach unmittelbarer Verbindung zwischen innen und außen. Das einstmals kaum mit Öffnungen versehene Zeilenhaus weist heute mehr Fensterfläche auf und erreicht als Neubau stattliche Größen.
- Mittelbalkenhäuser mit ihren sehr unterschiedlichen Ausprägungen als Stützen-, Pfetten-, Doppelraum- und Querbalkenhaus sind zurückgehende Haustypen. Eine Ausnahme bildet die Form des reduzierten Doppelraumhauses, die in einer Kleinregion unweit des westlichen Euphrattals noch als zeitgemäß gilt. Während sich das Doppelraumhaus vermutlich vom angrenzenden Nordwestsyrien her ausgebreitet hat, könnten andere Formen des Mittelbalkenhauses in Nordostsyrien entstanden sein. Stützen- und Pfettenhaus beruhen auf sehr einfachen Prinzipien; dagegen ist die Form des Querbalkenhauses eine konstruktive Besonderheit, die sich bei langen schmalen Räumen bewährt. Diese Hausform könnte eine Raumschöpfung der sich ansiedelnden Beduinen gewesen sein.
- Den Haustyp des T-Hauses findet man ebenfalls im Euphrattal und seinem Nebenfluß Saǧūr. Er ist differenziert und ausgereift, was für eine längere Entwicklungszeit spricht. Ich konnte nicht verfolgen, ob er flußaufwärts auch auf türkischer Seite vorkommt. Das T-Haus steht in konzeptionellem Zusammenhang mit dem Doppelraumhaus, seine Dreigliedrigkeit erinnert aber auch an die dreikonchigen Grundrisse römischer Grabhöhlen, die in der Region zu Wohnhöhlen umgenutzt worden waren.
- Das Iwān-Haus war bis in die dreißiger Jahre hinein die Hausform der wenigen Reichen in der gesamten Ǧazīra, die sich solche Häuser in Haustein errichten ließen. In weiten Teilen des Osmanischen Reiches verbreitet, fand das Iwān-Haus Einzug nach Nordostsyrien sowohl aus westlicher als auch aus nördlicher Richtung. Die Raumform des Iwān, einer an einer Seite offenen Halle, ist Bestandteil islamischer wie vorislamischer Repräsentationsbauten. Iwān-Häuser haben sich nicht als vernakuläre Architektur (bis auf eine Handvoll Ausnahmen) durchsetzen können, da man den Iwān offenbar als zu selten nutzbar ansah. Sie werden nicht mehr gebaut.

Zu den Haustypen der östlichen Ǧazīra:

- Der Haustyp Winkelhaus taucht ausschließlich im Ḫābūr-Dreieick auf. Seine Entstehung verdankt das Winkelhaus dem Bedürfnis nach einer gewissen Separierung einzelner Raumbereiche, ohne diese durch eine Wand zu trennen. Es handelt sich um eine einfache, jedoch ebenso zweckmäßige wie ungewöhnliche Hausform. Sie ist wahrscheinlich eine eigenständige Entwicklung der Oberen Ǧazīra und war bis vor einigen Jahren dort stärker verbreitet. Obwohl das Winkelhaus immer weniger gebaut wird, erhält sich die Idee des abgewinkelten Raumes in den T-, L- und U-förmigen Räumen, die zu vielen Mittelhallenhäusern gehören.

337

Abb. 337
Traditionelle Bauweise erfreut sich trotz intensiver Nutzung kaum der entsprechenden Wertschätzung, fast nur ältere Menschen identifizieren sich mit ihr

Abb. 338
Ungleichzeitigkeit der Entwicklung: Es klafft oft eine große Lücke zwischen dem Anspruch ein luxuriöses Haus zu besitzen und der Wirklichkeit nicht vorhandener Infrastruktur

▮ Mittelhallenhäuser haben vielerorts die Winkelhäuser als einen anderen wichtigen Haustyp des Ḫābūr-Dreiecks abgelöst. Es gibt sie jedoch weit über dieses Gebiet hinaus. Eingeführt wurden Mittelhallenhäuser anfangs von Notablen, die diesen Haustyp in seiner mehrreihigen Form – im Anschluß an die Iwân-Häuser – favorisierten. In ihrer einreihigen Form sind Mittelhallenhäuser bis heute die häufigste Hausform der Oberen Ǧazīra. Mittelhallenhäuser haben erst erstaunlich spät Eingang nach Nordostsyrien gefunden. In weiten Teilen des Osmanischen Reich waren sie schon in der zweiten Hälfte des 19. Jahrhunderts zur bevorzugten Hausform avanciert. Um ihn besser in Gehöftanlagen integrieren zu können, mußte dieser Haustyp einen Teil seines Charakters als extrovertierter Solitärbau einbüßen.

▮ Obwohl Vorhallen seit Jahrhunderten zum Formenrepertoire der vernakulären Architektur des Naher und Mittlerer Ostens gehören, hat sich erst in den siebziger Jahren daraus der im Bec de Canard übliche U-förmige Vorhallenhaus-Grundriß entwickelt. Eine ähnliche Form zeigen auch Beton-"Villen". Während das traditionelle Vorhallenhaus ausschließlich in der Oberen Ǧazira beheimatet ist, hat sich die „Villa" in ganz Nordostsyrien (und weit darüber hinaus) zur üblichen Hausform bei Neubauten entwickelt. In den neunziger Jahren differenzierte sie sich weiter und es entstehen auch stärker individuelle Grundrisse mit Vorhallen.

Alle diese Haustypen sind in Hofanlagen integriert, in denen sie relativ unterschiedlos (eine Ausnahme bildet nur das Mittelhallenhaus mit zwei Zugängen) die Nordseite eines geräumigen Hofes einnehmen.

Gastlichkeit ist eine der entscheidenden Wesensmerkmale der Gesellschaft Nordostsyriens, die ihren baulichen Ausdruck in dörflichen Gästehäusern findet. Ihre Wurzeln liegen eher im Gästeteil des *šaiḫ*-Zeltes als in den Repräsentationsräumen der Großgrundbesitzer. Der Grundriß beruht auf einem langrechteckigen Breitraum, zusätzliche räumliche Elemente orientieren sich an regional vorhandenen Haustypen. Es gibt Gästehäuser mit Hallen, Vorhallen und Iwānen. Gästehäuser sind auch Versammlungsorte der Männer und in ihnen realisiert sich der soziale Zusammenhalt der Stammesgesellschaften. Frauen sind aus Gästehäusern ausgeschlossen.

Wie aus dieser Zusammenstellung der Haustypen ersichtlich wird, schöpft die Architekturentwicklung Nordostsyriens großenteils aus äußeren Einflüssen. Eigenständigkeit zeigt sich jedoch sowohl in Veränderungen der importierten Typen als auch in eigenen Entwicklungen. Zuwanderer brachten Anregungen von außen und neue Bautechniken in die Region, In der Regel haben die Häuser von Stammesführern und Großgrundbesitzern vorbildhaft auf die Häuser anderer Dorfbewohner gewirkt. Diese weniger wohlhabenden Dörfler adaptierten das Gesehene sobald sie es sich leisten konnten – manchmal erst Jahrzehnte später.

Eine interessante Frage ist, warum bestimmte Prinzipien übernommen wurden oder man sich von ihnen hat anregen lassen, während andere Wohnformen, Details und Gestaltungselemente keine Resonanz fanden. Aus städtischen Hofhäusern Aleppos hätte beispielsweise die Anregung aufgenommen

338

werden können, spezielle Winter- und Sommerwohnbereiche in den Häusern (der Wohlhabenden) zu schaffen. Die Idee lag nicht fern, da sich in den Zelten der Nomaden das Sommer- vom Winterwohnen ebenfalls sowohl in der Aufstellungsrichtung als auch manchmal beim Material der Zeltwandung unterscheidet. Anfänglich mögen finanzielle Gründe dagegen gesprochen haben, diese Zweiteilung der Wohnbereiche zu übernehmen, und später galten städtische Hofhäuser als überholt.

In der vernakulären Architektur bestehen nach wie vor grundsätzliche Unterschiede zwischen der westlichen und der östlichen Ǧazīra – und damit in etwa zwischen den historischen Regionen Nordmesopotamien und Syrien. In beiden Teilregionen waren in den letzten hundert Jahren verschiedene Einflüsse wirksam. Im Westen war die Architekturentwicklung stärker von den städtischen Einflüssen Aleppos und seinem bäuerlichen Umland geprägt, während die Obere Ǧazīra lange noch von den osmanischen Städten Ostanatoliens bestimmt blieb. Die politischen und kulturellen Rahmenbedingungen haben sich heute angeglichen, die Regionen sind einander näher gerückt und formale Einflüsse der Oberen Ǧazīra kommen nicht mehr aus der Türkei. Aufgrund leichter klimatischer Differenzen werden die Haustypen beider Teilbereiche Nordostsyriens auch weiterhin unterschiedlich bleiben – es sei denn, daß Wohlstand und Vereinheitlichungstendenzen importierter Hausformen die traditionellen Unterschiede vollständig nivellieren.

Dank moderner Massenkommunikationsmittel und neuer Verkehrsverbindungen erreicht heute eine Menge neuer Anregungen die Bewohner Nordostsyriens. Mit der Vielfalt neuer Eindrücke fühlen sich mehr Menschen als früher zum Ausprobieren ermutigt. Bislang war der traditionelle Hausbestand grundsätzlich in Typen einzuordnen und selbst die Beton-„Villen" folgten einem einheitlichen Grundrißschema. Während es bis in die achtziger Jahre weniger als eine Handvoll Bauten gab, die völlig aus einem solchen Raster herausfielen, werden seit Mitte der neunziger Jahre die Grund- und Aufrisse von Häusern nicht nur der sehr Wohlhabenden individueller gestaltet. Wieder haben die Städte Vorbildfunktion, wo sich ein eklektischer Stil ausbreitet, der orientalisches Neo-Rokokko, pseudoislamische und phantastische Dekormotive vereint. Diese „moderne" Architektur ist Ausdruck ästhetischer Ratlosigkeit.

Die Architektur Nordostsyriens befindet sich im Übergang von einem präindustriell vernakulären zu einer modernen Stadium. Sie individualisiert sich zunehmend und betont nicht mehr die Gleichheit der Bewohner (die Notablen bildeten immer eine Ausnahme). Die Verfügbarkeit technischer Baustoffe und die Möglichkeit, Architekten oder Ingenieure zu beauftragen, gehören zu diesen Veränderungen. Die ästhetischen Vorstellungen von moderner Architektur sind jedoch von Bildern geprägt, die aus fremden Zusammenhängen stammen. Vereinzelt bringen sogar schon Ǧazīra-Bewohner, die zeitweise als Arbeitsemigranten in den Golfstaaten leben und die dortige Architektur bewundern, Blaupausen dortiger Villen in ihre Dörfer mit und versuchen, die Häuser ähnlich nachzubauen.

Wichtige Impulse für die frühe Architekturentwicklung Nordostsyriens kamen aus dem südöstlichen Anatolien. Bedauerlicherweise ist die dortige ländliche Architektur bislang wenig erforscht. Um vergleichen zu können wären insbesondere Untersuchungen über die früher mit Nordostsyrien eng verbundenen angrenzenden Regionen um die Städte Urfa, Mardin und Midyat wünschenswert. Ähnliches gilt für die ebenfalls großenteils kurdischen Regionen des Nordirak.

Die westlich an das untersuchte Gebiet angrenzenden Regionen, d. h. die früher besiedelten, eher bäuerlichen Gebiete der weiteren Aleppo-Region, sollten untersucht werden. Insbesondere über die Herkunft des Doppelraumhauses könnte man dort vielleicht weiteren Aufschluß erhalten. Eine schnelle wirtschaftliche dort schafft einen Veränderungsdruck auf die dortige Architektur, so daß eine Untersuchung möglichst bald erfolgen sollte.

339

Moderne Baumaterialien und Ökologie

Die Palette der zur Verfügung stehenden Baumaterialien ist in den neunziger Jahren größer, weil unabhängiger von natürlichen Vorkommen geworden. Es bleibt jedoch eine Frage der individuellen finanziellen Möglichkeiten, ob man sich die neuen Baumaterialien und besonders ihre Folgekosten auch leisten kann. Um in Häusern aus Betonformsteinen, die ohne jegliche Dämmung gebaut werden, ein angenehmes Raumklima zu erzeugen, sind energieaufwendige Hilfsmittel wie Ventilatoren, Klimaanlagen und Öfen erforderlich. Der zusätzliche Energiebedarf führt sowohl zu individuellen als auch zu ökologischen Folgekosten, die bislang von allen Seiten außer Acht gelassen werden.

Schon jetzt kann die Elektrizitätsgewinnung in Syrien mit dem Bedarf nicht Schritt halten. Immer mehr Wasserkraftanlagen werden gebaut, die wiederum Umsiedlungen von Bewohnern aus den überfluteten Flußtälern nach sich ziehen. Weitere Wüstenregionen müssen zur Ansiedlung erschlossen werden. Die Vergrößerung der Anbauflächen auch auf landwirtschaftlich ungeeigneten Böden mindert die Qualität der Agrarprodukte, schädigt die Böden und vernichtet den Ökoraum Wüste. Die Herstellung des Zements in den maroden syrischen Anlagen stellt eine große Umweltbelastung dar. Die stark steigenden Bevölkerungszahlen werden in den nächsten Jahrzehnten zu einem Problem anwachsen – gerade Nordostsyrien hat ein besonders hohes Wachstum. Um aus einer Kette problematischer Folgewirkungen auszubrechen, ist Bauen mit ökologisch verträglichen Materialien im Sinne einer nachhaltigen Entwicklung dringend erforderlich.

Der Siegeszug moderner Baumaterialien ist eng mit der Arbeitsemigration verknüpft. Kräftige junge Männer fehlen als Arbeitskräfte in den Dörfern, wo ohne sie keine Lehmziegelbauten mehr errichtet werden können. Daher sieht man sich dort oft gezwungen, neue Häuser aus den überall preiswert erhältlichen, fertigen Betonformsteinen zu bauen. Die Arbeitsemigranten selbst befürworten industrielle Baustoffe und treten als Wegbereiter einer von ihnen als „Modernisierung" verstandenen Tendenz auf.

Massnahmen zur Bewahrung traditioneller Architektur

Am Beginn des 21. Jahrhunderts werden in Nordostsyrien die weitaus meisten Neubauten in Beton errichtet. Entsprechend dieser Tendenz wäre das Schicksal der traditionellen Bauweisen besiegelt: sie würden über relativ kurze Zeit durch Betonbauten ersetzt werden. Das Verschwinden einer hervorragend angepaßten Bauweise und der kreativen Leistung ihrer Entstehung scheint vorprogrammiert. Um diese Entwicklung aufzuhalten, ist es dringend notwendig, Maßnahmen zu ergreifen, die zu einem behutsamen Umgang mit vorhandenen Ressourcen und zu nachhaltigem Bauen beitragen.

Die Erhaltung der Altstadt von Aleppo und ihrer Architektur hat sich bislang (noch?) nicht vorbildhaft ausgewirkt. Dort ist man auf dem Wege, gemeinsam mit den Bewohnern das kulturelle Erbe behutsam zu erneuern, u. a. mithilfe der syrisch-deutschen Kooperation bei der Altstadt-Rehabilitation. Der seit einigen Jahren stattfindende Bewußtseinswandel hinsichtlich des Wertes traditioneller Architektur in Aleppo und Damaskus müßte auf vernakuläre Architektur allgemein ausgedehnt werden.

Einen kleinen Baustein in diese Richtung setzte vor Jahren das syrische Tourismusministerium, als es durch Postkarten und Veröffentlichungen ein wenig auf die ländliche Architektur aufmerksam machte. Entscheidender als Fremde anzulocken, wäre jedoch der Dialog mit den Bewohnern dieser Dörfer. Vor allem in deren Augen müßte die vernakuläre Architektur aufgewertet werden, damit sie diese als Teil ihres kulturellen Erbes begreifen. (Es gibt unter manchen Dorfbewohnern auch eine Haltung, solche Aufmerksamkeit mit dem Hinweis abzulehnen, sich nicht von Touristen als ‚pittoreskes Überbleibsel' einer vergangenen Zeit betrachten zu lassen.) Ein Problem entsteht darin, wenn es ausgerechnet Stimmen aus dem Westen sind, die einen Umdenkungsprozeß anstoßen wollen. Mehr als einmal wurde mir in Gesprächen entgegengehalten, der Westen wolle verhindern, daß die arabische Welt am technischen Fortschritt teilhabe.

Bislang wird allenfalls im universitären und intellektuellen Bereich, und auch dort nur sehr am Rande, über die Erhaltung und behutsame Erneue-

Abb. 339
Dieses Vorhallenhaus in Al-Ḥurriya stellt einen der ganz wenigen gelungenen Versuche dar, traditionelle Bauweise mit modernen ästhetischen Ansprüchen zu versöhnen, allerdings sind die Hauswirtschaftsbereiche noch in Nebengebäuden untergebracht

Abb. 340
Damit die rasant wachsende Bevölkerung Syriens eine angemessene Zukunftsperspektive erhält, ist es unabdingbar, schonend mit den Ressourcen des Landes umzugehen

rung traditioneller ländlicher Architektur nachgedacht. Es wären populäre Vermittlungsformen für die syrische Öffentlichkeit wichtig, in denen auf nachhaltige Entwicklung, sparsamen Umgang mit Rohstoffen und Umgang mit traditioneller Architektur eingegangen wird. Ansätze dazu gibt es bereits. Dabei könnten dokumentarische Filme ebenso wie die beliebten TV-Seifenopern solche Themen aufgreifen. Im Schwellenstaat Syrien mit seiner entwickelten Fernsehproduktion ist es üblich, aufklärerische Elemente in Serien einzubauen. Insbesondere das dokumentarische Filmschaffen sollte diese Architektur nicht in die „malerische" Richtung abdrängen, sondern das Zukunftsweisende, das in ihr steckt, beachten.

Um den Umgang mit natürlichen Baustoffen zu fördern und sie vom Stigma der Ärmlichkeit und Unterentwicklung zu befreien, sind auch staatliche Maßnahmen wichtig: Im Schulbau sollten nachhaltige Bauweisen angewandt werden, um den Schülern das Lernen beträchtlich angenehmer machen![2] Gerade dadurch würden gebaute Beispiele angepaßter moderner Architektur in die Dörfer gelangen. Ein anderes klassisches Instrument staatlicher Förderung könnte auch in Syrien angewendet werden: die Vergabe günstiger Baukredite – gebunden an die Maßgabe, angepaßt und nachhaltig zu bauen.

Eine andere wichtige Modernisierung wäre es, den Lehmbau mithilfe neuer Techniken praktischer handhabbar zu machen. Denn einer der entscheidenden Gründe, warum die Lehmbauweise so stark rückläufig ist, hängt mit deren großem Zeit- und Arbeitsaufwand zusammen. Moderne Verfahren des Leichtlehmbaus könnten eingeführt werden. Die Herstellung von Lehmziegeln müßte vereinfacht werden, Lehmschlämme-Mischer oder Ziegelpressen wären beispielsweise denkbar. Ein wesentliches Handicap für die Beibehaltung des Lehmbaus ist die Tatsache, daß Lehmhäuser alljährlich neu verputzt werden müssen. Wichtig wäre daher, geeignete Putze (oder deren Ausgangsmaterialien) einzuführen, mit denen man dauerhaft und wetterbeständig verputzen kann, ohne auf Zement zurückgreifen zu müssen.

Ein winziger Hoffnungsschimmer in Richtung eines Umdenkens hin zu einer nachhaltigen Architektur kommt aus den reicheren Golfstaaten. In Saudi-Arabien entwickelt man Maßnahmen, die die traditionelle Architektur retten und mit neuem Leben füllen sollen.[3] So wurde ein Programm erarbeitet, das Studenten der Architektur sowohl theoretisch als auch praktisch (durch dreimonatige Pflichtpraktika auf traditionellen Baustellen) mit dem kulturellen Bau-Erbe ihres Landes in Verbindung bringen soll. Auch soll eine Datenbank der vernakulären Architektur Saudi-Arabiens erstellt werden. Ob diese Vorhaben realisiert wurden, ist mir nicht bekannt.

Ansätze zur Erhaltung traditioneller ländlicher Architektur beschränken sich in der arabischen Welt auf wenige Beispiele, es gibt sie u. a. in Marokko und im Jemen. Allerdings wird oft vorschnell in der Ankurbelung des Tourismus eine ökonomische Perspektive gesehen, anstatt andere wirtschaftliche Ansätze zu entwickeln. In Jordanien wurde ein komplettes Dorf, das in Nähe der touristischen Highlights von Petra und dem Wadi Rum liegt, zu einer Hotelanlage umgebaut, während die lokale Bevölkerung in einem angrenzenden neuen Dorf lebt. Vielleicht gehen der Schriftsteller Günter Grass und der Deutsche Entwicklungsdienst mit ihrer Initiative, ein Bauakademie für Lehmbau im südjemenitischen Tarim zu gründen, einen besseren Weg, um dieser traditionellen Technik eine Zukunft zu ebnen. Dort sollen Baumeister für die Praxis aus- und weitergebildet und Bauvorschriften für den Lehmbau entwickelt werden. Falls dies gelänge, wäre dies ein großer Schritt für die Erhaltung traditioneller Architektur – nicht nur im Jemen.

In Palästina gründete im Jahr 1991 eine Gruppe von Architekten und Ingenieuren das „Centre for Architectural Conservation Riwaq". Es widmet sich dem Studium traditioneller Bauten und dem nationalen Kulturerbe ebenso wie praktischen Fragen seiner Erhaltung. Unter dem Dach des Agha Khan-Development Network wird alle drei Jahre der „Aga Khan Award For Architecture" verliehen. Einzelne Bauten wie auch kleine lokale Projekte zur Hebung des ästhetischen Niveaus ebenso wie der Lebensstandards in muslimischen geprägten Ländern werden ausgezeichnet, wenn sie für ihre jeweilige Region beispielgebend sind.

Hinter der hier vorliegenden Bestandsaufnahme traditioneller Wohnarchitektur im Nordostens Syriens verbirgt sich auch die Intention, einen winzigen Baustein zu ihrer behutsamen Weiterentwicklung beitragen zu können. Voraussetzung ist jedoch, daß die Erhaltung der traditionellen Bauweisen unter Beachtung von Kriterien der Umweltverträglichkeit und Nachhaltigkeit erst einmal zum Thema werden – sowohl bei den Menschen in der Region als auch auf staatlicher Ebene. Da Bauen immer mit Aspekten von Repräsentation und Ansehen ebenso wie Nachahmung verknüpft ist, müßten positive Beispiele gebaut werden, deren Qualität überzeugt. Die Bewohner der Region sollten darin bestärkt werden, sich auf eigene Traditionen und Stärken zu besinnen und diese als Qualität begreifen. Ihre materielle Kultur ist Ausdruck einer kreativen Leistung der Gemeinschaft mit einer sozialen Ethik und kulturellen Ästhetik und trägt das Potential für zukünftige Entwicklungen in sich.

Berlin, im Dezember 2004

340

Bautechniken und Materialien

Bis in die 1950er Jahre war Hausbau ausschließlich von lokalen Baumaterialien bestimmt. Der Zukauf von Bauholz war aufgrund des kostspieligen Transportes (mit Esel- oder Pferdekarren) erschwert – viele Familien konnten sich dies kaum leisten. In den Landstädten erwarb man Rundhölzer als Tragbalken und kleinere hölzerne Bauteile wie Fenster und Türen. Heute ermöglichen Kleinlaster, Überlandbusse oder auch Lasttaxis, den Transport von Baumaterialien in die kleinen Dörfer, den man in den Landstädten erstehen kann. Lange Transportwege verteuern dies jedoch. Da Bauholz ausschließlich aus dem Westen stammt, liegt der Preis im Nordosten höher.

Betonbauten konnten sich deshalb so verbreiten, weil Zement auf Bezugsschein günstig erhältlich ist, im freien Handel ist er erheblich kostspieliger.[1] Hier soll jedoch ausschließlich auf traditionelle Materialen und Techniken eingegangen werden.

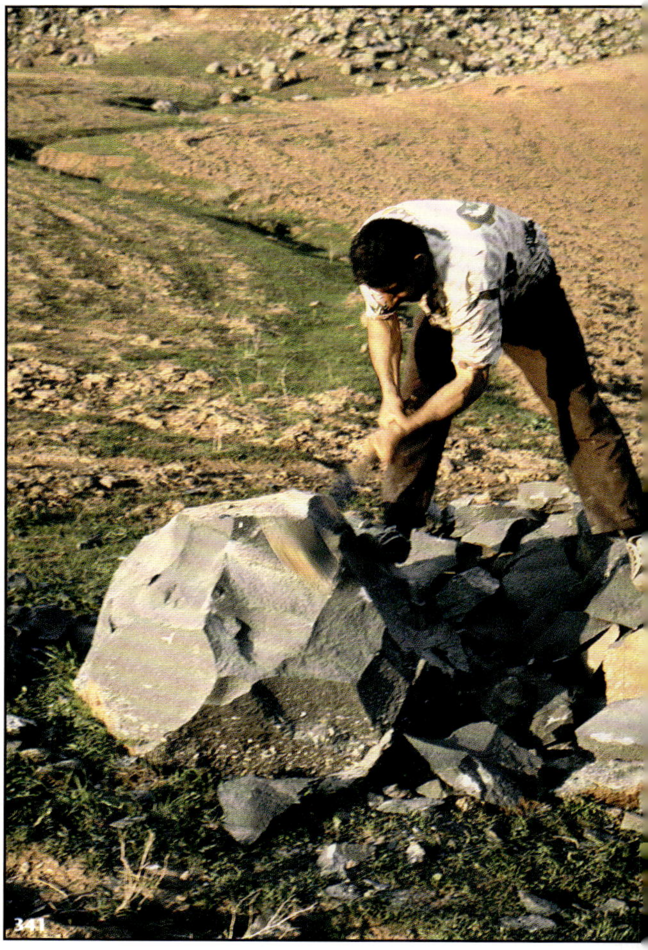

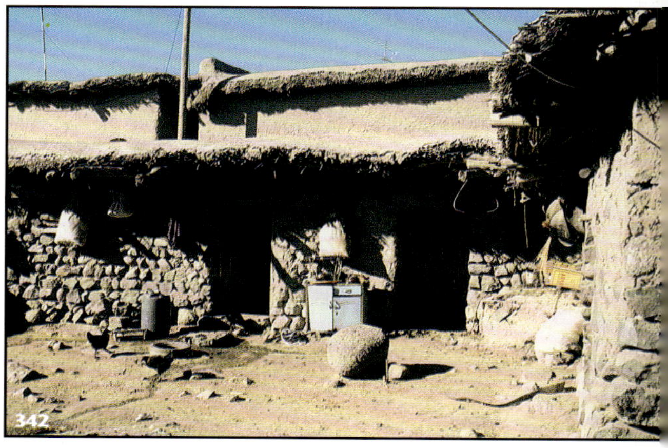

Baumaterialien und ihre Verwendung

Da die hauptsächlich verwendeten Baumaterialien aus der unmittelbaren Umgebung der Dörfer stammen, bildet die Bodenbeschaffenheit die entscheidende Voraussetzung für das Baumaterial. Innerhalb der geologisch disparaten Ǧazīra finden sich verschiedene Böden und Gesteinsformationen: Im westlichen Teil liegen unter einer dünnen Schicht Mergel oder Löß fast überall Kalk- oder Kreideschichten. Im Bereich des Ḫābūr-Flußfächers besteht eine alluviale Bodendecke und nur im tektonisch gestörten und geologisch schon zum Taurus-Massiv gehörenden Gebiet des Bec de Canard treten Basaltschichten bis an die Oberfläche. (Abb. 341)

Demzufolge sind im Westen Lehm- und Kalksteinbauweisen vorherrschend, im Ḫābūr-Fächer finden sich ausschließlich Lehmbauweisen, und im nördlichen Bec de Canard wird mit Basaltbruchstein und Lehm gebaut. Weitere sichtbar verwendete Baustoffe sind Kalk und Gips – früher auch für Tür- und Fensterstürze verwendet –, die nur in Westen vorkommen.

Die Verwendung des Lehms, arab. *ṭīn*,[2] als Baustoff bedingt, daß dieser fette, d. h. tonige Anteile enthält, wodurch die Reißfestigkeit und Bindefähigkeit gewährleistet wird. Die sandigen Zuschlagstoffe in ihm bewirken die Druckfestigkeit. Zuviel oder zuwenig dieser beiden Hauptbestandteile erschwert oder schließt die Verwendung des Lehms als Baustoff aus.

Trotz weiterer regionaler Unterschiede lassen sich die Lehme der Ǧazīra grob einteilen. Der Lehm des Westens hat einen hohen Kalkanteil, er ist hellgrau und weist gute Bindefähigkeit und hohe Festigkeit auf.[3] Der Lehm des nördlichen Ḫābūr-Fächers ist rotbraun, humusreich, sehr fett und als Baumaterial etwas weniger optimal. Dort verwendet man lieber den sogenannten ‚schwarzen Lehm', *ṭīn aswad*, von den zahlreich anstehenden antiken Siedlungshügeln. (Da dabei Baustrukturen verstört werden, ist der Abbau von Lehm dort verboten.) Im südlichen Teil des Ḫābūr-Fächers und im Bec de Canard steht ein vulkanischer, mineralerzhaltiger Lehm, *ṭīn asmar* (‚dunkler Lehm'), an, der sich gut zum Bauen eignet.

Bruchstein wird aus dem anstehenden Kalkstein, *kēmaḫ* oder *ḥaǧar kilsī*, gewonnen, indem größere Stücke herausgehackt und je nach Bedarf weiter auf die gewünschte Größe zerkleinert werden, um vor allem für Mauerwerk Verwendung zu finden. Aber auch weiches Kalkgestein wird mangels besserer Alternativen verarbeitet. (Abb. 344)

Seltener finden sich Flintknollen, *marū* oder *ṣuwān* genannt, die ebenfalls mit vermauert werden.

Bei dem im nördlichen Bec de Canard verbreiteten Steinbau aus schwarzen Basaltknollen, arab. *ḥaǧar bāzilṭī*, kurd. *hišk*, verwendet man Steine von ver-

Abb. 341
Steinhauer bei der Arbeit: mit seinem 10 kg schweren Beil zerteilt er die Basaltknollen

Abb. 342
Basaltmauerwerk im Bec de Canard

Abb. 343
Gewinnung von Naturgips: Häcksel und Dung werden an der Oberfläche eines Gipsvorkommens über Stunden am Brennen gehalten

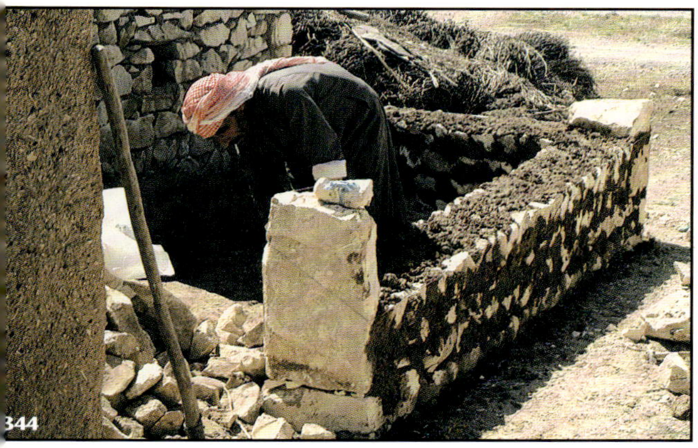

Abb. 344
Ein Baumeister mauert eine Wand aus kleineren Kalksteinen (vgl. Abb. 46, seine Tochter)

Abb. 345
Hofmauer aus Stampflehmquadern, obenauf liegen Dungfladen zum Trocknen

Abb. 346
Stampflehmform und Streichbrett

schiedener Größe. Die Bruchsteine werden von einem Steinhauer, arab. *ḥağār*, kurd. *kaver šken*, vor Ort mithilfe eines Beils, arab. *mḥaddī*, kurd. *kakuce kavra*, gespalten.[4] Auf Bestellung schlägt der Steinhauer auch rechtwinklige Quadersteine jeder Größe, die *kursî* von den Baufachleuten genannt werden. (Abb. 341, 342)

Kreide, *ḥuwār* oder *čeṯān*, wird für Putze und Anstriche des eigenen Hauses verwendet und nur selten auf dem Markt verkauft. Anwendung an allen Häusern eines Dorfes findet sie allerdings nur dort, wo Kreide in unmittelbarer Nähe vorkommt. (Abb. 359, 360)

An wenigen Stellen des Westens und in der Balīḫ-Region steht Gipsstein direkt unter der Oberfläche an. Er wird durch Abbrennen an Ort und Stelle in Gips, *ğiṣṣ*, verwandelt. Dazu legen die Frauen getrockneten, mit Häcksel vermischten Tierdung auf den anstehenden Gipsstein (schwefelsaurer Kalk) und lassen ihn mehrere Stunden brennen. (Abb. 346) Die erzeugte Hitze reicht aus, das Kristallwasser aus dem Gipsstein auszutreiben und Formgips entstehen zu lassen ($2\ CaSO_4\ H_2O$).[5] Nach dem Abkühlen wird die Asche an der Oberfläche entfernt und der darunter liegende, pulverförmige Gips in Säcke gefüllt und zur Baustelle transportiert. Je nachdem, wie sorgfältig die Aschenreste entfernt wurden und welche Beimengungen der Gipsstein noch hatte, ist der Gips weiß oder eher gräulich. Er dunkelt jedoch auch nach. Auch industriell gefertigter Gips, *ğibs*, ist erhältlich. Beide werden heute immer stärker von Zement verdrängt.

Bauholz ist Produkt forstwirtschaftlichen Anbaus.[6] Große staatliche und private Pflanzungen von Bäumen – vor allem in den Bewässerungsgebieten in der Nähe des Assad-Stausees – sichern heute die erforderlichen Mengen. Wegen ihres geraden und schnellen Wuchses werden vorwiegend Euphratpappeln angepflanzt. Bauholz kauft man als geschälte Rundhölzer in den Landstädten. Holz ist einer der teuersten Baustoffe im Hausbau, daher werden Holzteile aus alten Häusern nach Möglichkeit wiederverwendet.[7] Früher nutzte man den stellenweise vorhandenen natürlichen Baumbestand des Euphrattals mit seinen kleinwüchsigen, knorpeligen Tamarisken, *ṭarfa*, und Weiden, *ṣafṣāf*. Tamarisken eignen sich nur als kürzere Sparren. Ein großer, ausgewachsener Weidenbaum konnte den Holzbedarf eines kleinen Mittelbalkenhauses beinahe decken: Der Stamm, *ğeḏʿa*, bildete die Mittelpfette, die größeren Äste die Sparren und das kleinere Astwerk wurde quer darüber gelegt. Früher kaufte ein Bauherr den noch lebenden Baum dem Besitzer des Landes ab und erhielt damit das Recht, ihn zu fällen. Diese Bäume wachsen in unmittelbarer Ufernähe oder auf den zahlreichen kleinen Flußinseln.

Reisig, *ḥatab*, das heute vorwiegend für die Bedachung der Nebengebäude benötigt wird, besteht aus Stengeln von Baumwolle oder anderen Pflanzen. Unter den Wildpflanzen ist vor allem Schilf,[8] *zell*, von Bedeutung. Geflochtene Binsen- oder Papyrusmatten, *berdī*, *ḥuṣr*, früher aus dem Irak, heute aus dem Euphrattal kommend, werden nur noch selten auch als Dachträgermaterial verbaut. Im Tišrīn-Gebiet des Euphrattals flochten einige Frauen noch Binsenmatten, die im Winter zur Dämmung unter die Sitzteppiche gelegt wurden. Da der Anbau von Flachs, *ğenāb*, verboten ist, kommen geschälte Flachsstengel, *baizūn*, nur noch bei älteren Häusern als Deckenunterseite vor. Aus all diesen Pflanzen lassen sich Stabmatten, *zerūb*, herstellen, die auf improvisierten kettengewichtigen Webvorrichtungen entstehen. (Abb. 354)

Stroh und Häcksel aus Weizen und Gerste sind entweder Produkte eigenen Anbaus oder man kauft sie im Dorf. Sie dienen in der Magerung zur Bindung des Gefüges der Lehmziegel und des -mörtels.

Fenster und Türen bestehen heute vorwiegend aus Metall; eingeteilt durch Sprossen fassen sie kleinere Glasflächen ein. In den Städten und kleineren Marktorten werden sie von kleinen Schmiedewerkstätten auf Maß hergestellt und relativ preisgünstig angeboten. Die Modellauswahl ist gering und dem Zeitstil unter-

worfen. Aus Holz gefertigte Fenster und Rahmen waren bis zur Verbreitung von Metall üblich, heute sind sie teurer und daher im ländlichen Bereich seltener geworden.

Beim Dachaufbau werden heute häufig Plastikplanen oder -matten oberhalb der Deckenrundhölzer verlegt. Dies verhindert, daß Lehmkrumen oder Reisigstückchen herunterrieseln können.

Alle verwendeten konstruktiven Techniken sind relativ einfach. Ausgefeilte Handwerkstechniken, wie sie städtische Baumeister beherrschen, haben sich im ländlichen Bereich nicht verbreitet. Selbst wenn vereinzelte Repräsentationsbauten von städtischen Handwerkern errichtet wurden, so hat sich dies nicht durch das Erlernen ausgefeilter Techniken auf die ländlichen Baumeistern ausgewirkt.

Abb. 347
Helfer vermischen gesiebten Lehm mit Wasser und Häcksel zu einer Lehmschlämme. Um zu zweit effektiver arbeiten zu können, ziehen sie die Schaufel an einem Strick hin und her

Abb. 348
Der Bauherr füllt die Lehmschlämme in die Model und streicht sie glatt

Abb. 349
Lehmziegel liegen zum Trocknen im Hof

Abb. 353
Lehmziegelmodel, *ǧōze*, ‚Paar'

Lehmbautechniken

Lehm dient als Ausgangsmaterial für luftgetrocknete Ziegel, Mörtel, Putz, Estrich, Stampflehm und Tonlehm. Auf seine große Wärmespeicherkapazität, des sich daraus ergebenden guten Ausgleichs der stark unterschiedlichen Tag- und Nachttemperaturen und seine schalldämmenden Eigenschaften wurde bereits in zahlreichen Publikationen verwiesen, für Syrien z.B. von Ghassan Halbouni über die bauklimatischen Bedingungen des traditionellen Wohnungsbaus in Damaskus.[9]

Der Umgang mit dem Baustoff Lehm war für die sich ansiedelnden Nomaden schnell erlernbar und einfach zu praktizieren. Die Verfeinerung und Weiterentwicklung seiner Anwendungstechniken jedoch beruht auf längeren Erfahrungen. Dies wird beispielsweise deutlich, wenn man den Standard der technischen Ausführung von Lehmbauten aus dem Bereich des seßhaften Umlands von Aleppo oder der yezidischen Flüchtlinge aus dem Irak mit jenen aus Nordostsyrien vergleicht. Dabei wird deutlich, daß die Ǧazīra-Baumeister dortige ausgefeilte Techniken der sorgfältigen Oberflächenbearbeitung nicht kennen

351

und dies durch das Aufkommen des Zements auch obsolet erschien. (Abb. 332)

Die Herstellung von Lehmziegeln erfolgt überall in der Ǧazīra auf die gleiche Weise. Zeitpunkt der Produktion und des Bauens ist immer die heiße Jahreszeit, um die schnelle Trocknung der Ziegel und des Baus zu gewährleisten. Der Lehm wird an einer Stelle, an der bekannterweise gutes Ausgangsmaterial vorhanden ist, mit Schaufeln oder einem Bagger abgebaut und in Schubkarren, Traktor-Anhängern oder LKWs – früher Esel – in die Nähe des Baugrundes transportiert. In der Regel wird der trockene Lehm durchgesiebt. Danach vermischt man ihn mit Wasser und grobem Häcksel. Die Maßverhältnisse sind Erfahrungswerte, die auf der Beschaffenheit des lokalen Lehms beruhen.

Die Schlämme, *ǧebne*, wird mit den Füßen gestampft und immer wieder umgesetzt. (Abb. 347) Dann bleibt sie über Nacht stehen, damit sich das Wasser fein um die Tonkristalle verteilen kann.

Am nächsten Tag wird die Lehmschlämme in die hölzerne Model, *milbin, ǧōza, qālib*, eingefüllt und mit etwas Wasser glatt gestrichen. (Abb. 348) Die Modeln sind oft für zwei nebeneinanderliegende Ziegel ausgelegt, daher auch die Bezeichnung *ǧōz* (‚Paar'), obwohl ebenfalls Dreier-Modeln üblich sind. Bei größeren Bauvorhaben läßt die Bauherrn-Familie eine eigene Model herstellen, sonst leiht man sich eine im Dorf.

Lehmziegelmaße sind so ausgelegt, daß die Ziegel leicht handhabbar und stapelbar sind. Damit sie schnell trocknen, gibt man ihnen nur geringe Höhen. Die Maße der Modeln sind beliebig, es fanden sich beispielsweise Ziegelmaße von:

- 55 x 35 x 8 cm,
- 45 x 30 x 10 cm,
- 50 x 25 x 10 cm,

Abb. 351
Beim Bau eines Gurtbogens zwischen zwei Kuppeln: Lehmziegel werden als Lehrbogen aufgeschichtet. Auf diesem aufliegend wird der Bogen gemauert; nach einigen Tagen entfernt man den Lehrbogen wieder

Abb. 352
Anschluß der Kuppelrundung an den Gurtbogen (Lehrbogen ist schon entfernt)

Abb. 353
Beginn der Kuppelrundung mithilfe eines nach innen kragenden, über Eck verlegten Ziegels; in den nächsten Lagen werden jeweils die Ziegel in der Ecke immer stärker in Richtung einer Rundung verlegt (so entsteht des sphärische Dreieck, vgl. Abb. 138)

353

- 50 x 30 x 7 cm,
- 45 x 23 x 8 cm.

Die Ziegel bleiben – manchmal noch mit etwas Wasser besprengt, um allzugroße Risse zu vermeiden – ein bis zwei Tage ausgebreitet auf dem Boden liegen, bis sie angetrocknet sind. Zur weiteren Trocknung stellt man sie senkrecht auf. Nach 5 bis 10 Tagen – je nach Intensität der Sonneneinstrahlung und der Luftfeuchtigkeit – sind sie vollkommen getrocknet und können zum Bauen verwendet werden. (Abb. 349) In der Oberen Ğazīra werden Lehmziegel auch wiederverwendet.

Die Bauhelfer bereiten täglich neuen Mörtel, *waḥal*, aus Lehm, Wasser und ggfs. Häcksel.

Der Baumeister mauert den Rohbau, wobei nur die Lagerfugen mit Mörtel verfüllt werden, Stoßfugen werden keine gelassen. Die Mauerwerksschicht wird im Arabischen mit *mudmak, sāf* oder *dūr* bezeichnet. Hauptsächliche Anwendung findet der Binderverband, *kaillēn*, was Rohbau-Mauerstärken von 35 bis 50 cm zur Folge hat. Besonders starke Wände werden aus dem eineinhalbsteinigen *kaillēn ū nuṣṣ*-Verband gemauert, was zu Mauerstärken von 60 bis 70 cm führt.[10] Bei kleineren Nebengebäuden kommen auch Läuferverbände vor.

In der Oberen Ğazīra errichtet man gelegentlich zweischalige Wände: die äußere Schicht besteht aus Betonformsteinen oder Basalt, die innere aus Lehmziegeln, um damit sowohl Isolierung als auch Schutz vor Niederschlägen zu haben.

Es werden nur Streifenfundamente als erforderlich erachtet. Man wählt festen Baugrund aus und ebnet ihn gegebenenfalls ein. Um den Aufstieg von Bodenfeuchtigkeit ins Mauerwerk zu verhindern, ist jedoch ein Sockel aus Natursteinen erforderlich. Falls ausreichend Feld- oder Bruchsteine vorhanden sind, kann dieser Sockel bis zu 1 m Höhe erreichen.

Stampflehm

Fast verschwunden ist in der Ğazīra die Stampflehmtechnik, genannt *ṣubb ṭīn*.[11] Begründet wird dies damit, daß deren Druckfestigkeit zu gering ist. Angeblich fand diese Technik früher dennoch manchmal im Hausbau Anwendung; ich sah nur ein einziges, ca. 70 Jahre altes Stampflehm-Wohnhaus, an welchem später mit Lehmziegeln nachgebessert worden war. Stampflehmtechnik wird heute allenfalls für Hofmauern benutzt. Ihr Vorteil liegt im sofortigen Baubeginn nach Herstellung der Lehmschlämme. Danach müssen jedoch jeweils Fristen für die Eintrocknung der darunter liegenden Schicht abgewartet werden, bevor weiter gemauert werden kann. (Abb. 348)

Die Lehmschlämme wird genauso hergestellt wie für die oben beschriebenen Lehmziegel. Die hölzerne Form, *qālib ṣubb*, ist sehr viel größer als jene zur Herstellung von Lehmziegeln, in As-Sʿaīda im Bec de Canard maß sie innen 66 x 35 x 23 cm. (Abb. 346) Die Stampflehmform wird auf die Stelle ihrer Verwendung aufgesetzt und die Lehmschlämme in die Form eingeschaufelt. Mit der Schaufel verdichtet man die Schlämme ein wenig und drückt sie mit einem Streichbrett anschließend fest. Durch die an den Seiten befestigten kleinen hölzernen Griffe, um die Form anzuheben, entstehen ca. 7 cm breite Stoßfugen zwischen den einzelnen Lehmquadern. Bei Gartenmauern bleiben diese Löcher offen, während man sie bei Wohnbauten später mit Lehmschlämme verschließt.

Anders als bei Stampflehm sonst üblich, wird die Lehmschlämme nicht durch intensives Stampfen verdichtet. Aufgrund der fehlenden Verdichtung erklärt sich auch die geringe Festigkeit. Es handelt sich daher im engeren Sinne nicht um eine Stampflehm-, sondern eine Gußlehmtechnik.

3

355

3

Fußböden

Die Anlage eines Fußbodens ist relativ einfach. In der Regel handelt es sich um einen Lehmestrich. Man macht es sich dabei zunutze, daß Lehmmörtel schon im Inneren eines Raumes lag oder dort sogar zubereitet wurde. Mörtelreste werden begradigt und darauf – falls nötig – eine Ausgleichsschicht aus Erde und Kies aufgebracht. Darauf erst kommt der Lehmestrich, *ṭalī al-gāʿ*, bestehend aus gesiebter Lehmerde, Wasser und mittelgroßem, ebenfalls gesiebtem Häcksel. Verstrichen wird mit einem *mašʿa* genannten Streichbrett.

Seit dem Ende der achtziger Jahre erhalten Wohnräume einen Betonestrich.

Kragkuppelbau

Die Ziegel einer Kragkuppel, einer sogenannten unechten Kuppel, liegen horizontal und kragen mit jeder Lage etwas aus, wodurch sich die Kuppelkrümmung ergibt.

Lehmziegel für Kuppelhausbau müssen eine größere Druckfestigkeit aufweisen, was diese Bauweise in Regionen mit tonarmen Lehmvorkommen erschwert oder unmöglich macht.[12] Die Kuppelbautechnik erfordert Erfahrungswerte des Baumeisters, da keinerlei Hilfsmittel angewendet werden.

In manchen Regionen mauert man die Kuppeln mit Ziegeln kleineren Formats, z. B. 25 cm x 20 cm x 8 cm. In der Regel werden jedoch die üblichen Ziegelformate verwendet.

Die Wände der meist quadratischen, selten auch runden oder leicht rechteckigen Grundmauern der Kuppelbauten sind meist ca. 65 cm stark, eine Mauerstärke, die sich aus dem oben beschriebenen *kaillēn u nuṣṣ*-Verband ergibt. (Abb. 352) Oft stärkt ein Sockel aus Bruchsteinen die Konstruktion und in der südlichen ʿAin Al-ʿArab-Region wird das aufgehende Mauerwerk bis zum Kuppelansatz aus Bruchsteinen gemauert.[13]

Die für ältere Kuppelbauten charakteristischen Zwickel setzen manchmal schon bei 80 cm Höhe an, spätestens jedoch ab Türhöhe. Für diese Zwickel gibt es erstaunlicherweise weder einen arabischen noch einen kurdischen Begriff, sie werden mit den Worten für ‚Ecke' bezeichnet: *gurna, koše, qorne, qinc*. Manche nennen sie *bidāyat leff*, was ‚Beginn der Rundung' bedeutet. Der Zwickel entsteht, indem der Baumeister zur Überbrückung der Raumecke in einer Schicht einen Ziegel diagonal von Wand zu Wand legt, so daß dieser gerade noch genügend Auflagerfläche hat. In der darüberliegenden Schicht verlegt er zwei Ziegel, in der dritten Schicht, je nach Notwendigkeit zwei oder drei Ziegel über Eck. (Abb. 353) In jeder Schicht kragen die Ziegel um zwei Fingerbreit, d.h. 4 – 5 cm, zum Innenraum hin aus. Der Baumeister beginnt in kleinen Stufen mit der Rundung. So gibt es im Innenraum einen langsamen Übergang zwischen quadratischem Grundriß und Kuppelrundung. Mit Erreichen der letzten Schicht, in der noch Ziegel im senkrecht aufgehenden Mauerwerk verlegt werden, wechselt der Kreuzverband in einen Läuferverband für die Kuppel mit geringerer Wandstärke von ca. 25 cm bis 30 cm. Alternativ können die kleineren Kuppelziegel im Binderverband gelegt werden. Durch diesen Wechsel des Ziegelverbandes und der damit verbundenen Reduzierung der Wandstärke auf ungefähr die Hälfte ist von außen eine klare Trennung zwischen Wand und Kuppel erkennbar, ein Absatz zeichnet sich ab.

Ungefähr seit den 1970er Jahren spart man sich die aufwendige Zwickelkonstruktion und ersetzt sie durch diagonal verlegte kleine Holzbretter oder Rundhölzer in den Ecken. Oberhalb von diesen beginnt dann die Kuppelrundung sehr viel abrupter.

Aus dem Maß des Auskragens der Lehmziegel im Kuppelbereich ergeben sich die verschiedenen Kuppelformen wie halbkugelförmig bis parabolisch oder spitzkegelig.

Der obere Teil der Kuppel ist aufgrund der nur über die Kragung abgeleiteten Scher- und Druckkräfte der gefährdetste. Am einfachsten können diese Kräfte durch eine parabolische Form in den Boden abgeleitet werden. Auch die Verwendung kleinerer Ziegelformate reduziert das Eigengewicht der Konstruktion und damit den Druck der abzuleitenden Kräfte. Um eine eher halbkugelförmige Kuppel zu schaffen, werden die Auskragungen in den oberen Ziegellagen vergrößert.

Die Kuppeln werden an ihrem Scheitelpunkt mit einem Ziegel dauerhaft verschlossen. Früher ließ man häufiger oben offen, was einen Abzug der heißen

bb. 354
Eine Stabmatte (zur Trennung von Raumbereichen) wird „gewebt": Schnüre als Kette sind mit Gewichten beschwert, die Stäbe bilden den Schuß

bb. 355
Frauen stellen Lehmbrote für das Innere der Backtonne (Tannur) her; sie mischen und kneten sie sehr sorgfältig aus tonigem Lehm, Ziegenhaaren, feinem Häcksel und Wasser

bb. 356
Das Innere einer Backtonne (Tannur) und ein kleiner Kochständer nach dem Brennen

bb. 357
Konstruktion eines Silos: jeden Tag werden weitere, vorher feingeschlämmte Lehmwülste aufgelegt und mit der schon etwas angetrockneten fertigen Lehmwandung verbunden

357

358

Abb. 358
Frauen und Mädchen verpu zen ihr Haus. In manchen Gegenden ist dies Aufgabe der Männer, in den anderen verputzen die Frauen nur b zu der Höhe ihres ausgestreckten Armes, den Rest erledigen die Männer

Abb. 359
Frauen weichen die Kreide über Nacht ein, zerkleinern sie am nächsten Tag und legen sie dann erneut ins Wasser, bis sie sich völlig zu Kreidemilch aufgelöst h

Abb. 360
Mithilfe eines Schälchens wird die Kreidemilch an di Wand geschleudert

Luft ermöglicht. (Abb. 141, 142) Heute läßt man eine solche Öffnung nur noch bei Feuerküchen. Über der Öffnung schützen zwei aneinander gelehnte Lehmziegel den Innenraum vor Regen.

Kuppeln sind häufig oben abgeflacht. Diese abgefachten Kuppeln bezeichnet man als: *gubbet gar'a* (‚Glatzenkuppel'), *gubbe nuṣṣ baiḍa* (‚Halbei-Kuppel'), *nuṣṣ gubbe* (‚Halbkuppel'). Sie sind in oberen, statisch kritischen Bereich wie Flachdächer konstruiert, bei größeren Durchmessern gelegentlich sogar mit Mittelbalken und Sparren. (Abb. 129)

Die in Kuppelgegenden recht verbreiteten Doppelkuppelräume benötigen zur Abfangung der Lasten zwischen den Kuppeln einen tragfähigen Unterzug. Dieser wird heute aus zwei oder drei starken Rundhölzern mit einem Durchmesser von mind. 18 cm gebildet. Früher waren großen Gurtbogen die Regel, heute baut man sie nur noch selten. (Abb. 351) Die Konstruktion der Zwickel zwischen Wand und Bogen erfordert Erfahrung und Augenmaß, um sie anderen Zwickeln anzupassen. (Abb. 352)

Wo an eine bestehende Kuppeleinheit eine weitere angebaut werden soll wird meist eine einsteinige Wand vor die alte gesetzt. Einige Ziegel verzahnen beide Wände miteinander und die neue Kuppel liegt auf der verbreiterten Wand auf. Manchmal werden jedoch auch einfach komplette neue Kuppeleinheiten danebengesetzt. Dadurch ergeben sich insbeondere bei alten Clusterkuppelhäusern stark differierende Wandstärken innerhalb eines Kuppelhauses. (Abb. 139)

Die kleinen, an viele Nebengebäude angesetzten Backapsiden, *ṭeffīyāt*, beruhen auf Kragkonstruktionen,[14] der Feldstein-Lehmschlämme-Technik oder sie bestehen aus senkrecht gestellten, leicht schräg verlegten Lehmziegeln mit viel Mörtel.

Bogenkonstruktionen aus Lehmziegeln

Nur für die Konstruktion der Gurtbögen arbeitet der Baumeister mit Lehrbögen, *ǧaḥaš* oder *hašwa*. Zu diesem Zweck schichtet er Lehmziegel ohne Mörtel auf und gibt dem mithilfe von Lehmschlämme einen bogenförmigen Abschluß. Letztere mur trocknen. Der Lehrbogen wird sicherheitshalber erst nach Fertigstellung der auf dem Gurtbogen aufliegenden Kuppeln entfernt. (Abb. 351)

Statisch gesehen vermischen sich bei der in Nordostsyrien praktizierten Technik des Bogenbaus eine Mischung von Krag- und Gewölbeprinzipien. So neigt sich schon der Anfängerziegel mit einem übergroßen Winkel zur Innenfläche des Bogens. Dessen Schräge wird in der Stirnfläche im wesentlichen beibehalten und die Ziegel werden dabei leicht vorkragend und gleichzeitig in Rundung verlegt. Je näher sie dem Scheitelpunkt rücken, desto mehr kragen die Steine aus. Der Schlußstein wird dadurch entweder von den schräg verlegten Stirnziegeln flankiert oder die beiden letzten Ziegel berühren sich in Form eines V mit gespreizten Schenkeln. Zur Druckübertragung wird in die sich ergebende V-förmige Lücke Lehmziegelbruch gelegt.

Bogenkonstruktionen finden Verwendung als Abfangung zwischen zwei Kuppeln, als vorgeblendeter Iwān-Abschluß, als Tür- oder Fenstersturzbogen.

Bauaufgaben von Frauen

Eine der Bautechniken, die nur von Frauen ausgeführt wird,[15] ist die Lehmschlämme-Feldstein-Technik, die vor allem bei Silos und Geflügelställen angewendet wird. Sie beruht auf einer Konstruktion aus Lehmziegelbruch und kleinen Steinen aller Art (Feldsteine, Kiesel, Absplitterungen von Bruchsteinen mit einem maximalen Durchmesser von 10 cm) und Lehmmörtel. Dem Mörtel wird etwas weniger Häcksel und Wasser zugegeben als üblich; mit den Händen vermengt, entsteht ein zäher Brei.

Unter Mithilfe der Kinder suchen die Frauen Steine, die sie kreisförmig in der Größe des gewünschten Behältnisses auf dem Boden auslegen. Darauf wird der Lehm aufgebracht, bis er die Steine rundherum gut bedeckt. In dieser Art wird eine ca. 20 cm hohe Ringmauer hochgezogen, deren Masse aus Lehmschlämme besteht. (Abb. 357) Je nach Bedarf wird eine Zugangsöffnung gelassen. Jeder Mauerring trocknet 1-2 Tage, bevor wieder ca. 20 cm aufgesetzt werden können. Bei Bedarf wird dieses Lehmbehältnis leicht konisch angelegt, sich mit zunehmender Höhe stärker nach innen neigend. Gegen Ende des

359

portiert, wo sie, wenn sie als oberirdischer Tannur eingebaut wird, meist leicht schräg aufgestellt wird und eine dicke Umhüllung aus Lehmziegelbruch und Lehmmörtel oder gerade verfügbaren Materialien erhält. Die Umhüllung muß sehr kompakt sein, da verschiedene Materialien oder größere Luftlöcher unterschiedliche Erhitzung zur Folge haben, die zum Reißen des Tannurinnern führen können. Nur die obere und die untere Öffnung müssen frei bleiben, ansonsten kann der Tannur zu einem Lehmziegelmassiv von bis zu 1,50 m Durchmesser anwachsen.

Ein unterirdischer Tannur wird nach dem Brennen senkrecht in einer Grube versenkt, von der seitlich ein Lüftungsrohr nach außen geht. Später wird Erdreich angeschüttet und die Wandung der Tannuroberkante ragt nur wenige Zentimeter aus dem Boden. (Abb. 74)

Bei häufiger Benutzung beträgt die Lebensdauer eines Tannurs maximal 4 Jahre.

Baues werden täglich nur noch wenige Zentimeter zugefügt, um zu verhindern, daß die Lehmschlämme reißt. Alternativ kann auch ein flaches Dach aus Reisig und Lehm aufgesetzt werden.

Größere Bauten mauern Frauen auch aus Lehmziegeln mit meist einsteinigen Wänden.

Auch Backkamine, *ṭeffīyāt*, kann man in einer dieser Techniken errichten. (Abb. Anh. 271)

Tonlehmtechniken

Es sind ebenfalls Frauen, die verschiedene im Haushalt notwendige Einrichtungen aus gebranntem Tonlehm herstellen. In erster Linie handelt es sich dabei um die Backtonne Tannur, deren Inneres aus Tonlehm besteht. Der Aufbau eines Tannurinnern ist eine relativ aufwendige Arbeit: Stark tonhaltiger Lehm wird mit Ziegenhaaren, oder ersatzweise Fäden aus alten Stoffen oder Säcken, Wasser und feinem Häcksel gemagert und sorgfältig geknetet. Das letztliche Kneten erfolgt bei Stücken von Brotlaibgröße. (Abb. 355) Aus diesen Lehmbroten wird eine Wandung von 3 – 4 cm Stärke geformt, wobei täglich nur jeweils eine Wulst hochgezogen wird, die bis zum nächsten Tag weitgehend getrocknet ist. Das obere Ende der jeweiligen Schicht erhält kleine Dellen, um eine bessere Haftung der nächsten Schicht zu erreichen.

Dieses Tannurinnere ist eine ca. 80 cm hohe, sich konisch nach oben verjüngende Tonne, deren Durchmesser unten ungefähr 70 cm und oben ca. 35 cm beträgt. Unten wird ein kleines Lüftungsloch von max. 8 cm Durchmesser gelassen. In und um die getrocknete Tonne legt man Feuerungsmaterial. Nach zwei bis drei Stunden Brand sollte sie eine rötliche Färbung erhalten haben und ist dann fertig. (Abb. 356) Dann wird sie zum vorgesehen Standort trans-

360

Abb. 361

Formen und Aufbauten von Flachdächern

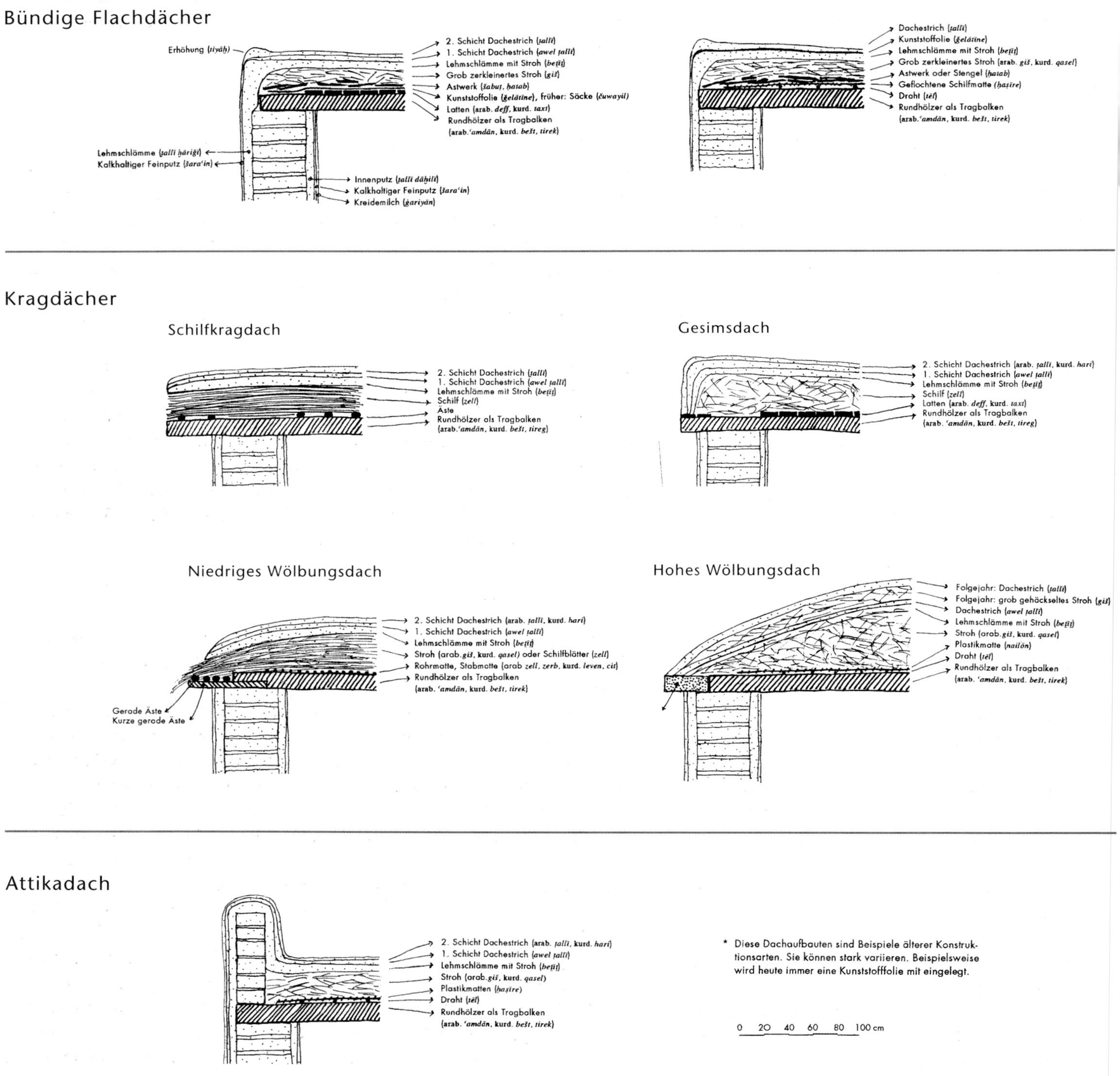

Manche Frauen, insbesondere wenn sie wirtschaftlich darauf angewiesen sind, produzieren Tannure für die lokalen Märkte.

Aus derselben Ton-Lehmschlämme werden auch die kleinen Kochständer, kurdisch *habašīq*, hergestellt. (Abb. 356) Ihre Wandung wird in einem Zug hochgezogen. Die Löcher auf dem oberen Rand dienen zur besseren Haftung der späteren Lehmumhüllung. Ich sah diese Kochständer nur in wenigen kurdischen Haushalten im Bec de Canard.

Ein noch feinerer Tonlehm wird für die Herstellung eines bauchigen großen Wassergefäßes, *ḫābiye* oder *denn*, benötigt. Ton, Wasser, Ziegenhaare (oder Fäden von Jutesäcken) oder sehr feiner Häcksel und evtl. Salz, werden an zwei bis drei aufeinanderfolgenden Tagen täglich fein verknetet. Ohne Drehscheibe ziehen Frauen dieses Gefäß täglich ein wenig höher, bei einer Wandung von 2–3 cm. Nachdem der Aufbau fertig ist, verziert man das Gefäß mit gedrehten oder gelochten Wülsten. Zum Brennen wird Dung innen und außen um das Gefäß gelegt und man läßt es einige Stunden brennen. (Abb. 84)

Steinbau

Steinbau ist stärker verbreitet, als es der erste Eindruck der lehmverputzten Häuser vermuten läßt. Obwohl bekannt ist, daß Lehm über bessere Dämmeigenschaften verfügt, wählen viele den Steinbau, da er schnellen Baubeginn zuläßt und mit weniger Arbeitskräften zu bewältigen ist. (Abb. 342, 344)

Entsprechend den natürlichen Vorkommen wird im westlichen Teil der Ǧazīra Kalkgestein verarbeitet. Besonders einfach ist Abbau dort, wo Straßenbau- oder Kanalarbeiten das Gestein schon gelockert und umgeschichtet haben. Das billige Baumaterial wird von dort mit LKWs und Traktoren in die Nähe der Baustelle transportiert. Ansonsten muß das Gestein in Handarbeit mit Hacken gelockert und abgebaut werden. Erst an der Baustelle zerteilt man die Steine weiter.

Weiches Kalkgestein zersplittert beim Bruch polymorph. Wenn eher flach gesplitterte Bruchstücke entstanden sind, mauert man im Fischgrätmauerwerk. Bei verschieden geformten, jedoch eher rundlichen Brocken vermauert der Baumeister die größeren mit ihrer glatten Kante an den Außenkanten der Mauer, während die kleineren den Zwischenraum auffüllen. Diese Technik wird als *ḥabbtēn*, ‚zwei Körner', bezeichnet und hat in der Regel 45 bis 60 cm Mauerstärke.[16] Die Ecken dieses Mauerwerks werden oft entweder in Lehmziegeln oder in Betonformsteinen ausgeführt. Ähnlich wird auch bei Fenster- und Türgewänden verfahren. Als Mörtel verwendet man den üblichen Lehmmörtel.

Im Westen der Ǧazīra entstanden einige wenige Hausteinbauten aus Kalkstein. Die aus der städtischen Tradition stammende Bauweise aus Naturwerkstein im gelblich-grauen Kalkstein des nördlichen Aleppiner Umlandes, *ḥaǧār ḥalebī* oder *ḥaǧār sūrī*, war bei den wohlhabenden Notablen vor allem in den 1940er Jahren beliebt. Steinmetze aus Aleppo oder Ǧerablūs beherrschten die entsprechenden Techniken des Werksteinbaus und errichteten diese repräsentativen Häuser.[17] Dabei werden die Steine als Rohlinge auf die Baustellen transportiert und dort vor Ort vom Meister mit einem kammartigen Meißel, *mešt*, passend zurechtgehauen. Wenn sich auch die meisten Bewohner komplette Bauten aus „Aleppostein" nicht leisten konnten, so wurden doch in Regionen, wo ein härterer Kalkstein ansteht, Tür- und Fenstergewände ebenfalls aus Stein gehauen. (Abb. 292)

Beim Basaltbau im Bec de Canard verwendet man meist Bruchsteine, die unter dem dicken Lehmputz später nicht mehr sichtbar sind. Das Bruchsteinmauerwerk wird ähnlich wie die *ḥabbtain*-Bauweise gemauert. Nur an wenigen Häusern bilden die behauenen Quadersteine, *karāsī* / sing. *kursī*, eine steinansichtige Wand. In den 1980er Jahren wurde manchmal eine zweischalige Bauweise angewandt: außen Basaltsteine, innen eine dünne Lehmziegelwand. Wo dies mit Zementmörtel verfugt wurde, entstand eine sehr witterungsbeständige Wand, deren düstere Wirkung man durch die Kombination mit hell gestrichenen Baugliedern etwas abzumildern versucht. Die Dämmwirkung des Basalts ist wegen der winzigen Lufteinschlüsse relativ gut und wird durch den großen Anteil von Lehmmörtel noch erhöht.

Bauen aus vegetabilen Materialien

Unter konstruktiven Gesichtspunkten kann man die Laubhütten, *ṣiyabīṭ* oder *ʿarāyiš*, unterteilen in solche, die eine rechtwinklige Grundstruktur haben und solche, die eher kegelige, angeschrägte oder zeltartige Form haben. Die rechtwinklige Form erhalten *ṣiyabīṭ*, die zum Aufenthalt von Menschen dienen. Sie bestehen aus einem Rahmen von Rundhölzern, ungeschälten Stämmen und Ästen, dessen einzelne Bestandteile aneinander gebunden sind. Sie sind auseinandernehmbar, um das *ṣībāṭ auch* woanders aufzubauen. Die senkrechten Hölzer versenkt man 10 cm bis 20 cm im Boden. Zusätzlich versteifen Querhölzer in verschiedenen Höhen das Rahmenwerk. Auf diesem befestigt man ringsherum eine Bedeckung aus vegetabilen Materialien wie Ästen, Schilf oder Reisig. In flachen Bündeln bindet man sie direkt an den Rahmen, Schilf wird vorher zu einer Matte zusammengefaßt. Die Dichte dieser Materialien bestimmt die Lichtmenge im Innenraum. Auch Stabmatten verwendet man in solchen Wänden. (Abb. 101)

Für die Asthütten anderer Formen werden große Äste oder abgestorbene Baumteile gegeneinander gelehnt oder es wird eine einfache Gabelkonstruktion gebaut. Man ergänzt dieses Gerüst durch Reisig, das gleichzeitig den Wintervorrat an Feuerungsmaterial darstellt. (Abb. 320)

Dachkonstruktionen

Alle Dächer bestehen aus einem mehrschichtigen Aufbau, bei dem die oberste Lehmschicht als Abdeckung und die Zwischenschicht aus Stroh und Astwerk auch isolierend wirken. (Abb. 361)

Das Flachdach beruht auf einer tragenden Schicht Rundhölzer als Balkenkonstruktion, die mit Abständen von 30 cm bis 50 cm auf den Langseiten des Raums aufliegen. Darüber liegen verschiedene Materialien. Bei wohlhabenden Häusern besteht diese zweite Lage beispielsweise aus dünnen gehobelten Brettern, *defūf* / sing. *deff*. (Abb. 314) Eine neue Idee, die wegen ihrer geringen Kosten Verbreitung findet, besteht darin, ein Netz aus dünnen Drähten über die Rundhölzer zu spannen. Auf diesen wird als Meterware erhältliche Kunststoffolie oder Plastikmatten ausgelegt.[18] Traditionellerweise verwendete man Matten aus geflochtenen Binsen, Schilfrohr, Astwerk oder geschältem Flachs, *ǧenāb*. (Abb. 313, 315)

In großen Teilen Nordostsyriens ist das bündige Flachdach, das ohne Vorsprung von der Wandscheibe in das Dach übergeht, die üblichste Dachform. (Abb. u.a. 220) Wie hoch der Dachaufbau dahinter ist, läßt sich ablesen, wenn Balken aus der Wand herausragen. Die leichte Pultneigung des Daches gen Norden endet in einer Kehle oder einer kleinen Erhöhung, die unterbrochen wird von Wasserspeiern aus gebogenen Blechen. Im Westen ist ein solches bündiges Flachdach üblich, aber auch in den westlichen Teilen der Oberen Ǧazīra kommt es noch häufig vor. Dort etablierte sich während der letzten Jahre auch eine „Zwischenform" zum unten besprochenen Wölbungsdach. Diese Dächer haben einen 20 bis 30 cm höheren Aufbau als das bündige Flachdach, zu den Hauskanten hin wird der Aufbau jedoch angeschrägt und endet bündig mit der Wand.

Aufgrund der erheblich größeren Regenmengen bildeten sich in der nördlichen Oberen Ǧazīra verschiedene Kragdachformen heraus. Das Schilfkragdach offenbart seinen Dachaufbau an den Rändern, wo das Schilf in voller Höhe sichtbar ist und senkrecht beschnitten wurde. Es kragt bis zu 50 cm über die Wand vor, getragen durch eine kleine Unterkonstruktion. Eine etwas modifizierte Form dieses Daches hat hochgezogene Stirnwände mit bündigem Abschluß, so daß das

Dach nur an den Langseiten vorkragt. Diese Form erinnert daher ein wenig an Satteldächer. Schilfkragdächer kommen vor allem unweit des Tigris vor. (Abb. 196)

Das Gesimsdach kragt nur ca. 10 – 20 cm weit aus. Das Gesims ist lehmverputzt und zeigt, wie hoch der sich dahinter verbergende Dachaufbau ist. Es ist außen senkrecht begrenzt und stellt die beschnittene und verputzte Version des Schilfkragdaches dar. (Abb. 217, 218) Die Dachkonstruktion hat keine Pultneigung, statt dessen leiten Senken mit Ausläufen in Wasserspeiern oder Rohren das Wasser vom Dach. Diese Dachform wurde vor allem in den 1950er und 60er Jahren gebaut und findet sich meist an Gebäuden mit Wandvorlagen. Seine Herstellung und Pflege ist relativ aufwendig, deshalb hat sich das Gesimsdach vermutlich nicht weiter verbreitet.

Als Dachform, die den enormen Regenfällen im Nordosten Rechnung trägt, hat sich seit den achtziger Jahren des 20. Jahrhunderts das hohe Wölbungsdach, Die Aufwölbung entsteht nur durch die große Menge Stroh, die sich darunter verbirgt. Die hohe Wölbung hat eine mehrfache Funktion: Erstens kann Regenwasser sofort herunterrinnen und zweitens bildet das Stroh eine Wärmedämmschicht für die kalten Winter und heißen Sommer. Das Stroh sackt im Laufe des Winters langsam zusammen; im nächsten Jahr wird es deshalb durch eine neue Schicht Stroh und Dachestrich erneuert. (Abb. 362) Früher waren niedrige Wölbungsdächer mit bis zu 40 cm Höhe üblich, deren Neigung nur an den Rändern erfolgt. Diese Wölbungsdächer bestehen bis heute. An der Unterseite der Auskragung befestigt man häufig ein dünnes, nach unten gebogenes Blech und mit Zickzackabschluß versehen ist, um den Regen daran herunter zu leiten. Für die Aufbauten der hohen Wölbungsdächer sind so große Mengen Stroh erforderlich, daß man damit demonstrieren kann, finanziell nicht darauf angeweisen zu sein, sein Stroh zu verkaufen. An der Höhe des Aufbaus ist somit der Wohlstand einer Familie ablesbar. Daß diese Wölbungsdächer heute so zahlreich vorkommen, ist auch Ausdruck eines bescheidenen Aufschwunges der Region. Selbst auf Betondecken werden diese Strohaufwölbungen samt Dachestrich aufgebracht. Die Idee zu den hohen Wölbungsdächern entstand vermutlich aus der Beobachtung, daß Satteldächer die Regenmassen sehr viel schneller ableiten. Das Gefälle am Rande der Wölbungsdächer ist ähnlich dem der Satteldächer auf den Nebengebäuden. (Abb. 219)

Attikadächer aus Lehm finden sich äußerst selten nur auf wenigen Häusern im östlichen Teil der Oberen Ǧazīra. Die Attika selbst wird entweder bis zu 50 cm hoch aufgemauert oder aber durch kleine Wülste nur angedeutet. Öffnungen und Wasserspeier in der Attika lassen das Regenwasser abfließen. Auf neueren Betonhäusern sind Attiken häufig und die liegend verlegten Hohlblockziegel der Attiken bilden einen Blickfang. Dieses Prinzip von durchbrochenem Mauerwerk als Attika sieht man gelegentlich auch in Lehmziegeln auf Hofmauern oder Schlafpodesten. (Abb. 10) Attikadächer bieten den Bewohnern einen luftigen und dennoch wind- und sichtgeschützten Schlafplatz. Der von ihnen an der Ost- und Westseite gebildete Schatten auf der Dachfläche stellt auch einen leicht temperaturreduzierenden Faktor für darunterliegende Innenräume dar. Auf den Häusern der yezidischen Flüchtlinge in der Oberen Ǧazīra ragen Lehmattiken nicht nur an den Außenkanten der Dächer empor, sondern zeichnen auf dem Dach den Grundriß des Hauses mit niedrigen Mauern nach. (Abb. 332) So schafft man abgetrennte Schlafbereiche auf dem Dach. Dieses Prinzip findet sich ebenso auf den Dächern vieler einfacher Aleppiner Vorstadthäuser.

Satteldächer ähneln in ihrem Aufbau den Schilfkragdächern. Unter ihnen verbirgt sich – mit Ausnahme des *ṭāma* – eine Konstruktion mit mittig liegender Pfette, arab. *ǧisr, hēzān, ǧā'iz*, kurd. *dirak, best pera, pîr,* die auf den Breitseiten aufliegt. (vgl. Kap. 10) Diese Pfette besteht im Westen meist aus einem Weidenstamm. Seine Länge bestimmt die Raumlänge; alternativ legt man zwei sich überlappende Stämme. Falls nötig, wird mithilfe eines Sattelholzes die Dachlast auf eine Stütze übertragen, früher verwendete man Gabelhölzer. Als Sparren dienten früher oft die Zweige derselben Weide. Die quer darüber liegende zweite Schicht des Deckenaufbaus besteht aus Ästen, Reisig oder Schilf. Dies bleibt oft, zumindest an den Traufseite, sichtbar.

Die besondere Dachkonstruktion des Querbalkenhauses *ṭāmā* mit seinen quer zur Längsachse liegenden Hauptbalken baut man, wenn nur starke, aber kurze Baumstämme zur Verfügung stehen, der Raum jedoch eine größere Länge aufweisen soll. In der äußeren Form hat manche *ṭāmā* ein leicht buckliges Satteldach. Man kann die Konstruktionen von normalem Mittelbalkendach und *ṭāmā* von außen daran unterscheiden, ob auf der Giebelseite nur die Firstpfette oder mehrere Pfetten herausstaken.

Satteldach und *ṭāmā* sind generell nur sehr leicht geneigt. Ihre Form besteht in einer kleinen Erhöhung, die sich nur wenig vom Flachdach abhebt. Im Westteil der Ǧazīra heißen diese Dächer *ǧemelūn*,[19] in der Balīḫ-Region *ẓahr al-bait*. In der Oberen Ǧazīra nennt man sie *derbāsiye*, Kurden bezeichnen sie auch als *maq* oder *zinc*.

Sattel-, Flach- und Wölbungsdächer werden mit einem mehrere Zentimeter dicken Estrich, *beṭīṭ*, bedeckt, der aus Lehmschlämme besteht. Darüber erfolgt der eigentliche Dachestrich, *awel ṭallī*, dem Weizenhäcksel oder Gerstenstroh beigemischt ist. Nach einem Monat wird eine zweite Schicht Estrich aufgebracht. Später muß sie jährlich erneuert werden. (Abb. 362) Die Dicke der Schicht beträgt ca. 2 cm. Bei Schnee und intensiven Regenfällen erweist sich die Lehmschlämme als Schwamm und das Dach muß von Schnee geräumt werden.[20] Traditionell verdichtete man die Lehmschlämme mit einer Steinwalze, arab. *lōg*, kurd. *cudr, bangur, gundur*, genannt. Solche Walzen werden kaum noch benutzt. Früher verdichtete man nach jedem starken Regen das Dach damit. Heutige Dächer werden durch die Plastikfolien im Dachaufbau dicht gehalten. Wo diese den Regenmassen nicht mehr standhalten, behilft man sich zeitweise mit einer Plastikfolie auf dem Dach, an deren Rand Steine verhindern, daß sie hinweggeweht wird.

Die Strohschicht des Daches nimmt die winterliche Feuchtigkeit auf, wodurch das Dach etwas in sich zusammensackt. Im Sommer trocknet das Stroh jedoch restlos aus und im Herbst wird eine neue Strohschicht auf das alte Dach gebracht und mit Putz überzogen.

In einem kurdischen Dorf am Tigris geben die Bewohner Salz in die Lehmschlämme für das Dach und begründen dies damit, das Pflanzenwachstum auf dem Dach zu verhindern. Dies beruht vermutlich darauf, daß Kochsalz den Lehm geschmeidiger macht; es treten daher weniger Risse auf, in die Regen eindringen und Pflanzen sich ansiedeln könnten.[21]

Kaminköpfe, arab. *madḫane*, kurd. *ançuliya*, ragen über die Dächer vieler Häuser der Oberen Ǧazīra. Da die Lehmschlämme zu ihnen hoch gezogen wird, bilden sie eine Erhöhung in der Dachfläche. Bei den flachen Wölbungsdächern, auf denen sie vor allem vorkommen, ist darauf zu achten, daß die

Lehmschlämme das Rohr auch innerhalb des Dachaufbaus umschließt, damit sich das Stroh nicht entzünden kann. Diese Art der Kaminköpfe kennzeichnet die Häuser der länger seßhaften Bewohner der Oberen Ǧazīra. Die andere übliche Art des Rauchabzuges (vor allem bei den Jungseßhaften) besteht in einem Rohr, das direkt vom Ofen durch eine Außenwand führt. Während im Sommer ein Loch in der Wand zu sehen ist wird im Winter außen ein nach oben gebogenes Rohrstück eingesetzt. Die Rohröffnung darf wegen der vorherrschenden Windlage nicht nach Norden oder Osten weisen, sie muß daher am ‚Gesicht des Hauses' angebracht werden.

In der Oberen Ǧazīra bilden vorkragende Dächer einen Wetterschutz für die Wände. Dazu werden entweder zusätzliche kurze Holzstöcke auf der Wand ausgekragt oder die Dachsparren selbst kragen aus. Auf ihnen liegen beispielsweise dünne Bretter, die den Dachvorsprung tragen. Dieser ist in Fortsetzung des Dachaufbaus aus Stroh- oder Schilfschichten gebildet, die z. B. im östlichsten Bec de Canard deutlich sichtbar sind, da sie unverputzt bleiben. Das Dach wird dadurch besonders betont und die Höhe des Dachaufbaus ist von außen ablesbar.

Regenspeier, *mzairīb* / sing. *mzrāb*, ragen bis zu 50 cm über die Wand hinaus oder Rohre führen an der Außenmauer senkrecht nach unten.

In die Dachzone integriert man manchmal Taubenschläge, *brūǧ al-ḥamām*. Während man sie beim Flachdach einfach aufsetzt,[54] werden bei Kragdächern im obersten Teil des Mauerwerks Aussparungen direkt unter dem Vordach belassen.

Verputze

Innen- wie Außenputz, *ṭallī dāḫilī* und *ṭallī ḫāriǧī*, bestehen aus Lehm, Wasser und gesiebtem Gerstenstroh, *tibn*,[22] und werden bis zu 5 cm dick aufgetragen. Früher trug man Putz mit den Händen auf, während er heute mit dem Streichbrett oder einer Art Maurerkelle verstrichen wird.[23] Nach dessen Trocknung von ca. 2 bis 3 Tagen wird in den meisten Regionen die äußere Haut des Hauses als fertig angesehen. Diese grobe äußere Oberfläche schützt das Haus für ein bis zwei Jahre vor den Regenfällen – je nach Zusammensetzung des Lehms und nach Intensität der Regenfälle.

Um hohe Kuppeln zu verputzen, wird heute eine Leiter an die Kuppel gelegt. Früher behalf man sich bei oben offenen Kuppeln damit, ein Seil von innen durch das Kuppelloch nach außen zu legen, an dessen Anfang ein großer Stein hing, der nicht durch die Öffnung paßte. Außen konnte man sich an diesem Seil hochziehen. Eine andere Möglichkeit, die vor allem in Mittelsyrien üblich ist, besteht in eingelegten Trittsteinen in der Kuppelkonstruktion. Die Kuppel ist dadurch „besteigbar". (Abb. 2)

In den Innenräumen der westlichen Ǧazīra, die Wohnzwecken dienen, wird über den ersten Lehmputz noch eine feine zweite Putzschicht, *šeraʿin*, aufgetragen. Diese zweite Putzschicht besteht aus (wo vorhanden) stark kalkhaltiger Erde, die mit Wasser und manchmal feinem Gerstenhäcksel vermischt auf die Wand aufgebracht wird. Dieser *šeraʿin* kann auch als zweite Putzschicht auf die Schauseiten des Hauses aufgetragen werden.

Dort, wo in unmittelbarer Nähe des Dorfes Kreidevorkommen vorhanden sind, erhalten die Häuser jährliche Tünche aus Kreidemilch, *ġariyān*. Durch die Bindefähigkeit der Kreide bleibt der darunterliegende Putz geschützt. Dafür muß die Kreideschicht jährlich erneuert werden. Kreidemilch gewinnt man aus Naturkreide, die zerhackt, zerkleinert und mit Wasser zu einer glatten Milch verrührt wird. (Abb. 358) Bei der erstmaligen Tünchung schleudern die Frauen die Kreidemilch aus einer Schale, *ṭāṣe*, gegen die Wände. (Abb. 358) Bei späteren Kälkungen verstreichen sie die Kreidemilch mit Jutelappen. Kälkung der Innenräume ist wichtiger als Kälkung der Fassaden.

Arbeitstechniken und -teilung beim Hausbau

Die am Bau eines Wohnhauses beteiligten Personengruppen lassen sich wie folgt einteilen:

- die Familie als Bauherr, die in aller Regel aktiv am Baugeschehen teilnimmt,
- die bezahlte Kraft des Baumeisters,
- mithelfende Verwandte, Nachbarn, Freunde als Bauhelfer,
- bezahlte Bauhelfer.

Die Familie besorgt sämtliche Zulieferungen, die für das Bauen erforderlich sind. Nach einer grundsätzlichen Absprache mit dem Bauherrn gibt der Baumeister alle Anweisungen. Bauhelfer führen nach Anweisung des Meisters die Bauhilfsarbeiten durch. Verwandte, Nachbarn und Freunde unterstützen die Familie im Rahmen eines differenzierten Systems gegenseitiger Hilfe ohne Entlohnung, der *ʿaūna*.[24]

Diese Form der Arbeitsteilung sieht Rapoport als typisch für eine „preindustrial vernacular architecture" an.[25] Auch die Arbeitsteilung zwischen Bauherr und Baumeister ist noch nicht weit fortgeschritten, auch der Bauherr ist tatkräftig am

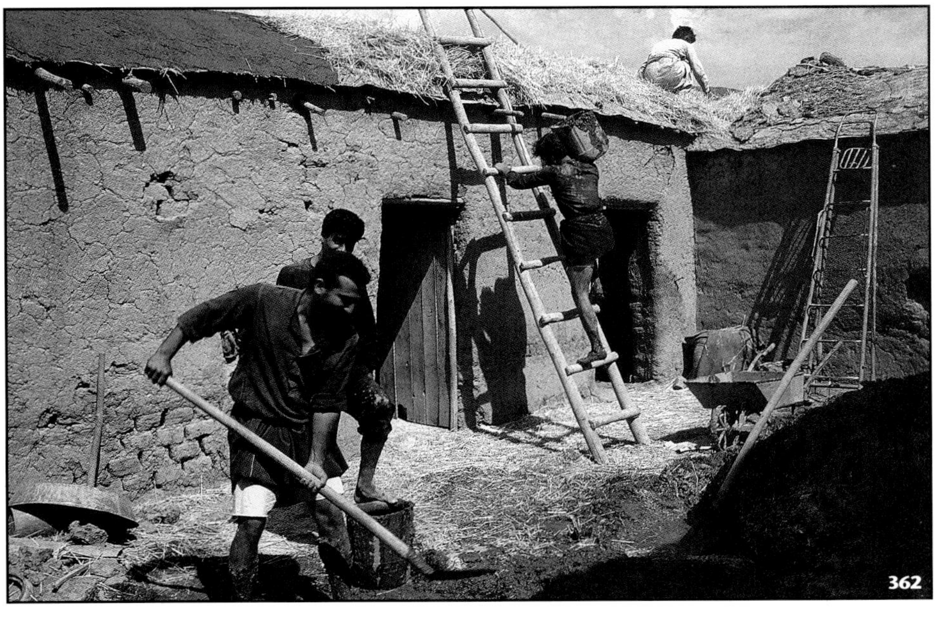
362

Abb. 362
Die Schlämme für den Dachestrich stampft man mit den Füßen; danach wird das Stroh auf dem Dach mit ihr versiegelt

Bauprozeß beteiligt. Voraussetzung des Verständnisses zwischen beiden ist der Hintergrund gleicher kultureller Erfahrungen und Werte. Vor ein bis zwei Generationen war es noch üblich, daß Familien ihre Häuser selbst errichteten, nur der Stammesführer konnte sich einen Baumeister leisten.

Die Arbeitsteilung zwischen allen Beteiligten ist klar und bekannt, innerhalb der Gruppen werden Absprachen getroffen. In den meisten Regionen arbeiten die Frauen der Familie ebenfalls beim Hausbau mit: sie sind für die kurzen Transporte auf der Baustelle zuständig, (sie schieben die Schubkarren zu den Modeln, transportieren das Wasser und bereiten Baustoffe wie Kreide oder Gips zu). Es kann auch sein, daß sie dieselben Arbeiten wie die Bauhelfer verrichten.

In vielen Regionen sind Frauen für das Verputzen zuständig; entweder nur bis zu einer Höhe, die sie mit dem ausgestreckten Arm erreichen können oder für das gesamte Gebäude. (Abb. 358)

Nach Fertigstellung eines neuen Hauses veranstaltet die Bauherrnfamilie eine Einweihungsfeier, arab. *azīma,* kurd. *xera xani,*[26] zu der ein junges Schaf geschlachtet und verspeist wird. Es handelt sich um eine Opferung, um dem Haus Glück zu bringen. Der Brauch, mit dem Blut des Opfertieres ein Zeichen am Hauseingang anzubringen, wird nicht mehr praktiziert.[27]

Seltener wird auch eine religiöse Segnungsfeier für das neue Haus durchgeführt. Zu diesem *mūlid* kommt ein religiöser *šaiḫ* ins Haus. Er sitzt im Repräsentationsraum auf dem Ehrenplatz und bekommt eine große Wasserschale und eine Schale mit Zucker gereicht. Der *šaiḫ* gibt den Zucker ins Wasser, verrührt ihn, rezitiert dabei Koranverse und spricht die Segnung *allah yubārik haḏa al-bait* – ‚Gott segne dieses Haus'. Anschließend trinkt er von dem Wasser und reicht dann die Schale herum. Danach wird gemeinsam gespeist. Beide Gebräuche sind zu verstehen als Segnung im Sinne von „Möge diesem Haus, bzw. dieser Familie, nie das Wasser und das Essen ausgehen".

Der Baumeister

Ein dörflicher Baumeister, *muʿallim, mamarǧī,* kurd. *xosta,* lernt ausschließlich durch die Praxis. Traditionell arbeitet ein junger Mann so lange als Helfer bei einem erfahrenen Baumeister, bis er meint, das Metier zu beherrschen. Die Tätigkeit des Baumeisters ist jedoch mit Ausnahme des Kragkuppelbaus nicht kompliziert und relativ schnell erlernbar.

Der Baumeister gibt die Anweisungen auf der Baustelle und ist persönlich verantwortlich für den Bau.

Es verdingen sich vor allem solche Männer als Baumeister, deren Landbesitz zur Subsistenz nicht ausreicht. Heute ziehen es junge Männer aus armen Familien vor, im arabischen Ausland zu arbeiten. Im Libanon stellen Syrer die Mehrzahl der Bauarbeiter. Dort erwerben viele von ihnen spezielle Kennntnisse, die sie befähigen als Maler, Verputzer, Betonbauer oder ähnliches zu arbeiten. Diese speziellen Kenntnisse können sie in ihren Dörfern kaum anwenden.

Obwohl es beinahe in jedem Dorf einen Baumeister gibt, holt man sich durchaus jemanden auch aus weiterer Entfernung. Im Prinzip passen sich Baumeister den Wünschen ihrer Bauherren an, bringen jedoch auch andere kulturelle Hintergründe und andere Bauerfahrungen mit. Eine arabische Familie in Bāb Al-Hair ließ sich ihr großes Mittelhallenhaus mit Winkelraum von einem assyrischen Baumeister errichten. Der Stammesführer in Tell Mišḫan ließ sein Haus von einem Baumeister aus Tadmor/Palmyra bauen, kurdische Miran-Nomaden holten sich einen chaldäischen Baumeister aus Mālkiya. Eine *šaiḫ*-Familie aus den Reihen der Umsiedler in der Oberen Ǧazīra ließ sich ihr Mittelhallenhaus – das erste des Dorfes mit einem solchen Grundriß – von vier jungen Kurden (einem Baumeister samt Helfern) aus einem ca. 20 km entfernten Dorf bauen. Selbstverständlich wohnen die Baumeister während dieser Zeit auf dem Gehöft der Bauherren-Familie und werden von dieser versorgt.

Planung und Baudurchführung

Der Bau eines Hauses beginnt meist mit einer innerfamiliären Abstimmung über den Raumbedarf und einer groben Vorstellung über die Größe und Form der einzelnen Räume und des Hauses. Häufig steht schon im Vorhinein der Haustyp fest, da sich dieser im lokal üblichen Rahmen bewegt. Der Hausherr nimmt Kontakt zu einem Baumeister auf und bespricht mit ihm die Vorgaben.

Der Baumeister berechnet aufgrund der ihm vorgelegten Angaben den Bedarf an Lehmziegeln, Steinen und Bauholz. (Abb. 363) Dabei rechnet er immer in vollen Längenmetern, was dazu führt, daß er auch später noch genau weiß, wie groß ein Haus ist. Viele Baumeister verstehen ihre Rolle umfassender und beraten den Bauherrn über verschiedene Haustypen mit ihren Vor- und Nachteilen. Vielleicht schlagen sie dabei auch „modernere" Lösungen vor und machen auf kostengünstige oder außergewöhnlich repräsentativ wirkende Lösungen aufmerksam.

Je nach interner Struktur der Familie entscheidet der Hausherr allein oder spricht sich erneut mit seiner Familie ab. Manchmal sind dann bis zur tatsächlichen Entscheidung noch mehrere Treffen mit dem Baumeister erforderlich, bevor dieser dem Bauherrn genau ausrechnen kann, wieviel Baumaterial die Familie herbeischaffen muß.

Damit ist die Planungsphase beendet und es ist nun Aufgabe der Familie, die Lehmziegel zu produzieren oder andere Materialien zu besorgen. Falls sie selber nicht in der Lage sind, oder es aufgrund ökonomischer Besserstellung nicht nötig haben, heuert die Familie Helfer zu Tagelohnbedingungen an, die Lehmziegel herstellen oder Bruchsteine schlagen.

Gegen Ende der Trocknungszeit sind die Ziegel schon in Schrägstellung in unmittelbarer Nähe des zu bauenden Hauses aufgestellt worden. Auf dem gesäuberten Baugrund – falls ohne Fundamente gebaut wird – markiert der Baumeister zuerst die Hausecke mit Steinen oder Lehmziegeln. Vorher hat er Süden und damit die Ausrichtung des Hauses bestimmt. Um die Hausecken herum werden die Schnüre als äußere Begrenzung gespannt. Die Strecken werden heute zwar abgemessen, aber man kontrolliert die Rechtwinkligkeit durch zwei diagonale Schnüre. Als unterste Schicht wird immer ein Steinsockel angeordnet, darüber mauert der Baumeister die Ziegel zuerst an zwei Ecken, danach mauert er den Zwischenraum. Wenn ein Zwischenraum fertig ist, werden erneut erst die Ecken weiter aufgemauert, die Schnüre höher gezogen und dann die Wandscheibe gemauert. Der Baumeister hockt oder sitzt beim Mauern – wenn dies wegen der Höhe erforderlich wird – auf der Mauer. Die Bauhelfer geben ihm die Ziegel von unten an, oder werfen sie hoch. Ein Eimer mit Lehmmörtel steht vor ihm auf der Mauer, der ständig von den Bauhelfern neu gefüllt wird. Sowohl in horizontaler als auch in vertikaler Richtung überprüft der Baumeister ständig die Ausrichtung der Wand mithilfe einer Wasserwaage.

Oberhalb der vorgesehenen Fenster und Türen verlegt der Baumeister die Stürze, *neǧafāt*, die meist aus Holzbrettern oder Rundhölzern, früher auch Gipsguß oder Haustein, bestehen.

Der Baumeister wird entweder pro vermauertem Ziegel oder pro gemauertem Schichtmeter bezahlt; für ihn gilt also eine Akkordregelung, während bezahlte Helfer Tageslöhne erhalten.

Nur wenige Baumeister beherrschen heute noch die Kuppelbautechnik – selbst in Gebieten, wo der Kuppelbau eine lange Tradition hat. Diese Baumeister sind in der Regel alte Männer, die ihr Wissen nicht mehr weiter vermitteln können, da die jungen Baumeister solche Bauaufgaben nicht mehr erhalten. Der Bau einer Kuppel erfordert vom Baumeister Erfahrungen im Auskragen der Ziegel. Ein konstruktiv schwieriger Punkt ist der Übergang des Zwickels in die Rundung; häufig sieht man Längsrisse in der Kuppel genau oberhalb dieser Zwickel. Auch während des Baus der Kuppel sitzt der Baumeister rittlings auf der Mauer. Er benutzt keinerlei Hilfsmittel, wie z.B. Schnüre zur Bestimmung der korrekten Rundung. Er mauert jeweils vor sich und muß nach hinten weiterrücken, um den nächsten Ziegel zu verlegen. Dadurch kontrolliert er ständig mit seinem eigenen Körpergewicht die Tragfähigkeit der Kragkonstruktion. Auf diese Weise können nur drei Schichten täglich hochgezogen werden, zwischenzeitlich mauert der Baumeister an anderen Teilen des Hauses weiter.

Handwerkszeug

Bis vor wenigen Jahren arbeiteten ländliche Baumeister vor allem mit Körpermaßen: ‚Handspanne', *šibr*, ‚Armlänge', *bāʿa*, ‚Elle', *ḏrāʿa*, und ‚Schritt', *ḫuṭwe*.

In der Regel werden für den Hausbau nur wenige Werkzeuge benutzt. Bis vor einigen Jahren erledigte der Baumeister die meiste Arbeit mit bloßen Händen. Heute errichtet er mithilfe von Schnüren, *ḫiṭān* / sing. *ḫaiṭ*, Nägeln, *masāmīr* / sing. *mismār*, und Wasserwaage *zēbagiye, mīzān moye*, gerade und rechtwinklige Wände. Die Baumeister benutzen heute auch Maurerkellen, *masṭarīnāt*, um den Mörtel zu verteilen.

Lehmziegel werden mit einem Zimmermannshammer, *fās nǧāra* oder *quddūme*, zerteilt. Anstatt mit den bloßen Händen verputzt man heute mit einem hölzernen oder metallnen Streichbrett, *māliǧ* oder *mašʿa*.

Abb. 363 Baukosten-Vergleichsrechnung

eines freistehenden einräumigen Baues mit einer Grundfläche von 15 m^2

ZEILENHAUS
Größe 3 x 5 m, Raumhöhe innen 3 m, Flachdach

Lehmziegelproduktion:	
> 3 Helfer für 6 Tage (2200 LZ)	2700 SL
> Lehm (Transport)	1200 SL
> Gerstenhäcksel	300 SL
> Wasser (Transport)	300 SL
(Zwischensumme	4500 SL)
Rohbau:	
Baumeister	2750 SL
2 Helfer für 3 Tage	900 SL
15 Rundhölzer (l= 4 m, Durchm. 12 cm)	7500 SL
dünne Bretter, 13 m^2	5000 SL
Ausbau:	
Tür + Fenster	7000 SL
Lohn für Innen- + Außenputz	1500 SL
Lehm, Wasser + Häcksel für Putz	1000 SL
Baukosten insgesamt:	**30.150 SL**

MITTELBALKENHAUS
Größe 3 x 5 m, Raumhöhe innen 3 m, Flachdach

Lehmziegelproduktion:	
> 3 Helfter für 6 Tage (2200 LZ)	2700 SL
> Lehm (Transport)	1200 SL
> Gerstenhäcksel	300 SL
> Wasser (Transport)	300 SL
(Zwischensumme	4500 SL)
Rohbau:	
Baumeister	2750 SL
2 Helfer für 3 Tage	900 SL
1 Mittelbalken (l= 4 m) und 30 Sparren (l=2,30 m)	500 SL
Ausbau:	
Tür + Fenster	7000 SL
Lohn für Innen- + Außenputz	1500 SL
Lehm, Wasser + Häcksel für Putz	1000 SL
Baukosten insgesamt:	**16.400 SL**

KUPPELHAUS
Größe 3,9 x 3,9 m, Beginn der Kuppel bei 2 m Höhe

Lehmziegelproduktion:	
> 3 Helfer, 7 Tage (2800 LZ)	3150 SL
> Erde	1500 SL
> Gerstenhäcksel	500 SL
> Wasser	500 SL
(Zwischensumme	5650 SL)
Rohbau:	
Baumeister	1500 SL
2 Helfer für 4 Tage	1200 SL
Ausbau:	
Tür + Fenster	7000 SL
Verputz, Arbeitslohn	2000 SL
Lehm, Wasser, Häcksel für Putz	1200 SL
Baukosten insgesamt:	**18.550 SL**

Bedingungen: Arbeitslohn Baumeister pro vermauertem Lehmziegel: 1,25 SL*; Arbeitslohn Helfer pro Tag: 150 SL
1 Doppelflüglige Metalltür 1 m breit + 1 Metallfenster 8 cm x 80 cm : 7000 SL
Preise Stand 1988, Angaben in Syrischen Lira

* Baumeister können auch nach m^2 entlohnt werden, z.B. 45 SL/m^2 oder sie erhalten einen Festlohn von 250 SL/Tag

mamarčī	Baumeister	
m'anağa	Sacktasche für Kamel	Nuṣṣftell, Ḥabūba
manḍid / manāḍid	Holzunterschrank für Bettzeugstapel	
mangal / manāgal	Kohlenbecken	
manṣabb	Dreibein als Auflager für offene Feuerstelle	Ğurn Kabīr
manzūl	Gästeraum	Al-Mansūra
marğūḥa	Schaukel	
marag / marāg	Teigrolle zur Herstellung von feinem Fladenbrot	'Aīn Al-Baiḍa, Ḥabūba
marāgī	kleine Lehmpodeste zum Beladen von Eseln	Ğurn Kabīr
marass	Zeltschnur für das Beduinenzelt	
marū	Flint, Kiesel	Ğurn Kabīr
maš'a	Glättspan zum Verputzen	Ḥabūba
māṣa	Abstelltisch (kurd.)	Al-Qīrāta
maṣabb	kleine Kaffeekanne für bitteren Kaffee	
maške (kurd.)	Ziegenbalg	Al-Ḫātūniya
mašṭ	Steinmetzwerkzeug zur feinen kammartigen Oberflächenbearbeitung („Kamm")	Ğurn Kabīr
maṣṭarīn	Maurerkelle	
maṭbaḫ	Küche	
maṭbaḫ nār	Feuerküche	
medarra	Spinnwirtel	Medīnet Al-Fār
medde	Auslegeware	Al-Ḥamā Kabīr
mhaddī	Hammer zur Steinbearbeitung	
miğle	Spülbecken	Al-Babīrī
miğwiz / miğāwiz	Doppelkuppelraum	Al-Ḥamra
milbin / milābin	Lehmziegel-Model	Al-Uwaibda
minwār / manāwir	Oberlichter, Lichtgaden	Ḥabūba
mirğāya	Sitzstützen in Form von Kamelhockern	Tell Rumailān
mirḥāḍ	Abtritt, WC	
mismār / masāmīr	Nagel	
mizak	Türriegel	Ḥabūba
mīzān moye	Wasserwaage	Qšaiš
mizbed / mazābed	Buttersack aus Schafleder	Ḥabūba
mizrāb / mizairīb	Wasserablaufrinne	Qšaiš
mkebbe	Deckel (aus Korbgeflecht, um Speisen abzudecken)	Damḫiya Kabīra
mlegge	Viehtränke (kann in den Boden eingetieft sein)	Al-Ḫātūniya
mōged	Feuerstelle	
mudmak	Mauerwerksschicht	Qšaiš
mudabbab	gewölbt	
muġġer/maġāra	Höhle	
muḫtār	Dorfschulze	
mūna	Vorräte	
mrobba'	quadratisches Haus	
mustawda'	Lagerraum, Speicher	
naḍīda	Bettzeugstapel	Al-'Ašra, Ḥabūba
nafīle	Kaffeekamin	Ḥabūba
nasīğ	Gewebe	
nasīğ zerāgī	blauer Vorhangteppich	Al-Babīri
neğafe	Tür- oder Fenstersturz	Ḥabūba
nemlī	Bettzeug-Untergestell	Abu Ḍuwail
nemliye	Holzschrank für Hausrat und Vorräte	Ḥabūba
nḥāta	Gesteinsmehl als Zuschlagstoff für Beton	Ḥabūba
niğr	Stößel (für Kaffeemörser)	Ḥabūba
nuggeret ḥabb²	„Getreideloch" zum Aufbewahren im Boden	Ğurn Kabīr
nūn	großes irdenes Vorratsgefäß	Ḥabūba
nuṣṣiye	Hohlmaß	Ḥabūba
ōḍa	Gästehaus, repräsentatives Zimmer (türk.: Zimmer)	
'okka / 'okāk	Ziegenbalg für Butterfett	Ḥabūba
'ollī	Obergeschoß	'Aāmūda
osta	Baumeister	

qaddūma	Hammer mit Zinken	Al Ḥamra, Ḥabūba
qalūš, qaūš , kalūš	Stall, Nebengebäude mit Satteldach	Tell Abyaḍ
qarāse	Meißel	
qaṣab	Schilfrohr	Tell Az-Ziyarāt
qišš	Stroh	
rāḥa	Mühle für Salz und Linsen	Abu Ḥağaira
raff	Wandbord	
rafraf	Dachüberstand	
rakīze	Stütze	Ğurn Kabīr
rob'aa	Männerteil des Zeltes	
ruf'a	Männerteil des Zeltes	Umm Qrain
ruwāg	Seitenbahnen des Zeltes	
ṣadr al mağlis	Ehrenplatz, „Kopf der Versammlung"	
safeq, safqa	Raumannex (beim L-Raum)	Obere Ğazīra
sāf	Mauerwerksschicht	Ḥabūba
sagf	Dach	
sagf ṣṭūḥī	Flachdach	
sāğ	gewölbtes Backblech	
sāḥa/ sūḥ	Vorhangteppich	Ḥabūba, Al-Ḥmā
saḫḫān	Heißwasserbereiter	
sākiya	Veranda	Ğ'ada, Ḥabūba
sāriye	Ablagetisch in Küche	Ḥağar Al-'Abyaḍ
sekretawn	Kleiderschrank	Ḥabūba
sendat al-bāb	„Stütze", Stopper für Tür	Ğurn Kabīr
serrū	Zypresse	
siddū	improvisierter Kettenwebstuhl	Ğurn Kabīr
sirrād	großes Sieb, von: „sarrada" (Verb) = sieben	Ḥabūba
sīsār	Webkamm aus Gazellenhorn	Medīnet Al-Fār
siyāğ	Zaun	Ḥabūba
sōba	Ofen	
stūn (kurd.)	Pfeiler	Tell Wafa'
sūr	Einfriedung, Hofmauer	Ḥabūba
sūs	Süßholz (bot. Glycyrrhiza)	
ṣafṣāf	Weidenbaum	
ṣalōn	Zentraler Aufenthalts- und Erschließungsraum	
ṣarīfe	Zweighütte	
ṣarr'atain	Tür- oder Fensterflügel-Paar	
ṣandūq	Kiste	
ṣandūq 'ars	Truhe „Hochzeitskiste"	
ṣaṭaḥ	Dach	
ṣaṭaḥ 'ālī	hohes Dach, Wölbungsdach	Al-Ḫātūniya
ṣegāṭa	oberes Drehlager für Tür mit Drehpfosten	Ḥabūba
ṣefīr	Stroh	Ḥabūba
ṣibāṭ / ṣiyabīṭ	Laubhütte	Ḥabūba
ṣīra	Pferch aus Zweigen	Ḥabūba
ṣiyūr/ ṣiyāyīr	Drehpfosten	Ḥabūba
ṣubb ṭīn	Stampflehm, „Gieß-Putz"	As-S'aīda
ṣufra	Eßdecke (früher darin auch Brot aufbewahrt)	Ḥabūba
ṣuwān	Flint, Kiesel	Ğurn Kabīr
šāba	Strebepfeiler	Ḫirbat Ġazāl
šabṭa, šabuṭ	Astwerk (für Dachkonstruktion)	Ḥabūba
šaiḫ	Stammesführer (Scheich)	
š'ariye	halboffener Schrank mit Fliegengitter	Ḥabūba
šaršubbe	Troddeln bei Teppichen und Eßdecke	Ḥabūba
šebb	Alaun	
šebbāk / šebabīč	Fenster, Nische	
šebbe	Stütze, Strebepfeiler	Ḫirbat Ġazāl
šeğara muš'ābba	Baummotiv	Medīnet Al Fār
šegg	Männerteil des Zeltes	
šer'īn / šer'ān	Kalkputz	Ḥabūba
šerūb	Matte	Aš-Šeğāra
šibr	Handbreite (Körpermaß)	Ḥabūba
šidḥa	Holzstütze mit Astgabel	Al-Uwaibda
ṣiyūr	Drehpfosten einer Tür	Ḥabūba
šōba	kleine Laubhütte	Al-Qaḍahiya

šugge	Teppichbahn	Ḥabūba
šūna / šuwān	kleiner Bau für Vorratshaltung, Scheune	Ḥabūba
tabāhī	Repräsentation	Ḥabūba
tannūr / tanānīr	Brotbacktonne	
tarīǧe / tarā'iǧ	Verstärkungsbänder beim Beduinenzelt	Ḥabūba
tarkāye	Kissen zum Anlehnen	Qal'at Neǧm
tawānir	Holzanker für Zeltkonstruktion	Umm Al-'Aẓām
tibn	Häcksel	
tīḫ / tiyāḫ	Attika	Ḥabūba
tšbine	Filzteppich	Ḥasseke
tuāla m'alig	Futtertrog	Ḥabūba
turkiye	Vorhängeschloß	Ḥabūba
ṭabbūg	Ofen	As-S'aīda
ṭafṣīl	Grundriß	Ḥabūba
ṭāge / ṭūg	kleine Wandöffnung, Nische	
ṭallī	Putz	
ṭāma / ṭūm o. ṭāmāt	Satteldach, Querbalkenhaus	Ṣandaliya
ṭāqī	Mauerverband: Läufer	Al-Bābīrī
ṭaraḥ	Flachdach	Al-Bābīrī
ṭarfa	Tamariske	
ṭārma	Loggia	Mizgift
ṭarmāya	Außenbett auf Reisig	Šuyūḫ Fawqānī
ṭeffiye	Kamin, Wandapsis Feuerstelle	Ḥabūba
ṭīn	Lehm, Lehmschlämme, Putz	
ṭīn asmār	dunkler Lehm	
ṭašt	große Waschschüssel	
ṭurfa	Tamariskenbaum	
waḥal	Schlamm, Mörtel	
warč	Seite	Ḥabūba
wāwī	Lederschlauch zum Aufbewahren v. Butterfett	Qšaiš
wunnī	Drainagekanal am Zelt	Qšaiš
yāḫūr/ yūāḫīr	Stall	Ḥabūba, Ǧ'āda
zēbagiye	Wasserwaage	Qšaiš
zell	Schilf	
zerb / zerūb	Reisigmatte zur Zeltunterteilung	
zerǧiya	Vorhangteppich unterhalb Bettzeugstapel	Al-Babīrī
ẓarf	Ziegenbalg zur Aufbewahrung von Butterfett	Šuyūḫ Fawqānī
ẓahr al-bait	Satteldach, „Rücken des Hauses“	Balīḫ-Region

1 Die Begriffe werden in ihrer dialektalen Form wiedergegeben. Inwiefern die Begriffe der arabischen, kurdischen oder aramäischen Sprache entstammen, vermag ich nicht zu beurteilen. Hier sind die Begriffe subsumiert, die ich in von der arabischen Bevölkerung als ihre geläufigen abgefragt habe, auch wenn sie kurdisch oder türkisch sind.
Die Ortsangaben sind nur beispielhaft zu verstehen. Manche Begriffe sind überall geläufig, andere nur in einer Kleinregion. Wenn kein Ort angegeben ist, ist dieses Wort in der gesamten Ǧazīra geläufig.
Die hier verwendete arabische Umschrift richtet sich nach den Festlegungen der Deutschen Morgenländischen Gesellschaft. Sie weicht jedoch davon ab, wenn es sich um Dialektbegriffe oder -eigenheiten handelt. So wird z. B. in den Ǧazīra-Dialekten der Vokal a (fatḥa) am Wortende wie e ausgesprochen, q wird meist zu g, k wird zu č (tsch). Die Umschrift ist wie folgt zu lesen: ā = langes, betontes a; ṯ = wie ein engl. th; ǧ = wie engl. j; ḥ = emphatisches h; ḫ = rauhes h (wie „Sache“); ḏ = gelispeltes d; r = gerolltes r; š = sch; ṣ = tiefes s; ḍ = tiefes d; ṭ = tiefes t; ẓ = weiches z; 'a = Quetschlaut ähnlich a; ġ = stimmloses r; q = gutturales k. Da der regelmäßige Plural der feminen Form mit -åt am Wortende gebildet wird, gebe ich nur die unregelmäßigen Pluralformen hinter einem Schrägstrich an.

2 Folgendermaßen wurden die Vorratslöcher angelegt: man kleidete das Loch mit viel Häcksel aus und füllte das Korn in die Mitte. Obenauf wurden wieder ca. 50 cm Häcksel gelegt, die mit ca. 30 cm Erde abgedeckt werden mußten.

Syrianisch (Aramäisch)

banai	Küche	Tell Tamr
baset arhä	Empfangszimmer	Tell Tamr
bese suiat		Tell Hormuz
balceri	Kamin, Rauchabzug	Tell Ǧimm'a
d'amiya	Wandvorsprung, Lisene	Demḫiya Kabira
denta	Wassergefäß	Ḥanāwiya
dguda	Lederschlauch	Tell Ṭamr
duse, dose	gemauertes Sofa	Tell Hormuz
garo	Dach	Demḫiya Kabira
gera	Holzrolle für Teig	Tell Ǧimm'a
gore	Bogen	Tell Hormuz
huana	rundes Teigbrett, Brotbacken	Tell Ǧimm'a
jesra	großes Vorratsgefäß	Ḥanāwiya
kanuna	Feuerstelle	Tell Ǧimm'a
karaut	erhöhte Bettstelle im Freien	Tell Tamr
kebbale	Wandnische	Tell Ǧimm'a
koprane	Laubhütten	Tell Ǧimm'a
mandarūne	Steinwalze	Demḫiya Kabira
marzak	Kissen zur Tannurbrotherstellung	Tell Ǧimm'a
paga	Kuppelhaus	Tell Hormuz
oda	Raum	Tell Ṭamr
odat arhä	Empfangszimmer	Tell Ṭamr
oda demaha	Wohnraum (und Schlafen)	Tell Hormuz
qubāla	Einbauwand	Demḫiya Kabira
tennura	Brotbackofen, z. T. unterirdisch	Tell Tamr
tfaye	Kaminnische	Demḫiya Kabira
zraidiya	ob. Fach der Einbauwand	Demḫiya Kabira

Armenisch

angorin	Matratze	'Ain Al-'Arus
angorini deg	Matratzenwandnische	'Ain Al-'Arus
bahest tenelu deg	Wandnische Küche (kubbala)	'Ain Al-'Arus
dahtagé baharan	Wandschrank	'Ain Al-'Arus
garas	Wassertopf	'Ain Al-'Arus
hüra seniag	Besuchsraum	'Ain Al-'Arus
kare nistaran	Steinsofa	'Ain Al-'Arus
lezwag	Holzzunge als Türstopper	'Ain Al-'Arus
nga seniag	Schlafraum	'Ain Al-'Arus
nsta seniag	Sitzraum	'Ain Al-'Arus

Kurdisch

afir	Futtertrog	Dair Ġusūn
argun	Feuerstelle (ähnlich dem kursi)	Donnquz Kabīr
argun bskul	mit Dung beheizter Ofen	Zerkutek
argun qirs	mit Brennholz beheizter Ofen	Zerkutek
arîkarî	gegenseitige Hilfe	Al-Betra
aseb	Sitzecke im Salon	Selām 'Alaik
ataba (arab.)	Schwelle	Donnquz Kabīr
avši razana maye	Schlafraum	'Ain Diwār
avši qrada muna	Vorratsraum	'Ain Diwār
axban	Erddach, Flachdach	Al-Batra'
aywan	Salon, Mittelhalle	Sab'a Ǧfār
balci, bolga (balgih)	Kissen	Zekerīa

balkun, balakin	Veranda	Tell Wafa'
ban, bal	Dach	Tell Az-Ziyārat, Qutba
bane ras	flaches Dach	Tell Rumailān
bane heldai	gewölbtes Dach	Tell Rumailān
bangur	Steinwalze	Sab'a Ğfār
banmal	Unterschrank für Matratzen-stapel	Markab
bar (ber)	Vorhangteppich	Sanğaq S'adūn
baxure, baxarie	Feuerstelle, „Rauchstelle"	Al-Muṣṭāfawiya
bešt	Balken	Šafqat, Dḥaila, M'ak
bešt pêra	Hauptbalken	
beškul	Dung	Tell Az-Ziyārat
bexerîk	Raumform	
bof	Schrank	Kraiš
cacim	Vorhangteppich	
cî mîvana	Gästeraum	'Ain Diwār
cele ghazana	Bettzeug	'Ain Diwār
cessa (arab.)	Eckraum	
cî gem	Vorrats-Platz	Qurq Muqqur
cudr	Steinwalze für Dach	Qutba Taḥtānī
cur	kleines, amphorenartiges Gefäß	Tell Az-Ziyārat
curn, cuni	Aushöhlung im Stein, Vertiefung	Tell Az-Ziyārat
šît	Stabmatte	Al Batra'
daranca	Treppe	Qutba Taḥtānī
darke pombu	Baumwollreisig	Tell Rumailān
dekk, dekke dekan	Veranda, Podest	'Ain Diwār, Tell Rumailān
demani	seßhafte Kurden	
denn	großer Krug	Tell Az-Ziyārat
derbasi[2]	Satteldach	
derdoxan/dernaxan	Vorhangteppich	Zerkūtek
derguš	Wiege	Tell Rumailān
deri ê taxt	Holztür	
deri ê hause	Hoftür	'Ain Al-Ḫudra
dese	evtl. Unterschrank	Zekeriya
destar	Handmühle, beispielsweise für Salz	
deze	hint. Raumteil des Salons beim T-Haus	Ḥāwīğet Ad-Dišo
dibek	Mörser (für Kaffee)	Zerkutek
digma, digmaya	Stütze	Zekeriya, Donnquz
dirak	Hauptbalken (T-Haus)	Zekeriya
diškene	Verb: zerschlagen (von Stein)	Tell Mizrī
divan/ divanxane	Gästehaus	
dušek	Matratze, Bett	
elagoni	tragbares Handwaschbecken	Donnqruz Ṣġīr
fanus	Lampe	Donnquz Kabīr
gon, kon	Nomadenzelt	Al-Batra'
ghoziya	hinterer Teil des L-Raums	Naik Al-Ḫawa
ghurfa razane	Schlafraum	Qutba Taḥtānī
gov, guv	Stall	Al-Wankī Azām
gundur	Steinwalze zur Dachbefestigung	
habašike, habaši	innerer feuerfester Mantel einer offenen Feuerstelle	Kaiške
hara-(kene)	Haus	Sūsiyan
hari	Erde, Lehm	Sab'a Ğfār
havri, hari	Lehm, geeignet für Ziegelherstellung	Dḥaila
hasîl	Schilfmatte	Ḥāwīğet Ad-Dišo
havan	Mörser	
hêla male	Bettzeugraum	Markab
hevan	Iwan	
hišk	Granit	Tell Mizrī
hoš	Hof	Zerkutek
hosta	Baumeister	Tell Wafa'
jan, jana (levina)	Unterschrank f. Bettzeug/ Untertisch	Dair Ġusūn
jesra	großes Vorratsgefäß	
kabo	Höhle	Dḥaila
kadîna kay	Scheune für Häcksel	'Ain Diwār
kakuče kavra	Hammer zur Steinbearbeitung	Tell Mizrī
kanaba	gemauertes Podest	Dair Ġusūn
kape	Tür	Donnquz Kabīr
kasar	Reisig	Sūsiyan
kašif	Veranda	As-S'aīda
kaus	Stall	
kaver, kuce ras	Basaltstein	'Ain Al-Ḫudra
kaver šken	Beruf des Steinhauers	Tell Mizrī
kax	Stall	Qutba Taḥtānī
kendir	Hanf	Sūsiyan
kerbīč	Lehmziegel	Dair Ġuṣūn
kesin	Wasserablaufstelle	Qutba Taḥtānī
kocer	Nomaden	
kol	Zweighütte	Al Batra'
kolek (kolik)	kleine Nebengebäude	Donnquz Kabīr
kolov (kulav)	Filzteppich zum Sitzen	Zerkutek
kon	Nomadenzelt	Al Batra'
koše (kušî)	Ecke	Ḫanīk Fawqānī
kozik	Hürde, Stall für Jungschafe	Sab'a Ğfār
kubbala	Nische in Wand	Al-Ḫamra/Kaiške
kubbala kadaha	Nische in Küchenwand	Dḥaila
kubbala frara (fraga)	Nische in Küchenwand	Dḥaila
kucik, kucke	Gästehaus, Kaffeefeuerstelle	Al Batra'
kud	Stütze	Markab
kullek	kleine Wandöffnung	'Amūda
kux (kox)	kleine Nebengebäude	Donnquz Kabīr
kulek, kul	kleine Wandöffnung	Dair Ġusūn, M'ak
kulbik	Taubenschlag	Kafra
kulin	kleine Wandzunge, Holzgestell	Dair Ġusūn, Kafra
kunš	Flasche	Dair Ġusūn
kup	tönernes Wassergefäß	Zerkutek
kupe ave	Wassertrog	Ḫaliğīk
kuplah	Wasserhäuschen	Ḫaliğīk
kursî[3]	Stuhl, auch: Mittelhallenhaus	Tell Az-Ziyārat
kursî	auch: Haustein, Dungfladen	Tell Mizrī
kurtane	Stall	Sab'a Ğfār
kutek	Unterkonstruktion für Bettzeugstapel, auch: kleine Wandzunge	Zerkūtek
kuvara (arab.)	Bienenstock	Kafra
kuz	Amphore zum Aufbewahren von Käse	Tell az-Ziyārat
leven	Rohrmatte, Schilf	Al Batra'
levîna	Bettzeug	Sanğaq S'adūn
lod	Haufen	Dḥaila
loda kay	Scheune für Hächsel	Dḥaila
mahe (maxe) peši	vord. Teil Mittelbalkenhaus	Zerkūtek
mahe (maxe) poši	hint. Teil Mittelbalkenhaus	Zerkūtek
mahmala (arab.)	Regal, Küchenschrank	Zekariya
mal	Haus, Habe, Bettzeug (im übertr. Sinn)	Zerkutek, Dḥaila
malaf	Feuerstelle z. Kochen	Dair Ġusūn
malif	Kissen	Markab
mangal, magel	tragbares Feuerbecken	Abū Ğerāda
maq	Satteldach	
matbaxa agir	Feuerküche	Dḥaila
mase	Tisch	
mašk	Ziegen- oder Schafsbalg	Dair Ġusūn
max	Flachdach	Donnquz Kabīr
mogid	Feuerstelle	Dair Ġusūn
mazal (mezel)	Raum	Dair Ġusūn
mes ngur	Bienenhaus	
mesîn avdas	Metall-Wasserkanne	Donnquz Kabīr
mesîne qehwe	Kaffekanne	Abū Ğerāda
mêvan	Besuch, Gast	Sūsiyan
mitên (mitêl)	Möbel, Einrichtung, hier: Matratzenstapel	
nazad (arab.)	Matratzenstapel	
neg	Säule, Stütze	Donnquz Kabīr
nemli	Untergestell für Matratzenstapel	Abū Ḏuwail
nevîn (nivîn)	Matratzenstapel	'Ain Al-Ḫudra
nevst	Amulett (Hijab)	Zekeriya
nîv gubbe (gube)	abgeflachte Kuppel	Donnquz Kabīr
ocaxla	Kamin, Feuerstelle, Küche,	Ḫaliğīk, Zekeriya

	Feuerküche	
ode	Raum	
ode mêvana	Gästeraum	
ode razana	Schlafraum	Kraiš
ode orte	Raum für große Teppiche (?)	
ode rakatinê	Schlafraum	Dḥaila
odeka levîna	Bettzeugraum	Dḥaila
ode runštni	Aufenthaltsraum	Tell Rumailān
palas (pelas)	Teppich	Zerkutek
pencere	Fenster	ʿAin Al-Ḫudra
perde	Vorhangteppich unterhalb Bettzeug	Zerkutek
pertal	Bettzeugaufhäufung	
pêpelûk	Treppe	Qutba Taḥtānī
pîn/pînek	kleiner Hühnerstall	Donnquz Kabīr
pir	Tragbalken, Brücke	Tell Az-Ziyārat
piškul	Dungfladen als Heizmaterial	Qutba Taḥtānī
poxura	Feuerküche	
pus	Heu, Häcksel	Dḥaila
qehvecagh	Kaffeekamin	Abū Ğerāda
qalib	Lehmziegelmodel	
qaintirma	Bogen, Holzunterzug	Donnruz, Zerkutek
qarase	Meißel	Tell Mizrī
qarsel, qasel	Stroh	ʿAin Al-Ḫudra
qasab	Rohrgeflecht	Tell Az-Ziyārat
qatt	schräggest. Ziegel zw. Dach und Wand	Sabʿa Ğfār
qulara sope	Essenkopf	Sabʿa Ğfār
qunc	Ecke, Pendentif	Donnquz Kabīr
rania genim	Vorratsraum	Kafra
rakavi	Schlafraum (?)	Kafra
reh	Erhöhung, Podest	Kraiš
sabat (sebet)	Brauttruhe, eigentlich: Korb	Qutba Taḥtānī
saf	Wolldecke	Čaṭal
safanda/r	Vordach	ʿAin Al-Ḫudra
safane	Vordach	Sabʿa Ğfār
safeq/safqa	besondere Raumform/Vorhalle/Veranda	Al-Ḥamra
sardur	Vordach	ʿAin Al-Ḫudra
seguf	tragbare Feuerstelle	Abū Ğerāda
serix xene	Dach, „Kopf des Hauses“	Sabʿa Ğfār
seršoq	gemauerter Waschort	Donnquz Kabīr
sesafeq	Dreiraum	Mʿak
šebak	kleine Wandnische	Tell Rumailān
šer, šur	Krug	Dair Ġusūn
ših mevana	Gästeraum	ʿAin Diwār
šibn	Filzteppich	Tell Az-Ziyārat
šiha	Matratzenstapel	Ḫanīk Fawqānī
siftax	vord. Teil Doppelraumhaus	Sūsiyan
singa ode	Gästehaus (?)	Al-Muṣṭāfawiya
stûn	Pfeiler	Tell Wafaʾ
sope	Kamin	Zekeriya
surfa	Balkon	Dair Ġusūn
taxt	Dachlatten	Šafqat
talî	hint. Teil Doppelraumhaus	Sūsiyan
tam	Gebäude mit Satteldach	Donnquz Kabīr
tannur	Brotbackofen	
taqa	kleine Wandöffnung	Sūsiyan, Donnquz
tayarli	T-Haus	Donnquz Kabīr
taxt	Holzlatten	
tel	Draht	Sabʿa Ğfār
tenek	Blech	Qutba Tahtani
tefia	Kamin, Feuernische	Zerkūtek
têr	Packtaschen für Reittiere	Dair Ġusūn
tirek	Tragbalken (meist Rundholz)	Sabʿa Ğfār
tifiq	Feuerloch, Schornstein	Dair Ġusūn
tšit	Rohrgeflecht/Stabmatte	Al Batraʾ
tšt	Bettzeugstapel	Sūsiyan
text	Waschschüssel	
wecax	Feuerstelle, Kamin	Zekeriya
xan	Raum, Haus	Al-Qunaitra,
Donnquz		
xauve	Schlafzimmer	Sanğaq Sʿadūn
xera xani	Einweihung, Segnung des Hauses	Dḥaila
xosta	Baumeister	Tell Wafaʾ
xošurek	Feuerofen	Donnquz Kabīr
xurčik	kleiner Sack, Satteltasche	Dair Ġusūn
zarban	Flachdach	ʿAin Divar
zell	Rohrgeflecht, eigentl.: Schilf	Rašīd Gangir
zinc	Satteldach, eigentlich: Zweighütte	ʿAin Al-Ḫudra

1 Die Begriffe werden in ihrer dialektalen Form wiedergegeben, so wie ich sie gehört habe. Inwiefern die Begriffe der kurdischen, arabischen oder aramäischen Sprache entstammen, vermag ich nicht zu beurteilen. Hier sind die Begriffe subsumiert, die ich in von der arabischen Bevölkerung als ihre geläufigen abgefragt habe.
Die Ortsangaben sind nur beispielhaft zu verstehen. Manche Begriffe sind überall geläufig, andere nur in einer Kleinregion. Wenn kein Ort angegeben ist, habe ich dieses Wort an verschiedenen Orten gehört.
Die Transkription der kurdischen Begriffe folgt den Empfehlungen des Kurdologenkongresses von 1930 in Damaskus. Danach wird beispielsweise x wie ch im Deutschen (wie in ‚nach‘) ausgesprochen. Die Schreibweise der Ortsnamen ist entsprechend der arabischen Transkription nach den Empfehlungen der Deutschen Morgenländischen Gesellschaft.

2 Nach Bruinessen (1989, S. 442) ist Derbas der Name eines Stammes, der südwestlich von Mardin lebt.

3 Zum Begriff des *korsî* oder *kursî* (arab. für Stuhl) vgl. Kap. 6.

Yezidisch[1]

ben pelpelk	Raum unter der Treppe
ševal	Gästehaus
cîl	Bettzeugstapel
hawali	kleine Dachaufmauerung
kušik	Gästehaus
kosq	kleines Fenster, Nische
lât kaderi	Schwelle oder Treppe
lêsiq	Ort des Matratzenstapels
lesq	Nische für Bettwäsche
nelin hašhašk	Vogelhäuschen
xani nusteni	Wohnraum
xanie nevge	Vorratsraum

1 Alle Begriffe wurden bei yezidischen Flüchtlingen aus dem Irak in Mizgift gesammelt. Syrische Yeziden bedienen sich eher der syrisch-kurdischen Begriffe. Siehe Begriffe aus dem yezidischen Ort Markab in Syrien.

Anmerkungen

Architektur im Zeitraffer: vom Nomadenzelt zur Beton-„Villa" Kapitel 1

1 1983 arbeitete ich auf der Grabung Ar-Raqqa-Ost des Deutschen Archäologischen Instituts unter der Leitung von Dr. Michael Meinecke. In den Jahren 1984 und 1985 gehörte ich den Kampagnen der Deutschen Orient-Gesellschaft geleitet von Dr. Eva Strommenger auf Tell Bī'a an.

2 Der Begriff ‚vernakulär' entstammt der neueren englischsprachigen Diskussion. ‚Vernacular' bedeutet ‚Mundart-' und wurde aus der Dialektforschung übernommen: Ebenso wie sich verschiedene Mundarten finden, die historisch gewachsen sind, so entstehen auch Architekturen aus einem Geflecht von Bezügen. Der Begriff vernakuläre Architektur löst die teilweise irreführenden Begriffe wie Volksarchitektur (ein belasteter und ungenauer Begriff), „anonyme Architektur" oder „architecture without architects" (die Baumeister sind lokal durchaus bekannt) ab. Obwohl auch die Benennung ‚traditionelle Architektur' kritisierbar ist (da auch Neues in sie einfließt), verwende ich sie im folgenden synonym zum Begriff ‚vernakuläre Architektur'.

3 Dieses Buch fußt auf meiner Dissertation, die ich im Jahr 2001 an der Rheinisch-Westfälischen Technischen Hochschule Aachen vorgelegt habe. Gutachter waren Prof. Dr.-Ing. (Japan) Manfred Speidel und Prof. Dr.-Ing. Jan Pieper.

4 Wirth 1971, S. 241

5 Das Formenrepertoire, das auf die Betonbauten der Ǧazīra einwirkt, ist in beinahe allen arabischen Staaten zu finden, insbesondere zeigt jedoch die syrische Arbeitsemigration in den Libanon, nach Saudi-Arabien, Jordanien und Kuwait Wirkung.

6 Die hier verwendete arabische Umschrift richtet sich nach den Festlegungen der Deutschen Morgenländischen Gesellschaft. Sie weicht jedoch davon ab, wenn es sich um Dialektbegriffe oder -eigenheiten handelt. So wird z.B. in den Ǧazīra-Dialekten der Vokal a (fatḥa) am Wortende wie e ausgesprochen, q wird meist zu g, k wird zu č (tsch). Die Umschrift ist wie folgt zu lesen: ā = langes, betontes a; ṯ = wie ein egl. th; ǧ = wie engl. j; ḥ = emphatisches h; ḫ = rauhes h (wie „Sache"); ḏ = gelispeltes d; r = gerolltes r; š = sch; ṣ = tiefes s; ḍ = tiefes d; ṭ = tiefes t; ẓ = weiches z; ʻa = Quetschlaut ähnlich a; ġ = stimmloses r; q = gutturales k. Da der regelmäßige Plural mit -āt am Wortende gebildet wird, gebe ich nur die unregelmäßigen Pluralformen hinter einem Schrägstrich an.
Die hier verwendete kurdische Umschrift richtet sich nach den Empfehlungen des Kurdologen-Kongresses 1930 in Damaskus.
Im folgenden erscheinen die lokal verwendeten Begriffe in kursiver Schreibweise. Wo dies nicht gesondert erwähnt wird, handelt es sich um einen arabischen Begriff.

7 Gerade um vor Ort rezipiert zu werden, ist es wünschenswert, dieses Buch in Syrien in arabischer Sprache erscheinen zu lassen. Es kann syrischen Behörden, Institutionen und Architekten Kenntnisse regional vorhandener Bauweisen und Hausformen vermitteln, mit dem Ziel angepaßte Bauweisen zu fördern.

8 Fathy: „Architecture for the Poor", 1973

9 Daker 1975 (Der Aufsatz „Contribution à l'Etude de l'Evolution de l'Habitat Bédouin en Syrie" von 1984 ist mit Auslassungen identisch damit und wird im folgenden als Quelle zitiert.) Daker 1984, S. 52

10 Daker 1984, S. 68

11 Ein nur dreiseitiger Aufsatz über „Haustypen im Euphrattal in Syrien", der unbeachtet blieb, erschien schon 1978. Äußerst knapp beschreibt darin der Autor Majed el Moussli drei Haustypen und fordert dazu auf, diese dringend genauer zu untersuchen „solange noch einiges an autochthonen Kulturformen erhalten ist". Moussli 1978, S. 91 f

12 Aljundi 1984. Die mangelnde Kenntnis der nordostsyrischen Architektur führte offenbar dazu, daß er für den äußersten Nordosten fälschlicherweise Kalkstein anstelle von Basalt als Baumaterial angibt. Carte No. 6, S. 26

13 Merkwürdigerweise bezeichnet Yagi ausschließlich das ‚rectangular house' als ‚beit', obwohl der Begriff einfach ‚Haus' bedeutet. Yagi 1980, vgl. Schemazeichnungen S. 114, S. 128

14 Auch die unzutreffende Größe der angegebenen Region, auf die die genannten Hauskriterien zutreffen – sie reicht von Nordostsyrien bis zum Persischen Golf – gibt einen indirekten Hinweis darauf, daß das Gebiet insgesamt kaum erforscht wurde. (TAVO 1991, Karte A IX 4)

15 Wirth 1971, S. 245, Fig. 31

16 Sinjab wählt den Begriff „Hüttenhäuser" (1965, S. 8, Abb. 1–3), eine m.E. diffamierende Bezeichnung für diese Häuser.

17 u.a. Ragette 1973, S. 57 ff; Fuchs/Meyer-Brodnitz 1989, S. 403 ff; Davie/Nordiguian 1987, S. 165 – 197

18 Im Jahr 2003 erschien: „La maison aux trois arcs aux carrefours urbains du Levant" (Hg. Michael F. Davie), darin Karin Pütt: „The recent Central Hall House in North East Syria. It's special form and use." (S. 195 – 215)

19 Es finden sich nur wenige ethnographische Dorfmonographien: Gerrit van der Kooij „Notities over enkele dorpen nabij de Jebel 'Aruḍa" (1976); A.B. Kaplanian „Selenkahiyeh: A Village in Syria" (1973) und Mohammed Kaddour/Helga Seeden „Space, Structures and Land in Shams ed-Dīn Tannīra on the Euphrates: an Ethnoarcheological Perspective" (1984).

20 Ghirardelli 1985, S. 5

21 Tunca et al. 1991, S. 23

22 Die beinahe gleichzeitig entstandene Abhandlung Felix Langeneggers „Die Baukunst des Irâq (heutiges Babylonien)" (1911) beschränkt sich auf bautechnische Aspekte.

23 u.a. Charles 1942, Boucheman 1934c, Dodge 1940, Wirth 1964, Stein 1967

24 Die für Nordostsyrien wichtigeren Werke der Reiseliteratur sind: Badger 1852; Blunt 1879, S. 91; Oppenheim 1899: Sachau 1883, 1900, S. 144ff; Soane 1912; Banse 1913, S. 68 f, 75; Müller, Victor 1931

25 Montagne 1932a, 1932b, 1935, 1947; Randot 1936, 1939b; Charles 1942

26 Nicht alle Fotos des Oppenheim-Archivs stammen von Max von Oppenheim selber. Auf den Grabungen hatte er Fotografen angestellt, deren Autorenschaft jedoch nicht vermerkt ist. Im folgenden wird die Fotosammlung als ‚Oppenheim-Archiv' bezeichnet; sie liegt im Hausarchiv der Bank Sal. Oppenheim & Cie. in Köln. Ich danke der Archivleiterin Gabriele Teichmann für den mir gewährten großzügigen Zugang zum Archiv und die Abdruckgenehmigungen.

Die Region: Nordostsyrien und das Euphrattal Kapitel 2

1 Al-Ǧazīra geht auf den Verbstamm *ǧzr* zurück, der ‚abebben von Wasser' oder ‚etwas abschneiden' bedeutet. vgl. EI 1965, Stichwort ‚Djazīra'

2 Nur den mittleren Teil des gesamten Gebietes zwischen beiden Strömen bezeichnet man als Ǧazīra: im Norden dort begrenzt, wo die beiden Ströme aus dem ostanatolischen Hochland hinaustreten, im Süden dort, wo sich Euphrat und Tigris erstmalig relativ nahe kommen, etwa auf der Höhe von Hit am Euphrat und Samarra am Tigris im heutigen Irak. Die arabischen Geographen des Mittelalters nannten die Ǧazīra auch *iqlīm akūr*. Unter *iqlīm* ist eine historisch-geographische Einheit zu verstehen. vgl. EI 1965, Stichw. „Akūr"

3 vgl. EI 1965, Stichwort ‚Al-Djazīra'

4 vgl. EI 1965, Stichwort ‚Al-Djazīra'

5 ‚Mesopotamia' wird manchmal analog zu ‚Ǧazīra' und ähnlich dem römischen Provinzbegriff nur für den mittleren und nördlichen Teil gebraucht, schließt jedoch häufig auch ‚Babylonia', den südlichen Teil des Landes zwischen den Strömen, ein.

6 Die Flußlaufänderungen, wenn auch nur innerhalb des Alluvialtals, legen diese Ausdehnung auf die jeweils andere Flußseite nahe.

7 Am Beispiel der Städte Nusaybin und Al-Qāmišlī wird die Trennung von Umland und Versorgungsort besonders deutlich. Während seit dem Altertum Nusaybin das Zentrum für die nordöstliche Ǧazīra gewesen war, trennte die neue Staatsgrenze Syrien und die Türkei so, daß die gesamte Region südlich von Nusaybin zu Syrien geschlagen wurde, die Stadt selber und das nördliche Umland zur Türkei kamen. Unmittelbar nach der Grenzziehung 1926/27 begann man daher auf syrischer Seite mit der „Ersatzstadt" Al-Qāmišlī.

8 Die Felduntersuchungen erfolgten alle vor der Ausrufung des sich als autonom vom Zentralregime Saddam Hussains in Bagdad begreifenden Irakisch-Kurdistan.

9 vgl. Hourani, 1946, S. 56

10 Wegen der angespannten politischen Verhältnisse in der Osttürkei konnte ich diese Region nur ‚en passant' beim Durchfahren in Augenschein nehmen. Wegen der Verfolgung der kurdischen Bevölkerung verzichtete ich darauf, mich östlich von Nusaybin zu bewegen.

11 Nur Gebiete, die mehr als 200 mm Niederschlag pro Jahr aufweisen, werden gemeinhin als geeignet für den Regenfeldbau eingestuft.

12 Während Eugen Wirth den Anbau in Gebieten mit 200 bis 250 mm durchschnittlicher Jahresniederschläge als problematisch ansieht und für deren Rückgewinnung als Weideland plädiert, wird dort trotz gelegentlicher Dürrejahre weiterhin Regenfeldbau betrieben. vgl. Wirth 1971, S. 92 und S. 268

13 u.a. Epstein 1940, S. 69 ff; Wirth 1964, S. 18

14 Im Unterschied zu mitteleuropäischen Regionen haben sich wenig Landschaftsnamen herausgebildet. Dies verweist auf die nomadisch geprägte Geschichte der Region, in der die Stämme nur die für sie wichtigen geografischen Einheiten wie Städte, Gebirgszüge, Flüsse und Brunnen namentlich bezeichneten. Heute werden Regionen immer nach den Verwaltungseinheiten, d.h. den Provinzstädten bezeichnet. In manchen Fällen weist die Toponymie Namen auf, wo der Name des vorherrschenden Stammes auf die Region übergegangen ist. Diese sind heute aber nur noch wenig geläufig, wie beispielsweise ‚Alian' für die Region nahe Al-Qāmišlī, in der die kurdische Stammeskonföderation der Alian siedelt.

15 Es werden hier die geografisch nicht ganz korrekten Begriffe „nördliches", „mittleres" und „südliches" Euphrattal eingeführt, sie beziehen sich ausschließlich auf den Flußlauf innerhalb des untersuchten Gebietes. Selbstverständlich gehört dieser Flußabschnitt gemessen an seinem Gesamtlauf zum Mittleren Euphrat.
Als Bilād Aš-Šām bezeichnet man den westlichen Teil des heutigen Syrien, Libanon, Palästina und Jordanien in osmanischer Zeit. Die Große Syrische Wüste heißt daher Šāmiya-Wüste oder Bādiyat Aš-Šām.

16 Im Sommer 1988 erreichte die Durchschnittstemperatur 43° C. Im August desselben Jahres herrschen in Al-Qāmišlī und Hasseka bis zu 47° C. (Alex 1985)

17 Wirth 1971, S. 92ff

18 Die Angaben wurden für das Untersuchungsgebiet berechnet aufgrund von Landnutzungsstatistiken und beziehen sich auf das Jahr 1988. vgl. Statistical Abstract 1989, S.103

19 vgl. Hopfinger, 1991, S. 52ff

20 Die Zahl bezieht sich auf die Gesamtzahl der Einwohner, d.h. inklusive der Kinder und alten Menschen.

21 vgl. Perthes 1990, S. 143

22 Es handelt sich hierbei eigentlich um nicht vergleichbare Zahlen, da die Angaben über Landbesitzer aus dem Jahr 1981 stammen, während die kultivierbare Fläche für 1988 berechnet wurde. Beides hat sich vermutlich jedoch nicht sehr stark verändert. vgl. Statistical Abstract 1989, S. 101, S. 103

23 vgl. Hosry 1981, S. 205

24 Mir ist nur eine Kamelherde bekannt, die in der versalzten Region der nordöstlichen Ausläufer des Ǧabal Sinǧār weidet. Pferdezucht betreibt m.W. ein Šammar-Stammesführer im Bec de Canard.

25 Wirth (1954) hat dieses ökonomische System anhand der Stadt Bagdad beschrieben.

26 vgl. Zülch, 1991, S. 50
27 Die Daten entstammen Erhebungen von 1988. Länderbericht Syrien 1990, S. 22
28 Beide Prozentzahlen entstehen durch die überproportional großen Provinzhauptstädte Ar-Raqqa und Aleppo. Sie beruhen auf den Erhebungen von 1988.
29 Neu-Meskene ist ein umgesiedelter Ort und nicht an der Stelle der antiken Orte.
30 Diese Schätzung beruht auf Berechungen der flächen- und bevölkerungsmäßigen Anteile bei der Angabe der Anzahl der Dörfer in den Provinzen Aleppo (1/5 von 1.413 Dörfern), Al-Hasseke (2/3 von 1664 Dörfern) und Ar-Raqqa (2/3 von 290 Dörfern). Da diese Erhebung 1998 gemacht wurde, dürfte die Zahl der Dörfer heute ca. 2% höher sein. Statistical Abstract 1989, S. 35
31 Geplant waren ursprünglich 640.000 ha Bewässerungsland. Gegenüber den 82.600 ha des Jahres 1990 gibt es vermutlich eine Vergrößerung, da die Bewässerungsgebiete von Meskene-Ost und Meskene-West stark vergrößert wurden. vgl. German Development Institut, 1990, S.16 ff
32 Perthes' Feststellung (1993, S. 490): „Bis Mitte der 80er Jahre waren praktisch alle, auch die kleinsten Dörfer ans öffentliche Elektrizitätsnetz angeschlossen" trifft für die Ǧazra nicht zu.
33 Alle Angaben über Strom- und Wasserversorgung beruhen ausschließlich auf eigenen groben Schätzungen.

Geschichte und Siedlungsgeschichte Kapitel 3

1 Einer seiner bedeutendsten Orte war vermutlich das heutige Lailān im Ḫābūr-Dreieck.
2 vgl. Kienitz 1965, S. 603 f
3 Die Dorfnamen sind im Süden und Westen vorwiegend arabisch, im Norden und Osten vorwiegend kurdisch, syro-aramäisch oder türkisch. Hütteroth 1990, S. 180
4 Lewis 1988, S. 688
5 vgl. Lewis 1987, S. 14
6 Der Begriff *ḫūwe* wird in der Literatur häufig verwandt. Er bezeichnet Abgaben, die ein Stamm oder einzelner für seinen Schutz leistet. (vgl. Müller 1931, S. 153 f) Wörtlich übersetzt bedeutet es ‚Brüderlichkeit'. Mancherorts mußten diese Abgaben an mehrere Stämme bezahlt werden. So berichtet Euting (1993, S. 34) von der Salzhandelsstadt Kaf (heute im nördlichsten Teil Saudi-Arabiens), die an vier verschiedene Stämme *ḫūwe* bezahlte.
7 Vor allem Aleppo, Menbiǧ, Ǧerāblūs, ʿAmūda, Nusaybin, Sfīra, Tādif waren wichtige Marktorte für die Nomaden der Ǧazīra. vgl. über Menbiǧ und Sfīra: Müller 1931, S. 127
8 ʿAmūda und Ǧerāblūs (Jerabolos) wurden von Niebuhr (1778) auf den Karten Tab. L und LII verzeichnet.
9 Randot (1939b, S. 117) hält die Sürüç-Ebene seit spätestens dem Anfang des 17. Jahrhunderts für halbnomadisch besiedelt. Banse (1916, S. 266) vermutet eine Besiedlung der Sürüç-Ebene erst ab dem Beginn des 18. Jahrhunderts. Anfang des 20. Jahrhunderts fand er dort ca. 400 Dörfer vor, deren „schwere Roterde" Weizen, Gemüse, Baumwolle, Reis, Obstbäume und Südholzsträucher gedeihen ließ. Bei ihm ist jedoch die Rede von der gesamten Ebene, deren größter Teil heute zur Türkei gehört.
10 Southgate 1840; Oppenheim 1899, S. 38 f, 42
11 Layard 1851, S. 177
12 Lady Blunt (1879, Bd. 1, S. 82, S. 94) berichtet über das leerstehende Meskene.
13 Bruinessen 1989, S. 122 ff
14 vgl. Kap. 4; Lewis 1987, S. 96 ff; Wirth 1963, S. 18
15 Aṣ-Ṣafāḥ wurde Sitz eines türkischen Kaimakam, einer Art Landrat. (Oppenheim 1931, S. 20 ff) Am Ǧabal ʿAbd Al-ʿAzīz stellte Oppenheim „nicht unbedeutende alte Ortschaften fest, in welchen sich Bauten aus Stein, gewaltige Ölpressen und dergleichen vorfanden" (1901, S. 91).
16 „Lands along the the West bank of the Euphrates from the River Sajur to Maskanah were registered in his (Abdül Hamids II., K.S.) name in 1883 and were acquired yearly until his holdings in the district between the Euphrates and Bab came to comprise 270.000 hectares and 333 villages", Lewis 1987, S. 54. Die Staatsdomänen gingen nach dem 1. Weltkrieg in den Besitz des syrischen Staates über.
17 vgl. Sachau 1883, S. 144
18 Sachau 1883, S. 144
19 Oppenheim 1901, S. 98
20 Langenegger 1911, S. 260
21 Langenegger 1911, S. 256
22 Sachau 1900, S. 145
23 vgl. Zakariya 1983, S. 74 ff (arab.), Oppenheim 1939, S. 216 f
24 Nach Angaben seines Enkels Ciwan Haco.
25 Bruinessen, van, 1989, S. 132; Haco hat den Ort ausgebaut, gegründet hat er ihn nicht. Schon Oppenheim (1899, S. 142) erwähnt den Ort unter seinem damaligen arabischen Namen: Qubūr Al-Baiḍ, was ebenso wie das kurdische *Tirbê spî* „Weiße Gräber" bedeutet. Über den Zeitpunkt der Ansiedlung gibt es unterschiedliche Angaben; F. Bissar wurde 1948 von der Haco-Familie erzählt, daß sich schon der Urgroßvater in Al-Qaḥtāniya angesiedelt hätte. (1955, S. 109)
26 Lewis 1987, S. 151 f
27 Inwieweit Gebiete am Balīḫ schon ältere Besitzungen waren, ist unklar, zumindest seit der „*dawlat* Hāǧim" reklamierte der Stammesführer sie für sich. vgl. Lewis 1987, S. 158
28 Schütz 1930, S. 99
29 Lewis meint vermutlich dasselbe Haus, obwohl er schreibt, „Daham sold his share in 1945 and went to live in Aleppo, but Khalil built a house on the river in 1940...", Lewis 1987, S. 158
30 Inwieweit von dieser armenischen Besiedlung Impulse in Hinsicht z.B. auf andere agrarische Techniken oder Bauformen ausgegangen sind, ist schwerlich zu beurteilen. Henri Charles (1942, S. 50f) erwähnt diese Besiedlung; Lewis erwähnt sie nicht.
31 Tell Armen ist vermutlich identisch mit dem auf alten Karten und in der Literatur verzeichneten „Tell Saman Misak" (Charles 1942, S. 45), da es sich neben Tell Semn befand. Misak Melkonian war Karen Jeppes Adoptivsohn und der lokale Organisator. Auch Lehmann-Haupt (1910, S. 1037) berichtet über Karen Jeppes Ansiedlungsprojekt.
32 In der Literatur über Armenier wird dieser Ort manchmal als „Char(b) Bedros" bezeichnet. Da er unmittelbar neben einem arabischen Dorf entstand, wäre es möglich, daß die Armenier eine Abwandlung des arabischen Ortsnamens prägten. vgl. Sick 1929, S. 241ff; Schütz 1930, S. 102ff
33 Bevorzugt wurden armenische Bauern angesiedelt. Die Finanzierung teilten sich *šaiḫ* Hāǧim und Karen Jeppe, deren Gelder von skandinavischen Hilfsorganisationen stammten.
34 Die in Tell Armen angesiedelten Waisen waren jene Kinder, die bei Beduinen aufgewachsen waren und sich dann – unter oft abenteuerlichen Umständen – ins Waisenhaus Karen Jeppes durchgeschlagen hatten. Daher lag dem Projekt der Gedanke zugrunde, daß die erwachsen gewordenen Kinder dem Leben in der Steppe gewachsen wären und sich dort im gesicherten Rahmen einer armenischen Kolonie niederlassen könnten.
35 Gründe für den späteren Weggang aus den Dörfern waren auch – nach Informationen von ehemaligen Bewohnern – die Abwanderung in die Sowjetrepublik Armenien, die viele Armenier anzog. Für andere mangelte es an Bildungsmöglichkeiten für ihre Kinder innerhalb der Dörfer. Sie zogen nach Aleppo oder Raqqa. vgl. Kap. 13
36 Boghossian (1952, S. 50) erwähnt 10.200 Armenier in der Oberen Ǧazīra im Jahr 1946. Die von ihnen bewohnten Dörfer liegen südlich von Al-Qāmišlī. Bei Ausgrabungen auf dem Tell Ḥumaidī wurden Reste ihrer Besiedlung gefunden. Auch die Bewohner von Tell Ǧimmʿa am Ḫābūr fanden Spuren armenischer Häuser, die vor den ihrigen auf dem Tell gestanden hatten. Die armenischen Siedler müssen also vor 1936, als die aramäische Besiedlung begann, diese Häuser schon wieder verlassen haben.
37 vgl. Kap. 2
38 vgl. Poidebard (1927, S. 204 ff) über den Aufstieg der Stadt Hasseke.
39 Montagne 1932b, S. 58
40 Angaben nach Hourani 1946, S. 141 und Epstein 1940, S. 70; Die Zahlenangaben diffferieren sehr stark von 100.000 bis zu 209.000 Bewohnern. Der Grund mag darin bestehen, daß sie sich einerseits auf die geografische Region Ǧazīra beziehen und andererseits auf die Provinz Ǧazīra. In der Mandatszeit bestand die Provinz Ǧazīra nur aus der Oberen Ǧazīra, während der westliche Teil und ein Teil des Euphrattals zur Provinz Euphrat resp. zur Provinz Aleppo gehörten.
41 vgl. Hourani 1946, S. 356
42 Ein großer Teil des Mißtrauens arabischer Nationalisten gegen die Minderheiten und die Aufstände in der Ǧazīra rührte aus ihrer zahlenmäßig großen Beteiligung an den „Troupes Spéciales", jener französischen Spezialeinheit, die großen Anteil an der Niederschlagung der syrischen Revolution 1925 gehabt hatte.
43 Wirth 1964, S. 28
44 So berichtet Warriner (1957, S. 90 ff) vom „Mabrouka Settlement" westlich von Rʿas al-ʿAīn und Tell Manaqīr am Euphrat, die beide von den größten syrischen Landwirtschaftsunternehmern gegründet worden waren.
45 vgl. Boghossian 1952, S. 89 f
46 vgl. Khalafs Studie (1981, S. 127f) über den Schafnomadenstamm der Afāḍle, deren Stammesführer auf diese Art zu Reichtum gekommen sind.
47 Dieses erste Landreformgesetz wurde einerseits nur schleppend umgesetzt und andererseits durch diverse Militärputsche schnell wieder außer Kraft gesetzt. 1963 wurde ein neues, bis heute im Wesentlichen gültiges Gesetz eingesetzt, das die zulässige Höchstgrenze für Eigentum zwar gegenüber 1958 heruntersetzte, aber mittelgroßes Eigentum zuläßt. vgl. Hosry 1981, S. 36 ff
48 vgl. Perthes 1990, S. 140 ff
49 vgl. Wirth 1971, S. 92, Tab. 2

Zwischen Nomadismus und Sesshaftigkeit: Die ländliche Bevölkerung Kapitel 4

1 Die religiös definierte Einheit der *Millet* gewährte vor allem den Christen eine gewisse Autonomie im Rahmen ihrer religiösen Angelegenheiten und innerhalb ihrer Regionen.
2 Khalil (1985, S.41) gibt z.B. rund eine Million Kurden an, die in Syrien leben sollen. M. van Bruinessen (1989, S. 29) schätzt den Bevölkerungsanteil der Kurden in Syrien auf 8,5%. Dost (1988, S. 41) geht in seiner Schätzung weit darüber hinaus; er nimmt 2 Millionen, d.h. 15% kurdische Bevölkerung in Syrien an.
3 Eine von Boghossian (1952, S. 40) veröffentlichte Statistik der Religionszugehörigkeit der Bevölkerung weist 1946 noch 29% Christen in der Ǧazīra aus.
4 Albert Hourani (1946, S. 141) schätzte die Ǧazīra-Bevökerung 1937 auf 41.900 arabische Muslime, 81.450 Kurden, 31.050 Christen und 4.150 Angehörige anderer Ethnien oder Religionen.
5 vgl. Wirth 1971, Karte 7: Die Wiederbesiedlung der syrischen Steppen seit ca. 1850
6 Dem Begriff *šawī* haftet, wenn er von Städtern benutzt wird, der Beigeschmack von hinterwäldlerisch, unkultiviert und unterentwickelt an. Zur Definiton des Begriffs *šawāya*: vgl. u.a. Rabo 1986, S. 19ff und Oppenheim 1939, S. 268 (dort *schewaja* genannt)
7 Im Euphrattal um Raqqa wurden noch Ende der achtziger Jahre Kamele eingesetzt, um Baumwollsäcke aus schwer zugänglichen Feldern zu LKWs zu transportierten.
8 Unter *šaiḫ* / pl. *šuyūḫ* sind jene Stammesoberhäupter zu verstehen, die in der Zeit des Nomadismus führende Positionen innehatten und ursprünglich gewählt wurden. Sie sind nicht zu verwechseln mit Großgrundbesitzern, selbst wenn sie sich oft zu solchen entwickelt haben. Vertreter beider Gruppen werden im Folgenden auch als Notablen bezeichnet.
9 vgl. Burckhardt 1831, S. 2

10 Wirth 1971, S. 439 (nach: van Liere 1965)

11 Das System der Transhumanz kann verschiedene Formen haben. Weidewechsel bei den Euphrattalbewohnern konnte bis in die siebziger Jahre beispielsweise bedeuten: Im Januar, Februar waren die Schafe und Ziegen im Euphrattal, da die Regenfälle dort für gutes Weiden gesorgt hatten. Von März bis Mai zog man mit den Tieren in die Syrische Wüste, da dort bestimmte sehr nahrhafte Gräser gediehen waren (vermutlich Stipa barbata), die komplett abgeweidet wurden. Von Juni bis August mußten die Tiere im Tal weiden, da sie einen erhöhten Wasserbedarf haben und die ersten abgeernteten Felder der Kulturpflanzen zur Verfügung stehen. Von September bis Mitte November weiden die Tiere auf den abgeernteten Feldern anderer Kulturpflanzen. Im Winter muß Gerste zugefüttert werden, da die Grasdecke noch dünn ist. Nach Angaben der Bewohner in Ḥabūba Kabīra und nach Hütteroth 1959, S. 37 ff

12 In Syrien übersteigt vermutlich immer noch die Zahl der Schafe und Ziegen zusammen die der Menschen. vgl. Wirth 1971, S. 265 ff und Wirth 1969, S. 42 ff

13 Über die Kategorien ‚Bauer' und ‚Nomade' bei den Kurden: vgl. Bruinessen 1989, S. 151 ff

14 Bruinessen (1989, S. 122) deutet an, daß Jakobiten vielleicht sogar schon vor der Mitte des 19. Jahrhunderts in der Oberen Ǧazīra siedelten, ohne dies jedoch zu belegen.

15 vgl. den Abschnitt „Macht als Prozeß – Die Kolonisierung der nördlichen Cezire" in: Bruinessen 1989, S. 120. Auch arabische Bewohner bestätigten mir, daß sie erste Ackerbaukenntnise von den Kurden erlernt hätten.

16 vgl. Banse 1911, S. 288

17 In den zwanziger Jahren war ein 15–20 km breiter Streifen der nördlichen Oberen Ǧazīra ausschließlich kurdisch besiedelt. vgl. Poidebard 1927, S. 194

18 vgl. Bruinessen, van 1989, S. 465

19 vgl. die Debatte über die Herkunft der Yeziden u.a. bei: Düchting/Ates,1992, S. 103 ff

20 In der Türkei hält diese Verfolgung bis heute an. vgl. Küçükkaplan 1993, S. 54; Meyer 1989, S. 66f

21 Düchting/Ates 1992, S. 129

22 Die Nähe zum Mithras-Kult wird in neuerer Literatur betont. vgl. Othman 1993, S. 16 f

23 Die syrischen Yeziden waren schon im 18.Jahrhundert mit den Milli-Kurden in die Region gekommen. Lescot 1938, S. 200

24 Lescot 1938, S. 145

25 Wirth 1957, S. 421; Wirth 1998, S. 57

26 Hintergrund dieser Trennung ist die Tatsache, daß die westsyrischen Kirchen nach ihrer Abspaltung auf dem Gebiet des byzantinischen Reiches entstanden, während die ostsyrischen Kirchen zum sassanidisch-persischen Reich gehörten. vgl. Yonan 1989, S. 8

27 Inwieweit sie tatsächlich von den, dem assyrischen Reich unterworfenen aramäischen Ethnien der Tur-Abdin-Region abstammen, konnte bislang weder eindeutig belegt noch widerlegt werden. vgl. auch Yonan 1992, S. 69

28 Anschütz/Harb 1985, S. 37

29 Bewohner nannten mir die Namen der Dörfer. Es sind dies auf der östlichen Ḫābūr-Seite: Umm Waqfa, Umm Kaif, Tell Kafča, Tell Ǧimm'a, Tell Aḥmar, Tell Ṭamr, Tell Nasri, Tell Hafyān, Tell Maǧāṣṣ, Tell Masās, Tell Ǧada'ir, Tell Fūīdāt, Tell Damšīǧ, Tell Neǧma, Tell Ǧazīra, Tell Bāz, Tell Rummān Fawqānī, Tell Rummān Taḥtāni, Tell Šammar, Tell Sakra, Tell Brīǧ, Tell Armūš, Tell Umm Ġarqān. Auf der westlichen Flußseite liegen: Tell Ṭawīl, Tell Šamrān, Tell Ṭal'aa, Abu Tīna, Tell Ġarān, Ǧabr Šamīa, Tell Bālū'a, Ḫarīṭa, Tell Maḥada, Tell T'al, Tell Ḥormuz. vgl. auch: Yonnan 1978, S.135f

30 Badger verweist auf die armenischen wie auch yezidischen Bauern am Gebirgssaum. (1852, S.49, 52, 325) Das armenische Mittelpunktsdorf Garmudsch unweit von Urfa versorgte angeblich vorbeiziehende Nomaden mit landwirtschaftlichen Produkten. (Schwede 1987, S. 114)

31 Die individuellen Schicksale differerieren sehr stark. Armenische Kinder berichten von der sehr harten Arbeit, die sie bei den Arabern – in erster Linie bei den Beduinen– verrichten mußten, bei anderen sind sie auch wie deren eigene Kinder behandelt worden. In jedem Falle haben Beduinen Tausenden von Armeniern das nackte Leben gerettet. Eine eingehendere Untersuchung des Verhältnisses von Armeniern zu Beduinen fehlt bislang. Eine Initiative von armenischer Seite aus Aleppo hat im Jahr 2000 begonnen, Zeugnisse der Rettungen durch Araber zu sammeln.

32 Daß Armenier vorübergehend Dörfer der Oberen Ǧazīra besiedelt hatten, erfuhr ich u.a. von den heutigen assyrischen Bewohnern, die später an derselben Stelle ihr Dorf errichtet hatten. Montagne (1932, S. 56) berichtet auch von „Plusieurs villages arméniens se sont fondés dans la basse-vallée du Djagh-Djagh et chez les Tayy." Der Anteil der armenischen Bevölkerung betrug 1946 innerhalb der Oberen Ǧazīra 6,8%. (nach Boghossian 1952, S. 40, berechnet)

33 vgl. Kap. 3

34 In der deutschsprachigen Literatur (vgl. z.B. Wirth 1963, S. 16-19) wird „Tscherkessen" als Oberbegriff für die verschiedenen kaukasischen Ethnien benutzt. Sie selber beharren jedoch auf ihrer jeweiligen ethnischen Eigenständigkeit.

35 Wirth 1963, S. 18

36 Über die zermürbenden Kämpfe zwischen Beduinen und Tschetschenen legt Oppenheims Vorwort zu „Der Tell Halaf" (1931, S. 20 ff) beredtes Zeugnis ab. Inwieweit die Sicht des Autors dabei vielleicht zu einseitig von seinen guten Kontakten zu den Beduinen geprägt ist, vermag heute kaum objektiv beurteilt zu werden.

37 Lewis 1988, S. 687

Methodik und Vorgehensweise Kapitel 5

1 vgl. Aufsätze in Arch+ 85: (1986) u.a. von Geist (S. 47f), Malfroy (S. 66ff); Schmid (1988) S. 21ff

2 Meine örtlichen Begleiter und Vermittlungspersonen werden in den Danksagungen genannt.

3 Da mir keine detaillierten aktuellen Karten zur Verfügung standen, mußte ich mich wesentlich auf veraltete französische kartografische Aufnahmen, die Ortskenntnis meiner lokalen Führer und eigenes Orientierungsvermögen verlassen. Dies hat zur Folge, daß vermutlich ein Teil der Dörfer kartografisch nicht ganz korrekt lokalisiert wurde. Die Namen der Dörfer geben die aufgesuchten Orte an. (Karte siehe innere Umschlagseite)

4 Bedal 1978, S. 15

5 Für diese Art der Funktionsanalysen wäre eine andere Form der Feldforschung notwendig gewesen.

6 vgl. Nippa 1991, S. 117

7 Schmid 1988, S. 21ff

8 Bedal 1978, S. 11

9 Bedal 1978, S. 11

10 Geist 1986, S. 47f

Das Haus, seine Nutzungen und Räume Kapitel 6

1 Beispielsweise gilt das Haus einer jungen Kernfamilie erst dann als *bait*, wenn sie getrennt vom Rest der Familie wirtschaftet und über eine eigene Küche und Vorratshaltung verfügt. Vergleiche dazu ausführlich: Nippa 1991 a, S. 9 ff

2 Nach Nippa (1991a, S. 122) gibt es auch beim Begriff *dār* die Konnotation mit ‚Familie'.

3 Nippa 1991a, S. 122

4 vgl. auch Eldem 1954, S. 218

5 Die ebenso häufig für den Baumeister gebrauchte Bezeichnung lautet *mu'allim*, wörtlich ‚Meister'. vgl. auch Anhang I „Bautechniken und Materialien"

6 Yalcin-Heckmann 1991, S. 149f

7 Da Dörfer meist von Mitgliedern desselben Stammes oder verwandter Stämme bewohnt werden, sind die Bewohner im weiteren Sinne oft miteinander verwandt. Das Dorf stellt eine Art erweiterter Familie dar. Auch Nachbarn begegnet man nicht als Fremden, sondern behandelt sie ähnlich wie Verwandte.

8 Wenn mehrere Eingangstüren vorhanden sind, wenden sich Fremde der offenen, der repräsentativsten oder jener Tür zu, vor der Schuhe abgestellt sind.

9 Der Begriff *muḥarram* ist abgeleitet vom Verbstamm *ḥarama* = ‚verboten sein'

10 Hier soll nicht weiter auf die mit der Zweiteilung in ‚Männer'- und ‚Frauen'-Bereiche verbundenen Vorstellungen des Wohnens eingegangen werden, da in den letzten Jahren dazu ausführlich Stellung bezogen wurde. Insbesondere sei verwiesen auf: A. Nippa 1991a, S. 60ff und S. Bianca 1991, S. 196 ff.

11 Ghirardelli (1985, S. 8) zeichnete ein Schema mit diagonaler Teilung des Raumes von links oben nach rechts unten. Meiner Beobachtung nach muß dies modifiziert werden: Die Grenze der täglichen gemischtgeschlechtlichen Nutzung (evtl. mit Nachbarn als Besuch) liegt im Normalfall ungefähr etwas seitlich der Achse, die durch die Tür gegeben ist. Der Platz unmittelbar links neben der Tür ist jedenfalls ein „Frauenplatz". Die Diagonale von Ghirardelli muß stärker Richtung Nordosten verschoben werden. (Nach Auffassung vieler Bewohner des Euphrattales liegt sogar der Ehrenplatz ungefähr in der Mitte der Nordwand!) Nach Ghirardellis Zeichnung befindet sich diese Stelle jedoch im „Frauenbereich"! Je mehr männlicher Besuch kommt, desto mehr rücken die Frauen Richtung Tür und geben Platz für die Männer frei.

12 Über Frauenarbeiten am Bau: vgl. Anhang I „Bautechnik und Materialien"

13 Sachau 1883, S. 170; Musil (1928, S. 61ff), ebenso wie Raswan (1976, S. 157), Dickson (1969, S. 148) und Reintjens (1975, S. 88) vermerken, daß Frauen (und Sklaven) den Zeltaufbau erledigen. Stein (1967, S. 36f) schreibt über den Stamm der Šammar, daß Männer und Frauen gemeinsam Zelte aufbauen. (vgl. auch Kapitel „Bauformen und Bedeutungen") Daß bei den Šammar beide Geschlechter gemeinsam die Zelte aufbauen, kann auch als ein Zeichen des Übergangs interpretiert werden, da Stein seine Untersuchung während der sechziger Jahre anstellte, als der Stamm schon seßhaft war. Vom Bau des Hauses von *šaiḫ* Muǧim in 'Ain 'Aissa am Baliḫ berichtet H. Charles, daß ein Baumeister, unterstützt von fünf Männern und vier Frauen, das neue Haus errichtete. (1942, S. 68)

14 Als Begründung, warum die Bauhelfer männlichen Geschlechts sein müßten, gaben Frauen an, daß sie mit ihren Schippen nicht hoch genug heraufreichen würden, um dem Baumeister den Mörtel hinaufzureichen.

15 vgl. Kapitel 12

16 Ein Beispiel mag diese unterschiedlichen Auffassungen beleuchten. Im Dorf Ǧurn Kabīr im oberen Euphrattal hatten Frauen alle Verputzarbeiten zu erledigen. Im 60 km südlich gelegenen Ḥabūba Kabīra dagegen ist Verputzen im allgemeinen Männersache. Frauen dürfen nur bis in die Höhe verputzen, die sie mit ihren Armen erreichen können und machen Handreichungen.

17 Da es keinen gemeinsamen Ehenamen gibt, behält die Frau zeitlebens den Familiennamen ihrer Vaterfamilie. Kinder erhalten den Familiennamen des Vaters, er trägt auch die alleinige Verantwortung für sie.

18 *Ḥauwāt* bedeutet ‚Schwestern'. Diese Bezeichnung weist auf die verbreitete Annahme hin, daß es sich bei der Nachgeburt um in der Gebärmutter abgestorbene Geschwister handelt. Da diesen behütende Wirkung auf das lebende Kind zugesprochen wird, hat der Ort, an dem die Nachgeburt begraben wird, eine besondere Bedeutung. Auf die Frage nach dem Vergraben der Nachgeburt machte mich Hanna Repp aufmerksam, die diesen Fragen in Ägypten nachgegangen ist. (Repp 1996, S. 30ff) Meine Erkenntnisse über die Ǧazīra beruhen auf verschiedenen Gesprächen mit traditionellen Hebammen und „weisen" Frauen. Männern sind solche Dinge meist unbekannt. So berichtete eine Informantin aus Al-Ḫātūniya, daß bei dem Vergraben der Nabelschnur darauf zu achten sei, daß sie nach oben zeige, „um die Gesundheit von Mutter und Kind nicht zu gefährden". Andere Informantinnen erwähnten einen Zusammenhang zwischen dem für das Kind gewünschten Beruf

(meist der des Vaters) und dem Ort des Vergrabens der Nachgeburt. Zum Beispiel soll dies in einer Fischerfamilie nahe dem Ufer eines Gewässers liegen.

19 Es gibt große Unterschiede zwischen einzelnen Dörfern oder Familien, bei der Frage, wieviel Freiraum Frauen oder Mädchen gestattet ist. Generell werden Mädchen im heiratsfähigen Alter stärker kontrolliert.

20 Unabhängig davon, ob Männer im Haus schlafen, hat es sich eingebürgert, nachts eine Lichtquelle brennen zu lassen: eine kleine Petroleumlampe oder eine kleine abgetönte Birne erhellen den Raum ein wenig.

21 Auch bei den traditionellen Tänzen der Ǧazīra herrschen dieselben Raumprinzipien: ein Kreis oder Halbkreis von Tanzenden befindet sich in ständiger Bewegung, bereit neue aufzunehmen, die sich irgendwo einfügen, oder andere gehen zu lassen. In der Mitte spielen ein oder zwei Musiker und gelegentlich tritt ein besonders guter Tänzer in die Mitte, um solistisch zu tanzen.

22 Johansen nennt diese Raumstruktur „teppichzentriert" (1983, S.335), was für die Ǧazīra ein etwas unpassender Ausdruck ist, da in der Mitte keine wertvollen Teppiche, wie offenbar in der Türkei, liegen, auf welche sich die Studie bezieht. In Gästehäusern grundsätzlich und bei Wohnhäusern in einigen Gebieten Nordostsyriens bleibt der Fußboden sogar absichtlich ohne Teppich oder Matte, um die Räume sauberer und im Sommer kühler zu halten.

23 Johansen, 1983, S. 335ff

24 Diese Sitzteppiche liegen tagsüber oft eingerollt und aufgestapelt an einer Seite, damit sie nicht Verstauben und werden erst bei Bedarf ausgebreitet.

25 Die Schwierigkeit bei der Benennung der Räume nach Funktionen spiegelt sich in der Literatur. Gästeräume werden als „Männerraum" oder „Empfangsraum" bezeichnet, Familienwohnräume als „Wohnraum der Frau".

26 Die Säcke werden manchmal im Gästeraum gestapelt, wenn eine Familie nach der Ernte ihre Felderträge nicht sofort verkauft, um bessere Marktpreise abzuwarten.

27 Die von Bianca (1991, S. 209) aus dem Maghreb beschriebene Begriffsabgrenzung von *bait* und *dār*, in der *bait* die kleinere Einheit und *dār* eine größere übergeordnete Einheit darstellt, trifft in der Ǧazīra nicht zu. Beide Begriffe werden synomym oder, wie bei *dār al-bait*, geradezu umkehrt zum maghrebinischen Gebrauch verwendet.

28 Die Frauen zogen sich gegebenenfalls aus diesem Raum zurück.
In Inneranatolien findet sich eine Parallele zu diesem Kernwohnraum. Auch dort wird er genauso bezeichnet wie das Haus (*ev*) als Ganzes. vgl. Stirling 1965, S. 21

29 Beide Begriffe bedeuten ‚Familienraum'.

30 Wenn ein männlicher Gast bei der Familie übernachtet, schläft das männliche Familienoberhaupt oder zumindest ein älterer Sohn bei dem Gast – so die Tradition.

31 Der Brite Soane zeigte sich erstaunt darüber, daß die Familie, d.h. auch Frauen im selben Raum wie männliche Gäste schlafen können. (1912, S. 41)

32 Dem steht nicht entgegen, daß unter Umständen der Familienwohnraum – meist bedingt durch den Jahreszeitenwechsel – häufig komplett umgeräumt wird.

33 Früher waren auch Reitsättel und -sänften für Frauen ein Teil des Mobiliars, da man sich an diese anlehnen konnte. Sie sind heute völlig verschwunden.

34 Musil (1928, S. 64) berichtet, daß die Rualla-Beduinen zwei verschiedene Formen von Steppbetten kannten, „... either of the European pattern, lehef, or of an Oriental pattern, tarrâha...." Nachfragen in Dörfern des Stamms der Welde ergaben, daß sie unter *ṭarrāḥa* eine aus Lumpen hergestellte dickere Sitzunterlage für den Winter verstehen.

35 Gäste schliefen früher meist auf den Teppichen innerhalb des Gästebereichs und deckten sich im Sommer mit ihrer eigenen *ʿabbāya*, im Winter mit ihrem Mantel, der *farwa*, zu. vgl. Dalman 1939, S. 21

36 vgl. auch Pütt 1997, S. 319

37 Pro Schaf werden jährlich 2 bis 2,5 kg Rohwolle geschoren. Für eine repräsentative Gästematratze, 1,70 x 1 m, werden ca. 40 kg Wolle verwendet. Eine Frau arbeitet ca. eine Woche, um die Wolle zu säubern und die Matratze zu nähen. Ein Oberbett und ein großes Kopfkissen (0,50 x 1m) erfordern bis zu 10 kg.

38 So wurde mir ein Fall geschildert, in welchem der erwachsene, unverheiratete Sohn einer Familie einen Laden eröffnen wollte. Da die Familie dazu nicht über genug Bargeld verfügte, verkaufte seine Mutter den größten Teil der Füllwolle ihres Bettzeugs. Dies wurde allerdings von dem Informanten als ein eher ungewöhnlicher – im Sinne von „So etwas macht man nicht" – Vorgang geschildert.
Insbesondere außerhalb der Schurzeit steigt der Preis für gewaschene Rohwolle zum Teil auf mehr als das Doppelte an und erreicht ca. 250 Syr. Lira/kg, ca. 8,- DM (Stand 1994). Pro geschorenem Schaf kann man mit ca. 2,5 kg Rohwolle rechnen.

39 Baumwolle muß häufiger als Schafwolle gelüftet werden, da sie schneller klumpt. Wie oft das Bettzeug entweder als Ganzes an die Sonne gelegt, bzw. wie häufig die einzelnen Teile aufgetrennt und neu gezupft werden, ist individuell verschieden.

40 Die Vorliebe der bäuerlichen Bevölkerung für geometrische Muster und lebendige Farben beschreibt schon Boucheman (1934a, S. 117f). Zu seiner Zeit benutzten die Beduinen noch die „groben", vermutlich selbstgewebten Kissenhüllen, die heute nicht mehr in Benutzung sind. Die von Boucheman als städtisch beschriebenen weißen Schutzhüllen der Kissen mit offenen Enden finden sich gelegentlich in der Ǧazīra. Einzig in den Oasenorten der Syrischen Wüste werden Kissenhüllen noch selbst gewebt. Sie werden auf großen stehenden Holzwebstühlen in Kelimtechnik hergestellt und folgen einem traditionellen geometrischen Formenkanon.

41 *Frāš* oder *firš*, (sing. *firše*) bedeutet ‚Möblierung, Hausrat, Matte, Teppich' und geht auf den Verbstamm *faraša* = ‚ausbreiten, hinbreiten' zurück. *Hudūm* bedeutet ‚Kleidung', *gešš* hat den Verbstamm *qašša*= ‚sammeln'. *Naḍīda* bedeutet ‚Kissen, Polster, Matratze' und kommt vom Verbstamm *naḍada* = ‚aufschichten, ordnen'

42 Bei T-, Winkel- und Zeilenhäusern, bei denen die Lage der Stapelwand traditionsgemäß feststeht, haben Bettzeugstapel direkte Auswirkung auf die Größe des Hauses.

43 Die Herkunft der Bezeichnung *karāwaite* ist unklar. Aus Aleppo berichtet Dalman (1942, S. 178) von „sofaartigen Sitzgestellen ohne Rückenlehne", die als *karawite* bezeichnet wurden. Nikitine (1956, S. 88) fand *kulin*-Gestelle auch im kurdischen Hochland. „Face à l'entrée contre le mur de fond und espèce de large tréteau fait avec des planches posées sur des pieux (kouline)."

44 Der Begriff *ǧaǧīm* ist wohl ursprünglich persisch, jedoch auch im Türkischen als *cicem* gebräuchlich. (vgl. Wulff 1966, S. 202) *Hudra* bezeichnet einen ‚Vorhang' und den ‚Frauenteil des Zeltes'. *Nasīǧ* kommt vom Verbstamm *nasaǧa* und bedeutet ‚weben'.

45 „L'extrémité gauche de la tente..., reservée aux femmes et aux bagages, est separée du koçik par une natte ... doublée d'une tenture en laine (perdeh) ornée de coquillages...." Randot 1936, S.38

46 Noch bis vor einer Generation wurden diese Teppiche von den künftigen Bräuten selbst gewebt und gehörten zur Aussteuer. Die Teppiche bestehen aus meist vier aneinandergenähten schmalen Bahnen, *fiǧǧe* oder *šugge* (‚langes Stück Tuch'), die auf liegenden horizontalen Webgeräten gewebt werden – dieselben Vorrichtungen, auf denen auch Zeltbahnen gewebt werden. (vgl. Biasio 1998, S. 139 ff) Die Techniken, Muster und Farbgebung differieren regional. In einigen Gebieten befestigt man dicke bunte Troddeln, *šarāšibb*/sing. *šaršubba*, an der Langseite, die nach unten gehängt wird.

47 Die Vorhangteppiche wurden am Seitenteil *riwāq* (im lokalen Dialekt *ruwāg*) befestigt und reichten fast nie von der Decke bis zum Boden, sondern ließen großen Luftraum unten und oben.

48 Nur mit einer geringen Menge Bettzeug gelang es, schnell an die Vorräte zu gelangen. Über Bettzeug- und Vorratsstapel in Zelten vgl. auch Stein 1967, S. 39, Layard 1851, S. 70

49 Viele Frauen legen sie kaum sichtbar bündig mit der Vorderkante zuunterst des Bettzeugstapels.

50 vgl. z.B. Christensen 1967, S. 110

51 Sweet berichtet aus Dörfern seßhafter Bauern südlich von Aleppo zwar über Aufstapelung von Bettzeug, es handelte sich dabei jedoch nur um das täglich verwendete Familienbettzeug von geringerem Umfang. vgl. Sweet 1960, S. 119

52 Nikitine 1956, S. 88

53 Dalman (1942, S. 178f) berichtet zwar ausführlich über das Bettzeug, aber auch er beschreibt das tägliche Transportieren und Ablegen entweder in eine extra dafür vorgesehene Raumnische an der Rückwand oder das Stapeln auf der Kleiderkiste; d.h es handelte sich um täglich benutztes Bettzeug.

54 Dalman berichtet (1939, S. 21) über Teppiche, die ihm von palästinensischen Beduinen zum Schlafen angeboten wurden.

55 Im traditionellen städtischen Haus ist die *ʿittābe* immer der tieferliegende Raumteil, der oft auch gestalterisch akzentuiert ist. Eine neue Studie weist diesen unterschiedlichen Raumebenen gravierenden Einfluss auf die Entwicklung nahöstlicher Architektur insgesamt zu. (Fuchs 1998, S. 157ff)

56 vgl. Reuther 1925, S. 207 f; zur Bedeutung der Schwellen: siehe Kap. 12

57 Es wurde eine Parallele zwischen dem Wassergefäß auf der *ʿittābe* und den kleinen Wasserbecken gezogen, die im Empfangsbereich städtischer Häuser für Kühlung sorgen. Fuchs 1998, S. 164

58 In anderen Teilen Syriens finden sich Brauttruhen mit z.T. sehr aufwendigen Horn- oder Perlmuttintarsien.

59 Der Begriff ist vermutlich von *secrétaire* (franz.) abgeleitet.

60 Als es in den achtziger Jahren Mode wurde, die oben beschriebenen Unterschränke für den Bettzeugstapel anfertigen zu lassen, überließen viele Frauen ihre alten Brauttruhen den Schreinern. Dies Holz wurde dann zum Bau der neuen Schränke mitverwendet, was den Preis reduzieren half.

61 Bügelwiegen kommen in verschiedenen Regionen Asiens vor. In Hängewiegen kann man, nachdem die Kinder heraus gewachsen sind, auch Lebensmittel ablegen, die vor Ungeziefer geschützt werden sollen.

62 Da in Abwesenheit von männlichem fremden Besuch jedoch die gesamte Familie den Wohnraum nutzt, lehnt beispielsweise Nippa (1991a, S. 62ff) die Bezeichnungen in Männer- und Frauenbereiche ab.

63 Palgrave 1867, S. 18

64 Diese Kissen sind – wenn selbstgefertigt – mit Stroh, Schilf, Lumpen oder Baumwolle gefüllt. Heute bevorzugt man im Empfangsraum größere Kissen aus industrieller Herstellung.

65 Die Idee dieser Filzteppiche stammt aus dem innerasiatischen Raum und wurde durch die Turkvölker in den Nahen Osten getragen. Noch heute sind die *lubābīd* (sing. *lubād* = Filz) nur in Nord- und Nordostsyrien, also im Grenzbereich zu den Siedlungsgebieten der Türken, verbreitet. Die Bezeichnung *lubād* kommt vom arabischen Verb *labada* und bedeutet ‚haften, kleben'. Heute werden *lubābīd* in kleinen Manufakturen maschinell hergestellt. Zentren der Herstellung sind Aleppo und Al-Bāb, beide westlich des Untersuchungsgebietes gelegen.
Neuerdings lösen Teppichböden oder große Kunststoffteppiche über die ganze Fläche des Raumes das System mit Sitzteppichen ab.

66 Wie weit die kulturelle Beeinflussung der verschiedenen Ethnien und Regionen untereinander geht, belegt anschaulich, daß in dem *šaiḫ*-Haus in Topzawa, wo Henny Harald Hansen in den fünfziger Jahren wohnte und das sie fotografierte, dieselbe Art von Walkteppich wie die *lubābīd* im Untersuchungsgebiet, liegt. Selbst das Muster ist ähnlich wie in Nordostsyrien. vgl. Hansen 1961, Fig. 26

67 Selbstverständlich werden auch die anderen Räume ähnlich gesäubert, beim Empfangsraum wird jedoch der größte Wert darauf gelegt.

68 Kömürcüoglu erwähnt, daß türkische Wohnhäuser keine Fenster nach Westen aufweisen, um nicht die stechende Westsonne ins Haus zu lassen. (1966, S.12f)

69 Bis über die Mitte des 20. Jahrhunderts buken die Frauen Brot aus Hirse, Gerste, Mais oder einer Mischung dieser Mehle. Aufgrund der anderen Bindefähigkeit und Konsistenz war jenes Brot dicker und kleiner als heute. Nur Wohlhabende konnten Weizenmehl verbacken. Bis vor wenigen Jahrzehnten wurde dieses Mehl täglich in steinernen Handmühlen, *rāḥāt*, wie sie schon aus altorientalischer Zeit bekannt sind, gemahlen. Diese Mühlen exististieren heute zwar noch in einigen Haushalten, in ihnen wird aber meist allenfalls noch Salz gemahlen.

70 Ursprünglich ist Tannurbrot das Brot der Seßhaften, da es der stationären Einrichtung einer heißen Tannur-Wandung bedarf. Heute haben auch viele ehemalige Nomaden den Tannur übernommen. Der Tannur findet sich schon in altorientalischer Zeit, er ist heute über den ganzen Nahen und Mittleren Osten bis nach Indien (unter dem Namen *tandoor*) verbreitet.

71 Im *maḫmār* werden auch andere Lebensmittel aufbewahrt. *Hamara* kommt vom Verbstamm ‚bedecken, durchsäuern, in Gärung bringen'. Dalman 1939, S. 22

72 Die traditionelle *semna*-Herstellung – dort zwar von Kuhmilch, was sich jedoch nicht von der Schafssemna unterscheidet – wird bei Jastrow (1981, S. 387 ff) beschrieben.

73 „However, the preparations for this took place elsewhere: on the clay floor of the dwelling house the meat was prepared, or wine leaves were folded round lumps of rice and placed in the cooking pot. Meat and rice were rinsed at the washing bassin, where also dish washing after meals took place. What we understand as kitchen work was thus distributed over several places and not assembled in one room or at one spot." Hansen 1961, S. 34, vgl. auch Nippa 1991, S. 114

74 Früher kochten die Frauen häufiger in den Feuerküchen.

75 Zur Konstruktion: vgl. Anhang I „Bautechniken und Materialien"

76 Nur in zwei Häusern, beide in der Euphratregion, sah ich eine Art separate Naßzelle, die apsidenartig an den Raum angebaut war.

77 Die Aramäer nennen die Backtonne *tennura*, im Westiran sagt man *tandûr*, in Anatolien *tandir*, in Armenien *tonir*. Zur Herstellung des Tannurs vgl. Anhang I „Bautechniken und Materialien"

78 In der Regel liegen Tannure innerhalb der Gehöfte. Jene, die von einem Dach geschützt sind, werden gemeinsam von mehreren Frauen errichtet und genutzt. Sie liegen daher außerhalb der Gehöfte im öffentlichen Raum.

79 Da Tannure, selbst wenn sie überdacht sind, immer mehr oder weniger im Freien stehen, bevorzugen die Frauen an kalten Regentagen, *sāǧ*-Brot in der Feuerküche zu backen.

80 Wenngleich auch heutzutage meist kein akuter Wassermangel in den Dörfern mehr besteht und viele Dörfer sogar an Wasserleitungsnetze angeschlossen sind, so bleibt Wasserknappheit dennoch die prägende Erfahrung für die Bewohner dieser Steppenregion. Bis heute ist es Aufgabe der jungen Mädchen und Frauen, den Haushalt mit Wasser zu versorgen.

81 Im Dorf Al-Babīrī am Assad-Stausee finden sich Hammams hinter den Wohnräumen. In der Oberen Ǧazīra weisen einige der großen *šaiḫ*-Häuser vom Winkelraum abgetrennte bis zu 10 m² große Hammams auf, in denen auch Kühlschrank und Waschmaschine stehen können.

82 Eine sehr einfache aber wirkungsvolle Lösung zur Aufbewahrung von Essensresten sah ich bei einer Familie im Euphrattal, die vor dem Haus einen engmaschigen Korbkäfig auf hohen Beinen errichtet hatte. Darin werden nachts bestimmte Lebensmittel aufbewahrt, die so vor Ungeziefer oder Tieren geschützt sind. Große geflochtene Abdeckhauben, *mkebbe*, waren früher üblich.

83 Über die alte Form der Weizengrützeherstellung: vgl. Christian 1917/18, S. 1018.

84 Eigentlich bedeutet *mal* „Habe, Besitz", hier sind damit jedoch Vorratssäcke gemeint.

85 Blunt 1979, S. 75; Montagne 1932, S. 57; Im Euphrattal wurde berichtet, daß noch bis in die fünfziger Jahre des 20. Jahrhunderts Korngruben angelegt wurden. Man kleidete sie allseitig mit Häcksel aus, um das Korn vor Feuchtigkeit zu schützen, und bedeckte das Loch mit einer Plane und Erde.

86 Die Bedeutungen sind: ‚Haus des Wasserkrugs', ‚Häuschen des Beckens', ‚Haus des Trinkwassers', ‚Ort des Kruges'.

87 Nach Charles (1942, S.31) kommt dieses Moskitonetz von den seßhaften Kurden, vermutlich der Sürüç-Ebene: „Les sédentaires kurdes seuls savent s'en préserver en enveloppant leur lit en plein air d'une mousseline ou kella. Cet usage n'as pas encore gagné les populations habitant plus au sud."

88 Wer nicht darauf angewiesen ist, den Erlös aus dem Verkauf der *cash crops* sofort zu erhalten, bewahrt die Getreideernte noch einige Zeit auf, um ein Ansteigen der Preise abzuwarten. Wenn dies alljährlich praktiziert wird, entsteht der Bedarf nach Lagerkapazitäten, d.h. nach größeren Scheunen. Diese werden jedoch selten errichtet. Statt dessen werden die Ernteerträge, die häufig die auschließliche Einnahmequelle für ein ganzes Jahr darstellen, im Empfangsbereich – da dieser am entbehrlichsten ist – zwischengelagert.

89 Da *xane* jeglicher Bau sein kann, muß der Begriff um die Tierart ergänzt werden, deren Stall dies ist.

90 Es handelt sich dabei jedoch nur um eine graduell abweichende Bewertung des Verhältnisses von Familie und Außenwelt. Diese Christen haben während der letzten Jahrhunderte in der mehrheitlich muslimisch geprägten Umwelt des Osmanischen Reiches gelebt, von wo sie auch Aspekte der Trennung der Männer- und Frauenwelt übernahmen. Erst seit dem engeren Kontakt dieser Christen zum Westen sind die Frauen weniger separiert. Charakteristisch für die meisten Minderheiten ist eine größere Bereitschaft, Neuerungen und Einflüsse aus dem Westen aufzunehmen.

91 *Dušek* bedeutet ‚Bett, Matratze' sowohl im Kurdischen als auch im Türkischen. Ich sah solche Bänke in einem kurdischen Haus in Šarm Al-Šaiḫ im Bec de Canard, in einem assyrischen Haus in Tell Hormuz am Ḫābūr und in einem armenischen Haus in ʿAin Al-ʿArus in der Balīḫ-Region.

92 vgl. Kapitel 9

93 Die an der Wand befindlichen halbhohen gemauerten Sitzpodeste, arab. *ṣuffa* (= ‚in einer Reihe aufstellen') waren namengebend auch für den deutschen Begriff ‚Sofa'. Während heute im Untersuchungsgebiet dafür die Begriffe *dušek* oder *ṣuffāya* benutzt werden, hat sich im Türkischen der Begriff *sofa* für Diele durchgesetzt. (Dies rührt vermutlich daher, daß in der Diele meist eine Sitzecke vorhanden ist.)

94 Falls genügend Wohnraum in einem Haus zur Verfügung steht, sind diese beiden Sitzweisen auf zwei verschiedene Zimmer aufgeteilt.

95 Dalman 1942, S.. 214

96 Sweet (1960, p.119) berichtet von Vorratsbehältern, die als *nawl* bezeichnet werden. vgl. Anhang I Bautechniken und Materialien

97 vgl. Khammash 1986, S. 78, Dalman 1942 u.a.p. 142f, Abb. 31, 71, 113a

98 vgl. Khammash 1986, S. 22

99 In Tell Ǧimmʿa zeichnen sich auch auf der Tellkuppe Spuren von Tannuren im Boden ab. Nach Aussagen der heutigen Bewohner sind sie Reste einer armenischen Besiedlung, die dort in den zwanziger und dreißiger Jahren bestanden hat.

100 Kleine Nischen oder Eckwandborde dienten früher zum Abstellen der Gaslampen. Wo kein Elektrizitätsanschluß vorhanden ist, benutzt man Petroleum-Windlichter, *ballūrāt*, oder die Gasdrucklampe *lūks*.

101 Es handelt sich vermutlich um eine sprachliche Ableitung von (arab.) *qubba* = ‚Kuppel', da diese Nischen früher immer mit Bögen versehen waren. Bei Arabern scheint der Begriff *kubbala* oder *qubbala* nicht geläufig zu sein. Das kurdische *levina* oder *nivin*, bedeutet ‚Bett, Matratze'.

102 vgl. auch das Haus Haci Ömer aus Karaman/Türkei, abgebildet in: Bammer 1982, Fig. 37

103 Das „Aleppiner Zimmer" im Pergamonmuseum Berlin bildet eines der hervorragendsten Beispiele.

104 Hütteroth 1961, S. 37; Al-Kasab 1966, S. 59

105 Mit diesen Worten zitiert Schütz (1930, S. 140) den Bruder des damals höchsten yezidischen Geistlichen.

Vorläufer heutiger Hausformen
Kapitel 7

1 Zu den wohnhygienischen Bedingungen in alawitischen Bergdörfern um 1930: vgl. Dodd 1934, S. 174f.

2 Von der umfänglichen Literatur über das Beduinenzelt seien hier nur erwähnt: Dalman 1939; Dickson 1969; Feilberg 1944; Rackow/Caskel 1938, S. 170ff; Musil 1928, S. 61ff. Unter den sechs Zelten, in denen ich zu Gast war, gehörte nur eines einer vollnomadisch lebenden Beduinenfamilie (Stamm der Mawālī). Dieses Zelt unterschied sich dadurch, daß erheblich mehr Vorrats- und Hausratssäcke entlang der Zeltwände aufgestapelt waren. Die anderen Zelte gehörten: zwei Schafnomaden-Familien des Welde-Stammes aus dem Euphrattal; eines war ein Zelt von Ṭāyy-Beduinen in der Oberen Ǧazīra, eines gehörte einer Familie der Benī Sbʿa aus dem Inneren der Syrischen Wüste. Am Rande der Wüste, im heutigen Bewässerungsgebiet besuchte ich das Riesenzelt des einflußreichen *šaiḫs* Ḫalīl Al-Ḥāǧim As-Ṣfūg von den Ḥaddīdīyn. Diese fünf Zelte gehören alle halbnomadisch lebenden Familien, die auch über Häuser verfügen.

3 Sachau 1883, S. 143

4 Nach Angaben von Euphrattal-Bewohnern geschah die Flachsverarbeitung folgendermaßen: der Flachs wurde in Wasser gelegt, bis die Rinde aufbrach, aus dieser Rinde spann man Fäden, die zu Bahnen gewebt wurden Dieses Grobleinen wurde auch in die Städte verkauft. Das übrig gebliebene Rohr diente als Dachträgermaterial.

5 Die Stabmatten, *zerūb*, werden aus sehr geraden Stengeln oder Strünken hergestellt, die in Webtechnik verbunden werden. Je nach Ort ihres späteren Einsatzes werden sie relativ grob mit einigen dünnen Seilen zusammengehalten oder aus bunten Woll- und Baumwollfäden werden komplizierte geometrische Muster gewebt. Heute dienen sie manchmal als Dachträgermaterial. (Zur Herstellung vgl. Wulff 1966, S. 220 f) Dank der intensivierten Landwirtschaft stehen heute viel mehr Stengel als früher zur Verfügung.

6 Das Streben nach großen Mengen Bettzeugs auch unter Beduinen zeigt, daß ähnliche Wertvorstellungen zwischen seßhaft gewordenen und noch nomadisch lebenden Beduinen existieren. Dabei stellt sich für die Nomaden ein Beförderungsproblem. Nur dank der LKWs und Traktoren mit Anhängern ist diese üppige Ausstattung mit Bettzeug transportabel. Halbnomaden führen weniger Bettzeug mit sich, da ein Teil in ihrem Haus bleibt.

7 Musil 1928, S. 61, 72

8 Oppenheim 1931, S. 12

9 *ai* Ḫalīl Al-Ḥāǧim ließ sich ein zusätzliches Zelt in der Art eines riesigen Moskitonetzes anfertigen, da die Region, in der sein stationär verbleibendes Zelt steht, stark von Mücke heimgesucht wird. Das neue Zelt besteht aus einem Metallgerippe und einem losen dünnen Baumwollgewebe darüber.

10 vgl. Layard 1851, S. 55

11 Solche stationär verbleibenden Zelte („tente fixe") muß es noch in den siebziger Jahren häufiger gegeben haben. Daker widmet ihnen einen ganzen Abschnitt. (1984, S. 52f)

12 Rackow (1938, S. 179) beschrieb weitere Unterschiede zwischen kurdischen und arabischen Zelten.

13 Über einen speziellen Übergang zwischen Nomadismus und Seßhaftigkeit berichtet Jarno unter dem Titel „Le jeu annuel de la sédentarisation" (1984, S. 191 ff)

14 Layard 1851, S. 55

15 Ausführlicher sind diese ‚huttes d'estivages, nur bei Daker (1984, S. 54 ff, Fig. 3 a) beschrieben. Seine Untersuchungen stammen aus den frühen siebziger Jahren, wo er diese noch häufiger in Benutzung erlebte. Er bildet ein Beispiel einer großen, in der Längsachse nordsüdlich ausgerichteten, mit Mittelstützen versehenen Zweighütte ab, die repräsentativ gestaltet ist. Sie gehört offenbar einem lokalen *šaiḫ*. Ich sah keine solchen mehr. Sowohl Daker als auch ich gewannen unsere Erkenntnisse über die Zweighütten vor allem beim Stamm der Welde. Zwischen beiden Untersuchungen liegt jedoch die Zäsur, die der Bau des Assad-Stausees samt seinen Umsiedlungen bedeutete.

16 Nach Daker (1984, S. 55) werden nur die großen mehrräumigen Zweighütten als *ṣībāt* bezeichnet, während die kleinen *ʿarīša* genannt werden. Mir wurden beide Begriffe als identisch in ihrer Bedeutung genannt.

17 Lady Blunt (1879, S. 91) beschreibt ein ʿAfādle-Dorf inmitten des Tamarisken-Dschungels, das nach außen mit Zweiggeflecht gesichert war. Die Bewohner hielten dort Kühe und Büffel und nomadisierten nicht mehr. Bis heute werden manchmal Teile alter Zeltplanen oder Jutesäcke auf das *ṣībāt* mit aufgelegt, um die Schattenwirkung zu verstärken.

18 Da die verwendeten Pappelstämme zu wertvoll sind, als daß sie auf die entsprechenden benötigten Längen zurechtgesägt werden, ragen sie in unterschiedlichen Längen seitlich und nach oben über das ṣībāt hinaus.

19 Oppenheim 1899, S. 17

20 Daker 1984, S. 55 f

21 Daker (1984, S. 54 f) beschreibt Satteldach-Zweighütten mit Mittelstützen, die ich nirgendwo sah.

22 Daher erklärt sich vielleicht der Widerspruch zu Daker (1984, S. 55), der nur von Nordöffnungen berichtet. Er hielt sich in den Monaten Juli/August dort auf.

23 vgl. Kapitel 10

24 Daker 1984, S. 58, Fig. 6; Auf einem unveröffentlichten Foto des Oppenheim-Archivs ist ein *ṣībāt* der Šerabiyīn zu sehen, dessen Giebelwand im oberen Teil komplett aus aneinander gelehnten Lehmziegeln besteht. (Tafel 3.3 c)

25 Oelmann 1927, S. 60 (Abb. 35 a, b)

26 F. Bissar (1955, S. 109f) notierte, daß 1948 71% aller Häuser in der kleinen Stadt Qubūr Al-Baid/Al-Qaḥṭāniya nur aus einem Raum bestanden. Die Häuser verfügten jedoch über separate Ställe. Etwas merkwürdig ist, daß auch von „Schlafräumen in den Einzimmerhäusern" die Rede ist. (S. 110)

27 u. a. Bois 1966, S. 21; Den Begriff *yāḫūr* benutzt man in der Euphratregion ebenfalls für „Stall".

28 Montagne (1932, S. 57) bildete auch ein Zeilenhaus ab, das offenbar etwas wohlhabenderen Besitzern gehörte und über einen separaten Gästeraum verfügte. Seitlich von dem Gästeraum und nur durch ihn erreichbar lag bei diesem Haus ein Viehhof.

29 Sachau 1883, S. 325; Er schrieb dies, nachdem er versucht hatte, bei yezidischen Häusern im westlichen Ǧabal Sinǧār einen „einheitlichen Plan" zu erkennen.

30 *Dabba* heißt ‚kriechen, auf allen Vieren gehen' (‚Den Begriff ‚*debābe*' benützt man auch für Panzer.)

31 Offensichtlich gab es zwischen meiner Bauaufnahme des *debābe* in Habuba Kabira, bei der ich darauf hingewiesen hatte, daß dies vielleicht das letzte und damit ein wichtiges Zeugnis einer alten Bauform sei, und seinem Abriß wenige Tage später, einen Zusammenhang. Es scheint dem Hausbesitzer peinlich gewesen zu sein, noch ein solches Relikt der Vergangenheit zu benutzen. Die folgenden Angaben fußen daher nur teilweise auf eigenen und großenteils auf Dakers (1984, S. 58 f) Beobachtungen.

32 Bei Daker (1984, S. 56) sind *ṣiyābīt* mit Seitenwänden aus Stampflehm abgebildet. (Fig. 4, Fig. 6)

33 Es gab keine hölzernen Türblätter, statt dessen wurde der Eingang mit Säcken oder flachgeschlagenen Metallkanistern verschlossen. Über diese Türöffnung hinaus gab es keine weiteren Öffnungen, auch der Rauch der offenen Feuerstelle mußte dort entweichen.

34 Banse 1911/12, S. 175

35 Während Beschreibungen der Erdgrubenhäuser meist aus dem Euphrattal stammen, hat Sykes in den Boden eingetiefte Häuser im an der irakischen Grenze gelegenen Dorf Al-Ḫātūniya beschrieben. (vgl. auch Kap. 13)

36 Land des Baal, 1982, S.20

37 Die Höhlen von „Kyrk Maghâra" werden bei Sachau (1883, S. 156) erwähnt. Häufig beziehen sich Autoren auf Wohnhöhlen, die etwas nördlich des untersuchten Gebietes im Euphrattal oder im Tektekgebirge liegen. (Tavernier 1681, S.70 f; Oppenheim 1901, S. 85)

38 In einer Höhle zu wohnen, ist heute offensichtlich stigmatisiert. Äußerst ungern gab man mir gegenüber zu, daß im Dorf noch eine Familie darin wohnte. Die dortigen Bewohner schämten sich für ihre „Rückständigkeit". In der Höhle wohnte die einzige kurdische Familie des Dorfs, die kein eigenes Land besaß und entsprechend arm war.

39 Veröffentlicht sind Gräber u.a. aus den nordsyrischen Orten Qaṭūr (195 n. Chr.) und Muǧlēya (6. Jahrhundert), die sehr ähnliche dreikonchige Grabanlagen aufweisen. (Tschalenko 1953, pl. LXXXV, Abb. 2, 3)

Haustypen Kapitel 8

1 Der Koran (Übersetzung von Rudi Paret) 1996, Sure 16, Vers 80, 81

2 zit. nach: Nippa 1991 a, S. 63

3 *„Kul wāḥed yemed riǧlēnū ʿala ṭūl al-ġṭah."*

4 Folgende Gründe können zu zweigeschossiger Bauweise führen: keine andere Erweiterungsmöglichkeit auf eigenem Grundstück oder intensive landwirtschaftliche Nutzung aufgrund von künstlicher Bewässerung rings um das Haus.

5 Der Begriff *franǧī* (eigentlich: ‚fränkisch, aus dem Frankenland kommend') bedeutet „fremd".

6 Ainsworth 1842, S. 102

7 „beehives" (Copeland 1951, S. 21ff), „Bienenkorbhäuser" (Gabriel/ Rathjens 1956, S. 237), „maisons en pain de sucre" (Weulersse 1946, Planche XVI) „zuckerhutförmig" (Petermann 1865, Vol.II, S. 16)

8 Im Gegensatz zu Banse (1911/12, S. 173) würde ich Kuppelhäuser nicht als „Hütte" bezeichnen wollen, da dieser Begriff an einen temporären Bau denken läßt. Bei den Kuppelhäusern handelt es sich aber um Gebäude, die auf Dauer errichtet werden. Bis heute wird der Begriff „Hütte" oft mit diffamierendem Unterton für Bauten in weniger entwickelten Ländern benutzt.

9 Der arabische Verbstamm *qabba* bedeutet ‚aufsteigen, sich aufrichten'. Merkwürdigerweise wurde der Ursprung des Begriffs im persischen gunbād vermutet. (vgl. Lokotsch, 1975, S. 97 f)

10 In weiten Teilen der arabisch-islamischen Welt finden sich kleine Kuppelbauten, die Heiligengräber bergen. Auch sie haben quadratische Grundrisse, ihre Kuppeln sind jedoch „echte" Gewölbekuppeln, sie werden in Syrien als qubbet *šaiḫ* bezeichnet und im folgenden nicht behandelt.

11 Offensichtlich finden sich in den südlichen Verbreitungsgebieten runde Grundrisse häufiger. (vgl. Aljundi 1984, S.38)

12 *gubbet garʿa* = ‚Kuppel mit Glatze', *gubbe baiḍāwiya* = ‚Kuppel mit einer halben Eiform'. Daß abgeflachte Kuppeln keine neue Entwicklung unserer Tage sind, belegen auch Fotos aus dem Oppenheim-Archiv vom Anfang des 20.Jahrhunderts.

13 Dennoch sind diese Räume selten exakt quadratisch, sondern die Seitenlängen weichen bis zu 50 cm voneinander ab.

14 Im südlichen Afrika in der Region Central Karoo existieren Rundkuppelhäuser, die nur aus Steinen konstruiert werden. Mit ihren Einlagesteinen zum Besteigen und Tünchen der Kuppel ähneln sie sehr den syrischen Kuppelhäusern der Verbreitungsgruppe um Salamiya. (EVAW S. 2160)

15 vgl. auch Oelmann 1927, S. 33 f, Abb. 14 d

16 Sowohl *gōs* als auch *ganṭara* bedeutet ‚Bogen, Arkade'. Im kurdischen Dialekt wandelt sich das hocharabische Wort *al-qantara* ab zu *qaintirma*.

17 In den Verbreitungsgruppen wechselte man zu verschiedenen Zeitpunkten von Gurtbögen zu Holzbalkenunterzügen.

18 Thureau-Dangin (1931, Abb. I) bildete eine zusammengefallene Vierkuppeleinheit mit Spolien-Mittelstütze aus Arslan-Tash ab.

19 Heute ist dieser westliche Raum auch bei Kuppelgehöften häufig ein Rechteckhaus.

20 Die Schubkräfte der beiden Kuppeln heben sich gegenseitig auf.

21 Die Verbreitungsgebiete, die Daker (1984) auf der Karte Fig. 12 angibt, sind ungenau und im wesentlichen zu klein angesetzt.
Auf der TAVO-Karte A IX 4 wird eine Kuppelhaus-Verbreitung in der Region südlich, südöstlich und östlich um Aleppo angegeben. Nach Osten hin deckt sich dies mit meinen Untersuchungsergebnissen, wenn man darin die äußerste Grenze der Verbreitung sieht. Die Art der Darstellung auf der TAVO-Karte legt nahe, daß im angegebenen Gebiet Kuppelhäuser die verbreitetste Hausform sind. Das waren sie auch zum Zeitpunkt der Erstellung dieser Karte schon nicht mehr.

22 Banse 1911/12, Tafel XXXI

23 Gabriel/Rathjens 1956, S. 240 f

24 Die Kuppelhäuser in Az-Zimla und Aṭ-Ṭurn hängen mit der Emigration der Bewohner zusammen. Auch die Kuppelbauten in Al-Kowm gehen auf Einwohner zurück, die sich in Al-Kowm seßhaft gemacht haben, nachdem sie einige Jahre in As-Sfīra, einem der Hauptorte der „Aleppo-Gruppe", verbracht hatten. vgl. Aurenche/Desfarges 1982, S.100

25 Banse 1911/12, S. ...

26 Nach der Flutung des Sees liegen die neu entstandenen Dörfer der einstigen Talbewohner mit ihren Flachdachhäusern neben den Kuppelhausdörfern auf der einstigen Uferterrasse, dem heutigen Stauseeufer.

27 Ein sehr ähnliches Haus aus dem jordanischen Der'alla (im Jordangraben) wurde veröffentlicht. (Yousef 1987, S. 113, Abb. 34 b) Selbst die Nutzung der einzelnen Räume scheint ähnlich zu sein.

28 vgl. Banse 1915, S. 266f; Oppenheim 1901, S. 92; Anfang des 20. Jahrhunderts vermerkte Uhlig: „Etwa 40.000 Kurden leben hier auf knapp 300 qkm in ihren bienenkorbförmigen Hütten aus ungebrannten Ziegeln..." (1917, S. 429)

29 Während Kuppelhäuser in der Oberen Ǧazīra heute nicht vorkommen (mit Ausnahme der „Assyrer-Häuser" am Ḫābūr), finden sie sich flußabwärts noch sehr vereinzelt, so u. a. im Ortskern von Aš-Šaddādī am mittleren Ḫābūr. Auch eine Abbildung Montagnes aus der Nähe von Ra's Al-ʿAin zeugt für eine gewisse Verbreitung in den zwanziger/dreißiger Jahren dort. „... une ferme kurde au voisinage de Ras el-ʿAin", Montagne 1932, Pl. XIII, Fig. 9 und S. 57

30 Informanten berichteten, daß zwischen den einzelnen Kuppeleinheiten kleine Öffnungen bestanden, die Einsicht in die Wohneinheit des Nachbarn ermöglichen sollte, um so möglichem Diebstahl vorzubeugen.

31 Für Wohnzwecke finden sich in der Ǧazīra (heute) keine Rundkuppeln mehr. Dagegen scheinen sie in den Kuppelhaus-Verbreitungsgebieten nahe Homs vorhanden zu sein. (Daker 1984, S. 64f) Im Dorf As-Sʿab in der mittleren Euphrat-Region wurde mir über eine Rundkuppel berichtet, die ursprünglich als Wohnraum gedient habe. Heute wird sie als Hühnerstall genutzt. Soane berichtet, daß ihm als „best room in the place" ein runder Kuppelraum zum Schlafen angeboten wurde (1912, S. 40).
Die Rundbauten der Ǧazīra werden im Kapitel 10 besprochen.

32 Einen Zwischenschritt vom runden zum quadratischen Kuppelgrundriß stellt vermutlich ein quadratischer Grundriß mit abgerundeten Ecken dar, wie es Daker (1984, Fig. 16) aus einem Dorf bei Homs abbildete.

33 Aksoy 1963, S. 85

34 Banse 1911/12, S. 178

35 Smith 1950, S. 62

36 u.a. Gabriel/Rathjens 1956, S. 247

37 Pfälzner 1994, S. 126 ff, Abb. 36, Tafel 69–71

38 Sarre/Herzfeld 1911, S. 118

39 Yāqūt nennt diese Region Baq'a' (I, S. 702, zitiert nach Sarre/Herzfeld, a. a. O)

40 Thevenot, 1686, S. 32; Auch Niebuhr (1778, S. 413) berichtet über Kuppelhäuser in den Vororten Aleppos.

41 Daß schon am Beginn unseres Jahrhunderts Kuppelgehöfte oft auch über einen Flachbau verfügten, belegen eine Zeichnung (Banse, Abb. 58) aus Tell Aḥmar und Fotos von Max von Oppenheim aus dem westsyrischen Salamiya.

42 Angeblich soll vor der syrischen Revolution ein örtlicher Großgrundbesitzer eine Art Verbot von Flachdachhäusern in seinem Dorf erlassen haben, um als einziger ein solches Haus vorweisen zu können. (Tunca et al. 1991, S. 18) Daraus würde implizit auch deutlich, warum bei der ärmeren Bevölkerung das Bestreben nach Flachdachhäusern groß war.

43 Gabriel/Rathjens 1956, S. 245

44 Aurenche/Desfarges beschrieben (1982, S. 102) eine Kuppelmoschee, die von 1945 bis 1960 in Al-Kowm bestanden haben muß. Es ist jedoch nicht deutlich, ob diese mehrere Kuppeleinheiten zu einem Raum zusammenfaßte. Louise Sweet berichtet (1960, S. 123) von einer Zweikuppelmoschee in Tell Toqaan.

45 Pfälzner (1994, S. 483 ff) wählte den Begriff „Zeilenhaus" in Anlehnung an Christensen (1967, S.131 f), die ihn jedoch in Bezug auf einen Gehöfttyp prägte.

46 Yagi 1980, S. 120; An anderer Stelle (S. 114) bezeichnet Yagi diesen Typ auch als *bait*, was wenig nützlich ist, da es einfach „Haus" bedeutet.

47 Ragette 1971, S.19; Bei der Beschreibung, die Moussli (1978, S. 91) von dem „Viereckhaus" liefert, bleibt unklar, um welchen Haustyp es sich handelt. Das „Viereckhaus" ist flachgedeckt mit „leichten Abschrägungen" (?) und besteht aus einem oder zwei Räumen. „Während das

Vorderhaus als Wohnstätte diente, benützte man das Hinterhaus als Vorratsraum.“ Diese Beschreibung könnte so interpretiert werden, daß es sich um zwei hintereinanderliegende Räume handelt, wo die Tür zum zweiten Raum in etwa in der Eingangsachse liegt. Dies kommt gelegentlich noch als Küche-Feuerküche-Kombination im Euphrattal vor. Es wäre jedoch auch denkbar, daß er damit die hier als „Doppelraumhaus“ bezeichnete Hausform meint.

48 Die Trennung zwischen beiden Gruppen liegt im Euphrattal ungefähr zwischen Aṯ-Ṯaūra/Tabqa und Al-Manṣūra.

49 Annika Rabo (1986, S.6 ff, S.14 f) beschreibt die komplexen Beziehungen zwischen Raqqa und seinem Umland. Seit den fünfziger Jahren stieg die Bevölkerungszahl Raqqas stark an. Die Immigranten kamen aus dem ländlichen Umland und aus anderen Teilen Syriens, viele auch aus Dair Az-Zōr.

50 Noch 1972 vermerkt Habannakeh über die Flachdachhäuser in der Raqqa-Provinz, daß Häuser nur ein oder gar kein Fenster haben. (1972, S. 119)

51 In Aleppo kommen hohe Holzsprossenfenster und -türen schon im 19. Jahrhundert vor.

52 Zeilenhäuser bilden auch in der Region westlich der Ǧazīra bis nach Aleppo die häufigste Hausform.

53 Es erscheint wie eine Fußnote der Geschichte, daß diese staatlich geplanten Häuser für das Klima der Oberen Ǧazīra ebenso ungeeignet waren, wie die später von den Neusiedlern selbstgebauten. Den Mitarbeitern der Staatsfarmen im Euphrattal errichtete man zur gleichen Zeit Häuser mit mehrräumigen Grundrissen. Die Umsiedler bedienen sich zunehmend auch anderer Hausformen, vor allem des Vorhallenhausgrundrisses.

54 So war auch in vielen Teilen Südsyriens die erste Form des Hauses ein einzelerschlossener Breitraum. Schon im 19. Jahrhundert waren dort offenbar zwei Räume vorhanden. Auch die winklige Anordnung kannte man dort schon. (Sachau 1883, Abb. S. 29)

55 Montagne (1932, S. 57, Fig. 1, rechtes Beispiel) bildet ein Zeilenhaus etwas wohlhabenderer Kurden aus der Oberen Ǧazīra ab, das über einen Wohn- und einen Gästeraum verfügt. Die Tatsache jedoch, daß der Gästeraum einen Kamin aufweist und von diesem Raum ein Pferdestall abgeht, läßt vermuten, daß es sich um das Haus eines Dorfnotablen handelt. Die Türen beider Räume liegen mittig.

56 Eine Bauaufnahme des Dorfes Tell Hwēš in Ḫābūr-Nähe (Seeden/Wilson 1989, S. 15, Fig. 5) zeigt ein Haus mit einem Winkelhaus-Grundriß. Dziegel (1988, S. 149, Fig. 3) bildet ein Haus aus Shkaftmarah bei Zakho/ Irakisch-Kurdistan ab. Es gehört einem alten Dorfvorsteher, der aus der Grenzregion zu Syrien stammen soll.

57 Der Begriff *sewkî* bedeutet im Kurdischen ‚Bühne, Podium, Rampe‘. Er steht offenbar auch in Zusammenhang mit dem Begriff *bersyfk,* den Dziegel (1988, S. 134 ff) in Irakisch-Kurdistan hörte. ber ist eine Präposition und bedeutet ‚neben‘.
Etymologisch könnte hier auch eine Konsonantenverschiebung vorliegen und das arabische Verb *safaqa* der Ursprung sein. Es bedeutet ‚schließen, zuschlagen‘. Wahrmund gibt auch die Bedeutung ‚die Thür weit öffnen u. Gegs.‘ (1974, S.906) an. *Saqf* ist der heute geläufige Begriff für ‚Dach‘. In altarabischer Zeit benutzte man *saqīfa* für ‚Veranda‘. (Kasdorff 1914, S. 43)

58 *ġurfa m‘a ḥadra* bedeutet wörtlich ‚Raum mit *ḥadra*‘. Die arabische Sprachwurzel *ḥdr* bedeutet ‚herabbringen, niedersteigen‘ und deutet damit vielleicht auf den hinteren, verborgenen Teil des Raumes. *Ġurfa m‘a leffe* heißt ‚Raum mit Kurve‘. *Čes‘a* bedeutet ‚Ellenbogen‘.

59 Die Familie des Kikan-*šaiḫ* Sulaimān Ḥaǧǧ Manṣūr hat drei Häuser in ihrem Dorf errichtet, in denen sie nacheinander wohnten. Entsprechend der Chronologie bezeichne ich die Häuser als Čaṭal I, II und III.

60 Die jährliche Wanderung der Kikan-Familie erfolgte zwischen dem Ḫābūr im Süden und Diyarbakir im Norden.

61 Tunca et al. 1991, S. 23

62 Dziegel, 1988, S. 149, Abb. 3, Haus aus Shkaftmarah bei Zakho: Es bleibt leider offen, ob der Grundriß vom jetzigen Hausbesitzer stammt oder ob er das Gehöft gekauft hat. Einige Unterschiede zu den Winkelhäusern des Untersuchungsgebietes sind jedoch augenfällig. Der Winkelraum ist nicht separat erschlossen, sondern nur über den westlich angrenzenden Raum begehbar. Und die Proportionen des Raums sind so, daß der Raumannex länger als der Hauptteil des Raumes ist.

63 Zum grundsätzlichen Verhältnis von ethnischen Gruppen und Hausformen: vgl. Kap. 13

64 Bei vielen der abgebildeten Gebäude ist nicht eindeutig erkennbar, ob es sich wirklich um Winkelhäuser handelt. Aber bei vier nebeneinanderstehenden L-förmigen Häusern im Dorf Topez ist es jedoch mehr als wahrscheinlich. Die Winkelform kommt sowohl vor als auch nach 1926 vor. (Montagne 1932, Fig. 1)

65 Erstmalig taucht dieses Haus als ‚Haus Adschemian (Asis Karkur)‘ (Reuther 1925, S. 208, Abb. 1) auf. Mit kleinen Veränderungen bildet Sinjab es als ‚Haus Baasiel‘ ab (1965, S. 38, Abb. 37). A. Gangler zeigt diesen Grundriß ebenfalls (1991, S. 53, Abb. 62).

66 Eines der wenigen Beispiele bildet das „Giparu of Amar-Sin“ aus der Zeit der 3. Dynastie von Ur. (vgl. Lloyd 1981, Abb. 57)

67 Moussli (1978, S. 90 f) charakterisiert das ‚Satteldachhaus‘ u. a. dadurch, daß es aus Tonziegeln besteht, die Hausfront „der Straße zugekehrt“ sei und daß die Dachkonstruktion aus Bambus(sic!)-Stangen und Zweigen bestünde. Im Zusammenhang mit der Dachform „a low-pitched or gabled roof“ kommt das Mittelbalkenhaus bei Sweet (1960, S. 112) vor. Daker bildet den Grundriß eines Stützenhauses aus Ghazala am Euphrat (1984, S. 73, Fig. 18 c) ab.

68 van der Kooij 1976, S.101 f und Plan nach S. 130

69 ‚Brücke‘ (arab.)

70 Über die Konstruktion eines Satteldaches vgl. Sweet 1960, S. 113

71 Ältere Häuser weisen manchmal noch *ḥaǧar naḥīt*, behauenen Kalkstein, auf. Zur Technik: vgl. Anhang 2.3

72 Der Begriff *ṭāmā* (Plural auch *ṭāmāt*) bezieht sich eigentlich nicht auf diese spezielle Konstruktion, sondern bezeichnet ein Gebäude für nebengeordnete Funktionen im allgemeinen. In der Region allerdings, wo diese besondere Konstruktion vorkommt, ist dies der übliche Begriff. So werden beispielsweise die Scheune *ṭāmāt tibn*, der Eselstall *ṭāmāt ǧahaš* genannt.

73 Daß der Begriff *gōs*, ‚Bogen‘, hier angewendet wird, beweist die Wichtigkeit der Erhöhungskonstruktion und damit des Buckeldachs. Manchmal muß der Hauptbalken von einer *digmāya* oder *rakīze* genannten Stütze unterstützt werden.

74 Die Talbewohner verwendeten hier vermutlich jene Pappeln, die aufgrund schlechten Wuchses oder als Endstücke von minderer Qualität sehr viel preiswerter waren.

75 Sehr häufig bilden zwei unmittelbar nebeneinander gelegte Rundhölzer den Hauptbalken.

76 Der Begriff *denge* wird ebenfalls für Stützen verwendet. Der arabische Verbstamm *danaqa* bedeutet ‚kleinlich sein‘, Als etymologische Ableitung dieses Begriffs schlug ein Baumeister vor, daß eine gewisse Sparsamkeit im Umgang mit dem Baumaterialien diese Stützkonstruktion vielleicht hat entstehen lassen.
Der Begriff *bālaġ* beruht auf dem Verb *balaġa* = ‚erreichen, gelangen‘.
Gōsa, hocharab. *qaws*, bedeutet ‚Bogen‘.

77 *Maxe peši* (kurd.) bedeutet ‚vorderer Ort‘, *maxe paši* (kurd.) ‚hinterer Ort‘. Ähnlich heißt das arabische *‘ain al-warāniya* auch ‚der hintere Ort‘ und *‘ain ẓolma* ‚der dunkle Ort‘.

78 Als bezeichnend mag in diesem Zusammenhang gelten, daß mir ein älterer Hausbesitzer eines Hauptbalkenhauses erklärte, der Haustyp sei aus der Kombination von vier Kuppeleinheiten zu einem Quadrat entstanden.

79 *Nuṣṣ*, hocharab. *nuṣṣf*, bedeutet ‚halb‘ und verweist auf den verkleinerten Raumteil. Zum Begriff *fiǧǧe* s.o.

80 Häufig steht den Familien auch noch ein separater Empfangsraum zur Verfügung, der immer die Form eines Zeilenhauses aufweist.

81 Nur im Sitzbereich liegt eine Matte und Teppiche, im Rest des Hauses ist der gestampfte Lehmboden sichtbar und kann mit Schuhen betreten werden.

82 Angeblich war dieser Raumbereich in manchen Häusern podestartig erhöht. Das bei Lescot (1938, Planche XII) abgebildete Haus aus dem Afrin-Gebiet wies ebenfalls ein Podest auf.

83 In Rism Al-Muṣtāha sah ich sowohl ein Haus, wo die Küche durch eine Wand vom Restraum abgetrennt war und eine eigene Erschließung von außen aufwies als auch ein Haus, wo eine neue Küche direkt an diese Seite des Doppelraumhauses angebaut war, verbunden durch eine Innentür.

84 Eine Fahrt auf der Straße von ‘Ain Al-Baiḍa in der „nördlichen“ Euphratregion Richtung Westen zu dem nördlich von Aleppo gelegenen Ort Aḫtarīn ergab, daß Mittelbalkenhäuser heute bis ungefähr 25 km vor Aḫtarīn (mit abnehmender Tendenz) verbreitet sind. Verschiedene Bewohner bestätigten, daß Doppelraumhäuser auch heute noch im Afrīn-Gebiet vorkommen. (Lescot 1938, S. 203 und Planche XII)

85 In dem Gebiet um Sirrīn im Euphrattal wurde angegeben, daß dort Flachdächer erst seit den sechziger Jahren die übliche Dachform bilden.

86 Moussli (1978, S. 90 f) fand sie schon 1973–74 nur mehr als „Wohnstätte armer Leute“ an.

87 Bei Weulersse findet sich ein Pfetten-/Stützenhaus eines Dorfnotablen, leider ohne Angabe des Ortes. (1946, S. 236, Fig. 46)

88 Der Weg zur Vergrößerung der kleinen Breitraumhäuser könnte über die Anordnung von Wandvorsprüngen zur Aussteifung der Giebelwände erfolgt sein. Bis heute finden sich diese Vorsprünge, die bis zu 1 m lang sein können. Auch kommt es bis heute bei Stallungen gelegentlich vor, eine Zwischenwand als lange Wandzunge parallel zu den Außenwänden einzuziehen. (Fig. 6.3.3) Ebenfalls ähnlich zwischen den Doppelraumhäusern und diesen Stallungen ist die Anordnung von fensterartigen Öffnungen in dieser Zwischenwand.

89 Im Dorf Zerkūtek, in dem ein verfallenes Doppelraumhaus der *šaiḫ*-Familie steht, war ein Gästehaus vorhanden, in das die Sohnesfamilie einzog, um es als Familienwohnraum zu nutzen. Als ihnen dieser eine Raum nicht mehr ausreichte, bauten sie einen weiteren gleichgroßen Breitraum nach hinten an. Verbunden wurden beide durch eine Tür. Drei weitere Familien des Dorfes erweiterten ihre Zeilenhäuser auf dieselbe Art. In diesem Fall kann man feststellen, daß hier eine echte Addition von Räumen – inspiriert durch das Doppelraumhaus – stattgefunden hat.

90 Der Grundriß eines Hauses von Yeziden aus ‘Ersê Qîbar ist bei Lescot abgebildet. Es scheint sich um einen dort üblichen, nicht speziell mit den Yeziden verbundenen Grundriß zu handeln. Lescot 1938, Fig. IV

91 Auch der dort lebende Stamm der Ġalaẓ firmiert bei Oppenheim unter den seßhaften Stämmen bei Aleppo. (Oppenheim 1939, S. 292, nennt sie „El Gallad“) Über die Benī S‘aīd: vgl. Oppenheim 1939, S. 268 f

92 Für die These, daß das Doppelraumhaus innerhalb des Untersuchungsgebietes von den etwas länger seßhaften Stämmen eingeführt wurde, gibt es Anhaltspunkte. Die Tatsache, daß die vordere rechte Ecke ursprünglich die Küche war, ist nur ihnen bekannt. Außerdem scheinen jene Stämme, die diese Hausform erst später kennengelernt haben, sie auch bald wieder fallen gelassen zu haben, während die länger seßhaften, nördlicher wohnenden Stämme diese Hausform bis heute konservieren.

93 Diese Begrifflichkeit wurde von Suad al-Aamiry und Jan Cejka vorgeschlagen (1987, S. 92). Trotz des häufigen Auftauchens dieser Haustypen in der Fachliteratur war es bislang zu keiner einheitlichen Benennung gekommen. Die meisten Autoren vermeiden dies oder sie definieren diesen Haustyp z. B. nach seinem Material als „construction en pierre de basalte“ (Aljundi 1984, S. 70) oder in Zusammenhang mit der Dachform als „toit plat sur arc intérieur“. Einer der nördlichsten Orte, wo Querbogenhäuser für Syrien belegt sind, ist die Wüstenoase Al-Kowm. (Desfarges 1983, S. 63 ff)

94 u. a. Oelmann 1922, S. 222

95 Obwohl die Bewohner des Euphrattals weiter südlich ebenfalls mit kurzem krummen Weidenholz auszukommen hatten, liegt dort der Hauptbalken in Längsachse des Hauses.

96 Häuser nach ihrem Umriß zu bezeichnen ist in der archäologischen Bauforschung üblich; so wurden beispielsweise vielräumige, offenbar standardisierte Häuser in Tell As-Sauwān (Sāmarrāzeit, spätes 6. vorchristliches Jahrtausend) als T-förmige Häuser bezeichnet. (Lloyd 1981, S.91, Abb. 35)

97 Es kommt eine Form des Mittelhallenhauses vor, deren Umriß ebenfalls ein T bildet. Da jedoch der T-förmige Raum – das Hauptmerkmal des T-Hauses – fehlt, ordne ich diese, nur in Nordostsyrien auftauchende, Hausform unter „Mittelhallenhäuser mit einer Raumreihe“ ein.

98 Das Substantiv *tayyār* bedeutet ‚Luftzug‘. Der Begriff wurde mir von kurdischen Baumei-

stern in Donnquz genannt. In Damaskus nennt man die maisonetteartigen Dachräume *taiyāra*. (Sack 1989, Tafel 30 c)

99 Das in Abb. 215 dargestellte Beispiel eines Mittelhallenhausern aus Tell Manṣūr („unechte T-Häuser"), das auf den ersten Blick dem T-Haus ähnlich sieht, da es ebenfalls nördliche Erweiterungen oder Anbauten hat, steht nicht mit dem T-Haus in Verbindung. Es kommt ausschließlich im Bec de Canard vor und ist auch dort eher selten.

100 Nach dem ersten Augenschein entlang der dortigen Überlandstraße konnte ich allerdings keine T-Häuser auf türkischer Seite feststellen.

101 vgl. u.a. Oelmann 1922, S. 189 ff, Puchstein 1892, S. 1 ff

102 Reuther 1910, S. 2ff

103 Artikel *dār* in EI 1978, S.114; Sack 1978, S. 246; Nippa 1991a, S. 21 ff

104 Ragette (1971, S. 33 ff) und Nippa (o. J., S. 107 f) verwenden den Begriff ‚Galeriehaus'. Sinjab (1965, S. 9 ff) nennt diese Form „Riwaqtyp".

105 In einschlägigen Wörterbüchern wird *ṭārma* mit „Holzhaus mit hochgewölbtem Dach" (Wahrmund), „Kiosk, Häuschen" (Wehr) und pers. *ṭarom* = Gitter, Gartenmauer, Gartenzaun, Himmelsgewölbe, Holzgebäude mit einer Kuppel oder einem Gewölbe, Balustrade, Geländer" (Junker/Alavi) übersetzt.

106 Der arabische Verbstamm *kašafa* bedeutet ‚enthüllen, aufdecken'; der Begriff *kāšif* ist offenbar aus dem Partizip Perfekt *makšūf*, d. h. ‚sichtbar' abgeleitet.

107 Die kurdischen Bewohner präferieren den Begriff *safek*; er wird jedoch auch von den anderen ethnischen Gruppen benutzt.

108 Die Vorhallen an den großen *šaiḫ*-Häusern wie in Tell Mišḥan (Abb 216: IV) oder in Čaṭal III bilden ein noch stärker dekorativ bestimmtes Element. (Abb. 202)

109 Während der kurzen Zeit der Vereinigten Arabischen Republik, des staatlichen Zusammenschlusses Syriens mit Ägypten von 1958 bis 1961, drängte Ägypten darauf, Teile seiner schnell wachsenden Bevölkerung in Syrien heimisch zu machen. Ägyptische Fellachen sollten in den noch wenig besiedelten Ebenen der Ǧazīra angesiedelt werden. So errichtete man fünf Dörfer am Ḫābūr. Aufgrund des plötzlichen Endes der staatlichen Vereinigung bot die syrische Regierung die schon fertiggestellten Häuser landlosen syrischen Bauern und Nomaden zur kostenlosen Übernahme an. Im Dorf Al-ʿArīša, 20 km südlich von Ra's Al-ʿAin am Ḫābūr gelegen, waren 100 Häuser geplant und die größte Zahl schon fertiggestellt. Diese Angaben gehen auf Informationen eines Bewohners aus Al-ʿArīša zurück. Pfälzner (1994, S. 497) beschreibt eine andere Dorfgründung (Al-Qurnāta) aus der Zeit Nassers, die für die Ansiedlung von Bauern aus Westsyrien gebaut worden war. Der in Al-Qurnāta verwendete Haustyp (Pfälzner 1994, Abb. 96) ist dem aus Al-ʿArīša sehr ähnlich.

110 Nippa (o.J., S.107) bezieht sich auf Thoumin (1936, S. 293), Ragette pflichtet Thoumin bei (1971, S. 33).

111 Ragette 1971, S. 37

112 Oelmann 1927, Abb. 35 e

113 Edmonds (1957, S. 92) übersetzt *heyvan* mit engl. „verandah", aber aus dem Kontext wird ersichtlich, daß er eine überdachte Vorhalle meint. Aus dem kurdischen Begriff *heyvan* kann man ebenfalls auf eine Überdachung schließen.

114 Kaukasus (vgl. EVAW 1997, S. 1424 ff): Sowohl Tschetschenen als auch die ihnen benachbart lebenden Awaren errichten Vorhallen, ihre Häuser sind jedoch zweigeschossig. Eingeschossige Häuser von Osseten und Tscherkessen verfügen über lange Galerien, die seitlich zwar eingestellt sind, dort aber wohl nur Nebenräume haben. (EVAW 1997, S. 1478) Auch das armenische Haus verfügt(e) über Galerien, die den sommerlichen Aufenthaltsraum für Mensch und Tier bildete(n). (Ter-Mowsesjanz 1892, S. 141f) Im Kaukasus werden Galerien an verschiedene Haustypen angelagert.
Iranisch-Azerbaidjan: Wulff (1966, Abb.153, S. 104) bildet ein Vorhallenhaus ab, das eine große eingestellte Vorhalle bei mindestens drei Räumen aufweist. Er konstruiert eine direkte Parallele zwischen einem solchen rezenten azaibaidjanischen Bauernhaus zum Apadana von Persepolis: „Persian builders were directly responsible for introducing the apadāna style to the Moslem world outside Persia." (vgl. auch: Haekel 1961, S. 16)
Iran: In den nordiranischen vernakulären Architekturen bilden verschiedene Arten von Vorhallen wichtige Bestandteile der Häuser. Es gibt dort Aufbewahrungsnischen in den durch die Vorhalle geschützten Außenwänden beispielsweise in Ghazin und Mazandaran, was auf eine lange Tradition hindeutet. (Rainer 1977, u.a. Abb. 37, 41, 42, 66, 67, 74, 75, 80, 141) Eine erstaunliche Parallele, allerdings auf gehobener Ebene zu den U-förmigen Vorhallenhäusern der Ǧazīra bilden die Grundrisse luxuriöser iranischer Landhäuser (vermutlich des 18. Jahrhunderts, Rainer 1977, Abb. 177, 178). Dort wird die Landschaft mit ihren Gärten und Wasserbassins optisch „ins Haus hinein gezogen".

115 Irak: (Reuther 1910, S. 8 ff und Abb. 6, 70, 71, S. 33) Die bei Reuther abgebildeten weiteren Varianten des Tarmahauses haben nichts mit dem Ǧazīra-Vorhallenhaus gemeinsam, im Irak ist die weitere Entwicklung offenbar anders verlaufen. Zu Häusern der fünfziger Jahre: vgl. Wirth 1957, Abb. 6, 9
Jordanien: (Yousef 1987, Abb. 34 und S. 113) Bei ihm findet sich sogar ein Kuppelhaus mit Vorhalle.

116 Oppenheim-Archiv; Die Fotos zeigen den Ort Merǧīḥān, der zwischen Urfa und Wiranšehir in der Türkei liegen muß. (Abb. 28)

117 Thoumin 1936, S. 293, Fig. 49; Auf um die Jahrhundertwende entstandenen Fotos des deutschen Fotographen Hermann Burchardt sind Vorhallenhäuser in Baalbek zu sehen. (Sie sind abgebildet und besprochen bei: Nippa o. J., u.a. auf Seite 102 und 107) Ragette bildet ebenfalls den syrischen Vorhallenhäusern vergleichbare Bauten ab. (1980, E 16 +17)

118 Aljundi o. J., S. 53 ff; vgl. auch: Sinjab 1965, S. 9, Abb. 7; Yagi 1980, S. 124 f

119 Durch seinen weiten Bogen muß die Fassade Ähnlichkeit mit dem bei Davie/Nordiguian abgebildeten Haus Ghaoui in Beirut gehabt haben. (1987, Fig. 12) Der Mittelteil oberhalb des Bogens wird jedoch erhöht gewesen sein.

120 Nach Auskünften von Hasan Sinemillioglu vom Verein „Dortmunder helfen Kurden", der den nördlichen Teil Irakisch-Kurdistans häufig bereist und dort Aufbauprojekte durchführt, sind Vorhallenhäuser dort verbreitet. Bewohner, deren Dörfer durch die irakische Regierung zerstört worden waren, bauten sich nach dem zweiten Golfkrieg ihre Häuser wieder als Vorhallen- oder Iwān-Häuser auf.
Einige Grundrisse von Häusern mit Vorhallen aus Irakisch-Kurdistan sind veröffentlicht: Als Beispiel einer „modest local domestic architecture" bildete Edmonds (1957, S. 90 f) ein städtisch-kurdisches Vorhallenhaus ab, das eine Kombination mit einem Mittelhallenhaus darstellt. Dort sind auch Elemente des irakischen Hofhauses vorhanden. Hansen (1961, S. 42, Fig. 31) bildet den Grundriß eines Hauses aus der Großstadt Sulaimaniya ab, das Räume nur auf einer Seite der Vorhalle hat. Es gibt dort einen dritten separaten, unbelichteten Raum am Schnittpunkt der beiden Wohnräume.
Auch Sarre/Herzfeld (1916, Abb. 292, S. 313) haben offenbar viele Vorhallenhäuser in Irakisch-Kurdistan und Azerbaijan gesehen, wie aus einer Anmerkung und der Abbildung eines Gästehauses zu schließen ist.
Auch die Häuser tschetschenischer Familien in Dörfern in Nordwestjordanien, darunter ein 1919 erbautes, ähneln den Vorhallenhäusern der Oberen Ǧazīra. Die Tschetschenen der Ǧazīra haben jedoch offenbar nie solche angeblich typisch tschetschenischen Häuser errichtet. (Khammash 1986, S. 85 ff) Die dortigen Vorhallen weisen nach Norden.

121 Besonders deutlich zeichnet sich dies bei den Bait Hilanis in Ninive-Kujundschik und Persepolis (Oelmann, 1922, Abb.15, 20) ab. Oelmann selbst zieht Parallelen zu rezenten irakischen Häusern. (Abb. 21c)
Es ist eine Fußnote der Geschichte, daß ausgerechnet in der Region um Tell Ḥalaf das Vorhallenhaus heute verbreitet ist. Die Fassade des dort 1911–13 ausgegrabenen Bait Hilani des West-Palastes kennt heute in Syrien jedes Kind, da es den häufig abgebildeten und auf den TV-Bildschirmen zu sehenden Eingangsbereich zum Aleppiner Archäologischen Museums bildet. Der Palast gehört in die Zeit der aramäischen Kleinstaaten im ersten vorchristlichen Jahrtausend.

122 vgl. Puchstein 1892, S. 2ff

123 Diez sieht einen „latenten Zwang zu rein gesetzmäßiger Angliederung neuer Räume zu beiden Seiten und nach rückwärts...". (1922, S. 155)

124 vgl. auch Klinkott (1978b, S. 62)

125 vgl. Ragette, 1971, S. 45

126 Der Begriff Iwān soll vom altpersischen *apadana* stammen. (The Encyclopaedia of Islam, 1978, Stichwort ‚Iwān') Sinjab macht darauf aufmerksam, daß īwāʾ im Arabischen ‚Aufnahme, Beherbergung' bedeutet. (1965, S. 196)

127 Angesichts der relativ zahlreichen Literatur über den Iwān sei hier nur stellvertretend verwiesen auf: Oelmann 1922, S. 217 ff; Oelmann 1927, S. 80 ff, vgl. auch Sack 1978, S. 244

128 Ragette 1971, S. 46ff, Yagi 1980, S. 114

129 Großgrundbesitzer, wie dies in ʿAin Al-Baiḍaʾ, ʿAin ʿAl-Arab und bei Al-Bāb der Fall ist, scheinen häufiger zweigeschossige Iwān-Häuser gebaut zu haben.

130 Die Häuser der Ober-*šuyuḫ* unterscheiden sich bis heute von allen anderen Häusern der Umgebung. Dies unterstreicht ihren (früheren) Machtanspruch.

131 Die Dorfbewohner von Tell Semn versicherten, daß ein Aleppiner Baumeister das *šaiḫ*-Haus gebaut habe. Während sich bei städtischen Hausanlagen die Iwāne immer nach Norden öffnen, um ihre Kühle im Sommer genießen zu können, weisen die Iwāne von *šaiḫ* Ḥāǧims Haus nach Osten und nach Westen. Nur die Verwendung von Sandstein deutet auf einen städtischen Baumeister. Die Fensterbögen sind undekoriert, so daß eine zeitliche Einordnung schwierig ist. Das Baujahr des Hauses konnte nur sehr ungefähr in Erfahrung gebracht werden. Aufgrund eines unveröffentlichten Fotos Oppenheims, Oppenheim-Archiv, auf dem in Tell Semn noch kein Haus steht und das 1913 entstand, muß das Haus jedoch nach diesem Zeitpunkt errichtet worden sein. Es stammt vielleicht aus der Zeit der *dawlat* Ḥāǧim von 1920 bis 1922.

132 Für Irakisch-Kurdistan nennt Dziegel (1988, S.134f) *bersyfk* als Bezeichnung für den Iwān, während im Zagros die Bezeichnung *khaywan* geläufig sein soll.

133 Das zur Anlage gehörige Gästehaus baute erst Ḥāǧims Sohn Ḫalīl in den 1940er (?) Jahren.

134 Es war damals sehr ungewöhnlich, eine Toilette zu bauen und hing vielleicht mit Ḥāǧims Kontakten nach Aleppo zusammen. Heute stellt sich das Haus von *šaiḫ* Ḥāǧim als dreiseitiges Mittelhallenhaus dar, da sein Sohn die Iwāne später zusetzen ließ.

135 Gangler 1993, pl. 16 – 26; Sinjab 1965, S. 24ff, Sack 1978, S. 244, Reuther 1925, S. 208

136 Sowohl Aurenche/Desfarges (1982, S.101) als mit ihm auch Pfälzner (1994, S. 492) interpretieren Iwān-Häuser aus dem Wüstendorf Al-Kowm falsch, wenn sie die hinteren Türen des Iwāns für Zugänge zum Wohnhof halten. Pfälzner spricht von „Zugänglichkeit des Hauses über den Iwanraum", wodurch der Hof „zu einem mehr privaten hinter den Wohnräumen gelegenen Bereich wird". Es handelt sich jedoch um geschlossene und halbgeschlossene Gehöfte, deren Wohnräume nach innen zentriert sind. Nur in einem Fall lag hinter einem Iwān ein Garten. Übrigens sind mindestens zwei der sechs Iwān-Häuser des Dorfes seit Mitte der neunziger Jahre aufgelassen. Die kleinklimatischen Bedingungen scheinen hier eine Ausrichtung vieler Wohnräume nach Osten zu begünstigen.

137 Ragette (1971, S.74) weist auch auf den engen Zusammenhang mit dem Mittelhallenhaus hin, welches entsteht, wenn man die Iwān-Front auf der Talseite der Häuser schließt. vgl. auch: Ragette 1980, E 36

138 Ich konnte zehn Beispielhäuser aufnehmen. Es sind dies fünf Lehmziegel-Iwānhäuser in: Al-Ḥanāwiya (zwei Häuser), Tell Al-Ward, Aš-Šeǧara (umgewandelt zu einem Mittelhallenhaus), Dada ʿAbdū und Stein-Iwān-Häuser in: Rumaila II, Donnquz, Tell Semn, ʿAin Al-Baiḍa , Raʿs Al-ʿAin (die drei letzteren wurden umgewandelt in Mittelhallenhäuser).

139 Unveröffentlichte Fotos, Oppenheim-Archiv, Köln

140 vgl. Gangler 1993, S. 135; vgl. die Abbildungen der Häuser Kat. 892, 1039, 1071, 1254, 1328

141 Libanon: Ragette 1982, S. 56, u.a. Beispiele B 34, B 35, B 38; Südsyrien: Thoumin 1936, Foto Pl. XVIII, Fig. 32, Sinjab 1965, S. 9f

142 Die Quellenlage für Architektur aus den Berggebieten Kurdistans ist sehr schlecht. In den zahlreichen Reiseberichten werden bestenfalls Grundrisse sehr wohlhabender Stammesführer skizziert. Über die vernakuläre Architektur der weniger begüterten Bevölkerung erhält man ein vages Bild durch einige veröffentlichte Fotos. In Forschungsberichten finden sich Iwān-Häuser bei Hansen 1961, S. 32f, Dziegel 1988, S. 148, Mokri 1961, S.88 und Randot. Letzterer (1936, Pl.V) zeigt das Fotos eines kurdischen Dorfes aus der heute türkischen, historisch zu Syrien gehörenden Provinz Antakya, wo mehrere Häuser mit Iwānen an einem Hang gelegen sind.

143 Im türkischen Mardin findet sich ein prägnantes Iwān-Haus, das offenbar früher das „Palace

Hotel" beherbergte und später Postamt wurde. (unveröff. Foto 1929, Oppenheim-Archiv) Drei Liwaneinheiten umschließen einen Hof, der zur mesopotamischen Ebene hin geöffnet ist. Die ursprüngliche Funktion des Baues ist mir unbekannt. (vgl. Abb. 213)

144 Wachtsmuth 1961, S. 248 f

145 Die größte Mehr-Iwān-Anlage bildet der Palast in Hatra, das in der irakischen Ğazīra liegt. Bammer (1982, S. 118 f) gibt einen kurzen Überblick über die Entwickung des Iwāns von parthischer bis in osmanische Zeit.

146 vgl. Klinkott/Behrends 1973, S. 231 ff

147 Artikel „Iwān" in EI 1978, S. 287–289

148 Oelmann 1927, S. 83

149 Oelmann (1922, S. 236) sieht die Exedra als aus dem Iwān entstanden an.

150 Ragette 1971, S. 57; International hat sich die Bezeichung ‚central-hall house' durchgesetzt, die aus Ragettes ins Englische übertragener Arbeit stammt. (1980 erschienen)

151 Ragette (1971, S. 57) bezog sich dabei nur auf ältere erschienene Literatur wie Sinjab (1965) und Dalman (1942), die beide keine Mittelhallenhäuser in Syrien und Palästina verzeichnen.

152 Die ‚Groupe de Recherche sur l'Architécture au Levant' (GRAL), eine Newsgroup im Internet, widmete sich dem Thema des spätosmanischen Mittelhallenhauses und publizierte die Ergebnisse einer internationalen Konferenz. Im Jahr 2004 erschien der Konferenzband mit einem Aufsatz der Autorin zum Thema Mittelhallenhäuser in Nordostsyrien.
Einen der wenigen publizierten Hinweise auf Mittelhallenhäuser in der syrischen Ğazīra besteht in dem Wohnhaus des Ğbūr-*šaihs* in Ḫnēdiğ, das bei Pfälzner (1994, S. 504 f) als Beispiel eines Großgrundbesitzerhauses abgebildet ist.

153 Die gleiche Benennung von Mittelhalle und Iwān verweist auf deren Verwandtschaft.

154 Diese Mittelhallenhäuser ähneln in ihrer äußeren Form einem auf den Kopf gestellten großen T. Da ihnen jedoch der T-förmige Raum fehlt, gehören sie nicht zum Typ des T-Hauses.

155 vgl. u.a. Küçükerman 1991, S. 59 ff

156 Maurer, 1975, Kap. 3.4 (ohne Pag.)

157 Lewis (1987, p. 231) beschreibt die Funktion eines solchen Hauses des Stammesführers „part storehouse, part family, part headquarters". Neben diesem Haus stand wohl auch noch ein neunstangiges Zelt. Heute ist die lokale Polizeistation in diesem Haus *šaiḫ* Muḫhims untergebracht.

158 Über den irakischen Teil Kurdistans veröffentlichte Lezcek Dziegel einige Grundrisse und Beschreibungen. (1988, S. 127–156) Er weist darauf hin, daß tausende Dörfer heute nicht mehr existieren, da im Rahmen diverser Vertreibungskampagnen der gesamte Grenzstreifen zur Türkei entvölkert wurde. (S. 127) In der Türkei wurde in den neunziger Jahren die Strategie verfolgt, der kurdischen Guerilla die Basis zu entziehen, weshalb dort ebenfalls circa 3000 Dörfer zerstört wurden.

159 Nikitine 1956, S. 88

160 Wenzel (1937, Abb. 35) publizierte den Ursprung einer Sommerwohnung, bestehend aus Vor- und Hauptraum, die er in den dreißiger Jahren in der Osttürkei sah. Andere Quellen beschreiben mehrräumige Einhäuser in Kurdistan. Darin ist zwar nicht von einem zentralen Erschließungsraum die Rede, er ist jedoch auch nicht ausgeschlossen: „They (the houses in a Kurdish village, K.P.) usually consist of three or four dark rooms on the ground, communicating with each other, and separately alloted for the family, their cattle, sheep, goats. ... The Kurdish houses, being formed in the sides of the mountains, possess a degree of comfort, as to temperature, which could not be obtained in ordinary buildings." (Chesney 1850, S. 127) Selbst wenn das Mittelhallenprinzip Mitte des 19. Jahrhunderts in den kurdischen Dörfern noch nicht vorhanden war, so ist es doch später unter dem Einfluß unweit gelegener osmanischer Städte dorthin gelangt. Heute findet man es vielerorts in Südostanatolien.

161 Auf neueren Fotos aus Iranisch-Kurdistan vermeint man auch Mittelhallenhäuser zu erkennen. (vgl. Kasraian 1990, Fotos 4, 62, 74, 93) Auf diesen Fotos, die offenbar alle aus einer eng umgrenzten Region des iranisch-kurdischen Hochgebirges stammen, wird folgendes deutlich: Die Häuser klammern sich breitlagernd an den Hang und sind in ihren Untergeschossen in den Berg gebaut. Die Fenster haben Türgröße. Vielleicht ein Drittel aller Häuser weist auch Iwāne auf, deren Öffnungen zum Tal weisen und relativ klein sind, sie erscheinen wie große Türöffnungen ohne Türblätter. Auf vielen Fotos einschlägiger Reisebeschreibungen aus Kurdistan sind Fotos von Dörfern abgebildet. Dennoch ist aus diesen kaum von der Ansicht auf die Grundrißform zu schließen. (u.a. Mokri 1961, S. 88, Edmonds 1957)

162 Wenzel 1937, Tafel XI, Abb. 21 (auch Abb. 19, 20); Bobek (1938, S. 225, Abb. 3, Tafel 25, Abb. 8) berichtet von zweigeschossigen Mittelhallenhäusern (wohlhabender Armenier) in Van. (Die Stadt wurde im Rahmen der türkischen Armeniermassaker dem Erdboden gleichgemacht.)

163 Unter *kursī* versteht man heute in Syrien allgemein einen ‚Stuhl'. Im Euphrattal bezeichnet man mit *kursī* einen getrockneten Dunghaufen und im Bec de Canard werden Hausteinquader so genannt.

164 Bois 1966, S. 219

165 vgl. Mokri 1961, S. 83 ff

166 Die Informationen über Hausformen in den Herkunftsgebieten der heutigen Bewohner sind mit Vorsicht zu behandeln, da viele der Bewohner schon seit den zwanziger oder dreißiger Jahre in der Ğazīra wohnen. Im Dorf Al-Ḥanāwiya, das an der Hangseite eines Tells im ‚Bec de Canard' liegt, schmiegen sich ähnlich wie im gebirgigen Teil Nordost-Kurdistans Mittelhallenhäuser terrassenartig an den Hügel an. Manche Häuser sind zweigeschossig mit Stallungen im Untergeschoß. Einige dortige Bewohner stammen aus der Bohtan-Region in der heutigen Osttürkei.

167 Goodwin 1971, S. 433 f, Bammer 1982, S. 37, Fig. 37; Bei diesem Haus handelt es sich um einen der wenigen publizierten Grundrisse einreihiger Mittelhallenhäuser überhaupt (mit Ausnahme libanesischer Beispiele).

168 Auch die Drei-Iwān-Anlage in Mardin verfügt über einen ähnlichen rückwärtigen Raum, der offenbar zum ursprünglichen Raumprogramm auch vornehmer Häuser gehörte. (Abb. 213)

169 entfällt

170 Auf unveröffentlichten Fotos Oppenheims (Oppenheim-Archiv) sind zwei äußerst prachtvolle Mittelhallenhäuser der zu jener Zeit einflußreichsten Beduinen-*šuyūḫ* zu sehen: das 1911 fotografierte, offenbar aus vier Raumreihen bestehende Haus der Söhne Ibrāḫīm Pāšās in Wiransehir/heute Türkei und das zweigeschossige Haus Aġil Aġ-Ğāwers mit weiteren seitlichen Raumtrakten unweit von Mōṣul im heutigen Irak, das in den dreißiger Jahren fotografiert wurde.

171 Ragette 1971, S. 57

172 In den umliegenden Regionen sind Mittelhallenhäuser insbesondere aus Städten belegt. In der Literatur finden sich Beispiele aus: Türkei – Aksoy 1963; Franz 1969, S. 72; Aurenche 1981, S. 285; Libanon – Kalayan 1966, S. 34, Ragette 1971, S. 57 ff; Palästina – Fuchs / Meyer-Brodnitz 1989; Jordanien – Mollenhauer 1995, S. 48 ff (unveröffentl. Mag.); Kurdistan – Hansen 1961, S. 27 f; Ägäisküste: Bammer 1982, Abb. 40, 41, 42; Bukowina – Romstorfer 1892, S. 193 ff; Österreich-Ungarn – Ragette 1971, A 158–163

173 Nach einer E-Mail-Mitteilung von Jean-Claude David im Rahmen von GRAL (a.a.O.) finden sich Mittelhallenhäuser in Aleppo zwischen 1870 bis 1950.

174 „Thus the ‚sofa' became the most important element of the form of the Turkish house and influenced it's whole shape." (Küçükerman 1978, S.59) *Sofa* und *hayat* (*ḥayāt*) sind Lehnwörter aus dem Arabischen (*ḥayāt* heißt ‚Leben', *ṣuffa* bedeutet ursprünglich ‚Ruhebank'). *Hayat* wird in manchen Gegenden der Türkei für die Halle, in den meisten allerdings für eine offene Veranda, benutzt.

175 Eldem 1954, S. 101

176 Der als kanonisch geltende Çinili-Kiosk des Topkapi-Palastes in Istanbul weist ebenfalls das Prinzip einer Eingangsnische auf.

177 Heinrich verwendet den Begriff ‚Mittelsaalhäuser', das Prinzip ist jedoch ähnlich wie bei Mittelhallenhäusern. Seine frühesten Beispiele bezieht er aus Tepe Gawra, Schicht XVIII und XIX. (1984, S.7 und Abb. 19) Ein Gehöft aus Tell Hassuna mit Grundriss in ‚regulierter Form' ähnelt bis auf die Erschließung heutigen zweireihigen Mittelhallenhäusern. Es stammt aus dem 5. vorchristlichen Jahrtausend. (Margueron, 1983, S.1 ff)

178 Einen Vorläufer des Mittelsaalhauses kann man vielleicht im ‚Batiment 37' aus dem südmesopotamischen Tell el-'Oueili sehen. (Ubaid 0-Zeit) Sicher jedoch sind die Wohnhäuser der Schichten III bis I aus Tell Abada/Irak als Mittelsaalhäuser anzusehen. (Sievertsen 1998, S. 239, 241, Abb. 24, 176–178)

179 Beispielhaft sollen hier zwei bedeutende Orte (im Untersuchungsgebiet) am Euphrat stehen: das urukzeitliche Ḥabūba Kabīra mit rings um die Hallen liegenden Räumen (Strommenger 1980, S.36 ff) und das bronzezeitliche Tell Munbāqa mit Flankenräumen an zwei gegenüberliegenden Seiten, von denen einer der Erschließung dient. (Machule et.al. 1992, S. 34 ff, Abb.14; Machule et.al. 1993, Abb. 18)

180 In den ubaidzeitlichen Mittelsaalhäusern in Tell Abada (Mittelmesopotamien) weisen das Haus F der Schicht II und I und Haus H der Schicht I Hallen mit Raumbuchten auf. (Sievertsen 1998, Abb. 177, 178)

181 Jüngst wurden hethitische Hallenhäuser in verdoppelter Form in Kuçakli in der mitteltürkischen Provinz Sivas ausgegraben (Gebäude A und B. vgl. Müller-Karpe 1997, S. 105 f)

182 Ragette 1980, S. 116 f; Im libanesischen Baalbek wurde ein römisches Haus ausgegraben, dessen Grundriß große Ähnlichkeit mit dem zweireihigen Mittelhallenhaus aufweist. (Kalayan 1966, S. 34 ff)

183 Weber 1998, S. 321

184 Ähnliche Grundrisse finden sich häufiger, u.a. bei einem frühislamischen Hof(?)-Haus in Afghanisch-Sistan. (Klinkott / Behrends 1973, S. 232, Abb. I f)

185 Ragette 1971, S. 74 und Abb. 168, 169, 170; Goodwin 1971, S. 433, 441

186 „En d'autres termes, à la place de la cour à ciel ouvert, nous avons une grande pièce de réception couverte, fermées sur les trois côtés par des pièces d'habitation et qui s'ouvre sur le quatrième côté par une arcade." Davie/Nordiguian 1987, S. 195; Dagegen argumentieren auch Fuchs/Meyer-Brodnitz (1989, S. 407).

187 Pfeiler-Nischen-Gliederungen tauchen nicht ausschließlich an Mittelhallenhäusern auf, es ist jedoch eine gewisse Affinität zwischen beiden zu beobachten. vgl. auch Kap. 12

188 Huff (1978, S. 237 f) beschreibt die Nutzung der hohen überkuppelten Hallen als auf Repräsentation ausgelegt. Durch Innenfenster konnten Frauen und Kinder, die sich in den Eck- oder Flankenräumen der Obergeschosse aufhielten, die Feste, die in den Halle stattfanden, verfolgen.

189 Ragette 1971, S. 72 ff; Fuchs/Meyer-Brodnitz 1989, S. 418

190 Im Untersuchungsgebiet bilden auch die Häuser in Ra's Al-'Ain und Šeğara Beispiele für die Schließung von Iwānen zu Mittelhallen.

191 Schon eine kurze Durchsicht der „Vernacular Architecture of the World" (1997) zeigt Beispiele von Mittelhallenhaus-Grundrißdispositionen aus Nordwestrußland (S. 1416, 1426), Brasilien (S. 1684), Puerto Rico (S. 1718), Kenia (S. 1984), Nigeria (S. 2036) und Ghana (S. 2043).

192 Heinrich 1958, S. 112; vgl. auch Kap. 9.3.1

193 Montagne 1932, Pl. XIV, Fig. 10 und 11; über das Dorf Al-Ḫātūniya: vgl. auch Kap. 13

194 Pfälzner 1994, S. 501 ff; Auf einem unveröffentlichten Foto aus dem Oppenheim-Archiv, das vermutlich ca. 1911 entstanden ist, sieht man die Einweihung von „Naemi-Häusern" (vermutlich nach dem Nā'm-Stamm benannt, für den sie gebaut worden waren). Es handelt sich um giebelerschlossene Häuser mit Satteldächern entweder für zwei- oder vier Parteien, bestehend aus einem oder zwei Räumen (2. Raum = Küche?). (Abb. 23)

195 Reuther 1910, S. 2

196 Oelmann 1927, S. 60 ff

197 In den kleinen Hofhäusern der vom Land in die Stadt gezogenen Bevölkerung kann man häufig beobachten, daß sie ein übertürgroßes Tuch innen vor die Eingangtür hängen. Da die Höfe oft so klein sind, daß unmittelbar hinter der Eingangstür der Wohnhof beginnt, schützt man sich vor Blicken durch ein solches Tuch.

198 Heinrich 1950, S. 43

199 Klinkott 1978 b, S. 62

200 u.a. Bammer 1982, S. 118 ff

Das Gästehaus als Ort halböffentlicher Repräsentation
Kapitel 9

1 Oppenheim 1899, S. 40

2 Palgrave 1867, S. 39 ff, 143; Doughty 1888/1925 S. 244 ff, Oppenheim 1899, S. 40 ff; Soane 1912, S. 29 f; Raswan 1976, S. 123 f; Hay, 1921, S. 47 ff; Musil 1928, S. 64 ff; Haddad 1922, S. 279 ff; Salim 1962, S. 72 f; Westphal-Hellbusch/Westphal 1962, S. 75 ff; Antoun 1972, S. 103, 106,108; Dziegel 1988, S. 135 ff; Bruinessen 1989, S. 102 ff, Nippa 1991a, S. 57 ff

3 Auch nach dem Bau der Gästehäuser stellten viele Stammesführer während des Sommers noch ein Zelt neben dem Gästehaus auf.

4 „It is relevant ... that some militant peasant cadres and peasant Ba'th party members demanded in the late sixties from the state the closure and / or appropriation of the shaikhs' madafat. The madafa they argued is a concrete representation of the old order witch the Ba'th Socialist has set itself distroy." Khalaf 1981, S. 128

5 Der Begriff *maḍāfa* steht immer nur für das Gästehaus als Gebäude, er ist nicht gebräuchlich für den Gästeteil des Zeltes. Auch für Gäste- oder Repräsentationszimmer eines Hauses wird der Begriff nicht verwendet.

6 Der Begriff *muḍīf*/pl. *muḍāyif* ist vor allem im Südirak gebräuchlich.

7 In der Ǧazīra wird der Begriff *ōḍa* im Unterschied zu anderen Teilen der orientalischen Welt beinahe ausschließlich für Gästehäuser und -räume benutzt.

8 Sinjab 1965, S. 7

9 Sowohl im jordanisch-palästinensischen Raum (Haddad 1922, S. 279) als auch in der Türkei (Stirling 1965, S. 238, 240 f) werden häufig mehrere Gästehäuser pro Dorf erwähnt.

10 Die *šaiḫ*-Familien verfügen neben ihrem Gästehaus über einen zusätzlichen hausinternen Gästeraum für privaten Besuch.

11 Grundlage dieser Analyse sind die skizzenhaften Bauaufnahmen (mit Schrittmessungen) von 60 Gästehäusern.

12 In diese Rechnung wurden nur jene Gästehäuser einbezogen, wo ich Schrittmessungen durchführte.

13 Die Bauholzkategorie bis zu 4,50 m bei einem Durchmesser von ca. 20 cm, was einer Spannweite von unter 3,50 m entspricht, ist eine relativ erschwingliche. Um größere Spannweiten zu überdecken, wären größere Längen mit stärkeren Durchmessern erforderlich, was unverhältnismäßig teurer wäre.

14 Daß solche lichtdurchfluteten Räume nicht alt sein können, zeigen ältere Beschreibungen auch aus anderen Regionen des Nahen Ostens, die nur von kleinen Licht- und Luftlöchern unterhalb der Decke berichten. vgl. u.a. Palgrave, 1867, S. 37 f

15 In keinem der Gästehäuser fanden sich erhöhte Sitzpodeste für die Besucher auch entlang der Seitenwände, wie dies in Zentralanatolien üblich ist. vgl. Stirling 1965, S. 22

16 Mit großen Mengen von Reis und dem Fleisch mehrerer Lämmer „beladen", muß ein Essenstablett manchmal von vier Personen getragen werden.

17 Palgrave 1867, S. 140 f

18 Im alttürkischen Wohnhaus stellt diese Holzbalustrade ein Element zur optischen Trennung von „Vorplatz" und Hauptniveau des Raums dar. (vgl. Kömürcüoglu 1966, S. 15ff) In Zentralanatolien sind Gästehaus-Vorräume ebenfalls üblich. (vgl. Stirling 1965, S. 22)

19 Bewohner berichteten darüber, daß früher gelegentlich Bänke in den Häusern vorhanden waren. Auf der Zeichnung eines Gästehauses in As-Souḫne (Boucheman o. J., S. 28) sind Bänke entlang der Wände sichtbar. Bissar (1955, S. 109) berichtet von einer Lehm- und einer Holzbank im Gästehaus von Al-Qaḥṭāniya.

20 In Al-Batra'/Nordostsyrien riß der Besitzer das alte Gästehaus (I) ab. Er ließ nur den zugehörigen Vorraum stehen, den die alten Männer des Dorfes weiterhin als täglichen Versammlungsort nutzen. Das neu errichtete große Gästehaus (II) wird dagegen wenig genutzt.

21 Das heutige Wohnhaus in Donnquz Ṣġīr war einstmals als Iwān-Haus mit Gäste- und Wohnraum gebaut worden. (vgl. Kap. 8: Iwān-Haus) Das wenige Jahre später errichtete separate Gästehaus erhielt einen Vorraum.

22 „Nearly all guest-houses have a small mosque attached to them, and in many villages the guest-house itself is used as and called the mosque." Hay 1921, S. 48

23 Der Legende nach erhielt *šaiḫ* Ḥātim Ṭayy Besuch von Gesandten des Sultans, die gekommen waren, um mit ihm über den Kauf seiner besten Stute zu verhandeln. Als sie beim Zelt eintrafen, verbat es das Gastgesetz, unverzüglich den Grund ihres Kommens zu nennen. Sie wurden erst bewirtet und verköstigt – genau mit dem Fleisch jener Stute, die sie zu kaufen beabsichtigten. Es war dies das letzte Tier des aufgrund seiner Freigiebigkeit völlig verarmten Ḥātim Ṭayy gewesen.

24 Koran, Sure 33, Vers 53

25 Mithilfe der Stammesregeln, *al-ʿašā'iriya*, löst man bis heute viele dorf- oder stammesinterne Streitigkeiten auf dem Verhandlungswege. Diese werden manchmal auch von offiziellen Gerichten anerkannt.

26 Euting 1993, S. 24

27 Chelhod 1955, S. 72

28 Lutfiyya 1970, S. 58 f

29 Bruinessen beschreibt dies für die kurdische Gesellschaft (1989, S. 103). Bewohner, die ich befragte, wollten dies nicht so apodiktisch gelten lassen. Sie führten eher praktische Gründe für die Übernachtung im Gästehaus an: In den meisten Wohnhäusern stand kein Raum zu Verfügung, wo Gäste getrennt von der Familie hätten übernachten können.

30 vgl. Anhang I Bautechniken und Materialien

31 Die Frage des Unterhalts wird unterschiedlich gehandhabt.

32 vgl. Haddad 1922, S. 280; Nippa 1991a, S. 109

33 Nur einmal fand ich eine geschlechtsgemischte Gruppe in einem Gästehaus vor. Es handelte sich um die erwachsenen weiblichen Familienmitglieder des Hausherrn, der schwer erkrankt im seinem *maḍāfa* lag.

34 Hansen 1961, S. 168; Edmonds (1957, S. 233) berichtet von der Frau eines kurdischen Aghas, die sich – entsprechend den realen Machtverhältnissen in ihrer Ehe – im Gästehaus „über" ihren Ehemann setzte.

35 Daß besonders starke weibliche Persönlichkeiten in den orientalischen Stammesgesellschaften auch „offizielle" Führungspositionen einnehmen können, belegen verschiedene Beispiele. So berichteten englische politische Beamte und Reisende von der beeindruckenden Persönlichkeit der Adela Hanum, Stammesfürstin über die kurdische Region Halabja/Irak am Beginn des 20.Jahrhunderts, die mit und anstelle ihres Ehemannes die Regierungsarbeit führte. (Soane 1912, S. 217 ff)
Als Stammesführerin des berühmten Ṭayy-Stammes fungierte bis vor wenigen Jahren *šaiḫa* ʿAnūd. Auch *sitte* Ḫanse, die Frau des berühmten Hamidiye-Kommandanten Ibraḥīm Pāša, die nach seinem Tod „die politische Führung der Familie" übernahm und mit der jungtürkischen Regierung Frieden schloß, war defacto eine *šaiḫa*. (Oppenheim 1931, S. 20)

36 Die Ordnungsregeln der *maḍāfa* sind zwar noch allgemein geläufig, haben sich jedoch in den letzten Jahren stark gelockert. Wenn kein ranghöherer Fremder anwesend ist, herrscht eine zwanglosere Atmosphäre. Ältere Männer betrachten es aber auch heute noch als wichtig, nur „vollständig", d.h. mit Kopfbedeckung und Mantelumhang bekleidet, ins Gästehaus zu treten.

37 Johansen 1983, S. 336

38 vgl. auch Kap. 6

39 Palgrave 1867, S. 38 f

40 Ränk 1949, S. 162 ff

41 Schon Layard (1851, S. 65) erwähnt, daß sie als Ehrengäste vom Šammar-*šaiḫ* zu dem „top of the tent" geführt wurden, um dort auf Teppichen Platz zu nehmen.

42 Der Ausschenkende beginnt zu seiner Rechten: „*ṣubb ʿala yemīnek, law kān Abū Zaid ʿala yasārek*". Sinngemäß bedeutet dies „Schenke zu Deiner Rechten aus, auch wenn an Deiner Linken Abu Zaid (d.h. jemand Wichtiges) sitzt." Dennoch erfolgt auch der Kaffeeausschank gelegentlich nach Rangordnung.

43 In der Literatur finden sich verschiedene Angaben über den Ort des Ehrenplatzes innerhalb des Zeltes. Oppenheim (1899, S. 42) berichtet z. B., daß ihm ein Ehrenplatz an der Zwischenwand zum Frauenteil im Reisezelt des *šaiḫ* Fāris angeboten wurde. Dalman (1939, S. 24) erwähnt, daß ihm der beste Teppich des Hauses einfach an einen beliebigen Ort gelegt wurde.

44 Ränk 1949, S. 161 ff

45 Langenegger 1911, S. 81

46 Von gemauerten Bänken wurde beim Gästehaus in Abū Ǧerāda berichtet. Auch das abgerissene Gästehaus *šaiḫ* Hacos in Al-Qaḥtaniya/Qubūr Al-Baiḍ soll solche aufgewiesen haben. Faride Bissar bestätigt diese Angaben: „Sie (die Bank, K. P.) war ebenso lang wie die Zimmerbreite und bestand in diesem Raum aus Holz und in dem zweiten Raum der Männer aus Lehm. Bedeckt waren beide Bänke mit einer Stroh- oder Wollmatratze..." (1955, S. 109)

47 Raswan 1934, S. 166

48 Euting 1993/1896, S. 57f

49 Johansen 1983, S. 334

50 „Vor dem Platz des Fürsten wird in einer 2 m langen Bodenvertiefung die ganze Zeit ein flammendes Feuer unterhalten." Eutings (1993/1896, S. 58) Bemerkung bezieht sich auf Regentage Ende Oktober.

51 Nippa 1991a, S. 67 f

52 In Palästina und Kurdistan (Hay 1921, S. 49) waren offene Feuerstellen in Gästeräumen zu Beginn dieses Jahrhunderts üblich. „In a *maḍāfeh* (guest house) the udjāq is made in the middle of the room. It is either a shallow excavation in the ground or a square (...) stone hearth, 20-30 cm. high... Here coffee is boiled and the people assemble around them in the winter months..." (Canaan 1933, S. 38). Boucheman (o.J., S. 28) bildet eine offene Feuerstelle in Raummitte eines Gästehauses aus Suḫna in der Syrischen Wüste ab. Auch Palgrave (1867, S. 38) erwähnt, daß in den südlichen und östlichen Teilen Arabiens „ ein offenes Loch im Fußboden, mit einer erhabenen Einfassung von Steinen und Feuerböcken" die übliche Art des Kaffeefeuers sei.
In dieser rechteckigen Raumform mit mittiger Feuerstelle sieht Andrae eine der „Urformen des Bauens", jenes Herdhaus, das noch bei den Kurden vorfindlich sei. (1930, S. 18 f)

53 Angeblich soll man an der Form des Feuerlochs den dort zeltenden *šaiḫ* und seinen Stamm erkennen können. (Musil 1928, S.66 f); Die Veranda (in voller Gebäudebreite) des Gästehauses in Mʿaīzīla wies zwei solcher Vertiefungen für Feuerstellen auf – jeweils eine kurz vor dem oberen und kurz vor dem unteren Ende.

54 Der Begriff *fḫairiye* steht in sprachlichem Zusammenhang mit *faḫūra* = ‚Töpferei'; *baḫḫūre* stammt vom Verb *baḫḫara* = ‚verdampfen, räuchern'; *ṭefīe* geht auf *ṭafaʿi* = ‚löschen, ausgegangen sein' zurück

55 *ocak* = türk. für ‚Herd, Feuerstelle'; Mokri (1961, S. 87f) erwähnt, daß *ocak* auch ‚Küche' bedeuten kann. Nach Kömürcüoglo (1966, S. 8) hat *ocak* im Türkischen auch die Konnotation von ‚Familie'.

56 Vgl. Canaan 1933, S. 37 f

57 Ich sah Eckkamine in einer Küche in Abū Ḥaǧaira und einen in einem alten Zeilenhaus des einstigen Tschetschenendorfes Aṣ-Ṣafāḥ. Beide Orte liegen in der Oberen Ǧazīra.

58 Stein (über den Stamm der Šammar), Boucheman (über die Sbʿa), Dickson (über kuwaitische Beduinen) geben den Männerteil rechts vom Eingang an. Montagne (über die Šammar) beschreibt den Männerteil links des Eingangs. Bei Musil ist die Aussage unklar und Dalman (1939, S. 13ff, Abb. 3 und 5) beschreibt verschiedene Möglichkeiten der inneren Zeltaufteilung, und die von ihm richtungsmäßig bezeichneten Zelte sind mit ihrer Längsachse nord-südlich stehend. Oppenheim und Müller machen keine Angaben.

59 Oppenheim 1899, S. 46

60 In südirakischen *muḍīf* scheint dieser Austausch der bevorzugten Richtungen und damit verbunden des Ehrenplatzes auch einem jahreszeitlich bedingten Wechsel zu unterliegen. Im Winter befindet sich der Ehrenplatz in der Mitte der (vermutlichen Lang-)Wand nahe des wärmenden Kaffeefeuers. Im Sommer bevorzugt man die Plätze nahe der Türen, d.h. am unteren und

oberen Ende. vgl. Salim 1962, S. 78

61 Wie sehr der Ehrenplatz mit Witterungsbedingungen in Zusammenhang steht, beweist ein Foto eines türkischen Gästehauses. Dort liegt der traditionelle Ehrenplatz neben dem Kamin vermutlich wegen der langanhaltenden winterlichen Kältezeit. Neuerdings befindet sich dieser Ehrenplatz jedoch im Winter an einer der Langseiten nahe der Raummitte beim dort aufgestellten Kanonenofen. Während er in der nicht so kalten Zeit weiterhin neben dem nicht mehr in Funktion befindlichen Kamin liegt. (Stirling, 1965, Abb. 1)

62 Canaan (1933, S. 55) erwähnt eine weiße Fahne, die manchmal in Palästina über dem Gästebereich des *šaiḫ*-Zelts gehißt wird, um Fremde dorthin zu führen. Von der Ǧazīra ist mir Ähnliches nicht bekannt.

63 In den Städten findet man in der Regel nur private Räume für den Gästeempfang. In Aleppo oder Damaskus verfügen die Notablenfamilien über Gäste-Trakte (Selamlik) angebaut an die Wohnhäuser. Eine Ausnahme bildet die Provinzhauptstadt Raqqa, in deren Vorort Mišlab fünf Gästehäuser existieren. Sie gehören verschiedenen Stammesführern, die samt Klientel in die aufstrebende und rapide wachsende Stadt gezogen sind, wo sie die ländliche Gastlichkeit weiter praktizieren und so einen Identifikationspunkt bilden.

64 Der Grund für das weitgehende Fehlen von Gästehäusern liegt vermutlich in der bis vor kurzem noch existenten Feudalstruktur dieser Region. Auffällig sind sehr reiche Großgrundbesitzer-Anwesen am Stadtrand und östlich von ʿAin Al-ʿArab.

65 Die christlichen Aramäer, die – nach eigenen Angaben – in ihrer ursprünglichen Heimat durchaus eine ähnliche Tradition kannten, ließen diese in Syrien nicht wieder aufleben. Durch Flucht und Übersiedlung nach Syrien waren die Sozialstrukturen nachhaltig gestört und anfänglich fehlten entsprechende finanzielle Mittel. Außerdem gaben sie bald viele eher orientalische Traditionen auf.

66 Bruinessen 1989, S. 106

67 Die Nachkommen von *šaiḫ* Haco (Al-Qaḥtāniya) berichteten über das Gästehaus, ihre Angaben werden durch die Beschreibung Faride Bissars bestätigt. (1955, S. 109)

68 Sarre / Herzfeld 1920, S. 313

69 vgl. Bruinessen 1989, S. 124

70 Bruinessen 1989, S. 104

71 Boghossian 1952, S. 91; Daker 1984, S. 52

72 Bewohner berichteten, daß bei Siedlungsbeginn häufig erst das Wohnhaus für die *šaiḫ*-Familie gebaut wurde, so daß die Zelte ausschließlich für Repräsentationszwecke zur Verfügung standen. Dort jedoch, wo heute Haus und Zelt benutzt werden, kann die Funktionsverteilung auch umgekehrt sein: Gästebereiche liegen in den Räumlichkeiten, Haushaltsfunktionen im Zelt. Ähnliches konnte ich im halbnomadischen Dorf Medīnet Al-Fār beobachten, Jarno (1984, S. 191–229) berichtet aus Al-Kowm darüber.

73 V. Müller (1931, S. 216 f) veröffentlicht nur Angaben über die Zahl der Zeltstangen, ohne Meterangaben.

74 Diese Zelte gehörten: dem damaligen Šammar-Ober-*šaiḫ* Fāris (28 x 12m) in Al-Huraibe, östlich von Tell Lailān (Oppenheim 1899, S. 45); dem Šammar-Ober-*šaiḫ* Mišʿan (stationäres Zelt von 40 x 15) am Brunnen Zoman/Irak, (Stein 1967, S. 23, 37). Raswan (1934, S. 166) schreibt von dem Zelt des Ober-*šaiḫs* der Ruwāla, daß es sieben Pfosten hatte. Bei einem Abstand von mindestens 5 m zwischen diesen ergibt dies 45 m Länge, die Breite gibt er nicht an.

75 Bei städtischen Wohnhäusern des 16. bis 18. Jahrhunderts Aleppos dient häufig eine dreiräumige *qʿaa* (dreiflüglige Halle mit erhöhtem Mittelteil) und mindestens eine gesonderte *maḍāfa* dem Gästeempfang.

76 Westphal / Westphal-Hellbusch 1962, S. 239

77 Tunca 1990, S. 263 ff, vgl. auch Kap. 12

78 In Kap. 12 wird ausführlicher darauf eingegangen.

79 Herzfeld fährt fort: „Ebenso dient ein seitlicher, längs gerichteter Nebenraum als Winterstallung, während die Tiere im Sommer in dem von einer hufeisenförmigen Bank, dakkah, umgebenen Platz angepflockt werden. Die Ausgestaltung der Wände mit Nischen, *täktchah's*, die Kamine sind persische Mode. Überhaupt gehört der Typus aufs engste zu den eigenartigen Hausformen in Kurdistan und Ādharbaidjān. Er hat etwas sehr altertümliches und stammt gewiß von dem Hause ab, das die medischen Felsengräber von Fakhrīqah, Sakhnah, Dukkān i Dāūd verewigen, und das mit alten kleinasiatischen Typen verwandt ist." Sarre / Herzfeld 1920, S. 313.

80 Beim Gästetrakt des *šaiḫ*-Hauses im kurdischen Topzawa lagen zwei Langräume hinter der Vorhalle (Hansen 1961, S. 33, Fig. 24). Die grobe Skizze eines anderen *šaiḫ*-Hauses samt *divanxane* zeigt als Gästeraum einen schmalen Breitraum (geschätzt 4,9 m x 14,8 m), dessen Zugang an einem Ende von der Vorhalle aus besteht und sich nach Westen öffnet. Am anderen Ende der Vorhalle liegt ein Zusatzraum für Diener und die notwendigen Utensilien des Gästeempfangs wie Bettzeug etc. (Hay 1921, S.47 ff). Über den Gästeraum der *šaiḫa* Adela Khanum in Halabja (1912, S. 226): „The room was long and narrow, two walls of which were pierced with eight double doors, opening on to the verandah, the other walls being whitened and recessed as is done in all Persian Houses." Nach diesen Angaben müßte der Raum mind. 15 m lang gewesen sein.

81 Euting 1993/1896, S. 58; Ḥayil war die Hauptstadt des Šammar-Reiches Ende des 19. Jahrhunderts. Bis heute bestehen starke Kontakte zwischen den Šammar in Saudiarabien, Syrien und dem Irak, was auch eine architektonische Beeinflussung denkbar machen würde. Ein sehr ähnlicher Empfangssaal ist im renovierten Anwesen Al-ʿUdhaibat nordwestlich der saudiarabischen Hauptstadt Riyadh vorhanden. (Facey 1999, Abb. S. 38/39)

82 Die *maḍāfa* Khreisat ist die einzige noch existierende in As-Salt. Mollenhauer 1995, S. 21 ff

83 vgl. Westphal/Westphal-Hellbusch 1962; Die Gästehäuser der irakischen Marschenlandschaften sind ebenfalls einräumig, allerdings liegen die Eingänge – konstruktiv bedingt – immer in den Schildseiten. Inwieweit man noch im Präsens von diesen Gästehäusern reden kann, ist fraglich, da nach dem Ende des zweiten Golfkrieges, der Niederschlagung des schiitischen Aufstands und der Trockenlegung der Sumpfgebiete durch das irakische Regime diese traditionelle Lebensweise vermutlich weitestgehend ausgelöscht wurde.

84 Die sehr wohlhabenden Stammesführer bauten sich in den letzten Jahren neue große Privathäuser, in die sie den Gästebereich mit einbezogen. Manche verabschiedeten sich damit vom Prinzip des halböffentlich genutzten Gästehauses, ihre neuen Gästebereiche werden eher als private Bereiche angesehen.

Nebengebäude und ihre Bauformen
Kapitel 10

1 Alle drei Begriffe haben jeweils regional bedingt eine etwas unterschiedliche Bedeutung. Beispielsweise versteht man am Euphrat unter *kūḫ* etwas Kleineres, eher Provisorisches; ein *yāḫūr* ist eine sehr große Stallung / Scheune, während eine *ṭāma* etwas kleiner ist. *yāḫūr* und *ṭāma* tragen oft Satteldächer.

2 Der Grund, warum wenig Vollkuppeln bei Nebengebäuden vorkommen, liegt darin, daß alte Resthölzer und Zweige als Dachkonstruktion preiswerter sind, als die Herstellung einer Lehmziegelvollkuppel.

3 Manche Kuppelhäuser erscheinen von außen als Rundkuppelbauten, ohne es zu sein. Wenn der Kuppelansatz einerseits relativ tief liegt und andererseits der Verputz der Kuppel im Laufe der Jahre immer stärker vom Regen in die unteren Bereiche geschwemmt wurde, erweckt das Äußere den Eindruck eines Rundbaus.

4 *Gunn* (Sing.) bedeutet ‚kleiner Stall' und wird in Zusammenhang mit einem Tiernamen verwendet.

5 Die Idee eines solchen Wasserhäuschens, dort *maziāra* genannt, findet sich auch in anderen arabischen Ländern, beispielsweise in Alt-Gurna/Ägypten. vgl. Fathy 1973, Abb. 43

6 Halbouni 1978, S. 50; Petherbridge 1978, S. 202; nach Aussagen von Bewohnern

Raumstrukturen: Haus, Hof und Dorf
Kapitel 11

1 Auch Wünschelruten werden gelegentlich eingesetzt, um Wasseradern aufzuspüren.

2 In der Oberen Ǧazīra legten manche Bewohnerfamilien seit den neunziger Jahren große quadratische Regenwasserreservoirs mithilfe von Erdwällen und Plastikplanen an.

3 vgl. Oppenheim 1899, S. 44; Stein 1967, S. 36; Musil 1928, S. 77 f

4 In dem Raum unter den Zeltschnüren liegen auch viele Dinge des täglichen Hausrats und er bietet Arbeitsflächen für vielfältige häusliche Arbeiten. Während der Nacht ruht auch die Herde unter den Schnüren.

5 Über den jährlich wiederkehrenden Prozeß der Seßhaftwerdung in Qdair: vgl. Jarno 1984, S. 191 ff

6 Montagne 1935, S. 57

7 Von heutigen Bewohnern wurde häufig als Nachteil des seßhaften Lebens benannt, daß sie nun nicht mehr, falls sie sich mit dem Nachbarn nicht verstünden, einfach ihr Zelt an einem anderen Platz aufbauen könnten.

8 „Die Baukunst ist bei dieser unsteten Gesellschaft der Wüstenbauern im Argen geblieben. Wer weiß, wo die Dörfer im nächsten Jahr stehen!" Langenegger 1911b, S. 256

9 Nur in dem Dorf Al-Ḫātūniya am Ǧabal Ǧaraiba sah ich Reste einer Ummauerung. (vgl. Kap.13)

10 Kaplanian 1973, S. 92; „ihre Fronten richten sich nach der Gebetsrichtung Mekka". Habannakeh 1972, S. 119

11 Dickie 1978, S. 16

12 Im Vergleich dazu: Moscheen werden genau gen Mekka ausgerichtet.

13 Die Frage, wo Süden läge, stellen nur Städter.

14 Enderlein / Meinecke 1993, S. 141

15 Chelhod (1973, S. 256 f) stellt einen Zusammenhang zu „urreligiösen" Riten der Anbetung der aufgehenden Sonne her.

16 Solarorientierung findet sich in vielen traditionellen Architekturen der Welt. Nach Ränk wenden sie auch die Steppennomaden an (1949, Bd.II, S. 26). Manchen „orientalischen" Vorstellungen zufolge würde ein Eingang, der nach Westen oder Osten gerichtet ist, Unglück über das Haus bringen. (Abela 1884, S. 107)
Auf dem bei Aurenche (1990, Fig. 3) abgebildeten Plan des Dorfes Qdair in der syrischen Wüste, einem nur während der heißesten Sommermonate bewohnten Dorf, ist abzulesen, daß die meisten Haupthäuser und Höfe sich nach Osten öffnen. Die noch nomadischen Bewohner kommen nur während einiger Monate im Jahr in das Dorf und bauen dann auch ihre Zelte im Hof auf. Diese werden mit ihrer Längsachse ebenfalls nord-südlich aufgestellt, was eine Öffnung nach Osten oder Westen bedeutet. Diese Fakten unterstreichen anschaulich, daß die ansonsten übliche Südorientierung von Häusern vor allem für die winterlichen Klimabedingungen wichtig ist. (vgl. auch Jarno 1984)

17 vgl. auch Koenigsberger et al. 1974, S. 105f

18 Da mit den Westwinden jedoch auch Staub hereingeweht wird, können diese Fenster auch fest verglast sein und ein Nordfenster kann die Querlüftung übernehmen.

19 Mehrreihige Mittelhallenhäuser fallen aus diesen Regeln heraus, bei ihnen ist es oft erforderlich, Fenster auch an der Ostseite einzusetzen.

20 vgl. z.B. Sack 1978, S. 244ff

21 Nur Boucheman beschrieb eine umgekehrte Anordnung, die er bei den Sbaʿa sah „... compartiment des femmes (qui est souvent le coté gauche, quand on regarde la tente, mais qui peut changer...)" (1934a, S.114)

22 Ghirardelli 1985, S. 9

23 Ghirardelli (1985, S. 9) bemerkt, daß die Söhne häufig zur Rechten des Vaterhauses bauen. Meine Untersuchungen haben ergeben, daß dies zwar häufiger vorkommt, jedoch nicht zwangsläufig ist. Abgesehen davon, daß die konkreten lokalen Verhältnisse oft gar keinen Bau zur Rechten des Vaterhauses erlauben, lassen auch bestimmte Hausformen einen solchen Bau gar nicht zu. Während das additive Prinzip der einzelerschlossenen Rechteckhäuser eine Erweiterung nach Westen problemlos ermöglicht, weisen alle zentral erschlossenen Hausformen eine sich abschließende Grundform auf. Wenn der Sohn sich sein Haus zur Rechten des Vaterhauses bauen würde, müßte es einen so großen Abstand wahren, daß der Zusammenhang zwischen beiden Häusern kaum sichtbar wäre. Ghirardellis Beobachtung scheint sehr stark von der Perspektive der von ihm untersuchten Klein-

region am Euphrat mit ihrer einzelligen Bauweise bestimmt.
24 vgl. auch Kap. 9
25 Die Definitionen der Höfe erfolgen nach Niemeyer 1972, S.25. Eine Ausnahme bildet der Begriff Zeilenhof, den Christensen (1967, S.131f) für Gehöfte in Westpersien prägte.
26 ‚Einfriedung' (vom Verbstamm *ḥōša* = ‚umstellen')
27 Schmidt 1963, S. 7ff
28 Heinrich 1958, Abb. 6; Von den bei Heinrich genannten Kriterien des Agglutinats treffen einige auf die Struktur der nordostsyrischen Dörfer zu. Auf die Gehöfte treffen seine Kriterien jedoch nicht zu.
29 Heinrich 1958, S.112
30 Ein Stammesführer beanspruchte mehr Platz für sich, um genug Freifläche für seine Besucher mit ihren Reittieren zur Verfügung zu haben (und selbstverständlich für seine eigene Herde). Heute tritt die Konstellation eines Zeltlagers mit Stammesführer und Stammesangehörigen praktisch nicht mehr auf, da die letzten verbliebenen Vollnomaden nur noch in kleineren Familienverbänden wandern.
31 Nippa (1991, S. 111 f) zeigt Beispiele, wo das von der Familie beanspruchte Gelände durch eine „kleine Steinsetzung oder aufgestapeltes Brennholz" markiert wird. Ich konnte häufig beobachten, daß die Flächen gefegt werden, von denen Staub in die Wohnräume geweht werden könnte. Dazu werden manchmal sogar die Wege gefegt.
32 Die von Montagne (1932, Pl. IX, Fig. 1) dargestellten Dorfgrundrisse zeigen schon eine ähnliche, wenn nicht sogar größere Nähe der Gebäude zueinander als heute. Die Häuser scheinen sich doch ein wenig aneinander zu drängen, vielleicht, da man sich noch nicht vor Überfällen sicher fühlte.
33 Heinrich 1950, S. 21
34 Nur um Jungtiere von den Muttertieren zu trennen, ist ein abgezäunter Pferch erforderlich. In vielen Dörfern praktiziert man heute ein Leihhirtensystem, wo Hütejungen mit den Herden mehrerer Familien auf die Weide ziehen. Nachts kehren die Tiere entweder zur Besitzerfamilie zurück oder nächtigen im Hof des Leihhirten.
35 Aksoy 1963, S. 50
36 Diese Prozesse sind deutlich ablesbar im Randbereich großer Städte, wo sich ländliche Zuwanderer ansiedeln. Selbst wenn in ihrem Herkunftsdorf Hürdenbildung nicht vorkam, werden sie diese in der neuen Umgebung für notwendig erachten. Egal, wie klein ihre neue Parzelle dort ist, sie werden sie so bebauen, daß sich eine Innenhofsituation ergibt. (vgl. auch Klinkott 1978, S. 108) Auch in Dörfern hürden einige Wohlhabende, die sich neue Gehöfte errichten wollen, das neue Grundstück als erstes ein. Bauten werden vielleicht erst später darauf errichtet. Auf dem eingefriedeten Grundstück kann schon Material gelagert werden.
37 Aksoy (1963, S. 50) beschreibt diese Form des Wohnens um einen Innenhof als von Süden her nördlich bis an den Taurus reichend.
38 Nach einigen Jahrzehnten der Nutzung und des Familienzuwachses ist die Verdichtung stark gestiegen, sind die Höfe ein Stück zugewachsen und bestimmte Aktivitäten oder große Feierlichkeiten müssen an eine andere offene Stelle des Dorfes verlegt werden.
39 Während sie früher wohl auch als Hofmauern dienten, grenzt man heute nur noch Gärten oder Pferche mit einer Lehmpalisadenhürde ab, bei der viele gerade und große Stengel sehr dicht nebeneinander senkrecht in den Boden gesteckt werden. Als Aussteifung streicht man Lehmschlämme von unten an diesen dünnen Palisadenzaun. Die Stengel mit ihren unterschiedlichen Längen ragen weit aus dieser Mauer heraus. Nur in As-Sa'ida im Bec de Canard sah ich eine Mauer aus Stampflehm. vgl. Anhang I Bautechniken und Materialien
40 Bei freistehenden Gehöften, deren Bewohner Viehzucht betreiben wachen halbwilde Hunde über Herde und Gehöft.
41 Pläne von Dörfern finden sich u.a. publiziert in: Seeden / Wilson 1989, Fig. 5, Plan von Tell Ḥwēš (Obere Ǧazīra); Tunca 1991, Fig. 2, Pläne von Umm Al-Mara (Euphratregion) und Fig. 7, Abu-Ḥaǧaira (Obere Ǧazīra, heute überflutet); Aurenche 1990, Fig. 3, Pläne von Qdair und Fig 14, El-Kowm (in der Syrischen Wüste).
42 Tunca et. al. 1991, S. 13
43 entfällt
44 Niemeier (1977, S. 99) definiert 3 bis 15 Wohnstätten als „Weiler".
45 Die Bewohner kaufen alles zusätzlich Erforderliche in der nächstgelegenen Stadt, insbesondere auf den dortigen Wochenmärkten. Allenfalls Bewohner ohne eigenen Boden müssen sich als Handwerker verdingen.
46 Beispielsweise sind die heutigen Kreisstädte Al-Manṣūra, Al-Ḥafsa, Ḥawī Al-Ḥawa, 'Ain 'Issa und Tell Semn auf diese Weise entstanden.

Bauformen und Bedeutungen
Kapitel 12

1 Rapoport 1969, S. 47
2 Im Jahr 1998 kostete 1 Brennziegel 10,5 SL, 1 Betonformsteinen preiswerter Qualität 8 SL (zum Vergleich: eine kleine Familie braucht mindestens ca. 7000 SL für den monatlichen Lebensunterhalt)
3 Rapoport 1969, S. 8
4 Nippa 1991 a, S. 30
5 Das ausgefallenste Architekturbeispiel stellt die Villa *šaiḫ* Muǧhims in Ǧubb Al-'Allī am Rand der Syrischen Wüste dar. Sie entstand in den dreißiger Jahren. Den heutigen Bewohnern zufolge wurde sie von einem amerikanischen – der Literatur zufolge von einem im damaligen Völkerbunds-Palästina ansässigen – Architekten gebaut. (Vielleicht war er ein amerikanischer Jude, der sich in Palästina niedergelassen hatte.) Die Villa ist ein zweigeschossiges, von der nahöstlichen Variante des Neuen Bauens angeregtes Landhaus. Der Grundriß des Hauses besteht in beiden Wohngeschossen aus einem Mittelraum, von dem die Räume abgehen. Sein Bauherr, Muǧhim Ibn Muḥaid, weilte als Parlamentsabgeordneter häufig in Damaskus, wo er durch seine engen Kontakte mit der Mandatsverwaltung wohl auch mit moderner Architektur in Berührung kam. Er war eine Schlüsselperson zwischen der französischen Verwaltung und den Bewohnern der westlichen Ǧazīra. Daß er sich von ihnen abheben wollte, zeigt diese Villa, die bis heute als Fremdkörper majestätisch über einem Kuppelhausdorf thront. vgl. auch: Charles 1942, S. 60; Das Haus verfällt zusehends, da die heutigen Bewohner, die Nachfahren der einstigen schwarzen Sklaven der Familie, nicht die nötigen Finanzmittel haben, um das Haus zu erhalten.
6 Als Beispiel aus den endachtziger Jahren sei hier auch das dreigeschossige Haus des Ober-*šaiḫ* der Šammar in Tell Alū im Bec de Canard erwähnt. Der *šaiḫ* entwarf das Haus angeblich selbst. Es besteht aus drei übereinanderliegenden Vorhallenhäusern. Seine Fassade hat in den beiden unteren Geschossen geschlossene Seiten und große Veranden mit vorgeblendetem Gitterwerk im Mittelteil. Das Obergeschoß ist mit Klinkern verkleidet und mit kleinem luftigen Dachraum bekrönt. Seine Größe und seine Materialien lassen es in der weiten Ebene wie eine große Fabrik erscheinen. Einige seiner formalen Elemente, wie Rundbogenfenster, Lisenen im Obergeschoß und eine Rahmung der Wandfelder, sind heute üblich. Die wohl aus Gitterziegeln bestehenden durchbrochenen Flächenfüllungen in großen Wandfeldern erinnern an arabo-islamische *mašrabiya*-Fenster. 1988 war das Haus im Rohbau.
7 Schepers 1973, S. 124
8 Die Platten aus *ḥaǧar sūrī* (‚syrischer Stein') sind 3 bis 10 cm dick und werden mit grobem Zementputz aufgeklebt. Beispielsweise kosteten im Jahr 1999 Platten in mittlerer Stärke inklusive Verlegung ca. 600 SL pro m^2. (umgerechnet ca. 23,- DM; zum Kaufkraftvergleich siehe Anmerkung 3 in diesem Kapitel)
9 Ein extremes Beispiel sieht man im Dorf Tiyāra unweit östlich von Aleppo: Dort besteht der Dorfkern aus Kuppelgehöften, die nicht mehr bewohnt werden. Die Dorfbewohner arbeiten alle in Aleppo und haben sich Neubauten aus Betonformstein am Dorfrand errichtet. Außergewöhnlich ist dort auch, daß keine Familie ihr altes Gehöft durch einen neuen Teil ergänzt hat, sondern am Dorfrand neu baute.
10 Sachau 1883, S. 144
11 Sinjab 1965, S. 6
12 Manche Arbeitsemigranten ziehen in Landstädte, da ihren Kindern dort bessere Schulbildungsmöglichkeiten offenstehen und sie ein Mindestmaß städtischen Komforts genießen können, ohne dabei auf Größe und Weite der Häuser verzichten zu müssen. Da sie in den Golfstaaten in den großen Städten arbeiten, dort aber in engen kleinen Wohnungen wohnen, versuchen sie, dies durch große, weitläufige, moderne Häuser in Syrien wettzumachen.
13 Bourdier / AlSayyad 1989, S. 22
14 Der von Christopher Alexander (1984, S. 14ff) in die Architektur-Debatte eingeführte Begriff „Pattern" könnte mit Strukturmuster übersetzt werden.
15 Wenn ein Dorf oder ein Haus topografisch so gelegen ist, daß der Zugang notwendigerweise von Norden erfolgen muß, wird die Nordseite zur Schauseite und entsprechend mehr Sorgfalt darauf verwandt.
16 Im Hocharabischen bedeutet *ṭāqa* ‚Fenster', das dem zugrundeliegende *ṭāq* heißt ‚Bogen'.
17 Fathy 1987, S. 41; Im südwestlich von Aleppo gelegenen Tell Toqān hat Oppenheim ein Haus mit einer solchen sehr kleinteiligen Gitternetzstruktur als Fenster fotografiert. (Abb. 6.3.3 j, Foto: Oppenheim-Archiv)
18 Anstelle dieser Fernster-Nischen-Kombination läßt sich später ein bewegliches Fenster einbauen. Ebenso können solche Fenster auch völlig zur Nische geschlossen werden.
19 Vielleicht steht diese dreieckige Anordnung auch im Zusammenhang mit der oben beschriebenen pyramidalen *ṭāge*-Anordnung.
20 Die städtischen Repräsentationsräume werden in Syrien ebenfalls als *maḍāfa* bezeichnet. In türkischen Stadthäusern nennt man sie *bašoda*, bei dörflichen Gästehäusern misafir oda.
21 Diese aus Quer- und Längsstäben bestehenden Gitter sind auch bei traditionellen Aleppiner Häusern üblich.
22 vgl. auch Kap. 8 und Kap. 9
23 Die Lisene muß nicht genau im Wandverlauf der abgehenden Wand liegen, sie kann auch etwas verspringen, wenn der Baumeister dies als für die Fassade schöner ansieht oder die Rhythmisierung dies erfordert.
24 Die drei- oder vierfache Länge des Hallenbreite wäre prinzipiell denkbar, ich sah ein solches Mittelhallenhaus jedoch nicht. Dafür wird die Länge der Räume durchaus großzügig größer als die doppelte Hallenbreite angelegt.
25 Ein anderer, die Maße bestimmender Aspekt besteht in der lichten Raumweite, die aufgrund der Balkenlängen meist zwischen 2,70 und 3,80 liegt.
26 Insgesamt kommen in der Hasseke-Region plastisch dekorierte Häuser häufiger vor als in anderen Gebieten, jedoch auch hier machen sie maximal ein Haus pro Dorf aus.
27 Das im Ḫābūr-Stausee bei Tell Tamr versunkene Gästehaus in Abū Ḥaǧaira haben Tunca et al. (1991, S. 19ff) ausführlicher beschrieben. Ich sah es 1990 kurz vor der Umsiedlung der Bewohner schon ohne Dach.
28 In den Datierungen, die in der Gästehaus-Liste (Fig. 7.F) vorgenommen wird und die sich auf Angaben der Betreiberfamilien stützen, sind vermutlich einige Ungereimtheiten, da man sich nicht genau an das Baujahr erinnerte. Die Angaben über Einflüsse von anderen Bauten lassen sich ebenfalls nicht immer mit den Datierungen in Einklang bringen.
29 Der Hausherr des Gästehauses, *šaiḫ* Ṭalāl Al-Mitqāl, der Sohn des Gästehaus-Erbauers, hatte bei verschiedenen Gesprächen sich widersprechende Angaben in der Frage des Baumeisters und der Anregungen für den Bau gemacht. So erwähnte er eine römische Burg am Euphrat nördlich von Dair Az-Zōr, die arabische Burg Qal'at Ibn M'an in Palmyra und die nordirakische antike Stadt Hatra als Vorbild. Sein Kousin, *šaiḫ* Moḥammed Al-Ḥāǧim aus Umm Al-'Iẓām, gab den Namen des aus Palmyra stammenden Baumeisters dieses Gästehauses mit Ḥusain Al-Ḍmairī an. Er könnte aus dem altseßhaften Ort Ḍmair, einem der westlichen Grenzorte zwischen Ackerland und Syrischer Wüste, gestammt haben.
30 Ähnlich dem Regierungsgebäude in Sautschbulaq, dem heutigen Mahabad in Iranisch-Kurdistan, wird es viele repräsentative Gebäude im ländlichen Bereich gegeben haben. (Abb. 304, aus Lehmann-Haupt 1910, S. 231) Langenegger bildet eine Reihe von Moscheen und Karawanseraien mit ähnlichen Fassadengestaltungen im Irak ab (1911a, S. 74, Fig. 94 a, b, S. 77, Fig. 100, S. 94, Fig. 123). Traditionelle städtische wie auch ländliche Wohnbauten zeigen Ausnischungen an den Straßenfassaden und in den Höfen. Dies findet sich im Zentralirak ebenso wie im Süden. (Reuther 1910, S. 11, Abb. 27, S. 33, Abb. 70, S. 14, Abb. 36)
31 Reuther 1910, S. 44

32 Der Ursprungsbau der Moschee wurde im frühen 17. Jh. umgebaut. (Sarre/Herzfeld II 1920, S. 262, Fußnote 1)

33 Moortgat 1984, S. 19

34 Sievertsen 1998, S. 13 ff, S. 146 ff, S. 238 ff

35 a.a.O., Abb. 177, 178

36 Tunca äußert keine Idee, wie dieses Motiv an rezente Bauten gekommen sein könnte. (1990, S. 263 ff)

37 Heute informiert das syrische Fernsehen beinahe täglich über die Ausgrabungen und das kulturelle Erbe aus altorientalischer Zeit. Dennoch findet keine Übertragung von altorientalischen Formenelementen auf aktuelle Architektur statt.

38 Naheliegender wäre gewesen, daß die Grabungshäuser der archäologischen Ausgrabungen Einfluß auf die lokalen Bauweisen ausgeübt haben könnten. Beispielsweise hätte ein Grabungshaus wie jenes in Šaġer Bizār mit seinen mächtigen Strebekonstruktionen und der dadurch hervorgerufenen, von weitem sichtbaren Fassadengliederung in den Vorstellungen der lokalen Baumeister Spuren hinterlassen haben können. Der Ausgräber Max Mallowan hatte das Haus 1938 errichten lassen. (abgebildet bei: Christie 1946/1975, Abb. 11, 12; Trümpler 1999, Abb. S. 173, 185, 298) Es ging später in das Eigentum des lokalen *šaiḫ* über. Die Gesamtanlage mit spitzbogigem Tonnengewölbe, höhengestaffelten Strebepfeilern und einem Spitzbogengang findet jedoch keine Entsprechung in den Wandgliederungselementen heutiger plastisch dekorierter Bauten. Es finden sich zwar voluminöse Strebepfeiler an großen Häusern in der Umgebung: in Mḥairīqa, das einige Kilometer östlich liegt, und am ca. 20 km nördlich gelegenen *šaiḫ*-Haus in Sanǧaq S'adūn. Beider Strebepfeiler liegen jedoch in der Einsturzgefahr der dortigen Wände begründet.

39 Aus Afghanisch-Sistan ist mir eine Abbildung eines Hauses mit plastischer Lisenen-Dekoration bekannt. (Klinkott 1978, S. 67, Abb. 3)

40 In Südwestsyrien erhielten früher Lehm-Etagèren, auf die man Teller stellte, ebenfalls Zackenränder. (Thoumin 1932, Pl. XXIV, Fig.I, Pl. XXVIII, Fig. 1,2, Pl. XXXIII, Fig. 11) Dies wiederum ähnelt einer Technik, die ich nur in einem Haus am Rande des mittleren Euphrattals sah: Fingerkerben in Kanten von Nischen, Fenstern oder im Kuppelbogen. Es steht zu vermuten, daß solche Verzierung von Nischen etc. früher in der westlichen Ǧazīra häufiger war.

41 Sowohl in der nordsaudischen Provinz Najd als auch am alten Palast in Riyadh gehen Sägezahndekorationen mit Zinnen einher. vgl auch: Talib 1984, Abb. S. 53, 59, 61; EVAW II, S. 1456

42 Das Verb *ḥaǧaba* bedeutet ‚verhüllen, entziehen, nicht wahrnehmbar machen' und ist ein Begriff, der im religiösen Zusammenhang eine Rolle spielt, da damit auch die Verhüllung des weiblichen Körpers gemeint sein kann. (*ḥiǧāb* = Vorhang, Schleier)

43 Obwohl nur aus Kreidemilch bestehend, ist die Bemalung recht haltbar. Sie wird durch Regen nur wenig in Mitleidenschaft gezogen, wenn sie an der den Wetter abgewandten Seiten aufgebracht ist. Auch an den anderen Seiten wird sie in einer Regenzeit nicht völlig weggewaschen.

44 Lebensbaummotive finden sich ebenfalls als Stickapplikation auf Kissenhüllen und traditionellen Frauenkleidern aus Mittelsyrien. Angeblich stammt es aus Nordasien (vgl. Kalter / Touma 1991, S. 234 f und Abbildungen 594 bis 598). Seine Verwendung in Medīnet Al-Fār läßt sich vielleicht in Zusammenhang mit den alten Weidegebieten des Ruwalla-Stammes (der in Medīnet Al-Fār siedelt) in Mittelsyrien interpretieren.

45 Über das Iwān-Haus in Tell Semn vgl. Kap. 8

46 Unter den Armeniern, die die Massaker des jungtürkischen Regimes während des ersten Weltkrieges überlebt hatten, waren Handwerker, die sich als Flüchtlinge in Aleppo oder den kleineren Städten Nord- und Nordostsyriens niedergelassen hatten. In Ermangelung eigenen Bodens sahen sich viele gezwungen, sich als Bauhandwerker zu verdingen. Über die Armenier in Ǧerāblus: vgl. Kap. 13

47 Zur Verbreitung der Dachformen vgl. Abb. 324

48 Zur Kuppelkonstruktion siehe Anhang I: Bautechniken und Materialien; Im strengen Winter 1991/92, als auch der westliche Teil der Ǧazīra wochenlang verschneit lag, waren gut verputzte Kuppeln den Flachdächern überlegen, da der Schnee auf ihnen nicht liegenbleiben und das Dach durchfeuchten konnte.

49 Von kurdischen Bewohnern der Oberen Ǧazīra wird *zinc* für eine geneigtes ebenso wie für ein gewölbtes Dach benutzt.

50 Die Dachkonstruktion im nordirakischen Tigristal mit zusätzlichem Kehlbalken und Pfosten erinnert entfernt an die Querbalkenhäuser im Euphrattal. (Lemarié 1984, S. 110)

51 Wertvolles Eichenholz, das nur äußerst selten als Bauholz zum Einsatz kam, ebenso wie andere längere Hölzer wurden vor der Grenzschließung als Treibholz über den Tigris nach Syrien geschickt. In Cizre wurde es an Land geholt und nach Mālkiya/Derik transportiert. Die Hinweise über die Herkunft des Holzes in der Oberen Ǧazira verdanke ich 'Azād 'Alī , der an der Universität Aleppo über die neueste Entwicklung der Architektur Nordostsyriens promoviert. Er hat für mich bei den Holzhändlern der Region recherchiert.

52 Die Flechtmatten wurden früher aus dem Irak importiert. Nur an wenigen Orten in Syrien ist in den Flußtälern so viel Schilf vorhanden, daß man sie für den Eigenbedarf herstellen und evtl. auf lokalen Märkten verkaufen kann. Andere Materialien für die Deckenschalung waren je nach Region Flachs- oder Schilfstengel, Palmblätter oder Astwerk. (vgl. auch Fig. 10. K)

53 Fußböden in Wohnräumen, die nur dem Aufbewahren dienen, bleiben ohne Matten auf dem Boden. Dies macht sie im Sommer angenehm kühl, da auch der Boden immer wieder besprenkelt wird.

54 Ghirardelli 1985, S. 9

55 Weitere Beispiele dieser Regeln um die *'ittābe* sind: Schwangere dürfen nicht auf ihr sitzen, da sie sonst das Kind verlieren, bei Sonnenuntergang darf dort kein Wasser ausgegossen werden, statt dessen darf dies erst in 4 bis 5 m Entfernung erfolgen, wobei bismillah zu sprechen ist. Manche Leute vergraben einen Koranspruch unter der *'ittābe*, was helfen soll, einen Wunsch erfüllt zu bekommen.

Nur noch einige alte Frauen schreiben auch den Raumecken magische Kräfte zu. Früher war es üblich, die Geister, *ǧinn*, mit Geld, Salz oder etwas Metallischem, das dort eingemauert wurde, zu besänftigen. Bei Kuppelhäusern sollte das Salz insbesondere vor Blitzeinschlag schützen.

56 Im Euphrattal besticken Frauen aufgetrennte Düngersäcke, die sie zu Wandbehängen und Einkaufstaschen zusammennähen oder sie reihen kleine Stoffquadrate und Plastikhälmchen zu einer Art Mobilé auf. Vorläufer dieser Art der Dekoration sind Wandgehänge aus aufgereihten Samen und Körnern, die für Wohlgeruch im Raum sorgen sollten.

Früher bestimmten auch Ablagenischen für Lampen und und kleine Alltagsgegenstände das Bild des Raumes. Nach Angaben von Bewohnern aus dem Euphrattal wurden faustgroße Wandtaschen aus Lehm, *ǧiyāba*, wabenartig an die Wand geklebt, in denen z. B. Streichhölzer oder Nadeln aufbewahrt wurden.

57 Früher waren die Räume von den Farbtönen des Lehms, der Kreidemilch an den Wänden und der Deckenhölzer bestimmt. Nur die gefärbten Wollprodukte bildeten einen farbigen Kontrast. Heute dominiert die Buntheit der Anilinfarben, wie sie sich auch in der Kleidung der Frauen spiegelt. Bis vor ca. 70 Jahren trug die Beduinin das dunkelblaue schmucklose Baumwollkleid eventuell kombiniert mit Silberschmuck und -gürtel. Während die siebziger und achtziger Jahre noch eine sehr bunte, auffällig gemusterte Mode für Bekleidung und Stoffe im Wohnbereich brachten, tragen die Frauen der neunziger Jahre gedeckte Farben und Brauntöne. In städtischen Häusern gehören vielfarbige Mosaiken und Holzvertäfelungen zu traditionellen Raumausstattungen, den jungseßhaften Nomaden bieten sich erst in den letzten Jahrzehnten die Möglichkeiten farbiger Gestaltung.

Ghirardelli (1985, S. 7) beschrieb ein „repräsentatives Zentrum", das an der Nordwand liegen soll, damit der Blick des Eintretenden darauf fällt. Ich konnte dies nicht feststellen.

58 Ich konnte den Kontakt herstellen, damit die ethnographische Abteilung des Moesgård-Museum in Åhus/Dänemark eine komplette Brautausstattung aus dem Euphrattal erwerben konnte.

59 Bissar 1955, S. 110

Architektur und Region Kapitel 13

1 „Nisibeen (heute Grenzstadt auf türkischem Gebiet, K. P.) is at present inhabited by 300 families, chiefly Arabs of the Tai tribe, who live in tents pitches amidst the debris of the ancient city." Badger 1852, S. 67

2 Der Ort 'Amūda ist schon bei Niebuhr verzeichnet (1778, Tab.L). Bezeichnend für die Siedlungsgeschichte ist Niebuhrs Beobachtung: „Romäla war erst vor einigen Jahren von Kurden ganz neu aufgebaut, aber neulich vom Emîr von Dsjesîre wieder ganz zerstört worden." (1778, S. 379)

3 Es wäre anzunehmen, daß die Architektur des unmittelbar angrenzenden Tur Abdin-Gebirges, aus dem viele christliche Bewohner in die Ǧazīra einwanderten, Ähnlichkeiten aufweist. Gerade die dörfliche Architektur des Tur Abdin ist von Verteidigungsaspekten bestimmt. Es handelt sich meist um zweigeschossige Steinbauten, die zumindest von außen wenig Ähnlichkeit zur Ǧazīra-Architektur zeigen. (vgl. Anschütz 1984, S. 19, 33f)

4 u.a. Montagne 1932, S. 56, vgl. Bruinessen, S. 121 ff

5 Bedal (1978, S. 7f) faßte die Geschichte der Zuordnung von ethnischen Gruppen zu Haustypen in Mitteleuropa zusammen und verwarf sie erneut (vgl. auch Weiss 1959, S. 23 f). In Mitteleuropa sollten mit der Erforschung von Hausformen auch die historischen Kulturräume (mit nationalchauvinistischem Hintergrund) der vermeintlich dazugehörenden Ethnien aufgespürt werden.

6 Als sich beispielsweise Ende der achtziger Jahre eine wohlhabende Umsiedlerfamilie in der Oberen Ǧazīra ein Mittelhallenhaus bauen lassen wollte, beauftragte sie eine Gruppe um einen kurdischen Baumeister aus ca. 20 km Entfernung. Die Bauherrenfamilie war der Überzeugung, daß erstens Kurden bessere Baumeister sind und zweitens, daß diese diesen Haustyp, der in ihrem Dorf üblich ist, besser errichten können.

7 Oppenheim 1931, Tafel 2, Abb. b und unveröffentliche Fotos aus dem Oppenheim-Archiv

8 Layard, 1851, S. 124 f; Badger 1852, S. 216 f; Bachmann 1914, S. 23; Bobek 1938, S. 219 f; Yonan 1989, Abb. S. 226

9 Wärmekamine gehören zu den Bauelementen, die Kaukasier und Armenier mit in die Ǧazīra gebracht haben. Während sie auf früheren Fotos noch vorhanden sind, wurden sie jedoch später aufgegeben.

10 Beziehungen über den Euphrat hinweg waren möglich mithilfe kleiner floßartiger Gefährte, denen aufgeblasene Ziegenbälge unterlegt wurden. Im lokalen Dialekt heißen sie *çeleçe*. Aber schon ein einzelner aufgeblasener Ziegenbalg half früher, heute nimmt man einen Reifenschlauch, um ans andere Ufer zu gelangen. Bis heute setzt man auch in denselben riesigen runden Metallkesseln über den Fluß, in denen auch Weizen gekocht wird. Aus diesen *ḥelle* genannten Rundbooten, lassen sich mithilfe eines über den Fluß gespannten Seils sogar einfache Fähren installieren. (Abb. 5.5 a)

11 Die armenische Besiedlung in Ǧerāblus geht darauf zurück, daß christliche Landwirtschaftsunternehmer aus dem südsyrischen Nabuq den armenischen Flüchtlingsfamilien dort Grundstücke überliessen. Jede Familie erhielt 110 m^2 Bauland. Es wurde ihnen jedoch zur Auflage gemacht, keinen eigenen Bazar zu eröffnen, sondern ihre Gewerbe im schon bestehenden auszuüben.

12 vgl. Kap..2; Wie sehr Armenier schon vorher als Bauleute geschätzt waren, belegt die Tatsache, daß Max von Oppenheim das Grabungshaus in Tell Ḥalaf 1911 von Armeniern aus Mardin errichten ließ. (Oppenheim 1931, S. 22f) Später verdingten sie sich offenbar auch als Steinmetze in Ra's Al-'Ain. (a. a. O. S. 32)

13 Chesney 1850, S. 419, Sachau 1883, S. 157

14 Sachau berichtet, daß schon um 1880 in den Dörfern flußaufwärts von 'Arab Ḥasan Flachbauten, Zelte und Kuppelhäuser bestanden (1883, S. 159).

15 Viele Bewohner haben die bevorstehende Umsiedlung nicht wahrhaben wollen und begannen erst 1998, als der Damm fast fertiggestellt war, Neubauten in den Umsiedlungsdörfern oder an höher gelegenen Stellen zu bauen. Ich konnte diesen Stillstand der Region unmittelbar verfolgen, da ich an der Rettungsgrabung der Dänischen Archäologischen Mission auf Tell Ǧurn Kabīr beteiligt war.

16 Tragischerweise ist das Dorf Medīnet Al-Fār von Problemen aufsteigender Bodenfeuchtigkeit und Versalzung der Lehmziegelwände betroffen. Inmitten einer neu angelegten

Bewässerungsregion gelegen, und daher seit Jahren von Amts wegen zur Umsiedlung bestimmt, haben die Bewohner/innen resigniert und auch aufgehört, ihre Häuser zu pflegen und zu tünchen. Mindestens ein Haus stürzte durch Salzschäden ein und hat die Bewohner unter sich begraben. Neubauten entstehen nicht mehr, und wer dringend beipielsweise einen neuen Stall braucht, errichtet ihn als Zweighütte, die mit Jutesäkken umkleidet wird. (vgl. auch 6.1.2)

17 vgl. Kap. 5; Musil 1928, S. 61 ff

18 Auf die andere Tradition verweist auch die Form dortiger Brotbacköfen: sie gehören zu der Gruppe der *ṭābūn* genannten und in Westsyrien, Jordanien/Palästina und Ägypten verbreiteten Form. (Gangler 1991, Tafel 138; Schnittzeichnung eines niedrigeren *ṭābūn* bei: Castel 1984, Fig. 1)

19 entfällt

20 Lewis 1988, S. 690; Türkische Großgrundbesitzer forcierten den landwirtschaftlichen Anbau in der Region.

21 vgl. Karte der Niederschläge im langjährigen Mittel: Abb. 14

22 Es war politische Absicht, arabische Dörfer mitten in das geschlossene kurdische Siedlungsgebiet zu pflanzen.

23 Intensiver Bewässerungsfeldbau in der Türkei bewirkt für den gesamten syrisch-türkischen Grenzstreifen ein starkes Absinken des Grundwasserspiegels. Viele der unterirdischen Quellen sind daher versiegt, Flüsse wie Ğaġğaġ oder Sāğūr führen im Sommer kein Wasser mehr.

24 Gemeinsame Speicherung hat in Nordostsyrien keine Tradition. Erst seit den siebziger Jahren errichteten einige landwirtschaftliche Genossenschaften Bauten zur Einlagerung von Getreide in den Dörfern.

25 Diese Halbnomaden verdingen sich als Erntearbeiter und lassen ihre Kleinviehherden die Erntereste abweiden.

26 „Westlich von Sindsjar liegt in einem Landsee eine kleine von Arabern bewohnte Insel, die man Chatonie nennt, und die durch einen schmalen Damm mit dem festen Lande verbunden ist." (Niebuhr 1778, S. 390); Nach Angaben der Bewohner soll die Stadtmauer bei 60 cm Breite 2,5 m hoch gewesen sein und durch einen Graben davor gesichert worden sein. Die Lage des Dorfs auf der (heutigen) Halbinsel im Ḫatūniya-See erforderte nur eine relativ kurze Mauerstrecke an der Landseite. Es gab ein schmales Tor darin, das die französische Mandatsverwaltung schleifen ließ, um auch Fahrzeuge einlassen zu können. Bei Layard (1851, S. 23) findet sich ein Hinweis auf die Steinumwallung eines Ortes der Ğbūr gegen Angriffe der ʿAnneze-Beduinen.

27 Mark Sykes, in: Geographical Journal 30, 1907, S. 387 f (zitiert nach Wirth 1971, S. 447)

28 Badger 1852, S. 6

29 Das Dorf Damḫiya Kabīra wurde von Syrianern aus dem Tur Abdin Anfang dieses Jahrhunderts gegründet. Es ist ein kleiner Wallfahrtsort, da dort die aus dem Tur Abdin herübergeretteten Reliquien des Heiligen Qadīs Aḫū geborgen liegen. Es gibt eine Kirche mit angegliederter großzügiger Pilgerherberge.

30 vgl. auch Montagne 1932, Fig. 1, S. 57

31 Petermann (1986/1865, S. 42f) erwähnt Deruni Aki. Das Auf und Ab der Besiedlung südlich davon zeigt sich auch darin, daß Reisende immer wieder einzelne Dörfer vorfanden, die die nächsten Reisenden schon wieder als wüst gefallen beschreiben. (Banse 1913, S. 68)

32 Faride Bissar (1955, S. 109 f) zählte, daß in Qubūr Al-Baiḍ 71% der Häuser nur über einen Raum verfügten, 11% hatten zwei und 18% der Gehöfte mehr als zwei Räume. Sie gibt leider nicht an, ob es zusätzliche separate Küchen gab oder ob im selben Raum auch gekocht wurde.

33 Auf der jenseitigen Tigrisseite, in Irakisch-Kurdistan, kommt dieser Haustyp mit seiner *bersafk* genannten Vorhalle offenbar ebenfalls vor. vgl. auch Dziegel 1988, S. 127 ff

34 Freundlicherweise stellte Prof. Wirth mir seine Fotos aus dem Ğabal Sinğār zur Verfügung, wozu ich ihm zu großem Dank verpflichtet bin. Im Jahr 1998 wurden diese Fotos im Rahmen der Ausstellung „Yazidi. Gottes auserwähltes Volk oder die ‚Teufelsanbeter' vom Jebel Sinjar, Irak" im Völkerkundemuseum Wien gezeigt. Die Fotos gehören zu den wenigen Zeugnissen der Architekur des Ğabal Sinğār, da die Bewohner durch das irakische Regime vertrieben wurden. Auf den Fotos fällt besonders die Stapelung von trockenem Feuerholz auf den Dachkanten der Häuser auf, das verhindern soll, „daß am Dach spielende Kinder herunterfallen". (Wirth 1998, S. 65) Die Häuser sind häufig in den Bergabhang hinein gebaut worden, so daß diese Gestrüpp-Attiken von Weiten stark auffallen. Schon Oppenheim (1899, S. 155) berichtete von einem „Geflecht von Ästen" auf den Dächern in der Region.

35 Jenseits der irakischen Grenze haben die Haupthäuser heute (noch?) Satteldächer, dies zeigen zumindest eine Bauaufnahme aus dem Tigristal nördlich von Mossul (Lemarié 1984, S. 110) und Dörfer südlich des Ğabal Sinğār. (Al-Kasab 1966, Abb. 4)

Schlussbetrachtungen Kapitel 14

1 Der Schweizer Architekt Hans Hostettler schreibt dies auf der Internetseite unter „http://www.g26.ch/marokko-_kunst_kultur_architektur_01.html". Er bezieht sich dabei auf seine Erfahrungen bei der Inventarisierung traditioneller Bausubstanz in der Schweiz, ein Instrumentarium, das er auch im Draa-Tal im Süden Marokkos anwendet.

2 Gerade (im Jahr 2004) erhielt der junge Architekt Francis Kéré den ‚Aga Khan Award for Architecture' für einen wegweisenden Schulbau in seinem Heimatdorf in Burkina Faso. In nachhaltiger Bauweise errichteten dort 400 Dorfbewohner in gemeinsamer Arbeit eine mehrklassige Schule, die den Anforderungen des Klimas durch einfache, aber sehr wirksame Mittel entspricht. Schon jetzt, wenige Tage nach seiner Auszeichnung zeigt sich die Wirkung dieses beispielhaften Baus, da sich auch staatliche Institutionen ebenso wie Architektenverbände in Burkina Faso für die Bauweise interessieren.

3 „Tradition is Modernity's Future", 1999, S. 36 ff, Interview mit Sultan Ibn Salman Ibn ʿAbd al-ʿAziz, Tourismusminister von Saudiarabien, in: Aramco World 7/8 1999, S. 36 ff

Anhang I Bautechniken und Materialien

1 Es gibt ein Bezugssystem, nach dem jeder Familie jährlich eine gewisse Menge Zement zu einem vergünstigten Preis zusteht. Wenn für den Hausbau mehr Zement benötigt wird, kauft man entweder vom freien Markt dazu oder bittet jemand anderen, die ihm zustehende Menge zu kaufen und kauft sie ihm dann zu einem etwas höheren Preis ab. Der Zementpreis ist seit Mitte der 1990er Jahre um die Hälfte gesunken.

2 Im Arabischen dient der Begriff *ṭīn* zur Bezeichnung von Lehm, Ton, Lehmschlämme und Putz.

3 „Der Lößboden liefert auch ein hervorragendes Material zum Häuserbau... Sein Kalkgehalt, die Feinkörnigkeit und die homogene Struktur sind der Grund für seine Eignung." Gabriel/Rathjens 1956, S. 242

4 Das Steinbeil wiegt 10 kg und hat einen Stiel aus Steineichenholz. Zu der Arbeit des Steinhauers gehört es auch, die produzierten Bruchsteine auf einen Traktoranhänger zu laden. Er verdiente im Jahr 1998 pro Ladung 200 SL, umgerechnet etwa 7,40 DM. Hausteine kosteten bei ihm 5 SL pro Stück, etwa 0,18 DM.

5 Gipsgewinnung im Balīḫ-Tal wird ausführlich dokumentiert bei Aurenche/Maréchal 1985, S.221 ff.

6 Daß offenbar schon in den zwanziger Jahren manche Landbesitzer Pappelwäldchen anpflanzten, scheint Blatt VI „Sandalia Zrir" der „Mission de Reconnaisance de l'Euphrate en 1922" (1988) zu belegen.

7 Dies hat zur Folge, daß aufgelassene Häuser immer als dach- und sturzlose Gerippe dastehen.

8 Pfahlrohr, bot. Arundo Donax

9 Halbouni 1978

10 Der längsliegende Ziegel, der Läufer, wird *ṭāqī* genannt.

11 Es gab Stampflehmtechnik – u.a. bei Gartenmauern – wohl auch in anderen Teilen Syriens. vgl. Thoumin 1932, Pl. I, Fig. 2

12 vgl. Gabriel/Rathjens 1956, S. 242 f

13 Die in der Türkei liegende Verbreitungsgruppe um Harran weist Kuppelbauten mit aufgehendem Mauerwerk aus Hausteinen und Kuppeln aus Brennziegeln auf. vgl. auch Brice/Dönmez 1948, S. 135

14 vgl. Kap. 10

15 Bei den Aramäern wird diese Arbeit angeblich von Männern ausgeführt, wie mir Bewohner mitteilten.

16 *ḥabb* bedeutet ‚Korn', *ḥabbtēn* steht also für ‚zwei Körner' oder ‚Doppelkorn'.

17 vgl. „Gespräch mit einem alten Steinmetzen in Aleppo", Gangler 1993, S. 144 ff

18 Es handelt sich um dieselben bunten geflochtenen Kunststoffmatten, *ḥusr*, die auch als Fußbodenmatten dienen. Man kauft sie am Meter.

19 Der Begriff *ğemelūn* bezeichnet in Palästina ein Tonnengewölbe. Zumindest volksetymologisch ist er ein Assoziativ des Kamelshöckers. Wahrmund nennt als Bedeutungen: ‚Giebel, Kuppel, Helmdach, nicht flaches Dach'. Im Südirak kommt wohl der Begriff *ğemal* für Sattel- oder Tonnendach vor. (Heinrich, 1950, S. 26 und 44) Dalman, 1942, S. 152; Canaan, S. 45 f; Jäger 1912, S. 21

20 Die kurdische Bevölkerung Nordostsyriens brachte ein ähnliches Flachdach wie heute in der Oberen Ġazīra aus ihrer Herkunftsregion mit. Dort herrschen erheblich kältere Winter, in denen der Schnee auf den Dächern verbleiben kann, da er, solange er nicht schmilzt, wärmedämmend wirkt.

21 vgl. Volhard 1988, S. 104

22 Man verwendet Gerstenstroh, weil die Halme weicher sind und sich die Schlämme dadurch einfacher verarbeiten läßt. Dieses Stroh muß jedoch schon etwas zerkleinert sein. Dies geschieht normalerweise, indem man Stroh von einem Acker verwendet, auf dem nach dem Abernten Schafe geweidet haben. Dabei bleibt Stroh auf der Erde liegen, das von den Schafen zertrampelt wurde. Dadurch ergibt sich ein weiches Stroh, dessen Halmlänge bewirkt, daß der Putz beim Trocknen nicht so leicht reißt. Ersatzweise können auch gehäckselte Weizenhalme verwendet werden.

23 Andere Bewohner erwähnten, daß es Frauen früher untersagt gewesen sei, ein Streichbrett zu benutzen. Sie hätten deshalb alle Verputzarbeiten mit den Händen erledigen müssen.

24 vgl. Mʿatūq o. J., S. 106 ff

25 Rapoport 1969, S. 4

26 Anwesend sind Gläubige des Dorfes, die männlichen erwachsenen Familienmitglieder und die Baubeteiligten – so die Angaben eines kurdischen Baumeisters in der Oberen ıaz/ra. Nicht zur Familie gehörende Frauen nehmen nicht daran teil. vgl. dazu ausführlich: Nippa 1991 a

27 Boucheman (o.J., S. .28) berichtet, daß das (Brand-)Zeichen der Herde dort aufgemalt wurde.

Literatur

Verzeichnis der Abkürzungen:

AARP Art and Archeology Research Papers, London
BEO Bulletin d'Etudes Orientales de l'Institut Français de Damas, Damaskus / Kairo
EVAW Encyclopedia of Vernacular Architecture of the World, Hg. Paul Oliver, Oxford 1997
FMA La France Mediterranéenne et Africaine, Paris
IFD Documents d'Études Orientales de L'Institut Français de Damas, Damaskus
JPOS Journal of the Palestine Oriental Society, Jerusalem
MEJ Middle East Journal, Washington DC
MDOG Mitteilungen der Deutschen Orient-Gesellschaft
PM Petermanns Mitteilungen
REI Revue des Etudes Islamiques, Paris
WiA Wohnungsbau im Altertum. Diskussionen zur Archäologischen Bauforschung 3, Berlin

Abela, Eijub:
1884 Beiträge zur Kenntnis abergläubischer Gebräuche in Syrien, In: ZDPV, Bd. VII, S. 79–118

Adam, Jürgen A.:
1981 Wohn- und Siedlungsformen im Süden Marokkos. München

Ainsworth, William Francis:
1842 Travels and researches in Asia Minor, Mesopotamia, Chaldea and Armenia. London

Aksoy, Erdem:
1963 Mittelraum: Grundgestaltungsprinzip der türkischen Profanarchitektur. In: Mimarlik ve sanat 7–8, S. 39–92

Al-Aamiry, Suad; Cejka, Jan:
1987 Das palästinensische Haus. In: Pracht und Geheimnis. Köln

Alex, Michael:
1985 Klimadaten ausgewählter Stationen des Vorderen Orients. Wiesbaden (TAVO)

Alexander, Chistopher
1984 Eine Pattern Language. Auszüge aus: „Die zeitlose Art zu Bauen“ und „Eine Pattern Language“. In: Arch+ 73, S. 14–37

Aljundi, Ghiyas:
1984 L'architecture traditionelle en Syrie. UNESCO, ohne Ort (Etablissements Humains et environnement socio-culturelle No. 33)

Alpöge, Ayla:
1971 Anonymous Architecture in the Keban Region, In: Keban Project Activities. Ankara

AlSayyad, Nezar / Bourdier, Jean-Paul (Hg.):
1989 Dwellings, settlements, and tradition: crosscultural perspectives. IASTE. Lanham/USA

Andrae, Walter:
1930 Das Gotteshaus und die Urformen des Bauens im Alten Orient. Berlin 1930 (Studien zur Bauforschung Heft 2, Koldewey-Gesellschaft)

Andritzky, Michael; Selle, Gert:
1979 Lernbereich Wohnen, Bd. 1, Reinbek

Anschütz, Helga:
1984 Die syrischen Christen vom Tur ʿAbdin. Würzburg
.../ Harb, Paul:
1985 Christen im Vorderen Orient: Kirchen, Ursprünge, Verbreitung. Hamburg

Ardener, Shirley:
1981 Ground Rules and Social Maps for Women: An Introduction. In: Ardener, Shirley (Hg.): Women and Space. London, S. 11–34

Arkawi, Abir:
1996 Das Wesen der alten Wohnhäuser im Vorderen Orient und Wege zu ihrem Erhalt unter Berücksichtigung der gegebenen Veränderungen der Sozialstruktur am Beispiel Damaskus. Dissertation TU Dresden

Ates, Nuh; siehe Düchting, Johannes

Aurenche, Olivier:
1977 Dictionnaire illustré multilingue de l'architecture du Proche Orient ancien. (Hg.) Lyon (Institut Français d'Archéologique de Beyrouth, Liban)
1981 La maison orientale. L'architecture du Proche Orient ancien des Origines au millieu du IVe millénaire. Paris
1990 Habitat de nomades et habitat de sédentaires en Syrie et en Jordanie: étude de cas. In: Francfort, H.-S. (Hg.): Nomades et Sédentaires en Asie Centrale. Paris
... / Desfarges, Patrick:
1982 Utilisation et Transformation de l'Espace Architectural à El Kown (Palmyre, Syrie). In: Cahiers de l'Euphrate 3, S. 89–113
1983 Travaux d'Ethnoarchéologique en Syrie et en Jordanie. Rapports préliminaires. In: Syria 60, S. 147–185
1985 Enquète ethnoarchitectural à Smakieh (Jordanie). Rapports preliminaire. In: Hadidi, A. (Hg.): Studies in the History and Archeology of Jordan II. Amman
... / Calley,S.:
1984 Une expérience ethnoarchéologique: Cafer Höyük (Turquie). In: Paléorient Bd. 10/2
... / Maréchal, Claudine:
1985 Note sur la Fabrication actuelle du plâtre à Qdair/ Syrie. In: Cahiers de l'Euphrate 4, S. 221–224

ʿAyāš, ʿAbd Al-Qādir:
Al-bait fī ḥayāt al-ʿArab. Dair Az-Zōr (o. J.)

Al-Azzawi, Subhi Hussein:
1969 Oriental Houses in Iraq. In: Oliver, Paul (Hg): Shelter and Society, London, S. 91–102

Bachmann, W.:
1914 Bericht zur Routenkarte von Mossul nach Wan. Petermanns Mitteilungen, S. 21–25

Badger, George S. (Reverend):
1852 The Nestorians and their rituals. London

Bammer, Anton:
1982 Wohnen im Vergänglichen. Traditionelle Wohnformen in der Türkei und in Griechenland. Graz

Banse, Ewald:
1910 Der Orient. Bde. I, II, III. Leipzig
1911a Kurdistan – ein länderkundlicher Begriff ? In: PM, 1. Halbjahr, S. 286–288
1911b Durch den Norden Mesopotamiens (Mardin-Nisib 1908). In: PM, S. 119–122, 172–175
1911/12 Die Gubâb-Hütten Nordsyriens und Nordwest-Mesopotamiens. In: Orientalisches Archiv, Bd. II, S. 173–179 (Illustrierte Zeitschrift für Kunst, Kulturgeschichte und Völkerkunde der Länder des Ostens)
1913 Auf den Spuren der Bagdadbahn. Weimar
1914 Das Orientbuch (Der alte und neue Orient). Straßburg
1915 Die Türkei. Eine moderne Geographie. Braunschweig

Bedal, Konrad:
1978 Historische Hausforschung. Eine Einführung in Arbeitsweise, Begriffe und Literatur. Münster (Beiträge zur Volkskultur in Nordwest-Deutschland, Heft 8)

Bedir Khan, Emir Kamuran Ali:
1963 Die Kurden. Überblick über die Geschichte, Soziologie, Kultur und Politik eines Volkes. In: Bustan 1/1963, S. 20–25

Behrends, H.; Klinkott, M.:
1973 Das Ivan-Hofhaus in Afghanisch-Sistan. In: Archäologische Mitteilungen aus Iran 6, S. 231–252

Behsh, Basam:
1993 Towards Housing in Harmony with Place. Constancy and Change in the Traditional Syrian House from the Standpoint of Environmental Adaption. Doctoral Dissertation. Lund/Schweden

Bell, Gertrude L.:
1908 Durch die Wüsten und Kulturstätten Syriens. Leipzig

Bianca, Steffano:
1975 Architektur und Lebensform im islamischen Stadtwesen. Zürich
1991 Hofhaus und Paradiesgarten. München

Bissar, Faride Abdullatif:
1955 Beobachtungen über das soziale Leben in Kubur-al-Bid, Jezirah, Nordsyrien. In: Von fremden Völkern und Kulturen. Beiträge zur Völkerkunde. Festschrift für Hans Plischke, S. 107–115

Blunt, Ann (Lady):
1879 Bedouin Tribes of the Euphrates. New York (Reprint London 1968)

Bobek, H.:
1948 Soziale Raumbildungen am Beispiel des Vorderen Orients. In: Verhandlungen der Deutschen Geographischen Gesellschaft, Vol. 27, S. 193–207
1938 Forschungen im zentralkurdischen Hochgebirge zwischen Van- und Urmia-See (Südostanatolien und Westazerbaican) II. Teil, S. 215–228

Boccianti, Carlo:
1979 Vernacular Architecture in Southern Turkey. In: AARP, Bd. 15, S. 28–32

Boghossian, Roupen:
1952 La Haute Djézireh. Alep (Thèse, Faculté de Droit de Paris)

Bois, Thomas:
1966 The Kurds. Beirut

Boucheman, Albert de:
1934a Matériel de la Vie Bédouine. Recueilli dans le Désert de Syrie. IFD Damaskus
1934b Notes sur la rivalité de deux tribus moutonnières de Syrie: les „Mawali“ et les „Hadidiyn“. In: REI, Cahier 1, Paris
1934c La sédentarisation des nomades du désert en Syrie. In: L'Asie Française, No.320, Paris, S. 140–143
1939 Une petite Cité Caravanière: Suhné. IFD

Bourdier, Jean-Paul; siehe AlSayyad, Nezar

Bourdieu, Pierre:
1979 Entwurf einer Theorie der Praxis. Frankfurt/M.

Brice, W.C. / Dönmez, Ahmet:
1948 Construction of a House roofed with Corbelled Domes in Southern Turkey. In: Man, Nov., Vol. 48, S. 135–136

Bromberger, Christian:
1974 Habitation du Gilân. In: Objects et Monde, Bd. 14

Browne, W. G.:
1800 Reisen in Afrika, Aegypten und Syrien in den Jahren 1792 bis 1798. Leipzig

Bruinessen, Martin van:
1989 Agha, Scheich und Staat. Politik und Gesellschaft Kurdistans. Berlin

Bumke, Peter:
1979 Raumaufteilung bei anatolischen Bauern. In: Arch+ No.46, S. 32–35

Buckingham, James Silk:
1828 Reisen in Syrien und Palästina. Weimar

Burckhardt, Johann Ludwig:
1831 Bemerkungen über die Beduinen und Wahaby. Weimar

Burton, H.M.:
1944 The Kurds. In: JRAS, Vol. XXXI

Canaan, Taufiq:
1914 Aberglaube und Volksmedizin im Lande der Bibel. Hamburg
1932/33 The Palestinian Arab House: It's Architecture and Folklore. In: JPOS, Vol. XII (1932), S. 223–247 , Vol. XIII (1933), S. 1- 83

Cantineau, J.:
1934 Le Dialecte arabe de Palmyre. Beirut (Mémoirs de L'Institut Français de Damas)

Castel, G.:
1984 Une Habitation rurale égytienne et ses transformations: chronique d'une famille. In: Aurenche, O. (Ed): Nomades et Sédentaires. Paris

Cejka, Jan; siehe Al-Aamiry, Suad

Charles, Père Henri:
1939 Tribus Moutonnières du Moyen-Euphrate. In: IFD
1942 La Sédentarisation entre Euphrate et Baliḫ. Note d'Ethno-Sociologique. Beirut

Chelhod, Josph:
1973 A Contribution to the problem of the Pre-Eminence of the Right. Based on Arabic Evidence. In: Needham, R. (Hg.): Right and Left, Chicago
1955 La baraka chez les Arabes où l'influence bienfaisant du sacré. In: Revue de l'Histoire des Réligions, Bd. CXLVIII, S. 68–88

Chesney, Lieutenant-Colonel
185o The Expedition for the Survey of the Rivers Euphrates and Tigris. Ohne Ort

Christensen, Nerthus:
1967 Haustypen und Gehöftformen in Westpersien. In: Anthropos 62, S. 89–138

Christian, Dr.:
1917/18 Volkskundliche Aufzeichnungen aus Haleb (Syrien). In: Anthropos 12–13, S. 1014–1025

Christie Mallowan, Agatha:
1977 Erinnerungen an glückliche Tage. Abenteuer und Ausgrabungen in Syrien mit meinem Mann. Bergisch-Gladbach

Christoff, Hellmut:
1935 Kurden und Armenier. Dissertation Universität Hamburg. Math.-Naturwiss. Fakultät

Conti, Giorgio:
1986 Saverio Muratori: Typologische Methode, Krise der Architektur, Kulturkrise. In: Arch+ 85, S. 40–42

Copeland, Paul W.:
1955 ‚Beehive' Villages of North Syria. In: Antiquity Vol. XXIX, S. 21–24

Daker, Naoras:
1975 Contribution Ethnografique á l'Etude de l'Evolution de l'Habitat Bédouin en Syrie (Thèse de doctorat de 3° cycle, Ecole des Hautes Etudes en Sciences Sociales, Paris)
1984 Contribution à l'étude de l'évolution de l'habitat bédouin en Syrie. In: Aurenche, O.: Nomades et Sédentaires, Paris, S. 51–79

Dalman, Gustaf:
Arbeit und Sitte in Palästina. Gütersloh:
1928 Jahreslauf und Tageslauf. (Bd.I)
1932 Der Ackerbau. (Bd.II)
1933 Von der Ernte zum Mehl. Ernten, Dreschen, Worfeln, Sieben, Verwahren, Mahlen. (Bd III)
1939 Zeltleben, Vieh- und Milchwirtschaft, Jagd, Fischfang (Bd. VI)
1942 Das Haus, Hühnerzucht, Taubenzucht, Bienenzucht (Bd. VII)

Davie, May; Lèvon Nordiguian:
1987 L'Habitat de Bayr`t Al-Qad⁄mat, Berytus Vol. XXXV, S. 165–197

Defarges, Paul:
1983 Formation et Transformation de l'Espace Doméstique en Syrie Centrale. Deux Exemples El Kowm et Qdair. Lyon (Travail personel de 3ième cycle)
...; siehe Aurenche, Olivier

Delitzsch, Friedrich:
19o3 Im Lande des einstigen Paradieses. Stuttgart

Dickie, James:
1978 Allah and Eternity: Mosques, Madrasas and Tombs. In: Michell, George (Hrsg.): Architecture of the Islamic World. London

Dickson, Bertram:
1910 Journeys in Kurdistan. In: Geographical Journal XXXV, No. 4, S. 357–379

Dickson, H.R.S.:
1969 The Tent and its Furnishings. In: Shiloh, Ailon: Peoples and Cultures of the Middle East. New York, S. 136–152

Diez, Ernst:
o. J. Die Kunst der islamischen Völker, Potsdam
1923 Persien – Islamische Baukunst in Churâsân. Hagen

Dilleman, Louis:
1962 Haute Mésopotamie Orientale et Pays Adjacents. Paris

Dodd, Stuart Carter:
1934 A Controlled Experiment on Rural Hygiene in Syria. Beirut

Dodge, Bayard:
194o The Settlement of the Assyrians on the Khabur. In: JRAS, Vol. 27, S. 301–320

Dönmez, Ahmet; siehe Brice, W.C.

Dolokay, Yalcin:
1966 Lehmflachdachbauten in Anatolien. (Dissertation Technische Universität Braunschweig)

Dost, H.:
1984 Politik der direkten Unterdrückung der kurdischen Identität in Syrisch-Kurdistan. In: Al-Karamah Nr. 7, S. 41–42

Dostal, Walter:
1983 The Traditional Architecture of Ras al-Khaimah (North). Wiesbaden

Doughty, Charles M.:
1925 Travels in Arabia Deserta. London (Erstausgabe London 1888)

Düchting, Johannes; Nuh Ates:
1992 Stirbt der Engel Pfau? Geschichte, Religion und Zukunft der Yezidi-Kurden. Köln (Hg. medico international, Frankfurt; Komkar, Köln)

Dziegel, Leszek:
1988 Villages et petites villes Kurdes dans l'Irak actuel. In: Studia Kurdica 1–5, S. 127–156

Edmonds, C.J.:
1957 Kurds, Turks and Arabs. Politics, Travel and Research in North-Eastern Iraq 1919–1925. London

Eldem, Sedad H.:
1954 Türk Evi Plan tipleri (Plantypen des türkischen Wohnhauses). Istanbul

Emge, Andus:
1991a Up in and out down. Schwellen und Bereiche im türkischen Dorfleben. In: Trialog 29, S. 10–12
1991b Alte Ordnung im neuen Raum? Zum Wandel im Wohnen der Troglodyten von Göreme. In: Trialog 29, S. 32–36

The Encyclopaedia of Islam
1965–78 New Edition, Leiden

Encyclopedia of Vernacular Architecture of the World
1997 Paul Oliver (Hg.) Cambridge

Enderlein, Volkmar:/ Meinecke, Michael:
1993 Graben – Forschen – Präsentieren. Probleme der Darstellung vergangener Kulturen am Beispiel der Mschatta-Fassade. In: Mschatta-Fassade, Staatliche Museen Berlin

Endruweit, Albrecht:
1994 Städtischer Wohnbau in Ägypten: klimagerechte Lehmarchitektur in Amarna, Berlin

Epstein, Eliahu:
194o Al Jezireh. In: Journal of the Royal Central Asian Society, Vol. 27, S. 68–82

Erckert, R. von:
1887 Der Kaukasus und seine Völker. Leipzig

Euting, Julius:
1993 Tagebuch einer Reise in Inner-Arabien. (Erstausgabe Leiden 1896). Hamburg

Facey, William:
1999 Al-'Udhaibat: Building on the Past. In: Aramco World July/August, S. 32–45

Fathy, Hassan:
1973 Architecture for the poor. Chicago
1987 Natürliche Energie und vernakuläre Architektur. In: Arch+ 88, S. 34–49
1999 „Building for the 800 Million" (Interview) In: Aramco World July/August, S. 28–31

Feilberg, C.G.:
1944 La Tente Noire. Contribution Ethnografique à l'Histoire Culturelle des Nomades. København

Ferber, Oda / Gäßlin, Doris:
1988 Die Herrenlosen. Leben in einem kurdischen Dorf. Bremen

Fiedermutz-Laun, Annemarie:
1983 Architekturforschung in Obervolta und ihre ethnologische Aussage. In: Paideuma 29, S. 141–210

Franz, Erhard:
1969 Das Dorf Icadiye. Ethnographische Untersuchung einer anatolischen ländlichen Gemeinde. Dissertation Berlin, freie Universität

Frödin, John:
1944 Neuere kulturgeographische Wandlungen in der Türkei. In: Zeitschrift der Gesellschaft für Erdkunde. Nr. 1/2, S. 1–20
Fuchs, Aharon Ron:
1997 Lebanese: Urban. In: EVAW, S. 1513 f
1998 The Palestinian Arab House and the Islamic „Primitive Hut". In: Muqarnas, Vol. 15, S. 157–177
..../ Meyer-Brodnitz, Michael:
1989 The Emergence of the Central Hall House-Type in the Context of Nineteenth Century Palestine. In: Dwellings, Settlements, and Tradition. Bourdier / AlSayyyad (Hg.), Lanham/USA, S. 403–424

Gabriel, E./ Rathjens, C.:
1956 Die nordsyrischen Bienenkorbhäuser. In: Tribus, Stuttgart (Zeitschrift für Ethnologie und ihre Nachbarwissenschaften, Lindenmuseum), S. 237–249

Gangler, Anette:
1991 Städtisches Leben. Bauen und Wohnen am Beispiel Aleppo. In: Syrien. Mosaik eines Kulturraumes. (Ausstellungskatalog) Stuttgart, S. 52–58
1993 Ein traditionelles Wohnviertel im Nordosten der Altstadt von Aleppo in Nordsyrien. Stuttgart

Geist, Jonas:
1986 Typologie als Abstammungslehre. (Interview) In: Arch+ 85, S. 47–49

German Development Institut:
1990 The Euphrates Development Scheme in Syria. Social Impact, Production Organization and Linkiges. Berlin

Ghirardelli, Gennaro:
1985 Die Hausordnung eines Dorfes im syrischen Euphrattal. In: Trialog 7, S. 5–9

Gibran, Khalil:
2000 Der Prophet. Zürich/Düsseldorf. Erstausgabe 1926

Glück, Heinrich:
1916 Der Breit- und Langhausbau in Syrien, auf kulturgeographischer Grundlage bearbeitet. Heidelberg

Goodwin, Godfrey:
1971 A History of Ottoman Architecture. London

Gonella, Julia:
1996 Ein christlich-orientalisches Wohnhaus des 17. Jahrhunderts aus Aleppo (Syrien). Das „Aleppo-Zimmer" im Museum für Islamische Kunst. Berlin

Grabar, Oleg:
1965 Stichwort „Iwan". In: The Encyclopedia of Islam. Leiden (New Edition), S. 287–289

Gransden, A.H.:
1947/48 Chaldean Communities in Kurdistan. In: JRAS 34/35, S. 79–82

Gruner, Dorothee:
1981 Der traditionelle Lehmbau und seine Problematik. In: Paideuma 27, S. 45–52

Gundel, Hans-Georg:
1981 Der alte Orient und die griechische Antike. Stuttgart

Habannakeh, Mahmoud:
1972 Die syrische Provinz Al-Raqqa. Dissertation Universität Wien

Haddad, E.N.:
1922 The Guest-House in Palestine. In: JPOS Bd.2, S. 279–283

Haekel, Josef:
1961 Völkerkundliche Reiseskizzen aus Vorderasien. In: Bustan 3/1961, S. 16–18

Hahn, C.:
1896 Kaukasische Dorfanlagen und Haustypen. In: Globus LXIX, S. 251–254

Halbouni, Ghassan:
1978 Untersuchungen zur Entwicklung des Wohnungsbaus in Gebieten mit trocken-heißem Klima unter besonderer Berücksichtigung bauklimatisch und

hygienisch optimaler Lösungen – dargestellt am Beispiel der Stadt Damaskus. Dissertation TH Dresden

Hall, George; McBride, Sam; Ridell, Alwyn:
1973 Architectural Study. In: Anatolian Studies, Vol. XXII, Special Nr. Asvan 1968-72, S. 245–269

Hallet, Ira Stanley ; Samizay, Rafi:
1980 Traditional Architecture of Afghanistan. New York

Handbuch der Dritten Welt
1993 Nordafrika und Naher Osten. Bd. 6. Nohlen, Dieter; Nuscheler, Franz (Hrsg). Bonn

Hansen, Henny Harald:
1961 The Kurdish Woman's life. København

Hanf, Theodor:
1981 Ethnische und religiöse Minderheiten als Sonderproblem: Die orientalischen Christen und die arabische Nationalbewegung. In: Kaiser, Karl; Steinbach, Udo (Hg.): Deutsch-Arabische Beziehungen. Bestimmungsfaktoren und Faktoren einer Neuorientierung, München, S. 59–76

Harb, Paul; siehe Anschütz, Helga

Hardy-Guilbert, Claire; Lalande, Christian:
1981 La Maison de Shaykh ʿIsa à Bahrayn. Paris (Recherches sur les grandes civilisations. Mémoire No. 8)

Hartmann, K.S.:
198o Untersuchungen zur Sozialgeografie christlicher Minderheiten im Vorderen Orient. Tübingen

Hay, W. R.:
1921 Two Years in Kurdistan. Experiences of a Political Officer 1918–192o. London

Heil, Walter:
1986 Die Auswirkungen des Staudammprojektes am syrischen Euphrat auf die Bevölkerungsbewegungen und den Prozeß der Verstädterung in der Region seines Standortes. Berlin, Diplomarbeit Freie Universität

Heinrich, Ernst:
1934 Schilf und Lehm. Ein Beitrag zur Baugeschichte der Sumerer. Berlin (Dissertation 1933, Technische Hochschule, erschienen. In: Studien zur Bauforschung, Hg. Koldewey-Gesellschaft, Heft 6)
1940 Hausformen und Volkstum im Zweistromland. In: Bericht über den VI. Internationalen Kongreß für Archäologie, Berlin 1939, S. 214–216
195o Moderne arabische Gehöfte am unteren Euphrat und ihre Beziehungen zum „Babylonischen Hofhaus". In: MDOG 82, S. 19–46
1957 Bauwerke in der altsumerischen Baukunst. Wiesbaden
1958 Die ‚Inselarchitektur' des Mittelmeergebietes und ihre Beziehungen zur Antike. In: Archäologischer Anzeiger (Beiblatt zum Jahrbuch desDeutschen Archäologischen Institutes) Bd.73, S. 89–133
1961 Der Architekt von heute und die Baukunst der Vergangenheit. Bonner Jahrbücher, Bonn Bd. 61, S. 51–72
1984 Die Paläste im alten Mesopotamien, Berlin
1971 Stichworte: „Gehöft" und „Haus". In: Reallexikon der Assyriologie und Vorderasiatische Archäologie, Berlin 1957–1971

Herzfeld, Ernst; Sarre, Friedrich:
1911/20 Archäologische Reise im Euphrat- und Tigrisgebiet. Berlin, Bd. I, II

Herzog, Rolf:
1963 Seßhaftwerden von Nomaden. Köln

Ḥiğāzī, Ṭarwat:
1987 Al-ḍaba āw al-qafl al-ḫašabī (Der Türriegel oder das hölzerne Türschloß) In: Al-maʿturat aš-šʿabiya 7, S. 84–93

Hillenbrand, Carole:
1985 The History of the Jazira 1100–1250: A Short Introduction. In: Julian Raby (Hg): The Art of Syria and the Jazira 1100–1250

Hopfinger, Hans:
1991 Wirtschafts- und Sozialgeografische Untersuchungen zur aktuellen Landnutzung in Gariba / Tall Šēḫ Ḥamad. In: Kühne, Hartmut (Hg.): Die rezente Umwelt von Tall Šēḫ Ḥamad und Daten zur Umweltrekonstruktion der assyrischen Stadt Dur-Katlimmu. Berlin, S. 51–68

Hosry, Mohammed:
1981 Sozialökonomische Auswirkungen der Agrarreform in Syrien. Saarbrücken

Hourani, A.H.:
1946 Syria and Lebanon. A political Essay. New York

Hütteroth, Wolf-Dieter:
1959 Bergnomaden und Yaylabauern im mittleren kurdischen Taurus, Marburg (Göttinger Geographische Schriften, Heft 11)
1961 Beobachtungen zur Sozialstruktur kurdischer Stämme im östlichen Taurus. In: Zeitschrift für Ethnologie 86, S. 23–42
1968 Ländliche Siedlungen im südlichen Inneranatolien in den letzten 4oo Jahren. (Göttinger Geographische Abhandlungen, Heft 46)
1976 Die neuzeitliche Siedlungsexpansion in Steppe und Nomadenland im Orient. In: Nitz, H.J (Hg.): Landerschließung und Landschaftswandel an den Siedlungsgrenzen der Erde. Göttingen, S. 147–157
1990 Villages and tribes of the ıez/ra under early Ottoman administration (16th Century). A preliminary report. In: Berytus 38, S. 179–184

Huff, Dietrich
1978 Wohn- und Repräsentationsbereiche in der traditionellen iranischen Architektur. In: WiA, S. 237–243

Hyland, A.D.C.; Al-Shahi, Ahmed:
1986 The Arab House. Proceedings of the Colloquium held in the University of Newcastle upon Tyne 15/16 March 1984. Newcastle upon Tyne (University, CARDO)

Jacob, Georg:
1897 Altrarabisches Beduinenleben (Nach den Quellen geschildert). Berlin (Reprint Hildesheim 1967)

Jacobs, Linda:
1979 Tell-i Nun: Archeological Implications of a Village in Transition. In: Kramer, Carol: Ethnoarcheology, New York

Jäger, Karl:
1912 Das Bauernhaus in Palästina. Mit Rücksicht auf das biblische Wohnhaus. Göttingen

Jarno, R.:
1984 Le rôle de la tente dans la formation de l'éspace villageois à Qdair (Syrie): Le jeu annuel de la sédentarisation. In: Aurenche, O. (Hg.): Nomades et Sédentaires, Paris, S. 191–229

Jastrow, Otto:
1981 Die mesopotamisch-arabischen qəltu-Dialekte, Bd. 2: Volkskundliche Texte in elf Dialekten, Wiesbaden Abhandlungen für die Kunde des Morgenlandes XLVI,1)

Johansen, Ulla:
1965 Die Nomadenzelte Südost-Anatoliens. In: bustan 2/1965, S. 33–37
1983 Grundmuster der Einrichtung des Wohn- und Empfangsraumes in Orient und Okzident. In: Ethnologie und Geschichte. Festschrift für Karl Jettmar. Wiesbaden (Beiträge zur Südasien-Forschung. Universität Heidelberg), S. 331–342

Junker, Heinrich; siehe Alavi, Bozorg

Kaddour, Mohammed / Seeden, Helga:
1984 Space, Structures and Land in Shams ed-Dīn Tannīra on the Euphrates: an Ethnoarcheological Perspective. In: Tarif Khalidi (Hg.): Land Tennure and Social Transformation in the Middle East, S. 495–526, Beirut, AUB

Kalayan,H.:
1966 L'Habitation au Liban. Essay de Classification. Beirut

Kalter, Johannes; Touma, Antoine:
1991 Ein Mosaik syrischer Ornamentik. In: Syrien – Mosaik eines Kulturraumes. Stuttgart, S. 232–238

Kamp, Kathrin A.:
1987 Affluence and Image. Ethnoarcheology in a Syrian Village. In: Journal of Field Archeology, Vol. 14

Kaplanian, A.B.:
1973 Selenkahiyeh: A village in Syria. Amsterdam, Universiteit Doctoraal Scriptie

Al-Kasab, Nafi Nasser:
1966 Die Nomadenansiedlung in der irakischen Jezira. Geographisches Institut der Universität Tübingen

Kasdorff, Reinhold:
1914 Haus- und Hauswesen im alten Arabien (bis zur Zeit des Chalifen Othman). Halle-Wittenberg, Dissertation Universität

Kasraian, Nasrolah:
1990 Kurdistan. (Text: Z.Arshi; K. Zabihi). Östersund/ Schweden

Khalaf, Sulayman Najm:
1981 Family, Village and the Political Party: Articulation of Social Change in Contemporary Rural Syria. Los Angeles, PhD-Thesis, University of California

Khammash, Ammar:
1986 Notes on Village Architecture in Jordan. Lafayette / Louisiana (USA), (Veröffentlichungen des University Art Museum, University of Southwestern Louisiana)
1987 Dörfer im heutigen Transjordanien. In: Pracht und Geheimnis. Köln (Rautenstrauch-Joest-Museum der Stadt Köln)

El-Khoury, Fouad:
1975 Domestic Architecture in the Lebanon. In: AARP June 1975

Khuri, Ramzi; Yousef, Suhail:
1984 Eine islamische Pattern Language. In: Arch+ 73, S. 59

Kienitz, Friedrich Karl:
1965 Die Euphratlinie – eine historisch-politische und kulturelle Schicksalsgrenze. In: Festschrift für Herrmann Aubin zum 80. Geburtstag. Wiesbaden, S. 597–614

Klengel, Horst (Autorenkollektiv):
1989 Kulturgeschichte des alten Vorderasien. Berlin/ DDR

Klinkott, Manfred:
1978a Hürdenhäuser in Afghanistan. In: 28. Tagung für Ausgrabung und Bauforschung 7.–11.5. 1975 in Kassel, Koldevey-Gesellschaft, S. 104–112
1978b Megaron und Bīt Hilāni. In: WiA, Berlin, S. 62–71
... / Behrends, Helmut:
1973 Das Ivan-Hofhaus in Afghanisch-Sistan. In: Archaeologische Mitteilungen aus Iran, S. 231–252

King, Geoffrey:
1982 Some Examples of the Secular Architecture of Najd. In: Arabian Studies VI, S. 113–142

Kömürcüoglu, Eyup Asim:
1966 Das alttürkische Wohnhaus. Wiesbaden

Koenigsberger, O.H. ; Ingersoll, T.G.; Mayhew, A.; Szokolay, S.V.:
1974 Manual of tropical housing and building. Part one: Climatic design. London

Kooij, Gerrit van der:
1976 Notities over enkele Dorpen nabij de Jebel ʿAruḍa. Leiden

Der Koran
1979 Übersetzung von Rudi Paret. Stuttgart

Kramer, Carol:
1979 Ethnoarcheology. Implications of Ethnography for Archeology. New York (Ed.)
1982 Village Ethnoarcheology. London

Kren, Karin:
1996 Kurdish Material Culture in Syria. In: Ph. Kreyenbroek, Ch. Allison (Hg.) Kurdish Culture and Identity, S. 162–173

Kriss, R. / Kriss-Heinrich, H.:
196o Volksglaube im Bereich des Islam. 2 Bde. Wiesbaden

Kriss-Heinrich, H.; siehe Kriss,R.

Küçükerman, Önder:
1978 Turkish House in Search of Spatial Identity. Istanbul

Küçükkaplan, Semira:
1993 Angst im Tur Abdin. In: pogrom 171 (6/7) 1993, S. 54

Länderbericht Syrien
1990 Herausgeber: Statistisches Bundesamt, Wiesbaden

Lalande, Christian; siehe Hardy-Guilbert, Claire:

Lamisse, J.-Cl; siehe Tunca, Önhan

Lancaster, William:
1981 The Rwala Bedouin Today. Cambridge

Land des Baal
1982 Syrien - Forum der Völker und Kulturen. (Ausstellungskatalog Museum für Vor- und Frühgeschichte. Redaktion: Kay Kohlmayer; Eva Strommenger). Berlin

Langenegger, Felix:
1911a Die Baukunst des Irâq. Dresden
1911b Durch verlorne Lande. Von Bagdad nach Damaskus. Berlin

Layard, Henry Austen:
1851 A popular Account of Discoveries at Niniveh. London

Lehmann-Haupt, C. F.:
1910 Armenien. Einst und jetzt. Berlin

Leidlmair, Adolf:
1965 Umbruch und Bedeutungswandel im nomadischen Lebensraum des Orients. In: Geographische Zeitschrift 53 2/3, S. 81–100

Lemairié, M.:
1984 Une maison du village de Mussaifna (Bassin d'Eski-Mossoul, Iraq: préliminaires à une enquête éthnoarchitecturale dans la vallée de Tigre. In: Aurenche, O.: Nomades et Sédentaires, Paris, S.109–122

Lescot, Roger
1938 Enquête sur les Yezidis de Syrie et du Djebal Sindjar. Beirut

Lewis, Norman N.:
1955 The Frontier of Settlement in Syria: 1800–1950. In: International Affairs, 31, No.1, London, S. 48 - 60
1987 Nomads and Settlers in Syria and Jordan 1800–1980. Cambridge
1988 The Balikh valley and its people. In: Hammam et-Turkman I. Report on the University of Amsterdam's 1981–84 Excavations in Syria, Vol. II, S. 683–693

Lloyd, Seton:
1981 Die Archäologie Mesopotamiens, München

Lokotsch, Karl:
1975 Etymologisches Wörterbuch der europäischen (germanischen, romanischen und slavischen) Wörter orientalischen Ursprungs, Heidelberg

Longrigg, Stephen Hemsley:
1958 Syria and Lebanon under French Mandate. London

Lutfiyya, Abdulla M.:
1970 Islam and Village Culture. In: Readings in Arab Middle Eastern Societies and Cultures. Lutfiyya, A.M., Churchill, Ch. W. (Hg.), Beirut

Machule, Dittmar; et.al.
1992 Ausgrabungen in Tall Munbâqa/Ekalte 1991. In: MDOG 124, S. 11–40
1993 Ausgrabungen in Tall Munbâqa/Ekalte 1991. In: MDOG 125 S.69–101

Mahhouk, Adnan:
1956 Recent Agricultural Development and Bedouin Settlement in Syria. In: MEJ, 10,2, S. 167–176

Mahli, Sateh:
1970 Die Mannigfaltigkeit der ländlichen Besiedlung im mittleren Westsyrien. München, Dissertation Universität

Malfroy, Sylvain:
1986 Kleines Glossar zu Muratoris Stadtmorphologie. In: Arch+ 85, S. 66–73

M̧atuq, Frederik:
o. J. At-taqalīd wa al-'adād aš-š'abiya al-libnāniya (Volkstümliche libanesische Traditionen und Gebräuche). Tripolis/Libanon

Maréchal, Claudine; siehe Aurenche, Olivier

Margueron, Jean:
1983 Notes d'Archéologie et d'Architecture Orientales. In: Syria 60, S. 1–24

Maunier, René:
1926 La Construction Collective de la Maison en Kabylie. Paris

Mauer, Elisabeth und Urs:
1975 Traditonelle türkische Wohnhäuser. Bern (Eigendruck)

McBride, Sam; siehe Hall, George

Meinecke, Michael; siehe Enderlein, Volkmar

Mernissi, Fatema:
1989 Der politische Harem. Mohammed und die Frauen. Frankfurt

Meunier, J.-M.; siehe Tunca, Önhan

Meyer, Günter:
1984 Ländliche Lebens- und Wirtschaftsformen Syriens im Wandel. Sozialgeografische Studien zur Entwicklung im bäuerlichen und nomadischen Lebensraum. Erlangen (Selbstverlag der Fränkischen Geographischen Gesellschaft)

Michell, George (Hg.):
1978 Architecture of the Islamic World. Its history and social meaning. London

Une Mission de Reconnaissance de l'Euphrate en 1922
1988 unternommen von: Lieutenant Charles Héraud, IFD

Mokri, Mohammed:
1961 Le foyer Kurde. In: L'Ethnographie, Vol. 55, S. 79–95

Mollenhauer, Anne:
1995 Die historischen Wohnhäuser in Salt/Jordanien – Architektur und Nutzung (unveröffentlichte Magisterbeit, FB 09, Universität Frankfurt)
erscheint demnächst: Das Mittelhallenhaus in Bilad al-Sham im 19.Jahrhundert - lokale und überregionale Einflüsse auf eine Bauform (unveröffentlichte Dissertation, Universität Frankfurt)

Montagne, Robert:
1932a Notes sur la Vie Sociale et Politique de l'Arabie du Nord: Les Sammar du Negd. In: REI, Cahier 1, S. 61–79
1932b Quelques Aspects du Peuplements de la Haute Djeziré. BEO, S. 53–65
1935 Contes poétiques bédouins (recueillis chez les Šammar de Ǧezīré). BEO Tome V, S. 33–119
1947 La Civilization du Désert. Nomades d'Orient et d'Afrique. Paris

Moortgat, Anton:
1984 Die Kunst des alten Mesopotamien, Köln

Moussli, Majed el:
1978 Haustypen im Euphrattal in Syrien. In: Bulletin of the International Commitee on Urgent Anthropological and Ethnological Research 20, S. 89–92

Müller, Hans (Hg.):
1969 Ma'lula vor hundert Jahren. Reisebriefe von Albert Socin aus den Jahren 1869. In: Zeitschrift des Deutschen Palästina-Vereins, Wiesbaden 85, Heft 2, S. 1 –23

Müller, Valentin:
1940 Types of Mesopotamian Houses, Studies in Oriental Archeological III. In: Journal of the American Oriental Society Bd. 60, S. 151–180

Müller, Victor:
1931 En Syrie avec les Bédouins. Les Tribus du Désert. Paris

Müller-Karpe, Andreas
1997 Untersuchungen in Kusakli 1996. In: MDOG 129, S. 103–142

Musil, Alois:
1927 The Middle Euphrates. A Geographical Itinerary. New York
1928 The Manners and Customs of the Rwala Bedouins. New York

Nelson, Cynthia:
1973 Women and Power in Nomadic Societies in the Middle East. In: Nelson, Cynthia (Hg.): The Desert and the Sown. Nomads in a wider Society. Berkeley, S. 43–59

Neve, Peter:
1978 Die Entwicklung des hethitischen Wohnungsbaus in Bogazköy Hattusa unter besonderer Berücksichtigung der in der Altstadt/Unterstadt erzielten Grabungsergebnisse. In: WiA, S. 47–61

Niebuhr, Carsten:
1772 Beschreibung von Arabien. Kopenhagen
1778 Reisebeschreibung nach Arabien und anderen umliegenden Ländern. Bd. 2. Kopenhagen

Niemeier, Georg:
1977 Siedlungsgeographie. Braunschweig

Nieuwenhuijze, C.A.O. van:
1962 The Near Eastern Village: A Profile. In: MEJ, Vol. 16, S. 295–308

Nikitine, Basile:
1956 Les Kurdes. Etude sociologique et historique. Paris

Nippa, Annegret:
1982 Soziale Beziehungen und ihr wirtschaftlicher Ausdruck. Untersuchungen zur städtischen Gesellschaft des Nahen Ostens am Beispiel Dair Az-Zor (Ostsyrien). Berlin
1985 Der geordnete Raum. Trialog 7, S. 4–5
1991a Haus und Familie in arabischen Ländern. Vom Mittelalter bis zur Gegenwart. München
1991b Begrenzte Räume: Zur Wahrnehmung räumlicher und sozialer Grenzen am Beispiel Aleppo. In: Trialog 29, S. 4–9
o.J. Lesen in alten Photographien aus Baalbek. Völkerkundemusuem der Universität Zürich

Nissen, Nina:
1979 Vertrautheit, Respekt, Meidung. Zum Verhältnis von sozialen Beziehungen und Raum. In: Arch+ 46, S. 35–38

Nordiguian, Levon; siehe Davie, May

Oelmann, Franz:
1921 Zur Baugeschichte von Sendschirli. In: Jahrbuch des DAI, Bd. 36, S. 85–98
1922 Hilani und Liwanhaus. In: Bonner Jahrbücher, Heft 127, S. 189–236
1927 Haus und Hof im Altertum. Untersuchungen zur Geschichte des antiken Wohnbaus, Bd.1, Die Grundformen des Hausbaus. Berlin

Oliver, Paul (Hg.):
1969 Shelter and Society. London

Omar, Feryad Fazil:
1992 Kurdisch-Deutsches Wörterbuch (Nordkurdisch/Kumanci) Kurdische Studien Berlin, Institut für Iranistik der Freien Universität Berlin / medico international

Oppenheim, Max von:
1899 Vom Mittelmeer zum Persischen Golf. 2 Bde. Berlin
1901 Bericht über eine im Jahr 1899 ausgeführte Forschungsreise in der asiatischen Türkei. Berlin
1904 Zur Entwicklung des Bagdadbahngebietes und insbesondere Syriens und Mesopotamiens unter Nutzanwendung amerikanischer Erfahrungen. Berlin
1931 Der Tell Halaf. Eine neue Kultur im ältesten Mesopotamien. Leipzig
1939 Die Beduinen, Bd.1 Die Beduinenstämme in Mesopotamien und Syrien, Leipzig

Othman, Mamou:
1993 Die Yeziden vor Sheik-Adi. In: Kurdistan heute, Juli/August 1993, S.16–18

Palgrave, William Gifford:
1867 Reise in Arabien. Bd. 1,2, Leipzig

Perthes, Volker:
1990 Staat und Gesellschaft in Syrien 1970–1989. Hamburg
1993 „Syrien". In: Nohlen, D./ Nuscheler, F.: Handbuch der Dritten Welt. Bd.6. Bonn

Petermann, Heinrich:
1865 Reisen im Orient 1852–1855. Leipzig

Peters; Eckhardt W.:
1976a Alisam. Ein Beitrag zur anonymen Kerpiç-Architektur in Ostanatolien. Hannover (Mitteilungen Nr.1, Institut für Planen in Entwicklungsländern)
1976b Vegetatives Bauen in Ostanatolien. In: Bauwelt 5/1976, S. 1 52–157

Petherbridge, Guy T.:
1978 Vernacular architecture: The House and Society. In:

Michell, George (Hg.): Architecture of the Islamic World. London

Pfälzner, Peter:
1994 Haus und Haushalt. Wohnformen des 3. Jtsds. v. Chr. in Nordmesopotamien. Habilitationsschrift Halle-Wittenberg

Planck, Ulrich:
1972 Die ländliche Türkei. Soziologie und Entwicklungstendenzen. Frankfurt
1979 Soziale Gruppen im Vorderen Orient. In: Ehlers, Eckart (Hg.): Beiträge zur Kulturgeographie des islamischen Orients, S. 1–10

Poidebard, A.:
1927 La Haute-Djezireh. In: La Géograhie 47

Puchstein, Otto:
1892 Die Säule in der assyrischen Architektur, In: Jahrbuch des Kaiserlichen Archäologischen Institutes, Bd. 7, S. 1–24

Pütt, Karin:
1994 Nordsyrische Dorfarchitektur. Haustypen zwischen Tradition und Moderne. In: Trialog 42, S. 29–35
1997 Artikel: Bedding piles (Syria), S. 319 und Guesthouse (Syria), S. 668. In: EVAW, Cambridge
2003 The recent Central Hall House in North East Syria. It's special form and use. In: La maison aux trois arcs aux carrefours urbains du Levant, Hg. Michael F. Davie, Beyrouth

Rabo, Annika:
1986 Change on the Euphrates. Villagers, Townsmen and Employees in Northeast Syria. Dissertation Stockholm, Universität

Rackow, Ernst (unter Mitwirkung von W. Caskel):
1938 Das Beduinenzelt. Nordafrikanische und arabische Zelttypen mit besonderer Berücksichtigung des zentralalgerischen Zeltes. In: Baessler-Archiv 21, S. 151–184

Ränk, Gustav:
1951 Das System der Raumeinteilung in den Behausungen der nordeurorasischen Völker. Ein Beitrag zur nordeurasischen Ethnologie. 2 Bde. Stockholm

Ragette, Friedrich:
1971 Das libanesische Wohnhaus des 18. und 19. Jahrhunderts. Wien, Dissertation, TH
1980 Architecture in Lebanon. New York (überarbeitete Fassung der Dissertation)

Rainer, Roland:
1977 Anonymes Bauen im Iran, Graz

Randot, Pierre:
1936 Tribus montagnardes de l'Asie antérieure. Quelques aspects sociaux des populations kurdes et assyriennes. In: BEO VI, S. 1–49
1939a Les peuples de Syrie dans le cadre juridique de l'etat. In: FMA Fasc.1, S. 71–80
1939b Les Kurdes de Syrie. In: FMA, Fasc. 1, S. 81– 126

Rapoport, Amos:
1969 House Form and Culture. Englewood Cliffs/GB

Raswan, Carl:
1930 Tribal Areas and migration Lines of the North Arabian Bedouins. In: Geographical Review, Vol. 20, S. 494–502
1976 Im Land der schwarzen Zelte. Hildesheim. Erstausgabe Berlin 1934

Rathjens, C.; siehe Gabriel, E.

Reallexikon der Assyriologie
1972–75 Dietz Otto Edzard (Hg.)

Reintjens, Hortense:
1975 Die soziale Stellung der Frau bei den nordarabischen Beduinen unter besonderer Berücksichtigung iher Ehe- und Familienverhältnisse. Bonn, Dissertation Universität

Repp, Hanna:
1996 Der Genustausch in der Kindersprache des Arabischen und das Komplementärwesen „Qar/na" – Konzepte des Volksglaubens zur Erklärung eines sprachlichen Phänomens. In: Zeitschrift für Arabische Linguistik, 32, S. 25–56

Reuther, Hans:
1973 Die Lehmziegelwölbungen von Gol-i Safed. In: Archaelogische Mitteilungen aus Iran. Bd. 6, S. 253 –264

Reuther, Oskar
1910 Das Wohnhaus in Bagdad und anderen Städten des Irak. Berlin
1925 Die Qa¸a. In: Festschrift Friedrich Sarre zur Vollendung seines 60.Lebensjahres. Leipzig

Rich, Claudius James:
1836 Narrative of a Residence in Koordistan. 2 Bde. London

Ridell, Alwyn; siehe Hall, George

Römer, W. H. Ph.:
1986 Aus dem Sozialleben der Jeziden (Teufelsanbeter) im nördlichen Iraq. In: Festschrift Hespers, Groningen, S. 177–184

Romstorfer, Carl A.:
1892 Typen der landwirthschaftlichen Bauten im Herzogtume Bukowina, Mitteilungen der Anthropologischen Gesellschaft in Wien, Bd. XXII, S. 193–215

Rowlands, J.:
1947/48 The Khabur Valley. In: JRAS 34-35, S. 144–149

Sachau, Eduard:
1883 Reise in Syrien und Mesopotamien. Leipzig
1900 Am Euphrat und Tigris. Reisenotizen aus dem Winter 1897–1898. Leipzig

Sack, Dorothee:
1978 Zur Grundrisstypologie des Damaszener Wohnhauses. In: WiA, S. 244–248
1989 Damaskus. Entwicklung und Struktur einer orientalisch-islamischen Stadt. Damaszener Forschungen Bd.1. Mainz

Samizay, Rafi; siehe Hallet, Ira Stanley

Salim, Mustafa Sakir:
1962 Marsh Dwellers of the Euphrates Delta. London

Sarre, Friedrich:
1896 Reise in Kleinasien. Forschungen zur seldjukischen Kunst und Geografie des Landes. Berlin
1909 Reise in Mesopotamien. In: Zeitschrift der Gesellschaft für Erdkunde, S. 423–439
.... ; siehe Herzfeld, Ernst:

Sayad, Ali; siehe Basagana, Ramon

Schepers, Josef:
1973 Vier Jahrzehnte Hausforschung. Beiträge zur Baugeschichte in Nordwest-Europa. Sennestadt

Schiffauer, Werner:
1979 Die Darstellung räumlicher und sozialer Grenzen im Gastritual. In: Arch+ 46, S. 40–41

Schmid, Hans-Jörg:
1988 Die Formen des bäuerlichen Anwesens im Raum von Südwestalb und Bodensee bis zum Hochschwarzwald – eine hausgeographische Studie. Tuttlingen (Studien des Freilichtmuseums Neuhausen op Eck, Bd. 2)

Schmidt, Jürgen:
1963 Die agglutinierende Bauweise im Zweistromland und in Syrien. Dissertation TU Berlin

Schneider, Robin (Hg.)
1984 Die kurdischen Yezidi. Ein Volk auf dem Weg in den Untergang. Göttingen

Schregle, Götz:
1977 Deutsch-Arabisches Wörterbuch. Nachdruck Beirut. Erstausgabe Wiesbaden 1974

Schütz, Paul:
1930 Zwischen Nil und Kaukasus. Ein Reisebericht zur religionspolitischen Lage im Orient. München

Schwede, Alfred Otto:
1987 Geliebte fremde Mutter. Karen Jeppes Lebensweg. Berlin (DDR)

Seeden, Helga (u.a.):
1980 A stone age village on the Euphrates I–V. In: Berytus XXVIII, Beirut
1985 Busra: Housing in Transition. In: Berytus XXXIII
... / Wilson, Jim:
1988 Processes of site formation in villages of the Syrian Gazira. In: Berytus XXXVI
1989 The AUB-IFEAD Habur Village Project Prelimananary Report: Rural Settlement in the Syrian Gazira from prehistoric to Modern Times. In: Damaszener Mitteilungen des Deutschen Archäologischen Institutes, Damaskus, Bd. 4, S. 1–18
... / siehe Kaddour, Mohammed

Al-Shahi, Ahmed; siehe Hyland, A.D.C.

Sievertsen, Uwe:
1998 Untersuchungen zur Pfeiler-Nischen-Architektur in Mesopotamien und Syrien von ihren Anfängen im 6. Jahrtausend bis zum Ende der frühdynastischen Zeit. Form, Funktion und Kontext. Oxford

Sinjab, Kamil:
1965 Das arabische Wohnhaus des 17. bis 19. Jahrhunderts in Syrien. Aachen, Dissertation RWTH

Soane, Ely Bannister:
1912 To Mesopotamia and Kurdistan in Disguise. London (Reprint 1979 London)

Southgate, H.:
1840 Narrative of a tour through Armenia, Kurdistan, Persia, and Mesopotamia. London

Statistical Abstract
1989 Syrian Arab Republik. Central Bureau of Statistics

Stein, Lothar:
1967 Die Šammar-Ǧerba. Beduinen im Übergang vom Nomadismus zur Seßhaftigkeit. Berlin / DDR (Veröffentlichungen des Museums für Völkerkunde zu Leipzig, Heft 179)

Stierlin, Henri:
1994 Städte in der Wüste, Köln

Stirling, Paul:
1965 The Turkish Village. Liverpool

Stockeyr, E.; siehe Tunca, Önhan

Stöber, Georg:
1979 „Nomadismus" als Kategorie? In: Ehlers, Eckart: Beiträge zur Kulturgeographie des islamischen Orients. Marburg (Selbstverlag)

Strommenger, Eva
1980 Habuba Kabira. Eine Stadt vor 5000 Jahren. Ausgrabungen der Deutschen Orient-Gesellschaft am Euphrat in Habuba Kabira – Syrien. Mainz

Sturm, Dieter:
1979 Zur Bedeutung der syrischen Stadt ar-Raqqa von der arabischen Eroberung bis zur Gegenwart. In: Hallesche Beiträge zur Orientwissenschaft 1

Sultan ibn Salman ibn ʿAbd al-ʿAziz (Prinz):
1999 Tradition is Modernity's Future. (Interview) In: Aramco World, July/ August, S. 36–45

Swan, Simone:
1999 Elegant Solutions. In: Aramco World, July/ August, S. 17–26

Sweet, Louise:
1960 Tell Toqaan. A Syrian Village. Ann Arbor
1969 A Day in a Peasant Household. In: Shiloh, Ailon: Peoples and Cultures of the Middle East. New York, S. 99–105

Talib, Kaiser:
1984 Shelter in Saudi Arabia. London

Tavernier, Johann Baptista:
1681 Orientalische Reiß Beschreibung (Sechs Reisen in Türckey/Persien und Indien). Genf

Ter-Mowsesjanz, Parsadan:
1892 Das armenische Bauernhaus. Ein Beitrag zur Kulturgeschichte der Armenier. In: Mitteilungen der Anthropologischen Gesellschaft in Wien, S. 125 –172

Thesiger, Wilfried:
1954 The Ma'dan or Marsh Dwellers of Southern Iraq. In: JRAS Vol. XLI, S. 4–25

Thomann, Hans-Ulrich; siehe Imesh, Hans:

Thoumin, R.:
1932a La Maison Syrienne dans la plaine hauranaise, le bassin de Barada et sur les plateaux du Qalamun. Paris

1932b De la Vie Nomade à la vie Sédentaire. Un Village Syrien Adra. In: Melanges Géographiques offerts par ses élèves à Raoul Blanchard, S. 621–641
1936 Géographie Humaine de la Syrie Centrale. Paris

Thureau-Dangin, F., et al.:
1931 Arslan-Tash. Paris

Touma, Antoine; siehe: Kalter, Johannes

Trümpler, Charlotte (Hg.):
1999 Agatha Christie und der Orient. Kriminalistik und Archäologie. Ausstellungskatalog. Essen

Tschalenko, Georges:
1953 Villages Antiques de la Syrie du Nord (Bd.II). Paris

Tübinger Atlas des Vorderen Orients (TAVO)
1991 Vorderer Orient. Traditionelle ländliche Hausformen. Verbreitung. (Karte A IX 4, Autor: Heinz Gaube). Wiesbaden

Tunca, Önhan:
1990 „Temple" ou „Batiment de Prestige"? À propos des Temples des Périodes d'El-Obed et d'Uruk, et des données Ethnoarchéologiques. In: De la Babylonie à la Syrie, en passant de Mari. Mélanges offerts à Monsieur J.-R. Kupper à l'occasion de son 7oe anniversaire, Liège
...; Meunier, J.-M. ; Lamisse, J.-Cl. ; Stockeyr, E.:
1991 Architecture de terre, architecture-mère. Portrait de deux villages en Syrie du Nord. Liège (Selbstverlag der Universität Liège)

Uhlig, Carl:
1917 Mesopotamien. In: Zeitschrift der Gesellschaft für Erdkunde. Bd. 52, S. 333–358, 397–430, 530–546

UNICEF-Bericht
1993 Zur Situation der Kinder in der Welt. James S. Grant, Exekutiv-Direktor des Kinderhilfswerks der Vereinten Nationen (Hg.) New York

Vardiman, E. E.:
1977 Nomaden. Schöpfer einer neuen Kultur im Orient. Wien

Vaumas, Etienne de:
1956 La Djézireh. In: Annales de géographie Bd. 65, S. 64–80

Volhard, Franz:
1988 Leichtlehmbau alter Baustoff – neue Technik. Karlsruhe

Wachtsmuth, Friedrich:
1961 Gedanken zum Liwanmotiv. In: Bonner Jahrbücher 161, S. 247–251

Wahrmund, Adolf:
1877 Handwörterbuch der neu-arabischen und deutschen Sprache. Nachdruck Beirut 1974

Warriner, Doreen:
1957 Land Reform and Development in the Middle East. A Study of Egypte, Syria and Iraq. London

Watson, Patty Jo:
1978 Architectural Differentiation in Some Near Eastern Communities, Prehistoric and Contemporary. In: Redman, Charles L., u.a. (Hg.) Social Archeology. Beyond Subsistence and Dating. New York, S. 131–158

Weber, Stefan:
1998 Der Marğa-Platz in Damaskus. In: Damaszener Mitteilungen 10, S. 291–345

Wehr, Hans:
1952 Arabisches Wörterbuch für die Schriftsprache der Gegenwart und Supplement. Beirut

Weinstein, Matina:
1968-72 Household Structures and Activities. In: Anatolian Studies, Vol. XXIII, Secial number Asvan (Journal of the British Institut of Archeology at Ankara), S. 271–276

Weiss, Richard:
1959 Häuser und Landschaften der Schweiz/ Erlenbach-Zürich, Stuttgart

Wenzel, Herrmann:
1937 Die Steppe als Lebensraum. Forschungen in Inneranatolien II. Kiel

Werfel, Franz:
1990 Die vierzig Tage des Musa Dagh. Frankfurt (Erstausgabe Wien 1933)

Werry, N. W.
1962 Rural Syria in 1845. In: MEJ 16, S. 508–514

Westphal, Heinz; Westphal-Hellbusch, Sigrid
1962 Die Ma'dan. Kultur und Geschichte der Marschenbewohner im Südiraq. Berlin

Sigrid Westphal-Hellbusch; siehe Westphal, Heinz:

Weulersse, Jacques:
1946 Paysans de Syrie et du Proche Orient. Paris

Wichmann, Hans (Hg.):
1983 Architektur der Vergänglichkeit. Lehmbauten der Dritten Welt. Basel

Wirth, Eugen:
1954 Die Lehmhüttensiedlungen der Stadt Bagdad. In: Erdkunde. Archiv für wissenschaftliche Geographie, Bd.VIII, S. 309–316
1957 Das ländliche Haus im Irak. In: Deutscher Geographentag Hamburg 1955, S. 416–422
1963 Die Rolle tscherkessischer „Wehrbauern" bei der Wiederbesiedlung von Steppe und Ödland im osmanischen Reich. In: Bustan 1/63, S. 16–19
1964 Die Ackerebenen Nordostsyriens. In: Geographische Zeitschrift 52, S. 9–41
1965 Zur Sozialgeographie der Religionsgemeinschaften im Orient. In: Erdkunde XIX, Heft 4, S. 265– 284
1966 Religionsgeographische Probleme am Beispiel der syrisch-libanesischen Levante. In: Tagungsbericht deutscher Geographentag Bochum. Wiesbaden
1969 Das Problem der Nomaden im heutigen Orient. In: Geographische Rundschau (Braunschweig), Bd. 21, S. 41–51
1971 Syrien. Eine geographische Landeskunde. Darmstadt
1998 Bei den Yeziden im Jebel Sinjar. In: Yazidi. Gottes auserwähltes Volk oder die ‚Teufelsanbeter' vom Jebel Sinjar, Irak. Wien, S. 57–76

Wißmann, Hermann von:
1961 Bauer, Nomade und Stadt im islamischen Orient. In: Paret, Rudi: Die Welt des Islam und die Gegenwart. Stuttgart, S. 2–63

Wulff, Hans E.:
1966 The Traditional Crafts of Persia, Cambidge, Massachusetts

Wright, Susan:
1981 Place and Face: Of women in Doshman Ziari, Iran. In: Ardener, Shirley: Women and Space. London, S. 36–157

Xenophon:
1959 Der Zug der Zehntausend. Cyri Anabasis. München

Yagi, Koji:
198o Housing Analysis in Syria. In: process Architecture No.15, Tokyo, S. 113–130

Yalçin-Heckmann, Lale:
1991 Tribe and Kinship among the Kurds. Frankfurt

„Yazidi. Gottes auserwähltes Volk oder die ‚Teufelsanbeter' vom Jebel Sinjar, Irak"
1998 Ausstellungskatalog. Museum für Völkerkunde, Wien

Yonan, Gabriele:
1978 Assyrer heute. Kultur, Sprache, Nationalbewegung der aramäisch-sprechenden Christen im Nahen Osten. Hamburg
1986 Die Assyrer im Iraq. In: pogrom 122, S. 27–29
1989 Ein vergessener Holocaust. Die Vernichtung der christlichen Assyrer in der Türkei. Göttingen

Yonan, Shlemon:
1992 Assyrer im Irak. Stationen eines Ethnocid. In: pogrom 164, S. 69–71

Yousef, Suhail:
1987 Ländliche Architektur in Jordanien. Düsseldorf
... siehe: Khouri, Ramzi

Zakariya, Aḥmad Wasfī:
1983 Al-ʿAšaʾir aš-Šām (Die Stämme Syriens). Damaskus

Zeine, Zeine N.:
1958 The Emergence of Arab Nationalism. New York

Zeltzer, Moshe:
1969 Minorities in Iraq and Syria. In: Shiloh, Ailon: Peoples and Cultures of the Middle East. New York, S. 10–50

Zülch, Tilman:
1991 Völkermord an den Kurden. Eine Dokumentation der Gesellschaft für bedrohte Völker. Frankfurt

SUMMARY

North Syria was until the end of the nineteenth century a region shaped both by Arabian Bedouins and Kurdish Nomads. It belonged formally to the Ottoman Empire, but eluded its actual control. It was only very gradually that two veins of settlement established themselves: one originating from the Aleppo hinterland in the west, the second from the north at the foot of the eastern Taurus foothills. Some antique sites were re-settled; other places were newly founded. The Arab and Kurdish Nomads settled in the surrounding areas and along the river courses, later accelerated through the politics of the French government mandate. Kurds, Aramaeans and Armenians, driven out of the later Turkish nation state, entered the northeast Syrian plains – most were sedentary or half-nomadic farmers.

North-eastern Syria belongs to historical Mesopotamia and is known by its inhabitants as „Island“, Arab. Jazira, amidst the rivers Euphrates and Tigris. Some parts offer natural prerequisites for settlement: good to excellent soil quality and an adequate rainfall for cultivation. In desert-like areas of Jazira that were unsuitable for land cultivation, a steppe vegetation is predominant, which the former Nomads use for rearing sheep.

Syria is a plateau state in which the particular region investigated represents one of the most „backward“ parts of the country. The architecture of this region, which to the present day is only 100 years old at most, was subject to disparate influences, shaped by the social-cultural, spatial and aesthetic experience of its settlers. There was the chance here to study which of the various building traditions in the slowly forming society of the Jazira applied, how they changed and which design and floor plans were newly created.

It is the aim of this book to provide an analytical stocktaking of vernacular architecture in the huge region of Syrian Jazira. From the scanty previous literature on the subject, the impression was generated of an extremely simple and formally reduced Northeast Syrian architecture. However, this book illustrates the wide range of architectonic forms. It compiles and analyses the vernacular architecture of Northeast Syria as an entirety. As there are only sporadic references to this subject in the annals of literature, it was necessary to do my own extensive studies. This involved many months of field research, which I conducted between 1987 and 2000. A catalogue of criteria has been compiled that categorises the stock of houses. This produces a typology whose results in the form of house types are to be briefly introduced here. All the house types are discussed with respect to their functional classification, their formal development and their historical roots.

Initially, the Bedouin settlers spent years in fixed tent villages; also leaf huts were used as a form of summer housing. When solid housing began, poorer people lived in earthen pit houses, half dug into the ground. Alongside their own forms of housing, the house forms of the neighbouring, settled inhabitants were adopted. In western Jazira this was the dome house. Its corbelled dome construction is in keeping with the regionally differing floor plan archetypes – hitherto unknown fact. Dome houses are seen nowadays as being no longer fashionable. They do constitute, however, one of the region's autochthonous house forms, and this dates back to at least the third millennium before Christ.

The flat-roofed rectangular house represents a consistent, separately accessible architecture. Initially only consisting of small rooms, this kind of house adopts the tendency in itself of being stringed together sideways. Today, at least two large rooms make up a rectangular house, which is the most common house-form in the western Jazira. The spatial structure is similar to the Bedouin tent, however it also forms the base material for town houses.

The central-beam house can either have a flat or gabled roof. One can differentiate it into subtypes of which one is presumably a creation of the Bedouins, who were unpractised in fixed constructions. The double-room house as a sub-type of central-beam house presumably originates from regions of Northwest Syria, which gave way to settlement before the Northeast.

Related to the central-beam house is a T-shaped house, which is based on a T-shaped floor plan and a T-shaped middle room. Its fairly developed floor plan indicates a somewhat longer period of evolvement and there is close correlation also to the Roman Triconchos tomb caves, which have been used as habitats.

Fundamental differences between western and eastern Jazira manifest themselves both in the house types as well as in many of the buildings' details. In the eastern Jazira, the immigrating settlers influenced development more than in the west – the „imported“ and hence the more developed house-types predominate. An exception to this is the angular house, an earlier house form of the former nomads. Originally a one-roomed affair, its angle form enables the room area indoors to be separated into different segments. The angular form generates a weather-protected side at the front of the house. Angled rooms are also integrated into other house types in eastern Jazira.

In accordance with the more continentally defined climate, the house types in the east are furnished with a transition area that separates the inside and outside of the house. Whilst the earlier representation architecture of the local tribal leaders consisted of Iwān-houses, these were replaced in the nineteen-forties by central-hall houses. The multifunctional central hall as the basic principle proved very flexible, which led to it becoming the most common house type in eastern Jazira. The related three-roomed gallery house with a large arcade in front of the house has spread strongly since the nineteen-eighties. All three of the previously mentioned house types comprise a three-limbed basic shape. These also constitute the cross-regionally widespread house types of the Near East. The gallery house also indicates parallels in the Caucasian-Azerbaijani region.

A symbol of the communicative way-of-life and hospitality is manifested in the guest houses that date back to the hospitality area afforded in the tribal leader's tent. In the Jazira these develop into an individual entity.

The spatial arrangement of the Jazira house types can be traced back to the following principles: addition, agglutination, interior differentiation and installation of a hall as a factor of order. In keeping with the climactic conditions, the principle of the „solar orientation“ of the houses is applied, and this tends to lead to broad rooms. Following this principle, the rooms have bent access that impedes visibility of the inside.

The formation of farmyards is based on the principle of maintaining the greatest possible openness. Farmyards did not derive from wattles for keeping in livestock. The necessity of separating the farmyards from one another was possibly done through distancing them spatially. But the increasing density of the villages forced the yards to become enclosed.

Whilst the layout of the majority of buildings is very mundane, façades drawn up in an echelon – as this sometimes occurs in eastern Jazira – deserves a mention, even from an aesthetic perspective. Although there are traces of this workmanship of plastic lesene-decoration common in the Iran-Iraqi region and in the architecture of Syrian towns of the nineteen-fifties, the Jazira master builders also evolved their own form language, which is represented in some central-hall and guest houses. These façades are today unique in Syria, but they have a remarkable parallel to the ancient oriental, buttress-recess arrangement.

Some of the assertions derived from this study's findings are noted in the following:

- The vernacular architecture of North-East Syria is richer in form and variation (with new, unknown house types) than one could assume on the basis of the first, brief time span since its evolution and as reflected in previous publications.
- The former Nomads brought some of their own spatial elements into the architectural development of the region in the form of house types and distinctive interior designs.
- There are distinct differences in the vernacular architectures of western and eastern Jazira evolving from the climactic conditions and influences brought in by former settled populations. Especially the central-hall principle had to been suited to rural environmental conditions.

Over the last decade, the rural society of Jazira has visibly differentiated – new appraisal in the question of the individuality of the houses can also be detected in the vernacular architecture. Hence the traditional building materials of clay and stone were renounced to be replaced by concrete blocks of the worst quality. The inhabitants' direct identification with their own architecture is being increasingly lost. One objective of this book-project is also to study traditional architecture in terms of resource-saving and environmental friendliness. Perhaps this may constitute a tiny contribution against the fading away of this vernacular architecture completely and help to establish a gentle progression of sustainable architecture.

364

367

365

Stichwortregister

Orte und Regionen:

Danksagung

Ohne meine damalige Kollegin beim Planungsamt der Stadt Düsseldorf Dipl.Ing Ellen Schneiders wäre ich vielleicht nie nach Syrien gereist. Sie vermittelte mir die erste Tätigkeit bei einer Ausgrabung dort.

Bei meinen vielen Surveys nach Syrien begleiteten und unterstützten mich jeweils für einige Tage oder Wochen: Winfried Adams, Klaus Niepelt und Gerben van Veen. Die arabische Muttersprachlerin Sausan Hashisho M.A. begleitete mich im Jahr 1989 zwei Wochen lang und half mir meine Sprachkenntnisse zu vervollkommnen.

Mein Dank gilt meinem Doktorvater Prof. Dr. Ing. (Japan) Manfred Speidel, der die Arbeit über Jahre kontinuierlich betreute und förderte. Da mein zweiter Doktorvater Prof. Dr. Albrecht Mann sich gesundheitlich nicht mehr dazu in der Lage sah, sprang dankenswerterweise Prof. Dr.Ing. Jan Pieper für ihn ein. Die Erlanger Geografie-Professoren Dr. (em) Eugen Wirth und Dr. Wolf-Dieter Hütteroth stellten mir freundlicherweise Bildmaterial zur Verfügung und ermutigten mich in den Anfangsjahren meiner Recherchen und Feldforschungen ebenso wie Prof. Dr. Annegret Nippa. Mit Prof. Dr. Peter Pfälzner und Prof. Dr. Dorothée Sack konnte ich einige meiner Thesen diskutieren und verdanke ihnen wichtige Anregungen. Wolfgang Hamm und Anne Mollenhauer unterstützten mich über weite Strecken der Arbeit durch intensive Diskussionen. Das Korrekturlesen teilten sich: Katrin Adolph, Wiltrud Barth, Frank Brüggemann, Rolf Brunsendorf, Ulrike Erhard, Andrea Gellert, Kerstin Kilanowski, Joachim Kubowitz, Harald Lange, Christa Reckers, Monique Whitehouse, Ingrid Willms und meine Eltern Margret und Helmut Pütt. Ihnen allen danke ich dafür.

Für sein ständig offenes Ohr, die Bereitschaft, mein Thema auch zu seinem zu machen und meine Thesen zu diskutieren, danke ich meinem Mann, Ḥamza Al-Šʿabān. Er stammt aus dem Euphrattal und gemeinsam errichteten wir 1993 – unter tatkräftiger Mithilfe seiner Verwandten – unser Haus innerhalb des Gehöfts seiner Familie. (Abb. 366) An dieser Stelle sei der großen, ungeheuer herzlichen und gütigen Familie meines Mannes gedankt. Ich danke dem Baumeister Moḥammed Aṯ-Ṯelǧī, der mir viele Kenntnisse über den Kuppelbau vermittelte und unser Haus errichtete. Bei seiner praktischen Tätigkeit leitete er die jüngeren Bauhelfer an und gab sein Wissen an sie weiter. So trägt er seinen Teil dazu bei, daß diese Technik vielleicht doch noch weiterlebt.

Als lokalen Begleitern, Führern und Mittlern danke ich Ḥusain und Ǧimmʿa Al-Meftāḥ, Aḥmed Al-Šʿabān und ʿUwayid Al-Bōšī † aus Tell ʿĀwer, Nāǧī und Wāṣil Al-Ḥimār aus Ǧābriya, meinen Schwägern Maḥmūd und Ibraḥīm Al-Šʿabān, Moḥammed und ʿAbdallah Al-Meftāḥ aus Ḥabūba Kābīra, Ibraḥīm und Turkī Al-Meftāḥ aus Tell Tišrīn, Ramaḍān Hammo aus Dḥaila, Hassan Al-Ḫālīl aus Ǧurn Kābīr und Ḥusain aus Ar-Raqqa. Die Syrische Antikenverwaltung unterstützte mein Forschungsvorhaben von Anfang an. Besonderen Dank schulde ich dem damaligen Direktor für Forschung Qāsim Ṭouair.

Den unzähligen, gastfreundlichen und hilfsbereiten Menschen in den Dörfern habe ich schon an prominenterer Stelle, am Anfang dieses Buches, meinen Dank ausgesprochen.